böhlau

Jenaer Schriften zum DDR-Recht

Herausgegeben von
Adrian Schmidt-Recla, Achim Seifert und Eva Schumann

Band 3

Paul Jüttner

Kulturgutverluste infolge der Vollstreckung von Steuerforderungen in der DDR

Eigentum und Herausgabeanspruch

BÖHLAU

Bibliografische Information der Deutschen Nationalbibliothek:
Die Deutsche Nationalbibliothek verzeichnet diese Publikation in der Deutschen Nationalbibliografie; detaillierte bibliografische Daten sind im Internet über https://dnb.de abrufbar.

Umschlaggestaltung: Michael Haderer, Wien
Satz: le-tex publishing services, Leipzig
Druck und Bindung: Hubert & Co., Ergolding
Printed in the EU

Vandenhoeck & Ruprecht Verlage | www.vandenhoeck-ruprecht-verlage.com
E-Mail: info@boehlau-verlag.com

ISBN 978-3-412-53330-4 (print)
ISBN 978-3-412-53331-1 (digital)

Für meinen Vater, der aufgrund seines religiös-politischen Engagements bei der Katholischen Studentengemeinde Dresden im Sommersemester 1986 von der Sektion Physik (heute: Fakultät Physik) der Technischen Universität Dresden zwangsexmatrikuliert wurde.

Für meine Mutter, die ohne diese Exmatrikulation nicht die Gelegenheit gehabt hätte, sich in meinen Vater zu verlieben.

Vorwort

Die vorliegende Arbeit wurde im Wintersemester 2023/24 von der Fakultät für Rechtswissenschaften der Universität Regensburg als Dissertation angenommen.

Mein herzlicher Dank gilt meinem hochgeschätzten Doktorvater, Herrn Prof. Dr. *Martin Löhnig*. Bei der Erstellung dieser Arbeit hat er mir alle erforderlichen Freiheiten gewährt, war aber zugleich jederzeit bei Fragen und Problemen mit Rat und Tat zur Stelle. Besonderer Dank gilt darüber hinaus Herrn Prof. Dr. *Adrian Schmidt-Recla* für die zügige Erstellung des Zweitgutachtens und die Unterstützung bei der Veröffentlichung dieser Arbeit.

Weiterhin gilt mein besonderer Dank Herrn Prof. Dr. *Hans-Georg Hermann* für entscheidende Weichenstellungen in der Frühphase dieser Dissertation und die Gewährung des unkomplizierten Zugangs zur Bibliothek für DDR-Recht, ebenso in diesem Zusammenhang *Georg Suppé* insbesondere für die Unterstützung bei der Suche nach schwierig aufzufindenden Quellen. Auch danke ich herzlich Frau Prof. Dr. *Ann-Katrin Kaufhold* nicht nur für die Begutachtung dieses Forschungsprojektes zu Förderungszwecken, sondern insbesondere auch für die Begeisterung für rechtswissenschaftliches Arbeiten bereits zu Studienzeiten – der gleiche Dank gilt Frau Prof. Dr. *Birgit Schmidt am Busch*. Weiterer Dank gilt Herrn Rechtsanwalt Dr. *Ulf Bischof*, an dessen Dissertation die vorliegende Arbeit anknüpft, für den hilfreichen Austausch, darüber hinaus in gleicher Weise den Teilnehmern des Doktorandenkolloquiums von Herrn Prof. Dr. *Martin Löhnig*.

Diese Arbeit und auch, aber nicht nur, mein berufliches Fortkommen im besten Sinne geprägt haben mein Schwiegervater, VRiVG a. D. Dr. *Thomas Eidam*, sowie zahlreiche Freunde und Kollegen, darunter seien besonders erwähnt *Severin Berger*, Dr. *Fabian Kratzlmeier*, Notarassessor *Michael Titze*, Notarassessor *Christian Wilhelm*, Rechtsanwältin Dr. *Sophie Zeidler* und Notar Dr. *Christoph Röhl*. Ich danke euch von ganzem Herzen.

Der größte Dank aber gilt in jeder Hinsicht meiner Familie, an allererster Stelle dabei meiner geliebten Frau *Vroni*, für ihre bedingungslose Unterstützung, Liebe und konstruktive Kritik in jeder Lebensphase.

Hauzenberg, im März 2025

Paul Jüttner

Inhaltsverzeichnis

§ 1. Einleitung

I. Gegenstand der Untersuchung: Kulturgutverluste infolge der Vollstreckung von Steuerforderungen in der DDR als Beispiel von Kulturgutverlusten in SBZ und DDR

Der rechts- wie kunstwissenschaftlichen Befassung mit NS-Raubkunst kommt sowohl in Forschung wie auch Praxis nicht erst seit dem sog. „Schwabinger Kunstfund“ zu Recht große Aufmerksamkeit zu.[1] Ebenso ist die Aufarbeitung kolonialer Kulturgutverluste[2,3] spätestens seit der Diskussion um das Humboldt Forum in den

---

1 Für die rechtswissenschaftliche Befassung statt vieler HARTUNG, NJW 2020, 718.

2 Der Begriff „Kulturgut“ wird im Folgenden nicht als rechtlicher *terminus technicus* verwendet, wenn auch relativ deckungsgleich mit der inhaltlichen Definition des „Kulturguts“ i. S. v. § 2 Abs. 1 Nr. 10 Gesetz zum Schutz von Kulturgut – Kulturgutschutzgesetz – (KGSG) vom 31.07.2016, BGBl. I S. 1914. Danach ist ein „Kulturgut“ jede *bewegliche* Sache oder Sachgesamtheit von künstlerischem, geschichtlichem oder archäologischem Wert oder aus anderen Bereichen des kulturellen Erbes, insb. von paläontologischem, ethnographischem, numismatischem oder wissenschaftlichem Wert. Diese Definition trifft auch i. S. d. Arbeit zu, wenn sie Kulturgüter eng als Mobilien charakterisiert und daher Immobilien – anders als Art. 1 der Haager Konvention zum Schutz von Kulturgut bei bewaffneten Konflikten (Haager Konvention) vom 14.05.1954 – ausschließt. Ebenso trifft sie i. S. d. Arbeit zu, wenn sie die Variationsbreite von Kulturgütern weit fasst und auch Gegenstände erfasst, die unter dem insofern wohl engeren Begriff des „Kunstgegenstandes“ zumindest umgangssprachlich nicht erfasst wären, etwa Münzen oder ursprüngliche Alltagsgegenstände, die erst im Laufe der Zeit an kultureller Bedeutung gewonnen haben. Zudem hat sich in der deutschsprachigen Provenienzforschung zunehmend der Begriff „Kulturgut“ durchgesetzt, während der Begriff „Kunstgegenstand“ zu oft automatisch mit einem Werk der Malerei verbunden wird, was auch für den Kontext dieser Arbeit deutlich zu eng wäre. – Alle in dieser Arbeit zitierten Gesetze werden in der Fassung zitiert, auf die bei der erstmaligen Nennung des jeweiligen Gesetzes in der Fußnote hingewiesen wird. Anschließend fanden jeweils keine *für diese Arbeit* relevanten Gesetzesänderungen statt, es sei denn, dies ist gesondert angemerkt.

3 In der Provenienzforschung hat es sich etabliert, bei Besitzwechsel an Kulturgütern, der im weitesten Sinne „unfreiwillig“ erfolgt, von „Kulturgutverlusten“ zu sprechen. Nahezu synonym dazu wird der Begriff „Kulturgutentziehung“ verwendet, wobei dieser Begriff etwas enger erscheint, da er nach dem allgemeinen Sprachverständnis eine rein einseitige Zwangshandlung (z. B. Beschlagnahme) nahelegt. Damit würden etwa Kulturgutverluste, die zwar unter beiderseitigem „Konsens“, aber unter hohem psychischem Druck für einen Beteiligten erfolgten (z. B. Verkäufe, weil das Kulturgut sonst beschlagnahmt werden würde) eher nicht erfasst werden. Der Begriff „Raubkunst“ bleibt nach dem in der Kunstgeschichte hergebrachten Bedeutungsinhalt zuvörderst den NS-verfolgungsbedingt entzogenen Kulturgütern vorbehalten, da er deren genuinen, historisch einmaligen Unrechtsgehalt zum Ausdruck bringt.

Fokus der Öffentlichkeit geraten.[4] Im Gegensatz dazu fristet die Auseinandersetzung mit Kulturgutverlusten, die Privatpersonen, aber auch öffentliche Institutionen im Kontext von Sowjetischer Besatzungszone (SBZ) und DDR erfuhren, weiterhin ein relatives Nischendasein. Lediglich am Rande wurde in jüngerer Vergangenheit dieser Verlustkontext v. a. im Zusammenhang mit der 2019 erfolgten Rückgabe von Bildern aus dem Kunstraub von Schloss Friedenstein in Gotha aus dem Jahr 1979[5] oder der aufgeheizten, ebenso seit 2019 geführten Debatte um Forderungen der Hohenzollern nach Entschädigung für SBZ-Enteignungen[6] in der breiteren Öffentlichkeit thematisiert. Dies konstatieren nicht nur die ausnahmsweise mit Kulturgutverlusten im Kontext von SBZ und DDR genuin befassten Medienberichte[7], u. a. von Vertretern des Deutschen Zentrums Kulturgutverluste (DZK)[8], sondern zeigt auch die relativ gesehen geringe Anzahl von kunst- und (in noch geringerem Umfang) rechtswissenschaftlichen Publikationen in diesem Feld. Trotzdem (oder gerade deshalb) soll laut vereinzelter politischer Absichtsbekundung der vergangenen Jahre[9] und engagierter Fachkreise[10] die Forschung auf diesem Gebiet in Zukunft gestärkt werden.

Die Forschungsprojekte des DZK und damit verbundene Publikationen sowie Konferenzen in jüngster Vergangenheit sind in diesem Lichte zu betrachten und geben zumindest der kunsthistorischen Untersuchung zu diesem Verlustkontext einen gewissen Aufschwung. Das DZK wurde am 01.01.2015 als Stiftung des bürgerlichen Rechts von Bund, Ländern und den kommunalen Spitzenverbänden mit Sitz in Magdeburg gegründet, um bei Fragestellungen im Zusammenhang mit Verlustkontexten, die öffentliche Institutionen, aber auch Privatpersonen betreffen, Hilfestellung zu leisten, sowie die dafür nötige Provenienzforschung zu fördern und zu vernetzen.[11] Neben dem Schwerpunkt „NS-Raubgut" betrifft dies auch die

---

4 Für die rechtswissenschaftliche Befassung statt vieler Bullinger/Terker, NJW 2019, 731.

5 Etwa Hammerstein, Der Spiegel vom 29.08.2020 (Nr. 36/2020), 36.

6 Etwa Kilb, FAZ vom 04.11.2020 (Nr. 257), 11. Dazu ausführlich unter § 4.II.1.b)bb), S. 159 Fn. 537.

7 Etwa Fannrich-Lautenschläger, DLF vom 27.06.2019.

8 Etwa Lupfer/Hartmann/Deinert, FAZ vom 23.05.2022 (Nr. 119), 6.

9 Etwa Koalitionsvertrag für die 18. Legislaturperiode, S. 91: „Die Restitution von Kunst- und Kulturgut, das von Behörden in der ehemaligen SBZ/DDR den rechtmäßigen Eigentümern entzogen wurde, ist eine noch nicht abgeschlossene Aufgabe. Zur Klärung der Ansprüche früherer Eigentümer muss auch in diesen Fällen die Provenienzforschung verstärkt werden.". Abrufbar unter <https://archiv.cdu.de/sites/default/files/media/dokumente/koalitionsvertrag.pdf> (zuletzt aufgerufen am 01.03.2024).

10 Etwa Sachse, KUR 2019, 134.

11 Vgl. zum Stiftungszweck § 2 der Satzung des DZK, abrufbar unter <https://www.kulturgutverluste.de/Content/08_Downloads/DE/Satzung.pdf?__blob=publicationFile&v=13> (zuletzt aufgerufen am 01.03.2024).

Beratung und Forschung zu den zwei Verlustkontexten „Kulturgut aus kolonialen Kontexten“ und „Kulturgutenziehungen SBZ und DDR“. Die Forschung im Bereich Kulturgutverluste SBZ und DDR wird dadurch gleichwohl nicht erstmalig institutionalisiert betrieben, sondern kann auf früheren Forschungsansätzen aufbauen. Als Vorläufer des Forschungsbereichs kann so z. B. die „Arbeitsgruppe 1949–89“ der Konferenz nationaler Kultureinrichtungen gelten, die sich bereits vor 2015 mit diesem Thema beschäftigte.[12] Auch andere Institutionen und Einzelpersonen setzten sich damit bereits vorher vereinzelt auseinander.[13] Trotzdem bleibt festzuhalten, dass die Gründung des DZK der Forschung auf diesem Bereich einen bisher so nicht vorhandenen Auftrieb aus kunsthistorischer Perspektive gegeben hat.

Rechtswissenschaftlich blieb die Auseinandersetzung mit Kulturgutverlusten im Kontext von SBZ und DDR jedoch bisher im Wesentlichen ein blinder Fleck. Zwar befassten sich einige Monografien mit der Bodenreform und offenen Vermögensfragen, nicht aber konkret mit Verlusten von Kulturgütern in Form von *Mobilien*, sondern i. d. R. mit der Rechtslage bzgl. *Immobilien*. Dass nicht vollkommene juristische Blindheit besteht, dafür hat im Wesentlichen *Ulf Bischof* mit seiner rechtshistorischen Dissertation „Die Kunst und Antiquitäten GmbH im Bereich Kommerzielle Koordinierung“ bereits im Jahr 2003 gesorgt.[14] Diese Monographie wird vollkommen zu Recht auch von Kunsthistorikern als „maßgeblich“[15] für einen Teilbereich der Kulturgutverluste im Kontext von SBZ und DDR bezeichnet, weil sie inzwischen als unverzichtbares Standardwerk zum Thema gelten kann und wertvolle Pionierarbeit gerade auch im Bereich der historischen Grundlagenforschung durch Auswertung zahlreicher Primärquellen leistete. Darüber hinaus setzte sich auch *Anton Michael* in Teilen seines 2010 veröffentlichten Rechtshandbuches „Illegaler Kulturgüterverkehr“ bereits eingehender mit Kulturgutverlusten in SBZ und DDR auseinander.[16] 20 Jahre später – Ende 2023, kurz vor Vollendung des Manu-

---

12 Deinert, Grundlagenforschung, S. 1 f.

13 Etwa die Konferenz „Kunst gegen Valuta. Der staatliche Ausverkauf von Kunst und Antiquitäten zur Devisenbeschaffung in der DDR“ (Potsdam, 15.–17.05.2011) des Moses Mendelssohn Zentrum für europäisch-jüdische Studien mit dem dazugehörigen Konferenzbericht von Kotowski, KUR 2011, 165. Hervorzuheben sind außerdem der bereits 1990 (in erster Auflage) erschienene und viel zitierte Blutke, Obskure Geschäfte, welcher durch Weber, NJW 1991, 1465 besprochen wurde, sowie Lilienthal, Antiquitäten in der DDR, von 2011 und das von Dirk Blübaum, Bernhard Maaz und Katja Schneider herausgegebene Sammelwerk „Museumsgut und Eigentumsfragen. Die Nachkriegszeit und ihre heutige Relevanz in der Rechtspraxis der Museen in den neuen Bundesländern“, Halle/Saale 2012.

14 Bischof, Die Kunst und Antiquitäten GmbH. Rezensiert von Herstatt, Die Zeit vom 07.08.2003 (Nr. 33).

15 Sachse, KUR 2019, 134 (134).

16 Anton, Illegaler Kulturgüterverkehr. Daneben seien noch die entsprechenden Abhandlungen im Rahmen von Braun, Kunstprozesse, erwähnt.

skripts der vorliegenden Arbeit – wurde zudem das Kompendium „Kunstraub für den Sozialismus – Zur rechtlichen Beurteilung von Kulturgutentziehungen in SBZ und DDR" von *Thomas Finkenauer* und *Jan Thiessen* veröffentlicht, welches einem Gutachtenauftrag des DZK entsprang.[17] Es enthält Überschneidungen zur vorliegenden Arbeit und kommt insoweit im Wesentlichen zu ähnlichen Ergebnissen. Als umfassendes Kompendium für Kulturgutverluste in SBZ und DDR von 1945 bis 1990 lag es dabei aber in der Natur der Sache, dass eine vertiefte Auseinandersetzung mit der in dieser Arbeit untersuchten Fallgruppe von Kulturgutverlusten infolge von Steuerverfahren in der DDR nicht vorgenommen werden konnte und insoweit auch Fragen offengelassen werden mussten.[18] Daher unterscheiden sich das Kompendium und diese Arbeit auch bereits aufgrund ihrer unterschiedlichen Perspektiven und damit jeweils verbundenen Zwecksetzungen, wenngleich diese Arbeit dennoch auch zugleich als Vertiefung und Ergänzung des Kompendiums dienen kann. Darüber hinaus wird der rechtswissenschaftliche Forschungsstand zum Thema im weiteren Sinne („Kulturgutverluste") freilich durch mannigfaltige Monografien und Fachaufsätze zum Umgang mit NS-Raubkunst und damit zusammenhängenden Fragestellungen wie nach der Verjährung des Vindikationsanspruchs, der Rolle der Ersitzung oder des dauerhaften Auseinanderfallens von Eigentum und Besitz (*nudum ius*) bestimmt.

Die Forschungsdesiderate der wissenschaftlichen, wie dargestellt v. a. kunsthistorischen Auseinandersetzung mit Kulturgutverlusten in SBZ und DDR lassen sich zur Veranschaulichung in drei Gruppen unterteilen: Kulturgutverluste im Kontext der Nachkriegsjahre, insb. durch im Zuge der Bodenreform erfolgte "Schlossbergungen" in der SBZ (Mai 1945 bis Oktober 1949) („SBZ"), Kulturgutverluste im Kontext legaler oder nach damaligem Recht illegaler Ausreise aus SBZ und DDR (Mai 1945 bis Oktober 1990) („Ausreise") und Kulturgutverluste im Kontext staatlicher Devisenbeschaffung der DDR (ca. 1950er-Jahre bis Oktober 1990) („Devisen").[19] Die

---

17 Finkenauer/Thiessen, Kunstraub für den Sozialismus.

18 Finkenauer/Thiessen, Kunstraub für den Sozialismus, S. XI. Bspw. führen Finkenauer/Thiessen, Kunstraub für den Sozialismus, S. 67 f. zwar kurz aus, dass der Eigentumserwerb der Kunst und Antiquitäten GmbH „durchaus wahrscheinlich" gegen den *ordre public* verstößt, im Übrigen wird diese Fragen aber (auch wegen des von den Autoren angenommenen Vorrangs des VermG, dazu hier ausführlich unter § 4.III.1., S. 195 ff.) offengelassen. Zum *ordre public* hier ausführlich unter § 4.III.2.b), S. 230 ff.

19 Zu den Verlustgruppen ausführlich unter § 2.I.1., S. 27 ff. Diese Unterteilung ist selbstverständlich nicht zwingend und könnte auch anders erfolgen. Berswordt-Wallrabe etwa unterteilt kritische Provenienzen aus SBZ und DDR in fünf Kategorien, Berswordt-Wallrabe, Entzug von Kulturgut in der DDR, S. 120, Sachse in sechs Kategorien, Sachse, KUR 2019, 134 (134), und Finkenauer/Thiessen, Kunstraub für den Sozialismus, S. V f. sogar in 14 Kategorien (darunter auch die in dieser Arbeit nicht weiter behandelten Kulturgutverluste infolge der Auflösung bürgerlich-rechtlicher Vereine und Stiftungen, der behördlichen Inanspruchnahme vermeintlich

Frage nach der quantitativen Relevanz der Kulturgutverluste in SBZ und DDR insgesamt wirft Unsicherheiten auf, da abschließende empirische Untersuchungen in der Provenienzforschung nur unter Schwierigkeiten anzustellen sind und dies erst recht für relatives „Neuland" gilt. Die Präsidentin der Klassik Stiftung Weimar verwies 2020 auf die Herausforderung, allein im eigenen Bestand 290.000 Zugänge für die Zeit zwischen Mai 1945 und Oktober 1990 zu überprüfen.[20] Das vom DZK geförderte Forschungsprojekt „Zwischen Schlossbergung und Kommerzieller Koordinierung. Pilotprojekt zur Untersuchung kritischer Provenienzen aus der Zeit der SBZ und DDR in brandenburgischen Museen" des Museumsverbandes Brandenburg kam für Museen im Land Brandenburg 2018 zum Ergebnis, dass etwa ein bis acht Prozent aller inventarisierten Objekte eine kritische Provenienz mit Bezug zu SBZ und DDR aufweisen – trotz der seit den 1990er-Jahren bei den Landesämtern zur Regelung offener Vermögensfragen laufenden Rückübertragungsverfahren, die im Übrigen bisher nicht offiziell statistisch in Bezug auf Kulturgüter ausgewertet wurden.[21]

Der Verlust privater Kulturgüter infolge der Vollstreckung von Steuerforderungen in der DDR als konkreter Forschungsgegenstand dieser Arbeit stellt sich als ein besonders prägnanter Unterfall der dritten Verlustgruppe im Kontext von SBZ und DDR – der Verlustgruppe „Devisen" – dar. Die DDR litt insb. ab den 1970er-Jahren an einem eklatanten Außenhandelsdefizit gegenüber den wirtschaftlich erfolgreicheren, kapitalistischen Ländern wie BRD und USA. Um dennoch dringend benötigte Waren von dort importieren zu können, wurden Wege gesucht, um deren „harte Devisen" zu vereinnahmen. Einer der gefundenen Wege führte über den Export von Kulturgütern aus der DDR in das kapitalistische Ausland gegen die

---

verlassener Wohnungen und Grundstücke, von Zollvergehen, von Umsiedlungsaktionen und der „Aktion Rose"). Kategorisierungen im Bereich Provenienzforschung werden häufig nicht trennscharf erfolgen können, da Verbindungen zwischen verschiedenen historischen Geschehen bestehen, die sich nicht nach Schubladen ordnen lassen wollen. Das Werk des Künstlers Albert Schaefer-Asts weist bspw. eine kritische Provenienz im Kontext SBZ und DDR auf, die sich schwierig in die vorhandenen Kategorien einordnen lässt, vgl. Buck, KUR 2015, 11. Auch muss auf Kulturgüter hingewiesen werden, die mehrfach hintereinander verschiedenen Verlustkontexten unterlagen. Dumas/Schiemann, Behind the Iron Curtain, S. 213 ff. verfolgen bspw. den Weg einer französischen Kommode aus dem 18. Jhr., die während der deutschen Besatzung im Jahr 1942 aus Frankreich in das Reichsbank-Hauptgebäude verbracht wurde und von dort über das spätere (DDR-) Ministerium der Finanzen (MdF) in den Besitz des Märkischen Museums Ost-Berlin gelangte, wo sie unter ungeklärten Umständen verschwand und 1986 wieder bei einer Auktion von Christie's in London auftauchte.

20 Deinert, Podiumsdiskussion, S. 290.

21 Deinert, Grundlagenforschung, S. 6; Deinert, Podiumsdiskussion, S. 291 f.; Sachse, KUR 2019, 134 (142). Dazu im Übrigen ausführlich unter § 4.II., S. 141 ff., insb. § 4.II.4., S. 194 Fn. 642.

genannten Devisen. Dafür mussten aber zunächst durch staatliche Stellen entsprechende werthaltige Kulturgüter beschafft werden. Eine neue Qualität erfuhr dies durch die Gründung der Kunst und Antiquitäten GmbH im Jahr 1973 als Teil des Bereichs Kommerzielle Koordinierung unter der Leitung von *Alexander Schalck-Golodkowski*. Die Kunst und Antiquitäten GmbH und das Ministerium für Staatssicherheit (MfS) waren die maßgeblichen Protagonisten bei den in dieser Arbeit untersuchten Steuerverfahren. Unter ihrer Ägide wurden private Kunsthändler und -sammler ausfindig gemacht und anschließend ein Steuerverfahren initiiert, an dessen Ende aufgrund verfahrens- wie materiellrechtlich mindestens fragwürdiger Besteuerungsmethoden eine Steuerschuld in Höhe des Wertes der vorgefundenen Kulturgüter stand. Zur Begleichung der Steuerschuld wurde sodann rglm. in ebenjene Kulturgüter vollstreckt, bevor diese über die Kunst und Antiquitäten GmbH gegen Devisen des „Klassenfeindes", z. T. unter Zusammenarbeit mit renommierten Auktionshäusern wie Christie's in London, gen Westen verkauft wurden.

Es sprechen mehrere Gründe dafür, diesen Unterfall der Kulturgutverluste im Kontext von SBZ und DDR aus rechtswissenschaftlicher Perspektive näher zu untersuchen. Vergleicht man ihn mit den anderen zwei Gruppen von Verlustgründen („SBZ" und „Ausreise"), fällt auf, dass nur hier die Beschaffung von Kulturgütern im Zentrum des Vorgehens stand und überhaupt erst den Anlass für staatliche Maßnahmen gab. Die Bodenreform und die damit zusammenhängenden „Schlossbergungen" sind nur im Kontext der sozialistischen Neuordnung von Wirtschaft und Gesellschaft im Ostdeutschland der unmittelbaren Nachkriegszeit zu verstehen. Die Beschaffung von Kulturgütern war hier trotz der quantitativen Bedeutung eine untergeordnete Maßnahme der Besatzungsmacht. Auch der Entzug von Kulturgütern infolge legaler oder nach damaligem Recht illegaler Ausreise war lediglich ein Reflex der sozialistischen Ausreisepolitik. Die *Qualität* des zu untersuchenden Forschungsgegenstandes unterscheidet ihn damit maßgeblich von den anderen Verlustkontexten in SBZ und DDR. Denn nur hier war der Kulturgüterentzug Hauptzweck einer staatlichen *Absicht*, in systematisch geplanter Art und Weise private Kulturgüter zu beschaffen und gegen Devisen ins kapitalistische Ausland zu veräußern. Gleichzeitig besteht bei ungefähr 200 Steuerverfahren mit jeweils bis zu mehreren tausend entzogenen Objekten auch eine hohe *quantitative* Relevanz.[22]

Weiterhin kommt einer rechtswissenschaftlichen Untersuchung zu Kulturgutverlusten in SBZ und DDR über den konkreten Forschungsgegenstand hinaus Bedeutung zu. Zum einen gibt jede wissenschaftliche Analyse des *status quo* der Bewältigung von Kulturgutverlusten in einer Gesellschaft Auskunft über deren aktuelle Verfasstheit. Weil Kulturgüter ein Spiegelbild gesellschaftlicher Identität(en)

---

22 Zur Kunst und Antiquitäten GmbH und den Steuerverfahren ausführlich unter § 2.II.1., S. 43 ff. und § 2.II.2., S. 48 ff.

sein können,[23] enthalten sie rglm. auch einen gewissen Aussagegehalt über die Gesellschaft, in der sie entstanden und bewahrt worden sind. Deshalb kann der Umgang einer Gesellschaft mit Kulturgütern zugleich auch etwas über ihren aktuellen Zivilisationsstand aussagen. Missbräuchlicher Umgang mit eigenem oder fremdem kulturellem Erbe, der strukturell vonstatten geht, steht jedenfalls im Widerspruch zu den Grundwerten der eigenen „Kulturnation“[24] und auch vieler anderer zivilisierter Gesellschaften[25]. Der unfreiwillige Verlust von Kulturgütern verlangt daher aus gesamtgesellschaftlichem Interesse nach einer Reaktion, die gleichwohl nicht immer leicht zu finden ist.[26] Zum anderen kommt Kulturgütern eine wichtige Bedeutung nicht nur aus gesamtgesellschaftlicher Perspektive, sondern auch und gerade für das Individuum zu.[27] An Kulturgütern besteht unabhängig vom künstlerischen und finanziellen Wert des konkreten Einzelstücks Eigentum, welches durch Art. 14 GG, Art. 17 EU-GRCh, Art. 1 des (ersten) Zusatzprotokolls zur EMRK und Art. 17 der Allgemeinen Erklärung der Menschenrechte sowie allen Verfassungen demokratischer und rechtsstaatlicher Staaten geschützt wird. Der Eigentümer muss deshalb vor unfreiwilligem Verlust geschützt werden, da die Beanspruchung des ideellen wie ökonomischen Werts grundsätzlich allein ihm zusteht. Eine rechtswissenschaftliche Untersuchung von Kulturgutverlusten kann die Voraussetzung eines verbesserten Eigentumsschutzes in Zukunft leisten.

---

23 Die identitätsstiftende Bedeutung von Kulturgütern setzt auch § 7 Abs. 1 S. 1 Nr. 1 KGSG voraus und offenbart sich gemäß der Auslegung nach Böhm, Identität, S. 169 f. insb. durch deren Rezeptionsgeschichte. Zur Identitätsfunktion von Kulturgütern auch Schönberger, Was soll zurück?, S. 78 f.

24 Eine schillernde Begrifflichkeit, die Kritik ausgesetzt ist, statt vieler Wehler, Deutsche Gesellschaftsgeschichte (Bd. 3), S. 952. Für den Kontext dieser Arbeit sei historisch auf den Umstand, dass die bundesrepublikanische Politik insb. unter *Willy Brandt* die deutsche Kulturnation als systemübergreifendes, einigendes Band während der Zeit der deutschen Teilung angesehen hat (im Gegensatz zur Betonung der angeblich „eigenständigen sozialistischen Kultur" Ostdeutschlands durch die DDR-Führung), vgl. Hexelschneider/John, Kultur als einigendes Band, S. 55–57 und juristisch auf die Bestätigung der westdeutschen Sicht in Art. 35 des Vertrages zwischen der BRD und der DDR über die Herstellung der Einheit Deutschlands – Einigungsvertrag – (EinigungsV) vom 31.08.1990, BGBl. II S. 885, sowie die aus Art. 5 Abs. 3 GG folgende Staatszielbestimmung des Kulturstaates, BVerfG, Urt. v. 05.03.1974 – 1 BvR 712/68, NJW 1974, 689 (689), verwiesen.

25 Vgl. bspw. die ratifizierenden Staaten des UNESCO-Übereinkommens über Maßnahmen zum Verbot und zur Verhütung der unzulässigen Einfuhr, Ausfuhr und Übereignung von Kulturgut vom 14.11.1970 oder die Richtlinie 2014/60/EU des europäischen Parlaments und des Rates vom 15.05.2014 über die Rückgabe von unrechtmäßig aus dem Hoheitsgebiet eines Mitgliedstaates verbrachten Kulturgütern (Kulturgüterrückgaberichtlinie), auf der das deutsche KGSG beruht.

26 In diese Richtung auch das Grußwort von Rainer Robra im Sammelwerk „Enteignet, entzogen, verkauft – Zur Aufarbeitung der Kulturgutverluste in SBZ und DDR“, Berlin 2022, S. VIII.

27 Vgl. Finkenauer/Thiessen, Kunstraub für den Sozialismus, S. XIII.

II. Ziel, Gang und Methode der Untersuchung: Klärung der Eigentumslage und des Bestehens eines möglichen Herausgabeanspruchs als Voraussetzung der verbesserten Befriedung von Konflikten

Die drei zentralen Fragestellungen dieser Arbeit lauten:

1. Wer ist Eigentümer der infolge der oben beschriebenen Steuerverfahren entzogenen Kulturgüter?
2. Besteht ein durchsetzbarer Herausgabeanspruch in Bezug auf diese Kulturgüter?
3. Inwiefern müssen und können potenzielle Konflikte um diese Kulturgüter in Zukunft besser gelöst werden?

Diese Fragen werden im Kern sachenrechtlich-dogmatisch betrachtet, da dies bisher noch nicht in umfassender Weise geschehen und insofern ungeklärt ist. Die Beantwortung der Fragen erfolgt nicht für einen konkreten Einzelfall, da es sich vorliegend nicht um ein Gutachten zur Vorbereitung eines konkreten Restitutionsbegehrens handelt. Vielmehr liegt der Anspruch dieser Arbeit in einer abstrakt-dogmatischen Betrachtung, losgelöst vom Einzelfall, dessen individuelle Gegebenheiten hier nicht berücksichtigt werden können. Durch die Beantwortung der drei zentralen Fragen dieser Arbeit soll allerdings ein Beitrag zur Befriedung möglicher Streitigkeiten auf Grundlage klarer wissenschaftlicher Erkenntnisse geleistet werden. Darüber hinaus soll auch über den konkreten Forschungsgegenstand hinaus zur besseren rechtlichen Bewältigung von Kulturgutverlusten in anderen Kontexten, namentlich der NS-Raubkunst sowie kolonialen Verlustkontexten, beigetragen werden, indem wissenschaftliche Erkenntnisse verglichen und ggf. zumindest teilweise übertragen werden können. Schließlich soll diese Arbeit interdisziplinär nicht nur an die Ergebnisse kunsthistorischer Provenienzforschung anknüpfen, sondern auch deren Fortführung dienen.

Dazu ist vorweg eine genaue Tatsachendarstellung des Forschungsgegenstandes (§ 2), sowohl hinsichtlich der historischen Makro- (§ 2.I.) als auch der Mikroperspektive (§ 2.II.), nötig.

Es folgt die Bewertung der Tatsachen nach DDR-Recht, also *de lege abrogata* (§ 3. – „Gestern"). Dies ist nicht nur von rechtshistorischem Interesse, sondern v. a. zur Vorbereitung des geltendrechtlichen Teils der Arbeit wegen der Anwendung der *lex rei sitae* und des *ordre public* nötig. Unter § 3.II. erfolgt eine im Wesentlichen auf den Erkenntnissen von *Bischof* aufbauende bzw. diese nachvollziehende steuerrechtliche Bewertung. § 3.III. betrifft demgegenüber eine Perspektive, die bisher nur am Rande[28] anderer Veröffentlichungen erörtert wurde, nämlich die sachenrechtliche Rechtslage an den Kulturgütern nach DDR-Recht.

Die rechtliche Bewertung des Forschungsgegenstandes nach heutigem Recht, also *de lege lata* (§ 4. – „Heute"), erfolgt gewissermaßen chronologisch. Angefangen wird mit einer *Darstellung* der privatrechtlichen Beurteilung der Steuerverfahren durch bundesdeutsche Gerichte vor der Wiedervereinigung (§ 4.I.). Weitergehend wird sich umfassend mit einem möglichen Rückübertragungsanspruch[29] der Betroffenen nach dem verwaltungsrechtlich geprägten „Recht der offenen Vermögensfragen", welches der Wendezeit entstammt, auseinandergesetzt (§ 4.II.). Im Anschluss daran bietet es sich an, die Kernfrage dieser Arbeit, die Frage nach dem Eigentümer gemäß geltendem Recht, sogleich im relevantesten zivilrechtlichen Herausgabeanspruch, dem Vindikationsanspruch nach § 985 BGB, inzident zu klären (§ 4.III.). Innerhalb dieses Herzstücks der Untersuchung wird eine kritische Klärung des bisher angenommenen Konkurrenzverhältnisses zwischen dem öffentlichen-rechtlichen „Recht der offenen Vermögensfragen" und dem zivilrechtlichen Vindikationsanspruch vorgenommen, wobei rechtsgebietsübergreifende Entwicklungen aus dem Bereich der NS-Raubkunst, insb. das Urteil des BGH vom 16.03.2012,[30] Berücksichtigung finden. Zentral wird hier außerdem die Perspektive des internationalen Privatrechts, indem der *ordre public* umfassend auf Kulturgutverluste infolge der untersuchten DDR-Steuervollstreckung Anwendung findet. Im Übrigen wird für die aktuelle Privatrechtslage, insb. die Fragen des gutgläubigen Erwerbs, der Ersitzung und der Verjährung, eine klare einfachgesetzliche Subsumtion vorgenommen und dabei weitgehend auf bisher Bekanntes v. a. aus dem Bereich NS-Raubkunst zurückgegriffen. Eine vertiefte erneute Auseinandersetzung eines einzelnen dieser sachenrechtlichen Aspekte wird aufgrund der bereits bestehenden Anzahl der Publikationen auf diesem Gebiet nicht vorgenommen.

Im letzten Teil wird ein Ausblick auf die Frage geworfen, inwiefern Konflikte um die entzogenen Kulturgüter in Zukunft ggf. besser gelöst werden können, also *de lege ferenda* (§ 5. – „Morgen"). Dabei werden Anleihen an die unterschiedlichen und vieldiskutierten Lösungsansätze in Bezug auf die Restitution von NS-Raubkunst genommen und deren Übertragbarkeit auf die im Rahmen dieser Arbeit

28 Anton, Illegaler Kulturgüterverkehr, S. 1080 f.; Bischof, Die Kunst und Antiquitäten GmbH, S. 293.

29 Wie ausführlich unter § 4.II.1.a)bb), S. 155 ausgeführt, handelt es sich bei einem solchen nicht um einen Herausgabeanspruch im engeren Sinne. Da ein solcher Herausgabeanspruch im engeren Sinne aber rglm. als Reflex eines vermögensrechtlichen Rückübertragungsanspruchs entsteht, bewegt sich die Klärung dieser Frage im Rahmen des Titels und der zweiten zentralen Fragestellung dieser Arbeit.

30 BGH, Urt. v. 16.03.2012 – V ZR 279/10, NJW 2012, 1796.

untersuchten Kulturgutverluste erörtert. Insoweit bietet es sich an, die unterschiedlichen Lösungsansätze des „hard law“[31] (§ 5.I.) und des „soft law“ (§ 5.II.) getrennt zu behandeln, bevor in § 5.III. ein konkreter Lösungsvorschlag erfolgt. Diese Betrachtungen können über den Kontext des konkreten Forschungsgegenstandes hinaus auch für andere Kulturgutverluste relevant sein, auch wenn die qualitativen Unterschiede der jeweiligen historischen Geschehnisse dabei Grenzen setzen.

Die Arbeit enthält folglich im Kern sachenrechtlich-dogmatische Fragestellungen, weist aber zugleich wesentliche Bezüge zu anderen Rechtsgebieten auf, namentlich zur Rechtsgeschichte und zum Steuer-, Vollstreckungs-, Verwaltungs-[32] sowie Internationalem Privat- und Verfassungsrecht. Weitergehende Bezüge zum internationalen Privatrecht als die Beziehung zwischen DDR- und BRD-Recht werden zugunsten des Schwerpunkts der Arbeit allerdings nicht hergestellt, auch wenn diesen für juristische Auseinandersetzungen in der Praxis bei Weiterveräußerung ins Ausland hohe Relevanz zukommt. Dementsprechend werden die zu untersuchenden Kulturgutverluste lediglich nach (deutsch-)deutschem Sachenrecht bewertet. Abzugrenzen ist die Arbeit auch zu rechtsvergleichenden Forschungsprojekten.[33]

Hinzu tritt der interdisziplinäre Forschungsgegenstand dieser Arbeit, der dem Feld der Kunstgeschichte entspringt. Die vorliegende rechtswissenschaftliche Auseinandersetzung mit der Thematik kann nur auf Grundlage aufwändiger forensischer Provenienzforschung durch i. d. R. Kunsthistoriker sinnvoll erfolgen, da anderenfalls die Tatsachengrundlage zur Subsumtion fehlen würde und nur hypothetisch gearbeitet werden könnte. Der *kunsthistorische* Forschungsstand zu Kulturgutverlusten in SBZ und DDR allgemein hat dabei in den letzten Jahren, wie bereits einleitend dargestellt, Auftrieb erfahren. Für den konkreten Forschungsgegenstand dieser Arbeit gilt dies in ganz besonderem Maße, da mit der Herausgabe eines Spezialinventars für ausgewählte Aktenbestände des MfS zu Entziehungen von Kunst- und Kulturgut in SBZ und DDR unter dem Aspekt der Provenienzforschung im Jahr 2020[34] sowie mit der Herausgabe eines Findbuches zu den noch erhaltenen Aktenbeständen der Kunst und Antiquitäten GmbH, die sich

---

31 Auch jüngst erneut im Koalitionsvertrag für die 20. Legislaturperiode, S. 125: „Wir verbessern die Restitution von NS-Raubkunst, indem wir einen Auskunftsanspruch normieren, die Verjährung des Herausgabeanspruchs ausschließen, einen zentralen Gerichtsstand anstreben und die „Beratende Kommission“ stärken“. Abrufbar unter <https://www.fdp.de/sites/default/files/2021-11/Koalitionsvertrag%202021-2025_0.pdf> (zuletzt aufgerufen am 01.03.2024).

32 Außer Betracht bleibt dabei das Recht der öffentlichen Sachen, was bei Herausgabeansprüchen in Bezug auf dem Gemeingebrauch gewidmeten Kulturgütern in Kultureinrichtungen durchaus relevant werden kann. Dazu etwa Gmeiner, KUR 2020, 8 und Janssen, KUR 2019, 93.

33 Etwa das Forschungsprojekt „Restatement of Restitution Rules for Nazi-Confiscated Art“ an der Rheinischen Friedrich-Wilhelms-Universität Bonn, vgl. Weller/Dewey, KUR 2019, 170 (170).

34 Blum/Heidemeyer/Polzin, Spezialinventar.

inzwischen beim Bundesarchiv befinden, im Jahr 2017[35] zwei wichtige Primärquellen aufgearbeitet wurden. Daneben treten noch die Berichte und Dokumente des umfassenden „KoKo-Untersuchungsausschusses" des Bundestages der Jahre 1991 bis 1994, die ebenfalls zur Grundlage dieser Untersuchung geworden sind.[36] Trotz des massiven weiteren Forschungsbedarfs für unzählige Einzelfälle ist die kunsthistorische Grundlagenforschung infolgedessen mittlerweile schon so weit erfolgt, dass genügend Tatsachengrundlagen zur verallgemeinernden Kategorisierung der zu untersuchenden Steuerverfahren und der rechtlichen Aufarbeitung selbiger vorhanden sind. Das Ziel dieser Arbeit kann und soll zugunsten ihres sachenrechtlich-dogmatischen Schwerpunkts daher nicht sein, eigene historische Tatsachenforschung zu betreiben, da für die Zwecke der vorliegenden Arbeit dbzgl. bereits ausreichend Forschungsergebnisse bestehen und diese Forschungsarbeit im Übrigen auch besser durch darauf spezialisierte Kunsthistoriker betrieben werden kann. Infolgedessen wird in § 2 dieser Arbeit – und, wie bereits dargestellt, in § 3.I. – weitgehend auf bereits bestehende Erkenntnisse verwiesen. Insofern knüpft die vorliegende Arbeit in wesentlichen Teilen auch an *Bischofs* „Die Kunst und Antiquitäten GmbH" an.

---

35 Bahlmann/Hübner/Isphording/Klüh, Findbuch Kunst und Antiquitäten GmbH. Auf S. 20 wird, wie in vielen andere Publikationen, auf umfangreiche Aktenvernichtungen während der Wende hingewiesen, die die Aufarbeitung der Komplexe Kunst und Antiquitäten GmbH/Bereich Kommerzielle Koordinierung wesentlich erschweren.

36 Es gibt sogar einen eigenen Teilbericht des Untersuchungsausschusses zur Kunst und Antiquitäten GmbH, BT-Drs. 12/4500 („KoKo-Untersuchungsausschuss" – Dritter Teilbericht). Daneben BT-Drs. 12/3462 (Erster Teilbericht); BT-Drs. 12/3920 (Zweiter Teilbericht) und BT-Drs. 12/7600 (Abschlussbericht). Der Wissenschaftliche Dienst des Deutschen Bundestages hat zudem 2015 nochmal eine Ausarbeitung zur „Restitution von Kunst- und Kulturgut, das von Behörden der ehemaligen sowjetischen Besatzungszone/DDR entzogen wurde – Historischer Hintergrund und Überblick der gegenwärtigen Problemlagen" (WD 10 – 3000 – 010/15) vorgelegt.

§ 2. Tatsachengrundlage

Zum besseren Verständnis wird zunächst der historische Kontext skizziert (I.), um anschließend den Forschungsgegenstand im engeren Sinne darzustellen (II.).

I. Historische Makroperspektive: Kontext einer „Treibjagd im Kulturschutzgebiet“[37]

Die historische Makroperspektive wurde v. a. von drei Faktoren determiniert: In SBZ und DDR gab es eine früh einsetzende Entwicklung von Kulturgutverlusten, an deren Ende die staatliche Beschaffung von Kulturgütern mittels fingierter Steuerverfahren stand (1.). Private Kunsthändler und -sammler befanden sich durch die Konkurrenz des Staatlichen Kunsthandels der DDR ohnehin in einer schwierigen Lage (2.). Die wirtschaftlichen Zwänge der späten DDR gaben den eigentlichen Anlass für die vorgeschobenen Steuerverfahren (3.)

1. Kulturgutverluste in SBZ und DDR

Wie bereits einleitend ausgeführt, werden die Kulturgutverluste in SBZ und DDR für die Zwecke dieser Arbeit in „SBZ“ (a)), „Ausreise“ (b)) und „Devisen“ (c)) eingeteilt.

a) „SBZ“ (Mai 1945 bis Oktober 1949)

Ein quantitativ bedeutender Anteil[38] an Kulturgutverlusten in SBZ und DDR sind in der Nachkriegszeit entstanden. Im Mai 1945 befanden sich viele Kulturgüter gesammelt in ländlichen Herrenhäusern, in welche sie zuvor aus den Städten ausgelagert wurden. Z. T. waren die Herrschaftssitze von ihren Bewohnern auch bereits überstürzt auf der Flucht vor der heranrückenden Roten Armee verlassen worden, ohne dass die Gelegenheit bestand, eigene Kulturgüter mitzunehmen. Wenn auf die Kulturgüter in diesen Liegenschaften dann nicht unmittelbar durch die Trophäenbrigaden der Roten Armee aufgrund der Reparationsforderungen der Sowjetunion zugegriffen wurde, was eine siebenstellige Anzahl an Objekten in den Jahren

---

37 Kaiser, Treibjagd im Kulturschutzgebiet.

38 Warmbrunn, VEB Kunst, S. 302.

1945/46 betraf, waren diese Plünderungen[39] oder spätestens den im Zuge der sog. Bodenreform erfolgten „Schlossbergungen" ausgesetzt.[40] Die sog. Bodenreform erfolgte ab dem 10.09.1945 auf Grundlage von ähnlich lautenden Verordnungen der fünf Provinzial- und Landesverwaltungen der SBZ in Übereinstimmung mit den Direktiven der Sowjetischen Militäradministration in Deutschland (SMAD) und beinhaltete v. a. die entschädigungslose Enteignung von Grundeigentum mit einer Fläche von über 100 Hektar. Aufgrund gesonderter Erlasse wurde zudem angeordnet, dass das in den enteigneten Immobilien befindliche Mobiliar erfasst und sichergestellt, also „geborgen" werden sollte. Bei mehr als drei Millionen Hektar entschädigungslos enteigneten *Immobilien* folgt allein daraus eine schier immense Zahl an Objekten.[41] Eine entschädigungslose Enteignung im Rechtssinne war mit den Erlassen zu den „Schlossbergungen" bzgl. der *Mobilien* aber gerade nicht angeordnet,[42] vielmehr wurde offiziell von „herrenlosem Gut" gesprochen, welches „in Obhut" genommen werde. Hintergrund der Erlasse bzgl. der Sicherstellung von Mobilien war vermutlich auch ein tatsächlich nötiger Schutz der Objekte vor Plünderungen und Chaos, jedenfalls passte dieser Eingriff aber auch im Übrigen ins ideologische Konzept. So konnten die „Schlossbergungen" bald für die sozialistische Umgestaltung der Gesellschaft nützlich gemacht werden, indem die sichergestellten Sachen – z. T. auch einfacher Hausrat – an die Bevölkerung oder Flüchtlinge verteilt wurden oder später der Wiederauffüllung der Depots der Museen in SBZ und späterer DDR „zugute" kamen, da diese ja u. a. durch die Reparationsforderungen der Sowjetunion in Mitleidenschaft gezogen worden waren. Viele Objekte aus den „Schlossbergungen" nahmen heute nur noch schwer nachvollziehbare Wege, da die „Sicherstellungen" keineswegs stets einheitlich und geordnet abliefen. Z. T. wurden die Objekte dem Schwarzmarkt zugeführt oder ebenfalls in die Sowjetunion verbracht. Einige wurden auch von Kultureinrichtungen und Verwaltungsstellen der DDR zunächst über den staatlichen Kunsthandel und später über die Kunst und Antiquitäten GmbH gen Westen verkauft.[43]

---

39 Dazu insb. auch Finkenauer/Thiessen, Kunstraub für den Sozialismus, S. 29 f.

40 Köstering, KUR 2020, 136 (138); Lupfer/Rudert, arsprototo 01/2016, 60 (60 f.); Sachse, KUR 2019, 134 (134), die auch auf die Ambivalenz dieses Begriffs, der wohl nur in Teilen der SBZ offiziell verwendet wurde, hinweisen.

41 Eine Gesamtaufstellung für das Land Sachsen-Anhalt aus dem Jahr 1950 spricht von 1.133 Tonnen Kunst- und Kulturgut, Scheunemann, KUR 2019, 165 (166–168).

42 I. E. ebenso Finkenauer/Thiessen, Kunstraub für den Sozialismus, S. 14–19, die aber mit weiterführenden Hinweisen aufzeigen, dass dies umstritten ist.

43 Zu alledem (im Rahmen dieser Arbeit beziehen sich alle Fußnoten mit dem einleitenden Präfix „Zu alledem" nicht nur auf den jeweils letzten Satz vor der Fußnote, sondern auf den gesamten, der Fußnote jeweils vorhergehenden Absatz) Berswordt-Wallrabe, Entzug von Kulturgut in der DDR, S. 120–123; Grimm, aviso 01/2016, 44 (46); Finkenauer/Thiessen, Kunstraub für den Sozialismus, S. 10–19, 21 f.; Hartmann, „Urteilen, wählen, kaufen?", S. 187; Scheunemann,

b) „Ausreise" (Mai 1945 bis Oktober 1990)

Eine zweite Gruppe an Objekten problematischer Provenienz im Kontext von SBZ und v. a. späterer DDR stellen die infolge legaler[44] oder nach damaligem Recht illegaler Ausreise zwangsweise zurückgelassenen Kulturgüter dar.

Wer das Glück hatte, aus SBZ bzw. DDR aufgrund behördlicher Genehmigung legal ausreisen zu dürfen, konnte sein mobiles Eigentum nur mittels gesonderter Ausfuhrgenehmigungen („Unbedenklichkeitserklärungen"[45]) mitnehmen. Insb. betraf dies Kulturgüter, die vorher von den Behörden aus Gründen des „Kulturgüterschutzes" begutachtet werden mussten. Diese wurden in drei Kategorien zur Einordnung der „wissenschaftlichen, historischen und kulturellen Bedeutung" von Kulturgütern eingeteilt: Kategorie I („unersetzlich und einmalig" – Vorlage beim Ministerium für Kultur (MfK)[46]), Kategorie II („großer Wert" – „darf auf keinen Fall ausgeführt werden") und Kategorie III („Wert [...] für allgemeine Bildung" – „darf unter Umständen ausgeführt werden").[47] Die Begutachtungen der Mobilien von Ausreisewilligen wurde i. d. R. durch staatlich bestellte Gutachter vorgenommen, wobei häufig Museumsmitarbeiter zur fachlichen Unterstützung herangezogen wurden. Den Museumsmitarbeitern standen allerdings lediglich Empfehlungen, aber keine Entscheidungskompetenzen zu. Von Mitarbeitern des Staatlichen Museums Schwerin etwa wurden in den Jahren 1963 bis 1989 insgesamt 656 Gutachten angefertigt, von denen lediglich 26 Gutachten die Ausfuhrgenehmigung nicht vorbehaltlos befürworteten. Die Ausreisenden erhielten generell keinen Einblick in die Akten zu den beantragten Ausfuhren, sondern lediglich die Entscheidungen mitgeteilt. Nach dem heutigen Stand der kunsthistorischen Forschung kann allerdings auch in diesem Bereich nicht von einer einheitlichen Vorgehensweise gesprochen werden. Vielmehr waren häufig Entscheidungen von Einzelpersonen oder verdeckte politische Direktiven ausschlaggebend. Oft wurde auch Druck auf die Ausreiseweilligen ausgeübt, werthaltige Mobilien bei Ausreise DDR-Institutionen zu „leihen", zu „schenken" oder zu „stiften". Nachdem die Genehmigung der dauerhaften Ausreise aus der DDR die Ausnahme war und von der

Geschäfte mit Museumsstücken, S. 202; Scheunemann, KUR 2019, 165 (166–169). Letzterer auch zum weiteren Weg der Objekte aus den „Schlossbergungen".

44 Entsprechend gilt dieser Unterfall auch für die Ausfuhr von Nachlässen, die sich auf dem Gebiet der DDR befanden und von in der BRD wohnhaften Personen ererbt wurden, vgl. Berswordt-Wallrabe, Entzug von Kulturgut in der DDR, S. 125–130; Finkenauer/Thiessen, Kunstraub für den Sozialismus, S. 82–84; Sachse, KUR 2019, 134 (138 f.). Dazu auch unter § 3.II.1., S. 71 Fn. 227.

45 Fried, Museumsblätter – Mitteilungen des Museumsverbandes Brandenburg, Heft 35 (Dezember 2019), 48 (50).

46 Vgl. Bischof, Die Kunst und Antiquitäten GmbH, S. 343.

47 Sachse, KUR 2019, 134 (138 f.)

Entscheidung der Behörden abhing, liegt es nahe, dass viele betroffene Personen bei der Mitnahme ihrer Kulturgüter Abstriche machten. Als einziger Ausweg bot sich für viele an, die Kulturgüter in der DDR zurückgebliebenen Freunden oder Verwandten zu überlassen. Nach DDR-Recht erfolgte in den Fällen, in denen Kulturgüter aufgrund behördlicher Anordnung zurückgelassen werden mussten, aber nicht zwingend ein Eigentumsübergang, sondern häufig lediglich die Begründung von Verwahrverhältnissen. Fraglich sind allerdings die Eigentumsverhältnisse an den Mobilien, die unter oben dargestellten Drucksituationen von den Betroffenen ausdrücklich „verschenkt" etc. wurden.[48]

Noch repressiver erfolgt denklogisch der Umgang mit Kulturgütern im Kontext der nach DDR-Recht strafbaren „Republikflucht", d. h. Kulturgütern, die sog. „Republikflüchtige" auf dem Gebiet der DDR hinterließen, weil sie sie aufgrund der Umstände ihrer Ausreise schlichtweg nicht mitführen konnten. Zwischen Mai 1945 und Oktober 1990 verließen über vier Millionen Menschen SBZ und DDR entgegen den jeweils geltenden Vorschriften.[49] Insb. nach § 213 StGB-DDR[50], verabschiedet mit dem gesamten StGB-DDR am 12.01.1968, aber auch nach entsprechenden Vorgängerregelungen,[51] war „ungesetzlicher Grenzübertritt" strafbar. Nach § 1 Abs. 1 Anordnung Nr. 2 vom 20.08.1958 über die Behandlung des Vermögens von Personen, die die DDR nach dem 10.06.1953 verlassen,[52] wurde „[d]as Vermögen von Personen, die die Deutsche Demokratische Republik ohne erforderliche Genehmigung nach dem 10. Juni 1953 verlassen [...] durch staatliche Treuhänder verwaltet". Rglm. wurden die hinterlassenen Objekte von diesen staatlichen Treuhändern verkauft, vernichtet oder staatlichen Institutionen wie Museen übergeben.[53] Ein internes Schreiben der Staatlichen Plankommission der DDR an das MfK aus dem Jahr 1956 sieht dagegen vor, dass zurückgelassene Kulturgüter vorrangig dem Staatlichen Kunsthandel überlassen werden sollten. *Gerhard Richter* etwa

---

48 Zu alledem Finkenauer/Thiessen, Kunstraub für den Sozialismus, S. 54–61, Fried, Museumsblätter – Mitteilungen des Museumsverbandes Brandenburg, Heft 35 (Dezember 2019), 48 (49 f.); Müller, Privater Kunsthandel in der DDR, S. 144 f.; Sachse, KUR 2019, 134 (139 f.). Vgl. Blum/Heidemeyer/Polzin, Spezialinventar, S. 19 f. Fn. 34.

49 K. Schröder, Der SED-Staat, S. 845, 847; Wehler, Deutsche Gesellschaftsgeschichte (Bd. 5), S. 45.

50 Strafgesetzbuch der DDR (StGB-DDR) vom 12.01.1968, DDR-GBl. I S. 1. Im Folgenden wird stets aus der Fassung des StGB-DDR vom 19.12.1974 zitiert, DDR-GBl. I S. 591.

51 Vgl. etwa Schurig, „Republikflucht", S. 70 f.

52 DDR-GBl. I S. 664. Zur Rechtslage vor 1958 Finkenauer/Thiessen, Kunstraub für den Sozialismus, S. 42–50.

53 Anschaulich anhand eines konkreten Einzelfalls Chall, Wege in die Sammlung, insb. S. 126 f. und in diesem Kontext VG Gera, Urt. v. 21.11.2019 – 3 K 1197/16 GE, BeckRS 2019, 53517 (aufgehoben und zurückverwiesen durch BVerwG, Beschl. v. 17.12.2020 – 8 B 17.20, BeckRS 2020, 42357).

hinterließ bei seiner Flucht in die BRD im Jahr 1961 in seiner Dresdner Wohnung mindestens 38 Gemälde, von denen gesichert zumindest ein Teil zunächst beim Staatlichen Kunsthandel inventarisiert wurde, deren Spur sich im Übrigen aber verloren hat.[54] Dies ist ein Beispiel, wie bereits früh der Wert von Kulturgütern für den Staatshaushalt ertüchtigt wurde – einige der Objekte werden möglicherweise später über den Staatlichen Kunsthandel ihren Weg in das kapitalistische Ausland gegen Devisen gefunden haben. Insgesamt ist festzustellen, dass der Verbleib von Kulturgütern auch in diesen Fällen oft durch die Entscheidungen von Einzelpersonen und weniger von einem allgemeinen Vorgehen geprägt war. All dies bedeutete aber jedenfalls für die Betroffenen i. d. R. nichts anderes als eine faktische Enteignung.[55] Denn auch wenn im teilweisen Gegensatz zu vorhergehenden Regelungen zumindest seit Erlass der genannten Anordnung Nr. 2 mit der staatlichen Treuhandverwaltung explizit keine formelle Enteignung mehr verbunden war, lag durch das dargestellte Vorgehen faktisch das alleinige Nutzungs- und Ausschlussrecht nicht mehr bei den bisherigen Eigentümern, sondern den staatlichen „Treuhändern". Auch von einer zivilrechtlichen Dereliktion kann mangels Freiwilligkeit kaum die Rede sein.[56] Die Klassik Stiftung Weimar konnte im Jahr 2014 in ihrem Bestand bspw. über 200 Objekte aus den Hinterlassenschaften allein einer einzigen „Republikflucht" ausmachen.[57]

c) „Devisen" (ca. 1950er-Jahre bis Oktober 1990)

Einleitend wurde unter § 1.I. bereits erwähnt, dass der Verlust privater Kulturgüter infolge der Vollstreckung von Steuerforderungen in der DDR als konkreter Forschungsgegenstand dieser Arbeit sich lediglich als ein besonders prägnanter Unterfall der dritten Verlustgruppe im Kontext von SBZ und DDR – der Verlustgruppe „Devisen" – darstellt. Es wurden neben den Steuerverfahren, auf die noch ausführlich eingegangen wird, auch noch andere Wege gesucht und gefunden, um die dringend benötigten West-Devisen zu vereinnahmen.

---

54 Hartmann, „Urteilen, wählen, kaufen?", S. 188 f.

55 Sachse, KUR 2019, 134 (136); Sachse, Museumskunde 2/2020, 60 (62); Strahl/Stutz, Verbleib von Kunst- und Kulturgut, S. 108 f. Zum Rechtsbegriff der „faktischen Enteignung" ausführlich unter § 4.II.2.a), S. 170 f.

56 Engelhardt, Nachrichtenlose Kulturgüter, S. 14.

57 Chall, Wege in die Sammlung, S. 131. Eingehender zu Kulturgutverlusten in SBZ und DDR infolge sog. „Republikfluchten" Finkenauer/Thiessen, Kunstraub für den Sozialismus, S. 38–53.

U. a. wurden Kulturgüter aus den bisher genannten Verlustgründen, die sich infolgedessen in staatlichem Besitz befanden, veräußert.[58] Weiterhin wurden Museen angewiesen, Kulturgüter für den Export auszusondern und bereitzustellen.[59] Schließlich wurden auch vollkommen aus dem Raster fallende, am ehesten als „Sonderaktionen" zu bezeichnende, Vorgänge genutzt, um staatlicherseits Kulturgüter für den Export gegen Devisen zu beschaffen. Besonders anschaulich dafür ist die im Jahr 1962 vom MfS durchgeführte „Aktion Licht", auch wenn diese nach dem aktuellen Stand der Forschung i. E. paradoxerweise nicht zu nennenswerten Exporten führte. Am 06./07.01.1962 wurden durch Mitarbeiter des MfS tausende sog. „herrenloser", d. h. (vermeintlich) seit dem Ende des Zweiten Weltkriegs nicht mehr geöffnete, Schließfächer, Tresore und Safes in über 3.000 Gebäuden der gesamten DDR geöffnet. Der Inhalt wurde abtransportiert und vom MfS ausgewertet, anschließend wurden die meisten Objekte der Tresorverwaltung des MdF übergeben. Hinter der Aktion standen mehrere Motivlagen, u. a. erhoffte man sich möglicherweise auch Funde in Bezug auf verschollene, hochwertige Kulturgüter. Der Export der tatsächlich gefundenen Kulturgüter war i. E. wohl deshalb nicht erfolgreich, weil die Abwicklung über den Staatlichen Kunsthandel, der dem MfK unterstand, an massiven organisatorischen Defiziten und Machtkämpfen zwischen den beteiligten Ministerien scheiterte.[60]

2. Handeln und Sammeln von Kulturgütern in der DDR

Während hoheitlich verursachten Kulturgutverlusten in Ostdeutschland in den Jahren 1945 bis 1990 also eine gewisse Tradition zukommt, in deren Linie sich die in dieser Arbeit untersuchten Steuerverfahren befinden, wird ihr konkretes Gepräge v. a. durch die grundsätzlichen Umstände des Kunsthandelns und -sammelns in der DDR bestimmt. Neben der Kunst und Antiquitäten GmbH waren deren Protagonisten – bzw. eher Antagonisten – der Staatliche Kunsthandel einerseits (a)) sowie die privaten Kunsthändler (b)) und -sammler (c)) andererseits.

---

58 Vgl. etwa Bahlmann/Hübner/Isphording/Klüh, Findbuch Staatlicher Kunsthandel, S. 3; Hartmann, „Urteilen, wählen, kaufen?", S. 186–188; Scheunemann, Geschäfte mit Museumsstücken, S. 203–205.

59 Scheunemann, Geschäfte mit Museumsstücken, S. 203–205.

60 Zu alledem Berswordt-Wallrabe, Entzug von Kulturgut in der DDR, S. 130–133; Finkenauer/Thiessen, Kunstraub für den Sozialismus, S. 74–76; Widera, Mitteilungen des Museumsverbandes Brandenburg, Heft 35 (Dezember 2019), 44 (insb. 47); Widera, Staatlicher Kunsthandel in der DDR, S. 171–175.

a) Staatlicher Kunsthandel

Es entsprach dem sozialistischen Wirtschaftssystem der DDR, dass auch der Handel mit Kulturgütern allein in staatlichen bzw. verstaatlichten Organisationen erfolgen sollte. Dieses Ziel wurde im Laufe der DDR allerdings nicht unter Ägide einer einheitlichen staatlichen Organisation umgesetzt. Vielmehr muss der Staatliche Kunsthandel der DDR im Wesentlichen als Abfolge von vier sich einander chronologisch ablösenden Institutionen verstanden werden: „Staatlicher Kunsthandel" (1955–1962), „Volkseigener Handelsbetrieb (VEH) Moderne Kunst"[61] (1962–1967), „VEH Antiquitäten" (1967–1974) sowie „VEH Bildende Kunst und Antiquitäten" (1974–1990).[62] Gemeinsames prägnantes Merkmal dieser Institutionen war deren mangelnde Leistungsfähigkeit, welche durch fehlendes Fachwissen, organisatorische Defizite und unvereinbare Zielkonflikte verursacht wurde.[63]

Bereits im Gründungsjahr 1955[64] stand der Export hochwertiger Kulturgüter ins kapitalistische Ausland gegen Devisen im Fokus.[65] Praktisch erfolgte dies zunächst v. a. durch die Begleitung westlicher Einkäufer beim Besuch noch nicht verstaatlichter, privater Kunsthändler. Die ausgewählten Objekte mussten sodann vom privaten Kunsthändler an den Staatlichen Kunsthandel zwischenverkauft werden, da bereits zu diesem Zeitpunkt ein staatliches Exportmonopol[66] bestand. Der Export selbst wurde dann über einen DDR-Außenhandelsbetrieb (AHB), der dem Ministerium für Außenhandel (MAH) unterstand, abgewickelt.[67] Im Jahr 1967 machte der Export von Kulturgütern ins kapitalistische Ausland bereits ein Drittel

61 Entgegen seiner Bezeichnung war dieser auch für den Handel mit Antiquitäten zuständig. VEH ist lediglich eine etwas abweichende Bezeichnung für einen Volkseigenen Betrieb (VEB), die typische Rechtsform der DDR-Staatsbetriebe, vgl. Krakat, VEB, S. 903 f.

62 Bahlmann/Hübner/Isphording/Klüh, Findbuch Staatlicher Kunsthandel, S. 4–10.

63 Widera, Staatlicher Kunsthandel in der DDR, S. 173 f., 176.

64 Aber auch vor dieser Zeit wurden bereits massenhaft Objekte – insb. der Provenienz "Schlossbergung" – unkoordiniert nach Westdeutschland verkauft, Hartmann, „Urteilen, wählen, kaufen?", S. 187.

65 Vgl. Bischof, Kunstexporte im Kalten Krieg, S. 139; Pätzke, kritische berichte 3/93, 65 (65).

66 Dazu ausführlich unter § 2.I.3.a), S. 39.

67 Zu alledem Hartmann, „Urteilen, wählen, kaufen?", S. 187 f.; Isphording, Die Kunst und Antiquitäten GmbH, S. 235. Die AHB hießen bis zum Jahr 1968 eigentlich noch Außenhandelsunternehmen (AHU), vgl. Bahlmann/Hübner/Isphording/Klüh, Findbuch Staatlicher Kunsthandel, S. 4 und Bischof, Kunst und Antiquitäten GmbH, S. 30 f. Ebenso hieß das MAH bis zum Jahr 1967 noch Ministerium für Außenhandel und Innerdeutschen Handel (MAI) und in den Jahren 1967–1973 übergangsweise noch Ministerium für Außenwirtschaft (MAW), vgl. § 4 Abs. 1 Nr. 9 Gesetz über die Regierung der DDR vom 08.11.1950, DDR-GBl. S. 1135; Bekanntmachung über die Bildung von Ministerien vom 23.08.1967, DDR-GBl. II S. 571; Bekanntmachung über die Umbenennung des Ministeriums für Außenwirtschaft in Ministerium für Außenhandel vom 23.11.1973, DDR-GBl. I S. 539. Zur leichteren Verständlichkeit werden für den Kontext

der Handelsaktivitäten aus, erfolgte aber ab Gründung der Kunst und Antiquitäten GmbH im Jahr 1973 zunehmend über diese. Das Tätigkeitsfeld des ab dem Jahr 1974 bestehenden VEH Antiquitäten bestand dennoch nach § 2 seines Statuts weiterhin im „Groß- und Einzelhandel sowie [dem] *Außenhandel* [Hervor. d. Verf.] mit zeitgenössischer bildender und angewandter Kunst, Volkskunst und Antiquitäten“[68]. Er unterhielt zu dieser Zeit eine zunehmende Zahl an Verkaufsstätten, Galerien, Auktionshäusern etc. in der gesamten DDR. Nicht wenige der übernommenen Häuser waren zuvor privat geführt und im Laufe der SBZ und DDR dem Staatlichen Kunsthandel zugeführt worden. Der VEH unterlag wie alle Staatsbetriebe Jahresplänen, nahm aber zugleich auch kulturpolitische Aufgaben wahr. Zudem war er nicht nur ständigen Machtkämpfen zwischen MAH und MfK, dem er ab 1967 unterstand, sondern auch sachfremden Nebeninteressen von MdF und v. a. MfS ausgesetzt. Mit diesen teils konträren Zielsetzungen – Erfüllung planwirtschaftlicher Jahresvorgaben, Unterstützung der Exporttätigkeit der Kunst und Antiquitäten GmbH zur außerplanmäßigen Devisengewinnung, kulturpolitischer Anspruch – bestand allerdings bis zuletzt ein kaum lösbares Spannungsfeld.[69]

Der Staatliche Kunsthandel wurde insb. seinem kulturpolitischen Anspruch nicht gerecht. In Kulturkreisen wurde ihm vielfach misstraut und seine Tätigkeit eher als „Reglementierung, Diskreditierung und Kriminalisierung“[70] wahrgenommen. Dies war nicht unberechtigt, waren Mitarbeiter des Staatlichen Kunsthandels – auch wenn sie in dieser Funktion dem MfK unterstanden – häufig zugleich „Inoffizielle Mitarbeiter“ (IM) des MfS mit dem Auftrag, private Kunsthändler und -sammler im Rahmen des Ankaufs auszukundschaften. Verursacht wurde dies auch dadurch, dass im Portfolio des Staatlichen Kunsthandels immer wieder Objekte zweifelhafter Herkunft, z. B. aus Galerieeinbrüchen, auftauchten oder, wie im Falle der zurückgelassenen Kulturgüter von „Republikflüchtigen“, sogar gang und gebe waren.[71]

---

dieser Arbeit allerdings nur die für die späte DDR relevanten Bezeichnungen AHB und MAH verwendet, auch wenn dies rein terminologisch nicht korrekt ist.

68 Statut des Staatlichen Kunsthandels der DDR „VEH Bildende Kunst und Antiquitäten“, zitiert nach Bahlmann/Hübner/Isphording/Klüh, Findbuch Staatlicher Kunsthandel, S. 6.

69 Zu alledem Bahlmann/Hübner/Isphording/Klüh, Findbuch Staatlicher Kunsthandel, S. 6–10. Vgl. auch Pätzke, kritische berichte 3/93, 65 (67).

70 Warmbrunn, VEB Kunst, S. 302.

71 Warmbrunn, VEB Kunst, S. 302 f.; Hartmann, „Urteilen, wählen, kaufen?“, S. 188 f.; vgl. Widera, Staatlicher Kunsthandel in der DDR, S. 173.

b) Privater Kunsthandel

Die grundlegende Situation des privaten Kunsthandels in der DDR ergibt sich wie für alle privaten Unternehmen in Ostdeutschland ab Mai 1945 aus der sozialistischen Wirtschaftsdoktrin – ihr Bestehen war in der angestrebten Gesellschafts- und Wirtschaftsordnung nicht dauerhaft vorgesehen, sondern, im Gegenteil, zu bekämpfen. Damit war ein Tod auf Raten vorprogrammiert.[72] Während des Bestehens der SBZ wurde innerhalb von vier Jahren durch Reparationsleistungen in die Sowjetunion und Überführungen ins Volkseigentum mittels entschädigungsloser Enteignungen ein Eingriff drastischen Ausmaßes in die Privatwirtschaft Ostdeutschlands vorgenommen. Übrig blieben v. a. Kleinbetriebe in Form von Einzel- und Familienunternehmen. Als allgemeines Mittel zur Verdrängung dieser nach den Enteignungen der SBZ verbliebenen Privatunternehmen setzte die DDR-Führung ab Beginn der 1950er-Jahre nicht mehr wie die SMAD, welche aufgrund Besatzungsrechts handelte, auf direkte Enteignungen, sondern auf eine ausufernde und somit für den Gewerbetreibenden nicht mehr zu überblickende Regelungsdichte v. a. in den Bereichen „des betrieblichen Rechnungswesens, des Steuer-, Währungs- und Devisenrechts, des Zahlungsverkehrs, der planwirtschaftlichen Wirtschaftslenkung und der Außenhandelsbeziehungen“ bei gleichzeitig harter Sanktionierung (insb. in Form von Vermögenseinziehung) und interner Anweisung der Exekutive, die Einhaltung der Vorschriften mit hohem Arbeitseinsatz und inhaltlich überpenibel zu kontrollieren.[73]

Private Kunsthandlungen und -galerien, die nicht den unmittelbar nach Kriegsende einsetzenden Verstaatlichungswellen oder der Massenabwanderung gen Westen zum Opfer fielen, wurden als Kleinbetriebe ab den 1950er-Jahren auf diese Weise ebenfalls sukzessive zugunsten des Staatlichen Kunsthandels vereinnahmt, verdrängt oder übernommen.[74] Im Jahr 1970 gab es noch ungefähr 60 private Kunsthandlungen in der gesamten DDR.[75] Von diesen wiederum konnten viele dem dann folgenden Höhepunkt einer neuen Verstaatlichungswelle nicht mehr trotzen oder gerieten ins Visier der Kunst und Antiquitäten GmbH.[76] Dabei war den Behörden der Kontakt zwischen privaten Kunsthändlern und westlichen Ankäufern ein besonderer Dorn im Auge, selbst wenn der Staatliche Kunsthandel und die AHB infolge des bereits beschriebenen Zwischenverkaufs gut daran verdienten.

---

72 Pätzke, kritische berichte 3/93, 65 (65 f.).

73 Karlsch/Schäfer, Familienunternehmen in Ostdeutschland, S. 54 f., 59.

74 Vgl. Kaiser, Treibjagd im Kulturschutzgebiet, S. 294; Müller-Wenzel, Die Galerie Henning, S. 152–155.

75 Bischof, Die Kunst und Antiquitäten GmbH, S. 86.

76 Hartmann, „Urteilen, wählen, kaufen?“, S. 183; vgl. Karlsch/Schäfer, Familienunternehmen in Ostdeutschland, S. 68, 70 f.

Denn gerade dadurch wurden die benötigten Devisen aus dem kapitalistischen Ausland vereinnahmt und die damit zusammenhängenden Umrechnungsgewinne einbehalten, da der Erlös an die privaten Händler rglm. nur als Nominalbetrag in der schwachen Mark der DDR (DDR-M) und nicht in „harten Devisen“ ausgezahlt wurde. Trotzdem (oder gerade deswegen) sollten diese Ost-West-Verkäufe nur unter staatlicher Überwachung bzw. ab Gründung der Kunst und Antiquitäten GmbH im Jahr 1973 gar nicht mehr stattfinden.[77]

Veranschaulichen lässt sich dies am Beispiel der privaten Dresdner Kunsthandlung *Alphons Müller*, die den staatlichen Repressalien verhältnismäßig lange trotzen konnte. Die Kunsthandlung war überregional bekannt und wurde von Prominenten aus Ost und West frequentiert. Im Verlaufe der DDR geriet sie allerdings zunehmend unter staatlichen Druck. Einerseits wurde sie aufgrund ihrer Bekanntheit in Westeuropa durch den Staatlichen Kunsthandel zur Erwirtschaftung von Devisen instrumentalisiert. Dbzgl. ergingen genaue Anweisungen, wann man sich für einen vom Staatlichen Kunsthandel begleiteten Besuch westlicher Gäste mit hochwertigen Kulturgütern bereitzuhalten habe. Andererseits wurden alle privaten Kunsthändler angewiesen, sich Ankäufe von Privatpersonen quittieren zu lassen und die örtliche Polizei über jeden Beleg spätestens innerhalb von 72 Stunden zu informieren. Diese Praxis diente bereits der Auskundschaftung privater Kunstsammler und damit der Vorbereitung späterer Steuerverfahren. Im Jahr 1972 starb *Alphons Müller*, die Schließung des Geschäfts wurde im Jahr 1976 erzwungen.[78] Witwe und Sohn konnten dauerhaft in die BRD ausreisen, mussten allerdings etliche private und gewerbliche Kulturgüter nach einer restriktiven „Begutachtung“ aufgrund des „Kulturgüterschutzes“ bei verbliebenen Familienteilen hinterlassen.

c) Private Kunstsammlung

Ähnlich prekär war die Lage der privaten Kunstsammler in der DDR. Auch ihre Zahl war in Ostdeutschland nach dem Zweiten Weltkrieg durch entschädigungslose Enteignungen und Massenabwanderung der entsprechenden Klientel zurückgegangen. Private Kunstsammler wurden von staatlicher Seite beargwöhnt, da „[b]ürgerliches Sammeln […] der Ideologie und den Zielen des Arbeiter- und Bauernstaates ebenso wenig [entsprach] wie Privateigentum“[79]. Dementsprechend ist davon auszugehen, dass es in der DDR im Vergleich zu westeuropäischen Staaten nur eine kleine Zahl von privaten Kunstsammlungen nennenswerter Größe und Qualität gab.[80] Eine

77 Zu alledem Bischof, Die Kunst und Antiquitäten GmbH, S. 86; Müller, Privater Kunsthandel in der DDR, S. 142. Vgl. Braun, Kunstprozesse, S. 273.

78 Zu alledem Müller, Privater Kunsthandel in der DDR, S. 139, 141–144.

79 Müller, Privater Kunsthandel in der DDR, S. 141.

80 Kaiser, Treibjagd im Kulturschutzgebiet, S. 293; Sager, Die Besessenen, S. 32.

genaue Bezifferung ist mangels offizieller statistischer Erfassung und genauer Definition, ab wann eine private Kunstsammlung nennenswerter Größe und Qualität beginnt, nicht möglich. Einen groben Anhaltspunkt kann möglicherweise die geschätzte Gesamtanzahl von etwa 200 durch die Kunst und Antiquitäten GmbH initiierten Steuerverfahren bieten, da davon auszugehen ist, dass für diese Zwecke in Zusammenarbeit mit dem MfS ein relevanter Anteil der privaten Kunstsammler mit solchen Sammlungen in der DDR ins Visier genommen wurde.[81] Bei einer weiteren – angesichts des engen Überwachungsnetzes des MfS und außenwirtschaftlichen Druckes der Kunst und Antiquitäten GmbH, Devisen zu beschaffen, zurückhaltenden – Schätzung, dass mindestens 10% der privaten Kunstsammler mit entsprechenden Sammlungen Betroffene der Steuerverfahren wurden, könnte man bei äußerster Vorsicht ungefähr davon ausgehen, dass in der DDR eine niedrige drei- bis maximal vierstellige Zahl von solchen privaten Kunstsammlern existierte. Charakteristisch für dieses Milieu dürfte das sein, was *Kotowski* als „[d]ie Psychologie des Sammlers, dem in einem totalitären Regime seine Sammlung ein Zufluchtsort wurde"[82] für das Wesen von Rückzugsmilieus in Diktaturen allgemein zum Ausdruck bringt. In der DDR konkret war Kunst(sammeln) mit Sicherheit auch eine Fluchtmöglichkeit für Intellektuelle, exzentrische Abweichler und „bürgerliche Residualmilieus"[83]. Der schöngeistige Austausch in solchen kulturellen Nischen hat, trotz deren Abschottung nach außen bis hin zur bewussten Marginalisierung, auch zu einer hohen Vernetzung untereinander geführt, was in misslicher Weise wiederum deren Überwachung erleichtert haben dürfte.[84]

3. (Außen-) Wirtschaftlicher Abwärtsstrudel der DDR

Der Bedarf der DDR an Devisen kapitalistischer Staaten wie der BRD (DM) oder der USA (USD), im DDR-Jargon „Nichtsozialistisches Wirtschaftsgebiet" (NSW)[85] genannt, stieg stetig (a)) und führte zur Gründung des Bereichs Kommerzielle Koordinierung (b)).

81 Bischof, Die Kunst und Antiquitäten GmbH, S. 152 f.; Wendl, OV „Puppe", S. 158.

82 Kotowski, KUR 2011, 165 (165).

83 Kaiser, Treibjagd im Kulturschutzgebiet, S. 296.

84 Bischof, Der Sammler in der Diktatur, S. 291; Bischof, Die Kunst und Antiquitäten GmbH, S. 190 f.; Kaiser, Treibjagd im Kulturschutzgebiet, S. 297; Sager, Die Besessenen, S. 37, 42; vgl. Müller, Privater Kunsthandel in der DDR, S. 141.

85 Der ursprünglich ideologisch konnotierte Begriff wird in dieser Arbeit wertungsfrei verwendet. Dasselbe gilt für die Abkürzung „BRD", die während der Zeit der deutschen Teilung auch ein sozialistischer Kampfbegriff war.

a) „Irrwege“: Hoher Devisenbedarf eines nicht leistungsfähigen Staates mit Überwachungs- und Vollversorgungsanspruch

Kennzeichnendes Element einer sozialistischen Wirtschaftsordnung sowjetischer Art, wie sie in der DDR etabliert wurde, war die zentrale Planwirtschaft nebst der dafür nötigen Abschaffung privater Wirtschaftseinheiten. Diese unterlag nach Ansicht vieler Wirtschaftshistoriker im Vergleich zu marktwirtschaftlich organisierten Systemen einem grundlegenden *Anreiz-* und *Informations-*Defizit und war daher relativ betrachtet kaum leistungsfähig.[86] Im Vergleich zum wirtschaftlichen Erfolg und Lebensstandard des NSW hinkte die DDR daher nach den massiven Demontagen, Reparationen und entschädigungslosen Enteignungen der SBZ[87] sowie der gravierenden Umstellung von Markt- auf Planwirtschaft deutlich hinterher. Praktisch bedeutete dies für die DDR-Führung ein Totalversagen, da der für sie und viele DDR-Bürger relevante Vergleich allein der Blick in die BRD und dem dort entwickelten, hohen Wohlstandsniveau war. Dies zeigen politische Parolen wie *Walter Ulbrichts* „Einholen und Überholen“ aus dem Jahr 1958.[88] Auch *Erich Honecker* versuchte das Volk auf Grundlage der ab 1972 ausgerufenen „Einheit von Wirtschafts- und Sozialpolitik“ durch eine – überwachte[89] – Vollversorgung mit auf Pump erzwungener Steigerung des Lebensstandards zu beruhigen, da der DDR-Führungsriege der Volksaufstand vom 17.06.1953 noch immer in den Gliedern steckte.[90] Infolgedessen war die DDR darauf angewiesen, insb. Konsumgüter und Technologieprodukte, die sie nicht (ausreichend) selbst produzieren konnte, von Unternehmen aus dem NSW zu importieren, um die Lebensverhältnisse wenigstens

---

86 Richter, Die DDR, S. 39 f.; K. Schröder, Der SED-Staat, S. 625 f., 631, 637; Wehler, Deutsche Gesellschaftsgeschichte (Bd. 5), S. 91, 105.

87 Diese Maßnahmen allein hinterließen, neben dem abgewanderten Humankapital, insgesamt eine Absenkung des Kapitalstocks von 22% (z. B. durch die Demontage der Hälfte des Eisenbahnnetzes in die Sowjetunion und eines Rückgangs von 80% der Autoindustrie), Wehler, Deutsche Gesellschaftsgeschichte (Bd. 5), S. 90 f.

88 Richter, Die DDR, S. 40–42; Wehler, Deutsche Gesellschaftsgeschichte (Bd. 5), S. 88. Danach sollte der Pro-Kopf-Verbrauch der DDR-Bürger bis zum Jahr 1961 den Pro-Kopf-Verbrauch der BRD-Bürger „einholen und überholen“. Die Realität sah anders aus: Das Wachstum des produzierten Nationaleinkommens der DDR sank allein im Vergleich des Jahres 1960 zum Jahr 1961 um 50%.

89 Die Ausgaben für das Überwachungssystem belasteten den Staatshausalt ebenfalls erheblich, K. Schröder, Der SED-Staat, S. 660 f.

90 Richter, Die DDR, S. 48; Steiner, Von Plan zu Plan, S. 189–191; Wehler, Deutsche Gesellschaftsgeschichte (Bd. 5), S. 93, 95 f. Die staatlichen Subventionen z. B. für Lebensmittel, Mieten und Nahverkehr betrugen 1989 ein Fünftel des Staatshaushaltes. Andere kostspielige Bereiche wie Kinderversorgung, Gesundheitssystem und Renten sind dabei noch nicht eingerechnet. Richter, Die DDR, S. 44.

annähernd an denen der BRD anzugleichen. Der Import aus anderen sozialistischen Staaten war nicht möglich, da diese noch weniger als die DDR in der Lage waren, diese Produkte herzustellen.[91]

Die Importe dieser hochwertigen Güter konnten nur von den, dem MAH unterstehenden, AHB vorgenommen werden, da in der DDR ein staatliches Außenhandelsmonopol bestand. Dieses war eine notwendige Begleiterscheinung der zentralen Planwirtschaft, da nur so ein vom Wettbewerb der freien Märkte einigermaßen autark geführter Planwirtschaftsraum entstehen konnte.[92] Ähnlich verhielt es sich mit dem ebenfalls bestehenden staatlichen Devisenmonopol. Um Störungen der planwirtschaftlichen Transformation durch Währungsschwankungen auf den internationalen Finanzmärkten zu verhindern, wurde die DDR-M als nicht konvertierbare Binnenwährung ausgestaltet.[93] Da das gesetzliche Zahlungsmittel der DDR als Binnenwährung angelegt wurde und zudem wegen ihrer geringen Kaufkraft sowie aus politischen Gründen auf Akzeptanzprobleme der westlichen Handelspartner gestoßen wäre, konnten die nötigen Importe aus dem NSW fast[94] nur mittels deren Devisen wahrgenommen werden.

Der hohe Bedarf an fremden Devisen hätte die DDR-Wirtschaft nicht zwingend in Bedrängnis gebracht, wenn durch staatliche Exporte mindestens genauso viel Devisen vereinnahmt worden wären, d. h. eine dauerhaft ausgeglichene Außenhandelsbilanz bestanden hätte. Dies war aber aufgrund der oben geschilderten Probleme der DDR-Wirtschaft nicht der Fall.[95] Die Struktur der DDR-Exportprodukte entsprach zunehmend der eines Entwicklungslandes, was kein ausreichendes Äquivalent für die eigenen Importe aus den Westmärkten darstellte.[96] Um die Importe dennoch bezahlen zu können, mussten schließlich immer umfangreicher werdende Kredite bei westlichen Unternehmen, Banken und Staaten aufgenommen werden, sodass eine Verschuldungsspirale in Gang kam.[97] Zu Zwecken der

---

91 Zu alledem Richter, Die DDR, S. 46; K. Schröder, Der SED-Staat, S. 645; vgl. Steiner, Von Plan zu Plan, S. 218 f., 230 f.

92 Vgl. zum Außenhandelsmonopol insgesamt Haendcke-Hoppe-Arndt, Außenwirtschaft, S. 111.

93 Vgl. zum Devisenmonopol insgesamt Klein, Währungswesen, S. 309.

94 Neben den Devisen wurde auch direkt gegen eigene Erzeugnisse bzw. auf Basis von Verrechnungseinheiten getauscht, was aber nicht in ausreichendem Umfang möglich war, K. Schröder, Der SED-Staat, S. 642.

95 Nach Wehler, Deutsche Gesellschaftsgeschichte (Bd. 5), S. 96 f. türmten sich in den Jahren 1971 bis 1981 doppelt so hohe Importe aus dem NSW wie Exporte ins NSW auf.

96 Haendcke-Hoppe-Arndt, Außenwirtschaft, S. 111 f., 114 f.

97 Nach Richter, Die DDR, S. 46 betrugen die Verbindlichkeiten im Jahr 1971 bereits 2 Milliarden USD, im Jahr 1982 ganze 25,5 Milliarden USD. Allein die Zinslast war am Ende der DDR mit einer Milliarde USD pro Jahr erdrückend, Wehler, Deutsche Gesellschaftsgeschichte (Bd. 5), S. 97.

Handelsbilanzierung – die nicht zweckmäßig mit der DDR-M als reiner Binnenwährung dargestellt werden konnte – wurde eine fiktive Recheneinheit geschaffen, die Valutamark (VM, umgangssprachlich „Valuta“).[98] Die DDR unternahm alles, um der aus der hohen Verschuldung im NSW resultierenden Devisenproblematik zu begegnen, mit Ausnahme der Korrektur der oben geschilderten strukturellen Ursachen, da diese ideologisch verordnet waren, oder der Anpassung der Lebensverhältnisse an die planwirtschaftliche Realität. Damit verordnete sich die zweite deutsche Diktatur das, was sie zuvor den nach den Enteignungen der SBZ verbliebenen privaten Kleinbetrieben auferlegt hatte: einen Tod auf Raten. Im Oktober 1989 wurde kurz vor dem Mauerfall innerhalb der DDR-Führung konstatiert, dass der Lebensstandard bei einer Beendigung der Verschuldungspolitik im inzwischen ohnehin offensichtlich maroden Staat um weitere 25–30% fallen und die DDR infolgedessen „unregierbar“ würde.[99]

b) „Auswege?“: Der Bereich „Kommerzielle Koordinierung“ mit seinen „mehr oder weniger unseriösen“ Geschäftspraktiken

Zur dringend benötigten Devisenbeschaffung rückten bereits früh „mehr oder weniger unseriöse“ Geschäftspraktiken in den Fokus, wie es *Schalck-Golodkowski* 1965 selbst ausdrückte.[100] Im Jahr 1966 wurde durch eine Verfügung des Vorsitzenden des Ministerrates der DDR eine neue Untergliederung des MAH geschaffen, die später „Bereich Kommerzielle Koordinierung“ (umgangssprachlich „KoKo“) genannt wurde. Zweck des Bereichs war laut Verfügung die „maximale Erwirtschaftung kapitalistischer Valuten außerhalb des Staatsplans“ mittels „privaten Außenhandelsfirmen“.[101] Als Bevollmächtigter und zugleich Staatssekretär des MAH

---

98 Diese hatte bei ihrer erstmaligen Verwendung im Jahr 1959 einen politisch festgelegten Kurs von 4,20 VM = 1 USD, der sich damit am damaligen Umrechnungskurs der DM zu USD orientierte. Allerdings fanden später immer wieder geheime und politisch bedingte Kursänderungen statt, weshalb selbst dieses Instrument die Außenhandelsbilanz der DDR kaum akkurat abbilden konnte. Bischof, Die Kunst und Antiquitäten GmbH, S. 6.

99 Richter, Die DDR, S. 48; K. Schröder, Der SED-Staat, S. 649–652, 657, wonach einige volkswirtschaftliche Berechnungen zu dem Ergebnis kommen, dass die DDR während ihres Bestehens durch ihre eigene Wirtschaftskraft nie ein höheres reales Wohlstandsniveau als im Deutschland der 1930er-Jahre hätte erreichen können. Das Produktivitätsniveau je Erwerbstätigen lag im Jahr 1989 bei maximal 20% desjenigen der BRD-Erwerbstätigen.

100 Zitat nach Haendcke-Hoppe-Arndt, Außenwirtschaft, S. 116.

101 Verfügung des Vorsitzenden des Ministerrates Nr. 61/66 vom 01.04.1966, als Kopie abgedruckt in BT-Drs. 12/3462 („KoKo-Untersuchungsausschuss“ – Erster Teilbericht), S. 58–60 („Dokument 7“).

wurde *Schalck-Golodkowski* ernannt.[102] Dem Bereich wurden per Ministerratsverfügung zahlreiche Sonderrechte zuteil, u. a. durften nicht der Bankenkontrolle unterliegende Konten mit ausländischen Devisen bei DDR-Banken geführt werden („Devisenausländer"), was für Gesellschaften mit Sitz in der DDR eigentlich gesetzlich verboten war.[103] Darüber hinaus erhielt der Bereich die Zollhoheit für die unter ihm getätigten Ein- und Ausfuhren.[104] Operativ wurde mit Gesellschaften, welche den Abteilungen des Bereichs nachgeordnet waren, gearbeitet. Dafür wurden staatliche Unternehmen neu gegründet oder bereits bestehende staatliche Unternehmen eingegliedert. Letztere waren z. T. bereits zuvor in illegale Geschäfte verwickelt oder dienten als Tarnfirmen des MfS.[105] Diese „privaten" Außenhandelsfirmen wurden zwar häufig in der Privatrechtsform der GmbH oder anderer „westlicher" Gesellschaftsformen betrieben[106], wurden aber aufgrund ihrer 100% staatlichen Beherrschung von staatlicher Seite wie AHB behandelt, auch wenn sie so i. d. R. nicht bezeichnet wurden. Gewöhnliche AHB wurden nämlich wie fast alle Staatsbetriebe in der Rechtsform der VEB geführt, während so gut wie keine Gesellschaften in („klassischer") Privatrechtsform auf dem Gebiet der DDR mehr existierten. Für die Zwecke der Devisenerwirtschaftung allerdings konnte das aus Vorkriegszeiten immer noch bestehende, aber praktisch ansonsten irrelevante GmbHG ertüchtigt werden, galt es doch im Westen mittels dort vertrauter Rechtsformen den Schein rechtsstaatlicher Bahnen zu wahren und so Vertrauen zu erwecken.[107] Die Geschäftstätigkeiten der Gesellschaften des Bereichs waren vielfältig. Devisen wurden bspw. durch die berüchtigten „Häftlingsfreikäufe", den Export von Kriegswaffen[108] oder Blutprodukten von Strafgefangenen sowie die Entsorgung von Sondermüll durch Import in die DDR erwirtschaftet. Daneben bestanden auch „weniger unseriöse" Geschäftsbereiche wie der West-Tourismus in die DDR mit dem damit verbundenen Devisen-Mindestumtausch sowie der

---

102 Beschluss 100/I.3/66 des Präsidiums des Ministerrates der DDR vom 07.12.1966, als Kopie abgedruckt in BT-Drs. 12/3462 („KoKo-Untersuchungsausschuss" – Erster Teilbericht), S. 68–77 („Dokument 10").

103 Bischof, Die Kunst und Antiquitäten GmbH, S. 68; Verfügung Nr. 129/72 des Vorsitzenden des Ministerrates der DDR vom 14.09.1972, als Kopie abgedruckt in BT-Drs. 12/3920 („KoKo-Untersuchungsausschuss" – Zweiter Teilbericht), S. 110–114 („Dokument 6").

104 Verfügung Nr. 87/71 des Vorsitzenden des Ministerrates der DDR vom 25.06.1971, als Kopie abgedruckt in BT-Drs. 12/3462 („KoKo-Untersuchungsausschuss" – Erster Teilbericht), S. 342 f. („Dokument 25").

105 BT-Drs. 12/7600 („KoKo-Untersuchungsausschuss" – Abschlussbericht), S. 88.

106 Vgl. die Liste der zum Bereich Kommerzielle Koordinierung gehörenden Unternehmen in BT-Drs. 12/3920 („KoKo-Untersuchungsausschuss" – Zweiter Teilbericht), S. 13 ff.

107 Zur GmbH als AHB Bischof, Die Kunst und Antiquitäten GmbH, S. 26–28, 31, 37 f., 40 f., 85.

108 V. a. in den afrikanischen und arabischen Raum, z. T. unter Belieferung beider Seiten, K. Schröder, Der SED-Staat, S. 644.

Betrieb der Intershops.[109] Darüber hinaus importierte der Bereich auch verschleiert Embargo-Ware, insb. Hochtechnologieprodukte, aus dem NSW.[110]

Wie bereits dargestellt, traten in diesem Bereich Ministerratsverfügungen über formelle DDR-Gesetze. Dies zeigt sich auch daran, dass dieser Bereich zwar formell dem MAH unterstand, faktisch aber ein Eigenleben führte und – wenn überhaupt – nur dem Politbüro des Zentralkomitees (ZK) der SED („Politbüro") unterstand. Dass dies staatsrechtlich nicht vorgesehen war, spielte keine entscheidende Rolle, da in den realen Machtverhältnissen des zu Recht als „*SED*-Diktatur" betitelten Staates nicht – wie nach der Verfassung vorgesehen – der Staats- oder Ministerrat, geschweige denn die Volkskammer, sondern das Politbüro neben einem allmächtigen Überwachungsapparat in Form des MfS die mächtigsten (faktischen) Staatsorgane waren (wenn auch ohnehin weitreichende Personalunionen bestanden).[111] Wie *Schalck-Golodkowski* es als Zeuge vor dem „KoKo-Untersuchungsausschuss" selbst ausdrückte: „Ich habe einen Bereich geleitet, der mit den Rechtsvorschriften der DDR wenig zu tun hatte"[112]. Neben der direkten Verbindung zum Politbüro prägte den Bereich daher auch ein enges Verhältnis zum MfS, da „Synergieeffekte" bei der Devisenerwirtschaftung auch für geheimdienstliche Zwecke und umgekehrt genutzt werden sollten. Viele Mitarbeiter des Bereichs waren als „Offiziere im besonderen Einsatz" (OibE), wie *Schalck-Golodkowski* selbst, und IM neben dem MAH gleichzeitig auch dem MfS angehörig.[113]

---

109 Zu alledem Erices, DÄ, 112 (112 f.); Verfügung Nr. 426/75 des Vorsitzenden des Ministerrates der DDR vom 02.10.1975, als Kopie abgedruckt in BT-Drs. 12/3462 („KoKo-Untersuchungsausschuss" – Erster Teilbericht), S. 517 f. („Dokument 69"); BT-Drs. 12/3920 („KoKo-Untersuchungsausschuss" – Zweiter Teilbericht), S. 9–11. Hinzu traten Tätigkeiten wie verdeckte Beteiligungen an Kapitalgesellschaften im NSW oder Spekulationsgeschäfte mit den DDR-Staatsreserven an den internationalen Finanzmärkten, Buthmann, Kommerzielle Koordinierung, S. 7, 12 f.

110 K. Schröder, Der SED-Staat, S. 643. Vgl. die strafrechtliche Verurteilung eines BRD-Händlers, der Nachtsichtbrillen auch für militärische Zwecke „gegen Barzahlung und mit erheblichen Aufschlägen" an den Bereich Kommerzielle Koordinierung lieferte, BGH, Beschl. v. 03.08.1995 – 5 StR 63/95, NStZ-RR 1996, 19 (19). Überdies wurden Devisen durch den Bereich für weitere Zwecke verwendet: Etwa für die Versorgung der Regierungssiedlung Wandlitz bei Ost-Berlin mit West-Luxusgütern, die Abzweigung von Geldern auf westliche Konten für die persönliche Verwendung von Mitgliedern der SED-Führung oder die Finanzierung linksextremer Organisationen in der BRD. Bischof, Die Kunst und Antiquitäten GmbH, S. 48, 57 f.; BT-Drs. 12/3920 („KoKo-Untersuchungsausschuss" – Zweiter Teilbericht), S. 10 f.

111 Bischof, Die Kunst und Antiquitäten GmbH, S. 72. Zu den formellen und faktischen Machtverhältnissen in der DDR auch Brunner, SED, S. 295–297; Brunner, Verfassung, S. 886 f.; K. Schröder/Wilke, Politbüro, S. 635 f.

112 Zeugenaussage Schalck-Golodkowskis vor dem „KoKo-Untersuchungsausschuss", Prot. 83, S. 94, zitiert nach Bischof, Die Kunst und Antiquitäten GmbH, S. 72. Zum „KoKo-Untersuchungsausschuss" bereits unter § 1.II., S. 25.

113 Vgl. auch Haendcke-Hoppe-Arndt, Außenwirtschaft, S. 116.

Der Bereich agierte bis 1989 unbeobachtet von den Augen der Ost- wie West-Öffentlichkeit.[114] Während seines Bestehens erwirtschaftete er insgesamt ca. 25 Milliarden DM. An seinem Höhepunkt im Jahr 1984 umfasste er 44% des Außenhandelsumsatzes der DDR.[115] Im November 1989 offenbarte *Schalck-Golodkowski* der Regierung *Modrow* außerplanmäßige Reserven i. H. v. ca. 12,6 Milliarden DM[116], bevor er im Dezember 1989 überstürzt in die BRD floh und sich freiwillig in Untersuchungshaft begab.[117] Der Bereich Kommerzielle Koordinierung konnte der DDR keinen nachhaltigen Ausweg aus ihren wirtschaftlichen Miseren bieten, weil dadurch die grundlegenden Defizite des Wirtschaftssystems nicht behoben wurden.

II. Historische Mikroperspektive: Steuerverfahren in der DDR als Mittel zur Beschaffung von Kulturgütern zum staatlichen Export

Die vorangegangene Darstellung des Rahmens einer „Treibjagd" auf private Kunsthändler und -sammler in der DDR wird im Folgenden mit dem geschichtlichen Forschungsgegenstand im engeren Sinne ausgefüllt. Dabei wird zunächst die Genese der Kunst und Antiquitäten GmbH als maßgeblicher Protagonistin der Steuerverfahren (1.) und anschließend das allgemeine Vorgehen bei den Steuerverfahren (2.) erläutert. Die drei chronologisch angeführten Fallbeispiele dienen der Veranschaulichung des Vorangegangenen (3., 4., 5.).

1. Die Kunst und Antiquitäten GmbH als maßgebliche Protagonistin

Die Kunst und Antiquitäten GmbH beabsichtigte nach ihrer Gründung ursprünglich nicht primär, sich Kulturgüter von DDR-Bürgern zu beschaffen (a)), wie sie es dann aber hauptsächlich tun sollte (b)). An der übergeordneten Zielsetzung, dem Export von Kulturgütern gegen Devisen gen Westen, änderte dies nichts, auch wenn ihre Bemühungen gegen Ende ihres Bestehens aus der *ex post*-Perspektive einen zunehmend verzweifelten Eindruck erwecken (c)).

---

114 Bischof, Die Kunst und Antiquitäten GmbH, S. 43.

115 Haendcke-Hoppe-Arndt, Außenwirtschaft, S. 116; Schalck-Golodkowski, Deutsch-deutsche Erinnerungen, S. 205; Steiner, Von Plan zu Plan, S. 229.

116 Haendcke-Hoppe-Arndt, Außenwirtschaft, S. 115 f.

117 Rathmer, Schalck-Golodkowski, S. 208, 211 f. Insgesamt zu Schalck-Golodkowski und dem von ihm geleiteten Bereich ab November 1989 BT-Drs. 12/7600 („KoKo-Untersuchungsausschuss" – Abschlussbericht), S. 482–485; Judt, Deutschland Archiv vom 02.07.2015.

a) Gründung und ursprüngliche Konzeption

Auf der Jagd nach Devisen wurde 1972 durch eine Arbeitsgruppe beim Ministerrat analysiert, dass Exportsteigerungen ins NSW insb. noch im Bereich von Kulturgütern möglich seien.[118] Durch Verfügung 4/73 vom 18.01.1973 wurde dann beschlossen,

> „*aus dem staatlichen Fundus* [Hervorh. d. Verf.] sind Antiquitäten und Museumsbestände für den Export in das NSW i. H. v. 55 [Millionen] VM [...] [im Jahr] 1973 zur Verfügung zu stellen und dem Bereich Kommerzielle Koordinierung des Ministeriums für Außenwirtschaft zum Export anzubieten. [...] Für die Abwicklung des Exports von Kunstgegenständen im Rahmen der Verfügung wird ein dem Bereich Kommerzielle Koordinierung des Ministeriums für Außenwirtschaft unterstellter Betrieb eingesetzt".[119]

Infolgedessen wurde am 20.02.1973 mittels notariellen Vertrags die „Kunst und Antiquitäten GmbH – Internationale Gesellschaft für den Export und Import von Kunstgegenständen und Antiquitäten" gegründet. Die Gründungsgesellschafter waren zwei Mitarbeiter des Bereichs Kommerzielle Koordinierung, als Gesellschaftssitz wurde Ost-Berlin festgelegt und als Stammkapital 250.000 DDR-M erbracht. Als Gesellschaftszweck wurde der „Export und Import von Kunstgegenständen aller Art" nebst „Anbahnung und Durchführung von Geschäftsoperationen, die der Gesellschaft direkt oder indirekt förderlich sein können" angegeben.[120] Ebenso wie bei allen anderen „privaten" Gesellschaften des Bereichs Kommerzielle Koordinierung, wurden all diese, aus bundesrechtlicher Sicht gewohnten gesellschaftsrechtlichen Bahnen allerdings nur zur Wahrung des Scheins eingehalten. Die Gesellschafter unterlagen den Weisungen der Vorgesetzten, das Gründungskapital stammte vollständig aus Staatsvermögen. Die Kunst und Antiquitäten GmbH wurde dem Bereich Kommerzielle Koordinierung angegliedert. Die beiden aufeinanderfolgenden Generaldirektoren und Hauptgeschäftsführer waren jeweils IM des MfS.[121] Auch ein wesentlicher Teil der Mitarbeiter der Kunst und Antiquitäten GmbH setzte sich aus

---

118 Bischof, Die Kunst und Antiquitäten GmbH, S. 74 f.

119 Verfügung Nr. 4/73 des Vorsitzenden des Ministerrates der DDR vom 18.01.1973, als Kopie abgedruckt in BT-Drs. 12/4500 („KoKo-Untersuchungsausschuss" – Dritter Teilbericht), S. 81–85 („Dokument 2").

120 Beglaubigte Abschrift des Gesellschaftsvertrags der Kunst und Antiquitäten GmbH vom 20.02.1973 (Notarin Sabine Herrmann, UR-Nr. 51-20-129-73), als Kopie abgedruckt in BT-Drs. 12/4500 („KoKo-Untersuchungsausschuss" – Dritter Teilbericht), S. 86–91 („Dokument 3").

121 Der Erste zudem Doppelagent bei BND und CIA, mit deren mutmaßlicher Hilfe er im Jahr 1983 in die BRD floh, Bischof, Die Kunst und Antiquitäten GmbH, S. 81, 181 f.

IM des MfS zusammen. Die Zentrale wurde ein von westlichen Bauunternehmen errichteter, moderner und gut gesicherter Anlagenkomplex nördlich von Berlin, oftmals irreführend als „Lager" Mühlenbeck bezeichnet. Daneben bestanden An- und Verkaufsstellen sowie hunderte tatsächliche Lager in der gesamten DDR.[122]

Entsprechend der Ministerratsverfügung vom 18.01.1973 bestand ursprünglich die Absicht, Kulturgüter aus dem „staatlichen Fundus", d. h. insb. aus Museen, über die Kunst und Antiquitäten GmbH zum Devisenerwerb ins NSW zu verkaufen. Angesichts des geplanten Ausmaßes des Exports von Museumsbeständen im Wert von 55 Millionen VM allein im Jahr 1973 war schnell vom kulturellen Ausverkauf der DDR die Sprache, sodass sich offener Protest in Ost wie West regte. Um eine internationale kulturpolitische Blamage zu vermeiden und den kurz zuvor geschlossenen Grundlagenvertrag mit der BRD nicht zu gefährden, wurden diese Pläne daher (zunächst) wieder aufgegeben.[123]

b) Umkonzeptionierung: Kulturgüter-„Akquise"

Im Zuge der nun nötigen Umkonzeptionierung wurde die Abwicklung des bereits beschriebenen Exportgeschäfts des Staatlichen Kunsthandels, welches bisher über unterschiedliche und verteilte AHB erfolgte, bei der Kunst und Antiquitäten GmbH Ende des Jahres 1973 zentralisiert und monopolisiert.[124] Weil die Kunst und Antiquitäten GmbH aber im Unterschied zum Staatlichen Kunsthandel genuin zur Erwirtschaftung von Devisen geschaffen wurde, konnte dieser Schritt allein nicht genügen. Die Kunst und Antiquitäten GmbH (die im Inland selbst nicht offen auftrat, um unerkannt zu bleiben[125]) übernahm mehr und mehr Teilorganisationen des Staatlichen Kunsthandels, wie z. B. Ankaufstellen, und fokussierte diese allein auf die Beschaffung hochwertiger, zum Export geeigneter Kulturgüter. Stellvertretend dafür – und für die Methoden der Kunst und Antiquitäten GmbH allgemein – steht die Einverleibung des VEB Antikhandel Pirna, der wiederum aus der Verstaatlichung der privaten Kunsthandlung *Siegfried Kaths* hervorging. Dieser gründete 1969 die private Unternehmung „An- und Verkauf von Gebrauchtwaren" in Pirna.

---

122 Zu alledem Anton, Illegaler Kulturgüterverkehr, S. 1024–1026; Bahlmann/Hübner/Isphording/Klüh, Findbuch Kunst und Antiquitäten GmbH, S. 7; Bischof, Die Kunst und Antiquitäten GmbH, S. 55, 76 f., 85 f., 112; Bischof, Kunstexporte im Kalten Krieg, S. 140; Erices/Kuhrt/Wensierski, Der Spiegel vom 20.07.2014 (Nr. 30/2014), 40 (41).

123 Zu alledem Bischof, Die Kunst und Antiquitäten GmbH, S. 78 f.; Kaiser, Treibjagd im Kulturschutzgebiet, S. 295; Scheunemann, Geschäfte mit Museumsstücken, S. 206 f., 209, die darauf hinweisen, dass in den 1980er-Jahren dennoch viele Kulturgüter aus DDR-Museen über die Kunst und Antiquitäten GmbH exportiert wurden.

124 BT-Drs. 12/4500 („KoKo-Untersuchungsausschuss" – Dritter Teilbericht), S. 17.

125 Hartmann, „Urteilen, wählen, kaufen?", S. 191.

Die Erteilung der raren privaten Gewerbeerlaubnis an den umtriebigen *Kath* war seinen vielfältigen Kontakten und seinem Talent in der Beschaffung von eigentlich Unbeschaffbarem geschuldet. Dementsprechend entwickelte sich sein privates Geschäft in einem für DDR-Verhältnisse unbekannten Ausmaß. Dies war auch der frühen Kooperation mit dem Bereich Kommerzielle Koordinierung geschuldet, wobei sich nicht sagen lässt, ab wann wer von wem mehr profitierte. Feststeht, dass *Kath* ab 1973 offiziell mit der Kunst und Antiquitäten GmbH zusammenarbeitete und das allein für jenes Jahr ohnehin sehr hoch angesetzte Ankaufziel von Kulturgütern im Wert von drei Millionen DDR-M ohne Probleme meisterte. Bereits all diese Umstände lassen es möglich erscheinen, dass schon damals die Beschaffung auf z. T. abenteuerlichen Wegen erfolgte. Teil dessen waren auch zahlreiche Sonderrechte, die *Kaths* Ankäufer bei ihrer Akquise von Privatpersonen in der gesamten DDR hatten – so durfte entgegen den dbzgl. sonst strengen Regelungen beleglos gegen Sofortzahlung in Bargeld angekauft werden.[126] Weil *Kath* allerdings vom Wohlwollen des Bereichs Kommerzielle Koordinierung abhing, konnten die faktischen Eigentumsverhältnisse an dessen privaten Kunsthandel schleichend zugunsten der Kunst und Antiquitäten GmbH verschoben werden. Nachdem er 1974 unter einem Vorwand dazu gebracht wurde, seine Unternehmensbestandteile auf eine neu gegründete Untergesellschaft der Kunst und Antiquitäten GmbH zu übertragen, wurde er aufgrund eines gegen ihn eingeleiteten Strafverfahrens in Untersuchungshaft genommen. Fast sein gesamtes Privatvermögen wurde beschlagnahmt. Im Jahr 1975 wurde er ohne Verurteilung aus der DDR ausgewiesen. Dem MfS und der Kunst und Antiquitäten GmbH war an wenig Aufmerksamkeit um die *causa* gelegen, weil die Strukturen des einverleibten Handelsgeschäfts – nun als „VEB Antikhandel Pirna“ faktisch der wichtigste Unterbetrieb der Kunst und Antiquitäten GmbH – auch in Zukunft weiter zur Akquirierung von Kulturgütern aus dem inländischen Markt genutzt werden sollte.[127]

Der Ankauf von Kulturgütern durch Betriebe der Kunst und Antiquitäten GmbH fand auch nach vollständiger Übernahme des VEB Antikhandel Pirna häufig, aber nicht immer, in einem rechtlichen Grenzbereich statt, der durch zahlreiche Sonderrechte, z. T. aber auch offene Gesetzesverstöße geprägt war. Dies wurde sowohl in der internen Konzeption der Kunst und Antiquitäten GmbH als auch von den Leitungsfunktionären des Bereichs Kommerzielle Koordinierung explizit gebilligt. Nachdem der Markt durch flächendeckenden, aggressiven Ankauf von Privatpersonen, aber auch von staatlichen Institutionen, schnell an seine Grenzen stieß und auch der Staatliche Kunsthandel durch die Konkurrenz der Kunst und Antiquitäten

---

126 Bischof, Die Kunst und Antiquitäten GmbH, S. 99.

127 Zu alledem Nehring, Millionär in der DDR, S. 22 f., 27 f., 45–48, 62 f., 70, 75 f., 78 f., 81, 109, 124–126.

GmbH zunehmend marginalisiert wurde, wuchs der Druck, andere Methoden zur günstigen Beschaffung hochwertiger Kulturgüter zu entwickeln. Deshalb verwundert es nicht, dass die Beschaffung über Steuerverfahren gegen private Kunsthändler und -sammler Anfang der 1980er-Jahre ihren Höhepunkt fand. Neben den Methoden der Kunst und Antiquitäten GmbH wurde mit der Zeit allerdings auch deren Geschäftsbereich erheblich ausgeweitet und löste sich z. T. vollkommen von jedem Bezug zu „Kunst und Antiquitäten“.[128]

c) Export gen Westen und Niedergang

Vor dem Export wurden zumindest die hochwertigsten Kulturgüter aus der gesamten Republik nach Mühlenbeck verbracht. Dort konnten sie den westlichen Einkäufern nach entsprechender Aufbereitung präsentiert werden. Diese setzten sich v. a. aus bewährten gewerblichen Großkunden wie Auktionshäusern, aber auch aus Westtouristen als Einzeleinkäufern zusammen. Letztere wurden insb. durch Antiquitätengalerien, welche die Kunst und Antiquitäten GmbH in den auf Westtouristen ausgerichteten Interhotels unterhielt, auf das Angebot aufmerksam gemacht. Zu den gewerblichen Großkunden bestand der Kontakt entweder indirekt über Partnergesellschaften des Bereichs Kommerzielle Koordinierung in Westeuropa oder direkt, wie mit dem Auktionshaus Christie's aus London[129]. Dies obwohl westliche Fachkreise spätestens ab einer Veröffentlichung in der westdeutschen Fachzeitschrift „art“ Anfang des Jahres 1984 über die Beschaffungsmethoden der Kunst und Antiquitäten GmbH, insb. durch die von ihr initiierten Steuerverfahren, informiert sein mussten.[130] Wurde ein Kaufvertrag abgeschlossen, kümmerte sich die Kunst und Antiquitäten GmbH aufgrund ihrer Sonderrechte häufig um die gesamte Abwicklung, vom Zollbereich über den weltweiten Transport bis hin zur Versicherung der Objekte. „Qualitativ nahm der nationale Kunstbesitz in den siebziger und achtziger Jahren großen Schaden durch den Export der Privatsammlungen aus Steuerverfahren“, darunter befanden sich z. B. Werke niederländischer alter Meister, aber auch der Moderne wie von *Otto Dix* sowie NS-Raubkunst aus

---

128 Zu alledem Bischof, Die Kunst und Antiquitäten GmbH, S. 120, 152; Isphording, Die Kunst und Antiquitäten GmbH, S. 236 f. So wurden „verschollene“ Vorkriegsaktien westlicher Unternehmen, NS-Devotionalien oder Nashorntrophäen aus dem Berliner Naturkundemuseum ins NSW verkauft, Bischof, Die Kunst und Antiquitäten GmbH, S. 322; Blutke, Obskure Geschäfte, S. 122, 124 f., 130–136.

129 Dazu ausführlich Schiemann, KUR 2020, 49; Schiemann, KUR 2020, 77.

130 Unbekannter Autor, art – Das Kunstmagazin vom 01.02.1984 (Nr. 2/1984), 72. Schiemann, Kunsthandel zwischen Ost und West, S. 64 legt nahe, dass zwischen der Veröffentlichung im Jahr 1984 und der Flucht des ersten Generaldirektors der Kunst und Antiquitäten GmbH in die BRD im Jahr 1983 ein Zusammenhang besteht. Zu dieser Flucht bereits unter § 2.II.1.a), S. 44 Fn. 121.

ursprünglich jüdischem Besitz.[131] Dass die Ausfuhr dieser Kulturgüter, z. T. der Kategorie I, gegen die eigenen Gesetzes des Kulturgüterschutzes verstieß, der bei Ausreisenden noch so penibel für Ausfuhrverweigerungen bemüht wurde, spielte für den Export gegen Devisen durch die Kunst und Antiquitäten GmbH keine entscheidende Rolle mehr. Die Spuren vieler Kulturgüter sind heute neben bewusst unzureichenden Dokumentationen und Aktenvernichtungen auch durch internationale Weiterveräußerungen nur noch schwer nachzuverfolgen. Die Kunst und Antiquitäten GmbH beschäftigte mitsamt VEB Kunsthandel Pirna 1989 ca. 200 Mitarbeiter, der Gesamtumsatz während ihres Bestehens betrug ca. 400 Millionen VM, bei einem Jahresgewinn von z. B. 37 Millionen VM für das Jahr 1989. Im Vergleich zur Gesamterwirtschaftung des Bereichs Kommerzielle Koordinierung von ca. 25 Milliarden VM während seines Bestehens fällt der Anteil daran damit eher gering aus.[132]

2. Ablauf der Steuerverfahren im Allgemeinen

Wie bereits dargestellt, stieß die Beschaffung von Kulturgütern zum Export durch bloßen Ankauf schnell an ihre Grenzen, sodass die Kunst und Antiquitäten GmbH nicht allein darauf setzen konnte. Neben anderen fragwürdigen Beschaffungsquellen wie z. B. den Asservatenkammern des Ministeriums des Innern (MdI), des MfS und des Zolls[133] rückte daher bereits früh die Pfändung von Kulturgütern infolge von Steuerverfahren gegen private Kunsthändler und -sammler in den Fokus. Dabei wurde allerdings nicht auf zufällige Ergebnisse unabhängiger Steuerbehörden gehofft. Vielmehr handelte es sich um von Anfang an von Leitungsfunktionären und Mitarbeitern der Kunst und Antiquitäten GmbH in Zusammenarbeit mit dem MfS initiierte und durchorchestrierte Verfahren, deren Ergebnis von vornherein feststand.[134] Es wurde eine Steuerschuld in Höhe des Werts der aufgefundenen Kulturgüter fingiert, die nur infolge der Pfändung dieser beglichen werden konnte.

---

131 Bischof, Die Kunst und Antiquitäten GmbH, S. 405 f., 408–411, 415–417, 419.

132 Zu alledem Bahlmann/Hübner/Isphording/Klüh, Findbuch Kunst und Antiquitäten GmbH, S. 11 f., 17; Bischof, Die Kunst und Antiquitäten GmbH, S. 112, 504; Blutke, Obskure Geschäfte, S. 156; BT-Drs. 12/4500 („KoKo-Untersuchungsausschuss" – Dritter Teilbericht), S. 28 f., 30 f.; Isphording, Die Kunst und Antiquitäten GmbH, S. 235, 238; Jütte, Provenienz Kunst und Antiquitäten GmbH, S. 226; Sachse, Kunst und Antiquitäten GmbH i.L., S. 245 f., 253 f.

133 Bahlmann/Hübner/Isphording/Klüh, Findbuch Kunst und Antiquitäten GmbH, S. 15 f.; zu Kulturgutverlusten infolge der Anwendung von DDR-Zollvorschriften vgl. auch Finkenauer/Thiessen, Kunstraub für den Sozialismus, S. 72–74.

134 Bischof, Die Kunst und Antiquitäten GmbH, S. 506. Vgl. auch Anton, Illegaler Kulturgüterverkehr, S. 1077, der so zu Recht darauf hinweist, dass die Steuerverfahren das immer gleiche Muster aufwiesen.

Auf diesem Weg kamen die Kulturgüter letztlich in den Besitz der Kunst und Antiquitäten GmbH. Neben dieser und dem MfS als Hauptprotagonisten war dafür auch die Mithilfe der Steuerfahndung[135] sowie der Volkspolizei zur „Ermittlung" (a)) und zum Entzug (b)) der Kulturgüter nötig.

a) „Ermittlung" der Kulturgüter

Ausgangspunkt war die Auskundschaftung privater Kunsthändler und -sammler durch Mitarbeiter des MfS. Da diese als IM sowohl die Kunst und Antiquitäten GmbH als auch deren faktische Unterbetriebe, wie den VEB Antikhandel Pirna, durchsetzten, konnte dies leicht bei Gelegenheit des geschilderten Ankaufs von Kulturgütern erfolgen. Durch die aggressive und monopolartige Akquise konnte sich ein guter Überblick über potenzielle zukünftige „Steuerpflichtige" mit quantitativ wie qualitativ hervorstechenden Sammlungen verschafft werden. Dabei wurden viele private Kunstsammler erst durch Mitarbeiter der Ankaufbetriebe zum Verkauf einiger weniger Objekte gedrängt, um ihnen gerade dies später als gewerblichen Handel vorzuwerfen. Aufgrund der hohen Vernetzung innerhalb des eher abgeschirmten Milieus der privaten Kunstsammler sprach sich die Gefahr der Steuerverfahren vermutlich zwar schnell herum, allerdings erleichterte dieser Umstand zugleich auch die Informationsbeschaffung durch das MfS. Einige später Betroffene mögen sich zudem durch die Möglichkeit des beleglosen Verkaufs gegen Bargeld in Sicherheit gewogen haben, dass ihnen das Geschäft mangels Nachweises nicht zum Vorwurf gemacht werden könnte. Private Kunsthändler mussten hingegen, wie bereits erwähnt, alle Ankäufe quittieren und innerhalb von 72 Stunden bei der örtlichen Polizei melden. Naheliegender Weise wurden Erkenntnisse über relevante Bestände an Kulturgütern daher auch im Wege des „politisch-operativen Zusammenwirkens" von Mitarbeitern des MfS mit der dem MdI unterstehenden Volkspolizei gewonnen.[136] Wie gezielt diese Auskundschaftungen insgesamt bereits im Hinblick auf spätere Steuerverfahren ausgerichtet waren, wird unter Zugrundlegung eines internen MfS-Schreibens einer mit der „operativen Bearbeitung" von privaten Kunsthändlern und -sammlern befassten Bezirksverwaltung deutlich:

---

135 Die untere Finanzverwaltung in Form der früheren Finanzämter bzw. Steuerfahndungen wurde in der DDR in die allgemeine untere Staatsverwaltung – „Rat des Kreises, Abteilung Finanzen" – eingegliedert, Duda, Steuerrecht DDR, S. 87, 89 (zur mittleren und obersten Finanzverwaltung vgl. § 3.II.1., S. 74 Fn. 240). Da diese Abteilungen funktionell allerdings unverändert blieben, wird stattdessen zur Vereinfachung im Folgenden jeweils die Formulierung „Finanzamt" bzw. (als besondere Arbeitseinheit der Finanzämter) „Steuerfahndung" verwendet.

136 Zu alledem Bischof, Die Kunst und Antiquitäten GmbH, S. 155, 158, 165, 190 f.; BT-Drs. 12/4500 („KoKo-Untersuchungsausschuss" – Dritter Teilbericht), S. 32–33, 55; Müller, Privater Kunsthandel in der DDR, S. 142.

„Im Prozeß der operativen Bearbeitung und in Vorbereitung des Abschlusses operativer Materialien hat sich als günstig für die anschließende Untersuchungsarbeit erwiesen, wenn es gelingt,

- bereits inoffiziell möglichst exakte Angaben über Art, Umfang, Wert, Aufbewahrungsort, Art und Weise des Erlangens u. a. m. des Besitzes von Antiquitäten, anderen wertvollen Gegenständen oder Edelmetallen zu erarbeiten,
- Kaufverträge und Belege über Verkäufe an den VEB (K) Antikhandel Pirna, den Staatlichen Kunsthandel der DDR, An- und Verkaufseinrichtungen und den VEB Staatliche Münzen zu beschaffen,
- mehrere Kontaktpersonen zu ermitteln, die später als Zeugen gehört werden können [...].«[137]

Ein Paradebeispiel für die mit der Informationsbeschaffung befassten Personen ist der langjährige Mitarbeiter des VEB Kunsthandel Pirna *Siegfried Brachhaus* alias IM „Reinhard Winkler". Er verkehrte in dieser Funktion im Dresdner Raum schon länger nicht nur geschäftlich mit privaten Kunsthändlern und -sammlern, begleitete westliche Kunsthändler bei deren Einkaufsreisen und war als Gutachter für die Kunst und Antiquitäten GmbH tätig – auch bei den späteren Steuerverfahren. Sein Führungsoffizier urteilte im Jahr 1981 über ihn, dass seine Tätigkeit „wertvoll" war für die „Bearbeitung von Operativen Vorgängen" sowie die „Einleitung von Ermittlungsverfahren durch die Steuerfahndung" und er zudem „als Gutachter und Zeuge in Gerichtsverfahren" stets „korrekt und sicher" auftrat.[138] Aus weiteren Dokumenten ergeben sich Anweisungen an *Brachhaus* in Bezug auf das von ihm als Gutachter zu treffende Ergebnis in einem Steuerverfahren, das zuvor aufgrund seiner Erkenntnisse als IM eingeleitet wurde, sowie auf den konkreten Inhalt seiner Zeugenaussage vor Gericht. In Berichten von anderen Ankäufern, die zugleich IM waren, ergibt sich die Anwendung weiterer typischer MfS-Methoden zur Ausspähung privater Kunsthändler und -sammler. Dazu zählten etwa das Aufbauen persönlicher Beziehungen, die Zutrittsverschaffung zu Privaträumen sowie die Installation von Abhörgeräten. Dabei wurden auch Informationen über prominente westliche Einkäufer gesammelt.[139]

---

137 Undatiertes „Papier über Aktuelle Erkenntnisse der politisch-operativen Arbeit bei der Vorbeugung, Aufdeckung und Bekämpfung schwerer Straftaten des Schmuggels und der Spekulation", zitiert nach Bischof, Die Kunst und Antiquitäten GmbH, S. 161.

138 Vermerk von Walter Strauch aus der HA VII/13 vom 11.05.1987, zitiert nach Bischof, Die Kunst und Antiquitäten GmbH, S. 163.

139 Zu alledem Bischof, Die Kunst und Antiquitäten GmbH, S. 162–164, 166, 173 f., 176 f., 184. Vgl. auch Anton, Illegaler Kulturgüterverkehr, S. 1027 f.

b) Entzug der Kulturgüter

Waren alle nötigen Erkenntnisse vorhanden und der Entschluss zum Entzug der Kulturgüter über ein Steuerverfahren gefasst, wurde die Steuerfahndung „informiert". Obwohl diese dem MdF unterstellt war, bestanden freilich auch hier durch OibE und IM „Personalunionen" mit dem MfS. Paradigmatisch dafür steht ein Zitat des Leiters der Dresdner Steuerfahndung: „Hervorzuheben ist die zielstrebige und kontinuierliche Zusammenarbeit mit den Gen[ossen] [...] des MfS, die ihren Ausdruck *im Mehrergebnis* [Hervorh. d. Verf.] und der Erziehungsarbeit zur Aufrechterhaltung von Ordnung und Sicherheit findet"[140]. Anschließend wurde der sog. „Erste Angriff", d. h. die Steuerprüfung im Rahmen des strafprozessualen Ermittlungsverfahrens mittels Durchsuchung der Geschäfts- bzw. Privaträume, vorbereitet. Der Betroffene wurde an diesem Tag rglm. abgelenkt, z. B. frühmorgens zur örtlichen Polizeistelle bestellt. Währenddessen fand die Durchsuchung unter Anwesenheit von i. d. R. Steuerfahndung (in auffällig kleiner Besetzung), Staatsanwaltschaft, Volkspolizei sowie Mitarbeitern des MfS und der Kunst und Antiquitäten GmbH statt, während neutralen Zeugen die Anwesenheit nicht gestattet war. Die Mitarbeiter des MfS und der Kunst und Antiquitäten GmbH waren offiziell als Gutachter zur Erstellung der sog. „Zeitwertfeststellungen", also positionsweisen Aufstellungen der vorgefundenen Kulturgüter samt Schätzwert, bestellt, deren Taxierung – wie bereits dargestellt – allerdings von vornherein intern abgesprochen war. Auf dieser Grundlage wurde im Nachgang zur Durchsuchung eine Steuerschuld in Höhe des Werts aller vorgefundenen Kulturgüter berechnet und ein entsprechender Steuerbescheid erlassen. Zur Sicherung der Steuerschuld erging zudem eine Sicherungsverfügung über alle Kulturgüter. Häufig bedeutete dies nichts anderes als deren sofortigen Abtransport. Auch hierbei wird die dominierende Position der Kunst und Antiquitäten GmbH als Hauptprotagonistin ersichtlich, welche anstelle der Steuerbehörden die gesamte Pfändungslogistik übernahm und viele Kulturgüter direkt in ihre Lager verbrachte. Laut eines Schreibens des Ministers der Finanzen wurden die lokalen Steuerbehörden als Inhaber der Pfandgewalt ohnehin – gegen den Widerstand des MfK – von ihm angewiesen, die Pfandgüter ausschließlich an die Kunst und Antiquitäten GmbH zu veräußern.[141] Eine andere

140 Einschätzung des Rates des Bezirkes Dresden, Abteilung Finanzen-Steuern, Steuerfahndung, Leiter der Steuerfahndung Saalfrank, über im Zusammenhang mit Antiquitäten und Kunstgegenständen durchgeführte Steuerverfahren vom 24.09.1986, zitiert nach Bischof, Die Kunst und Antiquitäten GmbH, S. 189.

141 Bischof, Die Kunst und Antiquitäten GmbH, S. 214 f., 239 f. (Tafel 25). Diese staatsinterne Veräußerung erfolgte selbstverständlich auch nicht zum im NSW zu erzielenden Devisenwert, da ansonsten lediglich das MdF unmittelbarer Nutznießer der Steuerverfahren geworden wäre. Die Steuerbehörden erhielten für ihre Veräußerungen stattdessen die Nominalbeträge aus den

Begleichung der Steuerschuld als über die Pfändungsvollstreckung der Kulturgüter war für die „Steuerpflichtigen" bis auf Ausnahmen aufgrund der für DDR-Bürger astronomischen Höhe der Steuerschuld von bis zu über sechs Millionen DDR-M und der knapp bemessenen Zahlungsfristen im Steuerbescheid nicht möglich.[142]

Einige private Kunsthändler und -sammler wurden noch am selben Tag in Untersuchungshaft genommen, andere ohne medizinische Indikation zwangsweise in die Psychiatrie eingewiesen. Viele wurden sodann in Strafprozessen aufgrund der vorher abgesprochenen Zeugenaussagen der beteiligten IM zu mehrjährigen Haftstrafen verurteilt. Auch namhafte Rechtsanwälte, die sich den Betroffenen teilweise annehmen konnten, wie etwa *Gregor Gysi*, Sohn des ehemaligen Kulturministers *Klaus Gysi*, oder *Lothar de Maizière* vermochten daran nichts zu ändern. Der Versuch der Betroffenen, Rechtsschutz zu suchen, wurde ohnehin durch Einschüchterungen und Verwehrung des Zugangs zu den Verfahrensakten inklusive der zugrundeliegenden Zeitwertfeststellungen weitestgehend unterbunden. Parallel und im Nachgang zu den Durchsuchungen erfolgte in manchen Fällen zur Legitimation des Vorgehens eine Kompromittierung der Betroffenen im lokalen und privaten Umfeld. Die Anzahl der Steuerverfahren liegt bei fünf bis 20 Fällen jährlich, wobei sie etwa um das Jahr 1980 herum ihren Höhepunkt gefunden haben dürften. Die Gesamtzahl wird auf ca. 200 Verfahren geschätzt. Die Beschaffung von Kulturgütern aus Steuerverfahren machte sicher nicht das Gros der durch die Kunst und Antiquitäten GmbH exportierten Objekte aus, war aber aufgrund der „günstigen" Beschaffungskosten bei z. T. sehr hochwertigen Kulturgütern besonders einträglich.[143]

3. Fallbeispiel 1: *Peter Garcke* („1. Angriff" 1978)

Der Fall *Peter Garcke* ist sowohl hinsichtlich des Steuerverfahrens samt tödlicher Untersuchungshaft (a)) als auch bzgl. des weiteren Weges der Kulturgüter (b)) wegen seiner gravierenden Folgen besonders einprägsam. Darüber hinaus wird wegen der intensiven gerichtlichen Auseinandersetzung mit diesem Verfahren nach

---

Zeitwertfeststellungen in DDR-M und wenn überhaupt ein geringes „Valutaanrecht", mit dem sie über die Kunst und Antiquitäten GmbH aus dem NSW z. B. Bürogeräte importieren konnten (vgl. dazu auch Bischof, Kunstexporte im Kalten Krieg, S. 141 sowie § 3.III.2.a)bb), S. 104 Fn. 331). Vgl. zu einem Kaufvertrag auch Bischof, Die Kunst und Antiquitäten GmbH, S. 237 f. (Tafel 24).

142 Zu alledem Bischof, Die Kunst und Antiquitäten GmbH, S. 187–189, 194–197, 212, 232 f. (Tafel 21), 286; BT-Drs. 12/4500 („KoKo-Untersuchungsausschuss" – Dritter Teilbericht), S. 41 f.; Wendl, OV „Puppe", S. 159, 161 f., 164.

143 Zu alledem Behling, Kunsthandel in der DDR, S. 220 f.; Bischof, Die Kunst und Antiquitäten GmbH, S. 152 f., 165, 195, 282 f.; Erices/Kuhrt/Wensierski, Der Spiegel vom 20.07.2014 (Nr. 30/2014), 40 (40 f.); Wendl, OV „Puppe", S. 158, 160 f., 163 f.

der Wiedervereinigung im späteren Verlauf der Arbeit noch einmal auf diesen Fall zurückgekommen.[144]

a) Steuerverfahren samt tödlicher Untersuchungshaft

Garcke stammte aus einer wohlhabenden Familie und konnte im Laufe seines Lebens auch durch schenk- bzw. nachlassweise Zuwendungen von befreundeten Künstlerfamilien „unstreitig eine der namhaftesten Kunst- und Antiquitätensamml[ungen] der ehemaligen DDR“[145] aufbauen. Zusammen mit seiner Ehefrau lebte er gewissermaßen in seiner Sammlung, welche er auch durch eigene Restaurierungsarbeiten aufwertete. Zudem floh er zusammen mit seiner Ehefrau bereits in den 1950er-Jahren in die BRD und konnte dort als Arzt gut verdienen, bevor das Ehepaar Anfang der 1960er-Jahre wieder in die DDR zurückkehrte. Von diesem Zeitpunkt an stand er trotz (oder gerade wegen) seiner herausgehobenen Position als Chefarzt einer Poliklinik in Ost-Berlin unter der ständigen Überwachung durch bis zu sechs auf ihn angesetzte Mitarbeiter des MfS, da dieses eine Tätigkeit *Garckes* im Auftrag westlicher Geheimdienste befürchtete. Dessen umfangreiche Sammlung an Kulturgütern war dem MfS aufgrund der engmaschigen Überwachung bereits früh bekannt. Im Jahr 1963 wurde er deshalb sogar von der Volkspolizei bereits erstmals verhört.[146]

Dennoch wurde erst gute 15 Jahre später, im Februar 1978, ein strafrechtliches Ermittlungsverfahren wegen Steuerverkürzung gegen ihn eingeleitet. Allerdings ging diesem Verfahren, ebenso wie dem parallel eingeleiteten Steuerverfahren, keinerlei eigenständiger Ermittlungsansatz seitens der Strafverfolgungs- bzw. Finanzbehörden voraus. Vielmehr wurden die Verfahren von der Kunst und Antiquitäten GmbH in Zusammenarbeit mit dem MfS – sowie bezeichnenderweise in Abstimmung mit der SED-Bezirksleitung – vorgeplant und dann nur noch bei der Steuerfahndung und der Volkspolizei final initiiert.[147] Dafür spricht auch ein vor Einleitung des Straf- bzw. Steuerverfahrens angefertigter Bericht des MfS: „Ziel des 1. Angriffs soll sein, mindestens *Dr. G* [sic] zu inhaftieren. [...] Wenn [...] alle Maßnahmen

---

144 § 4.II.2.c), S. 179 und § 4.II.2.d), S. 179 ff.

145 FG Berlin, Urt. v. 15.12.2003 – 8 K 8537/99, juris Rn. 3.

146 Zu alledem BT-Drs. 12/4500 („KoKo-Untersuchungsausschuss“ – Dritter Teilbericht), S. 42 f.; FG Berlin, Urt. v. 15.12.2003 – 8 K 8537/99, juris Rn. 3 f.; KG, Beschl. v. 02.02.1998 – 5 Ws 232-96 REHA, NJW 1998, 2617 (2617); Schiemann, Kunsthandel zwischen Ost und West, S. 54–56.

147 Zu alledem FG Berlin, Urt. v. 15.12.2003 – 8 K 8537/99, juris Rn. 8; KG, Beschl. v. 02.02.1998 – 5 Ws 232-96 REHA, NJW 1998, 2617 (2617).

so durchgeführt werden, wie wir es uns vorstellen, kann das insgesamt eine recht ordentliche Sache werden“[148].

Am 21.02.1978 wurde *Garcke* um sechs Uhr morgens in seiner Wohnung von Mitarbeitern der Kunst und Antiquitäten GmbH, des MfS, der Steuerfahndung und der Volkspolizei im Rahmen des „1. Angriffs“ überrascht. Er wurde sofort in Untersuchungshaft verbracht und die Wohnung durchsucht. Es wurden dabei über 200 Kulturgüter, die auf einen Gesamtwert von ca. 1,6 Millionen DDR-M geschätzt wurden, sofort in Besitz genommen und in die Lager der Kunst und Antiquitäten GmbH verbracht.[149] Die Ehefrau von *Garcke* beschrieb die Durchsuchung später so:

> „Die Ausplünderung, und ich muss es so bezeichnen, ging so weit, dass man mir den Zucker aus der Zinnzuckerdose schüttete und die Blumen aus der Blumenvase nahm. Ja sogar Reiseandenken und kleine Gastgeschenke ließ man, wahrscheinlich aus Unkenntnis, sicherheitshalber mitgehen. Es waren auch Dinge dabei, die ich schon als Einsegnungsmädchen besaß, und Gebrauchsgegenstände, die nichts mit Antiquitäten zu tun hatten. [...] Nachdem alles fachgerecht verpackt worden war, man ging dabei sehr behutsam vor, wurde die Sammlung auf moderne Containerfahrzeugen verladen und abtransportiert. Ich habe nie ein Stück wiedergesehen“.[150]

Tragischerweise sollte Frau *Garcke* auch ihren Ehemann nie wiedersehen. Diesen durfte sie in der Untersuchungshaft nicht besuchen, der Briefwechsel zwischen den beiden legt eher eine schlechte psychische Verfassung *Garckes* nahe. Während dieser Zeit wurde von *Garcke* auch ein Brief mit einem (vermeintlichen) Geständnis verfasst. Bereits der Stil des Briefes, der einem schlechten Propagandafilm entsprungen scheint und in dem *Garcke* sein „moralisches und politisches Versagen einräumt“[151], weckt Zweifel, inwieweit die geistige Urheberschaft für den Inhalt wirklich bei *Garcke* liegt:[152]

148 69-seitiger Bericht der Hauptabteilung VII des MfS vom Januar 1978, zitiert nach KG, Beschl. v. 02.02.1998 – 5 Ws 232-96 REHA, NJW 1998, 2617 (2617).

149 Zu alledem Erices/Kuhrt/Wensierski, Der Spiegel vom 20.07.2014 (Nr. 30/2014), 40 (40); FG Berlin, Urt. v. 15.12.2003 – 8 K 8537/99, juris Rn. 8, 11, 17.

150 Brief von Rita Garcke an die Generalstaatsanwaltschaft Berlin vom 06.03.1990, Verfahren Joachim Farken und andere, Az. 21/2 Js 29/90, Bd. IV, Bl. 78 (79), zitiert nach Bischof, Die Kunst und Antiquitäten GmbH, S. 212 f.

151 Brief Garckes aus der Haft, zitiert nach KG, Beschl. v. 02.02.1998 – 5 Ws 232-96 REHA, NJW 1998, 2617 (2617).

152 Zu alledem Bischof, Die Kunst und Antiquitäten GmbH, S. 246.

> „Für dieses schwere menschliche Versagen gibt es keine Entschuldigung. Ich kann nicht einmal um Verständnis bitten für sog. ‚Schwäche' eines Sammlers oder ‚Liebhabers', denn es ist mir hier durch das Schicksal anderer bewusst geworden, dass ich keinen Deut weniger Schuld trage als diejenigen, die durch Umweltverhältnisse oder andere Verhältnisse ‚straffällig' geworden sind. Viele hier haben nicht die große Chance gehabt, die mir die DDR nach meiner Rückkehr am 01.01.1961 gegeben hat. Ich habe meine geistigen Gaben und Veranlagungen auch genutzt, um mich zu bereichern und habe der DDR, die einen Kampf um die Verwirklichung einer humanistischen Gesellschaftsordnung führt, geschädigt und betrogen. Bei den Vernehmungen bin ich sachlich, ruhig und korrekt vernommen worden. Man ist mir unterstützend zur Klärung der für mich vielen fast verwirrenden Handlungen der letzten 15 Jahre entgegenkommen".[153]

Im Rahmen einer handschriftlichen Haftbeschwerde widerrief *Garcke* jegliches Geständnis unter Verweis darauf, dass die Geständnisse auf „Übermüdung, katastrophale[n] Haftverhältnisse[n] und seinen durch die überfallartigen Maßnahmen der Behörden gesunkenen Lebensmut"[154] beruhten. Die Haftbeschwerde wurde später wieder zurückgenommen. Am 07.04.1978 verstarb *Garcke* im Alter von 59 Jahren unter heute nicht mehr aufklärbaren Umständen in der Untersuchungshaft. Die Witwe von *Garcke* erhielt wenige Monate später Steuerbescheide in Gesamthöhe von knapp über zwei Millionen DDR-M.[155] Die Akten zum Tod von *Garcke* wurden seiner Witwe dagegen nie freigegeben und 1989 vernichtet.[156]

b) Weiterer Weg der Kulturgüter: Ziel UK

Die Kulturgüter *Garckes* nahmen unterschiedliche Wege, davon führten einige auch zum renommierten Auktionshaus Lempertz in Köln und in die Schweiz.[157] Hervorstechend ist allerdings, wie viele Kulturgüter aus *Garckes* Sammlung durch die Kunst und Antiquitäten GmbH bei Christie's in London versteigert wurden. Nachdem *Bischof* dies bereits im Rahmen seines Pionierwerks im Jahr 2003 anschnitt, wurden diese Versteigerungen im Jahr 2021 eingehender von der Kunsthistorikerin

---

153 Brief GARCKES aus der Haft, zitiert nach KG, Beschl. v. 02.02.1998 – 5 Ws 232-96 REHA, NJW 1998, 2617 (2617 f.).

154 Haftbeschwerde GARCKES, zitiert nach FG Berlin, Urt. v. 15.12.2003 – 8 K 8537/99, juris Rn. 10.

155 Vgl. den Bericht der Steuerfahndung, als Kopie abgedruckt in BT-Drs. 12/4500 („KoKo-Untersuchungsausschuss" – Dritter Teilbericht), S. 199–205 („Dokument 26" – Bericht des Magistrats von Berlin, Abteilung Finanzen und Steuern, Sektor Fahndung, vom 31.05.1978).

156 Zu alledem BISCHOF, Die Kunst und Antiquitäten GmbH, S. 246; FG Berlin, Urt. v. 15.12.2003 – 8 K 8537/99, juris Rn. 8–10, 13; KG, Beschl. v. 02.02.1998 – 5 Ws 232-96 REHA, NJW 1998, 2617 (2617); SCHIEMANN, Kunsthandel zwischen Ost und West, S. 59.

157 BISCHOF, Die Kunst und Antiquitäten GmbH, S. 407 f.

Xenia Schiemann aufgearbeitet. Danach bot die Kunst und Antiquitäten GmbH Kulturgüter aus der Sammlung *Garcke* bei Christie's in London zwischen den Jahren 1979 bis 1981 zum Verkauf an. Dabei gab es eine ausdrückliche Vereinbarung zwischen der Kunst und Antiquitäten GmbH und Christie's, dass die DDR-Provenienz der Kulturgüter nicht offengelegt werden durfte. Christie's warb sogar mit einem Foto eines vergoldeten Armsessels im Louis-XV-Stil aus der Sammlung *Garcke*. Besonders deutlich wird die Gewinnspanne der Steuerverfahren für die Kunst und Antiquitäten GmbH anhand eines deutschen Rokoko-Schreibtischs aus der Mitte des 18. Jhr., welche der Kunst und Antiquitäten GmbH durch das DDR-Finanzamt für 35.000 DDR-M überlassen wurde. Bei Christie's wurde dieser sodann für 100.000 DM angeboten. Die Versteigerung ergab immerhin 20.000 £, was zur damaligen Zeit ca. 83.000 DM entsprach.[158]

Nach dem Zusammenbruch der DDR wurden einige Kulturgüter von *Garcke* anhand von Fotos nachträglich begutachtet. Dabei wurde festgestellt, dass mehrere Objekte nach DDR-„Kulturgüterschutz" der Kategorie I angehört und demnach eigentlich nicht exportiert hätten werden dürfen. Eine Begutachtung der zu exportierenden Kulturgüter aus der Sammlung *Garcke* fand zu DDR-Zeiten wegen der Sonderrechte der Kunst und Antiquitäten GmbH im Gegensatz zu den Ausreisenden aber nie statt.[159]

4. Fallbeispiel 2: *Werner Schwarz* („1. Angriff" 1981)

Der Fall *Werner Schwarz* ist sowohl bzgl. des konkreten Ablaufs des Steuerverfahrens (a)) als auch bzgl. des weiteren Weges der Kulturgüter (b)) von besonderem Interesse, weil er zum bisher einzigen BGH-Urteil im Zusammenhang mit den Steuerverfahren geführt hat und darüber hinaus sogar als Verfassungsbeschwerde beim BVerfG vorlag.[160]

---

158 Zu alledem Schiemann, Kunsthandel zwischen Ost und West, S. 59–61, 63–65; vgl. auch den „Kaufvertrag zwischen dem Magistrat von Berlin, Abteilung Finanzen-Steuern, Sektor Vollstreckung […] als Pfandgläubiger [des] […] Dr. Peter Garcke, vertreten durch: Kollegen Kuls, Stellvertreter des Leiters des Sektors Vollstreckung und dem Genossen Direktor der Kunst und Antiquitäten GmbH", als Kopie abgedruckt in Bischof, Die Kunst und Antiquitäten GmbH, S. 237 f. (Tafel 24).

159 Zu alledem Bischof, Die Kunst und Antiquitäten GmbH, S. 406. Zum Fall Garcke weiterführend Bischof, Die Kunst und Antiquitäten GmbH, S. 185, 246; Schiemann, Kunsthandel zwischen Ost und West, S. 54 ff.

160 Zu diesem Fall insgesamt auch Anton, Illegaler Kulturgüterverkehr, insb. S. 1035–1041; Finkenauer/Thiessen, Kunstraub für den Sozialismus, S. 71 f.

a) Steuerverfahren samt Strafurteil und „Freikauf"

Schwarz war Möbelrestaurator und jahrzehntelang ehrenamtlicher Denkmalpfleger im brandenburgischen Rathenow. Er begann bereits in frühen Jahren mit der Sammlung von Kulturgütern. Dabei spezialisierte er sich auf Silbersammlungen, Münzen und Medaillen sowie, in besonderem Maße, auf seltene antike Barockmöbel. Seine private Sammlung wurde auch durch den Umstand begünstigt, dass seine Familie Generationen vor ihm eng mit *Karl Friedrich Schinkel* verbunden war und bereits ein reicher Schatz an Kulturgütern ererbt werden konnte. Im Jahr 1967 hatte *Schwarz* seine Privatsammlung deshalb in die Denkmalliste des Kreises Rathenow („Möbel und Hausrat des 18. und frühen 19. Jahrhunderts aus brandenburgisch-preußischem Raum") eintragen lassen. Aufgrund dieser hervorstechenden Privatsammlung gelangte *Schwarz* ins Visier der IM des VEB Antikhandels Pirna. Auch die Volkspolizei führte über *Schwarz* für das MfS eine Kriminalakte mit der Kennung „Barock". Am 08.12.1981 begann der „1. Angriff" bei *Schwarz*, der zu diesem Zeitpunkt 59 Jahre alt war. Sein Wohnhaus wurde vier Tage lang durchsucht und von Mitarbeitern des VEB Antikhandels Pirna eine Zeitwertfeststellung mit insgesamt 1.700 Positionen bei einem geschätzten Gesamtwert von ca. 1,5 Millionen DDR-M aufgestellt. *Schwarz* wurde noch am ersten Tag der Durchsuchung in Untersuchungshaft genommen. Ihm wurde zunächst ein Rechtsanwalt verwehrt, darüber hinaus erfolgten Dauerverhöre des durch gezielten Schlafentzugs geschwächten *Schwarz* nebst Drohungen mit der Verhaftung der Ehefrau einerseits und Lockangeboten für umfassende Aussagebereitschaft andererseits. Nach einem Suizidversuch wurde *Schwarz* dauerhaft ans Bett gefesselt. Indessen erließ das Finanzamt Rathenow am 15.12.1981 eine schriftliche Sicherungsverfügung in das Vermögen von *Schwarz* i. H. v. ca. zwei Millionen DDR-M. Anschließend wurden die gesammelten Kulturgüter, darunter auch die Trauringe der Ehegatten *Schwarz*, Familienbilder und -chroniken sowie Bibeln, direkt nach Mühlenbeck abtransportiert. Am 17.03.1982 erging ein Steuerbescheid an *Schwarz* i. H. v. ca. 1,5 Millionen DDR-M, hinzu traten noch Nebenforderungen, sowie eine Pfändungsverfügung i. H. v. zwei Millionen DDR-M. Gegen diesen Steuerbescheid legte der inzwischen mandatierte Rechtsanwalt *de Maizière* Beschwerde ein, die bei Festsetzung einer Beschwerdegebühr von knapp 100.000 DDR-M zurückgewiesen wurde.[161] Am 08.07.1982 erfolgte der Verkauf der Kulturgüter durch das Finanzamt Rathenow

161 Beschwerdeentscheidung des Rates des Bezirkes Potsdam, Abteilung Finanzen, vom 18.06.1982, als Kopie abgedruckt in BT-Drs. 12/4500 („KoKo-Untersuchungsausschuss" – Dritter Teilbericht), S. 249–256 („Dokument 36").

als Pfandgläubigerin an die Kunst und Antiquitäten GmbH, in deren Besitz sich die Mobilien ohnehin schon längst befanden.[162]

Bereits am 04.05.1982 schrieb *Schwarz* aus der Untersuchungshaft eine Eingabe direkt an *Honecker*. Diese fand ihren Weg aber stattdessen immerhin zum amtierenden MfK-Minister *Hans-Joachim Hoffmann*. Dieser schrieb daraufhin einen kritischen Brief an die Abteilung Kultur des ZK der SED:

> „In letzter Zeit sind mehrfach gleichartige Fälle aufgetreten, in denen andere Staatsorgane geschütztes Kulturgut, darunter solches von höchster Bedeutung, schematisch veräußerten bzw. veräußern wollten (i. d. R. an den Außenhandel) [...] Ich bin der Auffassung, daß auch bei Berücksichtigung der bekannten außenwirtschaftlichen Situation dennoch unwiederbringliche Teile des kulturellen Erbes der DDR nicht automatisch zur Ausfuhr gelangen dürften".[163]

Dass infolgedessen Teilen der Sammlung von *Schwarz* die Ausfuhrgenehmigung infolge der Begutachtung durch die Kulturgutschutzkommission versagt wurde, ist indes nicht belegt. Vielmehr steht im Raum, dass die Silbersammlungen sogar eingeschmolzen wurden.[164]

Schwarz wurde am 02.12.1982 vom Bezirksgericht Potsdam wegen mehrfacher Steuerverkürzung im schweren Fall und wegen versuchter Steuerverkürzung zu einer Gesamtfreiheitsstrafe von fünf Jahren und sechs Monaten nebst einer Geldstrafe i. H. v. 100.000 DDR-M verurteilt.[165]

Die Deviseneinnahmen durch den Fall *Schwarz* waren für den Bereich Kommerzielle Koordinierung damit aber noch nicht beendet[166], denn am 18.12.1984 wurde er durch die Vermittlung der Evangelischen Kirche von der BRD „freigekauft" und reiste zusammen mit seiner Gattin aus.[167]

---

162 Zu alledem ANTON, Illegaler Kulturgüterverkehr, S. 1036 f.; BISCHOF, Die Kunst und Antiquitäten GmbH, S. 171, 212, 245, 287; BLUTKE, Obskure Geschäfte, S. 76–80; BRAUN, Kunstprozesse, S. 262–265; BT-Drs. 12/4500 („KoKo-Untersuchungsausschuss" – Dritter Teilbericht), S. 45; ERICES/KUHRT/WENSIERSKI, Der Spiegel vom 20.07.2014 (Nr. 30/2014), 40 (41).

163 Zitiert nach BLUTKE, Obskure Geschäfte, S. 79.

164 Zu alledem BLUTKE, Obskure Geschäfte, S. 79.

165 Bezirksgericht Potsdam, Urt. v. 02.12.1982, Az. II BS 13/82, als Kopie abgedruckt in BT-Drs. 12/4500 („KoKo-Untersuchungsausschuss" – Dritter Teilbericht), S. 274–296 („Dokument 42").

166 Vgl. BISCHOF, Die Kunst und Antiquitäten GmbH, S. 292.

167 Zu alledem ANTON, Illegaler Kulturgüterverkehr, S. 1038; BLUTKE, Obskure Geschäfte, S. 76 f.

b) Weiterer Weg der Kulturgüter: Ziel BRD

Keine zwei Jahre später durften die Eheleute *Schwarz* dann im April 1986 in einem Antiquitätengeschäft im Kaufhaus des Westens in Berlin entdecken, dass die kapitalistische Warenvielfalt Erstaunliches zu Tage fördert, darunter eine hochwertige klassizistische Standuhr aus ihrer ehemaligen Privatsammlung in Rathenow. Eindeutig identifiziert werden konnte sie anhand einer eingravierten Signatur des Restaurators. Das Angebot offenbart die Gewinnmargen der Steuerverfahren sowohl für die ostdeutsche Kunst und Antiquitäten GmbH als auch für die westlichen Ankäufer exemplarisch: In der Zeitwertfeststellung des VEB Antikhandels Pirna wurde die Uhr mit 15.000 DDR-M angesetzt, sodann wurde sie für 15.000 DM an die West-Berliner Antiquitätenhandlung verkauft, die sie nun für 34.000 DM erneut zum Verkauf anbot.[168] *Schwarz* verklagte im selben Jahr die Antiquitätenhandlung auf Herausgabe der Uhr und bekam erst-[169] (1986) wie zweitinstanzlich[170] (1987) Recht. Letztinstanzlich[171] (1988) aber wurde die Herausgabeklage vom BGH abgewiesen und die darauffolgende Verfassungsbeschwerde beim BVerfG[172] im Jahr 1991 wegen Unzulässigkeit nicht zur Entscheidung angenommen. Im Jahr 1995 wurde *Schwarz* strafrechtlich rehabilitiert[173].[174]

5. Fallbeispiel 3: *Helmuth Meißner* („1. Angriff" 1982)

Der Fall des Dresdner Kunsthändlers und -sammlers *Helmuth Meißner* wird häufig „exemplarisch"[175] für die Entziehung privater Kulturgüter durch Steuerverfahren in der späten DDR genannt. Dies ist auch dem Umstand geschuldet, dass über das Geschehen umfangreiche Recherchen sowie Gerichts- bzw. Verwaltungsverfahren geführt wurden und darüber selbst die internationale Presse ausführlich berichtete.[176] Auch wenn der Umfang und die kunsthistorische Bedeutung der Sammlung

168 Zu alledem Blutke, Obskure Geschäfte, S. 81; Erices/Kuhrt/Wensierski, Der Spiegel vom 20.07.2014 (Nr. 30/2014), 40 (41).

169 LG Berlin, Urt. v. 10.12.1986 – 4 O 238/86, ROW 1988, 250.

170 KG, Urt. v. 29.09.1987 – 17 U 492/87, NJW 1988, 341.

171 BGH, Urt. v. 22.09.1988 – IX ZR 263/87, NJW 1989, 1352.

172 BVerfG (Kammer), Beschl. v. 09.01.1991 – 2 BvR 1616/88, NJW 1992, 1816.

173 OLG Brandenburg, Beschl. v. 30.11.1995 – 1 Ws (Reha) 115/95, 1 Ws (Reha) 115/96, VIZ 1996, 486.

174 Zu all diesen Gerichtsentscheidungen im Fall Schwarz ausführlich unter § 4.I., S. 127 ff.

175 Lupfer/Rudert, arsprototo 01/2016, 60 (62). Zu diesem Fall auch Finkenauer/Thiessen, Kunstraub für den Sozialismus, S. 70.

176 Mashberg, The New York Times vom 27.11.2014, 1. Daneben u. a. Förster, Frankfurter Rundschau vom 26.01.2015, 20; Schütz, Sächsische Zeitung vom 15.02.2012, 2; Tarli, NZZ vom 13.01.2015 (Nr. 9), 6.

Meißners sowie dessen „Steuerschuld" der Höhe nach alle anderen bisher bekannten Fälle übertrifft[177], so kann der konkrete Ablauf des Steuerverfahrens (a)) sowie der weitere Weg der Kulturgüter (b)) doch als paradigmatisch für diese Art des Vorgehens gegen private Kunsthändler und -sammler in der späten DDR betrachtet werden.

a) Steuerverfahren samt psychiatrischer Zwangseinweisung

Meißner begann bereits in frühen Jahren Kulturgüter, v. a. Gemälde und Porzellan, zu sammeln und führte diese Leidenschaft über fünfzig Jahre fort. Aufgrund guter Kenntnisse und vieler persönlicher Kontakte zu renommierten Künstlern und Kunsthistorikern, konnte er seine Sammlung bspw. durch Erwerbungen aus Nachlässen von Freunden stetig erweitern. Diese zählte deshalb zu einer der bedeutendsten privaten Kunstsammlungen in Dresden. Daneben führte er auch eine kurz nach Kriegsende im Jahr 1945 gegründete, private Kunsthandlung, die von der Privatsammlung in seiner Wohnung allerdings räumlich wie buchhalterisch penibel getrennt wurde. Ab dem Jahr 1981 wurde durch die MfS-Bezirksverwaltung Dresden eine „Operative Personenkontrolle" (OPK) gegen *Meißner* unter der bezeichnenden Kennung „Gegner" geführt, in die auch *Brachhaus* als IM des VEB Antikhandels Pirna eingebunden war.[178] In einem Bericht vom 10.03.1982 wird das Ziel der OPK wie folgt definiert: „In Absprache mit der [Hauptabteilung] VII/13 [des MfS] wird gegen den Meißner ein Steuerverfahren eröffnet, mit dem Ziel das vorhandene Vermögen des M. dem Staatshaushalt zuzuführen"[179]. Am 31.03.1982 wurde *Meißner*, zu diesem Zeitpunkt 79 Jahre alt, frühmorgens „zur Klärung eines Sachverhalts" bei der örtlichen Polizeidienststelle einbestellt. Währenddessen wurden seine Privatwohnung, sowie später auch das Geschäft und ein Wochenendhäuschen, entgegen des Protests seiner Ehefrau im Zuge des „1. Angriff" durchsucht. Beteiligt an der Durchsuchung waren Steuerfahndung, Staatsanwaltschaft, Volkspolizei sowie Mitarbeiter des MfS und der Kunst und Antiquitäten GmbH, sowohl aus Dresden als auch aus Berlin. Es wurden sämtliche vorgefundene Kulturgüter bis hin zu bloßen Gebrauchsgegenständen mit Marken versehen und in

---

177 Vgl. Blutke, Obskure Geschäfte, S. 96.

178 Zu alledem Bischof, Die Kunst und Antiquitäten GmbH, S. 168 (Fn. 240), 280 f.; Blutke, Obskure Geschäfte, S. 96, 105, 108, 110.

179 Ergänzung zum Sachstandsbericht vom 17.03.1981 zur OPK „Gegner" von der Abteilung VII der Bezirksverwaltung des MfS Dresden, bestätigt durch den Leiter der Abteilung Oberstleutnant Kloß vom 10.03.1982, zitiert nach Bischof, Die Kunst und Antiquitäten GmbH, S. 281, 304 (Tafel 28).

eine Zeitwertfeststellung aufgenommen, die insgesamt 5.000 Positionen enthielt.[180] Anschließend wurde direkt mit dem Abtransport der Kulturgüter durch Mitarbeiter der Kunst und Antiquitäten GmbH begonnen, obwohl eine schriftliche Sicherungsverfügung erst am 05.04.1982 i. H. v. zwei Millionen DDR-M erging. Diese Höhe wurde später mehrmals korrigiert, bis der endgültige Steuerbescheid i. H. v. über 6,5 Millionen DDR-M am 19.08.1982 an *Meißner* erging. *Meißner* selbst befand sich zu diesem Zeitpunkt allerdings bereits seit Monaten zwangseingewiesen in einer geschlossenen psychiatrischen Anstalt.[181]

Die „operative Aufgabenstellung" der MfS-Bezirksverwaltung Dresden an die MfS-Kreisverwaltung Dresden-Land, *Meißner* in eine geschlossene psychiatrische Klinik zwangseinweisen zu lassen, erging nur wenige Tage nach den Durchsuchungen am 03.04.1982. „Entsprechend den Vorstellungen des MfS wird der Meißner im BKH [Bezirkskrankenhaus, Anm. d. Verf.] Arnsdorf als stationärer Patient verbleiben"[182]. Zur reibungslosen Durchführung dieser „Aufgabenstellung" wurde bereits vorher auch der Ärztliche Direktor der Klinik, welcher zugleich Gesellschaftlicher Mitarbeiter für Sicherheit (GMS)[183] des MfS war, eingebunden. Dass für die Maßnahme jegliche medizinische Indikation fehlte, legt bereits der Bericht der Volkspolizei von der Zwangseinweisung nahe, der *Meißner* dabei als „geordnet" und lediglich „leicht erregt" beschreibt.[184] Offensichtlich wird dies erst recht, wenn der genannte Ärztliche Direktor in einem Bericht an die MfS-Kreisverwaltung vom 07.04.1982 selbst darlegt, „[e]in Daueraufenthalt ist völlig unmöglich. [...] Der Krankheitswert ist zu gering, wenn man überhaupt davon sprechen kann [...]"[185]. Bei einer daraufhin anberaumten Besprechung mit MfS, Steuerfahndung und Staatsanwaltschaft wurde dennoch konstatiert, dass „[e]ine gegenwärtige Entlassung des M." die „Untersuchungsführung wesentlich erschweren" würde und deshalb Möglichkeiten geprüft werden sollten, „damit M. in stationärer Unter-

---

180 Lupfer/Rudert, arsprototo 01/2016, 60 (62); vgl. Mashberg, The New York Times vom 27.11.2014, 1 (1).

181 Zu alledem Bischof, Die Kunst und Antiquitäten GmbH, S. 276, 280–287, 312; Blutke, Obskure Geschäfte, S. 94, 108.

182 Bericht der Kreisdienststelle Dresden-Land des MfS, Leutnant Grülling, über die durchgeführten Maßnahmen zur OPK „Gegner" der Abteilung VII vom 06.04.1982, zitiert nach Bischof, Die Kunst und Antiquitäten GmbH, S. 282, 305 (Tafel 29).

183 GMS lassen sich grob mit IM vergleichen, waren aber weniger in genuin konspirative Tätigkeiten eingebunden, Fricke, Unterdrückungsmechanismen, S. 873.

184 Aktennotiz der Bezirksbehörde der Deutschen Volkspolizei, Abteilung Medizinische Dienste, betreffend die Zwangseinweisung des „Patienten Meißner" vom 06.04.1982, zitiert nach Bischof, Die Kunst und Antiquitäten GmbH, S. 283, 306 (Tafel 30).

185 Bericht des GMS „Lauterbach" an die Kreisdienststelle Dresden-Land des MfS vom 07.04.1982, zitiert nach Bischof, Die Kunst und Antiquitäten GmbH, S. 283, 307–309 (Tafel 31).

bringung verbleibt".[186] In derselben Besprechung wurde durch das MfS zudem deutlich gemacht, dass dieses einen Steuerbescheid i. H. v. ca. 90% des Vermögens des *Meißners* für durchführbar halten würde, während die Steuerfahndung selbst „zurückhaltender" nur ca. 50% für realistisch hielt.[187] In der Klinik fanden auch die Vernehmungen *Meißners* statt. Am 03.11.1982 wurde er von dort wieder entlassen, kurz bevor der Operative Vorgang „Gegner" seitens des MfS am 08.11.1982 mit dem Vermerk „Ziel wurde erreicht" geschlossen wurde.[188] Zuvor wurde in einem Bericht lapidar festgehalten, dass durch den Entzug der Kulturgüter „das ‚Lebenswerk' des Objektes [gemeint ist *Meißner*, Anm. d. Verf.] seinem Zugriff entzogen [wurde]"[189]. Die beteiligten IM wurden wegen dieses Einsatzes materiell extra vergütet und offiziell geehrt. Das Strafverfahren gegen Meißner wurde am 31.07.1985 ohne Verurteilung eingestellt, der Steuerbescheid blieb allerdings bestehen.[190]

b) Weiterer Weg der Kulturgüter: Ziel USA

Teile der Sammlung *Meißners* wurden (ausnahmsweise) von der Kulturgutschutzkommission begutachtet und der Kategorie I und II zugeordnet. In eher geringem Umfang konnten manche Kulturgüter daher vor dem Export bewahrt werden und gelangten so in Museen der DDR. Dazu gehört auch ein Birnkrug aus Meißner Porzellan aus den Jahren 1722/23, der in Standardwerken beschrieben wird und von dem nur eine Handvoll Exemplare weltweit überhaupt existieren.[191] An diesem Beispiel zeigt sich auch die widersprüchliche Rolle von Museumsmitarbeitern bei dem Entzug von privaten Kulturgütern:[192] Mitglied der Kulturgutschutzkommission war der damalige Direktor des Dresdner Grünen Gewölbes, welcher selbst IM war. Der Birnkrug wurde auch aufgrund seiner Einschätzung nicht exportiert, sondern fand seinen Weg stattdessen in die Staatliche Porzellansammlung im Dresdner Zwinger, die von seiner Ehefrau geleitet wurde. Nichtsdestotrotz ermöglichte gerade dieser Umstand, dass der Birnkrug im Jahr 2005 an den Erben *Meißners* restituiert werden

---

186 Protokoll der Bezirksverwaltung des MfS Dresden, Abteilung VII, Hauptmann Schüffler, über eine gemeinsame Beratung der beteiligten Untersuchungsorgane zum Vorgang Meißner, Helmuth, zitiert nach Bischof, Die Kunst und Antiquitäten GmbH, S. 284, 310 f. (Tafel 32).

187 Zu alledem Bischof, Die Kunst und Antiquitäten GmbH, S. 282–284.

188 Papier der Abteilung VII der Bezirksverwaltung des MfS Dresden, Hauptmann Steidl, vom 29.04.1982, zitiert nach Bischof, Die Kunst und Antiquitäten GmbH, S. 286.

189 Information der Abteilung VII der Bezirksverwaltung des MfS Dresden, Hauptmann Schüffler, über den gegenwärtigen Stand des Steuer- bzw. Ermittlungsverfahrens gegen Meissner, Helmuth, zitiert nach Bischof, Die Kunst und Antiquitäten GmbH, S. 285.

190 Zu alledem Bischof, Die Kunst und Antiquitäten GmbH, S. 254 (Fn. 470), 287; Blutke, Obskure Geschäfte, S. 94.

191 Blutke, Obskure Geschäfte, S. 95 f., 106–108.

192 Vgl. insoweit auch Bischof, Kunstexporte im Kalten Krieg, S. 142 f.

konnte, da er im Gegensatz zu den in den Westen exportierten Kulturgütern, deren Spur sich infolgedessen i. d. R. verloren hat, noch auffindbar war.[193]

Der Fall *Meißner* ist allerdings gerade auch in dieser Hinsicht besonders facettenreich, da er ausnahmsweise auch ein seltenes Beispiel eines in einer internationalen Privatsammlung wiederaufgetauchten Kulturgutes aus den Steuerverfahren birgt. Im Jahr 1999 gab der New Yorker Kunstsammler *Henry H. Weldon* einen Katalog seiner Privatsammlung altniederländischer Malerei heraus, in welchem auch das in seinem Besitz befindliche, winzige Gemälde „Stillleben mit Kastanien“ von *Adriaen Coorte* mit der Provenienzangabe „niederländische Privatsammlung“ abgedruckt war.[194] Tatsächlich befand sich das Gemälde bis zum oben genannten Steuerverfahren gegen *Meißner* in dessen Eigentum, wurde infolgedessen von der Kunst und Antiquitäten GmbH exportiert und im Jahr 1988 bei der Dependance von Christie's in Amsterdam ohne Herkunftsangabe für 112.000 Schweizer Franken an eine renommierte Züricher Kunstgalerie versteigert, die das Werk im Jahr 1989 wiederum für mehr als den doppelten Preis an *Weldon* veräußerte. Nachdem der Erbe *Meißners* das Gemälde aufgrund eines Abgleichs mit privaten Fotografien sowie Aufnahmen aus der Stasi-Akte seines Vaters wiedererkannte, kontaktierte sein Rechtsbeistand *Bischof* die Witwe *Weldons* als dessen Erbin. Diese verweigerte die Herausgabe des inzwischen potenziell vielfach wertvolleren Kulturgutes, weil nicht sicher sei, dass es sich um dasselbe Gemälde handle, weiterhin die Steuerpfändung im Jahr 1982 dem damaligen Recht entsprochen hätte sowie zudem der Erwerb in gutem Glauben erfolgt wäre. Im Jahr 2014 erhob sie vor dem LG München II eine positive Feststellungsklage auf Feststellung ihres Eigentums an dem in ihrem Besitz befindlichen Werk.[195] Nach dem Versterben der Witwe ist über den Fortgang des Prozesses nichts mehr bekannt geworden. Es ist allerdings davon auszugehen, dass ihre Erbengemeinschaft das Verfahren übernahm und sich mit dem Erben *Meißners* gütlich einigte, bei Vereinbarung des Stillschweigens über den Inhalt des Vergleichs. Dies lässt sich auch darauf zurückführen, dass bei der Versteigerung der „Weldon Collection“ im Jahr 2015 bei Sotheby's in New York, die bei 74 Losen einen Gesamtverkaufspreis über 20 Millionen USD erzielte, das Gemälde noch

---

193 Lupfer/Rudert, arsprototo 01/2016, 60 (62). Die Staatlichen Kunstsammlungen Dresden kauften das Stück im Anschluss an die Restitution vom Erben Meißners zurück, sodass es heute wieder im Dresdner Zwinger ausgestellt werden kann – unter Angabe seiner Provenienz. Zu weiteren Restitutionen öffentlicher Einrichtungen an den Erben Meißners Anton, Illegaler Kulturgüterverkehr, S. 1250 f.

194 Minty/Spicer, Collection of Henry H. Weldon, S. 37.

195 Zu alledem Förster, Frankfurter Rundschau vom 26.01.2015, 20; Mashberg, The New York Times vom 27.11.2014, 1 (1–3); Tarli, NZZ vom 13.01.2015 (Nr. 9), 6 (6); Tarli, Tages-Anzeiger vom 22.04.2015, 8 (8).

nicht einmal im Auktionskatalog enthalten war,[196] sondern stattdessen inzwischen wieder ausgerechnet bei der Züricher Kunstgalerie geführt wird, von der *Weldon* es ursprünglich erworben hatte – ohne Preis-, dafür aber mit Provenienz- und Eigentümerangabe „Collection Helmuth Meissner (All claims relating to the GDR persecution of Helmuth Meissner with regards to the present work have been settled) […] Private Collection, by descent“[197].[198]

196 Sotheby's, The Weldon Collection – Auction Catalogue; Sotheby's Auction „The Weldon Collection", Sale Number: N09335, 22.04.2015, New York, abrufbar unter <https://www.sothebys.com/en/auctions/2015/weldon-collection-n09335.html?locale=en&p=1> (zuletzt aufgerufen am 01.03.2024).

197 Koetser Gallery, Adriaen Coorte (Middelburg 1683–1707), Chestnuts on a Ledge, <https://www.koetsergallery.com/artwork-detail/painting/MTE2/chestnuts-on-a-ledge/Adriaen-Coorte/> (zuletzt aufgerufen am 08.11.2023).

198 Zu alledem auch Ellinor, SRF vom 24.01.2024.

§ 3. Bewertung nach DDR-Recht (*de lege abrogata*)

Die geschilderten Steuerverfahren und die daraus resultierenden Kulturgutverluste werden nach einer Vorbemerkung zur (Steuer- bzw. Zivil-) Rechtskultur der DDR (I.) im Folgenden steuer- (II.) und sachenrechtlich (III.) nach DDR-Recht bewertet.

I. Vorbemerkung: (Steuer- bzw. Zivil-) Rechtskultur der DDR

In den folgenden Kapiteln wird förmliches DDR-Recht nach dem in der DDR allgemein herrschenden Verständnis der DDR-Rechtsprechung und der DDR-Rechtswissenschaft angewandt. Diese Herangehensweise mutet aus heutiger rechtsstaatlicher Perspektive auf den ersten Blick unpassend an. Danach wird diktatorischen Rechtssystemen weniger durch die Anwendung ihres förmlichen „Rechts", sondern zuvörderst durch (rechts-) historische, (rechts-) philosophische, (rechts-) politische und rechtstheoretische Bewertungen aus der *ex-post*-Perspektive begegnet. Diesen Bewertungen ist beim Umgang mit diktatorischen Rechtssystemen zu Recht Vorrang einzuräumen, denn diese Rechtssysteme unterscheiden sich von unserer heutigen rechtsstaatlichen Perspektive so grundlegend, dass eine unbesehene Anwendung des förmlichen Rechts der jeweiligen Diktatur rglm. nur irrlichtern kann. Die allgemeinen Unterschiede diktatorischer Rechtssysteme zu rechtsstaatlichen Rechtssystemen mag man anhand dreierlei Aspekte abstrahieren: Zunächst weicht häufig bereits der grammatikalische Inhalt des förmlichen Rechts der jeweiligen Diktatur massiv von jedem rechtsstaatlichen Verständnis materiellen Rechts und materieller Gerechtigkeit im rechtsstaatlichen Sinne ab. Noch häufiger kommt es, wie *Bernd Rüthers* bestechend aufzeigte, zudem zu einer „unbegrenzten Auslegung" des bestehenden förmlichen Rechts zugunsten der jeweiligen diktatorischen Ideologie, was durch die rechtsstaatliche Brille einer Rechtsbeugung gleichkommen muss.[199] Schließlich ist aber der wohl gravierendste Unterschied, dass förmliches Recht und Rechts*wirklichkeit* in einem diktatorischen Rechtssystem in vielen Fällen vollkommen getrennte Wege gehen.[200] Um in der Diktion von *Ernst Fraenkels* „Doppelstaat" zu sprechen, existiert in diktatorischen Rechtssystemen ein „Normenstaat" für alle „normalen", d. h. entweder (vordergründig) politisch

---

199 Rüthers, Unbegrenzte Auslegung, insb. S. 114 ff., 175 ff.; vgl. Berswordt-Wallrabe, Entzug von Kulturgut in der DDR, S. 120.

200 Vgl. auch Braun, Kunstprozesse, S. 262, 267.

neutralen oder aber politisch opportunen Fälle, in denen ein förmliches Recht angewandt wird, das dem rechtsstaatlichen Alltag (oberflächlich betrachtet) ähnelt.[201] Soweit es aber aus politisch-ideologischen Gründen erforderlich ist, regiert der „Maßnahmenstaat“, d. h. das förmliche Recht wird vollkommen außer Acht gelassen, da der jeweilige Fall explizit oder implizit als außerhalb der Rechtsordnung stehend angesehen wird. Der Maßnahmenstaat wird durchgreifend vom „Primat der Politik“ beherrscht, worauf noch zurückzukommen sein wird.

Aus ebenjenen fundamentalen Unterschieden heraus, ist es aus heutiger rechtsstaatlicher Perspektive rglm. unangebracht (und wenig zielführend, da i. d. R. an der eigentlichen Sache vorbeigehend), förmliches Recht eines diktatorischen Rechtssystems unbesehen auf die während dieser Zeit vollendeten Lebenssachverhalte anzuwenden. Nichtsdestotrotz wird exakt dies im Rahmen der folgenden Kapitel ausnahmsweise getan. Maßgeblicher Grund dafür ist die dieser Arbeit zugrundeliegende sachenrechtlich-dogmatische Fragestellung. Nicht im Fokus dieser Arbeit steht eine rechtshistorische, rechtsphilosophische oder rechtstheoretische Bewertung der Geschehnisse oder gar der DDR-Rechtskultur an sich. Ziel dieser Arbeit ist nämlich primär herauszufinden, wer Eigentümer der in Rede stehenden Kulturgüter ist und ob ein Herausgabeanspruch besteht. Wie bereits angedeutet, wird dafür die Anwendung der internationalprivatrechtlichen Grundsätze der *lex rei sitae* und des *ordre public* zentral sein. Die *lex rei* sitae befiehlt aber gerade, eine fremde Rechtsordnung nach deren autonomen Rechtsverständnis entsprechend ihrer Rechtsprechung und Rechtswissenschaft anzuwenden, um zu prüfen, ob ein Eigentumsübergang überhaupt nach fremden Recht stattgefunden hat oder nicht. Hat der Eigentumsübergang nämlich selbst danach nicht stattgefunden, ist eine Prüfung des *ordre public* entbehrlich und ein Eigentumsübergang auch in der eigenen Rechtsordnung abzulehnen. Aus diesem Grund muss auch im Rahmen dieser Arbeit zunächst eine Bewertung der in Rede stehenden Steuerverfahren und ihrer Folgen nach förmlichen DDR-Recht erfolgen. Dabei ist nicht nur der rein sachenrechtliche Aspekt von Interesse, sondern auch die steuerrechtliche Bewertung, da diese wiederum Interdependenzen zum *ordre public* aufweist. Unabhängig von der konkreten Forschungsfrage der vorliegenden Arbeit kann diese Erkenntnis aber, gewissermaßen „als Beifang“, auch rechtshistorisch erkenntnisbringend sein, insoweit diese Prüfung zeigen wird, auf welcher Seite des „Doppelstaates DDR“[202] die Steuerverfahren konkret erfolgten – Normenstaat oder Maßnahmenstaat?

Zur besseren Nachvollziehbarkeit der folgenden Rechtsanwendung muss man sich dennoch auch noch kurz die konkrete Natur des „(Steuer- bzw. Zivil-) Rechts-

---

201 Fraenkel, Doppelstaat, insb. S. 26 ff., 96 ff., vgl. zum Primat der Politik S. 150 f.; dieser Kontext wurde vielfach aufgegriffen, u. a. von Löhnig, Generalklauseln, S. 202.

202 So Brey, Doppelstaat DDR. Vgl. auch Luchterhandt, Was bleibt vom Recht der DDR?, S. 194 f.

verständnisses" speziell in der DDR vor Augen führen, welches anders geartet war als die Verhältnisse und Denkweisen der bundesdeutschen Rechtskultur.[203] Im Ausgangspunkt übernahm die DDR die allermeisten Reichsgesetze, sodass rechtsdogmatisch grundsätzlich eine gewisse Kontinuität zur gesamtdeutschen Rechtskultur bestand. Es wurde zu Beginn zwar diskutiert, inwiefern kapitalistisch geprägte Gesetze wie das BGB oder das HGB auch ohne formelle Außerkraftsetzung „unrichtig werde[n], wenn sich die Produktionsverhältnisse und damit auch die Lebensverhältnisse ändern",[204] doch es setzte sich bald die Ansicht durch, stattdessen „die sprachliche Hülle des kapitalistischen Gesetzes mit neuem sozialistischem Inhalt [zu versehen]" und mittels dieser „parteilichen Auslegung" bestehende Gesetze (vorläufig) weiterhin anzuwenden.[205] Praktisch konnte dieses Verständnis „sozialistischer Gesetzlichkeit"[206] freilich die vollkommene Abkehr von einer gewachsenen Rechtsdogmatik mittels tradierter Auslegungsmethoden hin zu politischen Einzelfallentscheidungen bedeuten.[207] Gleichwohl existierte außerhalb dieser auch in

---

203 Die folgenden Ausführungen beziehen sich im engeren Sinne v. a. auf das Zivil- und Steuerrecht der DDR, gelten so oder ähnlich aber für fast alle Rechtsgebiete des DDR-Rechts. Auf diese (aus bundesrepublikanischer Warte als Defizite aufzufassenden) Eigenheiten der DDR-Rechtskultur weist für das in dieser Arbeit ebenfalls relevante DDR-Vollstreckungsrecht u. a. THAETNER, Vollstreckungspraxis DDR, S. 151 ff. hin.

204 Vgl. BENJAMIN, NJ 1951, 150 (152); MARKOVITS, Sozialistisches Zivilrechtsdenken, S. 34 f. Damit war BENJAMIN ganz auf stalinistischer Linie, vgl. HAFERKAMP, Das BGB während des Nationalsozialismus und der DDR, S. 22.

205 R. SCHRÖDER, Marxismus und Recht, S. 1165, 1167; vgl. U.-J. HEUER, Rechtsverständnis DDR, S. 53, 56, 65. Genau dies erinnert freilich an die bereits unter der NS-Herrschaft vorgenommene „unbegrenzte Gesetzesauslegung", wie sie RÜTHERS, Unbegrenzte Auslegung, insb. S. 114 ff., 175 ff. bestechend analysierte und später auch in Bezug zur SED-Diktatur setzte (ebenso FINKENAUER/THIESSEN, Kunstraub für den Sozialismus, S. 16). Nach HAFERKAMP, Das BGB während des Nationalsozialismus und der DDR, S. 9, 16, 27 f. lässt sich dieser Vergleich allerdings nur beschränkt anstellen, da die DDR weniger durch richterrechtliche Umwertung als durch gesetzgeberische Umwertung mittels zahlreicher Sondergesetze geprägt gewesen sei und zudem anders als im NS-Staat sehr zügig nahezu die gesamte Richterschaft ausgewechselt wurde.

206 Der Begriff der „sozialistischen Gesetzlichkeit" unterlag in der DDR einem Bedeutungswandel, u. a. war damit aber die „parteiliche Auslegung" von Gesetzen und damit mittelbar auch das „Primat der Politik" (dazu ausführlich unter § 3.IV., S. 122 ff.) verbunden, vgl. BÖCKENFÖRDE, Kommunistische Rechtsauffassung, 67–71; SCHMIDT-RECLA, Sozialistisches Recht, insb. S. 131 f.; SCHROEDER, Sozialistische Gesetzlichkeit, S. 759.

207 R. SCHRÖDER, Marxismus und Recht, S. 1164–1167, 1170. Diese „parteiliche Auslegung" bestehender Rechtsnormen entspricht der Entwicklung des marxistisch-leninistischen Rechtsverständnisses: *Karl Marx* lehnte formales Recht rundum ab, da er es als Instrument kapitalistischer Herrschaftsmacht ansah, welches in der Revolution überwunden werde. Diese Position übernahmen zunächst auch die Bolschewiki und knüpften damit an eine auch bereits im zaristischen Russland verbreitete Tradition der Rechtsfeindlichkeit an. *Wladimir Iljitsch Lenin* ging dann allerdings dazu über, Recht als vorübergehend notwendiges Mittel der Revolution anzusehen. *Joseph Stalin* pervertierte zusammen mit seinem Kronjuristen *Andrei Januarjewitsch Wyschinski*

der DDR eine geltende Rechtsdogmatik, die ihren Ausgangspunkt häufig in der in gesamtdeutscher Rechtstradition entwickelten Rechtsdogmatik nahm. Es muss bei einer Bewertung nach DDR-Recht daher für die jeweilige Regelungsmaterie einzeln betrachtet werden, inwiefern mit dieser Rechtsdogmatik gebrochen wurde oder ob sie beibehalten bzw. fortentwickelt wurde. Keinesfalls dürfen bundesrechtliche Sichtweisen bei der Anwendung von DDR-Recht aber „blind" übernommen werden, denn die DDR-Steuer- bzw. DDR-Zivil-Rechtsdogmatik entfernte sich im Laufe ihres Bestehens jedenfalls z. T. grundlegend von ihrem bundesdeutschen Pendant.[208]

Darüber hinaus wurden die ehemaligen gesamtdeutschen Gesetze zwar häufig noch lange bzw. dauerhaft beibehalten, allerdings wurden sie mit der Zeit unter Änderungen (insb. Erweiterungen oder Kürzungen) neubekanntgegeben.[209] Im steuerrechtlichen Ergebnis führte dies v. a. zu einer ausufernden „Sondergesetzgebung" für private Gewerbetreibende, die primär deren Verdrängung (Lenkungsfunktion) und weniger der eigentlichen Finanzierungsfunktion[210] von Steuern diente.[211] Am gravierendsten sowohl im Steuer- als auch im Zivilrecht wog aber, dass die formellen Gesetze durch eine unüberblickbare Anzahl exekutiver „Verordnungen", „Anordnungen", „Runderlasse" etc. ergänzt wurden. Dabei ging mit diesen variierenden Bezeichnungen auch ein uneinheitliches rechtstechnisches Erlass- oder Veröffentlichungsverfahren[212] einher. Die aus dem bundesdeutschen Recht bekannte Abgrenzung zwischen materiellen Gesetzen und bloßen Verwaltungsvorschriften verwischte vollkommen.[213] Dass infolgedessen die Grenzen zur

---

diese Konzeption weiter und maß Recht insoweit Bedeutung zu, als es ein gefälliges Mittel zum Zweck darstellen konnte. Es besteht also ein durchgängiges Muster des Rechtsnihilismus bzw. des Primats politischer Entscheidungen über formalem Recht. Böckenförde, Kommunistische Rechtsauffassung, S. 24–29; U.-J. Heuer, Rechtsverständnis DDR, S. 46–49. Dazu auch unter § 3.IV., S. 122 ff.

208 Andererseits bestand z. T. aber auch weitgehende Kontinuität in der Rechtsentwicklung, vgl. z. B. für bestimmte Aspekte des ZGB, welches das bis dahin fortgeltende BGB ablöste, Roggemann, NJW 1976, 393 (393); vgl. Markovits, Sozialistisches Zivilrechtsdenken, S. 181 f.

209 So bspw. mit den allermeisten Steuergesetzen einheitlich am 18.09.1970 geschehen, vgl. jeweils Fn. zu den Gesetzen.

210 Die Finanzierung des DDR-Staates erfolgte primär über die volkseigene Wirtschaft, vgl. Töben, Besteuerung DDR, S. 88.

211 Zu alledem Duda, Steuerrecht DDR, S. 25, 53, 60 f., 70, 73, 187; Eisold, DStZ 1992, 140 (140 f.); Töben, Besteuerung DDR, S. 78, 99, 125 ff.

212 Aufbau, Inhalt und Zugänglichkeit des DDR-GBl. war ständigen Änderungen unterworfen, die es als Fundstelle unübersichtlich und auch in der Zitation schwer fassbar machen, vgl. Brunner, Recht der DDR, S. 15 f.

213 Duda, Steuerrecht DDR, S. 76 f., 98, 103; Haferkamp, Das BGB während des Nationalsozialismus und der DDR, S. 29; Töben, Besteuerung DDR, S. 102 f.; vgl. auch Brunner, Recht der DDR, S. 12–14. Ein Paradebeispiel dafür sind die zahlreichen „Durchführungsbestimmungen", die auch

„Rechtssetzung" durch ggf. nur noch mündliche Verwaltungsakte[214], die jeder hinreichend bestimmten (geschriebenen) Rechtsgrundlage entbehren, fließend wurden, liegt auf der Hand. Weiterhin bestand in der DDR aber auch kaum eine kritische-dogmatische[215] rechtswissenschaftliche Auseinandersetzung mit den vorhandenen Normen, da das staatlich vorgegebene Recht ideologisch bedingt nicht diskussionswürdig sein konnte bzw. durfte.[216] Schließlich waren Druckausgaben der allermeisten Gesetze, mit Ausnahme unverfänglicher Rechtstexte wie etwa den Verfassungen und dem das „Alltagszivilrecht" regelnden ZGB[217], ebenso wie der spärlichen rechtswissenschaftliche Literatur für die Öffentlichkeit kaum erhältlich oder anderweitig zugänglich.[218]

Für die wesentlichen rechtliche Aspekte der in dieser Arbeit untersuchten Steuerverfahren kann trotz allem von einer weitgehenden Parallelität zwischen bundes-

---

häufig in dieser Arbeit relevant sind. Sie gleichen am ehesten BRD-Verwaltungsvorschriften, ihnen wurde aber – ohne, dass dies näher diskutiert wird – offenbar unmittelbare Außenwirkung zugesprochen. Dadurch war die Volkskammer praktisch nicht das „einzige" zur Gesetzgebung berufene Staatsorgan, wie es Art. 48 Abs. 2 S. 1 der dritten und letzten Verfassung der DDR vom 07.10.1974 (DDR-Verfassung 1974), DDR-GBl. I S. 432, verlangt. Möglicherweise rechtfertigte sich dies in der „Gewalteneinheit" als sozialistischer Verfassungsdoktrin, welches im „Grundsatz der Einheit von Beschlussfassung und Durchführung" gem. Art. 48 Abs. 2 Unterabs. 2 DDR-Verfassung 1974 seinen Ausdruck fand. Demnach gab es bereits *de jure* keine Gewaltenteilung, da aufgrund der sozialistischen Volkssouveränität ohnehin kein Interessengegensatz zwischen sozialistischem Staat und Bürger auftreten könne, der eine Gewaltenteilung zur Machtbegrenzung nötig mache, Brunner, Verfassung, S. 886; Oberreuter, Parlamentsverständnis, S. 610 f.; vgl. Schulze et. al., Verwaltungsrecht DDR (1. Aufl.), S. 26–28. Aber auch Parteitagsbeschlüsse und Ähnliches wurden als Rechtsquellen verwendet, Schmidt-Recla, Sozialistisches Recht, S. 121.

214 Zu Abgrenzungszwecken zur BRD wurde rein terminologisch im DDR-Verwaltungsrecht nicht mehr von „Verwaltungsakten", sondern stattdessen z. B. von „Einzelentscheidungen" gesprochen, vgl. Stolleis, Sozialistische Gesetzlichkeit, S. 152. Zur einfacheren Verständlichkeit wird im Folgenden dennoch die inhaltlich identische, der gesamtdeutschen Rechtstradition entsprechende Terminologie „Verwaltungsakt" verwendet.

215 „Fachwissenschaftliche" Aufsätze dienten häufig der ideologischen Rechtfertigung, statt vieler z. B. Bielig, Sozialistische Finanzwirtschaft 1976 (Nr. 4), 37. Setzten sie sich doch inhaltlich mit Normen auseinander, kam ihnen fast schon selbst rechtssetzender Charakter zu, da man dann davon ausgehen konnte, dass der Beitrag in irgendeiner Form durch die Staatsorgane als Herausgeber fast jeder rechtswissenschaftlichen Publikation zuvor „abgesegnet" wurde, vgl. R. Schröder, Zivilrechtskultur DDR, S. 74 f., insb. auch Fn. 250 zu Beiträgen in der NJ.

216 Vgl. Bernet, Verwaltungsrecht DDR, S. 398 f.; Haase, Hauptsteuern DDR, S. 9; Haase, Steuern DDR, S. 2 f.; Töben, Besteuerung DDR, S. 5, 129, 378.

217 Zivilgesetzbuch der DDR (ZGB) vom 19.06.1975, DDR-GBl. I S. 465.

218 Vgl. Blutke, Obskure Geschäfte, S. 37 f.; Braun, Kunstprozesse, S. 270; BT-Drs. 12/4500 („KoKo-Untersuchungsausschuss" – Dritter Teilbericht), S. 38; Duda, Steuerrecht DDR, S. 99, 188; Töben, Besteuerung DDR, S. 5, 378; a. A. in verklärender Weise U.-J. Heuer, Rechtsverständnis DDR, S. 62 f. Aus den oben genannten Gründen sind viele Steuergesetze der DDR auch in limitierten Sonderdrucken des DDR-GBl. erschienen, Kaligin, Steuerrecht DDR, S. VI.

deutschem Steuerrecht und DDR-Steuerrecht ausgegangen werden, soweit nicht gesondert vermerkt. Die Finanzämter zogen zur materiellrechtlichen Rechtfertigung v. a. solche Vorschriften des EStG-DDR[219] heran, die der gesamtdeutschen Rechtstradition entsprangen, so oder ähnlich auch im bundesdeutschen EStG vorhanden waren (und sind) und denselben rechtsdogmatischen Überlegungen unterlagen, weil für sie keine eigene Rechtsdogmatik in der DDR entwickelt wurde.[220] Dasselbe gilt auch für die relevanten Regelungen der AO-DDR[221].

Im Gegensatz dazu war das förmliche DDR-Zivilrecht spätestens ab dem Inkrafttreten des ZGB am 01.01.1976[222] einem grundsätzlicheren Bruch mit der gesamtdeutschen Rechtstradition unterworfen. Dies schlug sich insb. auch im Bereich des Sachenrechts nieder. Da definitiv kein Steuerverfahren im Zusammenhang mit der Kunst und Antiquitäten GmbH vor deren Gründung im Jahr 1973 initiiert werden konnte, jedenfalls aber der ganz überwiegende Teil der Steuerverfahren auch erst gegen Ende der 1970er-/Anfang der 1980er-Jahre stattfand, wird im Rahmen dieser Arbeit grds. nur das förmliche DDR-Zivilrecht ab 1976 unter dem ZGB und nicht mehr unter dem bis 1975 weiterbestehenden BGB angewandt. Auf die inhaltlichen Brüche mit der gesamtdeutschen Rechtstradition wird an der jeweiligen Stelle eingegangen. Soweit zur Auslegung und zum Verständnis des ZGB erforderlich, werden dabei aber auch Bezüge zum bis 1975 weiterbestehenden BGB hergestellt.

Im Übrigen wird, soweit nicht anders vermerkt, grds. das in der DDR der Jahre 1976–1989 gültige Steuer- bzw. Zivilrecht angewandt.

II. Besteuerung der privaten Kunsthändler und -sammler

Die steuerrechtliche Begründung der Finanzämter (1.) ist am zu dieser Zeit bestehenden DDR-Steuerrecht zu messen (2.).

1. Steuerrechtliche Begründung der Finanzämter und gewährter Rechtsschutz

Die steuerrechtliche Begründung der Finanzämter befasste sich inhaltlich v. a. mit der Begründung der Steuerschuld aufgrund der Anwendung materiellen Steuer-

219 Einkommensteuergesetz (EStG-DDR) vom 18.09.1970, Sonderdruck des DDR-GBl. Nr. 670 vom 02.11.1970.

220 Vgl. Haase, Steuern DDR, S. 31; Töben, Besteuerung DDR, S. 86.

221 Abgabenordnung (AO-DDR) vom 18.09.1970, Sonderdruck des DDR-GBl. Nr. 681 vom 02.11.1970.

222 § 1 Einführungsgesetz zum ZGB vom 19.06.1975, DDR-GBl. I S. 517.

rechts.[223] Relevant waren dabei v. a. Einkommen-, Vermögen-[224], und Umsatzsteuergesetz[225].[226] Der ganz überwiegende Teil der Steuerschuld wurde dabei über das EStG-DDR begründet. Die Vermögensteuer war dagegen aufgrund ihres niedrigen Steuersatzes weniger ausschlaggebend.[227] Deshalb wird im Folgenden v. a. der einkommensteuerrechtliche Ansatz der Finanzämter dargestellt.

Der zentrale Vorwurf lautete rglm., einen steuerlichen Gewerbebetrieb gem. §§ 2 Abs. 3 Nr. 2, 15 Nr. 1 EStG-DDR zu führen, dessen Betriebsvermögen im Rahmen des für die Einkommensteuerberechnung ausschlaggebenden Betriebsvermögensvergleichs nach § 4 Abs. 1 EStG-DDR, § 54 Abs. 1 BewG-DDR[228] bisher steuerrechtlich entweder falsch oder gar nicht bilanziert worden sei.[229] In den Fällen der privaten Kunst*händler* beruhe die falsche Bilanzierung, die Teil der Steuererklärung gem. § 47a Abs. 1 EStG-DDR zu sein hatte, zum einen auf zu niedrigen Wertansätzen für das in den früheren Steuererklärungen angegebene Betriebsvermögen und zum anderen auf der falschen Trennung von Betriebs- und

223 Exemplarisch für die steuerrechtliche Begründung stehen der Bericht des Rates des Bezirkes Potsdam, Abteilung Finanzen, Bereich Steuern und Abgaben, Steuerfahndung, vom 15.03.1982, als Kopie abgedruckt in BT-Drs. 12/4500 („KoKo-Untersuchungsausschuss" – Dritter Teilbericht), S. 244–248 („Dokument 35"), die Beschwerdeentscheidung des Rates des Bezirkes Potsdam, Abteilung Finanzen, vom 18.06.1982, als Kopie abgedruckt in BT-Drs. 12/4500 („KoKo-Untersuchungsausschuss" – Dritter Teilbericht), S. 249–256 („Dokument 36") und das Strafurteil des Bezirksgerichts Potsdam, Urt. v. 02.12.1982, Az. II BS 13/82, als Kopie abgedruckt in BT-Drs. 12/4500 („KoKo-Untersuchungsausschuss" – Dritter Teilbericht), S. 274–296 („Dokument 42") im Fall *Schwarz*.

224 Vermögensteuergesetz (VStG-DDR) vom 18.09.1970, Sonderdruck des DDR-GBl. Nr. 675 vom 02.11.1970.

225 Umsatzsteuergesetz (UStG-DDR) vom 18.09.1970, Sonderdruck des DDR-GBl. Nr. 673 vom 02.11.1970.

226 Eine Gewerbesteuerpflicht nach dem Gewerbesteuergesetz (GewStG-DDR) vom 18.09.1970, Sonderdruck des DDR-GBl. Nr. 672 vom 02.11.1970, bestand für private Einzelhändler ab dem 01.01.1976 nach §§ 2, 4 Verordnung zur Ergänzung von Rechtsvorschriften über die Besteuerung privater Handwerker und Gewerbetreibender (GewStG-DDR-VO) vom 05.04.1976, DDR-GBl. I S. 193, nicht mehr.

227 Zur Vermögen- und Umsatzsteuer *Bischof*, Die Kunst und Antiquitäten GmbH, S. 198 f., 208–210. Der Nachlass des Ost-Berliner Malers *Otto Nagel* ist ein Beispiel für die staatliche Beschaffung von Kulturgütern mittels der Vermögens- und Erbschaftsteuer. Allerdings ist in diesem Fall trotz der Anwendung ähnlicher Methoden wie bei den in dieser Arbeit im Fokus stehenden Steuerverfahren bisher nicht ersichtlich, dass die Beschaffung zu Devisenzwecken erfolgte oder die Kunst und Antiquitäten GmbH involviert war. Ausführlich zu dem Steuerverfahren gegenüber den Erben der Witwe *Nagels* berichtet Bischof, KUR 2022, 145 (insb. 145, 147). Zu Kulturgutverlusten im Zusammenhang mit Nachlässen auf dem Gebiet der DDR auch unter § 2.I.1.b), S. 29 Fn. 44.

228 Bewertungsgesetz (BewG-DDR) vom 18.09.1970, Sonderdruck des DDR-GBl. Nr. 674 vom 02.11.1970.

229 Vgl. Anton, Illegaler Kulturgüterverkehr, S. 1030.

Privatvermögen. Das bisher deklarierte Betriebsvermögen unterschlage vorsätzlich oder fahrlässig viele Kulturgüter, die vom Steuerpflichtigen fälschlicherweise als Privatvermögen angesehen wurden. Bei den privaten Kunst*sammlern* dagegen lag nie eine Bilanzierung der in ihrem Eigentum befindlichen Kulturgüter vor, da diese nicht davon ausgingen, einen einkommensteuerrechtlich relevanten Gewerbebetrieb zu führen. In beiden Fällen schlossen die Finanzämter allein aus der Anzahl der im Privatvermögen befindlichen Kulturgüter auf das Bestehen eines gewerblichen Handels mit diesen, da es andere Erklärungen dafür nicht geben könne. I. d. R. wurde somit das gesamte Inventar der privaten Wohnräume (ebenfalls) zum Betriebsvermögen gezählt.[230] Folglich seien die bislang erfolgten Steuererklärungen stets unrichtig gewesen bzw. hätten gänzlich gefehlt, sodass eine Nachbesteuerung durchgeführt werden müsse. Diese erstreckte sich auf bis zu zehn zurückliegende Kalenderjahre, d. h. zehn vergangene Veranlagungszeiträume gem. § 25 Abs. 1 EStG-DDR. Dass die zehnjährige und nicht die zweijährige Regel-Steuerverjährungsfrist zur Anwendung kam, folgte aus § 144 S. 1 Hs. 2 AO-DDR, weil der Steuerpflichtige durch die unrichtigen Steuererklärungen zugleich die Straftat der vorsätzlichen Verkürzung von Steuern gem. § 176 Nrn. 1, 2 StGB-DDR begangen habe.[231]

Nachdem die einzelnen gewerblichen An- und Verkäufe des Steuerpflichtigen für die letzten zehn Jahre dem Finanzamt im Nachhinein aber nicht mehr glaubhaft nachweisbar seien, könne eine Nachbesteuerung für diese zehn Veranlagungszeiträume jeweils nur auf Grundlage einer Schätzung der Besteuerungsgrundlagen gem. § 217 AO-DDR erfolgen. Diese beruhte auf der sog. „Vermögenszuwachsrechnung"[232] als Schätzungsmethode. Der Betriebsvermögensvergleich nach § 4 Abs. 1 EStG-DDR sollte infolgedessen durch das Finanzamt vorgenommen werden, indem in einem ersten Schritt das (geschätzte) Betriebsvermögen am Schluss des Wirtschaftsjahres durch die addierten Teilwerte aller Wirtschaftsgüter des Umlaufvermögens i. S. d. § 6 Nr. 2 S. 3 EStG-DDR, § 12 BewG-DDR abgebildet werden sollte. Praktisch hieß dies, dass alle Kulturgüter (als Wirtschaftsgüter des Umlaufvermögens) des nun zum privaten Kunsthändler (als Gewerbetreibenden)

230 Bischof, Die Kunst und Antiquitäten GmbH, S. 202 f., 208, 210. Vgl. insb. die dort von Bischof zitierten Berichte der DDR-Steuerfahndungen und weiterhin BT-Drs. 12/4500 („KoKo-Untersuchungsausschuss" – Dritter Teilbericht), S. 37, 39.

231 Bischof, Die Kunst und Antiquitäten GmbH, S. 206; vgl. die exemplarischen Fälle in BT-Drs. 12/4500 („KoKo-Untersuchungsausschuss" – Dritter Teilbericht), S. 43 f.

232 So z. B. ausdrücklich von den DDR-Finanzbehörden im Fall Schwarz bezeichnet, als Kopie auf S. 295 f. abgedruckt im Rahmen des Strafurteils gegen Schwarz, Bezirksgericht Potsdam, Urt. v. 02.12.1982, Az. II BS 13/82, als Kopie abgedruckt in BT-Drs. 12/4500 („KoKo-Untersuchungsausschuss" – Dritter Teilbericht), S. 274–296 („Dokument 42").

qualifizierten Steuerpflichtigen auf ihren zu diesem Zeitpunkt bestehenden hypothetischen Verkaufspreis (als Teilwert) hin begutachtet und die monetären Werte sodann addiert wurden. Dies erfolgte in Gestalt der beim „1. Angriff" erfolgten „Zeitwertfeststellungen". In einem zweiten Schritt sollte das Betriebsvermögen am Anfang des Wirtschaftsjahres durch die addierten Anschaffungs- und Herstellungskosten aller Wirtschaftsgüter des Umlaufvermögens gem. § 6 Nr. 2 S. 1 EStG-DDR abgebildet werden. Da die bereits bilanzierten Ankaufpreise für die Kulturgüter aus Sicht der Finanzämter dabei wegen der fehlerhaften Bilanzierung insgesamt nicht glaubhaft waren, wurden stattdessen pauschale Abschläge auf die in den „Zeitwertfeststellungen" festgestellten Teilwerte vorgenommen. Aufgrund einer angenommenen starken Preisentwicklung auf dem Kunstmarkt fielen diese sehr hoch aus.[233] Schließlich wurde die Differenz von Anfangs- und Endvermögen gebildet und so der (vermeintliche) steuerrechtliche Gewinn i. S. d. § 4 Abs. 1 EStG-DDR ermittelt, der zum (zu versteuernden) Einkommen gem. § 2 Abs. 1, 2, 3 Nr. 2, 4 Nr. 1 EStG-DDR führte. Häufig lag dieses annähernd bei der Summe der geschätzten Teilwerten der Kulturgüter.[234]

Auf dieses Einkommen als Bemessungsgrundlage wurde gem. § 32 Abs. 1 EStG-DDR i. V. m. § 2 Gesetz zur Änderung der Besteuerung der privaten Wirtschaft[235] der Einkommensteuer-Grundtarif K[236] für private Gewerbetreibende angewandt. Infolgedessen ergab sich zulasten der privaten Kunsthändler und -sammler rglm. eine Einkommensteuerschuld in ungefährer Höhe des zu versteuernden Einkommens.[237] Zusammen mit den anderen genannten Steuern und Nebenforderungen erhöhte sich die Steuernachforderung i. E. auf einen mit dem begutachteten „Zeitwert" der vorgefundenen Kulturgüter fast identischen Betrag.[238] Die

---

233 Im Fall Schwarz wurde etwa von einer Wertsteigerung von 150.000 DDR-M auf 2.040.118 DDR-M, in einem anderen Fall von 110.000 DDR-M auf 1.608.650 DDR-M – jeweils innerhalb von zehn Jahren – ausgegangen. Z. T. wurden auch noch „Sicherheitszuschläge" i. H. v. 33% zusätzlicher Wertsteigerung eingerechnet. Zu alledem BT-Drs. 12/4500 („KoKo-Untersuchungsausschuss" – Dritter Teilbericht), S. 42, 45.

234 Zur Anwendung der Vermögenszuwachsrechnung unter Wiedergabe der Berechnung der Steuerfahndung in einem konkreten Beispiel Bischof, Die Kunst und Antiquitäten GmbH, S. 204–207, 210. Vgl. weiterhin unter teilweiser Wiedergabe der Berechnungen der DDR-Finanzbehörden BT-Drs. 12/4500 („KoKo-Untersuchungsausschuss" – Dritter Teilbericht), S. 39, 44–46.

235 Vom 28.05.1958, DDR-GBl. I S. 449.

236 Anlage zum EStG-DDR, Sonderdruck des DDR-GBl. Nr. 670 vom 02.11.1970.

237 Vgl. BT-Drs. 12/4500 („KoKo-Untersuchungsausschuss" – Dritter Teilbericht), S. 45, wo etwa bei einem Gewinn von 2.090.170 DDR-M insgesamt Steuern i. H. v. 2.543.158,80 DDR-M festgesetzt wurden.

238 Im Fall *Schwarz* wurde der „Zeitwert" durch die „Gutachter" etwa auf 2.040.118 DDR-M geschätzt, während die Steuernachforderung insgesamt 2.035.509 DDR-M betrug, BT-Drs. 12/4500 („KoKo-Untersuchungsausschuss" – Dritter Teilbericht), S. 45. Zu weiteren Berechnungen der DDR-Finanzbehörden in den Steuerverfahren vgl. die Berichte der Steuerfahndungen in den

Steuernachforderung wurde sodann mittels berichtigenden Steuerbescheids gem. § 222 Abs. 1 Nr. 1 AO-DDR festgesetzt. Rechtsschutz gegen die Steuerbescheide wurde direkt nur mittels der Beschwerde an das Ausgangs-Finanzamt gewährt gem. § 1 Abs. 1, 2 BeschwerdeVO[239], welches diese ggf. noch an den übergeordneten Rat des Bezirkes, Abteilung Finanzen,[240] weiterleitete. Gegen die Beschwerdeentscheidung waren keine weiteren förmlichen Rechtsbehelfe gegeben.

2. Überprüfung anhand des zu dieser Zeit bestehenden Steuerrechts

Im Folgenden werden die für diese Arbeit wesentlichen Aspekte des geschilderten Steuerverfahrens (a)) und dessen materiellrechtlicher Begründung (b)) an dem zu dieser Zeit bestehenden DDR-Steuerrecht gemessen sowie die daraus resultierenden Rechtsfolgen für die Wirksamkeit der Steuerbescheide nach DDR-Recht geklärt (c)).[241]

a) Formelles Recht: Ein einseitiges Verfahren ohne Rechtsschutz

Die für die Betrachtung des formellen Rechts wesentlichen Aspekte betreffen den Untersuchungsgrundsatz (aa)), die Verjährungsverlängerung (bb)) und das Rechtsschutzverfahren (cc)).

aa) Untersuchungsgrundsatz gem. § 204 Abs. 1 AO-DDR

Auch das DDR-Steuerverfahrensrecht sah im Ermittlungs- und Festsetzungsverfahren gem. § 204 Abs. 1 AO-DDR den Untersuchungsgrundsatz vor. Danach hatte das Finanzamt „die steuerpflichtigen Fälle zu erforschen und die tatsächlichen

---

Fällen *Garcke*, *Schwarz* und *Johannes Lange*, jeweils als Kopien abgedruckt in BT-Drs. 12/4500 („KoKo-Untersuchungsausschuss" – Dritter Teilbericht), S. 199–205 („Dokument 26" – Bericht des Magistrats von Berlin, Abteilung Finanzen und Steuern, Sektor Fahndung, vom 31.05.1978), 244–248 („Dokument 35" – Bericht des Rates des Bezirkes Potsdam, Abteilung Finanzen, Bereich Steuern und Abgaben, Steuerfahndung, vom 15.03.1982), 263–272 („Dokument 41" – Bericht des Magistrats von Berlin, Abteilung Finanzen und Steuern, Sektor Fahndung, vom 15.11.1982) sowie Blutke, Obskure Geschäfte, S. 175 f.

239 Verordnung über das Beschwerdeverfahren bei der Erhebung von Steuern und Abgaben (BeschwerdeVO) vom 04.01.1972, DDR-GBl. II S. 17.

240 Auch die mittlere Finanzverwaltung war in der DDR in die allgemeine mittlere Staatsverwaltung – „Rat des Bezirkes, Abteilung Finanzen" – eingegliedert (vgl. § 2.II.2.a), S. 49 Fn. 135 zur unteren Finanzverwaltung). Die oberste Finanzverwaltung wurde durch das MdF ausgeübt.

241 Es erfolgt also eine Bewertung *nach* DDR-Recht, nicht *des* DDR-Rechts und seiner ggf. missbräuchlichen Anwendung (vgl. dazu ausführlich unter § 4.II.2., S. 169 ff. und § 4.III.2.b)bb), S. 234 ff.).

und rechtlichen Verhältnisse zu ermitteln, die für die Steuerpflicht und die Bemessung der Steuer wesentlich sind.“ Weiterhin hatte das Finanzamt die „Angaben der Steuerpflichtigen auch zugunsten der Steuerpflichtigen zu prüfen.“ Das Finanzamt musste also wie im bundesdeutschen Recht nicht nur zulasten, sondern auch zugunsten des Steuerpflichtigen ermitteln und hatte somit *de jure* eine neutrale, rechtsausführende Stellung.[242] Damit lässt es sich in keiner Weise vereinbaren, dass das Ergebnis des Steuerverfahrens von vornherein feststeht. Dies war in den geschilderten Steuerverfahren aber durchgängig der Fall. Wie dargestellt, begründete sich der Anlass der Steuerverfahren allein in der staatlichen Devisennot, die zur Gründung des Bereichs Kommerzielle Koordinierung und seiner Untergliederung, der Kunst und Antiquitäten GmbH, geführt hatte. Diese ermittelte gemeinsam mit dem MfS *zuerst* die Privatpersonen in der DDR, welche noch bedeutende Bestände an Kulturgütern in ihrem Eigentum hatten, um *erst im Anschluss* die Steuerfahndung einzubinden und mit der „Ermittlung“ der Besteuerungsgrundlagen zu beauftragen. Nach eindeutigen historischen Feststellungen aus dem Schriftverkehr zwischen Kunst und Antiquitäten GmbH und MfS standen dabei die Ergebnisse der Steuerverfahren bereits bei Einleitung der Ermittlungsverfahren durch die Steuerfahndung fest. Formal mögen die Zuständigkeiten der Finanzämter bei der Festsetzung der Steuer gewahrt worden sein, aber faktisch dominant waren damit im gesamten Ermittlungsverfahren nirgendwo im Steuerrecht der DDR vorgesehene Ermittlungsorgane. Auch widerspricht es einer neutralen Untersuchung, dass als Gutachter bei den Zeitwertfeststellungen fast durchgehend Personen gem. § 186 AO-DDR eingesetzt wurden, welche Angestellte der später von der Vollstreckung der Steuerforderung begünstigten Organisation – und zudem IM, Ankäufer und spätere Zeugen im Strafverfahren – waren.[243] Dbzgl. steht darüber hinaus auch im Raum, dass die Gutachter bei der Bewertung der Kulturgüter fehlerhafte Schätzungen abgaben. Angesetzt wurde vermutlich nicht der DDR-Binnenmarktpreis, sondern der Weltmarktpreis im kapitalistischen Ausland. Selbst wenn der DDR-Binnenmarktpreis angesetzt worden wäre, wäre dieser gerade durch den aggressiven Aufkauf von Kulturgütern durch die Kunst und Antiquitäten GmbH im Inland zu deren Export ins Ausland künstlich angeheizt und dem Weltmarktpreis angenähert worden.[244] Weiterhin wurden im Widerspruch zum eindeutigen Wortlaut des § 204 Abs. 1 S. 2 AO-DDR Beweismittel der Steuerpflichtigen i. d. R. nicht gewürdigt, häufig nicht einmal zugelassen.

242 Duda, Steuerrecht DDR, S. 112 f.

243 Bischof, Die Kunst und Antiquitäten GmbH, S. 197, 280; FG Berlin, Urt. v. 15.12.2003 – 8 K 8537/99, juris Rn. 61.

244 Bischof, Die Kunst und Antiquitäten GmbH, S. 277, 279; BT-Drs. 12/4500 („KoKo-Untersuchungsausschuss“ – Dritter Teilbericht), S. 42; vgl. Braun, Kunstprozesse, S. 274; Lilienthal, Antiquitäten in der DDR, S. 103, 216 f.

Diese betrafen v. a. Tatsachen, die der Darlegung der ordnungsgemäßen Trennung zwischen Betriebs- und Privatvermögen bzw. der Widerlegung der gewerblichen Tätigkeit gedient hätten. Schließlich wurden insb. die in Untersuchungshaft oder psychiatrischen Anstalten befindlichen Steuerpflichtigen unter unwürdigen und z. T. folterähnlichen Methoden vernommen. Die dadurch gewonnenen Erkenntnisse hätten im Angesicht von § 204 Abs. 1 AO-DDR nicht verwertet werden dürfen. Aufgrund des Schwerpunkts dieser Arbeit nicht weiter vertieft werden dabei in Kauf genommene Verstöße gegen die Grundrechte der Würde und Freiheit der Persönlichkeit gem. Art. 19 Abs. 2 DDR-Verfassung 1974, der persönlichen Integrität gem. Art. 30 DDR-Verfassung 1974 und der Gesundheit gem. Art. 35 Abs. 1 DDR-Verfassung 1974. Dasselbe gilt für naheliegende Verletzung der im Steuerstrafverfahren zu beachtenden Anforderungen an die Vernehmung des Beschuldigten gem. § 105 StPO-DDR[245] und den Vollzug der Untersuchungshaft gem. § 130 StPO-DDR. Dass überdies bei den nach § 7 Abs. 2 StPO-DDR i. V. m. § 108 Abs. 2 StPO stattgefundenen Durchsuchungen nicht wie in § 113 Abs. 1 S. 1 StPO-DDR gefordert zwei unbeteiligte Zeugen hinzugezogen werden konnten, wirkt im Vergleich dazu wie eine Petitesse, spricht aber auch gegen eine unvoreingenommene Untersuchung, wie sie § 204 Abs. 1 AO-DDR und im Übrigen auch der strafprozessuale Untersuchungsgrundsatz nach § 8 Abs. 2 StPO-DDR forderte.[246]

bb) Verjährungsverlängerung gem. § 144 S. 1 Hs. 2 AO-DDR

Nachdem der Vorwurf der vorsätzlichen Verkürzung von Steuern gem. § 176 Nrn. 1, 2 StGB-DDR ebenfalls auf der Verletzung dieser steuer- und strafverfahrensrechtlichen Normen – sowie weiterer materiellrechtlicher Steuernormen, wie noch dargelegt werden wird – beruhte und daher inhaltlich unzutreffend war, hätte es zu keinen strafrechtlichen Verurteilungen kommen dürfen. Infolgedessen hätte auch nicht die verlängerte zehnjährige statt der zweijährigen Regel-Steuerverjährungsfrist gem. § 144 S. 1 Hs. 2 AO-DDR zur Anwendung kommen dürfen. Dies hätte die Steuernachforderung i. E. deutlich verringert, da im Zeitraum der jeweils zurückliegenden zwei Jahren eine viele geringere Wertsteigerung bei den Kulturgütern als im Zeitraum der jeweils zurückliegenden zehn Jahren anzunehmen gewesen wäre (unbesehen des Umstands, dass diese Wertsteigerungen im Übrigen überhaupt nicht hätten ausschlaggebend sein dürfen, wie noch dargelegt werden wird). Nachdem es allerdings zu nach DDR-Recht rechtskräftigen strafrechtlichen Verurteilungen kam, kann diese

---

245 Strafprozessordnung der DDR (StPO-DDR) vom 12.01.1968, DDR-GBl. I S. 49, in der Fassung vom 19.12.1974, DDR-GBl. I S. 597 bzw. die konsolidierte Fassung DDR-GBl. I 1975 S. 61.

246 Zu alledem Bischof, Die Kunst und Antiquitäten GmbH, S. 243–247; BT-Drs. 12/4500 („KoKo-Untersuchungsausschuss" – Dritter Teilbericht), S. 39, 43; vgl. Finkenauer/Thiessen, Kunstraub für den Sozialismus, S. 65 f.

Verjährungsverlängerung – selbst wenn naheliegt, dass sie als einer der zentralen Hebel zur Erhöhung der Steuerforderung von Anfang an eingerechnet war – als mehr oder weniger „konsequenter Folgefehler" betrachtet werden und nur schwierig als selbstständiger Rechtsfehler.

cc) Rechtsschutzverfahren gem. § 7 Abs. 1 BeschwerdeVO

Der gewährte direkte Rechtsschutz allein mittels der geschilderten Beschwerde entsprach dem geltenden Recht. Auch die abschreckende Verfahrensgebühr i. H. v. 6% des Betrages, gegen dessen Festsetzung die Beschwerde gerichtet war, war in § 7 Abs. 1 BeschwerdeVO vorgesehen. Darüber hinaus existierte in der DDR keine Verwaltungs- oder gar Finanzgerichtsbarkeit. Auch ein entsprechendes subjektives Grundrecht auf effektiven Rechtsschutz gegen staatliche Handlungen findet sich in der DDR-Verfassung 1974 nicht.[247] Einziger allgemeiner und viel praktizierter nicht-förmlicher Rechtsbehelf war die „Eingabe", mit der sich an alle exekutiven und legislativen Organe gewandt werden konnte gem. § 1 Abs. 1 Eingabengesetz[248].[249] Jeder Bürger hatte zwar Anspruch auf begründete schriftliche oder mündliche Antwort gem. § 7 Abs. 1 Eingabengesetz, konnte deren Durchsetzung bzw. Anfechtung aber nicht erzwingen. Den Steuerpflichtigen blieb lediglich, auf eine indirekte Überprüfung der Steuerbescheide in den strafrechtlichen Gerichtsverfahren zu hoffen. Auch diese Hoffnung blieb jedoch zunächst enttäuscht, da es lange Zeit der ständigen Rechtsprechung des Obersten Gerichts der DDR in Steuerstrafsachen entsprach, dass das Gericht an die steuerrechtliche Bewertung durch die Finanzämter gebunden war. Eine Rechtsverletzung des zu dieser Zeit bestehenden DDR-Rechts lässt sich durch diese Rechtsprechung auch nicht feststellen, da effektiver Individualrechtsschutz wie bereits erwähnt weder verfassungs- noch einfachgesetzlich vorgeschrieben war. Erst am 16.03.1983 änderte das Präsidium des Obersten Gerichts der DDR durch einen Beschluss diese Rechtsprechung und ließ ab diesem Zeitpunkt eine Inzidentkontrolle zu. Dies ist erstaunlich und spricht für einen gewissen kritischen Mut der beteiligten Richter. Ob diese Rechtsprechungsänderung auch kausal war für die zurückgehende Anzahl der Steuerverfahren gegen private

---

247 Bernet, Verwaltungsrecht DDR, S. 418–420; Duda, Steuerrecht DDR, S. 93, 95; Kaligin, Steuerrecht DDR, S. 79 f.; Schroeder, Verwaltungsrechtsschutz, S. 898 f.; Schulze et. al., Verwaltungsrecht DDR (1. Aufl.), S. 339; Töben, Besteuerung DDR, S. 106 ff. Auch die Abschaffung der Verwaltungsgerichtsbarkeit(en) war Ausfluss des geschilderten sozialistischen Verfassungsdoktrin der „Gewalteneinheit", vgl. bereits § 3.I., S. 68 f. Fn. 213, da widersprüchliche Interessen zwischen sozialistischem Staat und Bürger aufgrund des im Sozialismus erreichten Niveaus der Volkssouveränität angeblich nicht mehr auftreten konnten.

248 Gesetz über die Bearbeitung von Eingaben (Eingabegesetz) vom 19.06.1975, DDR-GBl. I S. 461.

249 Bernet, Verwaltungsrecht DDR, S. 420–422; Schroeder, Eingabenrecht, S. 230 f.; umfassend R. Schröder, Zivilrechtskultur DDR, S. 104–124.

Kunsthändler und -sammler ab Mitte der 1980er-Jahre oder ob dies lediglich dem Umstand geschuldet war, dass keine potenziellen Steuerpflichtigen mehr vorhanden waren, lässt sich nur vermuten. Jedenfalls konnten die Finanzämter ab dieser Zeit nicht mehr von der Verjährungsverlängerung gem. § 144 S. 1 Hs. 2 AO-DDR profitieren. Dies hinderte sie in späteren Fällen aber nicht, dafür noch erheblichere Wertzuwächse verteilt auf nur zwei Jahre festzustellen und zu besteuern.[250]

b) Materielles Recht: Auf hermeneutischen und methodischen Abwegen

Die für die Begründung der Steuerpflicht und deren Bemessung der Höhe nach wesentlichen Aspekte des materiellen Rechts sind die umfassende Qualifizierung der privaten Kunsthändler und -sammler als Gewerbetreibende (aa)), die Anwendung der Vermögenszuwachsrechnung als Schätzungsmethode (bb)) und der Einkommensteuertarif K (cc)).

aa) Qualifizierung der privaten Kunsthändler und -sammler als Gewerbetreibende gem. §§ 2 Abs. 3 Nr. 2, 15 Nr. 1 EStG-DDR

Durch die umfassende Qualifizierung als Gewerbetreibende gem. §§ 2 Abs. 3 Nr. 2, 15 Nr. 1 EStG-DDR erweiterte man im Falle der Kunsthändler die Einkommensteuerpflicht auch auf das von ihnen angenommene Privatvermögen bzw. begründete sie im Falle der Kunstsammler überhaupt erstmals. Der Begriff des Gewerbes wird im EStG-DDR nicht definiert. Nach einer unveröffentlichten Entscheidung des MdF-Ministers vom 21.08.1973 wurde ein gewerblicher Handel mit Kulturgütern (und keine besteuerungslose Liebhaberei) angenommen, wenn der An- und Verkauf *nicht nebenberuflich* stattfand, daraus *nachhaltiges Einkommen* erzielt wurde und ein *kurzfristiger Umschlag* der Kulturgüter erfolgte.[251] Auch das Oberste Gericht der DDR folgte dieser Auslegung, welche auch der heutigen Legaldefinition des Gewerbebetriebs in § 15 Abs. 2 EStG ähnelt und mithin nachhaltige Gewinnerzielungsabsicht zur Bestreitung des Lebensunterhaltes von gewissem Umfang voraussetzt. *Bischof* und der dritte Teilbericht des „KoKo-Untersuchungsausschus-

---

250 Zu alledem Bischof, Die Kunst und Antiquitäten GmbH, S. 248, 250, 252–255; BT-Drs. 12/4500 („KoKo-Untersuchungsausschuss" – Dritter Teilbericht), S. 41; vgl. Finkenauer/Thiessen, Kunstraub für den Sozialismus, S. 65.

251 Inhaltliche Wiedergabe dieser Entscheidung im ebenfalls nur für den Dienstgebrauch bestimmten Informationsbrief des MdF, Abteilung Steuern und Abgaben, Nr. 1/87 vom 26.01.1987, als Kopie abgedruckt in BT-Drs. 12/4500 („KoKo-Untersuchungsausschuss" – Dritter Teilbericht), S. 374 („Dokument 65"). Ein kurzfristiges Umschlagen könnte z. B. bei einem An- und Verkauf eines Kulturgutes innerhalb eines Jahres vorliegen, was dem Rechtsgedanken der gem. § 23 Abs. 3 EStG-DDR subsidiären Besteuerung von „Spekulationsgeschäften" nach §§ 2 Abs. 3 Nr. 7, 22 Nr. 2, 23 Abs. 1 Nr. 1 lit. b) EStG-DDR entspräche.

ses" legen mit vielen Fallbeispielen und Nachweisen anschaulich dar, dass bei den privaten Kunsthändlern und -sammlern rglm. keine solche Gewinnerzielungsabsicht (in Bezug auf die im Privatvermögen befindlichen Kulturgüter) vorlag. Für einige Fälle privater Kunsthändler wurde beispielhaft festgestellt, dass die Trennung der betrieblichen und privaten Vermögenssphären äußerst penibel erfolgte.[252] Viele Kulturgüter befanden sich zudem bereits seit Generationen im Familienbesitz und waren sicherlich nicht das Ergebnis wiederholt auftretender An- und Verkäufe innerhalb kurzer Zeit. Vielmehr boten die privaten Kunstsammlungen für viele der Betroffenen einen ideellen Fluchtpunkt in einer für sie sonst geistig wenig ansprechenden Diktatur. Gelegentliche An- und Verkäufe ändern an diesem Charakter nichts, sondern ermöglichen den jahrzehntelangen Aufbau einer ansprechenden Sammlung erst.[253] Infolge des grundlegenden Verstoßes gegen den Untersuchungsgrundsatzes aus § 204 Abs. 1 AO-DDR konnten bzw. wollten die Finanzämter aber gerade hinsichtlich der dieser Wertung zugrundeliegenden Tatsachen keine unvoreingenommene Ermittlung vornehmen oder zumindest auf die entlastenden Beweisangebote der Steuerpflichtigen eingehen. Die Schlussfolgerung von der reinen Quantität an Kulturgütern im Eigentum eines Privaten auf den gewerblichen Handel mit diesen entsprach zudem der Überzeugung, dass das Anhäufen von „Luxusgütern" nur aufgrund kapitalistischer Auswüchse möglich sein könne. Eine solche ideologisch bedingte Bewertung kann aber nicht generell den Nachweis konkreter An- und Verkäufe ersetzen.[254]

bb) Anwendung der Vermögenszuwachsrechnung als Schätzungsmethode gem. § 217 AO-DDR

Nachdem die Einkommensteuerpflicht begründet bzw. erweitert wurde, fußte die Bemessung des steuerpflichtigen Einkommens der Höhe nach auf einer Schätzung der Besteuerungsgrundlagen gem. § 217 AO-DDR mittels der Vermögenszuwachsrechnung als Schätzungsmethode. Auch wenn diese somit zwar nur durch eine Vorschrift des formellen Rechts zur Anwendung kommen konnte, berührt sie im Wesentlichen materiellrechtliche Fragen. Die Vermögenszuwachsrechnung wurde durch die beteiligten Finanzämter bzw. Steuerfahndung nicht immer als solche

---

252 Bischof, Die Kunst und Antiquitäten GmbH, S. 202 f., 290; BT-Drs. 12/4500 („KoKo-Untersuchungsausschuss" – Dritter Teilbericht), S. 43 f.; vgl. auch Blutke, Obskure Geschäfte, S. 96.

253 So auch der einzige in der DDR veröffentlichte und – worauf explizit hingewiesen wird – von den Behörden autorisierte Aufsatz zur Thematik Lang, Marginalien 1976 (Nr. 63), 23 (24 f.). Vgl. auch Bischof, Die Kunst und Antiquitäten GmbH, S. 262 f.

254 Zu alledem Anton, Illegaler Kulturgüterverkehr, S. 1239 f.; Bischof, Die Kunst und Antiquitäten GmbH, S. 203, 255–261, 290; BT-Drs. 12/4500 („KoKo-Untersuchungsausschuss" – Dritter Teilbericht), S. 37–39; Finkenauer/Thiessen, Kunstraub für den Sozialismus, S. 65 f.; vgl. Lilienthal, Antiquitäten in der DDR, S. 105.

bezeichnet, lag methodisch betrachtet jedoch stets vor. Sie wird weder in formellen DDR- noch formellen BRD-Steuergesetzen explizit erwähnt und auch nicht in der veröffentlichten DDR-Steuerrechtsliteratur behandelt. Ebenso wie der Betriebsvermögensvergleich stellt sie aber ein in gesamtdeutscher Rechtstradition etabliertes Instrument der Schätzung von Besteuerungsgrundlagen dar.[255] Dieses beruht auf dem Gedanken, dass ein bestimmter Vermögenszuwachs eines produzierenden Gewerbes aller Erfahrung nach nur durch einen dazu im Verhältnis stehenden Einsatz von Arbeitsmitteln, d. h. z. B. einen bestimmten Warenumsatz, erwirtschaftet werden kann. Bei Kenntnis des Vermögenszuwachses in einem bestimmten Zeitraum können infolgedessen diese Arbeitsmittel „zurückgerechnet" und daraus wiederum der Gewinn des Gewerbetreibenden ermittelt werden. Dabei müssen ggf. gewerbespezifische Erfahrungssätze und entsprechende Rechenfaktoren Berücksichtigung finden. Anderenfalls gerät sie schnell zu einer pauschalen Schätzung ins Blaue hinein, weshalb sie nur unter strengsten Anforderungen stattfinden darf.[256]

Jedenfalls für den Kunsthandel aber stellt sie von vornherein einen methodisch vollkommen falschen Ansatz dar. Ein Spezifikum dieses Gewerbes ist der Umstand, dass ein enormer Wertzuwachs auch ohne jeglichen Einsatz von Arbeitsmitteln durch bloße Wertsteigerungen auf dem Kunstmarkt zustande kommen kann – mit anderen Worten handelt es sich gerade nicht um ein produzierendes Gewerbe. Gerade von diesen erheblichen Wertsteigerungen sind die Finanzämter auch ausgegangen, als sie vom begutachteten „Endvermögen" erhebliche Abschläge vorgenommen haben, um das „Anfangsvermögen" zu berechnen und so überhaupt erst den Vermögenszuwachs festzustellen. Die konkrete Anwendung dieser unpassenden Schätzungsmethode führte bei den betrachteten Steuerverfahren darüber hinaus zu einer Besteuerung von stillen Reserven, ohne dass diese zuvor durch betriebliche Veräußerung oder Privatentnahme aufgedeckt worden wären. Dies ist ein fundamentaler Verstoß gegen den in gesamtdeutscher Rechtstradition herausgebildeten Grundsatz, dass stille Reserven im Rahmen des Betriebsvermögensvergleichs gem. § 4 Abs. 1 EStG-DDR nicht der Besteuerung unterliegen. Dieser fand seinen Niederschlag u. a. auch in § 6 Nr. 2 EStG-DDR. Nach S. 1 waren Wirtschaftsgüter des Umlaufvermögens (= gewerblich gehandelte Kulturgüter) mit den („ursprünglichen") Anschaffungs- oder Herstellungskosten in der Steuerbilanz anzusetzen. Es konnte nach S. 2 lediglich der Teilwert („Marktwert") angesetzt werden, wenn dieser *niedriger* war als die Anschaffungs- oder Herstellungskosten. Der einmal bilanzierte Wert musste bis zur Veräußerung oder Privatentnahme, durch die der Gewinn (oder Verlust) realisiert wurde, bilanziell unverändert bleiben. Wenn die

255 Vgl. Duda, Steuerrecht DDR, S. 157 f.; Töben, Besteuerung DDR, S. 131.

256 Assmann, StBp 1989, 252 (252 f., 255–257, 259); Assmann, StBp 1989, 269 (269, 273, 276 f.); Gercke, in: Koenig, AO, § 162 AO Rn. 111 f.; Webel, in: Zugmaier/Nöcker, AO, § 162 AO Rn. 143 f.

Finanzämter also davon ausgegangen sind, dass die Kulturgüter zu einem Zeitpunkt Teil des Betriebsvermögens wurden, und dementsprechend hätten bilanziert werden müssen, als sie (wegen der angenommenen enormen Wertzuwächse) noch viel weniger wert waren, dann hätten sie zu diesem Zeitpunkt auch nur mit diesem Wert bilanziert werden dürfen. Die durch den Wertzuwachs der folgenden Jahre aufgebauten stillen Reserven hätten am Bilanzwert nichts geändert, sondern wären erst dann gewinnrealisierend aufgedeckt worden, wenn der (vorgebliche) Kunsthändler sie veräußert oder in sein Privatvermögen entnommen hätte. Die Kunsthändler wurden im krassen Widerspruch dazu von den Finanzämtern i. E. so behandelt, als hätten sie alle stillen Reserven durch die Veräußerung ihres gesamten Betriebs zum Teilwert aufgedeckt und müssten jetzt den dementsprechenden Gewinn versteuern. Ein solcher Gewinn hätte bei richtiger Anwendung der Steuergesetze aber bei allen noch unverändert im Betriebsvermögen befindlichen Kulturgütern überhaupt nicht angenommen werden dürfen.[257] Das FG Berlin bezeichnete diese Anwendung der Vermögenszuwachsrechnung und die damit einhergehenden materiellrechtlichen Konsequenzen – auch lediglich gemessen am damals bestehenden DDR-Steuerrecht – in einem von den Erben von *Garcke* nach der Wende angestrengtem Aufhebungsverfahren gegen die an ihn gerichteten Nachbesteuerungsbescheide als „so offensichtlich rechtswidrig, falsch und den Denkgesetzen widersprechend gewählt […], dass – auch nur minimale Steuerrechtskenntnisse des Schätzers unterstellt – mit an Sicherheit grenzender Wahrscheinlichkeit von einer bewussten und willkürlichen Schätzung zum Nachteil des Steuerpflichtigen ausgegangen werden kann“[258].

cc) Einkommensteuertarif K gem. § 32 Abs. 1 EStG-DDR

Schließlich wurde auf die so ermittelte Bemessungsgrundlage der Einkommensteuer-Grundtarif K für private Gewerbetreibende gem. § 32 Abs. 1 EStG-DDR i. V. m. Gesetz zu Änderung der Besteuerung der privaten Wirtschaft angewandt:

Die Besonderheit dieses nur für private Gewerbetreibende[259] geltenden Steuersatzes war nicht allein der Steuersatz von 90% bei Jahreseinkommen über 500.000

---

257 Zum Missbrauch der Bewertungsvorschriften durch die Vermögenszuwachsrechnung und zur dadurch erfolgten Aufdeckung der stillen Reserven Bischof, Die Kunst und Antiquitäten GmbH, S. 269 f.; BT-Drs. 12/4500 („KoKo-Untersuchungsausschuss“ – Dritter Teilbericht), S. 39 f., 44 f.; vgl. auch Anton, Illegaler Kulturgüterverkehr, S. 1240 f.; Duda, Steuerrecht DDR, S. 189; Finkenauer/Thiessen, Kunstraub für den Sozialismus, S. 66 f.; KG, Beschl. v. 02.02.1998 – 5 Ws 232-96 REHA, NJW 1998, 2617 (2619).

258 FG Berlin, Urt. v. 15.12.2003 – 8 K 8537/99, juris Rn. 58 f.

259 Der „Monatssteuertarif G“ für Arbeiter und Angestellte, welcher sich aus § 9 Verordnung über die Besteuerung des Arbeitseinkommens (ArbeitseinkommensVO) vom 22.12.1952, DDR-GBl. S. 1413, i. V. m. Anlage 1 zu dieser ArbeitseinkommensVO ergibt und auch in BT-Drs. 12/4500 („KoKo-Untersuchungsausschuss“ – Dritter Teilbericht), S. 37 abgebildet ist, endete dagegen

Einkommensteuer-Grundtarif K

Jahreseinkommen Mark		Jahressteuerbetrag Mark
über	bis	
0	1 200	0 Mark
1 200	1 800	16 Mark + 15 % des 1 200 Mark übersteigenden Betrages
1 800	2 400	106 Mark + 18 % des 1 800 Mark übersteigenden Betrages
2 400	3 600	214 Mark + 24 % des 2 400 Mark übersteigenden Betrages
3 600	4 800	502 Mark + 30 % des 3 600 Mark übersteigenden Betrages
4 800	6 000	862 Mark + 35 % des 4 800 Mark übersteigenden Betrages
6 000	7 200	1 282 Mark + 37 % des 6 000 Mark übersteigenden Betrages
7 200	9 000	1 726 Mark + 40 % des 7 200 Mark übersteigenden Betrages
9 000	12 000	2 446 Mark + 46 % des 9 000 Mark übersteigenden Betrages
12 000	15 000	3 826 Mark + 51 % des 12 000 Mark übersteigenden Betrages
15 000	20 000	5 356 Mark + 69 % des 15 000 Mark übersteigenden Betrages
20 000	30 000	8 800 Mark + 80 % des 20 000 Mark übersteigenden Betrages
30 000	40 000	16 800 Mark + 84 % des 30 000 Mark übersteigenden Betrages
40 000	50 000	25 200 Mark + 88 % des 40 000 Mark übersteigenden Betrages
50 000	250 000	34 000 Mark + 89 % des 50 000 Mark übersteigenden Betrages
250 000	300 000	212 000 Mark + 90 % des 250 000 Mark übersteigenden Betrages
300 000	400 000	257 000 Mark + 95 % des 300 000 Mark übersteigenden Betrages
400 000	500 000	352 000 Mark + 98 % des 400 000 Mark übersteigenden Betrages
über 500 000		90 % des Einkommens

36

Abb. 1 Einkommensteuer-Grundtarif K
Quelle: Aus BT-Drs. 12/4500 („KoKo-Untersuchungsausschuss" – Dritter Teilbericht), S. 36.

DDR-M, wie *Bischof* es hervorhebt.[260] Die häufig getätigte Aussage, es bestehe ein Steuersatz von X-% bei einem Einkommen von Y ist für sich genommen immer ungenau, da damit sowohl der Grenzsteuersatz als auch der Durchschnittssteuersatz gemeint sein könnte. Die beiden Kenngrößen haben aber einen vollkommen unterschiedlichen Aussagegehalt. Dementsprechend wurde auch bei der bisherigen juristischen Auseinandersetzung mit den Steuerverfahren in Literatur[261] und höchstrichterlicher Rechtsprechung[262] nicht ausreichend gewürdigt, dass die

bereits bei einem Durchschnittssteuersatz von 20% ab einem Jahreseinkommen von 15.096 DDR-M, vgl. auch Bischof, Die Kunst und Antiquitäten GmbH, S. 200.

260 Bischof, Die Kunst und Antiquitäten GmbH, S. 199.

261 Duda, Steuerrecht DDR, S. 163 verweist lediglich auf die „ungewöhnliche starke Progression", ohne zu konkretisieren, ob sie damit Durchschnitts- oder Grenzsteuersatz oder beides meint. Vgl. auch BT-Drs. 12/4500 („KoKo-Untersuchungsausschuss" – Dritter Teilbericht), S. 37, wo pauschal von „90% als Spitzensteuersatz" gesprochen wird. Lediglich Töben, Besteuerung DDR, S. 140 legt sich auf einen „ungewöhnlich hohen" Grenzsteuersatz *und* einen „prohibitiven" Durchschnittssteuersatz fest. Auch Anton, Illegaler Kulturgüterverkehr, S. 1229, und Braun, Kunstprozesse, S. 270, scheinen in diese Richtung zu argumentieren.

262 BGH, Urt. v. 22.09.1988 – IX ZR 263/87, NJW 1989, 1352 (1353).

Prozentangaben in der Anlage grundsätzlich nicht den *Durchschnittssteuersatz*[263], sondern den *Grenzsteuersatz* für den Differenzbetrag der jeweils erreichten Stufe wiedergaben. Dies ergibt sich daraus, dass dahinter jeweils „des ... M übersteigenden Betrages“ stand. Jener Grenzsteuersatz wurde konsequent bei jeder neuen Jahreseinkommensstufe (also bei jeder neuen Zeile) auf das Differenzeinkommen angewandt und sodann mit einem Sockelbetrag, der sich aus dem Höchststeuerbetrag der vorhergehenden Jahreseinkommensstufe ergibt,[264] addiert. Der für den Steuerpflichtigen i. E. relevante Ausdruck des Einkommensteuertarifs ist aber der Durchschnittsteuersatz, da allein dieser die relative Gesamtbelastung abbilden kann. Er wurde auch in der spärlichen DDR-Steuerrechtsliteratur soweit ersichtlich nicht dargestellt, wie dies zumindest heute üblicherweise durch Abbildung in einem Kurvendiagramm erfolgt. Er lässt sich aber aus der Anlage berechnen:

Jahreseinkommen[1]	Durchschnittssteuersatz[2] (Steuerbetrag)
1.200 DDR-M	0%
1.800 DDR-M	6% (106 DDR-M)
2.400 DDR-M	9% (214 DDR-M)
3.600 DDR-M	14% (502 DDR-M)
4.800 DDR-M	18% (862 DDR-M)
6.000 DDR-M	21% (1.282 DDR-M)
7.200 DDR-M	24% (1.726 DDR-M)
9.000 DDR-M	27% (2.446 DDR-M)
12.000 DDR-M	32% (3.826 DDR-M)
15.000 DDR-M	36% (5.356 DDR-M)

263 Nicht zu verwechseln mit den „Durchschnittssätzen“ gem. § 29 EStG-DDR. Diese Vorschrift existierte ursprünglich auch im EStG und gilt nach ihrer systematischen Stellung nur für das Veranlagungsverfahren.

264 Z. B. bei der Jahreseinkommensstufe 3 (Jahreseinkommen 1.800 bis 2.400 DDR-M) ein Sockelbetrag von 106 DDR-M. Diese 106 DDR-M spiegeln offensichtlich den Höchststeuerbetrag der vorhergehenden Jahreseinkommensstufe 2 (Jahreseinkommen 1.200 DDR-M bis 1.800 DDR-M) wider. Denn dieser errechnet sich aus 16 DDR-M addiert mit 15% von 600 DDR-M (= 1.800 DDR-M abzüglich 1.200 DDR-M als maximal möglicher „übersteigender“ Differenzbetrag), was exakt 106 DDR-M ergibt. Ebenso verhält es sich mit allen anderen der Differenzbesteuerung unterliegenden Jahreseinkommensstufen in der Anlage. Einzige Ausnahme ist der Übergang von einem Jahressteuereinkommen von 20.000,00 DDR-M (= 8.806 DDR-M Steuerbetrag, vgl. Tabelle) auf ein Jahressteuereinkommen von 20.000,01 DDR-M (= 8.800 DDR-M Steuerbetrag, vgl. Anlage) zugunsten einer Abrundung um 6 DDR-M. Diese Reihenfolgeumkehr wurde offenbar vorgenommen, um Zehner- oder Einerstellen ungleich 0 bei den Sockelbeträgen der höheren Jahreseinkommensstufen zu vermeiden.

Jahreseinkommen[1]	Durchschnittssteuersatz[2] (Steuerbetrag)
20.000 DDR-M	44% (8.806 DDR-M)
30.000 DDR-M	56% (16.800 DDR-M)
40.0000 DDR-M	63% (25.200 DDR-M)
50.000 DDR-M	68% (34.000 DDR-M)
75.000 DDR-M	*75% (56.250 DDR-M)*
100.000 DDR-M	*79% (78.500 DDR-M)*
150.000 DDR-M	*82% (123.000 DDR-M)*
200.0000 DDR-M	*84% (167.500 DDR-M)*
250.000 DDR-M	85% (212.000 DDR-M)
300.000 DDR-M	85% (257.000 DDR-M)
400.000 DDR-M	88% (352.000 DDR-M)
500.000 DDR-M	90% (450.000 DDR-M)
> 500.000 DDR-M	Stets 90%[3]

1 Zur linken Spalte: Hier für eine an den Grenzwerten der Tabelle orientierte Auswahl an Jahreseinkommen. Zwischen den Grenzwerten 50.000 DDR-M und 250.000 DDR-M wurde noch die kursiv gedruckten beispielhaften Jahreseinkommen hinzugenommen, um den Verlauf besser zu veranschaulichen.

2 Zur rechten Spalte: Kaufmännisch gerundet ohne Dezimalstelle.

3 Durch den Grenzsteuersatz von 98% auf der vorletzten Einkommensstufe erreicht man bei einem Jahreseinkommen von 500.000 DDR-M exakt einen Durchschnittssteuersatz von 90%. Diesen hält man auch auf der letzten Einkommensstufe ab 500.000,01 DDR-M statisch, indem ab dieser Stufe methodisch nicht mehr ein stufig-progressiven Stufen*grenzsatz*tarif (der sich durch relativ kleine Stufen allerdings einem linear-progressiven Einkommensteuertarif annähert), sondern ein Stufen*durchschnitts*tarif auf das *gesamte* Jahreseinkommen angewandt wird. I. E. führt dies zum aus der Tabelle ersichtlichen Ergebnis, dass der DDR-Einkommensteuertarif K nicht nur beim Grenzsteuersatz (mehr als) 90% erreichte, sondern auch beim für jeden sinnvollen Vergleich mit anderen Steuersystemen allein maßgeblichen Durchschnittssteuersatz.

Die Besonderheit war, dass bereits bei einem Jahreseinkommen von 27.750 DDR-M ein Durchschnittsteuersatz von 50% erreicht wurde. Der Durchschnittssteuersatz bei den Steuerverfahren lag daher i. d. R. deutlich über 75%, nachdem durch die Vermögenszuwachsrechnungen fast immer Jahreseinkommen von deutlich mehr als 75.000 DDR-M berechnet wurden.[265] Zusammen mit sonstigen Steuern sowie dem Verzugszuschlag i. H. v. 8% des nachzuzahlenden Gesamtbetrages gem.

265 Vgl. die exemplarischen Fälle in BT-Drs. 12/4500 („KoKo-Untersuchungsausschuss" – Dritter Teilbericht), S. 42 ff.

§§ 2 Abs. 1, 4 Abs. 1 ZuschlagsVO[266] konnte dies zu einer Steuerschuld von mehr als 100% des Einkommens führen.[267] Auch wenn dieses Ergebnis aus heutiger Warte befremdlich anmuten mag, sind Verstöße bei der Anwendung der zu dieser Zeit in der DDR geltenden Tarifvorschriften dabei nicht erkennbar.

c) Rechtsfolgen der Rechtsverletzungen

Die Steuerbescheide waren demnach rechtswidrig. Zwar entsprach der angewandte Steuertarif ebenso wie der gewährte „Rechtsschutz" – weil eben nicht nur *de facto*, sondern auch *de jure* kaum vorhanden – den geltenden Gesetzen. Hervorzuheben sind aber die Verstöße gegen den Untersuchungsgrundsatz aus § 204 Abs. 1 AO-DDR, die fehlerhafte Annahme eines Gewerbebetriebs gem. §§ 2 Abs. 3 Nr. 2, 15 Nr. 1 EStG-DDR sowie den aufgrund der Wahl der falschen Schätzungsmethode in Form der Vermögenszuwachsrechnung gem. § 217 AO-DDR fehlerhaft vorgenommenen Betriebsvermögensvergleich unter Besteuerung der stillen Reserven entgegen §§ 4 Abs. 1, 6 Nr. 2 EStG-DDR.

Nach dem heutigen § 125 AO, der Nichtigkeit für Steuer-Verwaltungsakte vorsieht, soweit diese an einem besonders schweren Fehler leiden und dies bei verständiger Würdigung aller in Betracht kommenden Umstände offenkundig ist, wären sie möglicherweise sogar nichtig gewesen. Denn immerhin sprach das FG Berlin im bereits zitierten Urteil davon, dass in diesen Fällen eine gravierende Rechtswidrigkeit der Steuerbescheide „offensichtlich" war.[268]

Fraglich ist allerdings, ob auch nach DDR-Recht eine entsprechende Nichtigkeitsregelung existierte (aa)) und inwiefern ggf. deren Voraussetzungen durch die untersuchten Steuerverfahren erfüllt waren (bb)) sowie welche Rechtsfolgen ggf. daraus resultieren (cc)).

aa) Existenz einer den bundesdeutschen § 125 AO bzw. § 44 VwVfG entsprechenden Nichtigkeitsregelung im DDR-Recht?

Allen der gesamtdeutschen Rechtstradition zu verdankenden Parallelen zum Trotz müssen die Unterschiede der autonomen (Steuer-) Rechtsordnung der DDR zur

---

266 Verordnung über die Erhebung von Zuschlägen und Stundungszinsen für Steuern, Verbrauchsabgaben, Beiträge zur Sozialpflichtversicherung und andere Abführungen (ZuschlagsVO) vom 19.01.1961, DDR-GBl. II S. 39.

267 Bischof, Die Kunst und Antiquitäten GmbH, S. 209 f. Einkommen- und Vermögensteuerbelastung durften gem. § 2 der Verordnung zur Änderung der Besteuerung der privaten Wirtschaft (Zweite SteueränderungsVO) vom 04.03.1954, DDR-GBl. S. 240, kumuliert nicht mehr als 90% des Einkommens betragen, dies galt allerdings nicht für die Kumulierung mit sonstigen Steuern und Zuschlägen.

268 FG Berlin, Urt. v. 15.12.2003 – 8 K 8537/99, juris Rn. 58 f.

(Steuer-) Rechtsordnung der BRD erneut ins Gedächtnis gerufen werden. Die AO-DDR kannte keine dem heutigen § 125 AO entsprechende Nichtigkeitsregelung.[269] Dies verwundert auch nicht, da ein solcher in der ursprünglichen, gesamtdeutschen RAO[270], auf der die AO-DDR beruhte, ebenfalls nicht enthalten war, sondern auch in der BRD erst zusammen mit der am 16.03.1976[271] verabschiedeten (Bundes-) AO eingeführt wurde. Die Einführung des bundesdeutschen § 125 AO stand dabei in engem zeitlichem und inhaltlichem Zusammenhang mit der Einführung der allgemeinen verwaltungsrechtlichen Nichtigkeitsregelung im bundesdeutschen § 44 VwVfG im Zuge des ebenfalls erst am 25.05.1976[272] eingeführten (Bundes-) VwVfG.[273] Auch ein solches kannte die DDR daher nicht aus gesamtdeutscher Rechtstradition heraus, führte es im Übrigen während ihres Bestehens aber auch nie ein.[274]

Aus dem Fehlen einer speziellen steuerverfahrensrechtlichen bzw. zumindest allgemeinen verwaltungsverfahrensrechtlichen Nichtigkeitsregelung in der DDR kann infolgedessen *nicht* von vornherein aus einer historischen Auslegung heraus im Umkehrschluss gefolgert werden, dass DDR-Steuerbescheide (bzw. Verwaltungsakte[275] allgemein) auch bei schwerwiegender Rechtswidrigkeit stets wirksam sein sollten (oder andersherum stets unwirksam sein sollten). Denn der Umstand der fehlenden Kodifizierung einer Nichtigkeitsregelung in der am 18.09.1970[276] verabschiedeten DDR-AO entsprach im Ausgangspunkt also der gesamtdeutschen Rechtstradition, in der eine kodifizierte Nichtigkeitsregelung schlichtweg nicht bestand.

Trotz fehlender Kodifizierung bestand aber bereits vor der Zeit der deutschen Teilung in gesamtdeutscher Rechtsprechung und Rechtswissenschaft ein anerkanntes, wenn auch nicht vollends ausgeformtes Prinzip, nachdem auch rechtswidrige Verwaltungsakte grundsätzlich Wirksamkeit entfalteten, es sei denn aber, dass diese aus dem objektiven Empfängerhorizont heraus betrachtet offensichtlich an besonders schwerwiegenden Fehlern litten („Evidenztheorie").[277] Fraglich ist allerdings, inwiefern dieses Rechtsprinzip in der DDR beibehalten, modifiziert oder aufgeben

---

269 Dies übersieht Duda offenbar in ihrem umfassenden Vergleich von AO und AO-DDR, wenn sie in Steuerrecht DDR, S. 115 feststellt, dass „größtenteils Übereinstimmungen" der AO-DDR mit den „§§ 122 ff. der bundesdeutschen Abgabenordnung" bestanden.

270 Reichsabgabenordnung (RAO) vom 13.12.1919, RGBl. S. 1993.

271 BGBl. I S. 613, 643.

272 BGBl. I S. 1253.

273 Kühn/Kutter, AO, S. 335.

274 Vgl. Bernet, Verwaltungsrecht DDR, S. 413 f.; Brunner, Recht der DDR, S. 37.

275 Bzw. „Verfügungen" wie Steuerverwaltungsakte in der DDR gem. §§ 91 ff. AO-DDR hießen.

276 Sonderdruck des DDR-GBl. Nr. 681 vom 02.11.1970.

277 Bender, DVBl. 1953, 33 (insb. 34, 36); Goldhammer, in: Schoch/Schneider, VwVfG, § 44 VwVfG Rn. 1–3; vgl. Wolff, MDR 1951, 523 (insb. 523).

wurde. Wie bereits dargestellt, existierte eine ausdrückliche gesetzliche Regelung dazu im Laufe der DDR nie. Auch dbzgl. Rechtsprechung fehlte mangels vorhandener Verwaltungsgerichtsbarkeit. In der DDR-Rechtswissenschaft wiederum wurde das (allgemeine) Verwaltungsrecht als vom Staatsrecht zu unterscheidendes Rechtsgebiet zunächst überhaupt nicht und später nur sehr zögerlich anerkannt oder gar ausgeformt, was sich z. T. auch im besonderen Verwaltungsrecht und im Steuerrecht fortsetzte.[278] Deshalb wird, soweit ersichtlich[279], jedenfalls für die Zeit nach dem Mauerbau nur im einzigen verwaltungsrechtlichen Lehrbuch, dessen erste Auflage erst 1979 erschien,[280] überhaupt wieder ein Bezug zur Frage der Rechtsfolge von schwerwiegend rechtswidrigen Verwaltungsakten in (inhaltlicher, aber nicht ausdrücklicher) Anknüpfung an die gesamtdeutsche „Evidenztheorie" hergestellt. Dort wurde – offensichtlich in inhaltlicher (freilich wiederum nicht ausdrücklicher) Anlehnung an § 44 VwVfG – knapp ausgeführt, dass Verwaltungsakte „keine Rechtswirksamkeit" besitzen und „nichtig" sind, wenn sie „gegen die rechtlichen Anforderungen *besonders schwer* [sic] und für den Adressaten erkennbar" verstoßen.[281]

Obwohl, wie bereits ausgeführt, den vom Staatsverlag der DDR und der Akademie für Staats- und Rechtswissenschaft der DDR, Potsdam-Babelsberg, herausgegebenen Lehrwerken quasi-normative Wirkung zukam[282], bestehen im konkreten Fall Anhaltspunkte dafür, dass die Ausführungen zur Nichtigkeit trotz des nicht weiterführenden Selbstzitates[283] eine Mindermeinung darstellte, welche die in der DDR

278 Stolleis, Sozialistische Gesetzlichkeit, S. 145–147, 154 f.

279 Auch in einem von ehemaligen DDR-Verwaltungsrechtswissenschaftlern kurz nach der Wende verfassten Sammelwerk, einer Art Kompendium zum Verwaltungsrecht der DDR, wird nicht auf die Nichtigkeit von Verwaltungsakten der DDR eingegangen, bspw. Bley, Verwaltungsrecht DDR, S. 249 ff. Es ist jedoch nicht ausgeschlossen, dass *Bönninger* und insb. andere „Abweichler", z. B. der mit ihm befreundete *Wolfgang Bernet*, in DDR-Publikationen zur Nichtigkeit von Verwaltungsakten und der „Evidenztheorie" Stellung nahmen. An den im Folgenden vorgebrachten Argumenten würde dies inhaltlich wohl wenig ändern.

280 Zur Einzigartigkeit dieses Lehrbuchs für das DDR-Verwaltungsrecht Hoeck, Verwaltung in der DDR, S. 385–387.

281 Schulze et. al., Verwaltungsrecht DDR (1. Aufl.), S. 253. Ebenso überträgt Dürr, DStZ 1991, 651 (652) aus bundesdeutscher Wiedervereinigungsperspektive unbesehen BFH-Rechtsprechung aus den 1980er-Jahren (allerdings v. a. zur Bestimmtheit von Steuerverwaltungsakten) auf das DDR-Steuerrecht und insinuiert damit, dass ein steuerrechtlicher Nichtigkeitstatbestand für „Verwaltungsakte, die einen besonders schweren Fehler aufweisen", im DDR-Steuerrecht überhaupt existierte.

282 Impressum Schulze et. al., Verwaltungsrecht DDR (1. Aufl.): „Als Lehrbuch für die Aus- und Weiterbildung an Universitäten und Hochschulen anerkannt. – Minister für Hoch- und Fachschulwesen."; vgl. Hoeck, Verwaltung in der DDR, S. 385 ff.

283 Bönninger, Staat und Recht 1978, 745 (746) führt dort im Gegenteil sogar ausdrücklich (ohne weiteren Nachweis) aus, dass Verwaltungsakte „in jedem Falle gültig (rechtswirksam)" sind und

geltende Rechtslage nicht adäquat wiedergab, sondern vielmehr „klammheimlich" versuchte, rechtsstaatliche Anleihen aus dem bundesdeutschen Verwaltungsrecht in die DDR einfließen zu lassen. Dafür spricht zunächst die Person des Autors der konkreten Ausführungen zur Nichtigkeitsregelung. Jedenfalls aus dem Impressum der 1988 herausgegebenen, zweiten und letzten Auflage des Verwaltungsrechtslehrbuchs, welches durch ein Autorenkollektiv bearbeitet wurde, wird ersichtlich, dass dies *Karl Bönninger* war. *Bönninger* wurde nach der Wiedervereinigung von *Michael Stolleis* als mutiger und intelligent handelnder Vertreter nichtkonformer „bürgerlicher" Rechtsauffassungen in der DDR hervorgehoben, der entgegen „Misstrauen", „Tabuisierung" und „Rüge" dennoch „Schritt für Schritt [...] vorsichtig [...] das gerade im Westen gesetzlich geregelte Verwaltungsverfahren in das Verwaltungsrecht der DDR hinein [kopierte]".[284] Dazu zählte z. B. auch die Rechtsschutzfunktion des Verwaltungsrechts für den Bürger sowie ein für beide Seiten verbindliches „Verwaltungsrechtsverhältnis".[285] *Bönninger* war bereits in den Jahren 1957–1962 zwischenzeitlich von seiner Lehrtätigkeit an der Universität Leipzig beurlaubt worden, nachdem *Ulbricht* ihn auf einer rechtswissenschaftlichen Konferenz direkt angegriffen und „bürgerlich[e] Tendenzen" unterstellt hatte.[286]

Darüber hinaus entspricht die Rechtsfolge der Nichtigkeit beim Tatbestand schwerwiegend rechtswidriger Verwaltungsakte funktional dem Element eines Mindestmaßes an Verwaltungsrechtsschutz für den Bürger, der in der DDR aber infolge des „Prinzips der Gewalteneinheit" nicht vorgesehen war, da ein Interessenkonflikt zwischen Staat und Bürger laut marxistisch-leninistischen Staatsrechts im sozialistischen Staat *a priori* nicht mehr auftreten konnte.[287] Insofern würde eine Nichtigkeit auch schwerwiegend rechtswidriger Verwaltungsakte im Gesamtsystem des Staats- und Verwaltungsrechts der DDR widersprüchlich sein, vielmehr forderte dieses im Gegenteil eher eine ausnahmslose Wirksamkeit auch solcher

---

dies auch zutrifft, „wenn der [Verwaltungsakt] einen rechtlichen Mangel hat". Unabhängig davon werden in dem Aufsatz nichtsdestotrotz mehr oder weniger versteckte Anleihen an die BRD-Verwaltungsrechtswissenschaft genommen (freilich ohne jemals ausdrücklich auf diese Bezug zu nehmen), indem bspw. z. T. terminologisch ausdrücklich von „Verwaltungsakten" gesprochen wird. Als einziger Beitrag wurde er unter der bezeichnenden Rubrik „Diskussion" veröffentlicht, die so nicht rglm. Bestandteil der Fachzeitschrift Staat und Recht war.

284 Stolleis, Sozialistische Gesetzlichkeit, S. 154.

285 Stolleis, Sozialistische Gesetzlichkeit, S. 116.

286 Vgl. Karl Bönninger, in: Professorenkatalog der Universität Leipzig, abrufbar unter <https://research.uni-leipzig.de/catalogus-professorum-lipsiensium/leipzig/Boenninger_1111/> (zuletzt aufgerufen am 01.03.2024); vgl. Ulbricht, Neues Deutschland vom 06.04.1958 (Nr. 82/1958), 4 (5) sowie den Nachruf Baatz/Gerber, NJ 2000, 583 und Hohmann, Was bleibt?, S. 48–50. Zur „Babelsberger Konferenz" Hoeck, Verwaltung in der DDR, S. 185 ff. m. w. N.

287 Dazu bereits § 3.I., S. 68 f. Fn. 213.

Verwaltungsakte, die überhaupt nicht auf einer kodifizierten Grundlage beruhten. Empirisch stellte insb. das bestehende förmliche DDR-Steuerrecht für die DDR-Finanzverwaltung wohl auch außerhalb der in dieser Arbeit untersuchten Steuerverfahren häufig lediglich einen groben Anhaltspunkt dar.[288]

Dass die Mindermeinung von *Bönninger* trotzdem in einer autoritativen Publikation vertreten werden konnte, lässt sich nur mit dem vorsichtig-klugen Vorgehen *Bönningers* und den bereits deutlicher eintretenden Kontrollverlusten staatlicher Instanzen im untergehenden SED-Staat erklären. Diese Ansichten können deshalb aber kaum als herrschende rechtswissenschaftliche Auffassung insb. der DDR der 1970er- und 1980er-Jahre herangezogen werden. Es ist vielmehr davon auszugehen, dass Steuerbescheide ausschließlich unwirksam waren, soweit sie nicht ordnungsgemäß bekanntgegeben wurden gem. § 91 Abs. 1 S. 1 AO-DDR i. V. m. §§ 88–90 AO-DDR[289] oder, im Umkehrschluss zu § 79 Abs. 1 AO-DDR, soweit die sachlich unzuständige Behörde handelte. Auch wenn die Steuerverfahren wesentlich von der Kunst und Antiquitäten GmbH und dem MfS vorangetrieben wurden, wurden die förmlichen Entscheidungen aber von den sachlich zuständigen Finanzämtern bzw. der Steuerfahndung getroffen. Nach alledem ist es von vornherein eher überzeugend, davon auszugehen, dass DDR-Verwaltungsakte, und damit auch die in dieser Arbeit untersuchten Steuerbescheide, abgesehen von den genannten Bekanntgabe- und Zuständigkeitsfehlern bei (sonstigen) schwerwiegenden Rechtsfehlern nach DDR-Recht wirksam waren.[290]

bb) Tatbestandliche Voraussetzungen

Selbst wenn man aber annehmen wollte, dass auch in der DDR ein ungeschriebenes Rechtsprinzip i. S. d. „Evidenztheorie" existierte, wonach schwerwiegend rechtswidrige Verwaltungsakte unwirksam waren, wenn dies aus dem objektiven Empfängerhorizont heraus offensichtlich war, würde man zu keinem anderen Ergebnis gelangen.

---

288 Vgl. Duda, Steuerrecht DDR, S. 189, die zuvor darlegt, dass AO und EStG in BRD und DDR zwar z. T. wortlautgleich galten, aber „an der Beachtung der Vorschriften in der [DDR-]Praxis […] erhebliche Zweifel [bestehen]". Ähnlich auch Kaligin, Steuerrecht DDR, S. V f. Dazu bereits ausführlich unter § 3.I., S. 65 ff.

289 Ob die Steuerbescheide in den in dieser Arbeit untersuchten Steuerverfahren ordnungsgemäß bekanntgegeben wurden, kann nur jeweils für den Einzelfall beantwortet werden. Duda, Steuerrecht DDR, S. 119 und Dürr, DStZ 1991, 651 (651, 653) weisen allerdings darauf hin, dass bei Aufhebungsverfahren nach der Wende bei einem erheblichen Anteil der DDR-Steuerbescheide festgestellt wurde, dass diese noch nicht einmal ordnungsgemäß nach §§ 88 ff. AO-DDR bekannt gegeben wurden und deshalb von vornherein unwirksam waren.

290 Dieses Ergebnis entspricht im Wesentlichen auch der sowjetischen Verwaltungsrechtslehre, vgl. Winkelmann, Sowjetische Verwaltungsrechtslehre, S. 149 f.

Denn zum einen fehlte es wohl am nötigen Nichtigkeitstatbestand. Die untersuchten Steuerbescheide litten zwar durchweg an schwerwiegenden Rechtsfehlern. Dies war aus Sicht des objektiven Empfängerhorizontes aber nicht „offensichtlich" im Rechtssinne. Den rechtsstaatlich sozialisierten Leser mag dies auf den ersten Blick zwar überraschen, dabei verkennt er aber vermutlich, dass er die Steuerverfahren durch die heutige *ex ante*-Perspektive bundesrepublikanischer, d. h. rechtsstaatlicher Prägung betrachtet. Wie bereits ausgeführt, wird an dieser Stelle aber nicht die DDR-Rechtsordnung an sich bewertet, sondern versucht, gerade deren vom bundesdeutschen Recht autonome Perspektive einzunehmen. Für die allermeisten privaten Kunsthändlern und -sammler, die von den Steuerverfahren betroffen waren, durfte zwar mehr als offensichtlich gewesen sein – sie mussten es ja i. d. R. „an Haut und Haaren" erleiden –, dass sie Opfer einer staatlichen Intrige unter Verstoß gegen jedes Empfinden „materieller Gerechtigkeit" wurden. Manchen mögen aufgrund besonderer Rechtskunde (die in der DDR die Ausnahme war) sogar konkrete Rechtsverstöße, die bei den Steuerverfahren begangen wurden, benannt haben können. Relevant für die Offensichtlichkeit i. S. d. „Evidenztheorie" ist aber v. a. der objektive Empfängerhorizont.

Unter den faktischen Gegebenheiten der DDR-Diktatur kann aber nicht davon ausgegangen werden, dass der durchschnittliche DDR-Bürger ohne Weiters erkennen konnte, dass schwerwiegend selbst gegen das eigene DDR-Recht verstoßen wurde. Dass nach westlichen Maßstäben rechtsstaatliche Anforderungen möglicherweise vollkommen außer Acht gelassen wurden und die Betroffenen zu Objekten einer staatlichen Willkür degradiert wurden, hätte sich zwar auch vielen, vielleicht sogar den meisten DDR-Bürgern aufgedrängt. Aber dieser Eindruck ist nicht rechtlich relevant, da er vermutlich eher einem allgemeinen (berechtigten) Ohnmachtsgefühl gegenüber staatlichen Autoritäten in der DDR entsprach als der evidenten Gewissheit über einen konkreten Gesetzesverstoß gerade gegen das eigene, ebenfalls staatlich aufoktroyierte DDR-Recht. Kurz gesagt mochte für den durchschnittlichen DDR-Bürger zwar evident gewesen sein, dass schwerwiegende *Ungerechtigkeit* im Sinne eines Verstoßes gegen Vorstellungen „materieller Gerechtigkeit", nicht aber schwerwiegendes *Unrecht* im Sinne eines Verstoßes gegen formales Recht vonstatten ging.

cc) Rechtsfolgen

Selbst wenn man den Nichtigkeitstatbestand dem Grunde nach für das DDR-Verwaltungsrecht annehmen wollte und dessen Voraussetzungen anschließend bejahen würde, hätte die Rechtsfolge nicht wie im heutigen bundesdeutschen Verwaltungsrecht zu einer Nichtigkeit *ipso iure* geführt, die nur noch fakultativ gem. § 44 Abs. 5 VwVfG behördlich festgestellt werden kann. Denn *Bönninger* führt in der zweiten Auflage des Verwaltungsrechtslehrbuchs von 1988 (in der ersten Auflage geht er nicht auf diese Frage ein) aus: „Wenn allerdings der Verstoß gegen die rechtlichen Anforderungen *besonders schwerwiegend* [sic] und für den Adressaten objektiv *unzweifelhaft erkennbar* [sic] ist, so besitzt die Entscheidung keine Rechtswirkung und ist *nichtig* [sic]. *Solche Entscheidungen sind in jedem Fall aufzuheben* [Hervorh. d. Verf.]".[291] Dieser Wortlaut der, soweit ersichtlich, einzigen Auseinandersetzung der DDR-Rechtswissenschaft mit der Nichtigkeitsfrage (abgesehen von der Erstauflage des Lehrbuchs) legt aufgrund der Wortwahl „sind" nahe, dass die Aufhebung nicht im Ermessen der Behörde stand und dieser Aufhebung als behördlichen Entscheidung daher zur Begründung der Nichtigkeit auch eher konstitutive als lediglich deklaratorische Wirkung zukam.[292] Auch in der gesamtdeutschen Rechtstradition war diese Frage vor der deutschen Teilung noch nicht abschließend geklärt, Art. 78 Abs. 2 Württembergischer Entwurf einer Verwaltungsrechtsordnung von 1931[293] sah etwa ebenfalls eine behördliche Aufhebung von Amts wegen vor. Eine solche hat im Falle der Steuerverfahren gegen die privaten Kunsthändler und -sammler während der DDR aber nie stattgefunden.

3. Zwischenergebnis: Rechtsverletzungen und ihre Ursachen

Die Besteuerung der privaten Kunsthändler und -sammler erfolgte durch die Finanzämter unter teils gravierenden Verstößen gegen das zu dieser Zeit bestehende DDR-Steuerrecht und daher selbst gemessen am DDR-Recht rechtswidrig. Die Ursache dieser Verstöße liegt darin begründet, dass die Ergebnisse der Steuerverfahren offensichtlich von vornherein feststanden, da sie durch die Kunst und Antiquitäten GmbH und das MfS als faktisch maßgebliche Protagonisten der Steuerverfahren vorgegeben wurden. Insofern muss den beteiligten Organen der Finanzverwaltung mit dem FG Berlin auch „mit an Sicherheit grenzender Wahrscheinlichkeit" eine „bewusste und willkürliche" Verletzung der genannten Vorschriften vorgeworfen werden.[294] Hinzugetreten sein mag deren fachliche Unzulänglichkeit, nachdem Behördenmitarbeiter in der DDR nach Abschaffung des Berufsbeamtentums vorrangig nach politischen und weniger nach qualitativen Gesichtspunkten ausgewählt

---

291 SCHULZE et. al., Verwaltungsrecht DDR (2. Aufl.), S. 138.

292 So i. E. auch GOTTSCHALKSON, Ausschluss des Zivilrechtsweges, S. 55 f.

293 KOMMISSION FÜR DIE LANDESORDNUNG DES ALLGEMEINEN ÖFFENTLICHEN RECHTS, Württembergischer Entwurf 1931, S. 25, 280. Diese Erklärung war nach der Gesetzesbegründung wohl aber deklaratorischer Natur. Jedenfalls war diese Frage vor der Zeit der deutschen Teilung noch nicht abschließend geklärt. Der Entwurf resultierte aus der ersten und zweiten Lesung der Kommission, nach der dritten Lesung wurde er 1936 noch einmal geändert (die genannte Regelung fand sich nun in Art. 38 Abs. 2 des Entwurfs) und kam dann schließlich zum Erliegen, HEGELMAIER, Württembergischer Entwurf 1936, S. IV, 125.

294 FG Berlin, Urt. v. 15.12.2003 – 8 K 8537/99, juris Rn. 58 f.; so ähnlich auch BISCHOF, Die Kunst und Antiquitäten GmbH, S. 291.

wurden.[295] Nichtsdestotrotz waren die DDR-Steuerbescheide nach DDR-Recht i. E. wirksam.

III. Sachenrechte an den Kulturgütern infolge der Vollstreckung der Steuerbescheide

Von der Wirksamkeit der rechtswidrigen Steuerbescheide zu trennen sind die sachenrechtlichen Rechtsfolgen ihrer Vollstreckung nach DDR-Recht. Wenn zunächst ein beschränktes dingliches Recht in Form eines Pfändungspfandrechtes an den Kulturgütern entstanden wäre (1.), könnte im Anschluss daran durch dessen Verwertung zuerst ein Eigentumserwerb zugunsten der Kunst und Antiquitäten GmbH (2.) und im Weiteren ein derivativer Eigentumserwerb zugunsten der westlichen Käufer (3.) erfolgt sein.

1. Pfändungspfandrecht der Finanzämter gem. § 13 Abs. 2 VollstreckungsVO

Die Steuerschuldner konnten die insb. für DDR-Verhältnisse exorbitant hohen Steuerforderungen im Wesentlichen nicht bedienen, da ein solches Geldvermögen nicht bestand und Immobilien in der DDR kaum werthaltig waren.[296] Infolgedessen mussten die Steuerbescheide vollstreckt werden. Dies war von den Finanzämtern sicherlich von Anfang an intendiert, da nach den internen Absprachen ja überhaupt kein Interesse an einer Erfüllung der Steuerforderungen in DDR-M bestand.[297] Fraglich ist, auf welcher Rechtsgrundlage diese erfolgen konnte und ob deren Voraussetzungen eingehalten wurden (a)), inwiefern eine sofortige Inbesitznahme der Kulturgüter möglich war (b)) und welche Rechtsfolgen aus einer solchen folgen würden (c)).

---

295 Vgl. Duda, Steuerrecht DDR, S. 92, 188. Daher drohte ihnen aber auch die jederzeitige Entlassung bei politisch nicht opportunen Amtshandlungen. Andererseits wurden Finanzämter mit Sach- und Geldpreisen für die Erzielung eines besonders hohen Steueraufkommens aus privatem Gewerbe belohnt. Es ist so z. B. nachgewiesen, dass das Finanzamt im Fall *Meißner* nach Abschluss des Steuerverfahrens öffentlich ausgezeichnet wurde, Bischof, Die Kunst und Antiquitäten GmbH, S. 287.

296 Von ausnahmsweise erfolgten (teilweisen) Erfüllungen der Steuerforderungen, auch durch „freiwillige" rechtsgeschäftliche Übertragung der Kulturgüter, soll hier abgesehen werden. Bischof, Die Kunst und Antiquitäten GmbH, S. 212 f.; BT-Drs. 12/4500 („KoKo-Untersuchungsausschuss" – Dritter Teilbericht), S. 40; vgl. etwa den Fall Wendl, OV „Puppe", S. 164 f.

297 Vgl. Anton, Illegaler Kulturgüterverkehr, S. 1236.

a) Rechtsgrundlage und grundsätzliche Voraussetzungen der Vollstreckung

Die Vollstreckung staatlicher Geldforderungen erfolgte in der DDR gem. §§ 1 Abs. 1, 4 Abs. 1 Nr. 1 VollstreckungsVO[298] nach der gesonderten Vollstreckungs-VO und somit zumindest im Ausgangspunkt nicht nach der ZPO-DDR[299] oder (wie im bundesdeutschen Recht) nach der AO-DDR selbst.[300] Auch strafprozessuale Maßnahmen wie Beschlagnahmen gem. § 108 StPO-DDR (bzw. Arrestbefehl gem. § 120 StPO i. V. m. §§ 1 ff. Zweite DB StPO-DDR[301]), Einziehungen gem. § 281 StPO-DDR i. V. m. §§ 56 f. StGB-DDR oder die Vollstreckung einer Geldstrafe gem. § 339 Abs. 1 Nr. 1 StPO-DDR i. V. m. §§ 23 ff. Erste DB StPO-DDR[302] lagen rglm. nicht vor.[303] Zuständig für die Vollstreckung waren gem. § 3 Abs. 1 VollstreckungsVO wiederum die Räte der Kreise, durchgeführt wurde die Vollstreckung diesmal allerdings durch die „Vollstreckungsstellen" gem. § 3 Abs. 5 VollstreckungsVO. Soweit ersichtlich, wurde diese Zuständigkeit formal auch eingehalten, selbst wenn die Kunst und Antiquitäten GmbH auch im Rahmen der Vollstreckung die faktisch bestimmende Protagonistin war (z. B. durch sofortige Verladung der Kulturgüter auf ihre Transportfahrzeuge).[304] Voraussetzungen der Vollstreckung waren insb. eine fällige Steuerforderung gem. § 7 Abs. 1 Nr. 1 VollstreckungsVO und eine vorherige gesonderte Mahnung gem. § 7 Abs. 1 Nr. 3 VollstreckungsVO. Es bestehen Anhaltspunkte dafür, dass diese Vorschriften nicht immer eingehalten worden sind. In einigen Fällen wurden wohl auch Steuerforderungen vollstreckt, die sich auf den noch laufenden Veranlagungszeitraum (Kalenderjahr, § 25 Abs. 1 EStG-DDR) bezogen, obwohl diese Steuerforderungen überhaupt erst mit Ablauf des Veranlagungszeitraums gem. § 97a Abs. 5 Nr. 1 lit. c) AO-DDR entstanden. Auch fehlten z. T. gesonderte Mahnungen.[305] Die Vollstreckung in die Kulturgüter als bewegliche Sachen hatte gem. § 10 Abs. 1 Nr. 3, Abs. 2 VollstreckungsVO subsidiär zur Vollstreckung in Geldforderungen oder Bargeld des Steuerschuldners (§ 10 Abs. 1 Nrn. 1, 2 VollstreckungsVO) zu erfolgen. Nachdem die Steuerschuldner aber wie dargestellt

298 Verordnung über die Vollstreckung wegen Geldforderungen der Staatsorgane und staatlichen Einrichtungen (VollstreckungsVO) vom 06.12.1968, DDR-GBl. II 1969 S. 61.

299 Gesetz über das gerichtliche Verfahren in Zivil-, Familien- und Arbeitsrechtssachen (ZPO-DDR) vom 19.06.1975, DDR-GBl. I S. 533.

300 Schulze et. al., Verwaltungsrecht DDR (1. Aufl.), S. 276; vgl. Duda, Steuerrecht DDR, S. 110.

301 Zweite Durchführungsbestimmung zur Strafprozessordnung der DDR – Erlass und Vollziehung von Arrestbefehlen – (Zweite DB StPO-DDR) vom 01.10.1984, DDR-GBl. I S. 379.

302 Erste Durchführungsbestimmung zur Strafprozessordnung der DDR (Erste DB StPO-DDR) vom 20.03.1975, DDR-GBl. I S. 285.

303 Bischof, Die Kunst und Antiquitäten GmbH, S. 211.

304 Bischof, Die Kunst und Antiquitäten GmbH, S. 214 f.

305 Vgl. BT-Drs. 12/4500 („KoKo-Untersuchungsausschuss" – Dritter Teilbericht), S. 40 f.

kein Buch- oder Bargeld in entsprechender Höhe aufweisen konnten, wurde der Vollstreckungsgegenstand formal ordnungsgemäß ausgewählt. Nach § 13 Abs. 1 VollstreckungsVO erfolgte die Vollstreckung in bewegliche Sachen durch Pfändung des „[Vollziehers], indem er sie in Besitz nimmt oder als gepfändet kennzeichnet".

Nach den Feststellungen von *Bischof* und dem Dritten Teilbericht des „KoKo-Untersuchungsausschusses" kam es in einigen Fällen bei der Durchführung zu Überpfändungen unter Verstoß gegen § 5 Abs. 3 VollstreckungsVO. Dieser sah vor, dass eine Vollstreckung nur *insoweit* erfolgen darf, als dies zur Deckung der Geldforderung und der Kosten des Verfahrens erforderlich ist. Bei Überpfändungen wurde der Mehrerlös wohl zwar zumindest teilweise auch wieder an die Vollstreckungsschuldner ausgekehrt, allerdings in DDR-M. Insofern kann gemutmaßt werden, dass Überpfändungen auch bewusst vorgenommen worden sind, um so den späteren Umrechnungsgewinn zugunsten der Kunst und Antiquitäten GmbH von bis zu mehreren 100% durch den Verkauf gegen westliche Devisen zu vereinnahmen, während die Vollstreckungsschuldner mit den Nominalbeträgen in DDR-M abgespeist wurden.[306] Weiter wird man in Anbetracht der bereits dargestellten, zahlreichen und teils gravierenden Verstöße beim allgemeinen Vorgehen bei den Steuerverfahren und konkret den Durchsuchungen und Beschlagnahmen davon ausgehen dürfen, dass diese Verstöße auch auf das Vollstreckungsverfahren insofern durchschlugen, als dadurch ein weiterer Verstoß gegen den Verhältnismäßigkeitsgrundsatz aus § 5 Abs. 2 VollstreckungsVO vorlag. Danach waren bei der Durchführung der Vollstreckung Nachteile für den Schuldner zu vermeiden, die in keinem angemessenen Verhältnis zu dem zu erzielenden Ergebnis stehen. Jedenfalls die Pfändung von Gebrauchsgegenständen, Trauringen, Familienbildern und -chroniken sowie Bibeln wird einen solchen Verstoß darstellen, auch wenn spezielle Pfändungsverbote in der VollstreckungsVO nicht geregelt waren.

b) Sofortige Inbesitznahme aufgrund einer Arrestverfügung

Bischof und auch der Dritte Teilbericht des „KoKo-Untersuchungsausschusses" scheinen zu kritisieren, dass der Abtransport der Kulturgüter rglm. sofort erfolgte, bevor alle Vollstreckungsvoraussetzungen vorlagen.[307] Dabei verweisen sie selbst auf die erfolgten Arrestverfügungen gem. §§ 19, 20 VollstreckungsVO, gehen aber wohl davon aus, dass deren Voraussetzungen nicht eingehalten wurden. Einen Verstoß gegen diese kann allerdings nicht erkannt werden. Nach

306 Bischof, Die Kunst und Antiquitäten GmbH, S. 213; BT-Drs. 12/4500 („KoKo-Untersuchungsausschuss" – Dritter Teilbericht), S. 40, 52.

307 Vgl. Bischof, Die Kunst und Antiquitäten GmbH, S. 211 f.; BT-Drs. 12/4500 („KoKo-Untersuchungsausschuss" – Dritter Teilbericht), S. 40.

§ 19 S. 1 VollstreckungsVO konnte der Vollstreckungsgläubiger (Finanzamt) die Sicherung der Ansprüche (Steuerforderungen) bei dem vollstreckungsberechtigten Organ (Vollstreckungsstelle der Räte der Kreise) beantragen, wenn die Erfüllung der Geldforderungen im Einzelfall gefährdet war. Eine spezielle Formvorschrift für diesen Antrag war nicht vorgesehen, sodass dieser auch mündlich erfolgen konnte. Die VollstreckungsVO war insofern lex specialis zu den Vorschriften über die schriftlich zu bewirkende Bekanntgabe von Steuerverwaltungsakten gem. §§ 88 ff. AO-DDR. Auch musste ein solcher nach dem Sinn und Zweck der Regelung bereits vor Vorliegen aller Vollstreckungsvoraussetzungen möglich sein. Eine Gefährdung der Erfüllung des Anspruchs im Einzelfall lag nach § 19 S. 2 VollstreckungsVO insb. vor, wenn gegen den Schuldner (Steuerschuldner) ein Ermittlungsverfahren gem. § 98 StPO eingeleitet wurde. Dies war wegen des Vorwurfs der vorsätzlichen Verkürzung von Steuern gem. § 176 Nrn. 1, 2 StGB-DDR der Fall, auch wenn dieser Vorwurf inhaltlich i. E. nicht zutraf. Denn darauf kam es nach § 19 S. 2 VollstreckungsVO nicht an. Die Sicherung erfolgte bei beweglichen Sachen als aussichtsreichen Vollstreckungsgegenstand durch Arrest in Form von Pfändung gem. § 20 Abs. 1 S. 1, 2 VollstreckungsVO. Der Arrest musste dem Schuldner durch Arrestverfügung gem. § 20 Abs. 2 VollstreckungsVO bekanntgegeben werden. Auch dbzgl. existierte keine besondere Formvorschrift, sodass eine rein mündliche Bekanntgabe nach dem zu dieser Zeit bestehenden DDR-Recht als ausreichend erachtet werden muss. Nachdem die Art und Weise der Pfändung in den §§ 19, 20 VollstreckungsVO aber nicht weiter geregelt war, muss dafür wiederum auf § 13 Abs. 1 VollstreckungsVO rekurriert werden, der vorsah, dass eine Pfändung in bewegliche Sachen vonstatten geht, „indem [der Vollzieher] sie in Besitz nimmt". Dass dies ggf. direkt durch Mitarbeiter der Kunst und Antiquitäten GmbH erfolgte, ist unschädlich, da man sie auch nach geltendem Recht als bloße Verwaltungshelfer des (Gerichts-) Vollziehers ansehen würde. Ein von *Bischof* zitiertes internes MfS-Schreiben, in dem darauf hingewiesen wird, dass bei „Sicherungsverfügungen" i. d. R. keine sofortige Inbesitznahme erfolgt, mag verwaltungsintern zu berücksichtigen gewesen zu sein, steht aber zumindest formal nicht über den dies nicht vorschreibenden Vorschriften der VollstreckungsVO.

c) Rechtsfolgen der sofortigen Inbesitznahme

Durch die infolge der Arrestverfügungen ergangene vorzeitige Pfändung wäre gem. § 13 Abs. 2 VollstreckungsVO ein Pfändungspfandrecht zugunsten der Finanzämter als Pfändungsgläubiger begründet worden. Etwas anderes könnte möglicherweise nur dann angenommen werden, wenn die Arrestverfügung gem. § 20 Abs. 2 VollstreckungsVO nichtig gewesen wäre und diese öffentlich-rechtliche Nichtigkeit auf die zivilrechtliche Wirksamkeit des Pfändungspfandrechts durchgeschlagen hätte. Die Arrestverfügung stellte dabei auch nach DDR-Recht aufgrund ihrer eindeutigen Bezeichnung als „Verfügung" einen Verwaltungsakt dar. Wegen der teilweise erfolgten Verstöße gegen § 5 Abs. 2 VollstreckungsVO (allgemeine Unverhältnismäßigkeit), § 5 Abs. 3 VollstreckungsVO (Überpfändung), § 7 Abs. 1 Nr. 1 VollstreckungsVO (fehlende Fälligkeit) und § 7 Abs. 1 Nr. 3 VollstreckungsVO (fehlende Mahnung) erging dieser Verwaltungsakt, auch nur gemessen am formalen DDR-Recht, rechtswidrig. Allerdings folgte daraus wie bei den Steuerbescheiden auch in diesem Fall keine Nichtigkeit des Verwaltungsakts. Wenn man die Arrestverfügung wegen der Vollstreckung einer Steuerforderung und der insoweit identischen Bezeichnung „Verfügung", wie auch Steuerverwaltungsakte in der DDR gem. §§ 91 ff. AO-DDR allgemein bezeichnet wurden, an den Vorschriften der AO-DDR messen wollte, würde dasselbe gelten wie bereits ausgeführt. Eine Nichtigkeit bzw. Unwirksamkeit von Steuerverwaltungsakten war nach der AO-DDR nur bei fehlender sachlicher Zuständigkeit oder fehlender Bekanntgabe gem. § 91 Abs. 1 S. 1 AO-DDR i. V. m. §§ 88–90 AO-DDR vorgesehen. Beides steht hier jedenfalls nicht in genereller Weise im Raum.[308] Geht man nicht von einem Steuerverwaltungsakt, sondern von einem sonstigen Verwaltungsakt aus, läge aber ebenfalls keine Nichtigkeit vor. Denn wie bereits ausgeführt, kannte die DDR ein allgemeines VwVfG nicht, sodass eine entsprechende, die Nichtigkeit von Verwaltungsakten allgemein regelnde Vorschrift wie § 44 VwVfG fehlte.[309] Verwaltungsakte wurden dementsprechend allein an den ihnen zugrundeliegenden Spezialgesetzen gemessen. In der VollstreckungsVO fand sich aber wie in der AO-DDR ebenfalls keine Nichtigkeitsregelung. Danach muss davon ausgegangen werden, dass auch eine rechtswidrige Arrestverfügung öffentlich-rechtlich wirksam war, ohne dass es überhaupt auf die Schwere der Rechtswidrigkeit ankommen würde. Folglich kann auch ein „Durchschlagen" auf die sachenrechtliche Ebene von vornherein nicht in Betracht kommen, sodass das Pfändungspfandrecht an den Kulturgütern gem. § 13 Abs. 2 VollstreckungsVO zugunsten der Finanzämter durch Inbesitznahme der Verwaltungshelfer der Vollstreckungsstelle in Form der Kunst und Antiquitäten GmbH wirksam entstand.

2. Eigentumserwerb der Kunst und Antiquitäten GmbH

Die Verwertung der gepfändeten Kulturgüter im Wege des freihändigen Verkaufs an die Kunst und Antiquitäten GmbH erfolgte möglicherweise unter Verstößen gegen § 122 Abs. 1 ZPO-DDR (a)). Falls dies so sein sollte, müsste wiederum geklärt werden, inwiefern dies Auswirkungen auf einen wirksamen Eigentumserwerb gem. § 29 ZGB i. V. m. § 139 Abs. 3 ZGB hätte (b)).

---

308 Für den Einzelfall muss jeweils eine gesonderte Überprüfung erfolgen.

309 Dazu bereits ausführlich unter § 3.II.2.c)aa), S. 85 ff.

a) Unzulässiger freihändiger Verkauf der gepfändeten Kulturgüter gem. § 122 Abs. 1 ZPO-DDR

Auch wenn die Begründung des Pfändungspfandrechts an den Kulturgütern nach der verwaltungsrechtlichen VollstreckungsVO erfolgte, verwies § 13 Abs. 5 VollstreckungsVO zur „Verwertung gepfändeter Sachen" sodann auf die „Bestimmungen der Zivilprozessordnung".[310] Nach diesem Wortlaut blieb grundsätzlich offen, ob damit das gesamte siebte Kapitel der ZPO-DDR mit der amtlichen Überschrift „Vollstreckung" (§§ 85–135 ZPO-DDR) gemeint war. Dagegen spricht allerdings zunächst die Systematik des Vollstreckungsrechts der ZPO-DDR selbst. Denn die bei § 13 Abs. 5 VollstreckungsVO in Rede stehende Vollstreckungsart betraf nur die Vollstreckung von Zahlungsansprüchen im Wege der Sachpfändung und damit im Rahmen der besonderen Vollstreckungsvoraussetzungen lediglich den dritten Abschnitt mit seiner zweiten Untergliederung „Pfändung von Sachen" (§§ 118–126 ZPO-DDR). Nachdem § 13 Abs. 5 VollstreckungsVO zudem nur von der „Verwertung" nach der ZPO-DDR sprach, kann die Rechtsgrundverweisung weiter auf die §§ 122–124 ZPO-DDR eingegrenzt werden, da nur diese die amtliche Überschrift „Verwertung der Sache" trugen.[311] Über diese systematisch-grammatischen Argumente hinaus würde eine andere Auslegung aber auch zu einem inhaltlichen Widerspruch führen. Während nach § 13 Abs. 2 VollstreckungsVO bei der verwaltungsrechtlichen Vollstreckung nämlich ausdrücklich ein Pfändungspfandrecht begründet wurde, wurde in der neuen ZPO-DDR ein solches in Abgrenzung zu dem bis dahin in gesamtdeutscher Rechtstradition geltenden § 804 Abs. 1 ZPO weggelassen.[312] Es ist wahrscheinlich, dass diese dogmatische Abgrenzung zu keinen größeren Konsequenzen führte, allerdings kann dies nicht abschließend beurteilt werden. Denn die ohnehin schon rare rechtswissenschaftliche Auseinandersetzung mit dogmatischen Fragen im Bereich des DDR-Zwangsvollstreckungsrechts fand ihren zumindest quantitativen Tiefpunkt im Bereich der Sachpfändungen. Dies war vermutlich auch dem Umstand geschuldet, dass solche in der DDR praktisch

---

310 Vgl. Schulze et. al., Verwaltungsrecht DDR (1. Aufl.), S. 277; BT-Drs. 12/4500 („KoKo-Untersuchungsausschuss" – Dritter Teilbericht), S. 46.

311 Somit wurde durch § 13 Abs. 5 VollstreckungsVO auch nicht auf die generalklauselartig gefassten Pfändungsverbote des § 118 Abs. 2 ZPO-DDR verwiesen. Danach wäre ohnehin insb. nur die Pfändung beweglicher Sachen, die der Lebenshaltung des Vollstreckungsschuldners dienen, gem. § 118 Abs. 2 Var. 1 ZPO-DDR verboten gewesen. Davon wären in gewissem Umfang also Gebrauchsgegenstände erfasst gewesen, aber anders als nach dem heutigen § 811 Abs. 1 Nr. 1 lit. d), 5, 6, 7 ZPO (welcher in ähnlicher Form vor der ZPO-DDR bereits in gesamtdeutscher Rechtstradition bestand, vgl. etwa Neubekanntmachung der ZPO vom 08.11.1933, RGBl. I S. 821, 897) wohl nicht Trauringe, Familienbilder und -chroniken sowie Bibeln.

312 Thaetner, Zwangsvollstreckung DDR, S. 158; vgl. etwa Neubekanntmachung der ZPO vom 08.11.1933, RGBl. I S. 821, 896.

kaum durchgeführt wurden. Im Vergleichsjahr 1977 etwa wurden in der gesamten DDR insgesamt nur 95 Sachpfändungen vorgenommen.[313] Möglicherweise waren wegen dieser fehlenden praktischen Relevanz auch die Vorschriften der ZPO-DDR zur Sachpfändung inhaltlich eher knapp bemessen.

Die gepfändeten Kulturgüter jedenfalls wurden freihändig an die Kunst und Antiquitäten GmbH verkauft. Zu klären ist zunächst, inwiefern dies nach den §§ 122–124 ZPO-DDR überhaupt zulässig war (aa)), und anschließend, ob abgesehen davon alle Voraussetzungen für einen freihändigen Verkauf eingehalten worden wären (bb)).

aa) Möglichkeit des freihändigen Verkaufs der Kulturgüter

Nach der Grundregel des § 122 Abs. 1 S. 1 ZPO-DDR wurden gepfändete Sachen „durch den Sekretär zum Schätzwert verkauft (gerichtlicher Verkauf)". Der „Sekretär" (des Kreisgerichts) ersetzte nach der neuen ZPO-DDR den Gerichtsvollzieher der bis zur dahin in gesamtdeutscher Rechtstradition weiterhin geltenden ZPO als grundsätzlich zur Vollstreckung berufenes Vollstreckungsorgan gem. §§ 93 Abs. 1 S. 1, 94 Abs. 1 ZPO-DDR.[314] Nachdem aber wie dargestellt wenig dafür spricht, dass § 13 Abs. 5 VollstreckungsVO auch auf die allgemeinen Vollstreckungsvorschriften der ZPO-DDR verwies und zudem § 3 Abs. 1, 5 VollstreckungsVO eine eigene Regelung zum zuständigen Vollstreckungsorgan enthielt, ist das Wort „Sekretär" in § 122 Abs. 1 ZPO-DDR vorliegend durch „Räte der Kreise, Vollstreckungsstelle" zu ersetzen. Dementsprechend kann dem Wort „gerichtlich" in § 122 Abs. 1 ZPO-DDR die Regelung des zuständigen Vollstreckungsorgans betreffend insoweit auch keine Bedeutung zugemessen werden.

Überdies ist aber fraglich, ob ein freihändiger Verkauf an die Kunst und Antiquitäten GmbH überhaupt zulässig war, oder ob nicht stattdessen eine öffentliche Versteigerung der gepfändeten Kulturgüter die richtige Verwertungsform gewesen wäre. § 122 Abs. 1 S. 1 ZPO-DDR verhielt sich zu dieser Frage auf den ersten Blick nichtssagend. Danach war lediglich geregelt, dass gepfändete Sachen durch den

313 Thaetner, Zwangsvollstreckung DDR, S. 174, 238; Thaetner, Vollstreckungspraxis DDR, S. 153, 161. Vgl. auch R. Schröder, Zivilrechtskultur DDR, S. 140; Wallis, NJ 1985, 145 (145). Begründet wurde dies damals auch mit dem damit verbundenen hohen Aufwand im Vergleich zu Lohnpfändungen. Die Vollstreckungsorgane mussten mit dem öffentlichen Nahverkehr zum Vollstreckungsschuldner fahren, um Treibstoff zu sparen. Auch fehlten geeignete Verwahrungsorte für die Pfandgüter. Die Kunst und Antiquitäten GmbH, welche die Vollstreckung in die Kulturgüter faktisch vornahm, kannte solche Probleme als „KoKo"-Betrieb dagegen nicht. Noch seltener als Sachpfändungen waren nur noch Zwangsvollstreckungen in Immobilien.

314 R. Schröder, Zivilrechtskultur DDR, S. 138. Er kann grob mit dem Rechtspfleger nach bundesdeutschem Recht verglichen werden.

Sekretär (hier der Rat des Kreises, Vollstreckungsstelle) zum Schätzwert verkauft werden, aber nicht *wie* sie verkauft werden. Insofern könnte die Bezeichnung „gerichtlicher Verkauf" über ihren Aussagegehalt zur Zuständigkeit des Sekretärs des Kreisgerichtes (der vorliegend *für die Frage der Zuständigkeit* aber ausnahmsweise keine Bedeutung hat, s. o.) hinaus nach dem allgemeinen Sprachverständnis lediglich auch der Inhalt beigemessen werden, dass ein „gerichtlicher Verkauf" i. d. R. öffentlich zu erfolgen habe (weil gerichtliche Verfahren i. d. R. öffentlich abgehalten werden) und deshalb eine Versteigerung wohl naheliegend wäre. Andererseits könnte unter Zugrundelegung einer historischen Auslegung aus dem ambivalenten Wortlaut des § 122 Abs. 1 S. 1 ZPO-DDR geschlussfolgert werden, dass eine Versteigerung gerade nicht mehr zwingend vorgesehen war, sondern die Verkaufsmethode letztlich im Ermessen des Vollstreckungsorgans lag. Denn die bis dahin in der DDR weiterhin geltende ZPO sah in gesamtdeutscher Rechtstradition die Versteigerung als Regelfall der Verwertung vor.[315] Dagegen spricht allerdings wiederum, dass in § 123 Abs. 1 a. E. ZPO-DDR für bestimmte gepfändete Sachen vorgesehen war, dass für diese „§ 122 [ZPO-DDR] nur anzuwenden" ist, wenn bestimmte staatliche Einrichtungen „einen Kauf ablehnen". § 123 Abs. 1 a. E. ZPO-DDR ging also möglicherweise von einem Unterschied zwischen einem (freihändigen) Kauf und dem Verfahren nach § 122 Abs. 1 S. 1 ZPO-DDR aus.

Dass § 122 Abs. 1 S. 1 ZPO-DDR keinen freihändigen Verkauf als Regelfall der Verwertung gepfändeter Sachen vorsah, wird i. E. auch von der rechtswissenschaftlichen Literatur in der DDR und dem Inhalt der Dritten DB ZPO-DDR vom 01.10.1984[316] gestützt, denn erst diese regelte den freihändigen Verkauf als Verwertungsmöglichkeit bei der Sachpfändung (näher).[317] Der „gerichtliche Verkauf" „zum Schätzwert" wurde lediglich deshalb nicht als Versteigerung bezeichnet, weil er als Regelfall eine sog. umgekehrte Versteigerung vorsah, welche sprachlich häufig – und so auch in der ZPO-DDR – überhaupt nicht als Versteigerung bezeichnet wird,[318] jedenfalls aber von einem freihändigen Verkauf grundlegend zu

---

315 Andererseits kannte die gesamtdeutsche Rechtstradition mit dem bereits vor dem Zweiten Weltkrieg existierenden § 825 ZPO, vgl. etwa Neubekanntmachung der ZPO vom 08.11.1933, RGBl. I S. 821, 899, auch eine Rechtsgrundlage für freihändige Verkäufe als Ausnahme von der Regel der Versteigerung. Daraus könnte in einer historischen Auslegung auch geschlussfolgert werden, dass die ZPO-DDR durch das bewusste Weglassen einer § 825 ZPO ähnelnden Vorschrift den freihändigen Verkauf ganz ausschließen wollte.

316 Dritte Durchführungsbestimmung zur Zivilprozessordnung – Pfändung von Sachen und Vollstreckung sonstiger Ansprüche (Dritte DB ZPO-DDR) vom 01.10.1984, DDR-GBl. I S. 373.

317 Vgl. Kellner et. al., Zivilprozessrecht DDR, S. 465 f.; Thaetner, Zwangsvollstreckung DDR, S. 159, 239.

318 Vgl. bspw. Wallis, NJ 1985, 145 (146), der eine „Versteigerung" ausdrücklich verneint, aber das Prozedere einer umgekehrten Versteigerung beschreibt. Ähnlich Thaetner, Vollstreckungspraxis DDR, S. 153.

unterscheiden ist. Denn nach § 12 Abs. 1 Dritte DB ZPO-DDR, welcher wie die §§ 12–17 Dritte DB ZPO-DDR insgesamt nach seiner amtlichen Überschrift als Durchführungsbestimmung „[z]u § 122 Abs. 1 der ZPO[-DDR]" erlassen wurde, erfolgte der Verkauf selbst „öffentlich" sowie unter vorheriger öffentlicher Ankündigung von Zeit und Ort. Nach § 15 Dritte DB ZPO-DDR war der Schätzwert einer gepfändeten Sache der *höchstzulässige* Verkaufspreis in einem Verkaufstermin (Abs. 1). Das Vollstreckungsorgan hatte die gepfändete Sache beim Verkaufstermin zunächst zu diesem Höchstpreis anzubieten und anschließend, sollten keine Kaufangebote zu diesem Höchstpreis abgegeben werden, den Preis jeweils in 10%-Stufen herabzusetzen und auf diese Weise solange erneut anzubieten, bis ein Kaufangebot abgegeben wurde (Abs. 2). Mehr als 50% unterschritten werden durfte der Schätzwert allerdings nicht (Abs. 1). Wurden gleichzeitig gleichhohe zulässige Kaufpreisangebote abgegeben, entschied das Los gem. § 16 Abs. 1 S. 2 ZPO-DDR. Erst wenn zwei solcher Verkaufstermine gescheitert waren, durfte das Vollstreckungsorgan die gepfändete Sache – nun ausdrücklich – freihändig verkaufen gem. § 15 Abs. 3 Dritte DB ZPO-DDR. Hinzutraten noch weitere Ausnahmeregelungen in der Dritten DB ZPO-DDR, die den freihändigen Verkauf erlaubten. Im Umkehrschluss muss die umgekehrte Versteigerung – jedenfalls nicht der freihändige Verkauf – die rglm. von § 122 Abs. 1 ZPO-DDR vorausgesetzte Verwertungsart gewesen sein. Dass dies auch bereits vor Erlass der Dritten DB ZPO-DDR im Jahr 1984 der Fall gewesen sein muss, legt § 122 Abs. 1 S. 3 ZPO-DDR (neben § 123 Abs. 1 a. E. ZPO-DDR, s. o.) nahe, der einen Teilaspekt der umgekehrten Versteigerung regelte und diese somit denklogisch voraussetzte.[319] Dies entspricht wiederum dem Schutzgedanken zugunsten des Vollstreckungsschuldners, dessen Rechte bei einem freihändigen Verkauf durch Zusammenwirken von Vollstreckungsgläubiger, Vollstreckungsorgan und Käufer eher gefährdet werden können als bei einem formalisierten öffentlichen Verfahren, an dem jeder gleichberechtigt teilnehmen kann.[320]

Möglicherweise lag aber einer der seit 1984[321] in der Dritten DB ZPO-DDR vorgesehenen Ausnahmefälle vor, in denen ein freihändiger Verkauf der gepfändeten Kulturgüter sofort möglich war. § 12 Abs. 3 S. 1, Abs. 2 Nr. 3 Dritte DB ZPO-DDR ermöglichte den sofortigen freihändigen Verkauf u. a. bei gepfändeten Sachen, deren längere Verwahrung unvertretbar hohe Kosten verursachen würde.

---

319 So auch Lübchen et. al., ZPO-DDR, S. 188, ohne den Terminus „Versteigerung" zu benutzen.

320 Vgl. wiederum zum allgemeinen Rechtsgedanken, dass der Vollstreckungsschuldner durch das Verwertungsverfahren nicht benachteiligt werden darf, Kellner et. al., Zivilprozessrecht DDR, S. 465.

321 Nachdem ein Gros der Steuerverfahren gegen die privaten Kunsthändler und -sammler Ende der 1970er-/Anfang der 1980er-Jahre lag (Bischof, Die Kunst und Antiquitäten GmbH, S. 120, 152), wären diese Ausnahmevorschriften für jene Fälle damit allerdings ohnehin nicht anwendbar.

Zwar waren Lagermöglichkeiten in der DDR außerhalb des „KoKo"-Imperiums knapp, allerdings hätten die Kulturgüter auch bei den Vollstreckungsschuldnern belassen werden können, ggf. unter Versiegelung der Räumlichkeiten. Was „unvertretbar hohe Kosten" sind, lässt sich darüber hinaus nicht abstrakt bestimmen, sondern muss im Einzelfall festgelegt werden. Dabei ist die Höhe der Ansprüche, wegen derer gepfändet wird, ins Verhältnis zu setzen, da naheliegender Weise z. B. für Steuerschulden in Millionenhöhe höhere Vollstreckungskosten „vertretbar" sind. Durch den zu erwartenden höheren Vollstreckungserlös können außerdem auch proportional höhere Vollstreckungskosten durch die Vollstreckung selbst gedeckt werden, wie es § 22 Abs. 1 VollstreckungsVO auch vorsah. Auch die Ausnahmeregelung des § 14 Abs. 3 Dritte DB ZPO-DDR lag nicht vor. Danach hatte das Vollstreckungsorgan die gepfändete Sache freihändig zu verkaufen, wenn ein „sozialistischer Betrieb des Gebrauchtwarenhandels" vor dem Verkaufstermin den Schätzwert bot. Es kann an dieser Stelle noch dahinstehen, ob die Kunst und Antiquitäten GmbH ein „sozialistischer Betrieb" war, da die Kulturgüter jedenfalls ganz überwiegend keine Gebrauchtwaren darstellten.

Schließlich war ein sofortiger freihändiger Verkauf dann möglich, wenn gem. § 123 Abs. 1 ZPO-DDR i. V. m. § 18 Dritte DB ZPO-DDR ein gesetzlicher Verkaufszwang an staatliche Einrichtungen bestand. Diese Ausnahmevorschrift wäre im Falle des Verkaufs an die Kunst und Antiquitäten GmbH am ehesten einschlägig gewesen. Ein solcher Verkaufszwang bestand nach § 18 Abs. 3 Dritte DB ZPO-DDR i. V. m. § 1 Erste DB Kulturgutschutzgesetz[322] allgemein für Kulturgüter („Münzsammlungen, einzelne Münzen mit Sammlerwert, Antiquitäten, sonstiges geschütztes Kulturgut"[323]).[324] Der freihändige Verkauf hätte aber ausdrücklich „zuerst über das zuständige Bezirksmuseum einer staatlichen Sammlung und danach einem sozialistischen Fachhandelsbetrieb" zum Kauf angeboten werden müssen. Die gepfändeten Kulturgüter wurden tatsächlich aber ausschließlich zuerst der Kunst und Antiquitäten GmbH und keinem Museum oder ähnlichen Einrichtungen angeboten.[325] Zudem ist zu bezweifeln, dass die Kunst und Antiquitäten GmbH ein „sozialistischer Fachhandelsbetrieb" war. Dagegen spricht bereits, dass sie in der für sozialistische Betriebe vollkommen untypischen Form einer Kapitalgesellschaft geführt wurde. Diese galten im Sozialismus typischerweise als Ausgeburt des Kapitalismus und sicher nicht als „sozialistische Betrieb". Zwar war die Kunst und Antiquitäten GmbH faktisch zu 100% in staatlicher Hand und wurde

322 Erste Durchführungsbestimmung zum Kulturgutschutzgesetz (Erste DB Kulturgutschutzgesetz) vom 03.07.1980, DDR-GBl. I S. 213.

323 § 18 Abs. 1, 2 Dritte DB ZPO-DDR zudem für „Edelmetall, Edelsteine, Halbedelsteine oder Perlen sowie daraus hergestellte Erzeugnisse (Schmuck, Ziergeräte, Bestecke usw.)" und „Archivgut".

324 Vgl. Lübchen et. al., ZPO-DDR, S. 191.

325 Bischof, Die Kunst und Antiquitäten GmbH, S. 214 f., 239 (Tafel 25).

wie sonstige AHB geführt, die aufgrund ihrer teilweisen Qualifizierung als VEB sozialistische Betriebe darstellten. Allerdings unterlag die Kunst und Antiquitäten GmbH als Teilbetrieb des Bereichs Kommerzielle Koordinierung nicht den typischen planwirtschaftlichen Mustern, sondern eher einer für marktwirtschaftliche Verhältnisse typischen Freiheit. Sozialistische Betriebe kennzeichnet aber gerade ihre Einbindung in die rglm. Planwirtschaft. Die Kunst und Antiquitäten GmbH war demnach kein „sozialistischer Betrieb".[326] Anders als es der BGH in seinem Urteil im Fall *Schwarz* vom 22.09.1988 implizit annimmt,[327] war der freihändige Verkauf der gepfändeten Gegenstände nach alledem keine normale vollstreckungsrechtliche Regelverwertung nach § 122 Abs. 1 ZPO-DDR. Vielmehr wurde dadurch das sowohl nach ZPO-DDR als auch nach ZPO vorgesehene Regel-Ausnahmesystem zugunsten eines formalisierten Verwertungsverfahrens verlassen und dadurch die Rechte des Vollstreckungsschuldners gefährdet bzw. in den vorliegenden Fällen beschnitten. Dies stellte einen weiteren gravierenden Verstoß gegen § 122 Abs. 1 ZPO-DDR dar.

bb) Voraussetzungen des freihändigen Verkaufs

Angewandt auf die freihändigen Verkäufe der gepfändeten Kulturgüter an die Kunst und Antiquitäten GmbH stellt sich weiterhin die Frage, ob die Kaufverträge nicht durch die Räte der Kreise, Vollstreckungsstellen, als zuständiges Vollstreckungsorgan hätten abgeschlossen werden müssen. Tatsächlich wurden sie zumindest teilweise durch die Finanzämter als Pfändungspfandgläubiger abgeschlossen.[328]

---

326 Bischofs pointierter Qualifikation der Kunst und Antiquitäten GmbH als „volkseigener Staatsbetrieb im Mantel einer Kapitalgesellschaft" (Bischof, Die Kunst und Antiquitäten GmbH, S. 41) ist im Grundsatz zwar dennoch zuzustimmen, trifft aber nicht den eigentlichen Kern der Sache. Denn Staatsbetriebe „im Mantel" von Kapitalgesellschaften kommen auch in marktwirtschaftlich geprägten Staaten wie der BRD ganz rglm. vor. Die Kunst und Antiquitäten GmbH machte – wie viele „KoKo"-Gesellschaften – dagegen gerade aus, dass ihr einziger Bezug zum Sozialismus nur noch in der Einbindung in die Hierarchie ihres sozialistischen Eigentümers und Nutznießers, der DDR, bestand. Ansonsten handelte sie im Außenverhältnis nach Form und Funktion marktwirtschaftlich (um die planwirtschaftlichen Schwächen ihres Eigentümers zu kompensieren).

327 BGH, Urt. v. 22.09.1988 – IX ZR 263/87, NJW 1989, 1352 (1352).

328 Zumindest wurde zwischen Finanzämtern und Vollstreckungsstellen nur unzureichend unterschieden. Aus dem unleserlich datierten Kaufvertrag im Fall Garcke, als Kopie abgedruckt in Bischof, Die Kunst und Antiquitäten GmbH, S. 237 f. (Tafel 24: „Kaufvertrag zwischen dem Magistrat von Berlin, Abteilung Finanzen-Steuern, Sektor Vollstreckung […] als Pfandgläubiger [des] […] Dr. Peter Garcke, vertreten durch: Kollegen Kuls, Stellvertreter des Leiters des Sektors Vollstreckung und dem Genossen Direktor der Kunst und Antiquitäten GmbH") ergibt sich kein klares Bild, was auch dem im Vergleich zum Rest der DDR abweichenden Verwaltungsaufbau in Ost-Berlin geschuldet sein kann. Jedenfalls wird hier verkauft „als Pfandgläubiger", was auf Grundlage der folgenden Ausführungen einen Rechtsfehler darstellt.

Der freihändige Verkauf als Verwertungsmöglichkeit bei der Sachpfändung wurde, wie bereits erwähnt, erst durch die Dritte DB ZPO-DDR (näher) geregelt. Eine gesonderte Zuständigkeitsregelung für den Kaufvertragsabschluss fand sich darin nicht. Allerdings wurde an mehreren Stellen vorausgesetzt, dass das Angebot zum Abschluss des Kaufvertrags durch das Vollstreckungsorgan und nicht durch den Vollstreckungsgläubiger erfolgen muss. In § 12 Abs. 3 S. 2 Hs. 2 Dritte DB ZPO-DDR wurde in Bezug auf einen speziellen Fall des freihändigen Verkaufs geregelt, dass der Kaufvertrag zustande kommt, „wenn das schriftliche Kaufangebot *des Sekretärs* (Hervorh. d. Verf.) angenommen wird". Unter den Voraussetzungen für einen anderen Fall des freihändigen Verkaufs „hat *der Sekretär* (Hervorh. d. Verf.) die Sache freihändig an den Gläubiger zum Schätzwert zu verkaufen" gem. § 14 Abs. 1 S. 1 Dritte DB ZPO-DDR. Ähnliche Formulierungen fanden sich auch in §§ 14 Abs. 3 S. 1 Hs. 2, 15 Abs. 2 S. 1, Abs. 3 S. 2 Dritte DB ZPO-DDR. Anders als im Falle des rechtsgeschäftlichen Pfandrechts nach DDR-Recht, bei welchem die Verwertung der gepfändeten Sache nach § 445 S. 1 ZGB ausdrücklich durch den Verkauf durch den Pfandgläubiger erfolgte, hätte der Kaufvertrag hier zwischen dem zuständigen Rat des Kreises, Vollstreckungsstelle, als verkaufendes Vollstreckungsorgan und der Kunst und Antiquitäten GmbH als Käuferin erfolgen müssen. Dies ist auch deshalb schlüssig, weil die ZPO-DDR ja gerade kein Pfändungspfandrecht vorsah, für welches wie nach § 804 Abs. 1, 2 Hs. 1 ZPO auch auf die materiellen zivilrechtlichen Vorschriften zum rechtsgeschäftlichen Pfandrecht nach §§ 1204–1272 BGB und damit auch §§ 1221, 1228, 1235 Abs. 2 BGB verwiesen wird.[329] Dass § 13 Abs. 2 VollstreckungsVO ein Pfändungspfandrecht vorsah, kann insofern lediglich einen dogmatischen Widerspruch darstellen, der aber keine praktischen Konsequenzen mit sich bringt, insb. nicht die Anwendung von § 445 S. 1 ZGB. Es wäre kein Grund dafür ersichtlich, weshalb die verwaltungsrechtliche Vollstreckung nach der VollstreckungsVO anders als die zivilprozessuale Vollstreckung nach der ZPO-DDR auf Regelungen des materiellen Zivilrechts nach ZGB hätte verweisen sollen. Dagegen spricht im Gegenteil, dass § 13 Abs. 5 VollstreckungsVO nach seiner systematisch-grammatischen und inhaltlichen Auslegung wie dargelegt überzeugend für die Verwertung der gepfändeten Sache einen abschließenden Verweis auf die §§ 122–124 ZPO (nebst ihren

329 Selbst nach §§ 1221, 1228, 1233 Abs. 2 BGB ist der freihändige Verkauf allerdings auch nicht durch den Pfandgläubiger selbst, sondern „durch einen zu solchen Verkäufen öffentlich ermächtigten Handelsmakler oder durch eine zur öffentlichen Versteigerung befugte Person […] [zu] bewirken". Jedoch scheint auch im bundesdeutschen Recht unabhängig von der Frage, wer den Kaufvertrag *bewirkt*, umstritten zu sein, ob insb. der Kaufvertrag bei der ZPO-Verwertung zwischen Käufer und Vollstreckungsorgan oder zwischen Käufer und Pfändungspfandgläubiger *zustande kommt*, Weber, DGVZ 2018, 149 (150 f.).

Durchführungsbestimmungen) enthielt. Nach alledem wurde der freihändige Verkauf z. T. durch den falschen Vertragspartner bzw. das unzuständige Staatsorgan vorgenommen. Weil sowohl die Vollstreckungsstellen als auch die Finanzämter Untergliederungen der Räte der Kreise waren, ist allerdings lediglich von einer funktionellen Unzuständigkeit und nicht von einer sachlichen Unzuständigkeit auszugehen. Darüber hinaus vertraten beide Staatsbehörden dieselbe Rechtsperson in Form der DDR. Auch funktionelle Zuständigkeitsaufteilung dient aber neben der Effektivierung des Verfahrens durch Spezialisierung ebenso der gegenseitigen Kontrolle durch Mehraugenprinzip. Dass dies in der tatsächlich gelebten Machtverschränkung der DDR-Behörden faktisch nicht der Fall war, kann für die Bewertung nach formalen DDR-Recht nicht ausschlaggebend sein, da dieses ja gerade eine Zuständigkeitsaufteilung auf funktionell unterschiedliche Behörden vorsah. Darüber hinaus sollten nach der („behördlich genehmigten") rechtswissenschaftlichen Literatur der DDR auch bei der DDR-Vollstreckung die Rechte des Vollstreckungsschuldners vor Absprachen zwischen Vollstreckungsgläubiger und Dritten, durch die eine Übervorteilung einer dieser beiden Personen zustande kommt, geschützt werden.[330]

Diesem Rechtsgedanken (auch) des DDR-Vollstreckungsrechts steht es darüber hinaus diametral entgegen, wenn der nach § 122 Abs. 1 ZPO-DDR relevante „Schätzwert", zu dem die gepfändete Sache verkauft werden sollte, durch den späteren Käufer des Vollstreckungsgegenstandes festgestellt wird. Wie bereits ausführlich dargestellt, wurden die für das Steuer- und auch das Vollstreckungsverfahren relevanten Schätzwerte aber durch Mitarbeiter der Kunst und Antiquitäten GmbH, also ebenjener Organisation, die die Vollstreckungsgegenstände im Anschluss kaufte, ermittelt.[331] Nach § 11 Abs. 2 Dritte DB ZPO-DDR war bei der „Feststellung des

330 Vgl. zum allgemeinen Rechtsgedanken, dass der Vollstreckungsschuldner durch das Verwertungsverfahren nicht benachteiligt werden darf, Kellner et. al., Zivilprozessrecht DDR, S. 465.

331 Zudem erfolgt der Verkauf zum Schätzpreis in DDR-M unabhängig davon, was der spätere Weiterverkauf gen Westen durch die Kunst und Antiquitäten GmbH in (z. B.) DM einbrachte. Die beteiligten Finanzämter als Vollstreckungsgläubiger nahmen diese für die Kunst und Antiquitäten GmbH als Käuferin einträglichen Gewinnspannen von bis zu mehreren hundert Prozent über dem Schätzpreis nicht nur in Kauf, sondern partizipierten teilweise sogar daran, indem diesen wiederum durch die Kunst und Antiquitäten GmbH im Gegenzug das sog. „Valutaanrecht" (vgl. dazu bereits § 2.II.2.b), S. 51 f. Fn. 141), also faktisch eine Gewinnbeteiligung in Westdevisen, zugebilligt wurde. Diese kollusive Zusammenarbeit zwischen Vollstreckungsgläubiger und Käufer stellt evident einen gravierenden Verstoß gegen den Schutz des Vollstreckungsschuldners im Verwertungsverfahren dar. Zudem wecken solche Anreize für die Finanzämter weitere Zweifel in Bezug auf deren unabhängige und neutrale Untersuchung gem. § 204 Abs. 1 AO-DDR (vgl. dazu bereits ausführlich § 3.II.2.a)aa), S. 74 ff.). Die Finanzämter des Bezirkes Leipzig etwa verkauften jährlich Vollstreckungsgegenstände im Wert von ca. 800.000 VM an die Kunst und Antiquitäten GmbH, Bischof, Die Kunst und Antiquitäten GmbH, S. 215; BT-Drs. 12/4500 („KoKo-Untersuchungsausschuss" – Dritter Teilbericht), S. 41.

Wertes gepfändeter Sachen, die unter Verwendung von Edelmetallen, Edelsteinen und Perlen hergestellt sind, sowie von Sammlungen und Archivgut, von wertvollen Gläsern und Porzellan, von Antiquitäten und sonstigem Kulturgut [...] stets ein Gutachten beizuziehen". Eine nähere Regelung, wer dieses Gutachten erstattet, war nicht vorhanden. Selbst in der rechtswissenschaftlichen Literatur der DDR wurde zu dieser Frage aber kategorisch ausgeschlossen, dass die Schätzung durch den Käufer erfolgen dürfte.[332] Eine solche stellt eine gravierende Verletzung der Rechte des Vollstreckungsschuldners dar.

Schließlich wurde möglicherweise auch gegen § 122 Abs. 2 ZPO-DDR verstoßen, wenn freihändige Verkäufe der gepfändeten Kulturgüter bereits vorgenommen worden sind, bevor über die Beschwerde gegen den Steuerbescheid „endgültig" entschieden wurde. Zu berücksichtigen ist allerdings, dass es wegen des fehlenden gerichtlichen Rechtsweges zügig zu einer „endgültigen" behördlichen Beschwerdeentscheidung kommen konnte. Die Eingabe als außerordentlicher Rechtsbehelf wird für § 122 Abs. 2 ZPO-DDR keinen „Suspensiveffekt" bewirken können.[333] Deshalb müssten diese Daten für jeden Einzelfall chronologisch aufgearbeitet und geprüft werden. Kein Verstoß lag dagegen in der Verwahrung der Pfandsachen in den Lagerhallen der Kunst und Antiquitäten GmbH, da damit gem. § 5 Abs. 1 S. 3 Dritte DB ZPO-DDR Dritte beauftragt werden konnten.

Nach alledem lagen aber jedenfalls gravierende Verstöße bei der Verwertung der gepfändeten Kulturgüter gegen § 122 Abs. 1 ZPO-DDR vor, indem die Finanzämter die Kaufverträge z. T. selbst schlossen, die Kunst und Antiquitäten GmbH als Käuferin die Schätzwerte ermittelte und sofort ein freihändiger Verkauf an diese stattfand. Alle drei Verletzungen des formalen DDR-Rechts beeinträchtigten die eigentlich durch die Vorschriften zur Verwertung der Pfandsache bezweckte Schutzposition der Steuerpflichtigen als Vollstreckungsschuldner erheblich.

b) Keine Auswirkungen auf wirksamen Erwerb von „Privateigentum" gem. § 29 ZGB i. V. m. § 139 Abs. 3 ZGB

Auf die sachenrechtliche Rechtsfolge der Verwertung gepfändeter Sachen nach §§ 122 ff. ZPO-DDR wurde lediglich knapp in § 122 Abs. 4 S. 1 ZPO-DDR eingegangen: „Mit dem gerichtlichen Verkauf gehen fremde Rechte an der Sache unter".

---

332 Wallis, NJ 1985, 145 (146 f.). Vielmehr wurden staatlich berufene oder beauftragte Kultursachverständige verlangt. Inwiefern die Mitarbeiter der Kunst und Antiquitäten GmbH dies waren, kann dahinstehen, da sie jedenfalls wegen ihrer Angehörigkeit zur Kunst und Antiquitäten GmbH als Käuferin nicht hätten eingesetzt werden dürfen. Selbst wenn sie offiziell nur in einem Dienstverhältnis mit dem VEB Antikhandel Pirna standen, muss berücksichtig werden, dass dies faktisch ein Unterbetrieb der Kunst und Antiquitäten GmbH war.

333 Vgl. aber Bischof, Die Kunst und Antiquitäten GmbH, S. 213 f.

Geregelt war also noch nicht einmal ausdrücklich, dass das Eigentum an den gepfändeten Sachen auf den Käufer übergeht, was allerdings vorausgesetzt wurde. Dies erst recht vor dem dogmatischen Hintergrund, dass in der DDR seit Inkrafttreten des neuen ZGB im Jahr 1976, welches das bis dahin in gesamtdeutscher Rechtstradition fortgeltende BGB ablöste, kein zivilrechtliches Trennungs- und Abstraktionsprinzip mehr existierte. Deutlich wurde dies z. B. in § 25 ZGB („Das Eigentum an Sachen kann durch Kauf, Schenkung und anderen Vertrag [...] erworben werden.") oder § 139 Abs. 3 ZGB („Das Eigentum geht mit Übergabe der Ware und Zahlung des Kaufpreises auf den Käufer über, soweit nichts anderes vereinbart ist."). Dabei handelte es sich nicht nur um eine dementsprechende Auslegung des ZGB durch die DDR-Rechtswissenschaft, sondern um eine ganz bewusste und intendierte gesetzgeberische Abkehr von der als „anachronistisch" empfundenen Trennung des schuldrechtlichen Verpflichtungs- vom dinglichen Verfügungsgeschäfts.[334] Deshalb ist man bei jedem Kaufvertrag von einem damit einhergehenden Eigentumsübergang ausgegangen. Der im Vergleich zum ZGB besondere Regelungsgehalt des § 122 Abs. 4 ZPO-DDR ist daher im engeren Sinne tatsächlich nur, dass auch eine fremde Sache (neben anderen fremden Rechten an ihr) durch den Verkauf übereignet wird. Denn das ZGB schloss im Gegensatz zum BGB auch weitgehend gutgläubigen Erwerb fremden Eigentums aus gem. §§ 27, 28 ZGB.[335] Folglich gingen mit dem gerichtlichen Verkauf gem. § 122 Abs. 4 S. 1 ZPO-DDR aber im Regelfall nicht nur fremde Rechte unter, sondern v. a. das Eigentum an der Sache auf den Käufer über.[336]

Zu klären ist, welche öffentlich-rechtlichen (aa)) bzw. zivilrechtlichen (bb)) Fehler im Vollstreckungsverfahren sich wie auf den zivilrechtlichen Erwerb einer Eigentumsform nach dem ZGB (cc)) auswirken konnten.

aa) Öffentlich-rechtliche Fehler und Auswirkungen

Mit dem bisher Ausgeführten ist noch nicht gesagt, welche sachenrechtlichen Rechtsfolgen fehlerhafte Vollstreckungsverfahren tätigten. Soweit ersichtlich, schweigt sich die ZPO-DDR und auch die gesamte dbzgl. rechtswissenschaftliche Literatur der DDR dazu aus. Auch wenn das ZGB und die ZPO-DDR sich wie dargestellt in einigen wesentlichen Punkten fundamental von der Dogmatik des BGB und der ZPO fortentwickelten, kann aufgrund der dennoch im Kern bestehenden gemeinsamen Rechtstradition ein vergleichender Blick – unter anschließenden „korrigierendem" Abgleich mit den Besonderheiten des DDR-

---

334 Lübchen et. al., ZGB, S. 59; Göhring/Posch et. al., Zivilrecht DDR Bd. 1, S. 156 f.; vgl. aus zeitgenössischer westdeutscher Sicht Brunner, Recht der DDR, S. 156 und Roggemann, ZGB, S. 34–36.

335 Brunner, Recht der DDR, S. 156 f.; Lübchen et. al., ZGB, S. 60; Roggemann, ZGB, S. 36.

336 Lübchen et. al., ZPO-DDR, S. 189.

Rechts – erkenntnisbringend sein. Zu berücksichtigen ist dabei erneut, dass § 825 ZPO im Wesentlichen inhaltsgleich mit dem heutigen § 825 ZPO bereits vor dem Zweiten Weltkrieg bestand.[337] Auch in der heutigen bundesdeutschen Rechtswissenschaft ist umstritten, inwiefern der Eigentumsübergang beim freihändigen Verkauf nach § 825 ZPO vonstatten geht. Allgemeine Auffassung ist, dass auch hier schuldrechtliche und dingliche Ebene getrennt werden müssen. Umstritten ist allerdings, ob die schuldrechtliche *causa* in einem einseitigen Hoheitsakt oder in einem öffentlich-rechtlichen Vertrag liegt. Nur wenige vertreten die Annahme eines zivilrechtlichen Vertrages auf schuldrechtlicher Ebene. Grob parallel verläuft die Diskussion dann anschließend auch für die dingliche Ebene. Jedenfalls in der Frage, inwiefern Fehler im Vollstreckungsverfahren auf den Eigentumsübergang durchschlagen, besteht dann jedoch eine klare h. M. Lediglich elementare Fehler sollen den Eigentumsübergang scheitern lassen.[338] Letztlich lässt sich dies nur mit einem Bezug zur öffentlich-rechtlichen Dogmatik der Nichtigkeit von Verwaltungsakten gem. § 44 Abs. 1 VwVfG begründen. Dies ist auch überzeugend, da jedes Vollstreckungsverfahren, auch das zivilprozessuale Vollstreckungsverfahren, im Ausgangspunkt unabhängig von den i. E. bewirkten zivilrechtlichen Rechtsfolgen ein öffentlich-rechtliches Verfahren darstellt. Verfahrensfehler können daher von vornherein denklogisch nur dann auf die zivilrechtliche Ebene durchschlagen, wenn sie für sich betrachtet bereits zu berücksichtigen sind. Es ist dagegen nicht überzeugend, die Anforderungen an verwaltungsrechtliche Verfahren über die Brücke des Zivilrechts höher zu schrauben, als es nach dem originären Rechtsgebiet selbst der Fall ist.

Für den freihändigen Verkauf nach der ZPO-DDR kann die Unterscheidung in schuldrechtliche und dingliche Ebene nicht aus dem bundesdeutschen Recht übernommen werden, da das DDR-Zivilrecht das Trennungsprinzip seit dem ZGB nicht mehr kannte. Weiterhin kann auch die Lösung über einen öffentlich-rechtlichen Vertrag nicht übernommen werden, da das DDR-Verwaltungsrecht einen solchen ebenfalls nicht kannte. Die Dogmatik des öffentlich-rechtlichen Vertrags war bis zum Zweiten Weltkrieg noch nicht in gesamtdeutscher Rechtstradition allgemein anerkannt, diese setzte sich erst ab Anfang der 1950er-Jahre in der BRD zunehmend endgültig durch. Bis zur erstmaligen Verabschiedung eines allgemeinen VwVfG in der BRD im Jahr 1976 war aber auch dort umstritten, ob und unter welchen Voraussetzungen es einen solchen überhaupt gibt.[339] In der DDR kam es nie zu

---

337 Vgl. etwa Neubekanntmachung der ZPO vom 08.11.1933, RGBl. I S. 821, 899.

338 Zu alledem Gruber, in: MüKo (Bd. 2), ZPO, § 825 ZPO Rn. 9, § 817 ZPO Rn. 3–5, 11–16 m. w. N.; Herget, in: Zöller, ZPO, § 825 ZPO Rn. 12, § 817 ZPO Rn. 7, 8, 9 m. w. N.; Weber, DGVZ 2018, 149 (150 f.).

339 Schliesky, in: Knack/Henneke, VwVfG, vor § 54 VwVfG Rn. 6–14 m. w. N.; Stern, Verwaltungsarchiv 1958, 106 (106 f.).

einer solchen Diskussion oder gar einem allgemeinen VwVfG. Dementsprechend blieben im Ausgangspunkt als Lösungsmöglichkeiten der Eigentumserwerb kraft Hoheitsaktes bzw. – um in die ZGB-Terminologie zurückzukehren – der Eigentumserwerb „auf Grund staatlicher Entscheidung“ gem. § 29 ZGB oder der Eigentumserwerb kraft zivilrechtlichen Kaufvertrags gem. § 26 Abs. 1 S. 1 ZGB i. V. m. § 139 Abs. 3 ZGB. Naheliegender ist aufgrund grammatischer Auslegung im Ausgangspunkt die Annahme eines zivilrechtlichen Kaufvertrags, da §§ 122 ff. ZPO-DDR und auch §§ 12 ff. Dritte DB ZPO-DDR durchgehend von einem „Kauf“ sprachen und ein solcher weder nach DDR- noch nach BRD-Sprachverständnis mittels eines einseitigen Hoheitsakts, sondern mittels eines Vertrages vorgenommen wird. Nachdem der freihändige Verkauf aber letztlich allein auf einem verwaltungsrechtlichen Verfahren beruht, spricht diese Systematik gegen die Annahme eines gewöhnlichen Kaufvertrags nach §§ 133 ff. ZGB. Auch die rechtswissenschaftliche Literatur der DDR sprach in Bezug auf den „gerichtlichen Verkauf“ nach § 121 Abs. 1 ZPO-DDR von einem Eigentumserwerb, der dem Eigentumserwerb kraft staatlicher Entscheidung gem. § 29 ZGB „sehr nahe kommt“[340] (!), ohne sich festzulegen, welche Form der drei Möglichkeiten des Eigentumserwerbs nach § 25 ZGB (kraft Vertrags, kraft staatlicher Entscheidung, kraft Gesetzes) nun vorlag.[341] Überzeugend ist daher i. E. eine Mischform aus zivilrechtlichem Vertrag und staatlicher Entscheidung im Sinne einer durch privatrechtsgestaltenden Verwaltungsakt hoheitlich begründeten (Verpflichtungs- und Verfügungs-) Ermächtigung zugunsten des Vollstreckungsorgans zum Abschluss eines Kaufvertrages. Eine reine, ebenfalls hoheitlich begründete Stellvertretungsbefugnis gem. §§ 53 ff. ZGB konnte dagegen nicht genügen, da der Kaufvertrag wie dargestellt durch das Vollstreckungsorgan als Vertragspartei selbst zustande kommen sollte und nicht durch den (vertretenen) Vollstreckungsschuldner. Eine (Verfügungs-) Ermächtigung wie § 185 Abs. 1 BGB kannte das ZGB zwar nicht. Dies lässt sich allerdings damit begründen, dass diese ansonsten wegen der fehlenden Unterscheidung von schuldrechtlicher und verfügender Ebene nicht für erforderlich gehalten wurde. In Bezug auf den Eigentumserwerb kraft freihändigen Verkaufs nach der ZPO-DDR würde diese dogmatische Begründung aber genügend Anhaltspunkte in den §§ 121 ff. ZPO-DDR sowie den §§ 12 ff. Dritte DB ZPO-DDR und der rechtswissenschaftlichen Literatur dazu finden, ohne dass dies bisher explizit zum Ausdruck gebracht worden ist. Die Ermächtigung brauchte dabei auch nicht zwischen Verpflichtungsermächtigung, die auch das bundesdeutsche Recht grds. ablehnt, und Verfügungsermächtigung, die das bundesdeutsche Recht eben in

340 Göhring/Posch et. al., Zivilrecht DDR Bd. 1, S. 160.

341 Lübchen et. al., ZPO-DDR, S. 189 sprechen weiter von einem „speziellen Fall des originären Eigentumserwerbs gemäß § 29 ZGB“.

§ 185 Abs. 1 BGB grundsätzlich anerkennt, unterschieden werden, da eine solche Trennung im DDR-Recht ohnehin nicht mehr bestand.

Nach alledem ist es aber überzeugend, die Ermächtigung zum Abschluss des Kaufvertrags in eigenem Namen allein durch Hoheitsakt in Form eines privatrechtsgestaltenden Verwaltungsakts begründet zu sehen. Dieser ist seiner Natur nach jedoch öffentlich-rechtlich geprägt und unterlag daher den Wirksamkeitsvoraussetzungen des DDR-Verwaltungsrechts. Eine allgemeine Statuierung dieser fehlte aber, wie bereits ausführlich dargestellt. Aus den spezialgesetzlichen Verwaltungsgesetzen, z. B. der AO-DDR, kann allenfalls die Wirksamkeitsvoraussetzung der Bekanntgabe gem. § 91 Abs. 1 S. 1 AO-DDR i. V. m. §§ 88–90 AO-DDR (mit Ausnahme des Formzwangs) und möglicherweise der sachlichen Zuständigkeit entnommen werden. Die Bekanntgabe der Ermächtigung gegenüber dem betroffenen Steuerpflichtigen war aber bereits in der Arrestverfügung, die auch wirksam mündlich bekanntgegeben werden konnte, spätestens aber in der Bekanntgabe der nicht mehr anfechtbaren Beschwerdeentscheidung zu sehen. Letztlich muss auch bzgl. des infolge der Vollstreckung zugunsten der Kunst und Antiquitäten GmbH erfolgten Eigentumserwerbs festgehalten werden, dass zwar gravierende Verfahrensfehler auch allein im Verwertungsverfahren vorlagen, diese aber wegen der nahezu unbegrenzten rechtlichen Wirksamkeit von DDR-Verwaltungsentscheidungen unabhängig von deren Zustandekommen (in Absenz einer mit § 44 VwVfG vergleichbaren Nichtigkeitsdogmatik bei gravierenden Verfahrensfehlern) i. E. auch nichts am wirksamen zivilrechtlichen Eigentumserwerb änderten. Denn dieser erfolgte zwar im Wege eines zivilrechtlichen Kaufvertrags gem. §§ 133 ff. ZGB, welcher wiederum aber erst durch eine staatliche Entscheidung entsprechend § 29 ZGB nach DDR-Recht wirksam abgeschlossen werden konnte.

bb) Zivilrechtliche Fehler und Auswirkungen

Weil der Eigentumserwerb der Kunst und Antiquitäten GmbH somit sowohl durch ein öffentlich-rechtliches (staatliche Entscheidung gem. § 29 ZGB) als auch durch ein zivilrechtliches (Kaufvertrag gem. §§ 133 ff. ZGB) Element gekennzeichnet war, könnte der Eigentumserwerb aber auch infolge der Anwendung zivilrechtlicher Vorschriften *in Bezug auf das kaufvertragliche Element* unwirksam sein. Nach § 63 Abs. 1 ZGB kamen auch in der DDR Verträge durch übereinstimmende Willenserklärungen der Vertragspartner in Form von Angebot und Annahme zustande. Diese lagen durch die Willenserklärungen des Vertreters der Kunst und Antiquitäten GmbH und der durch staatliche Entscheidung ermächtigten Verwaltungsbehörde vor.

Der Verkauf selbst wurde zwar möglicherweise teilweise durch die funktionell unzuständige Behörde vorgenommen. An dieser Stelle wiederum zivilrechtlich anzusetzen und zu argumentieren, dass nur die Vollstreckungsstelle und nicht das Finanzamt zum Vertragsabschluss ermächtigt war, kann aber ebenfalls nicht überzeugen. Denn zum einen würde dies einen verwaltungsrechtlichen Einzelaspekt herausgreifen und i. E. doch über die Brücke des Zivilrechts einen verwaltungsrechtlichen Unwirksamkeitsgrund schaffen, was der oben ausgeführten Dogmatik in Ost wie West widerspricht. Zum anderen wurde auch das Finanzamt durch die nicht mehr anfechtbare Beschwerdeentscheidung zum Verkauf (zivilrechtlich) ermächtigt, wenn man diese Entscheidung als ausschlaggebend ansehen wollte.

Auch eine Vertragsnichtigkeit gem. § 68 Abs. 1 Nr. 1 ZGB wegen eines Verstoßes gegen ein in Rechtsvorschriften enthaltenen Verbotes – einer dem gesetzlichen Verbot gem. § 134 BGB entsprechende Norm – liegt nicht vor. Wie im bundesdeutschen Recht[342] kann nicht davon ausgegangen werden, dass jeder Verstoß gegen gesetzliche Vorschriften zu einer Nichtigkeit des Vertrags geführt hätte. Denn dann müsste nicht die Formulierung „Verstoß gegen ein gesetzliches Verbot" gewählt werden, sondern es könnte einfach von „Verstoß gegen eine gesetzliche Vorschrift" gesprochen werden. Dementsprechend musste auch hier eine Auslegung der verletzten Rechtsvorschrift im Hinblick auf die Qualifizierung als Verbotsgesetz erfolgen. Bei öffentlich-rechtlichen Normen, wie sie hier durchgehend verletzt wurden, muss in besonderer Weise danach gefragt werden, ob ein Durchschlagen auf die zivilrechtliche Ebene angenommen werden kann. Entscheidend dafür sind nicht Qualität oder Quantität der Verstöße – hier liegen zahlreiche besonders schwerwiegende Verstöße vor –, sondern ob nach dem Zweck des verletzten Gesetzes ein Durchschlagen beabsichtigt war. Nach allem hat sich aber gezeigt, dass der DDR-Gesetzgeber bei Verstößen gegen öffentlich-rechtliche Vorschriften äußerste Zurückhaltung bei der Statuierung daraus folgender rechtlicher Konsequenzen in Form von Unwirksamkeit oder Nichtigkeit zeigte. Es wäre folglich widersprüchlich und nicht i. S. d. Einheit einer Rechtsordnung, im Rahmen einer teleologischen Auslegung dieser Vorschriften nun aber eine aus ihrer Verletzung folgende zivilrechtliche Unwirksamkeit zu bejahen.[343] Weiterhin lag auch keine Nichtigkeit des Kaufvertrags wegen Unvereinbarkeit mit den Grundsätzen der sozialistischen Moral gem. § 68 Abs. 1 Nr. 2 ZGB, einer zumindest in ihrer Formulierung der Regelung zu sittenwidrigen Rechtsgeschäften in § 138 Abs. 1 BGB ähnelnden Norm, vor. Die „sozialistische Moral" war eine besonders im Ersten Teil des ZGB („Grundsätze des sozialistischen Zivilrechts" – §§ 2 S. 2, 14 S. 2, 15 Abs. 2 ZGB)[344] bemühte Wertvorstellung, die gesetzlich nicht näher definiert wurde. Es war aber von vornherein nicht nur *de facto* fernliegend, dass ein sozialistisches Gericht Handlungen sozialistischer Staatsorgane, die nach den sozialistischen verwaltungsrechtlichen

342 Statt vieler Ellenberger, in: Grüneberg, BGB, § 134 BGB Rn. 1, 6–7.

343 Lübchen et. al., ZGB, S. 102 führen, ohne dies weiter zu konkretisieren, lediglich aus, dass ein Verbotsgesetz auch in Rechtsvorschriften außerhalb des Zivilrechts liegen „kann", was vorliegend auch nicht in Abrede gestellt wird.

344 Darüber hinaus in §§ 44, 323 S. 1, 373 Abs. 1 ZGB.

Gesetzen wirksam waren, nach sozialistischem Zivilrecht als unwirksam wegen Verstoßes gegen die sozialistische Moral angesehen hätte. Auch *de jure* würde es erneut der Einheit der (DDR-)Rechtsordnung widersprechen, wenn ein öffentlich-rechtlicher Akt, der nach dem Willen des DDR-Gesetzgebers ganz offensichtlich Wirksamkeit entfalten sollte, zivilrechtlich nichtig wäre.[345] Nach alledem erwarb die Kunst und Antiquitäten GmbH durch den Kaufvertrag mit dem durch staatliche Entscheidung zum Verkauf ermächtigten Staatsorgan Eigentum an den Kulturgütern in einer sonst nicht vorgesehenen Form des gemischten Eigentumserwerbs gem. § 29 ZGB i. V. m. § 139 Abs. 3 ZGB.

cc) Erworbene Eigentumsform

Im ZGB wurde entsprechend des in Art. 10–16 DDR-Verfassung 1974 verankerten sowjetischen Modells[346] zwischen sozialistischem (§§ 17–21 ZGB) und persönlichem (§§ 22–24 ZGB) Eigentum unterschieden. Welche Form des Eigentums durch die Kunst und Antiquitäten GmbH erworben wurde, ist für den Übertragungstatbestand an sich nicht mehr ausschlaggebend, da beide Formen insoweit denselben Erwerbs- und Weiterveräußerungsformen unterliegen und außerdem (z. T., § 20 Abs. 3 S. 1 ZGB) ineinander übergehen können.[347] Denn letztlich hängt die Eigentumsform nur von der Qualifizierung des Eigentümers und dem Nutzungszweck ab. Das Eigentum der Steuerpflichtigen an den Kulturgütern war im privaten Bereich definitiv persönliches Eigentum gem. § 23 Abs. 1 ZGB und im gewerblichen Bereich eine dem persönlichen Eigentum entsprechende, nicht näher benannte Eigentumsform gem. § 23 Abs. 2 ZGB. Entsprechend der bereits getroffenen Feststellung, dass es sich bei der Kunst und Antiquitäten GmbH nicht um einen sozialistischen Betrieb handelte, ist davon auszugehen, dass es sich auch nach der Übereignung an sie weiterhin um solch persönliches Eigentum bzw. eine entsprechende Eigentumsform handelte. Dies folgt aus einem Umkehrschluss zu § 18 ZGB, nachdem nur Volkseigentum (Abs. 2), Eigentum sozialistischer Genossenschaften (Abs. 3) und das Eigentum gesellschaftlicher Organisationen (Abs. 4) sozialistisches Eigentum sind. Die Kunst und Antiquitäten GmbH war weder eine Genossenschaft noch eine gesellschaftliche Organisation, da damit Massenorganisationen wie etwa

---

345 Lübchen et. al., ZGB, S. 28 f., 102 können den besonderen Inhalt der „sozialistische Moral" ebenfalls nicht weiter konturieren, sondern nennen lediglich Beispiele, die wohl auch nach § 138 Abs. 1 BGB sittenwidrige wären.

346 Roggemann, NJW 1976, 393 (396). Nicht nur dezidiert sozialistische Staaten wiesen (bzw. weisen) ein anderes Verständnis oder andere Formen von „Eigentum" als die westlich-kapitalistisch geprägten Industrieländer auf. Hervorzuheben sind insb. Staaten, die aus der Dekolonisation hervorgingen, wie bspw. das postkoloniale Senegal, dazu Eidam, Die senegalesische Nationaldomäne, S. 5 f., 79 f., 100–105, 202 f., 252–254, 572 f.

347 Lübchen et. al., ZGB, S. 58; Roggemann, NJW 1976, 393 (397).

der FDGB gemeint waren.[348] Aber auch Volkseigentum scheidet aus, da dieses gem. § 18 Abs. 2 S. 1 ZGB nach den „Prinzipien der sozialistischen Planwirtschaft zu nutzen" gewesen wäre. Die Kunst und Antiquitäten GmbH unterlag aber gerade nicht der rglm. sozialistischen Planwirtschaft.[349] Ob juristische Personen andererseits persönliches Eigentum erwerben konnten, kann im Hinblick auf den Wortlaut des § 22 Abs. 2 ZGB („Das persönliche Eigentum dient der Befriedigung der materiellen und kulturellen Bedürfnisse der Bürger und ihrer Entwicklung zu sozialistischen Persönlichkeiten.") zwar bezweifelt werden. Allerdings wurde an juristische Personen in privatrechtlicher Form bei der Verabschiedung des ZGB sicherlich nicht mehr gedacht, da diese 1975 außerhalb des Schattenreichs der Kommerziellen Koordinierung kaum noch vorhanden waren. Nach § 23 Abs. 2 ZGB waren die „Bestimmungen über das persönliche Eigentum" auf (private) Gewerbetreibende aber wie oben bereits angedeutet „entsprechend" anzuwenden, was wiederum dafür spricht, dass die Kunst und Antiquitäten GmbH zumindest eine dem persönlichen Eigentum entsprechende, aber nicht direkt vorgesehene Eigentumsform erworben hat. Eine ausdrückliche Bezeichnung dieser Eigentumsform findet sich in DDR-Gesetzen nicht, in der rechtswissenschaftlichen Literatur wird negativ konnotiert z. T. von „(kapitalistischem) Privateigentum" gesprochen.[350] Der Erwerb von solch atypischen Privateigentum ist für die Kunst und Antiquitäten GmbH sehr passend, da auch sie selbst nach formalen DDR-Recht und sozialistischem Wirtschaftsdoktrin eine nicht direkt vorgesehene Organisation war.

---

348 Vgl. Lübchen et. al., ZGB, S. 49.

349 Es hilft damit auch nicht weiter, dass § 11 Abs. 3 ZGB regelt, dass die „Bestimmungen dieses Gesetzes über Betriebe […] auch für […] rechtlich selbstständige staatliche Einrichtungen […] sowie andere rechtlich selbstständige Organisationen und Vereinigungen [gelten], soweit sie zivilrechtliche Beziehungen eingehen". Denn das sozialistische Eigentum knüpfte gem. § 18 ZGB nach keiner seiner Formen entscheidend an den Begriff des Betriebs an. Im Übrigen verhilft die Norm auch nicht zur Gleichstellung der Kunst und Antiquitäten GmbH mit einem „sozialistischen Fachhandelsbetrieb" i. S. d. § 18 Abs. 3 Dritte DB ZPO-DDR (dazu bereits ausführlich § 3.III.2.a)aa), S. 101 f.). Denn sie gilt ausdrücklich nur im Anwendungsbereich des ZGB und bezieht sich allgemein auf den Begriff des Betriebs und nicht die wohl speziellere Form des „sozialistischen Fachhandelsbetriebs". Auch war die Kunst und Antiquitäten GmbH keine dem Betrieb gleichgestellte Organisation, weil sie keinen Versorgungsauftrag in Bezug auf die DDR-Bevölkerung erfüllte gem. § 10 Abs. 2 ZGB, Lübchen et. al., ZGB, S. 39.

350 Göhring/Posch et. al., Zivilrecht DDR Bd. 1, S. 144; Göhring/Posch et. al., Zivilrecht DDR Bd. 2, S. 310. Die DDR-Verfassung 1974 nennt eine Eigentumsform namens „Privateigentum" weder ausdrücklich noch implizit. Dies ist konsequent, da nach dieser Verfassung Eigentum zu privatwirtschaftlichen Zwecken nur in absolut untergeordneten Maßen vorgesehen war (Art. 14 Abs. 2 S. 1 DDR-Verfassung 1974: „Die überwiegend auf persönlicher Arbeit beruhenden kleinen Handwerks- und anderen Gewerbebetriebe sind auf gesetzlicher Grundlage tätig.").

3. Eigentumserwerb der westlichen Einkäufer

Die Kunst und Antiquitäten GmbH setzte die Kaufverträge beim Verkauf an die westlichen Abnehmer[351] i. d. R. selbst auf. Es ist davon auszugehen, dass in diesen entweder ausdrücklich die Anwendung von DDR-Recht vereinbart oder das anwendbare Recht überhaupt nicht geregelt wurde.[352] In beiden Fällen wurden die Kaufverträge infolgedessen gem. § 1 Abs. 1 GIW[353] den in diesem Gesetz geregelten Sonderzivil- bzw. Sonderwirtschaftsrecht der DDR für Außenwirtschaftsbeziehungen unterworfen. Denn danach wurde das GIW angewandt „auf internationale Wirtschaftsverträge und damit zusammenhängende Rechtsverhältnisse, sofern die Partner das Recht der [DDR] vereinbart haben oder Bestimmungen des maßgeblichen Kollisionsrechts auf das Recht der [DDR] verweisen“. Das internationale Privatrecht der DDR verwies bei den Veräußerungen der Kunst und Antiquitäten GmbH an westliche Käufer aber auf das Recht der DDR (a)) und infolgedessen den Eigentumserwerb nach § 54 Abs. 1 GIW (b)).

a) Internationales Privatrecht der DDR nach RAG

Sollte im Kaufvertrag über die Kulturgüter keine Rechtswahl getroffen worden sein, so wäre aus Perspektive des DDR-Rechts zunächst dessen innerstaatlich geregelten Kollisionsvorschriften anzuwenden gewesen. Das mit den heutigen

---

351 Soweit die Kunst und Antiquitäten GmbH die Kulturgüter ausnahmsweise nicht gen Westen, sondern im Inland verkaufte bzw. anderweitig rechtsgeschäftlich übertrug, dürften die inländischen Erwerber gem. § 26 Abs. 1 S. 1 ZGB i. V. m. § 139 Abs. 3 ZGB (bei Tausch i. V. m. § 147 ZGB bzw. bei Schenkung gem. § 282 Abs. 1 ZGB) derivativ vom Berechtigten Eigentum erworben haben. In Betracht kommen für solche Ausnahmefälle v. a. der Tausch der Kulturgüter gegen andere Kulturgüter im Eigentum von anderen Staatsorganen, die Schenkung von Kulturgütern an SED-Eliten oder Staatsgäste sowie der massenhaft auftretende Abverkauf von Kulturgütern an DDR-Museen im Rahmen der Liquidation der Kunst und Antiquitäten GmbH ab 1990, vgl. Jütte, Provenienz Kunst und Antiquitäten GmbH, S. 225, 230; Sachse, Kunst und Antiquitäten GmbH i.L., S. 248–250.

352 Vgl. BT-Drs. 12/4500 („KoKo-Untersuchungsausschuss“ – Dritter Teilbericht), S. 19; vgl. KG, Urt. v. 29.09.1987 – 17 U 492/87, NJW 1988, 341 (342). Sollte wider Erwarten doch einmal ausdrücklich ausländisches Recht vereinbart worden sein, müsste dieser Rechtsvorgang nach dem jeweiligen ausländischen Recht bewertet werden. Im Falle der Vereinbarung bundesdeutschen Rechts also nach den Vorschriften des BGB, was u. a. auch die Prüfung des Verstoßes gegen ein Verbotsgesetz gem. § 134 BGB und der Sittenwidrigkeit gem. § 138 Abs. 1 BGB einschließen müsste. Beides würde an dieser Stelle aber zu einer inzidenten Vorwegnahme bundesrechtlicher Wertungen führen, die ausführlich im Rahmen der Prüfung des *ordre public* in § 4.III.2.b), S. 230 ff., untersucht werden. Entsprechend des Aufbaus dieser Arbeit bleibt dieses Kapitel dagegen auf die Bewertung nach DDR-Recht beschränkt.

353 Gesetz über internationale Wirtschaftsverträge (GIW) vom 05.02.1976, DDR-GBl. I S. 61.

Art. 3–48 EGBGB[354] vergleichbare internationale Privatrecht der DDR wurde durch das RAG[355] geregelt.[356] Es war v. a. für die Auslandsberührungen mit dem NSW relevant, da die sozialistischen Staaten des Rates für gegenseitige Wirtschaftshilfe (RGW) ihr internationales Privatrecht durch gem. § 2 Abs. 2 RAG vorrangige bi- und multilaterale völkerrechtliche Verträge weitgehend gesondert harmonisiert hatten.[357] Der sachliche Anwendungsbereich des RAG war weit und umfasste u. a. Auslandsberührungen aufgrund eines ausländischen Vertragspartners, einer teilweisen Vertragserfüllung im Ausland (Lieferverträge) oder eines Vertragsschlusses im Ausland unter Einschluss einer (juristischen) Person aus der DDR.[358] Stets war eine Auslandsberührung für die Verkäufe der Kunst und Antiquitäten GmbH bereits durch die ausländischen Einkäufer gegeben, häufig auch noch durch die Versendungskäufe. Dass Vertragsabschlüsse außerhalb des Sitzes in Mühlenbeck getätigt wurden, lässt sich bisher wohl selbst bei besonders lukrativen Einkäufern wie Christie's nicht erkennen, kann aber im Einzelfall auch nicht ausgeschlossen werden.[359] Jedenfalls war der Anwendungsbereich des DDR-Kollisionsrechts in Folge ausreichender Auslandsberührung gem. §§ 1, 2 Abs. 1 RAG stets eröffnet. Sollte bereits aufgrund ausländischen Kollisionsrechts eine Verweisung auf die Anwendung materiellen DDR-Rechts stattgefunden haben, nahm das DDR-Kollisionsrecht diese Verweisung gem. § 3 RAG ebenfalls an (keine Rückverweisung).[360] Die Rechtsfähigkeit der Vertragspartner bestimmte sich gem. § 8 RAG nach ihrem Herkunftsstaat.[361] Bzgl. des Eigentums an beweglichen Sachen sah auch das RAG den international üblichen, gewohnheitsrechtlichen Grundsatz vor, dass das Sachstatut dem Recht der belegenen Sache (*lex rei sitae*) folgt. Diesen machte das RAG zwar nur in Bezug auf das Eigentum an unbeweglichen Sachen gem. § 9 RAG dem

354 Bzw. bis zum 25.07.1986 die damaligen bundesdeutschen Vorgängerregelungen Art. 7–31 EGBGB, vgl. BGBl. I S. 1142.

355 Gesetz über die Anwendung des Rechts auf internationale zivil-, familien- und arbeitsrechtliche Beziehungen sowie auf internationale Wirtschaftsverträge (RAG) vom 05.12.1975, DDR-GBl. I S. 748.

356 Göhring/Posch et. al., Zivilrecht DDR Bd. 2, S. 282, 288 (Fn. 22).

357 Göhring/Posch et. al., Zivilrecht DDR Bd. 2, S. 283.

358 Vgl. Göhring/Posch et. al., Zivilrecht DDR Bd. 2, S. 281.

359 Vgl. Schiemann, KUR 2020, 49 (51 f.), welche darauf hinweist, dass sich von beiden Parteien unterschriebene Kaufverträge zwischen der Kunst und Antiquitäten GmbH und Christie's trotz historisch gesicherter Handelsverbindungen heute kaum mehr auffinden lassen, was für deren Vernichtung spricht.

360 Vgl. Göhring/Posch et. al., Zivilrecht DDR Bd. 2, S. 298; KG, Urt. v. 29.09.1987 – 17 U 492/87, NJW 1988, 341 (342).

361 „Betrieb" i. S. d. Norm ist weit zu verstehen und umfasst auch juristische Personen, Personengesellschaften und Einzelunternehmen nach BRD-Recht, Göhring/Posch et. al., Zivilrecht DDR Bd. 2, S. 280, 306.

Wortlaut nach deutlich, allerdings folgte der Grundsatz der *lex rei sitae* aus dem Umkehrschluss zu § 10 RAG, der für transportierte Sachen ausnahmsweise allein das Recht des Absendeortes für maßgeblich erklärte (*res in transitu*).[362] Im Falle von Versendungskäufen der Kunst und Antiquitäten GmbH hätte daher bereits diese Norm auf die Anwendung des materiellen DDR-Rechts in Form des GIW verwiesen, da die Kulturgüter von Mühlenbeck aus versandt wurden.

Nachdem das DDR-Recht aber kein Trennungsprinzip mehr kannte und Eigentum infolgedessen kraft („schuldrechtlicher") Kaufverträge überging, richtete sich der „vertragliche Eigentumsübergang" gem. § 13 S. 1 RAG konsequent nach dem Vertragsstatut.[363] Damit war § 12 RAG, der die Rechtsanwendung bei Verträgen (Vertragsstatut) regelte, insofern zunächst vorrangig vor § 9 RAG. Nach § 12 Abs. 1 lit. a) RAG war bei Kaufverträgen „das Recht anzuwenden, das maßgeblich ist am Sitz des Verkäufers bei Kaufverträgen", es sei denn es wurde zwischen den Parteien eine ausdrückliche Rechtswahl (Rechtswahlprinzip, *lex voluntatis*) getroffen.[364] Verkäuferin war stets die Kunst und Antiquitäten GmbH, die ihren Sitz in Mühlenbeck, mithin im Rechtsgebiet der DDR hatte. Allein deshalb war nach dem DDR-Kollisionsrecht bei allen Verkäufen der Kulturgüter durch die Kunst und Antiquitäten GmbH, bei denen keine anderweitige Rechtswahl getroffen wurde, das materielle DDR-Recht in Form des GIW anwendbar. Subsidiär hätte

---

362 Der Grundsatz der *lex rei sitae* war aber auch in der DDR-Rechtswissenschaft wohl anerkannt, Göhring/Posch et. al., Zivilrecht DDR Bd. 2, S. 312 f.; Lübchen et. al., RAG, S. 43; Maskow/Rudolph, RIW/AWD 1980, 19 (24); vgl. KG, Urt. v. 29.09.1987 – 17 U 492/87, NJW 1988, 341 (342), auch wenn er mangels Trennungsprinzips allerdings häufig durch das Vertragsstatut verdrängt und kritisiert wurde, Enderlein et. al., Außenhandelsverträge Bd. 1, S. 87 f.

363 Vgl. Göhring/Posch et. al., Zivilrecht DDR Bd. 2, S. 313; Maskow/Rudolph, RIW/AWD 1980, 19 (22, 24 f.).

364 Es ist davon auszugehen, dass die Kunst und Antiquitäten GmbH Kulturgüter überwiegend im Wege des Kaufvertrags absetzte. Allerdings kommen auf dem Kunstmarkt vielfältige Vertriebsformen zum Einsatz, z. B. auch der Versteigerungsvertrag mit Auktionshäusern. Solche Verträge könnten z. B. den Geschäftsbeziehungen mit Christie's zugrunde gelegen haben, da Kulturgüter, die nicht verkauft werden konnten, offenbar von London zurück nach Mühlenbeck geschickt wurden, Schiemann, KUR 2020, 77 (80 f.). Die Einordnung von solchen Verträgen im bundesdeutschen Recht ist umstritten und hängt jedenfalls vom Einzelfall ab, Anton, ZVertriebsR 2013, 294 (295 f.); Schneider, Auktionsrecht, S. 13 f. Bei den Geschäftsbeziehungen der Kunst und Antiquitäten GmbH mit ihren gewerblichen Abnehmern hätte nach dem insoweit allein anwendbaren DDR-Außenwirtschaftsrecht, das nur eine vergleichsweise überschaubare Anzahl an Vertragsformen kannte, ein internationaler Handelsvertretervertrag nach §§ 106 ff. GIW vorgelegen. Dessen Anwendungsbereich war gem. § 106 Abs. 1 GIW weit zu verstehen und umfasste verschiedene Konstruktionen zum Warenexport, u. a. auch das Kommissionsgeschäft gem. § 106 Abs. 3 GIW, vgl. Lübchen et. al., RAG, S. 57; Maskow/Wagner et. al., GIW, S. 203–205. Jedenfalls wäre bei diesem das anwendbare Vertragsstatut nach § 12 Abs. 1 lit. e) RAG ebenfalls DDR-Recht gewesen, da die Kunst und Antiquitäten GmbH in diesem Fall Auftraggeber des Handelsvertretervertrages gewesen wäre.

dies auch noch mit § 12 Abs. 2 S. 1 RAG begründet werden können, der vorsah, dass das Recht am Sitz des Partners Anwendung findet, welcher die den Inhalt des Vertrages bestimmende Leistung zu erbringen hat. Dies ist bei Austauschverträgen rglm. die Leistung, die nicht in Geldzahlung besteht, da diese ihrem Gegenstand nach die komplexere und häufig auch regelungsbedürftigere Vertragsleistung ist.[365] Demzufolge war die Übereignung der Kulturgüter die vertragsbestimmende Leistung, welche durch die Kunst und Antiquitäten GmbH mit ihrem Sitz in Mühlenbeck erbracht wurde. Auf die doppelt subsidiäre Auffangvorschrift des § 12 Abs. 2 S. 2 RAG, wonach das Recht des Staates anzuwenden war, in welchem dem Anbietenden die Erklärung über die Annahme des Angebots zugeht (Vertragsabschlussort bzw. Recht des Abschlussortes, *lex loci contractus*),[366] musste somit nie zurückgegriffen werden. Nach alledem war außer in den Fällen, in denen die Kaufverträge zwischen der Kunst und Antiquitäten GmbH ausdrücklich ausländisches Recht wählten, nach DDR-Kollisionsrecht auf diese stets das materielle DDR-Recht und damit das GIW anwendbar.

b) Eigentumserwerb nach GIW

Wie bereits ausgeführt, stellte das GIW ein Sonderzivil- bzw. Sonderwirtschaftsrecht der DDR für Außenwirtschaftsbeziehungen dar, welches die bis zu seinem Inkrafttreten in gesamtdeutscher Rechtstradition auch dafür maßgeblichen Vorschriften des BGB und des HGB ablöste. Die Vorschriften des ZGB waren gem. § 2 Abs. 2 GIW weitgehend ausgeschlossen. Allerdings bestanden z. T. Parallelen. Etwa kannte auch das GIW kein Trennungsprinzip, was in mehreren Vorschriften, darunter § 54 Abs. 1 lit. c) GIW, zum Ausdruck kommt.[367] Verträge kamen gem. § 30 GIW durch Angebot und Annahme zustande und Zahlungsverpflichtungen mussten gem. § 48 Abs. 1 GIW in der „vereinbarten Währung" erfüllt werden. Dies legt bereits nahe, dass auch der DDR-Gesetzgeber nicht unbedingt davon ausging, dass außenwirtschaftliche Verträge mit seiner eigenen, als Binnenwährung konzipierten DDR-M bewerkstelligt werden können bzw. sollen. Im Falle der Verkäufe durch die Kunst und Antiquitäten GmbH wurde stets Bezahlung mit den „harten Devisen" der kapitalistischen Herkunftsländer der Vertragspartner vereinbart, nachdem die Devisenbeschaffung Zweck und Daseinsberechtigung der Organisation darstellte. Kaufverträge richteten sich

---

365 Vgl. Göhring/Posch et. al., Zivilrecht DDR Bd. 2, S. 295.

366 Dazu hätte zur Bestimmung des Vertragsstatuts weiterhin eine hypothetische Prüfung des Vertragsschlusses nach dem jeweiligen materiellen Recht, auf Seiten der DDR nach § 30 GIW, durchgeführt werden müssen.

367 Enderlein et. al., Außenhandelsverträge Bd. 1, S. 225; Maskow/Rudolph, RIW/AWD 1980, 19 (24 f.); Maskow/Wagner et. al., GIW, S. 143.

im Übrigen nach §§ 50 ff. GIW. Der westliche Käufer erwarb das Eigentum – vorbehaltlich ausdrücklich abweichender Regelungen gem. § 54 Abs. 1 lit. a) GIW oder § 233 GIW – mit „Vollzug der Lieferung“ gem. § 54 Abs. 1 lit. c) GIW. Nach § 51 Abs. 2 Hs. 1 GIW lag Vollzug der Lieferung vor, „wenn der dazu verpflichtete Partner die zu liefernde Sache dem anderen Partner am Leistungsort übergeben *oder an ihn ab Leistungsort versandt hat* [Hervorh. d. Verf.]“. Selbst bei Anwendung der internationalprivatrechtlichen Grundsätze zum internationalen Verkehrsgeschäft in Form des Versendungskaufs (Kauf mit Verbringung der Sache über die Rechtsgrenze)[368] wäre es also jedenfalls aus DDR-Perspektive bei der Anwendung materiellen DDR-Rechts verblieben. Denn der Eigentumserwerb richtet sich danach nach dem Recht des Absendestaates, sofern der Erwerbstatbestand aufgrund dieses Rechts vollendet ist, bevor die Sache über die Grenze gebracht wird.[369] Nach § 51 Abs. 2 Hs. 1 GIW wird der Erwerbstatbestand aber gerade bereits durch Absendung vom Leistungsort vollendet, was im Falle der Kunst und Antiquitäten GmbH i. d. R. Mühlenbeck oder jedenfalls ein anderes Lager der Gesellschaft in der DDR war.[370]

Sollte man entgegen der in dieser Arbeit vertretenen Ansicht davon ausgehen, dass die Kunst und Antiquitäten GmbH nach DDR-Recht nicht wirksam Eigentum an den Kulturgütern infolge der Vollstreckung der Steuerforderungen und der Übereignung durch die DDR-Finanzämter bzw. -Vollstreckungsstellen erwerben konnte (insb., wenn man die Vollstreckungsmaßnahmen infolge der Anwendung der „Evidenztheorie“ als nichtig erachten würde), wäre zumindest *ab der Veröffentlichung „Das Kunst-Stück der DDR – Wie ein staatseigener Betrieb Bilder und Antiquitä-*

368 Diese werden vom bundesdeutschen Kollisionsrecht angewandt, vgl. KG, Urt. v. 29.09.1987 – 17 U 492/87, NJW 1988, 341 (342).

369 KG, Urt. v. 29.09.1987 – 17 U 492/87, NJW 1988, 341 (342). Dazu ausführlich unter § 4.I.2., S. 130 ff.

370 Sollte die Kunst und Antiquitäten GmbH Kulturgüter über einen Handelsvertretervertrag mit einem westlichen Auktionshaus abgesetzt haben, wäre der Eigentumsübergang unabhängig vom gewähltem Untertypus des Handelsvertretervertrags i. E. ebenfalls immer gem. § 54 Abs. 1 lit. a) GIW zustande gekommen: Im Falle des Provisionsvertreters (§ 106 Abs. 2 GIW) durch den im Wege der Stellvertretung zustande gekommenen Kaufvertrag zwischen der Kunst und Antiquitäten GmbH und dem westlichen Endabnehmen, im Falle des Selbstkäufers (§ 106 Abs. 3 GIW) durch den Kaufvertrag der Kunst und Antiquitäten GmbH mit dem westlichen Handelsvertreter als Selbstkäufer und im Falle des Kommissionärs (§ 106 Abs. 4 GIW) durch den Kaufvertrag zwischen westlichem Kommissionär und westlichem Endabnehmer, wobei der Kommissionär zur Eigentumsübertragung ermächtigt wäre, Enderlein et. al., Außenhandelsverträge Bd. 2, S. 303 f.; Maskow/Wagner et. al., GIW, S. 205. Dass letztere Vertragsgestaltung eine Art Trennung zwischen schuldrechtlichem Verpflichtungs- und sachenrechtlichem Erfüllungsgeschäft voraussetzt, wird wohl in Kauf genommen, ohne dies explizit zu machen.

ten zu Devisen macht" in der westdeutschen Fachzeitschrift „art" am 01.02.1984[371] ein gutgläubiger Eigentumserwerb *durch gewerbliche westdeutsche Käufer* nur mit Schwierigkeiten zu bejahen. Im Gegensatz zum ZGB kannte das GIW zwar den gutgläubigen Erwerb gem. § 54 Abs. 2, 3 GIW. Die Position des gutgläubigen Erwerbs war hier teilweise sogar stärker ausgeformt als im BGB, da auch ein Abhandenkommen, wie durch § 935 BGB vorgesehen, den gutgläubigen Erwerb mangels einer solchen Ausnahmevorschrift nicht hindern konnte. Allerdings war für den gutgläubigen Erwerb anders als bei § 932 Abs. 2 BGB bereits einfach fahrlässige Unkenntnis in Bezug auf die Eigentumsstellung der Kunst und Antiquitäten GmbH schädlich. Denn § 54 Abs. 3 S. 1 GIW definierte fehlenden guten Glauben wie im BGB als „Kennen" oder „Kennenmüssen" des fehlenden Eigentumsrechts oder – wie in § 366 Abs. 1 HGB – auch nur der fehlenden Verfügungsbefugnis. Zwar fehlte im GIW und auch im ZGB eine Legaldefinition des „Kennenmüssens", wie sie § 122 Abs. 2 BGB vorsieht. Allerdings kann aus § 54 Abs. 3 S. 2 GIW geschlossen werden, dass dafür auch einfache Fahrlässigkeit genügte, denn danach wird ausdrücklich geregelt, dass der Erwerber nachweisen muss, dass er die handelsübliche Sorgfalt hat walten lassen. Die handelsübliche Sorgfalt setzt aber besonders hohe Maßstäbe, da sie Fachkompetenz und kommerzielle Erfahrung charakterisiert.[372] An dieser Regelung wird auch bereits ein zusätzlicher gravierender Unterschied zur Regelung des gutgläubigen Erwerbs im BGB deutlich, welche die Position des gutgläubigen Erwerbers im Vergleich zum bürgerlichen Recht weiter schwächt. Denn danach und v. a. nach der positiven Konditionalformulierung („wenn") des § 54 Abs. 2 Hs. 2 GIW anstelle der negativen Konditionalformulierung („nicht, wenn") wie in § 932 Abs. 1 S. 1 BGB musste der gutgläubige Erwerber darlegen und beweisen, dass er in gutem Glauben bzgl. des Eigentums bzw. der Verfügungsbefugnis des Veräußerers handelte.[373] Dies wäre den gewerblichen Westkäufern im Angesicht der oben beschrieben Veröffentlichung wohl kaum gelungen. Denn die

---

371 Unbekannter Autor, art – Das Kunstmagazin vom 01.02.1984 (Nr. 2/1984), 72.

372 Enderlein et. al., Außenhandelsverträge Bd. 1, S. 226; Maskow/Wagner et. al., GIW, S. 144 f.

373 Die Darlegungs- und Beweislast wurde im DDR-Zivilprozess zwar aufgrund des gem. §§ 2 Abs. 2 S. 1, 45 Abs. 3 ZPO-DDR geltenden „Prinzips der objektiven Wahrheit" im Vergleich zum BRD-Zivilprozess deutlich relativiert, Kellner et. al., Zivilprozessrecht DDR, S. 90, 93–96, 287; vgl. Kellner, Zivilprozessrecht DDR, S. 531–533. Gleichwohl wurde die Darlegungs- und Beweislast praktisch nicht vollkommen abgeschafft, da dennoch gem. § 3 Abs. 2 S. 2 ZPO-DDR das „Prinzip der Parteienmitwirkung" sowie gem. § 45 Abs. 1 S. 2 ZPO-DDR eine schwach ausgeprägte „Beweisführungspflicht" der Parteien galt, Kellner et. al., Zivilprozessrecht DDR, S. 87–89, 297. Im Übrigen wurde in der DDR-Zivilprozessrechtswissenschaft zumindest in Bezug auf die objektive bzw. materielle Beweislast auf die in gesamtdeutscher Rechtstradition hergebrachten Grundsätze rekurriert, wobei gleichzeitig betont wurde, dass es im sozialistischen Zivilprozess ohnehin nur selten zu einem *non liquet* käme, Kellner et. al., Zivilprozessrecht DDR, S. 304–306.

Zeitschrift „art“ war damals das Leitmedium des westdeutschen Kunsthandels und zählte praktisch für die gesamte westdeutsche Branche zur „Pflichtlektüre“.[374]

Schließlich war der Kaufvertrag nach den Vorschriften des GIW auch nicht nichtig. Eine dem § 138 Abs. 1 BGB entsprechende Vorschrift zur Nichtigkeit sittenwidriger Verträge fehlte im GIW gänzlich. Es war lediglich eine dem § 134 BGB entsprechende Vorschrift zur Nichtigkeit von Verträgen bei Verstößen gegen gesetzliche Verbote in § 12 Abs. 1 Hs. 1 GIW vorgesehen. Unabhängig von der Beurteilung der Fragen, ob dafür wie nach bundesdeutschem Recht ein beiderseitiger Verstoß nötig war – was trotz des Kennenmüssens der gewerblichen Ankäufer zumindest zweifelhaft wäre, da Kenntnis fremder Rechtsverletzungen grundsätzlich keine eigene Rechtsverletzung begründet – und ob der hier vorliegende Kaufvertrag selbst gegen ein gesetzliches Verbot verstoßen musste oder insoweit Gesetzesverstöße durch vorgelagerte Rechtsakte ausstrahlen konnten, lag ein Verstoß gegen ein „gesetzliches Verbot“ nicht vor. Denn die bereits in Bezug auf § 68 Abs. 1 Nr. 1 ZGB vorgebrachten Argumente sprechen hier in gleicher Weise gegen ein Durchschlagen der verletzten öffentlich-rechtlichen Vorschriften auf die zivilrechtliche Ebene.

Dass der Eigentumserwerb der westlichen Käufer in ihrem Herkunftsland infolge der Anwendung von deren Regelungen zum internationalen Privatrecht möglicherweise nicht anerkannt wurde, bewirkte ebenso nicht die Nichtigkeit des Kaufvertrags. Insb. ist er nicht wegen des Versprechens einer unmöglichen Leistung gem. § 12 Abs. 1 Hs. 2 GIW nichtig. Denn die Hauptpflicht des Verkäufers gem. § 50 GIW ist zwar „die Kaufsache zu liefern und das Eigentumsrecht daran zu übertragen“, aber im Sinne einer Auslegung innerstaatlichen Rechts anhand innerstaatlicher Rechtsbegriffe kann damit nur die wirksame Eigentumsübertragung nach DDR-Recht gemeint sein. Diese Überlegung wird i. E. auch gestützt von § 46 GIW, der vorsah, dass der Schuldner (Verkäufer) die Leistung frei von Rechten Dritter (fremdes Eigentum mangels wirksamer Eigentumsübertragung) zu erbringen hat, *die im vereinbarten Bestimmungsland oder bei Fehlen einer solchen Vereinbarung im Lande des Gläubigers* (Käufer, also z. B. BRD) geltend gemacht werden und die vertragsgemäße Verwendung der Leistung beeinträchtigen können („Freiheit von Rechten Dritter“). An eine Verletzung dieser Vertragspflicht knüpfte § 283 GIW („Fehlende Freiheit von Rechten Dritter“) aber lediglich Mängelrechte an. Damit wurde implizit auch aufgezeigt, dass es sich bei einem im Bestimmungsland nicht anerkanntem Eigentumsübergang lediglich um einen Rechtsmangel, nicht aber um eine rechtliche Unmöglichkeit der Erfüllung der Hauptleistungspflicht handeln konnte, da der gesamte Vertrag ansonsten gem. § 12 Abs. 1 Hs. 2 GIW von

374 BT-Drs. 12/4500 („KoKo-Untersuchungsausschuss“ – Dritter Teilbericht), S. 45, 54; Finkenauer/Thiessen, Kunstraub für den Sozialismus, S. 95 f.; vgl. KG, Urt. v. 29.09.1987 – 17 U 492/87, NJW 1988, 341 (345). Vgl. Anton, Illegaler Kulturgüterverkehr, S. 1227 f.; Braun, Kunstprozesse, S. 268.

vornherein nichtig gewesen wäre und kein Anwendungsbereich für Mängelrechte aufgrund eines solchen Rechtsmangels mehr bestanden hätte.

4. Zwischenergebnis: Wirksamer Eigentumsübergang und infolgedessen keine Vindikationslage nach DDR-Recht

Auch im Rahmen der Vollstreckung der Steuerbescheide kam es zu mehreren gravierenden Verfahrensfehlern. Verstoßen wurde gegen § 5 Abs. 2 VollstreckungsVO (allgemeine Unverhältnismäßigkeit), § 5 Abs. 3 VollstreckungsVO (Überpfändung), § 7 Abs. 1 Nr. 1 VollstreckungsVO (fehlende Fälligkeit), § 7 Abs. 1 Nr. 3 VollstreckungsVO (fehlende Mahnung) und § 122 Abs. 1 ZPO-DDR (Vertragsabschluss durch funktionell unzuständige Behörde; Ermittlung des Schätzwerts durch die Käuferin; freihändiger Verkauf der Kulturgüter anstelle öffentlicher Versteigerung). Damit erfolgte sowohl die Pfändung der Kulturgüter als auch deren Verwertung rechtswidrig. Die Ursachen für diese schwerwiegenden Rechtsbrüche lassen sich wie im Steuerverfahren[375] darauf zurückführen, dass auch das Ergebnis des Vollstreckungsverfahrens von vornherein feststand. Dementsprechend war für die maßgeblichen staatlichen Protagonisten i. E. *de facto* nur relevant, was sogar *de jure* nach den Ausführungen in dieser Arbeit angenommen werden muss: Dass zugunsten der Finanzämter als Pfändungsgläubiger ein wirksames Pfändungspfandrecht gem. § 13 Abs. 2 VollstreckungsVO entstand, aufgrund dessen die gepfändeten Kulturgüter gem. § 29 ZGB i. V. m. § 139 Abs. 3 ZGB zivilrechtlich wirksam an die Kunst und Antiquitäten GmbH und von dieser als Berechtigten ebenfalls zivilrechtlich wirksam gem. § 54 Abs. 1 GIW weiter an die westlichen Käufer gegen Westdevisen übereignet werden konnten. Infolgedessen konnte nach DDR-Recht ab Übereignung des Eigentums an den Kulturgütern an die Kunst und Antiquitäten GmbH aber auch kein Herausgabeanspruch der ursprünglichen Eigentümer in Form des Vindikationsanspruchs gem. § 33 Abs. 2 S. 1 ZGB[376] in Bezug auf diese mehr geltend gemacht werden. Denn danach konnte wie beim bundesdeutschen Vindikationsanspruch aus § 985 BGB nur der Eigentümer die Herausgabe verlangen. Ob ein DDR-Bürger seinen Vindikationsanspruch gegen eine staatliche Organisation überhaupt gerichtlich geltend gemacht hätte, ist darüber hinaus aus faktischen Gründen zu bezweifeln.[377]

Schließlich lassen sich anhand der Betrachtungen in § 3.III. grundsätzliche Eigenheiten des DDR-Zivilrechts und DDR-Zivilprozessrechts exemplarisch erkennen. Das DDR-Zivilrecht unterschied sich ab Inkrafttreten des ZGB in dogmatischer

375 Dazu bereits ausführlich unter § 3.II.3., S. 91 ff.

376 Vgl. Göhring/Posch et. al., Zivilrecht DDR Bd. 1, S. 165 f.

377 Vgl. R. Schröder, Zivilrechtskultur DDR, S. 207, der darauf verweist, dass Zivilprozesse von Bürgern gegen staatliche Organisationen im weitesten Sinne sehr selten waren.

Hinsicht vom bundesdeutschen bürgerlichen Recht am gravierendsten durch die Aufgabe des Trennungsprinzips zwischen schuldrechtlicher und dinglicher Ebene. Darüber hinaus kannte das ZGB grundsätzlich keinen gutgläubigen Erwerb. Die tieferliegenden Gründe für diese dogmatisch neuen Wege bestanden in dem Bestreben, sich vom BGB mit seinem hohen Abstraktionsniveau abzugrenzen. Dieses wurde als zu kompliziert sowie unverständlich für die Arbeiterklasse und daher als Unterdrückungsinstrument der herrschenden Kapitalisten aufgefasst.[378] Tatsächlich zeichnete sich das ZGB durch seine einfache Verständlichkeit und Knappheit aus, was z. T. auch von westlichen Kommentatoren positiv gewürdigt wurde.[379] Richtig ist aber nach *Schröder*, dass das ZGB nach seiner tatsächlichen Funktion im Arbeiter- und Bauernstaat überhaupt kein Äquivalent zum BGB war und somit nur schwerlich verglichen werden kann. Nach der Auffassung der DDR-Rechtswissenschaft bestand nämlich eine Trennung zwischen Zivilrecht und Wirtschaftsrecht.[380] Letzteres wurde komplett außerhalb des ZGB geregelt, welches selbst v. a. für die alltäglichen Rechtsbeziehungen der Bürger zueinander anwendbar war.[381] Zahlreiche Regelungsmaterien wurden also aus dem ZGB ausgegliedert und waren stattdessen Bestandteil der bereits dargestellten, nicht zu überblickenden „Sondergesetzgebung", die v. a. für die verbliebene Privatwirtschaft anwendbar war und das eigentliche Unterdrückungsinstrument darstellte. Ein hohes zivilrechtliches Abstraktionsniveau (und Privatautonomie) bewirkt dagegen idealerweise hohe wirtschaftliche Gestaltungsfreiheit. Diese war in der Planwirtschaft der DDR aber nicht erwünscht. Einem ähnlichen Missverständnis unterliegt der vermeintlich „einfache und schnelle" DDR-Zivilprozess nach der ZPO-DDR.[382] Die Abkehr vom in gesamtdeutscher Rechtstradition entwickelten und bis heute u. a. in den §§ 138, 288 ZPO widergespiegelten Prinzip der formellen Wahrheit war einer der gravierendsten dogmatischen Unterschiede des DDR-Zivilprozesses zum BRD-Zivilprozess und beruhte ebenfalls auf der ideologischen Überzeugung, dass das Prinzip der formellen Wahrheit der Unterdrückung der als dafür zu unbeholfen verklärten Arbeiterklasse diene.[383] In einem Rechtssystem ohne komplex handelnde Wirtschaftsakteure wird aber andererseits auch kaum komplex gestritten. Zudem ersetzten aufoktroyierte gesellschaftspolitische Entscheidungsmechanismen, die (zumindest vorgeblich) dem höheren Ziel der Verwirklichung der „entwickelten

378 Vgl. Joseph, Rechtswissenschaft DDR, S. 603 f.

379 Vgl. nach der Wiedervereinigung etwa Göhring/Dost, Zivilrecht DDR, S. 493, 515.

380 Dilcher, Sozialistische Modernisierung?, S. 109–115.

381 Vgl. Dilcher, Sozialistische Modernisierung?, S. 116, 128.

382 So etwa Kellner, Zivilprozessrecht DDR, S. 547 f.

383 Kellner et. al., Zivilprozessrecht DDR, S. 93–96, 304–306; vgl. Kellner, Zivilprozessrecht DDR, S. 531–533.

sozialistischen Gesellschaft" dienten und häufig in Einzelfallentscheidungen bestanden, die Streitbeilegung durch Anwendung formal-abstrakter Normen.[384]

IV. Zwischenergebnis: Eigentumsverlust an privaten Kulturgütern und infolgedessen kein Herausgabeanspruch nach DDR-Recht *de lege abrogata*

In Bezug auf die Leitfragen dieser Arbeit lässt sich im Anschluss an deren Bewertung nach DDR-Recht festhalten, dass die Kunst und Antiquitäten GmbH an den privaten Kulturgütern aus der DDR gem. § 29 ZGB i. V. m. § 139 Abs. 3 ZGB wirksam Eigentum erwarb und die ursprünglichen Eigentümer dementsprechend ihr Eigentum verloren. Insofern stand den ursprünglichen Eigentümern nach DDR-Recht auch weder gegen die Kunst und Antiquitäten GmbH noch gegen die westlichen Käufer, die derivativ Eigentum an den Kulturgütern gem. § 54 Abs. 1 GIW erwarben, ein Herausgabeanspruch gem. § 33 Abs. 2 S. 1 ZGB zu. Die Steuer- und anschließenden Vollstreckungsverfahren, die zu den Kulturgutverlusten führten, wiesen zwar durchgehend gravierende Rechtsfehler auf.[385] Allerdings wirkten sich diese nach DDR-Recht weder auf die Wirksamkeit der Steuerbescheide noch der Eigentumsverluste aus. Ob dem DDR-Gesetzgeber diese Rechtsfolge bewusst war oder er sie gar beabsichtigte, kann bezweifelt werden. Das Fehlen eines speziellen oder allgemeinen verwaltungsrechtlichen Nichtigkeitstatbestandes wie in § 125 AO oder § 44 Abs. 1 VwVfG beruhte zumindest auch auf dem bis dahin allgemein wenig ausgeprägten DDR-Verwaltungsrecht. Dass ein Durchschlagen der zahlreichen Rechtsverstöße auf die Wirksamkeit der zivilrechtlichen Ebene abgelehnt werden muss, basiert zudem auf einer in dieser Arbeit vorgenommenen Auslegung verschiedener zivilrechtlicher Vorschriften v. a. unter dem Gesichtspunkt der Einheit der Rechtsordnung, da Rechtsprechung oder Literatur, die diese Frage ausführlich diskutieren hätten, als Anhaltspunkte fehlen.

Dass die beteiligten Behörden und die Kunst und Antiquitäten GmbH durch ihr rechtswidriges Handeln die ihren Absichten entsprechenden, rechtswirksamen Zustände tatsächlich auch herbeiführten, war diesen deshalb möglicherweise ebenfalls nicht vollends bewusst. Diese Feststellung mag für den rechtsstaatlich sozialisierten Leser zunächst befremdlich klingen, ist unter Berücksichtigung der grundsätzlichen Schwierigkeiten rechtlicher Auseinandersetzungen mit der DDR-

384 R. Schröder, Zivilrechtskultur DDR, S. 74–78, 80–82, 98, 306–311, 359–363; vgl. auch Brunner, Recht der DDR, S. 1, 6–8.

385 Insofern wäre die Behauptung von Lupfer/Rudert, arsprototo 01/2016, 60 (62), dass „Teilaspekte von Steuerstrafverfahren gegen Sammler und/oder Händler in der DDR" in Übereinstimmung mit DDR-Recht erfolgten, zumindest deutlich abzuschwächen.

Diktatur (und anderen diktatorischen Systemen) aus rechtsstaatlicher Perspektive aber naheliegend.[386] Der Kunst und Antiquitäten GmbH war es nämlich ebenso wie der beteiligten Finanzverwaltung mit hoher Wahrscheinlichkeit gleichgültig, ob *de jure* ein wirksamer Eigentumsübergang vonstatten ging, solange *de facto* ein solcher *prima facie* vorlag und – viel wichtiger noch – durch die Einbindung in bekannt erscheinende verfahrensrechtliche Muster legitimiert erschien.[387] Der Anschein von Legitimität war vermutlich der einzige Grund, warum den privaten Kunsthändlern und -sammlern ihre Kulturgüter nicht einfach ohne jede Begründung entzogen worden sind. Er wurde zum einen, wie für Diktaturen allgemein typisch, benötigt, um Unruhe und potenziellem Widerstand unter der Bevölkerung vorzubeugen. Zum anderen wurde er im Falle der Kunst und Antiquitäten GmbH speziell benötigt, um den Verkauf der Kulturgüter ins westliche Ausland „psychologisch" zu erleichtern. Ebenso wie Handelsbeziehungen mit einer GmbH weniger westliche Vorbehalte entgegenstanden als etwa mit einem VEB, konnte – falls es wie im Fall *Schwarz* überhaupt einmal ausnahmsweise nötig werden sollte – bei unliebsamen Nachfragen im kapitalistischen Ausland auf Steuerverfahren verwiesen werden. Diese waren als Verfahrensmuster auch dort bekannt und schreckten potenzielle Käufer daher weniger ab als offene Enteignungsmaßnahmen.

Den beteiligten Staatsorganen selbst kam es dagegen sicherlich nicht auf eine korrekte Einhaltung formaler Gesetze an.[388] Wie bereits angedeutet,[389] verwischte in der DDR ohnehin formales Recht und rein faktisches Handeln, das letztlich nur auf den bestehenden Macht- und Gewaltverhältnissen beruhte. Dieses für Diktaturen typische Charakteristikum innerhalb des hier nach alledem vorliegenden *Maßnahmenstaats* beruht auf dem bei diesem herrschenden *Primat der Politik* über dem Recht, wie es insb. auch *Schröder* überzeugend darlegte.[390] Im Gegensatz zum Rechtsstaat beschränken rechtliche Vorschriften eines Systems, in dem der politische Zweck alle Mittel heiligt, niemals die zur Verwirklichung dieses Zwecks nötigen staatlichen Maßnahmen. Deshalb ist für diese Maßnahmen, wenn sie erforderlich erscheinen, auch keine Rechtsgrundlage nötig (gleichwohl sich für den

---

386 Vgl. dazu bereits ausführlich unter § 3.I., S. 65 ff.

387 Zum „Bedürfnis nach Legitimation", Bischof, Die Kunst und Antiquitäten GmbH, S. 507.

388 Vgl. Bischof, Die Kunst und Antiquitäten GmbH, S. 507.

389 § 3.I., S. 65 ff.

390 R. Schröder, Marxismus und Recht, S. 1164, 1166, 1168 f., 1171, 1174 f.; vgl. Böckenförde, Kommunistische Rechtsauffassung, S. 89 – 91, 93 f.; Markovits, Sozialistisches Zivilrechtsdenken, S. 59; Schmidt-Recla, Sozialistisches Recht, S. 118 f.; Timmermann, Rechtsordnung DDR, S. 19–21. Der Terminus „Primat der Politik" stammt wohl ursprünglich aus der Politikwissenschaft, wird aber auch in anderen Disziplinen für den Vorrang politischer Entscheidungen vor einem jeweils untergeordneten gesellschaftlichen Bereich (z. B. Militär oder Wirtschaft) verwendet, vgl. etwa Dietz, Primat der Politik über Militär, S. 1 f.; Lang, Primat der Politik über Wirtschaft, S. 7 f., 10.

Anschein der Legitimation i. d. R. auf solche berufen wird) bzw. werden bestehende Rechtsgrundlagen unter dem Verständnis „sozialistischer Gesetzlichkeit“[391] *de facto contra legem* ausgelegt. Dem entsprach auch die zeitweise stark verbreitete Skepsis gegenüber „Rechtspositivismus“ sowie formalisierter „Abstraktheit“ und „Dogmatik“ in der DDR-Rechtswissenschaft und -Gesetzgebung, welche ebenso wie die „parteiliche Auslegung“ bestehender Gesetze der Entwicklungsgeschichte des marxistisch-leninistischen Rechtsverständnisses entsprach.[392] Das *Primat der Politik* wird im Rahmen des *Maßnahmenstaats* in real existierenden Diktaturen mit der Zeit allerdings häufig eher ein *Primat der Notwendigkeiten*. Staatliche Maßnahmen, die mit dem eigentlich geheiligten politischen Ideal unmittelbar nicht mehr viel gemein haben oder diesem sogar widersprechen, werden nötig, um das Überleben der bestehenden Macht- und Gewaltverhältnisse zu sichern. Am Ende (oder auch schon früher) herrscht daher nur noch das Primat, dass all das Notwendige zu tun ist, das von den die Gewaltverhältnisse beherrschenden Institutionen zur Aufrechterhaltung dieser Gewaltverhältnisse (des „Systems“) als notwendig erachtet wird und daher über dem formalen Recht stehen muss. Es kommt in systematischer Art und Weise zu (offenen) Rechtsbrüchen und die ursprüngliche Ideologie verblasst dabei mitunter vollkommen.[393]

Im Falle der Kunst und Antiquitäten GmbH lässt sich dies besonders gut veranschaulichen. Es ist die „diktatorische Rechtsgeschichte“[394] einer staatlichen Organisation, deren Zweck (die Beschaffung kapitalistischer Devisen) die Mittel (multiple Rechtsbrüche) heiligte. Die Beschaffung kapitalistischer Devisen mittels marktwirtschaftlichen Agierens im kapitalistischen Ausland stand zwar im vollkommenen ideologischen Widerspruch zum eigentlichen Staatsdoktrin der DDR, dem (antikapitalistischen) Marxismus-Leninismus, wurde aber für deren Überleben als notwendig erachtet. *Schalck-Golodkowski* hatte mit seiner Aussage vor dem „KoKo-Untersuchungsausschuss“ „Ich habe einen Bereich geleitet, der mit den Rechtsvorschriften der DDR wenig zu tun hatte“[395] insoweit recht, als der Bereich Kommerzielle Koordinierung nicht viel mit dem formalen Recht der DDR zu tun hat. Das faktisch über allem stehenden Rechtsprinzip der DDR-Diktatur, das Primat der

---

391 Dazu bereits unter § 3.I., S. 67 Fn. 206.

392 Vgl. U.-J. Heuer, Rechtsverständnis DDR, S. 53 f., 58; R. Schröder, Marxismus und Recht, S. 1166, 1168, 1170; Schroeder, Rechtsverständnis, S. 653. Zur Parteilichkeit der Auslegung und dem historisch gewachsenen Rechtsverständnis des Marxismus-Leninismus bereits ausführlich unter § 3.I., S. 67 f. Fn. 207.

393 Vgl. Brunner, Recht der DDR, S. 6, 8.

394 So auch der Titel eines Sammelbandes zum Gedächtnis an *Schröder*, in welchem auch der in dieser Arbeit zitierte Beitrag *Wiedenfels*, Offene Vermögensfragen, enthalten ist.

395 Zitat nach Bischof, Die Kunst und Antiquitäten GmbH, S. 72.

Notwendigkeiten im Rahmen des Maßnahmenstaats, verkörperte der Bereich und seine Untergliederungen wie die Kunst und Antiquitäten GmbH dagegen geradezu.

§ 4. Bewertung nach BRD-Recht *(de lege lata)*

Im Anschluss an die Behandlung der geschilderten Steuerverfahren und der daraus resultierenden privaten Kulturgutverluste nach DDR-Recht werden diese im Folgenden nun nach BRD-Recht betrachtet. Begonnen wird mit der Bewertung durch bundesdeutsche Gerichte bis zur Wiedervereinigung (I.), bevor sich möglichen Ansprüchen nach dem „Recht der offenen Vermögensfragen" (II.) und schließlich der Kernfrage dieser Arbeit, der Vindikationslage nach heutigem, bundesdeutschem Recht (III.), zugewandt wird.

I. Bewertung durch bundesdeutsche Gerichte bis zur Wiedervereinigung (Fall *Schwarz*)

Bis zur Wiedervereinigung ergingen in der BRD lediglich im Fall *Schwarz* Gerichtsentscheidungen in Bezug auf die Verluste privater Kulturgüter infolge der Vollstreckung von Steuerforderungen in der DDR. Dafür beschritt *Schwarz* gleich alle drei zivilprozessualen Instanzen vom LG Berlin (1.) über das KG (2.) bis hin zum BGH (3.). Nach der Wiedervereinigung entschied in der Sache *Schwarz* noch das BVerfG und in einem weiteren Gerichtsverfahren wurde er strafrechtlich rehabilitiert, während zivilprozessuale Gerichtsentscheidungen zu anderen Betroffenen bisher zumindest in veröffentlichter Form nicht ersichtlich sind (4).[396]

1. Urteil des LG Berlin vom 10.12.1986

Nachdem im Dezember 1981 im Nachgang zum „1. Angriff" bei *Schwarz* umfangreich dessen Kulturgüter sichergestellt wurden, erfolgte im Laufe des Jahres 1982 die Pfändung derselben mit anschließender Veräußerung an die Kunst und Antiquitäten GmbH, während *Schwarz* selbst noch im Dezember 1982 strafrechtlich verurteilt wurde. Nach seinem Freikauf durch die BRD entdeckte er im April 1986 wie dargestellt eines der veräußerten Kulturgüter, die beschriebene klassizistische Standuhr, bei einer West-Berliner Antiquitätenhandlung im Kaufhaus des Westens.

---

396 Im Folgenden wird die Chronik dieser gerichtlichen Entscheidungen und die daraufhin erfolgten Reaktionen im Wesentlichen *dargestellt*. Eine ausführlichere eigene zivilrechtliche *Bewertung* der Folgen der Steuerverfahren und damit auch der hier dargestellten Entscheidungen, insb. des BGH-Urteils, sowie der rechtswissenschaftlichen Reaktionen dazu erfolgt zur besseren Nachvollziehbarkeit erst im Rahmen von § 4.III., S. 195 ff. Zu den Gerichtsverfahren im Fall *Schwarz* insgesamt auch ANTON, Illegaler Kulturgüterverkehr, insb. S. 1038–1041.

Nachdem sich diese weigerte, die Standuhr an *Schwarz* unentgeltlich herauszugeben, verklagte *Schwarz* das als KG[397] geführte Unternehmen auf Herausgabe der Uhr auf Grundlage von § 985 BGB vor dem LG Berlin.[398]

Das LG Berlin stellte die wesentliche Tatsachengrundlage im knapp gehaltenen Tatbestand des Urteils vom 10.12.1986 grds. zutreffend dar. Allerdings ging es darin fälschlicherweise davon aus, dass die Kulturgüter von *Schwarz* einschließlich der Standuhr durch Anordnung des Bezirksgerichts Potsdam zur Vollstreckung der im Strafurteil vom Dezember 1982 ebenfalls ausgesprochenen Geldstrafe beschlagnahmt und nicht bereits vorher zur behördlichen Pfändung zum Zwecke der Vollstreckung der Steuerforderung sichergestellt worden seien. Daneben wurden freilich keine tiefergehenden Tatsachenfeststellungen betreffend der Natur der Kunst und Antiquitäten GmbH, ihrer Funktion, der Art und Weise der vom Ergebnis her geplanten Steuerverfahren oder etwa der Zusammenarbeit mit dem MfS getroffen, da dies zu dieser Zeit nur in Fachkreisen vermutet werden konnte. Allerdings stellt das Gericht dafür zutreffend dar, dass die Generalstaatsanwaltschaft Hamm durch eine Entscheidung gem. §§ 15, 16 RHG[399] i. V. m. § 2 RHG vom 06.08.1985 festgestellt habe, dass die Vollstreckung des DDR-Strafurteils gegen *Schwarz* in der BRD unzulässig sei.[400]

Im Anschluss daran führte es in seinen Urteilsgründen zunächst aus, dass es aufgrund verschiedener Beweise überzeugt sei, dass *Schwarz* zumindest der ursprüngliche Eigentümer der Standuhr gewesen sei, da er in den 1950er-Jahren diese in der DDR rechtmäßig ankaufte. Weiterhin könnte er sein Eigentum durch die (fälschlicherweise angenommenen) strafprozessualen Maßnahmen aber wegen der Entscheidung der Generalstaatsanwaltschaft Hamm vom 06.08.1985, dass die Vollstreckung des DDR-Strafurteils gegen *Schwarz* in der BRD unzulässig sei, auch nicht verloren haben.[401]

Hintergrund dazu ist zunächst, dass DDR-Strafurteile grds. auch in der BRD anerkannt wurden.[402] Allerdings galt dies insb. dann nicht, wenn diese von vornherein als nichtig angesehen werden mussten oder gem. §§ 15, 16 RHG i. V. m. § 2 RHG durch Entscheidung einer Generalstaatsanwaltschaft auf Antrag des Betroffenen festgestellt worden ist, dass die Vollstreckung des Strafurteils in der BRD unzulässig ist. Zuständig dafür war die Generalstaatsanwaltschaft am Wohn- bzw.

---

397 Dies ergibt sich aus dem Tatbestand von KG, Urt. v. 29.09.1987 – 17 U 492/87, NJW 1988, 341 (341).

398 Zur Tatsachengrundlage aus heutiger Sicht bereits ausführlich unter § 2.II.4., S. 56 ff.

399 Gesetz über die innerdeutsche Rechts- und Amtshilfe in Strafsachen (RHG) vom 02.05.1953, BGBl. I S. 161.

400 Zu alledem LG Berlin, Urt. v. 10.12.1986 – 4 O 238/86, ROW 1988, 250 (250 f.).

401 LG Berlin, Urt. v. 10.12.1986 – 4 O 238/86, ROW 1988, 250 (251).

402 BGH, Urt. v. 09.07.1985 – VI ZR 214/83, NJW 1985, 2644 (2646).

Aufenthaltsort des Betroffenen in der BRD gem. § 15 Abs. 1 S. 2 RHG, im Fall von *Schwarz* aufgrund seines neuen Wohnorts in Westfalen[403] also die Generalstaatsanwaltschaft Hamm. Die Feststellung wurde insb. dann gem. § 15 Abs. 1 S. 1 RHG i. V. m. § 2 Abs. 1 Nr. 3 RHG getroffen, wenn die Vollstreckung des Strafurteils „im Widerspruch zu rechtsstaatlichen Grundsätzen" gestanden hätte. Diese Entscheidung band gem. § 16 RHG „alle Gerichte und Behörden im Geltungsbereich dieses Gesetzes", also in der gesamten BRD.

Das Gericht führte u. a. unter Verweis auf ein BGH-Urteil[404] aus, dass entgegen der Ansicht der Beklagten die Feststellung der Generalstaatsanwaltschaft auch den nach DDR-Recht zum Zeitpunkt dieser Feststellung bereits erfolgten Eigentumsübergang rückwirkend beseitigen würde, da den Entscheidungen nach §§ 15, 16 RHG i. V. m. § 2 RHG weitestgehende Rechtswirkung zugunsten des Betroffenen entnommen werden müsste. Ausfluss daraus sei auch, dass die Beklagte nicht gutgläubig vom Nichtberechtigten gem. § 932 BGB hätte Eigentum erwerben können, da eine strafprozessuale Vollstreckungsmaßnahme bei Vorliegen einer solchen Feststellung der Generalstaatsanwaltschaft einen unfreiwilligen Verlust des unmittelbaren Besitzes des Betroffenen und somit ein Abhandenkommen i. S. d. § 935 BGB darstelle.[405]

Nach alledem kam es für das LG Berlin auf die Anwendung der Vorschriften des internationalen Privatrechts, insb. der Vorbehaltsklausel (*ordre public*) nach Art. 30 EGBGB a. F.[406] – die auch nach der grundlegenden Reform des Kollisionsrechts zum 01.09.1986[407] wegen des intertemporalen Rechts nach Art. 220 Abs. 1 EGBGB anstelle des neuen *ordre public* nach Art. 6 EGBGB n. F. auf vor dem 01.09.1986 abgeschlossene Rechtsvorgänge weiter hätte angewandt werden müssen[408] – überhaupt nicht an. Allerdings ließ das Gericht ausdrücklich offen, „ob die Verurteilung des Klägers in der DDR nicht wegen Verstößen gegen rechtsstaatliche Grundsätze [unabhängig von einer Feststellung gem. §§ 15, 16 RHG] als absolut nichtig anzusehen ist"[409].

Schließlich gab das Gericht dem Antrag von *Schwarz* dennoch nicht vollumfänglich recht, sondern verurteilte die Beklagte stattdessen nur Zug um Zug gegen Zahlung vorgenommener notwendiger Verwendungen gem. §§ 994 Abs. 1 S. 1, 1000 S. 1 BGB, u. a. einer Reparatur der Standuhr, zu deren Herausgabe an *Schwarz*.[410] Eine

---

403 Blutke, Obskure Geschäfte, S. 77.

404 BGH, Urt. v. 09.07.1985 – VI ZR 214/83, NJW 1985, 2644 (2647).

405 Zu alledem LG Berlin, Urt. v. 10.12.1986 – 4 O 238/86, ROW 1988, 250 (251).

406 Ursprüngliche Fassung des EGBGB vom 18.08.1896, RGBl. S. 604, 609.

407 BGBl. I S. 1142.

408 Dazu auch unter § 4.I.2., S. 132 f. Fn. 421; § 4.III.1.a)bb), S. 200 Fn. 662; § 4.III.2.a)bb), S. 222.

409 LG Berlin, Urt. v. 10.12.1986 – 4 O 238/86, ROW 1988, 250 (251).

410 Zu alledem LG Berlin, Urt. v. 10.12.1986 – 4 O 238/86, ROW 1988, 250 (251).

öffentliche Reaktion auf das Urteil von Seiten der Rechtswissenschaft oder BRD- wie DDR-Politikern erfolgte zunächst nicht, jedenfalls legte die Beklagte aber Berufung gegen das Urteil des LG Berlin beim KG ein.

2. Urteil des KG vom 29.09.1987

Das Urteil des KG vom 29.09.1987 ging in seinem Tatbestand grds. von einem ähnlichen Sachverhalt wie die erste Instanz aus, allerdings mit dem entscheidenden Unterschied, dass nun richtigerweise davon ausgegangen wurde, dass für die sachenrechtliche Lage an der Standuhr nicht die Vollstreckung der Geldstrafe aus dem Strafurteil gegen *Schwarz*, sondern allein die Vollstreckung einer Steuerforderung gegen ihn relevant war: „Gleichzeitig mit seiner [*Schwarz*, Anm. d. Verf.] Verhaftung wurde von dem zuständigen Finanzamt der DDR seine Kunstsammlung aufgrund einer Sicherungsverfügung beschlagnahmt und nach Durchführung eines Nachbesteuerungsverfahrens gepfändet und durch Verkauf an die Firma Kunst und Antiquitäten GmbH in Berlin (Ost) verwertet“[411]. Konsequenterweise enthielt der Tatbestand daher auch keine Ausführungen zur Entscheidung der Generalstaatsanwaltschaft Hamm gem. §§ 15, 16 RHG.

Die Entscheidungsgründe des Urteils des KG näherten sich der sachenrechtlichen Lage an der Standuhr zu Recht etwas diffiziler als die vorhergehende erste Instanz. Zunächst wurde herausgestellt, dass für die Frage der Rechtsgrundlage des Vindikationsanspruchs einerseits und die präjudizielle Frage des wirksamen Eigentumserwerbs an der Standuhr durch die Beklagte andererseits das jeweils anwendbare Recht getrennt beurteilt werden muss. Dass dies überhaupt nötig sei, ergebe sich aus dem grenzüberschreitenden bzw. genauer deutsch-deutschem Sachverhalt, welcher zur Anwendung des „interlokalen Privatrechts“ und infolgedessen zur entsprechenden Anwendung der Grundsätze des internationalen Privatrechts führe.[412] Im Bereich des Sachenrechts waren diese auch nach der bereits erwähnten, ersten und grundlegenden Reform des bundesdeutschen Kollisionsrechts zum 01.09.1986 nicht kodifiziert wurden, weshalb sich das Sachstatut grds. nach der gewohnheitsrechtlichen *lex rei sitae* bestimme. „Danach werden sachenrechtliche Tatbestände nach dem Sachstatut beurteilt, in dessen räumlichen Geltungsbereich sich die Sache zum Zeitpunkt des Eintritts des betreffenden Tatbestandes befindet“[413].[414]

---

411 KG, Urt. v. 29.09.1987 – 17 U 492/87, NJW 1988, 341 (341).

412 Zur Anwendung des „interlokalen Privatrechts“ auf deutsch-deutsche Sachverhalte ausführlich unter § 4.III.2.a)aa), S. 219.

413 KG, Urt. v. 29.09.1987 – 17 U 492/87, NJW 1988, 341 (341).

414 Zu alledem KG, Urt. v. 29.09.1987 – 17 U 492/87, NJW 1988, 341 (341).

Dementsprechend beurteile sich der Vindikationanspruch nach § 985 BGB, da das Herausgabeverlangen von einem inzwischen in der BRD wohnhaften Kläger gegen eine Gesellschaft mit Sitz in der BRD in Bezug auf eine im Hoheitsgebiet der BRD befindliche Sache gestellt werde. Anders verhalte es sich mit der für den Vindikationsanspruch präjudiziellen Frage, ob die Beklagte zuvor wirksam Eigentum an der Standuhr erworben hatte. Dafür käme nämlich nur ein Rechtsvorgang in Betracht, der zumindest teilweise auf dem Hoheitsgebiet der DDR stattfand bzw. dem Recht der DDR unterworfen war; der in Ost-Berlin abgeschlossene Kaufvertrag mit der Kunst und Antiquitäten GmbH. Dbzgl. ging das KG davon aus, dass aufgrund des Kaufs mit Verbringung der Sache über die Rechtsgrenze die Grundsätze über internationale Verkehrsgeschäfte anwendbaren seien, die im Wesentlichen besagen, dass sich ein Eigentumserwerb nach dem Recht des Absendestaates richtet, wenn dieser Eigentumserwerb vor Verbringung über die Rechtsgrenze nach dem Recht des Absendestaates bereits abgeschlossen ist. Nachdem die Beklagte einen eigenen Spediteur beauftragte, der die Standuhr im Auslieferungslager der Kunst und Antiquitäten GmbH in Ost-Berlin abholte, nahm das KG einen Eigentumsübergang mit Übergabe an diesen Spediteur noch vor Überschreiten der Rechtsgrenze gem. §§ 54 Abs. 1 lit. c), 51 Abs. 2 GIW und daher im Ausgangspunkt die Anwendung von DDR-Recht für die präjudizielle Frage des wirksamen Eigentumserwerbs an.[415]

Dieser hing folglich wie im bundesdeutschen Recht nach § 54 Abs. 2 GIW weiter davon ab, ob zuvor die Kunst und Antiquitäten GmbH nach DDR-Recht wirksam Eigentum an der Standuhr erworben hatte, da ihr ansonsten die Verfügungsbefugnis über diese gefehlt hätte und somit nur ein gutgläubiger Erwerb der Beklagten nach DDR-Recht in Betracht gekommen wäre. Das KG nahm einen wirksamen Eigentumserwerb der Kunst und Antiquitäten GmbH „aufgrund des Kaufvertrags mit dem Finanzamt" vom 08.07.1982 gem. § 139 Abs. 3 ZGB an,[416] „nachdem in der Berufungsinstanz unstreitig geworden ist, dass das Finanzamt die Standuhr im Rahmen des Nachbesteuerungsverfahrens beschlagnahmt und in formeller Übereinstimmung mit dem einschlägigen Vollstreckungsrecht [gem. § 13 VollstreckungsVO, § 122 Abs. 1 ZPO-DDR] […] verwertet hat"[417]. Bei dieser Ausführung ist hervorzuheben, dass das KG wohl davon ausgegangen ist, dass neben der Tatsache der „Beschlagnahme" der Standuhr im Rahmen des Nachbesteuerungsverfahrens anstelle des Strafvollstreckungsverfahrens[418] auch die „formelle Übereinstimmung mit dem einschlägigen [DDR-]Vollstreckungsrecht" unstreitig gestellt wurde bzw. werden konnte. Dies steht im Übereinklang mit der h. M., dass

---

415 Zu alledem KG, Urt. v. 29.09.1987 – 17 U 492/87, NJW 1988, 341 (342).

416 Kein Trennungs- und Abstraktionsprinzip im DDR-Zivilrecht, dazu bereits § 3.III.2.b), S. 105 f.

417 KG, Urt. v. 29.09.1987 – 17 U 492/87, NJW 1988, 341 (342).

418 Hierbei handelt es sich um eine Rechtstatsache.

BRD-Gerichte (nur) bis zum Ablauf des 02.10.1990 DDR-Recht wie ausländisches Recht analog § 293 ZPO als Tatsachenfrage behandeln konnten.[419] Somit stellte auch die Übereinstimmung des Steuervollstreckungsverfahrens im Fall *Schwarz* mit dem zugrundeliegenden DDR-Recht eine Tatsachenfrage dar, die unstreitig gestellt werden konnte. Das KG hatte insofern keine umfassende Prüfung des DDR-Steuervollstreckungsrechts samt Prüfung des freihändigen Verkaufs und der Rechtsfolgen möglicher Verstöße durchführen müssen, wie es in der vorliegenden Arbeit geschehen ist. Im Übrigen verwies das KG kurz darauf, dass nach DDR-Kollisionsrecht auch keine Rückverweisung auf das bundesdeutsche Sachenrecht für den Eigentumserwerb stattfand und die §§ 15, 16 RHG vorliegend nicht einschlägig seien, da in die Standuhr nicht wegen der Geldstrafe aus dem Strafurteil, sondern wegen des Steuerbescheids gegen *Schwarz* vollstreckt worden sei und eine Steuervollstreckung von den genannten Vorschriften nicht erfasst sei.[420]

Nachdem das KG unter Anwendung der *lex rei sitae* einen grundsätzlich auch in der BRD anzuerkennenden wirksamen Eigentumsübergang begründete, ging es sodann zur ausführlichen Prüfung der im interlokalen Privatrecht ebenfalls entsprechend anwendbaren Vorbehaltsklausel nach Art. 30 EGBGB a. F.[421] über. In Art. 30 EGBGB a. F. war geregelt: „Die Anwendung eines ausländischen Gesetzes ist ausgeschlossen, wenn die Anwendung gegen die guten Sitten oder gegen den Zweck eines deutschen Gesetzes verstoßen würde“[422]. Nach dem KG schloss dies nach ständiger obergerichtlicher Rechtsprechung „die Anerkennung fremder Enteignungen aus, wenn dies zu einem Ergebnis führen würde, das mit wesentlichen Grundsätzen unserer Rechtsordnung offensichtlich unvereinbar ist“[423]. Erforderlich zur Anwendung des Art. 30 EGBGB a. F. sei darüber hinaus, dass die „Enteignung“ auf fremdem Hoheitsgebiet zum gerichtlichen Entscheidungszeitpunkt eine „hinreichend starke örtliche Beziehung zur Rechtsordnung der Bundesrepublik (Inlandsbeziehung) aufweise“[424]. Dafür genügte nach Ansicht des KG, dass sich die

---

419 BVerwG, Beschl. v. 12.12.2012 – 3 PKH 8.12, ZOV 2013, 33 (33 Rn. 9); Prütting, in: MüKo (Bd. 1), ZPO, § 293 ZPO Rn. 21; a. A. Thole, in: Stein/Jonas (Bd. 4), ZPO, § 293 ZPO Rn. 7.

420 Zu alledem KG, Urt. v. 29.09.1987 – 17 U 492/87, NJW 1988, 341 (342 f.).

421 Dieser war wie bereits unter § 4.I.1, S. 129 erwähnt wegen der Übergangsvorschrift des Art. 220 Abs. 1 EGBGB (dazu auch unter § 4.III.1.a)bb), S. 200 Fn. 662; § 4.III.2.a)bb), S. 222) auf den Rechtsvorgang im Fall *Schwarz* anstelle der seit dem 01.09.1986 geltenden Neuregelung des *ordre public* in Art. 6 EGBGB a. F. weiterhin anzuwenden. Denn der infrage stehende Eigentumserwerb der Beklagten von der Kunst und Antiquitäten GmbH hatte mit Kaufvertragsurkunde vom 11.10.1984 und damit vor dem 01.09.1986 stattgefunden, vgl. KG, Urt. v. 29.09.1987 – 17 U 492/87, NJW 1988, 341 (342).

422 Ursprünglichen Fassung des EGBGB vom 18.08.1896, RGBl. S. 604, 609.

423 KG, Urt. v. 29.09.1987 – 17 U 492/87, NJW 1988, 341 (343).

424 KG, Urt. v. 29.09.1987 – 17 U 492/87, NJW 1988, 341 (343).

Standuhr inzwischen in der BRD befand und die beiden sich über diese Standuhr streitende Parteien dort auch ihren (Wohn-) Sitz unterhielten.[425]

Weiter führt das KG aus, dass eine entschädigungslose und deshalb nach der Vorbehaltsklausel unzulässige „Enteignung" nicht nur bei staatlichen Hoheitsakten vorliegen könnte, die als Enteignungen bezeichnet werden würden, sondern auch bei solchen, die nicht explizit als Enteignungen bezeichnet werden würden, solchen aber nach „Tendenz und Wirkung" gleichkämen. Dies könnte in der zu entscheidenden Sache v. a. dann der Fall sein, wenn *Schwarz* tatsächlich keinerlei Steuern hinterzogen hätte und das Steuerverfahren gegen ihn stattdessen nur einen Vorwand bieten sollte, um dessen private Kulturgüter in staatlichen Besitz zu bringen. Dafür würden im konkreten Fall auch „eine Reihe von Umständen" sprechen, u. a. die Einlassungen eines sachverständigen Zeugen zur Plausibilität des Artikels in der Fachzeitschrift „art" Anfang des Jahres 1984 sowie die Zeugenaussage der Ehefrau von *Schwarz*. Ebenso der Umstand, dass *Schwarz* seit Jahrzehnten mit seiner privaten Sammlung im regionalen Umfeld öffentlich bekannt war, aber erst 1981 ein Steuerverfahren gegen ihn eingeleitet wurde und außerdem, dass die Verwertung der Kulturgüter so zügig und nahtlos erfolgte, dass vorhergehende Absprachen sich aufdrängen würden. Trotz allem resümiert das KG, dass „es mit Rücksicht auf die beschränkten Erkenntnisquellen in diesem Rechtsstreit letztlich offen bleiben muss, ob das Steuer- und Strafverfahren ohne zureichenden Grund eingeleitet und durchgeführt worden ist"[426]. Anhaltspunkte für die Rechtmäßigkeit des Steuerverfahrens würden nämlich ebenfalls z. T. bestehen, u. a. wie sie der ausführlichen Beschwerdeentscheidung des Finanzamtes vom 18.06.1982[427] zu entnehmen seien und dass *Schwarz* im Laufe des Steuer- und Strafverfahrens zumindest vorübergehend selbst eingeräumt habe, in geringem Umfang eine Handelstätigkeit betrieben zu haben.[428]

Dennoch nahm das KG i. E. einen Verstoß gegen den *ordre public*-Vorbehalt an. Denn unabhängig von der Frage, ob bzw. inwiefern das Steuerverfahren gegen *Schwarz* dem Grunde nach rechtsstaatlichen Anforderungen genüge, läge durch die Anwendung des Einkommensteuertarifs K für private Gewerbetreibende in der DDR, zusammen mit den hinzutretenden sonstigen Zahlungsverpflichtungen, jedenfalls der Höhe nach eine rechtsstaatswidrige Erdrosselungssteuer vor. „Das Einkommensteuerecht der DDR steht schon als solches in Widerspruch zu rechts-

---

425 Zu alledem KG, Urt. v. 29.09.1987 – 17 U 492/87, NJW 1988, 341 (343).

426 KG, Urt. v. 29.09.1987 – 17 U 492/87, NJW 1988, 341 (343).

427 Beschwerdeentscheidung des Rates des Bezirkes Potsdam, Abteilung Finanzen, vom 18.06.1982, als Kopie abgedruckt in BT-Drs. 12/4500 („KoKo-Untersuchungsausschuss" – Dritter Teilbericht), S. 249–256 („Dokument 36").

428 Zu alledem KG, Urt. v. 29.09.1987 – 17 U 492/87, NJW 1988, 341 (343).

staatlichen Grundsätzen“[429]: Dieses würde in seiner Ausgestaltung fundamental gegen Gebote der Gleichbehandlung, der Eigentumsfreiheit, des Rechtstaatsprinzips und Überlegungen materieller Gerechtigkeit verstoßen, wobei das KG für diesen Befund auch zentral auf einen Beschluss des BVerfG aus dem Jahr 1961 in Bezug auf das sowjetzonale Steuerrecht verwies.[430] Dafür spräche zunächst schon, dass der Einkommensteuertarif K neben anderen Zahlungsverpflichtungen in der DDR ausschließlich die verbliebenen privaten Gewerbetreibenden, nicht aber Angestellte oder sonstige Berufsgruppen treffen würde. Weiterhin grenze die Steuerforderung *in casu* bei einem aus Einkommen- und Vermögensteuer zusammengesetzten (Durchschnitts-) Steuersatz von 90% an eine unzulässige Konfiskation, denn zzgl. der weiteren Zahlungsverpflichtungen hätte *Schwarz* Forderungen begleichen müssen, die seinen aus einer angeblichen Wertsteigerung seiner Kulturgüter von 150.000 DDR-M auf zwei Millionen DDR-M angeblich resultierenden Gewinn i. H. v. ca. 1,6 Millionen DDR-M (der aufgrund fehlender Realisierung nicht liquide vorhanden gewesen wäre) nicht nur vollständig aufgezehrt, sondern ihn um fast 500.000 DDR-M überstiegen hätte.[431]

Nach alledem kam das KG zu dem Ergebnis, dass ein Verstoß gegen den *ordre public* im Fall *Schwarz* vorläge,

> „weil das gegen den [Kläger] [*Schwarz*, Anm. d. Verf.] durchgeführte Nachbesteuerungsverfahren, das zum Verlust seiner gesamten Kunst- und Antiquitätensammlung einschließlich der hier herausverlangten Standuhr geführt hat, bei angemessener Würdigung der Umstände, unter denen es eingeleitet und durchgeführt worden ist, eine entschädigungslose Enteignung darstellt, die in Widerspruch zu der in der Bundesrepublik geltenden Rechtsordnung steht“.[432]

Dementsprechend hätte die Kunst und Antiquitäten GmbH wenn überhaupt nur vom Nichtberechtigten gutgläubig Eigentum an der Standuhr erwerben können,

---

429 KG, Urt. v. 29.09.1987 – 17 U 492/87, NJW 1988, 341 (343).

430 BVerfG, Beschl. v. 24.01.1961 – 2 BvR 168/60, NJW 1961, 653.

431 Zu alledem KG, Urt. v. 29.09.1987 – 17 U 492/87, NJW 1988, 341 (343 f.). Das KG addierte für dieses Ergebnis im konkreten Fall im Einzelnen die angefallene Einkommensteuer (ca. 1,2 Millionen DDR-M), Vermögensteuer (ca. 200.000 DDR-M), Verzugszinsen (ca. 140.000 DDR-M), „Umbewertungsdifferenz“ (ca. 280.000 DDR-M), Beschwerdegebühr (ca. 90.000 DDR-M) und Geldstrafe aus dem Strafurteil (100.000 DDR-M). Die sog. Umbewertungsdifferenz wurde aufgrund einer Anordnung des Finanzministers vom 11.04.1980 erhoben. Sie beruhte im Wesentlichen auf einer staatlich vorgegeben Werterhöhung von Edelmetallen, die bei privaten Gewerbetreibenden, die solche Edelmetalle besaßen, zu einer Umbewertungsdifferenz führte, die an den Staatshaushalt abzuführen war, Bischof, Die Kunst und Antiquitäten GmbH, S. 209.

432 KG, Urt. v. 29.09.1987 – 17 U 492/87, NJW 1988, 341 (343).

allerdings war ein solcher gutgläubiger Erwerb nach §§ 27 S. 2, 28 ZGB nicht vorgesehen.[433] Infolgedessen hätte auch die Beklagte wenn überhaupt von der Kunst und Antiquitäten GmbH nur als Nichtberechtigte gutgläubig Eigentum erwerben können. Dies wäre nach dem insoweit einschlägigen § 54 Abs. 2, 3 GIW zwar prinzipiell möglich gewesen, allerdings ging das KG im konkreten Fall aufgrund der Veröffentlichung des Artikels in der Fachzeitschrift „art" Anfang des Jahres 1984 und der dbzgl. Einlassung des sachverständigen Zeugen davon aus, dass die Beklagte bei Erwerb der Standuhr im Oktober 1984 bösgläubig gewesen sein hätte müssen.[434] Schließlich konnte ein Eigentumserwerb zugunsten der Beklagten demnach nicht wirksam auf dem Hoheitsgebiet der DDR nach DDR-Recht erfolgen. Lediglich nach bundesdeutschem Recht hätte daher nach den Grundsätzen zum internationalen Verkehrsgeschäft nun noch ein wirksamer Eigentumserwerb bei Verbringung über die Rechtsgrenze erfolgen können, allerdings müsse dies daran scheitern, dass infolge des Verstoßes gegen den *ordre public*-Vorbehalt nun auch nach bundesdeutschem Recht zugleich ein Abhandenkommen nach § 935 Abs. 1 BGB angenommen werden müsste, der einen Eigentumserwerb der Beklagten verhindere.[435] Die Zug um Zug-Verurteilung sprachen die veröffentlichten Urteilsgründe nicht an.

Zu einer unmittelbaren[436] rechtswissenschaftlichen Reaktion kam es infolge des KG-Urteils mit Ausnahme einer didaktischen Aufbereitung der Entscheidung in der JuS durch *Gerhard Hohloch*[437], die sich jeder Wertung enthält, nicht. Allerdings fand das Verfahren spätestens in seiner zweiten Instanz die Aufmerksamkeit politischer Akteure in Ost wie West. Wenig überraschend wurde der Prozess von besonders zuverlässigen Mitarbeitern der Kunst und Antiquitäten GmbH, die gleichzeitig IM des MfS waren und dafür extra in die BRD reisten, nicht nur beobachtet, sondern es wurde auf diesen durch Unterstützung der Beklagten – einer langjährigen Geschäftsverbindung der Kunst und Antiquitäten GmbH – vermutlich maßgeblich Einfluss genommen.[438] Im Gegensatz dazu mutet es auf den ersten Blick allerdings zunächst befremdlich an, dass der damalige regierende Bürgermeister von West-Berlin, *Eberhard Diepgen* (CDU), im Jahr 1987 den Prozessvertreter von *Schwarz* anrief und mit Rückendeckung des Senats um Zurückhaltung im Prozess bat – Hin-

---

433 Dazu bereits unter § 3.III.2.b), S. 106.

434 Vgl. dazu bereits ausführlich unter § 3.III.3.b), S. 117 ff.

435 Zu alledem KG, Urt. v. 29.09.1987 – 17 U 492/87, NJW 1988, 341 (344 f.)

436 Das Urteil des KG wurde aber freilich im Rahmen der rechtswissenschaftlichen Reaktionen auf das anschließende Urteil des BGH näher beleuchtet, dazu ausführlich sogleich unter § 4.I.3., S. 136 ff.

437 Hohloch, JuS 1987, 739.

438 Bischof, Die Kunst und Antiquitäten GmbH, S. 294 f.; Braun, Kunstprozesse, S. 269; Stock, FAZ vom 10.03.1992 (Nr. 59), 4.

tergrund dürfte hier die „Schonung" der deutsch-deutschen Beziehungen gewesen sein.[439]

3. Urteil des BGH vom 22.09.1988

Nachdem die Beklagte Revision gegen das Urteil des KG einlegte, entschied der BGH in der Sache mit Urteil vom 22.09.1988.

Nach Wiedergabe des der Beweisaufnahme der zweiten Instanz entsprechenden Sachverhalts bestätigte der BGH in rechtlicher Hinsicht zunächst die vom KG vorgenommene, entsprechende Anwendung der Grundsätze des internationalen Privatrechts, insb. der Situsregel, auf das interlokale, deutsch-deutsche Privatrecht. Unter Hervorhebung der für ihn bindenden Tatsachenfeststellung der zweiten Instanz, v. a. die Einhaltung des DDR-Vollstreckungsrechts betreffend, ging der BGH sodann sogleich zur Prüfung des *ordre public* über. Zu Beginn adressierte er dabei zwei vom Kläger offenbar erst im Revisionsverfahren eingeführte rechtliche Argumente für einen Verstoß gegen den *ordre public*. Zum einen führte der BGH aus, dass die Möglichkeit eines freihändigen Verkaufs im Vollstreckungsverfahren – nach eben Gesagtem konsequenterweise, ohne diesen im vorliegenden Fall nach DDR-Recht genauer zu prüfen – für sich genommen nicht gegen die Vorbehaltsklausel verstoße, da der freihändige Verkauf auch dem bundesdeutschen Recht gem. § 825 ZPO grds. nicht fremd sei. Zum anderen stellt er im Angesicht dessen, dass das KG sich mit dieser Frage zuvor überhaupt noch nicht beschäftigt hat, lediglich lapidar fest, dass auch der in der DDR fehlende gerichtliche Rechtsschutz gegen Steuerbescheide keinen Verstoß gegen den *ordre public* begründe („Es kann über Art. 30 EGBGB a. F. nicht verlangt werden, dass in jedem Staat dieselben Rechtsschutzgarantien wirken, die hier Art. 19 Abs. 4 GG gewährleisten"[440]).[441]

Sodann „überprüfte" der BGH die den *ordre public* betreffenden Entscheidungsgründe des KG der Reihe nach, wobei die fehlende Tiefe der Auseinandersetzung im Vergleich zu den Entscheidungsgründen des KG auffällig ist. Kurz wurde noch zustimmend zum KG festgehalten, dass jeder fremdstaatliche Hoheitsakt unabhängig von seiner Bezeichnung eine „Enteignung" i. S. d. internationalen Privatrechts darstellen könne. Anschließend führte der BGH aus, dass die Feststellung des KG, dass „es mit Rücksicht auf die beschränkten Erkenntnisquellen in diesem Rechtsstreit letztlich offenbleiben muss, ob das Steuer- und Strafverfahren ohne zureichenden Grund eingeleitet und durchgeführt worden ist"[442], ihn ebenfalls

---

439 Erices/Kuhrt/Wensierski, Der Spiegel vom 20.07.2014 (Nr. 30/2014), 40 (41).

440 BGH, Urt. v. 22.09.1988 – IX ZR 263/87, NJW 1989, 1352 (1352).

441 Zu alledem BGH, Urt. v. 22.09.1988 – IX ZR 263/87, NJW 1989, 1352 (1352).

442 KG, Urt. v. 29.09.1987 – 17 U 492/87, NJW 1988, 341 (343).

binde und somit dbzgl. keinerlei Ansatzpunkt für einen Verstoß gegen die Vorbehaltsklausel gesucht werden könne. Nichtsdestotrotz erlaubte er sich offenbar als *obiter dictum* den Hinweis, dass auch der bundesdeutschen Rechtsordnung die Steuerschätzung gem. § 162 AO sowie die Besteuerung von Briefmarken- oder Münzsammlern unter bestimmten Umständen nicht vollkommen fremd sei. Im Nachgang dazu stellte sich der Gerichtshof sehr knapp, aber entschieden gegen die vorinstanzliche Annahme, dass „[d]as Einkommensteuerecht der DDR [...] schon als solches in Widerspruch zu rechtsstaatlichen Grundsätzen“[443] stehe, als tragenden Grund des KG-Urteils. Er behauptete, dass durch die Vorinstanz nicht dargelegt worden wäre, dass das sozialistische Steuerrecht entsprechend der Feststellungen des BVerfG aus dem Jahr 1961 auch im Jahr 1981 noch konfiskatorischen Charakter aufgewiesen hätte. Zudem errechnete er, dass der reine Einkommensteuersatz (ohne Vermögensteuer) im Fall *Schwarz* 76,2% betragen hätte, und führte dazu aus: „Dieser Steuersatz liegt zwar erheblich über dem in der Bundesrepublik geltenden Höchstsatz der Einkommensteuer. Wie die Revision mit Recht geltend macht, gelten jedoch auch in einigen westlichen Staaten ähnliche hohe Einkommensteuersätze wie in der DDR“[444]. Eine nähere Präzisierung erfolgt nicht, ebenso setzte sich der BGH inhaltlich nicht mit dem Zusammenspiel mit den weiteren Zahlungsverpflichtungen des DDR-Steuerpflichtigen oder gar der genauen Art und Weise der Schätzungsmethode im Fall *Schwarz* auseinander.[445]

> „Schließlich ist auch nicht dargetan, dass der [Kläger] [*Schwarz*, Anm. d. Verf.] in irgendeiner Weise diskriminiert worden und nicht den gleichen Besteuerungsgrundsätzen unterworfen worden ist, die für alle Bürger der DDR gelten. [...] Aus den dargelegten Gründen kann das Berufungsurteil keinen Bestand haben. Da der Rechtsstreit keiner weiteren Aufklärung bedarf, kann der Senat gem. § 565 Abs. 3 ZPO [a. F.] in der Sache selbst entscheiden. Die Klage ist abzuweisen, weil der [Kläger] nicht mehr Eigentümer der Standuhr ist“.[446]

Ausführliche Reaktionen seitens der (bundesdeutschen) Rechtswissenschaft erfuhr das BGH-Urteil durch eine (zumindest i. E.) zustimmende[447], eine (dezidiert) ablehnende[448] sowie eine ambivalente[449] Entscheidungsbesprechung, neben anderen

443 KG, Urt. v. 29.09.1987 – 17 U 492/87, NJW 1988, 341 (343).

444 BGH, Urt. v. 22.09.1988 – IX ZR 263/87, NJW 1989, 1352 (1353).

445 Zu alledem BGH, Urt. v. 22.09.1988 – IX ZR 263/87, NJW 1989, 1352 (1353).

446 BGH, Urt. v. 22.09.1988 – IX ZR 263/87, NJW 1989, 1352 (1353).

447 Armbrüster/Jopen, ROW 1989, 332.

448 Kreuzer, IPrax 1990, 365.

449 Siehr, Cultural Property Expropriated Abroad, S. 431. Auf S. 438 f. weist dieser auf eine interessante Parallele zum Fall *Schwarz* hin: Nach der russischen Oktoberrevolution 1917 enteignete die

kürzeren Äußerungen[450].[451] Der „KoKo-Untersuchungsausschuss" und *Bischof* setzten sich ebenfalls jeweils am Rande mit der Entscheidung auseinander und beschränkten sich dabei im Wesentlichen auf die Feststellung, dass es *Schwarz* in diesem Verfahren nicht gelang, die dem konstruierten Steuerverfahren zugrundliegenden Tatsachen zu beweisen. Ob insb. das BGH-Urteil die der formellen Wahrheit der ZPO entsprechenden damaligen Tatsachenfeststellungen überhaupt rechtlich zutreffend bewertete, ließen sie jeweils offen.[452]

Jenseits des Eisernen Vorhangs durfte eine rechtswissenschaftliche Diskussion des westdeutschen Gerichtsverfahrens freilich nicht erfolgen, allerdings dürften im bald darauf untergehenden Bereich Kommerzielle Koordinierung aufgrund dieser Entwicklungen vorübergehend noch die Sektkorken geknallt haben. In den Akten des MfS fand sich dementsprechend dazu folgende Stellungnahme eines IM:

> „In Absprache zwischen Generaldirektor [der Kunst und Antiquitäten GmbH, Anm. d. Verf.] Farken und Generalkonsul Böttger [Inhaber der Bekl., Anm. d. Verf.] wurde [...] der Prozess Schwarz gegen Antik-Shop bis zum Bundesgerichtshof durchgeführt. Generalkonsul Böttger sieht in dem Erfolg vor dem Bundesgerichtshof, ähnlich wie wir, einen politischen Erfolg für die DDR und natürlich einen geschäftlichen Erfolg für die Firma Antik-Shop".[453]

4. Exkurs: Gerichtsentscheidungen im Fall *Schwarz* nach der Wiedervereinigung

Gegen das Urteil des BGH legte *Schwarz* Verfassungsbeschwerde beim BVerfG ein. Karlsruhe nahm diese erst nach der Wiedervereinigung durch Beschluss vom 09.01.1991 wegen Unzulässigkeit nicht zur Entscheidung an.

---

junge Sowjetunion die Kulturgüter von emigrierten Oppositionellen. Im Anschluss wurden diese im Auftrag der Sowjetunion von Berliner Auktionshäusern versteigert, um an westliche Devisen zu gelangen. Die russischen Exilanten klagten vor deutschen Gerichten auf Herausgabe der Kulturgüter, da diese weiterhin in ihrem Eigentum stehen würden. Die Klagen wurden abgewiesen, weil es nach damaliger Ansicht der deutschen Gerichte sowohl an einer Inlandsbeziehung fehle (was zweifelhaft ist) und zudem das Deutsche Reich im 1922 geschlossenen Vertrag von Rapallo die Enteignungen der jungen Sowjetunion völkerrechtlich anerkannte (was mehr überzeugt).

450 Bspw. Großfeld, NJW 1994, 1911 (1913).

451 Außerdem befassten sich, wie bereits erwähnt, Anton, Illegaler Kulturgüterverkehr, insb. S. 1038–1041, und Braun, Kunstprozesse, S. 261–277, ausführlich mit den Gerichtsverfahren im Fall *Schwarz*.

452 Bischof, Die Kunst und Antiquitäten GmbH, S. 294; BT-Drs. 12/4500 („KoKo-Untersuchungsausschuss" – Dritter Teilbericht), S. 49.

453 Bischof, Die Kunst und Antiquitäten GmbH, S. 295; vgl. auch BT-Drs. 12/4500 („KoKo-Untersuchungsausschuss" – Dritter Teilbericht), S. 47–49.

In ihrer kurzen Begründung führte die 3. Kammer des Zweiten Senats aus, dass *Schwarz* seiner Substantiierungspflicht nicht ausreichend nachgekommen sei, weil er nicht ausreichend dargelegt hätte, inwiefern das BGH-Urteil gerade auf Verstößen gegen Grundrechte oder grundrechtsgleiche Rechte des GG beruhe. Insofern *Schwarz* in seiner Begründung vorgetragen hätte, dass der BGH außer Acht gelassen hätte, dass das Steuerverfahren gegen ihn von vornherein nur konstruiert worden wäre, um staatlicherseits in den Besitz seiner privaten Kunstsammlung zu gelangen, verkenne er, dass der BGH als reine Rechtsinstanz insoweit an die Tatsachenfeststellungen des KG gebunden gewesen wäre, welches eine dementsprechende Tatsachengrundlage nach der Beweisaufnahme ausdrücklich nicht vollends zu seiner Überzeugung bringen konnte. Dass das Steuerrecht der DDR an sich konfiskatorischen Charakter aufweise, hätte *Schwarz* dagegen in seiner Begründung der Verfassungsbeschwerde überhaupt nicht mehr substantiiert vorgetragen, sondern sich stattdessen wie das KG nur pauschal auf einen Beschluss des BVerfG aus dem Jahr 1961[454] berufen.[455]

Es mutet allerdings wie ein Zirkelschluss an, wenn das BVerfG im nächsten Atemzug davon sprach, dass der BGH das Steuerrecht der DDR „lediglich anders wertete". Genau diese Wertung hätte zum Gegenstand einer verfassungsgerichtlichen Überprüfung werden können. Denn wegen der Verbindlichkeit von Entscheidungen des BVerfG (u. a.) für alle Gerichte gem. § 31 Abs. 1 BVerfGG[456] hätte es eher am BGH und nicht an *Schwarz* gelegen, in seiner Entscheidung darzulegen, warum die Feststellungen des BVerfG aus dem Jahr 1961 nicht mehr auf das Steuerrecht der DDR aus dem Jahr 1981 zutreffen würden. Denn es ist nicht von vornherein ersichtlich, weshalb sich daran etwas geändert haben sollte,[457] nachdem das BVerfG in seinem Beschluss aus dem Jahr 1961 sehr deutlich ausführte:

> „Das sowjetzonale [wie sich aus den Entscheidungsgründen ergibt, ist trotz der missverständlichen Formulierung das Steuerrecht der DDR und gerade nicht das der SBZ

---

454 BVerfG, Beschl. v. 24.01.1961 – 2 BvR 168/60, NJW 1961, 653.

455 Zu alledem BVerfG (Kammer), Beschl. v. 09.01.1991 – 2 BvR 1616/88, NJW 1992, 1816 (1816).

456 § 31 Abs. 1 BVerfGG besteht seit der ursprünglichen Fassung des BVerfGG vom 12.03.1951 unverändert, vgl. BGBl. I S. 243, 246.

457 Armbrüster/Jopen, ROW 1989, 332 (335 Fn. 44a) sprechen diesen Aspekt in einer Fußnote kurz an und legen dabei möglicherweise nahe, dass sich infolge der Anerkennung der „Eigenstaatlichkeit" der DDR, wohl insb. im Zuge des 1973 in beiden Teilen Deutschlands in Kraft getretenen Grundlagenvertrags, Änderungen an der Bewertung des DDR-Steuerrechts für die BRD-Perspektive ergeben haben müssten. Dem ist nicht zu folgen, da eine politische Anerkennung eines fremden Staates nicht ohne Weiteres zu einer Neubewertung seiner (unveränderten) Rechtsnormen zumindest aus der Warte des *ordre public* führt. Ebenso führen Armbrüster/Jopen zuvor selbst aus, dass eine vollkommen uneingeschränkte nationale Steuersouveränität mit Rechtswirkungen auch außerhalb des eigenen Staatsgebiets nicht anzuerkennen ist.

> gemeint, Anm. d. Verf.] Einkommensteuerrecht ist ein Mittel zur Umgestaltung der Gesellschaft im Sinne der marxistisch-leninistischen Theorie. Der Grundsatz der Gleichheit der Besteuerung ist ihm fremd. […] Dieses "Recht" ist ein Mittel des Klassenkampfes. Es verstößt *ganz offensichtlich* [Hervorh. d. Verf.] gegen den Grundsatz der materiellen Gerechtigkeit und gegen das Rechtsstaatsprinzip. Daher ist es mit der verfassungsmäßigen Ordnung der Bundesrepublik Deutschland *unvereinbar* [Hervorh. d. Verf.]".[458]

Aufgrund der vom BVerfG (im Jahr 1961) betonten *Offensichtlichkeit* mutet es sowohl beim BGH als auch beim BVerfG (im Jahr 1991) befremdlich an, dass sich beide Gerichte darauf zurückzogen, dass *Schwarz* nicht den (negativen) Umstand substantiiert dargelegt hätte, dass sich das Steuerrecht der DDR innerhalb von 20 Jahren *nicht* vollkommen grundlegend geändert hätte. Dass es dies tatsächlich nicht getan hat, drängte sich spätestens seit den eigenen Ausführungen des KG dazu – welche weit davon entfernt waren, sich einfach nur pauschal auf das BVerfG des Jahres 1961 zu berufen – so deutlich auf, dass das Verlangen einer weiteren Substantiierung seitens des Klägers mindestens als formalistisch eingestuft werden kann. Ähnlich verhält es sich mit der abschließenden inhaltsleeren und im Angesicht des BGH-Ausspruchs redundanten Feststellung, dass dieser „zutreffend davon ausgegangen [sei], dass Art. 19 Abs. 4 GG nur Geltung für Akte der öffentlichen Gewalt der Bundesrepublik Deutschland hat und dies auch bei Anwendung des Art. 30 EGBGB a. F. zu berücksichtigen [ist]"[459]. Dass im Rahmen der Prüfung des *ordre public* Grundrechte des GG nicht eins zu eins auf ausländische Sachverhalte angewandt, sondern vielmehr nach der zugrundeliegenden rechtsstaatlichen Wertung gefragt werden muss,[460] blendeten beide Gerichte aus.

Alle bundesdeutschen Gerichtsentscheidungen bis zum Beschluss des BVerfG vom 09.01.1991 waren durch den Umstand geprägt, dass die den DDR-Steuerverfahren zugrundeliegenden Tatsachen zu dieser Zeit der breiten Öffentlichkeit noch überhaupt nicht bekannt und auch für Fachkreise kaum im Detail aufklärbar oder gar im prozessrechtlichen Sinne ohne Weiteres beweisbar waren. Dies änderte sich grundlegend ab Einsetzung des „KoKo-Untersuchungsausschusses" durch Beschluss des Deutschen Bundestages vom 06.06.1991, infolgedessen die Machenschaften des Bereichs Kommerzielle Koordinierung bis zur Veröffentlichung des 1.500 Seiten langen Abschlussberichts am 27.05.1994 umfassend aufgearbeitet wurden.[461] Dem Komplex der Kunst und Antiquitäten GmbH einschließlich der Beschaffung von Kulturgütern zum Export gegen westliche Devisen infolge von

---

458 BVerfG, Beschl. v. 24.01.1961 – 2 BvR 168/60, NJW 1961, 653 (654).

459 BVerfG (Kammer), Beschl. v. 09.01.1991 – 2 BvR 1616/88, NJW 1992, 1816 (1816).

460 Vgl. BVerfG, Beschl. v. 04.05.1971 – 1 BvR 636/68, NJW 1971, 1509 (1511 f.). Dazu ausführlich unter § 4.III.2.b), S. 230 ff.

461 BT-Drs. 12/7600 („KoKo-Untersuchungsausschuss" – Abschlussbericht), S. 1, 18.

fingierten Steuerverfahren wurde dabei sogar ein eigener zusätzlicher Teilbericht gewidmet.[462] Entsprechend wurde nun parallel in den Massenmedien u. a. auch konkret über die Steuerverfahren gegen private Kunsthändler und -sammler zunehmend berichtet.[463] V. a. vor diesem Hintergrund lässt sich erklären, dass das OLG Brandenburg im strafrechtlichen Rehabilitierungsverfahren[464] *Schwarz* (und seine Ehefrau) in zweiter Instanz mit Beschluss vom 30.11.1995 rehabilitierte und in diesem Zuge das Strafurteil vom Bezirksgericht Potsdam vom 02.12.1982 für rechtsstaatswidrig erklärte sowie rundum aufhob.[465]

II. Rückübertragungsanspruch nach § 3 Abs. 1 S. 1 VermG

Wie soeben aufgezeigt, hätte der Beschluss des OLG Brandenburg im Rehabilitierungsverfahren *Schwarz* ohne die infolge des „KoKo-Untersuchungsausschusses" erfolgte, umfangreiche Ermittlung von Tatsachen und Hintergründen zu den Steuerverfahren gegen private Kunsthändler und -sammler in der DDR wohl nicht zu Gunsten von *Schwarz* erfolgen können. Mindestens in selbem Maße beruhte diese Gerichtsentscheidung aber auf einem weiteren Umstand: einem neuen Gesetz in Form des StrRehaG[466]. Das Gesetz ist Teil eines in der (Nach-) Wendezeit neu geschaffenen Rechtsgebietes, welches den Umgang mit den Folgen des SBZ- und DDR-Unrechts im wiedervereinigten Deutschland regeln soll und für die in dieser Arbeit untersuchten Steuerverfahren in maßgeblicher Weise relevant ist. Dieses Rechtsgebiet bietet mit § 3 Abs. 1 S. 1 VermG für Betroffene in Bezug auf ihre verlustig gegangenen Kulturgüter auch einen potenziellen Rückübertragungsanspruch, neben einem subsidiären Entschädigungsanspruch und Rehabilitierungsmöglichkeiten, welche wiederum Voraussetzung für eine Rückübertragung sein können (1.). Materiellrechtliche Kernvoraussetzung für eine Rückübertragung ist dabei, dass die Steuerverfahren eine „Schädigung" der Betroffenen i. S. d. §§ 1, 2 Abs. 4 VermG darstellten (2.). Fraglich ist, wie die gesamten verfahrens- und materiellrechtlichen Voraussetzungen des Rückübertragungsanspruchs aus § 3 Abs. 1 S. 1 VermG in der

462 Drs. 12/4500 („KoKo-Untersuchungsausschuss" – Dritter Teilbericht).

463 Etwa Stock, FAZ vom 21.02.1992 (Nr. 44), 2.

464 Zur Möglichkeit strafrechtlicher Rehabilitierung für Opfer von DDR-Unrecht ausführlich unter § 4.II.1.c)aa), S. 161 ff.

465 OLG Brandenburg, Beschl. v. 30.11.1995 – 1 Ws (Reha) 115/95, 1 Ws (Reha) 115/96, VIZ 1996, 486. Dazu ausführlich unter § 4.II.2.c), S. 176 ff.

466 Gesetz über die Rehabilitierung und Entschädigung von Opfern rechtsstaatswidriger Strafverfolgungsmaßnahmen im Beitrittsgebiet – Strafrechtliches Rehabilitierungsgesetz – (StrRehaG), beschlossen als Art. 1 des Ersten Gesetzes zur Bereinigung von SED-Unrecht – Erstes SED-Unrechtsbereinigungsgesetz – (1. SED-UnBerG) vom 29.10.1992, BGBl. I S. 1814.

Gesamtschau zusammenwirken und ob sie so einen praxistauglichen Ansatz bieten können, um die Kulturgüter tatsächlich wiederzuerlangen (3.).

1. „Transitional Justice": Rückübertragungs-, Entschädigungs- und Rehabilitierungsrecht der (Nach-) Wendezeit

Bereits während der Zeit der deutschen Teilung zählten die „offenen Vermögensfragen" zu den brisantesten Streitpunkten zwischen Bonn und Ost-Berlin. Aus westdeutscher Perspektive waren damit ursprünglich v. a. die Folgen spezifischen „Teilungsunrechts" gemeint.[467] Darunter war insb. der Umgang mit (weiterhin) auf dem Gebiet der DDR belegenen Vermögenswerten von (inzwischen) BRD-Bürgern, die meistens zu irgendeinem Zeitpunkt vor oder nach Kriegsende das Gebiet der (späteren) DDR gen Westen verlassen hatten, zu verstehen. Auch im Zuge des 1972 geschlossenen Grundlagenvertrags konnten diese Fragen nicht geklärt werden.[468] Nach dem Fall der Mauer im November 1989 sowie den ersten und letzten freien Volkskammerwahlen in der DDR im März 1990, welche die Regierung *de Maizière* hervorbrachte, kam es am 15.06.1990 unter nun vollkommen andersgearteten politischen Bedingungen zur „Gemeinsamen Erklärung der Regierungen der Bundesrepublik Deutschland und der Deutschen Demokratischen Republik zur Regelung offener Vermögensfragen" (Gemeinsame Erklärung 1990). Diese schlug sich daraufhin nicht nur in mehreren Regelungen des EinigungsV vom August 1990 nieder, sondern wurde gem. Art. 41 Abs. 1 EinigungsV als Anlage III sogar selbst Teil des EinigungsV und genießt damit (bis heute) über Art. 143 Abs. 3 GG Verfassungsrang.[469]

Infolge der einfachgesetzlichen Umsetzung der in der Gemeinsamen Erklärung 1990 und im EinigungsV getroffenen Maßgaben wurden in der (Nach-) Wende-

---

467 Vgl. Wiedenfels, Offene Vermögensfragen, S. 110.

468 Zur Behandlung der offenen Vermögensfragen bis zur Wiedervereinigung allgemein Wiedenfels, Das Vermögensgesetz, S. 15, 151–153, 160. Die BRD schuf auch zur Kompensation dieses „Teilungsunrechts" bereits deutlich vor der Wiedervereinigung den sog. „Lastenausgleich" nach dem Gesetz über den Lastenausgleich – Lastenausgleichsgesetz – (LAG) vom 14.08.1952, BGBl. I S. 446, i. V. m. dem Gesetz über die Beweissicherung und Feststellung von Vermögensschäden in der sowjetischen Besatzungszone Deutschlands und im Sowjetsektor von Berlin – Beweissicherungs- und Feststellungsgesetz – (BFG) vom 22.05.1965, BGBl. I S. 425. Die damit verbundenen finanziellen Ausgleichsleistungen waren für Kulturgutverluste aber explizit ausgeschlossen gem. § 13 Nr. 3 BFG. Deshalb waren BRD-Bürger für Kulturgutverluste auf dem Gebiet von SBZ und DDR bis zur Wiedervereinigung, wie exemplarisch im Fall *Schwarz*, auf die Geltendmachung des Vindikationsanspruchs nach § 985 BGB auf dem Zivilrechtsweg verwiesen, sollte ein Kulturgut vor der Wiedervereinigung seinen Weg in die BRD gefunden haben.

469 Zur Genese der Gemeinsamen Erklärung 1990 vgl. Kittke, DtZ 1990, 179 (179).

zeit zahlreiche Gesetze zur Rückübertragung[470] von Vermögenswerten (a)) bzw. zur Entschädigung erfolgter Vermögensverluste (b)) sowie zur Rehabilitierung sonstigen, nicht (ausschließlich) vermögensrelevanten Unrechts (c)) verabschiedet. Letzterer Regelungskomplex gehört im engeren Sinne nicht zum „Recht der offenen Vermögensfragen", sondern weist eher einen historischen Zusammenhang zum bereits erwähnten RHG[471] der Vorwende-BRD auf. Das Rehabilitierungsrecht steht aber dennoch nicht nur historisch, sondern auch rechtstechnisch in einem sehr engen, teils miteinander verwobenen Zusammenhang zu Rückübertragungen und Entschädigungen, da diese ggf. im Zusammenhang mit Rehabilitierungen gewährt werden können. Insofern kann man in Bezug auf die wiedervereinigte Vergangenheitsbewältigung der zweiten deutschen Diktatur mittels Rückübertragungs-, Entschädigungs- und Rehabilitierungsrechts insgesamt heute vielleicht passender von „transitional justice" im weiteren Sinne sprechen und dieses Rechtsgebiet damit zugleich auch in einen vom konkreten historischen Geschehen abstrahierten, international vergleichbaren Zusammenhang einbetten.[472] Dass es sich dabei im konkreten Fall um eine äußerst komplexe und diffizile Regelungsmaterie handelt, dürfte selbst hartgesottenen Juristen bei einem kurzen Blick in die einschlägigen Regelwerke schnell ersichtlich werden.[473] Dies ist u. a. dem Umstand geschuldet, dass sie nicht nur Bezüge zu allen drei „großen" Rechtsgebieten (Zivil- und Strafrecht

---

470 Im Folgenden ist i. d. R. von „Rückübertragung" die Rede, weil dies insb. dem Wortlaut von § 3 Abs. 1 S. 1 VermG, der den „Rückübertragungsanspruch" konstituiert (dazu ausführlich sogleich unter § 4.II.1.a), S. 144 ff.), entspricht. Diese Terminologie dominiert aber auch sonst im VermG, neben dem etwas weniger verwendeten Begriff „Rückgabe", der offenbar bevorzugt auf die „Rückgabe" von Unternehmen(steilen), aber im Übrigen auch synonym verwendet wird. Der Begriff „Rückerstattung" fällt im VermG so gut wie nie, ist aber manchmal als tendenziell übergeordneter Begriff in Abgrenzung zur bloßen Entschädigung gebräuchlich. Ähnlich verhält es sich mit dem Begriff „Restitution", der allerdings zunehmend – insb. im Kontext dieser Arbeit – im spezifischen Zusammenhang zu Kulturgutverlusten verwendet wird. Falsch ist jedenfalls in Bezug auf das VermG von „Herausgabeanspruch" zu sprechen, weil ein solcher im engeren Sinne durch das VermG nicht begründet wird, dazu ausführlich unter § 4.II.1.a)bb), S. 155.

471 Dazu bereits ausführlich unter § 4.I.1., S. 127 ff.

472 So auch der Ansatz von Czeguhn/Thiessen, Transitional Justice. Der Begriff „transitional justice" wurde maßgeblich durch Kritz, Transitional Justice, geprägt und z. T. auch im Zusammenhang mit dem Wiedervereinigungsprozess gebraucht, vgl. bspw. Wiedenfels, Das Vermögensgesetz, S. 29. Die Terminologie „Wiedergutmachung" soll dagegen zuvörderst im Zusammenhang mit der Aufarbeitung des NS-Unrechts verwendet werden, um dessen genuinen, historisch einmaligen Unrechtsgehalt zum Ausdruck zu bringen. Zu diesem „Wiedergutmachungsrecht" ausführlich unter § 4.III.1.b)aa), S. 208 ff.

473 Dass komplexe historische Geschehnisse eine komplexe Interessenabwägung und somit i. E. eine komplexe, die Feinheiten des individuellen Einzelfalls berücksichtigende „transitional justice" verlangen, dürfte im Rahmen dieser Arbeit v. a. nach der Kritik an dem unterkomplexen Wirtschafts- und Rechtsleben der DDR und den dort praktizierten „einfachen Lösungen" nach ZGB und ZPO-DDR naheliegen. Gleichwohl dürften aber auch dbzgl. schwarz-weiß Betrachtungen

sowie Öffentliches Recht) samt ihren jeweiligen Spielarten aufweist, sondern infolge ihrer historischen und gesellschaftspolitischen Brisanz auch durch unzählige Gesetzesänderungen sowie höchst- und verfassungsgerichtliche Judikaturen geprägt ist. Der Kreis der Juristen, die sich mit dieser „transitional justice" eingehend beschäftigt haben, besteht v. a. aus einer eher überschaubaren Anzahl von Praktikern, trotz der enormen quantitativen und finanziellen Relevanz des Rechtsgebiets v. a. in den 1990er-Jahren.[474] Über Erfolg oder Misserfolg der „transitional justice" in Bezug auf die Zeit der deutschen Teilung scheiden sich bis heute die Geister.[475]

a) „Rückübertragung": VermG (nur) für Vermögensverluste 1949–1990

Einem grundlegenden – möglicherweise durch politische Fehlkommunikation verursachten – Missverständnis, dem bis heute viele Laien und Juristen in Bezug auf die „transitional justice" der (Nach-) Wendezeit unterliegen, ist, dass davon ausgegangen wird, dass durch diese die (komplette) Rückabwicklung allen SBZ- und DDR-Unrechts bezweckt wurde. Das Gegenteil ist der Fall: An mehreren Stellen der Gemeinsamen Erklärung 1990, des EinigungsV und der einfachgesetzlichen „transitional justice" kommt deutlich zum Ausdruck, dass Rechtsvorgänge in SBZ und DDR im wiedervereinigten Deutschland zugunsten von – um es mit den Worten der Präambel der Gemeinsamen Erklärung 1990 auszudrücken – „Rechtssicherheit" sowie „Rechtseindeutigkeit" und damit „Rechtsfrieden" weitestgehend als wirksam behandelt werden sollen, auch wenn ein „sozialverträglicher Ausgleich" sowie „das Recht auf Eigentum" Durchbrechungen dieses Grundsatzes erlauben.[476] Dem lag historisch möglicherweise auch die Überlegung zugrunde, dass unabhängig von der Frage, inwieweit historische Vorgänge durch Rechtsakte überhaupt „rückgängig" gemacht werden können, dies jedenfalls die Gefahr birgt, neue Ungerechtigkeiten zu schaffen sowie enorme Ressourcen zu binden, die für den Blick in die Zukunft benötigt werden.

Dementsprechend werden an die stärkste Form der Aufarbeitung offener Vermögensfragen, nämlich der *Rückübertragung* (anstelle bloßer *Entschädigung*[477])

---

kaum weiterführen, wenn man voraussetzt, dass „materielle Gerechtigkeit" nicht nur aufgrund von Unter-, sondern auch aufgrund von Überkomplexität gesetzlicher Regelungen leiden kann.

474 Vgl. Wiedenfels, Das Vermögensgesetz, S. 366.

475 Eine dbzgl. eigene Wertung erfolgt in dieser Arbeit zugunsten der hier zu klärenden Fragen nur insoweit an der jeweiligen Stelle. Zur generalisierenden Bewertung der gesamten „transitional justice" der Wiedervereinigung wird insoweit auf die mannigfaltige weiterführende Literatur verwiesen, welche in dieser Arbeit zitiert wird.

476 Vgl. BT-Drs. 11/7831 (Unterrichtung des Deutschen Bundestages durch die Bundesregierung zum VermG), S. 1; Wiedenfels, Das Vermögensgesetz, S. 16 f., 145 f.

477 Dazu ausführlich unter § 4.II.1.b), S. 155 ff.

verlustig gegangener Vermögenswerte, besonders hohe Anforderungen gestellt. Dies lässt sich schon der Gemeinsamen Erklärung 1990 selbst entnehmen. Obwohl in Ziff. 3 der Gemeinsamen Erklärung 1990 bspw. die Zurückgabe von in den Jahren *1949–1990*[478] enteigneten Immobilien als Grundsatz ausgestaltet wird („Rückgabe vor Entschädigung"), wird dieser v. a. durch die Ausnahmen in lit. a) und b) derselben Ziffer deutlich eingeschränkt.[479] Insb. auf lit. b), der redlichen Erwerb Dritter als Ausnahmegrund vorsieht, wird an zahlreichen weiteren Stellen der Gemeinsamen Erklärung 1990 verwiesen. In Ziff. 13 lit. b) S. 2 der Gemeinsamen Erklärung 1990 ist zudem eine sehr kurze Antragsfrist von maximal sechs Monaten in Bezug auf die Ansprüche vorgesehen.

Einfachgesetzlich wurde die Gemeinsame Erklärung 1990 in Bezug auf die Rückübertragung von in den Jahren 1949–1990 auf dem Gebiet der DDR entzogenen Vermögenswerten durch das VermG[480] umgesetzt. Dieses wurde noch von der ersten und letzten frei gewählten Volkskammer verabschiedet und galt gem. Art. 9 Abs. 2 EinigungsV i. V. m. Anlage II, B., Kapitel III, Sachgebiet B, Abschnitt I, Nr. 5 mit Beitritt der neuen Länder am 03.10.1990 als Bundesrecht fort.[481] Seitdem unterlagen sowohl der materielle Tatbestand (aa)) als auch das formelle Verfahren sowie die materiellen Rechtsfolgen (bb)) des VermG, v. a. in den 1990er-Jahren, mehr als 30 gesetzgeberischen Änderungen[482] sowie zahlreichen höchst- und verfassungsrichterlichen Judikaturen.

aa) Materieller Tatbestand

§ 1 VermG bestimmt den Anwendungsbereich des Gesetzes und sieht dabei für den Kontext dieser Arbeit insb. Ansprüche bei „entschädigungslosen Enteignun-

---

478 Zur Rückübertragung von während der Jahre *1945–1949* entzogener Vermögenswerte ausführlich unter § 4.II.1.b)bb), S. 158 ff.

479 Vgl. Wiedenfels, Das Vermögensgesetz, S. 20.

480 Gesetz zur Regelung offener Vermögensfragen – Vermögensgesetz – (VermG) vom 20.09.1990, DDR-GBl. I S. 1627, 1899.

481 Zur Frage, an welchem Tag genau das VermG durch die Volkskammer verabschiedet wurde, existieren unterschiedliche Angaben. Genannt werden z. B. 31.08.1990, 23.09.1990 oder 29.09.1990. Richtig sein dürfte aber der 20.09.1990 als Tag der Verabschiedung des Zustimmungsgesetzes der Volkskammer zum EinigungsV, der in seiner Anlage II das VermG als „fortgeltendes Recht der DDR" enthielt (DDR-GBl. I S. 1627, 1888, 1899), obwohl es offenbar zuvor noch gar nicht geltendes DDR-Recht war (vgl. Wiedenfels, Das Vermögensgesetz, S. 204 f.). Der 31.08.1990 war dagegen lediglich der Tag des Vertragsschlusses durch die Regierungsvertreter (DDR-GBl. I S. 1627), der 23.09.1990 war der Tag der Verabschiedung des Zustimmungsgesetzes durch den Deutschen Bundestag (BGBl. II S. 885) und der 29.09.1990 war der Tag der Bekanntmachung der Regierung *de Maizière* über das Inkrafttreten des EinigungsV gem. Art. 45 Abs. 1 EinigungsV (sodass der Beitritt gem. Art. 1 S. 1 EinigungsV zum 03.10.1990 erfolgen konnte) als letzter Eintragung im DDR-GBl. I überhaupt (DDR-GBl. I S. 1988).

482 Vgl. Wiedenfels, Offene Vermögensfragen, S. 114.

gen“ gem. § 1 Abs. 1 lit. a) VermG sowie „unlauteren Machenschaften, z. B. durch Machtmissbrauch, Korruption, Nötigung oder Täuschung von seiten des Erwerbers, staatlichen Stellen oder Dritter“ gem. § 1 Abs. 3 VermG vor. Darüber hinaus gilt das VermG entsprechend für „die Rückgabe von Vermögenswerten, die im Zusammenhang mit der nach anderen Vorschriften erfolgten Aufhebung rechtsstaatswidriger straf-, ordnungsstraf- oder verwaltungsrechtlicher Entscheidungen steht“ gem. § 1 Abs. 7 VermG. Diese Rechtsfolgenverweisung[483] bildet insb. die bereits angesprochene Brücke des „Rechts der offenen Vermögensfragen“ im engeren Sinne zum Rehabilitierungsrecht, da die genannten „anderen Vorschriften“ insb. mit dem StrRehaG, VwRehaG[484] und BerRehaG[485] (erst deutlich nach dem VermG) erlassen worden.[486] All diese Handlungen stellen „Schädigungen“ i. S. d. VermG dar nach § 2 Abs. 4 VermG. Ausdrücklich nicht gilt das VermG für Vorgänge in den Jahren *1945–1949*, denn dafür ist von vornherein, wenn überhaupt, nur Entschädigung nach dem AusglLeistG[487] i. V. m. EntschG[488], jedenfalls aber keine Rückübertragung vorgesehen gem. § 1 Abs. 8 lit. a) VermG.[489]

Nach den „Begriffsbestimmungen“ in § 2 VermG können auch Rechtsnachfolger von Berechtigten Ansprüche geltend machen gem. § 2 Abs. 1 S. 1 VermG. Der „Ver-

---

483 Rodenbach, in: Fieberg/Reichenbach/Messerschmidt/Neuhaus (Bd. 1), VermG, § 1 VermG Rn. 161. Ungewöhnlich wirkt auf den ersten Blick die „Perspektive“ dieser Rechtsfolgenverweisung, da sie für die angeordneten Rechtsfolgen nicht wie üblich auf ein anderes Gesetz, sondern gerade auf das „verweisende“ VermG selbst verweist. Zugleich wird auf andere Rechtsvorschriften insoweit verwiesen, als deren Voraussetzungen (Aufhebungstatbestand) *und* Rechtsfolgen (Aufhebung selbst) bereits vorliegen müssen. Dennoch handelt es sich zu Recht um eine Rechtsfolgenverweisung, weil § 1 Abs. 7 VermG unter den genannten Umständen v. a. die eigenen Rechtsfolgen für entsprechend anwendbar erklärt, während zumindest der materiellrechtliche Kerntatbestand des VermG (Schädigung nach § 1 Abs. 1 VermG) dann nicht mehr geprüft werden muss.

484 Gesetz über die Aufhebung rechtsstaatswidriger Verwaltungsentscheidungen im Beitrittsgebiet und die daran anknüpfenden Folgeansprüche – Verwaltungsrechtliches Rehabilitierungsgesetz – (VwRehaG), beschlossen als Art. 1 des Zweiten Gesetzes zur Bereinigung von SED-Unrecht – Zweites SED-Unrechtsbereinigungsgesetz – (2. SED-UnBerG) vom 23.06.1994, BGBl. I S. 1311.

485 Gesetz über den Ausgleich beruflicher Benachteiligungen für Opfer politischer Verfolgung im Beitrittsgebiet – Berufliches Rehabilitierungsgesetz – (BerRehaG), beschlossen als Art. 2 des 2. SED-UnBerG.

486 Dazu ausführlich unter § 4.II.1.c), S. 161 ff.

487 Gesetz über staatliche Ausgleichsleistungen für Enteignungen nach auf besatzungsrechtlicher oder besatzungshoheitlicher Grundlage, die nicht mehr rückgängig gemacht werden können – Ausgleichleistungsgesetz – (AusglLeistG), erlassen als Art. 2 des Gesetzes über die Entschädigung nach dem Gesetz zur Regelung offener Vermögensfragen und über staatliche Ausgleichsleistungen für Enteignungen auf besetzungsrechtlicher oder besatzungshoheitlicher Grundlage – Entschädigungs- und Ausgleichsleistungsgesetz – (EALG) vom 27.09.1994, BGBl. I S. 2624, 2628.

488 Gesetz über die Entschädigung nach dem Gesetz zur Regelung offener Vermögensfragen – Entschädigungsgesetz – (EntschG), erlassen als Art. 1 des EALG.

489 Dazu ausführlich unter § 4.II.1.b)bb), S. 158 ff.

fügungsberechtigte“ ist i. S. d. VermG stets als Gegenbegriff zum „Berechtigten“ und damit als derjenige, zu dessen Lasten die potenzielle Rückübertragung erfolgen soll, zu verstehen (vgl. § 2 Abs. 3 VermG).[490] Im Falle der hier in Rede stehenden Steuerverfahren ist der von diesen betroffene private Kunsthändler oder -sammler demgemäß der „Berechtigte“ und der Besitzer des jeweiligen Kulturgutes im Zeitpunkt der Antragsstellung der „Verfügungsberechtigte“. Darüber hinaus werden die potenziell zurückzuübertragenden „Vermögenswerte“ sehr weit definiert und umfassen neben Immobilien insb. bewegliche Sachen – also auch sämtliche Kulturgüter – und auch Kontoguthaben, (sonstige) Forderungen sowie Unternehmen gem. § 2 Abs. 2 VermG. In der Rechtspraxis dominiert(e) mit absolutem Vorrang die Anwendung des VermG in Bezug auf Immobilien, auch lässt sich dem Gesetz – wie der Gemeinsamen Erklärung 1990 – selbst bereits ein starker Zuschnitt auf diesen Vermögenswert durch eine dbzgl. ungleich höhere Regelungsdichte entnehmen. Wo sich der Vermögenswert zum Zeitpunkt der Antragsstellung befindet, u. U. auch im Ausland, ist für den Anwendungsbereich des VermG grds. irrelevant, sodass Weiterveräußerungen der Kulturgüter ins und im Ausland unschädlich sind.[491]

§ 3 Abs. 1 S. 1 VermG stellt sodann als Kardinalnorm des Gesetzes die Anspruchsgrundlage auf Rückübertragung dar, indem geregelt wird, dass „Vermögenswerte, die den Maßnahmen im Sinne des § 1 unterlagen und in Volkseigentum überführt oder an Dritte veräußert wurden, […] auf Antrag an die Berechtigten zurückzuübertragen [sind], soweit dies nicht nach diesem Gesetz ausgeschlossen ist“. Dieser Anspruch ist gem. § 3 Abs. 1 S. 2 VermG übertragbar.[492] Nach § 3 Abs. 3 VermG tritt ab Antragsstellung des (potenziell) Berechtigten eine zwischen Berechtigtem und Verfügungsberechtigtem (lediglich) schuldrechtlich wirkende „Verfügungssperre“ über den Vermögenswert sowie ein darüberhinausgehendes besonderes gesetzliches Schuldverhältnis ein.[493]

---

490 Wasmuth, in: RIV, VermG, § 2 VermG Rn. 187, 189.

491 Rodenbach, ZOV 2014, 74 (77, 81); vgl. in Bezug auf das AusglLeistG auch BVerwG, Urt. v. 09.12.2004 – 7 C 2/04, ZOV 2005, 217, zu einem wohl einzigartigen Fall, in dem sich die Belegenheit einer Immobilie (des Berliner Lenné-Dreiecks) änderte, sie gewissermaßen zur „mobilen Immobilie“ wurde. Jedenfalls kann der Umstand der Belegenheit des Vermögenswerts allerdings Auswirkungen auf die Unmöglichkeit des Rückübertragungsanspruchs haben, dazu sogleich auf S. 125.

492 Von dieser Möglichkeit wurde reger Gebrauch gemacht, nachdem viele potenzielle Berechtigte die Kosten und Mühen scheuten, ihren Anspruch selbst geltend zu machen, während findige „Glücksritter“ auf dieser Basis ein Geschäftsmodell etablierten, vgl. Wiedenfels, Das Vermögensgesetz, S. 214, 218, 224, 231.

493 Wasmuth, in: RIV, VermG, § 3 VermG Rn. 296 f., 406, 408 f. Diese Verfügungssperre wird in § 3 Abs. 5 VermG durch eine Vergewisserungspflicht jedes potenziellen Verfügungsberechtigten, dass kein Antrag nach § 30 VermG gestellt wurde, bevor über einen potenziell be-

§ 4 VermG regelt die wesentlichen Ausschlussgründe des Rückübertragungsanspruchs aus § 3 Abs. 1 S. 1 VermG. § 4 Abs. 1 S. 1 VermG sieht vor, dass die „Rückübertragung des Eigentumsrechtes [...] ausgeschlossen [ist], wenn dies von der Natur der Sache her nicht möglich ist“ (Unmöglichkeit). Zu berücksichtigen ist hier im Unterschied zu § 275 BGB, dass damit uneingeschränkt nur die tatsächliche („von der Natur der Sache her“), nicht aber die rechtliche Unmöglichkeit gemeint ist, da insb. fremdes Eigentum den Rückübertragungsanspruch ja gerade nicht hindert, sondern vielmehr häufig vorliegen wird.[494] Bei Vermögenswerten in Form beweglicher Sachen allgemein und noch mehr bei den hier interessierenden Kulturgütern ist insb. die Unmöglichkeit wegen Zerstörung oder Unauffindbarkeit praktisch relevant.[495] V. a. bei letzterem Fall wird der Antrag dann aber ggf. schon mangels Substantiiertheit abgelehnt werden.[496]

Nach § 4 Abs. 2 S. 1 VermG ist die Rückübertragung „ferner ausgeschlossen, wenn natürliche Personen, Religionsgemeinschaften oder gemeinnützige

---

lasteten Vermögenswert verfügt wird, flankiert. Diese Vergewisserungspflicht soll bei allen Vermögenswerten i. S. d. § 2 Abs. 2 VermG auch ohne nähere Anhaltspunkte für einen Antrag gelten, Redeker/Hirtschultz/Tank, in: Fieberg/Reichenbach/Messerschmidt/Neuhaus (Bd. 1), VermG, § 3 VermG Rn. 363. Dieser uneingeschränkten Geltung kann nicht zugestimmt werden, da anderenfalls auch heute und in Zukunft (u. a. wegen des offenen Fristlaufs nach § 30a Abs. 1 S. 3 Hs. 1 VermG i. V. m. §§ 3 Abs. 1 S. 1, 1 Abs. 7 VermG) noch vor jeder (!) Verfügung über jede (!) bewegliche Sache (theoretisch im gesamten Bundesgebiet) die in § 3 Abs. 5 VermG vorgesehene, behördliche Auskunft eingeholt werden müsste. Es ist offensichtlich, dass dies zugunsten der Verkehrsfähigkeit von beweglichen Sachen nicht sein kann, weshalb der Anwendungsbereich von § 3 Abs. 5 VermG insb. bei beweglichen Sachen teleologisch darauf reduziert werden muss, dass eine Vergewisserung nur bei konkreten Anhaltspunkten für ein Verfahren nach dem VermG stattfinden muss.

494 Vgl. Rodenbach, in: Fieberg/Reichenbach/Messerschmidt/Neuhaus (Bd. 1), VermG, § 4 VermG Rn. 41. Ein Rückübertragungsanspruch nach § 3 Abs. 1 S. 1 VermG setzt aber andererseits auch nicht voraus, dass der Verfügungsberechtigte tatsächlich Eigentum am Vermögenswert erlangt hat, vielmehr ist die Qualifikation der Rechtsposition des Verfügungsberechtigten für das Bestehen des Anspruchs grds. nicht von Belang, vgl. etwa VG Gera, Urt. v. 21.11.2019 – 3 K 1197/16 GE, BeckRS 2019, 53517 (aufgehoben und zurückverwiesen durch BVerwG, Beschl. v. 17.12.2020 – 8 B 17.20, BeckRS 2020, 42357) und ausführlich unter § 4.II.2.a), S. 170 f. zum „faktischen Enteignungsbegriff“ des § 1 Abs. 1 lit. a) VermG.

495 Vgl. BVerwG, Urt. v. 26.09.2001 – 8 C 20/00, VIZ 2002, 286 (287); Chall, Wege in die Sammlung, S. 130. Bei genauerer Betrachtung ist dies im Falle der Unauffindbarkeit überraschend, weil der Anspruch aus § 3 Abs. 1 S. 1 VermG nach seiner Rechtsfolge gem. § 34 Abs. 1 S. 1 Nr. 1 VermG lediglich dazu führt, dass das Eigentum am Vermögenswert kraft Hoheitsakt auf den Berechtigten übergeht, dazu ausführlich unter § 4.II.1.a)bb), S. 155. Die Änderung der Eigentumslage an einer beweglichen Sache setzt aber nicht denknotwendig voraus, dass bekannt ist, wo sich diese befindet.

496 Zu den weitgehenden Substantiierungspflichten des Antragssteller ausführlich unter § 4.II.1.a)bb), S. 154.

Stiftungen nach dem 08.05.1945 in redlicher Weise an dem Vermögenswert Eigentum oder dingliche Nutzungsrechte erworben haben" (redlicher Erwerb). In § 4 Abs. 3 VermG wird weiter geregelt, dass der Rechtserwerb „in der Regel" dann als unredlich anzusehen ist, „wenn er

a) nicht in Einklang mit den zum Zeitpunkt des Erwerbs in der DDR geltenden allgemeinen Rechtsvorschriften, Verfahrensgrundsätzen und einer ordnungsgemäßen Verwaltungspraxis stand, und der Erwerber dies wusste oder hätte wissen müssen oder
b) darauf beruhte, dass der Erwerber durch Korruption oder Ausnutzung einer persönlichen Machtstellung auf den Zeitpunkt oder die Beendigung des Erwerbs oder auf die Auswahl des Erwerbsgegenstandes eingewirkt hat, oder
c) davon beeinflusst war, dass sich der Erwerber eine vom ihm selbst oder von dritter Seite herbeigeführte Zwangslage oder Täuschung des ehemaligen Eigentümers zu Nutze gemacht hat".

Ein Vergleich des redlichen Erwerbs nach § 4 Abs. 2 S. 1, 3 VermG mit dem gutgläubigen Erwerb nach §§ 932 ff. BGB drängt sich geradezu auf. Dabei wird allerdings schnell deutlich, dass die unterschiedlichen Bezeichnungen zu Recht gewählt worden sind, um die Unterschiede der beiden Rechtsinstitute nicht durch eine identische Terminologie zu verwischen.

Zunächst ist der Kreis potenzieller redlicher Erwerber in § 4 Abs. 2 S. 1 VermG vom Gesetzgeber bewusst eingeschränkt und z. B. nahezu sämtliche juristische Personen und Personengesellschaften sowie sämtliche VEB ausgeschlossen worden. Berechtigtes Motiv war dabei, dem SED-Staat unmittelbar zuzurechnende Rechtssubjekte von vornherein von der Möglichkeit des redlichen Erwerbs auszuschließen.[497] Die Kunst und Antiquitäten GmbH scheidet als redliche Erwerberin der Kulturgüter nach § 4 Abs. 2 S. 1 VermG also von vornherein aus.[498] Weiter scheiden deren direkte gewerbliche Abnehmer, die i. d. R. als juristische Personen oder Personengesellschaften zu qualifizieren waren, aber auch alle weiteren Dritterwerber ebenso als redliche Erwerber nach § 4 Abs. 2 S. 1 VermG aus, soweit diese nicht natürliche Personen sind. Denn Religionsgemeinschaften und gemeinnützige Stiftungen kommen als Dritterwerber der Kulturgüter praktisch kaum in Betracht, es sei denn im Rahmen der Trägerschaft von Kultureinrichtungen wie insb. Museen. Viele Museen befinden sich allerdings in direkter staatlicher oder

---

497 Wiedenfels, Das Vermögensgesetz, S. 165 f.

498 So auch Gutachten der Wissenschaftlichen Dienste des Deutschen Bundestages vom 10.12.1991, als Kopie abgedruckt in BT-Drs. 12/4500 („KoKo-Untersuchungsausschuss" – Dritter Teilbericht), S. 528–543 („Dokument 105"), S. 534.

kommunaler Trägerschaft, sodass diese ebenso nicht als redliche Erwerber nach § 4 Abs. 2 S. 1 VermG in Betracht kommen.[499]

Weiter wird in der Literatur ausgeführt, dass als redliche Erwerber in Form natürlicher Personen nur DDR-Bürger bei Erwerbungen auf DDR-Staatsgebiet in Betracht gekommen wären.[500] Diese Aussage ergibt sich vermutlich daraus, dass der jeweilige Verfasser als Vermögenswert lediglich Immobilien vor Augen hat, nicht aber bewegliche Sachen. Nur für Immobilien gilt nämlich die sog. „Stichtagsregelung" des § 4 Abs. 2 S. 2 VermG, wonach der redliche Erwerb grds. nur bis zum Ablauf des 18.10.1989 möglich war, sodass praktisch tatsächlich fast nur DDR-Bürger als redliche Erwerber in Form von natürlichen Personen in Betracht kommen, da Ausländer in der DDR kaum Immobilien erwarben. Die Stichtagsregelung gilt aber nicht für bewegliche Sachen als Vermögenswert, die zudem – wie die vorliegende Arbeit zeigt – auch bereits während der Zeit der deutschen Teilung durchaus von ausländischen Personen in oder außerhalb der DDR erworben worden. Die Möglichkeit des redlichen Erwerbs von beweglichen Sachen nur persönlich auf DDR-Bürger bzw. zeitlich-territorial auf Erwerbungen auf dem Staatsgebiet der DDR zur Zeit des Bestehens der DDR zu beschränken, entspricht jedoch nicht dem insoweit unbeschränkten Wortlaut des § 4 Abs. 2 S. 1 VermG. Auch die historische Auslegung der Norm spricht gegen eine solche Auslegung, da auch Ziff. 3 lit. b) der Gemeinsamen Erklärung 1990, der den Ausgangspunkt für den Tatbestand des redlichen Erwerbs in § 4 Abs. 2 S. 1 VermG gibt, den persönlichen Anwendungsbereich ebenfalls nur in Bezug auf Immobilien auf DDR-Bürger beschränkt. Hinzu tritt ein weiteres, historisch-systematisches Argument. Vom geschützten Erwerberkreis des § 4 Abs. 2 S. 1 VermG sind auch gemeinnützige Stiftungen erfasst, solche existierten in der DDR aber kaum noch und waren insb. nach dem ZGB überhaupt nicht mehr vorgesehen. Dementsprechend wurde der Tatbestand v. a. auch mit Blick auf ausländische Stiftungen als potenzielle redliche Erwerber geschaffen, da diese ebenso wie Religionsgemeinschaften eine gewisse antagonistische Stellung zum SED-Staat einnahmen.[501] Demzufolge ist der Gesetzgeber bei Verabschiedung des § 4 Abs. 2 S. 1 VermG auch in Bezug auf natürliche Personen von einem unbeschränkten Erwerberkreis ausgegangen, weil er anderenfalls einen unterschiedlichen persönlichen Anwendungsbereich gesondert hervorheben hätte müssen. Schließlich spricht aber zudem der Sinn und Zweck der Regelung gegen eine solche Einschränkung, denn es handelt sich beim redlichen Erwerb letztlich

---

499 Vgl. Chall, Wege in die Sammlung, S. 128 f.; Rodenbach, ZOV 2014, 74 (80); Weiler, KUR 2014, 126 (129).

500 Statt vieler nur Geißdorf, Restitutionsansprüche, S. 68 Fn. 19 und Rodenbach, in: Fieberg/Reichenbach/Messerschmidt/Neuhaus (Bd. 1), VermG, § 4 VermG Rn. 67.

501 Wasmuth, in: RIV, VermG, § 4 VermG Rn. 119 f.

wie beim gutgläubigen Erwerb um einen Vertrauenstatbestand.[502] Es ist aber insb. unter Gleichheitsgesichtspunkten nicht ersichtlich, warum das Vertrauen eines ausländischen Erwerbs oder generell eines Erwerbs im Ausland bzw. nach der Wiedervereinigung *unter den Voraussetzungen des § 4 Abs. 2 S. 1, Abs. 3 VermG* weniger schutzwürdig sein sollte als das eines DDR-Bürgers. Der bloße Verweis auf den dann immer noch möglichen gutgläubigen Erwerb der ausländischen Person gem. §§ 932 ff. BGB dürfte durch das in diesen Fällen fast immer vorliegende Abhandenkommen gem. § 935 BGB praktisch leerlaufen und ist damit funktionslos.[503] Folglich können auch heute noch BRD-Bürger und natürliche Personen anderer Staaten die in Rede stehenden Kulturgüter gem. § 4 Abs. 2 S. 1 VermG redlich erwerben.

Darüber hinaus ist aber schließlich für den redlichen Erwerb ein ganz anderer Anknüpfungspunkt als für den gutgläubigen Erwerb relevant, nämlich nicht das Kennenmüssen der fehlenden Eigentümerstellung des Veräußernden (der Veräußernde kann und wird im Falle des § 4 Abs. 2, 3 VermG häufig der Eigentümer sein, sodass ein gutgläubiger Erwerb nach BGB gar nicht in Frage käme), sondern die objektiven Erwerbsumstände, welche im Falle von lit. a) um das subjektive „hätte wissen müssen" dieser Erwerbsumstände ergänzt werden.[504] Dieses „hätte wissen müssen" kann nach seinem Wortlaut wohl mit dem „Kennenmüssen" des § 122 Abs. 2 BGB gleichgesetzt werden und erfasst somit im Unterschied zu § 932 Abs. 2 BGB bereits einfache Fahrlässigkeit.[505] Eine solche einfache Fahrlässigkeit in Bezug auf die Erwerbsumstände dürfte bei den gewerblichen Abnehmern der Kunst und Antiquitäten GmbH wegen der Veröffentlichung in der Zeitschrift „art" stets vorgelegen haben.[506] Wie bei § 932 Abs. 2 BGB muss die dbzgl. Bösgläubigkeit dem redlichen Erwerber nachgewiesen werden. Konsequenterweise ist für den redlichen Erwerb des § 4 Abs. 2, 3 VermG aber ein fehlendes Abhandenkommen entsprechend § 935 BGB irrelevant, da das VermG an sich ja generell die Situation eines unfreiwilligen Besitzverlustes voraussetzt und ein redlicher Erwerb dann immer ausgeschlossen wäre.

Nach alledem liegt dem „redlichen Erwerb" nach § 4 Abs. 2, 3 VermG und dem „gutgläubigen Erwerb" nach §§ 932 ff. BGB zwar ein ähnlicher Telos zugrunde, ihre

---

502 Statt vieler Rodenbach, in: Fieberg/Reichenbach/Messerschmidt/Neuhaus (Bd. 1), VermG, § 4 VermG Rn. 60.

503 So aber Rodenbach, ZOV 2014, 74 (81).

504 Die beiden anderen Ausschlussgründe nach § 4 Abs. 3 lit. b), c) VermG sind vorliegend nicht relevant, da sie lediglich den Erwerb durch die Kunst und Antiquitäten GmbH erfassen würde. Diese kommt als juristische Person aber von vornherein nicht als mögliche redliche Erwerberin gem. § 4 Abs. 2 S. 1 VermG in Betracht.

505 Rodenbach, ZOV 2014, 74 (80).

506 Dazu bereits unter § 3.III.3.b), S. 118 f.

Anwendung muss aufgrund ihrer erheblichen rechtstechnischen Unterschiede aber strikt voneinander getrennt werden.[507]

bb) Formelles Verfahren und materielle Rechtsfolgen

Das Verfahren auf Rückübertragung der Vermögenswerte nach § 3 Abs. 1 S. 1 VermG wird gem. Art. 30, 83 GG (insoweit deklaratorisch: § 22 Abs. 1 S. 1 VermG[508]) in „echter" Landeseigenverwaltung durchgeführt. Durchgeführt wurde das Verfahren auf Rückübertragung der Vermögenswerte demzufolge ursprünglich i. d. R. durch die auf Kreisverwaltungsebene angesiedelten, sachlich zuständigen Ämter zu Regelung offener Vermögensfragen (ARoV), unterstützt durch die Landesämter für offene Vermögensfragen (LARoV) (§§ 23–25 VermG). Inzwischen sind diese Ämter aufgrund des hohen Erledigungsstandes im Zuge mehrerer Umstrukturierungen i. d. R. wieder in die allgemeine innere Verwaltung eingegliedert worden (§ 28 Abs. 2 VermG), es existiert daneben derzeit noch das ebenfalls mehrfach umstrukturierte Bundesamt für zentrale Dienste und offene Vermögensfragen (BADV) mit Sitz in Berlin (§ 29 VermG).[509] Örtlich zuständig ist das ARoV, in dessen Bereich der Vermögenswert belegen ist gem. § 35 Abs. 2 VermG, wobei sowohl bei örtlicher wie auch sachlicher Zuständigkeit von Amts wegen verwiesen wird gem. § 35 Abs. 4 VermG.

Bei diesen Behörden musste zur Einleitung des Verfahrens auf Rückübertragung eines Vermögenswertes in Form einer beweglichen Sache bis zum Ablauf des 30.06.1993 ein Antrag gestellt („angemeldet"[510]) werden gem. §§ 30 Abs. 1 S. 1, 30a Abs. 1 S. 1 Alt. 2 VermG.[511] Im Falle der Beantragung eines Rückübertragungsanspruchs aufgrund insb. eines Rehabilitierungsverfahrens

---

507 Zu alledem vgl. Wiedenfels, Das Vermögensgesetz, S. 164.

508 Vgl. Wiedenfels, Das Vermögensgesetz, S. 171.

509 Vgl. Behördenverzeichnis des BADV, abrufbar unter <https://www.badv.bund.de/DE/OffeneVermoegensfragen/Behoerdenverzeichnis/start.html> (zuletzt aufgerufen am 01.03.2024).

510 Redeker, in: Fieberg/Reichenbach/Messerschmidt/Neuhaus (Bd. 1), VermG, § 30a VermG Rn. 5: Um Verwechslungen mit der Anmeldung nach der Verordnung über die Anmeldung vermögensrechtlicher Ansprüche (AnmeldeVO) vom 11.07.1990, DDR-GBl. I S. 718, die als Interimsregelung bereits vor dem VermG erlassen worden ist, zu vermeiden, wird im Folgenden dennoch durchgehend von „Antrag" statt „Anmeldung" gesprochen, auch wenn das VermG selbst beide Begriffe offenbar synonym verwendet.

511 Für den unbefangenen Leser könnte sich aus § 3 Abs. 4 S. 1, 2 VermG auf den ersten Blick eine Ausnahme von diesem Fristerfordernis ergeben. Die spezielle Regelung bezieht sich aber lediglich auf „Anmelde"fristen nach der Anmeldeverordnung und ändert nichts an den Fristen des § 30a VermG. Vgl. Wasmuth, in: RIV, VermG, Einf. VermG Rn. 738, § 3 Rn. 445, § 30a Rn. 1, 102. Der Frist des § 30a VermG wurde wiederholt von Literatur wie Rechtsprechung verfassungsrechtliche Unbedenklichkeit attestiert, statt vieler Redeker, in: Fieberg/Reichenbach/Messerschmidt/Neuhaus (Bd. 1), VermG, § 30a VermG Rn. 3 und BVerfG (Kammer), Beschl. v. 20.10.1998 – 1 BvR 1730-98, VIZ 1999, 146 (146 f.).

gem. §§ 3 Abs. 1 S. 1, 1 Abs. 7 VermG i. V. m. StrRehaG, VwRehaG bzw. BerRehaG ist der Antrag allerdings nur unter Vorlage einer zuvor erfolgten Antragstellung im Rehabilitierungsverfahren zulässig gem. § 30 Abs. 3 VermG (vgl. für die Antragsbescheinigung bspw. § 7 Abs. 1 S. 3 VwRehaG). Rechtspraktisch wird in diesem Fall das Rückübertragungsverfahren nach VermG so lange ruhend gestellt, bis die Entscheidung im Rehabilitierungsverfahren in Bestandskraft erwachsen ist. Dafür bietet § 30a Abs. 1 S. 3 Hs. 1 VermG die Möglichkeit, den auf einem Rehabilitierungsverfahren beruhenden Rückübertragungsanspruch nach §§ 3 Abs. 1 S. 1, 1 Abs. 7 VermG auch noch nach Ablauf des 30.06.1993, und zwar bis zum Ablauf von sechs Monaten nach Bestandskraft der Entscheidung im Rehabilitierungsverfahren, zu beantragen. Da die Antragsfristen für die Rehabilitierungsverfahren nach mehrfachen Verlängerungen inzwischen endgültig entfristet worden,[512] ist (nur) auf diesem Wege auch heute noch die *erstmalige* Beantragung eines Anspruchs auf Rückübertragung möglich.[513] Praktische Relevanz entfaltet im Bereich der offenen Vermögensfragen allerdings das Wiederaufgreifen des Verfahrens gem. § 31 Abs. 7 VermG i. V. m. § 51 Abs. 1 VwVfG[514], z. B. weil der Vermögenswert wieder aufgetaucht ist (§ 51 Abs. 1 Nr. 1 VwVfG)[515], was insb. bei Kulturgütern Relevanz entfalten dürfte, oder wegen Vorliegens neuer Beweismittel (§ 51 Abs. 1 Nr. 2 VwVfG), weshalb Verfahren nach dem VermG auch auf lange Sicht nicht vollkommen zum Versiegen kommen werden. Das *Wiederaufgreifen* kann sich allerdings nur auf bereits ursprünglich einmal fristgemäß eingeleitete

512 Durch Art. 1 Nr. 2, Art. 2 Nr. 3 lit. b) aa), Art. 3 Nr. 4 des (Änderungs-) Gesetzes zur Verbesserung rehabilitierungsrechtlicher Vorschriften für Opfer der politischen Verfolgung in der ehemaligen DDR und zur Änderung des Adoptionsvermittlungsgesetzes vom 22.11.2019, BGBl. I S. 1752 f.

513 Ebenso Finkenauer/Thiessen, Kunstraub für den Sozialismus, S. 4, 69, 121 f., 160; vgl. Wiedenfels, Das Vermögensgesetz, S. 174.

514 So wurde im Falle des bereits erwähnte Nachlasses *Nagel* (dazu bereits unter § 3.II.1., S. 52 Fn. 227) nach einem ablehnenden Bescheid im Jahr 1996 das Verfahren wiederaufgegriffen und im Jahr 2022 positiv verbeschieden, Schallenberg, Berliner Zeitung vom 07.06.2023.

515 Vgl. Rodenbach, in: Fieberg/Reichenbach/Messerschmidt/Neuhaus (Bd. 2), VermG, § 5 AusglLeistG Rn. 76b. In diesen Fällen wird ein Wiederaufgreifen allerdings nicht die Regel sein, da der Berechtigte dann rglm. zwischenzeitlich bereits entschädigt worden sein dürfte gem. § 1 Abs. 1 S. 1 Alt. 1 EntschG i. V. m. §§ 4 Abs. 1, 10 VermG. Weiterhin ist zu berücksichtigen, dass der Antrag auf Zurückübertragung bei unauffindbaren Vermögenswerten ggf. auch mangels Substantiiertheit abgelehnt wurde (dazu sogleich) und ein Wiederaufgreifen dann insb. in Fällen von Anträgen „ins Blaue hinein“ eher ausscheiden wird. Generell zurückhaltend gegenüber einem Wiederaufgreifen des VermG-Verfahrens Finkenauer/Thiessen, Kunstraub für den Sozialismus, S. 122, unter Verweis u. a. auf das Urteil des VG Berlin, Urt. v. 08.12.2022 – 29 K 131/20, BeckRS 2022, 37844 (Nichtzulassungsbeschwerde zurückgewiesen durch BVerwG, Beschl. v. 12.09.2023 – 8 B 10.23, BeckRS 2023, 32281) im Prozess der Adlon-Erben auf Wiederaufgreifen ihres Rückübertragungsverfahrens nach VermG.

Anträge beziehen.[516] Eine *Wiedereinsetzung* in die ursprüngliche Antragsfrist zur erstmaligen Antragsstellung gem. § 31 Abs. 7 VermG i. V. m. § 32 Abs. 1 VwVfG ist dagegen nicht möglich, da es sich bei der Antragsfrist nach § 30a Abs. 1 S. 1 VermG bereits nach der amtlichen Überschrift um eine Ausschlussfrist handelt.[517]

Das Verfahren über den Rückübertragungsanspruch unterliegt nach § 31 Abs. 1 S. 1 Hs. 1 VermG grds. dem Untersuchungsgrundsatz, allerdings wird dieser in der Rechtspraxis durch sehr weitgehende Mitwirkungs- und v. a. Substantiierungspflichten des Antragsstellers gem. § 31 Abs. 1 S. 1 Hs. 2, Abs. 1b S. 1 VermG stark abgeschwächt. Insb. bei beweglichen Sachen wie Kulturgütern kann das Verfahren zu einem schnellen Ende kommen, soweit der Antragsteller den Vermögenswert nicht genau beschreiben und dessen Belegenheit benennen kann.[518] Dabei hilft dem Antragssteller auch der in § 31 Abs. 3 S. 1, 2 VermG normierte Auskunftsanspruch gegen die Behörde auf Mitteilung aller Informationen, „die zur Durchsetzung seines Anspruchs erforderlich sind", wenig weiter, da dieser Anspruch zwar lediglich die Glaubhaftmachung eines Rückübertragungsanspruchs voraussetzt, welcher aber wohl dennoch im oben genannten Sinne bereits ausreichend substantiiert sein muss. Weitgehende Ermittlungsbefugnisse zugunsten der Behörde sind im VermG abgesehen vom Verweis auf die Amtshilfe gem. § 27 VermG und die allgemeinen verwaltungsverfahrensrechtlichen Vorschriften in § 31 Abs. 7 VermG i. V. m. (z. B. § 26) VwVfG, VwZG und VwVG ohnehin nicht normiert.[519] Die materielle Beweislast folgt im VermG dem Normbegünstigungsprinzip, für die zentrale Tatbestandsvoraussetzung der „schädigenden Handlung" i. S. d. § 1 VermG fällt sie damit aber bei einem *non liquet* z. B. zulasten des Antragsstellers aus.[520]

Nach § 32 VermG ergeht ein Vorbescheid über die beabsichtigte Entscheidung der Behörde. Frühestens einen Monat danach kann die eigentliche Ent-

516 Vgl. Redeker/Hirtschultz, in: Fieberg/Reichenbach/Messerschmidt/Neuhaus (Bd. 1), VermG, § 31 VermG Rn. 63, 67. Allerdings vertritt BVerwG, Urt. v. 15.01.2009 - 8 C 3/08, ZOV 2009, 136 zumindest in Bezug auf den Rückübertragungsausschlussgrund des redlichen Erwerbs gem. § 4 Abs. 2 VermG eine restriktive Auffassung zum Wiederaufgreifen des Verfahrens. Kritisch dazu Wasmuth, ZOV 2009, 274 (276).

517 Redeker, in: Fieberg/Reichenbach/Messerschmidt/Neuhaus (Bd. 1), VermG, § 30a VermG Rn. 14 f.

518 Vgl. Redeker/Hirtschultz, in: Fieberg/Reichenbach/Messerschmidt/Neuhaus (Bd. 1), VermG, § 31 VermG Rn. 11–11b, 18, 19a; Weiler, KUR 2014, 126 (129). Ähnlich Finkenauer/Thiessen, Kunstraub für den Sozialismus, S. 117–121, welche ein besonderes Augenmerk auf die Auslegung des gestellten Antrags werfen.

519 Redeker/Hirtschultz, in: Fieberg/Reichenbach/Messerschmidt/Neuhaus (Bd. 1), VermG, § 31 VermG Rn. 5.

520 Chall, Wege in die Sammlung, S. 130; Redeker/Hirtschultz, in: Fieberg/Reichenbach/Messerschmidt/Neuhaus (Bd. 1), VermG, § 31 VermG Rn. 10; Neuhaus, in: Fieberg/Reichenbach/Messerschmidt/Neuhaus (Bd. 1), VermG, § 1 VermG Rn. 66d.

scheidung mittels schriftlichen Bescheids gem. § 33 Abs. 4 S. 1 VermG ergehen. Gegen den Bescheid kann Widerspruch gem. §§ 68 ff. VwGO eingelegt (§ 36 VermG) und gegen diesen Widerspruchsbescheid ggf. der Verwaltungsrechtsweg gem. § 40 Abs. 1 S. 1 VwGO beschritten werden (vgl. § 37 VermG). Das Verfahren ist kostenfrei gem. § 38 Abs. 1 VermG.

Soweit positiv verbeschieden worden und Bestandskraft dieses Bescheids eingetreten, erfolgt mit der Bestandskraft kraft Hoheitsakt Eigentumserwerb am Vermögenswert zugunsten des Berechtigten und damit zugleich Eigentumsverlust des Verfügungsberechtigten gem. § 34 Abs. 1 S. 1 Nr. 1 VermG. Diese materielle Rechtsfolge offenbart zugleich die Rechtsnatur des Anspruchs des Rückübertragungsanspruchs aus § 3 Abs. 1 S. 1 VermG. Es handelt sich um einen in einem öffentlich-rechtlichen Verfahren geltend gemachten öffentlich-rechtlichen Anspruch auf privatrechtsgestaltende Verwaltungsentscheidung durch eine staatliche Behörde als Anspruchsgegner. Keinesfalls darf der Rückübertragungsanspruch aus § 3 Abs. 1 S. 1 VermG als direkter Anspruch gegen den Verfügungsberechtigten verstanden werden, da ein solcher durch das VermG nicht begründet wird.[521] Infolgedessen handelt es sich auch nicht um einen Herausgabeanspruch im engeren Sinne, da ein solcher im Sinne eines direkten zivilrechtlichen Anspruchs gegen den Besitzer des Vermögenswertes lediglich als Reflex des Rückübertragungsanspruchs aus § 3 Abs. 1 S. 1 VermG infolge einer positiven, bestandskräftigen Entscheidung z. B. aus § 985 BGB entstehen kann (und rglm. entstehen wird[522]).[523]

b) „Entschädigung"

Ebenso wie die Rückübertragung von Vermögensverlusten war die Entschädigung derselben bereits in Ziff. 1, 3, 7, 13 der Gemeinsamen Erklärung 1990 und Art. 41 EinigungsV vorskizziert. Allerdings wurde eine einfachgesetzliche Grundlage für solche Entschädigungen erst im September 1994 mit Verabschiedung des EALG[524] geschaffen. Dieses Artikelgesetz des Deutschen Bundestages ummantelte u. a. das EntschG (Art. 1 EALG). Dieses wiederum regelt seitdem das Entschädigungsverfahren und die Entschädigungshöhe für Vermögensverluste während SBZ und

---

521 Das Verfahren des VermG dient gerade auch der Vermeidung einer direkten Konfrontation von Berechtigtem und Verfügungsberechtigtem. Zu alledem vgl. BGH, Urt. v. 03.04.1992 – V ZR 83/91, NJW 1992, 1757 (1758 f.); Redeker/Hirtschultz/Tank, in: Fieberg/Reichenbach/Messerschmidt/Neuhaus (Bd. 1), VermG, § 3 VermG Rn. 4–6, § 34 Rn. 3, 8.

522 Wenn ein Anspruch aus § 985 BGB gegen den Verfügungsberechtigten als Besitzer im zivilrechtlichen Sinne nicht schon ohnehin bereits zuvor bestand, dazu ausführlich unter § 4.III., S. 195 ff.

523 Vgl. Bischof, Die Kunst und Antiquitäten GmbH, S. 299.

524 Vollständige Zitierung bereits unter § 4.II.1.a)aa), S. 146 Fn. 488.

DDR, kann selbst aber nicht einen Entschädigungsanspruch begründen. Dieser wird vielmehr durch andere Gesetze begründet, so z. B. für Vermögensverluste in den Jahren 1949–1990 durch das VermG (aa)) oder für Vermögensverluste in den Jahren 1945–1949 durch das von Art. 2 EALG ummantelte AusglLeistG (bb)).

aa) EntschG i. V. m. VermG für Vermögensverluste 1949–1990

Wie bereits dargestellt, gilt für Vermögensverluste aus den Jahren 1949 bis 1990 nach Gemeinsamer Erklärung 1990 und EinigungsV zwar der Grundsatz „Rückgabe vor Entschädigung", allerdings wird dieser in der Praxis vielfach durchbrochen. Im Kontext dieser Arbeit lässt sich dies v. a. an zwei bereits im VermG angelegten Durchbrechungen veranschaulichen. Zum einen kann (nur noch) eine Entschädigung nach dem EntschG verlangt werden, wenn der Rückübertragungsanspruch nach § 4 Abs. 2 VermG wegen Unmöglichkeit bzw. redlichen Erwerbs ausgeschlossen ist gem. § 1 Abs. 1 S. 1 Alt. 1 EntschG i. V. m. § 10 VermG. Zum anderen kann der Berechtigte nach § 8 VermG aber auch von vornherein Entschädigung anstelle der Rückübertragung des Vermögenswertes gem. § 3 Abs. 1 S. 1 VermG verlangen, ihm steht insofern ein Wahlrecht zu nach § 1 Abs. 1 S. 1 Alt. 2 EntschG.

Die Höhe der Entschädigung berechnet sich *im Ausgangspunkt* nach der *Bemessungsgrundlage* gem. § 2 Abs. 1 S. 1 EntschG. Diese wird sodann in den §§ 3–5a EntschG konkretisiert, wobei § 5a VermG die Bemessungsgrundlage für bewegliche Sachen regelt. Nach § 5a Abs. 1 S. 1 VermG ist grundsätzlich der im Verhältnis 2:1 auf DM umgestellte Wert der Sache zum Zeitpunkt der Entziehung ausschlaggebend.[525] Für „Hausrat" wird pauschal eine Bemessungsgrundlage von 1.200 DM festgelegt, wobei „Sammlungen, Kunst- und Luxusgegenstände sowie einer Liebhaberei dienende Gegenstände" nicht zum Hausrat zählen gem. § 5a Abs. 2 S. 1, 3 Nr. 2 EntschG. Eine deutliche Einschränkung der Entschädigung für bewegliche Sachen enthält jedoch § 5a Abs. 4, 5 EntschG. Zum einen beträgt die „Höchstgrenze der Summe der Bemessungsgrundlage für sämtliche zu entschädigenden beweglichen Sachen eines Berechtigten [...] 40.000 DM" gem. § 5a Abs. 4 EntschG. Zum anderen unterliegt die Entschädigungssumme ab einer Bemessungsgrundlage von 10.000 DM Kürzungsbeträgen mit einer starken, gestuften Degression gem. § 7 Abs. 1 EntschG.[526] Deren Anwendung führt dazu, dass die *maximale* Entschädigungssumme für *sämtliche* an einen Berechtigten grds.

525 Dieser Umrechnungskurs orientierte sich damit am politisch nach Art. 10 Abs. 5 Ziff. 3 des Vertrags über die Schaffung einer Währungs-, Wirtschafts- und Sozialunion zwischen der BRD und der DDR vom 18.05.1990, BGBl. II S. 518, 538 f., vorgegebenen Regel-Umrechnungskurs, der für die ehemaligen DDR-Bürger günstig war, da die DDR-M – trotz Fehlens eines offiziellen Umrechnungskurses infolge ihrer Qualifikation als Binnenwährung – jedenfalls eine so starke Kaufkraft im Verhältnis zur DM nie oder jedenfalls schon lange nicht mehr besaß.

526 Vgl. Finkenauer/Thiessen, Kunstraub für den Sozialismus, S. 68 f.

zurückzuübertragende bewegliche Sachen (also für einen Entschädigungsantrag in Bezug auf bewegliche Sachen mit einem Gesamtwert von 40.000 DM bzw. 80.000 DDR-M *oder darüber*) stets bei 28.000 DM liegt, ein höherer Entschädigungsbetrag kann dbzgl. nie gewährt werden.[527] Praktisch bedeutet dies in den Fällen der Steuerverfahren gegen private Kunsthändler und -sammler in der DDR, dass diesen auch heute (ungeachtet der weiteren Wertsteigerungen auf dem internationalen Kunstmarkt) für ihr *gesamtes* Kulturgut – das zu DDR-Zeiten z. T. auf Millionenbeträge in DDR-M taxiert wurde – *maximal* ca. 14.000€ Entschädigung gewährt werden können. Dies gilt unabhängig davon, dass in manchen Fällen bereits einzelne Kulturgüter diesen Betrag um ein Vielfaches übersteigen werden, wie der in New York wiederaufgetauchte niederländische Meister im Fall *Meißner* zeigte.

Schließlich wird diese Entschädigung auch nur gewährt, „wenn der Verlust der beweglichen Sachen durch einen in zeitlichem Zusammenhang mit der Schädigung erstellten, schriftlichen Beleg nachgewiesen wird" gem. § 5a Abs. 5 EntschG. Auch dies könnte viele von den Steuerverfahren Betroffene vor große Hürden stellen, da ihnen die Verfahrensakten ja i. d. R. nicht ausgehändigt worden sind und somit keine schriftlichen Nachweise zur Hand sein dürften. Sollte die Verfahrensakte und insb. die Zeitwertfeststellung nicht in den Wirren der Wendejahre vernichtet worden sein, können die Betroffenen bzw. deren Erben aber ggf. auf Erkenntnisse aus der MfS-Akte („Stasi-Akte") nach dem StUG[528] hoffen.

Die Entschädigung wird gem. § 9 Abs. 1 S. 1, Abs. 2 EntschG „aus einem nicht rechtsfähigen Sondervermögen des Bundes (Entschädigungsfonds) erbracht", welcher vom Bundesamt für zentrale Dienste und offene Vermögensfragen auf Weisung und unter Aufsicht des Bundesministeriums der Finanzen (BMF) verwaltet wird. Der Entschädigungsfonds finanziert sich insb. aus dem auf die BRD übergegangenen Staatsvermögen der DDR, z. B. durch Veräußerungserlöse der Treuhand gem. § 10 Abs. 1 Nr. 1 EntschG. Für das Entschädigungsverfahren gelten die Verfahrensvorschriften des VermG gem. § 12 Abs. 1 S. 1 EntschG grds. entsprechend, wobei dieses wegen des Entschädigungsfonds des Bundes[529] in Bundesauftragsver-

527 Jüngst erst hat das BVerwG, Beschl. v. 22.06.2023 – BVerwG 8 B 47.22, LKV 2023, 315 (315) dies erneut in einem Fall bestätigt, in welchem der Bereich Kommerzielle Koordinierung im Jahr 1983 u. a. „Schmuck, Edelsteine und Münzen" mit einem damaligen Zeitwert von deutlich über 500.000 DDR-M ins Ausland veräußerte. Fälschlicherweise spricht das BVerwG in diesem Beschluss allerdings davon, dass der „Entschädigungsbetrag" durch § 5a Abs. 4 EntschG auf 40.000 DM begrenzt werde. Dies ist nicht richtig, da die Begrenzung nach § 5a Abs. 4 EntschG eben nur die Bemessungsgrundlage der Entschädigung betrifft, welche nicht identisch mit dem daraus folgenden Entschädigungsbetrag ist, der sogar noch niedriger ausfällt.

528 Gesetz über die Unterlagen des Staatssicherheitsdienstes der ehemaligen DDR – Stasi-Unterlagen-Gesetz – (StUG) vom 20.12.1991, BGBl. I S. 2272.

529 Wiedenfels, Das Vermögensgesetz, S. 171.

waltung gem. Art. 85, 104a Abs. 3 S. 1, 2 GG i. V. m. § 22 Abs. 1 S. 2 Nr. 1 VermG durchgeführt wird.

bb) Exkurs: AusglLeistG i. V. m. EntschG für Vermögensverluste 1945–1949

Anders als im Falle der Vermögensverluste in der DDR in den Jahren 1949 bis 1990 wurde für die Vermögensverluste in der SBZ in den Jahren 1945 bis 1949 durch Ziff. 1 der Gemeinsamen Erklärung 1990[530] sowie Art. 41 EinigungsV bereits früh und grundlegend deutlich gemacht, dass eine dbzgl. Rückübertragung grds. überhaupt nicht stattfinden soll, sondern wenn überhaupt[531] nur unter gewissen Voraussetzungen Entschädigung gewährt wird. Diese historisch-politische Entscheidung war und bleibt die bis heute umstrittenste in Bezug auf die Regelung der offenen Vermögensfragen im Wiedervereinigungsprozess.[532] Auch wenn die Vermögensverluste in der DDR in den Jahren 1949 bis 1990 quantitativ wie qualitativ sicher nicht zu unterschätzen sind – was der Forschungsgegenstand der vorliegenden Arbeit gerade deutlich macht –, waren insb. die Vorgänge in der SBZ im Zusammenhang mit der sog. Bodenreform in den Jahren 1945 bis 1949 mit mehr als drei Millionen Hektar entschädigungslos enteigneten Immobilien wie bereits dargestellt die mit Abstand massivsten Eingriffe in die Eigentumsverhältnisse Nachkriegsdeutschlands.[533] Trotzdem oder gerade deshalb begründete die Bundesregierung ihre Position damit, dass die Sowjetunion und die DDR der Wiedervereinigung nicht zugestimmt hätten, wenn nicht versichert worden wäre, dass die damals getroffenen Maßnahmen im Zuge der Wiedervereinigt *nicht* revidiert werden. Es ist bis heute historisch lebhaft umstritten, ob insb. die Sowjetunion diese Bedingung jemals gestellt hat, oder vielmehr fiskalische, möglicherweise auch sozialpolitische, Interessen der BRD den wahren Grund für diese Weichenstellung darstellten[534]. Jedenfalls wurde diese über Art. 143 Abs. 3 GG auf Verfassungsebene gehoben und war somit für das BVerfG im Rahmen seiner drei insoweit maßgeblichen Judikaturen[535] ohnehin nur eingeschränkt im Rahmen der „Ewigkeitsklausel" gem. Art. 79 Abs. 3 GG überprüfbar. Sowohl BVerfG als auch

---

530 „Die Enteignungen auf besatzungsrechtlicher bzw. besatzungshoheitlicher Grundlage (1945 bis 1949) sind nicht mehr rückgängig zu machen".

531 Letztlich gab BVerfG, Urt. v. 23.04.1991 – 1 BvR 1170, 1174, 1175/90, NJW 1991, 1597 den Ausschlag, dass es überhaupt zu Ausgleichsleistungen kam, Wiedenfels, Das Vermögensgesetz, S. 184.

532 Zur Kritik damals, Wasmuth, NJW 1993, 2476, wie heute, Wasmuth, NJW 2015, 3697.

533 Dazu bereits ausführlich unter § 2.I.1.a), S. 27 ff., § 2.I.2.b), S. 35 ff., und § 2.I.3.a), S. 38 ff.

534 Seemann, Restitution, S. 18; Wiedenfels, Das Vermögensgesetz, S. 19 f., 91–93, 146.

535 BVerfG, Urt. v. 23.04.1991 – 1 BvR 1170, 1174, 1175/90, NJW 1991, 1597; BVerfG, Beschl. v. 18.04.1996 – 1 BvR 1452/90, 1459/90, 2031/94, NJW 1996, 1666; BVerfG, Beschl. v. 26.10.2004 – 2 BvR 955/00, 1038/01, NVwZ 2005, 560.

EGMR[536] bestätigten den Rückübertragungsausschluss, der einfachgesetzlich u. a. in § 1 Abs. 8 lit. a) VermG verankert wurde, im Grundsatz.

§ 1 Abs. 1 S. 1 AusglLeistG konstituiert einen dbzgl. (vererblichen) Entschädigungsanspruch (in der Terminologie des Gesetzes „Ausgleichsleistung“) für Vermögenswerte i. S. d. § 2 Abs. 2 VermG, also neben Immobilien und Unternehmen auch für bewegliche Sachen, die in der SBZ auf besatzungsrechtlicher oder besatzungshoheitlicher Grundlage entschädigungslos enteignet wurden. Praktische sehr relevant ist der Ausschlussgrund der „Unwürdigkeit“ gem. § 1 Abs. 4 AusglLeistG, aus dem etwa der Hohenzollern-Streit[537] resultiert. Danach kann der Anspruch nicht geltend gemacht werden, wenn der Enteignete „gegen die Grundsätze der Menschlichkeit oder Rechtstaatlichkeit verstoßen, in schwerwiegendem Maße seine Stellung zum eigenen Vorteil oder zum Nachteil anderer missbraucht oder dem nationalsozialistischen oder kommunistischen System in der SBZ oder in der DDR erheblichen Vorschub geleistet hat“. Für das Entschädigungsverfahren und die Bemessung der Höhe nach wird weitestgehend auf das EntschG verwiesen gem. § 2 Abs. 1 AusglLeistG. Insofern gilt für bewegliche Sachen gem. § 2 Abs. 1 AusglLeistG i. V. m. § 5a EntschG dieselbe Entschädigungsberechnung wie zuvor geschildert. Für Immobilien, die insb. für das AusglLeistG die wichtigste Fallgruppe darstellen, gilt gem. § 2 Abs. 1 AusglLeistG i. V. m. § 3 EntschG ein im Detail kompliziertes Berechnungsverfahren, welches im Wesentlichen auf dem zuletzt vor der Enteignung festgestellten Einheitswert nach dem BewG und damit auf einer Kenngröße des

536 EGMR (Große Kammer), Urt. v. 30.06.2005 – 46720/99, 72203/01, 72552/01 (Jahn u. a./Deutschland), NJW 2005, 2907.

537 Die brandenburgisch-preußische Linie des Hauses Hohenzollern stellte in den 1990er-Jahren fristgemäßen Antrag auf Entschädigung für ihre im Rahmen der sog. Bodenreform entschädigungslos enteigneten Immobilien in der SBZ sowie Rückübertragung der ebenfalls in diesem Zuge entschädigungslos enteigneten Mobilien, v. a. also des ehemals auf und in den Liegenschaften befindlichen Kulturgutes (zum dbzgl. Rückübertragungsanspruch sogleich auf S. 135 f.). Das Verwaltungsverfahren konnte ebenso wie ein laufendes Gerichtsverfahren bis zum Ablauf der „2014er-Regelung“, dazu ebenfalls sogleich auf S. 136, jedoch nicht abgeschlossen werden und auch der Versuch einer gütlichen Einigung mit der öffentlichen Hand scheiterte (anders als im Falle zahlreicher anderer Adelsfamilie, vgl. bspw. die gütliche Einigung zwischen dem Haus Wettin Albertinische Linie und dem Freistaat Sachsen im Juni 2014, Lupfer/Rudert, arsprototo 01/2016, 60 [61] und <https://www.medienservice.sachsen.de/medien/news/193289> [zuletzt aufgerufen am 01.03.2024]), umfassend dazu mit unterschiedlichen Positionen Hillgruber/Bender, Die Hohenzollerndebatte, S. 35 ff. und Holzhauer, DÖV 2021, 24 ff. Weiterführend auch Schönberger, Was soll zurück?, insb. S. 22–29. Inzwischen hat das Oberhaupt der Adelsfamilie, Georg Friedrich Prinz von Preußen, mit Stellungnahme vom 09.03.2023 von den Forderungen Abstand genommen, um "den Weg frei[zu]machen für eine unbelastete Debatte in der Geschichtswissenschaft zur Rolle [s]einer Familie im 20. Jahrhundert“, <https://www.preussen.de/pressemitteilung-zum-historiker-podium-im-haus-der-bundespressekonferenz/> (zuletzt aufgerufen am 01.03.2024).

Steuerrechts fußt und zudem wiederum der starken Degression der Entschädigung nach § 7 Abs. 1 EntschG unterliegt. Mehrere wissenschaftliche Untersuchungen legen nahe, dass am Ende des Entschädigungsverfahrens nach AusglLeistG i. V. m. EntschG in Bezug auf Immobilien im Durchschnitt nur ca. 10% des Verkehrswertes der Immobilie (zum Zeitpunkt des Entschädigungsantrags) als Entschädigung gewährt wurden,[538] das BVerfG hat aber auch dieses Entschädigungsverfahren (z. T. nur mit Stimmengleichheit) gebilligt.[539]

Etwas überraschend regelt § 5 Abs. 1 S. 1 AusglLeistG fast am Ende des Gesetzes doch noch einen in seiner speziellen Ausformung so wohl einzigartigen Rückübertragungsanspruch (lediglich) für bewegliche Sachen, die in der SBZ auf besatzungsrechtlicher oder besatzungshoheitlicher Grundlage entschädigungslos enteignet wurden. Gewohnt liest sich noch § 5 Abs. 1 S. 2 AusglLeistG, der wiederum einen Ausschluss des Anspruchs bei tatsächlicher Unmöglichkeit oder redlichem Erwerb vorsieht. § 5 Abs. 2 AusglLeistG adressiert – unvermutet und ausnahmsweise – tatsächlich einmal gesetzlich den Kulturgüterentzug im Rahmen der SBZ und offenbart dabei mittelbar, dass dem Gesetzgeber die am Anfang dieser Arbeit geschilderten Vorgänge rund um die „Schlossbergungen" auch bereits 1994 nicht vollkommen unbekannt gewesen sein können.[540] Die sog. „2014er-Regelung" begründete für Kulturgüter, auf die eigentlich ein Rückübertragungsanspruch bestand, die aber (durchgehend) öffentlich (i. d. R. durch Museen) ausgestellt wurden, einen „unentgeltlichen öffentlichen Nießbrauch" gem. § 5 Abs. 2 AusglLeistG i. V. m. §§ 1030 ff. BGB für die Dauer von 20 Jahren.[541] Diese Frist endete wegen des Inkrafttretens des AusglLeistG zum 01.12.1994 (Art. 13 S. 3 EALG) mit Ablauf des 30.11.2014. Nach dem Gesetzeswortlaut des § 5 Abs. 2 S. 2 AusglLeistG „kann" der Nießbrauchsberechtigte zwar „die Fortsetzung des Nießbrauchs gegen angemessenes Entgelt verlangen", allerdings konnte diese Regelung durch das BVerfG nur haarscharf gerettet werden, indem sie verfassungskonform dahingehend ausgelegt wurde, dass der Nießbrauchsberechtigte dies nur verlangen kann, wenn der Berechtigte zustimmt.[542] Häufig dürfte sich innerhalb der 20 Jahre für die Kulturgüter aber eine einvernehmliche Lösung zwischen allen Beteiligten gefunden haben, was

---

538 Sendler, VIZ 1995, 65 (68 f., 71) m. w. N.

539 BVerfG, Urt. v. 22.11.2000 – 1 BvR 2307/94, VIZ 2001, 16 (22).

540 Dazu ausführlich unter § 2.I.1.a), S. 27 ff.

541 Vgl. auch Weiler, KUR 2014, 126 (130).

542 BVerfG, Urt. v. 22.11.2000 – 1 BvR 2307/94, VIZ 2001, 16 (29 f.), die Entscheidung ist dbzgl. mit 6:2 Stimmen ergangen. Hellmann, VIZ 2001, 293 (295 f.) kritisiert zu Recht, dass bei einem solch eindeutigen Wortlaut eigentlich kein Raum für eine verfassungskonforme Auslegung bestanden hätte.

möglicherweise so auch von Anfang an durch die Regelung intendiert war,[543] die das Ergebnis einer gesetzgeberischen Abwägung zwischen privaten Interessen der Alteigentümer und öffentlichem Interesse insb. ostdeutscher Kultureinrichtungen ist.[544]

Die Frist für die Antragsstellung sowohl auf Entschädigungen als auch auf Rückübertragungen lief mit Ablauf des 30.05.1995 gem. § 6 Abs. 1 S. 3 AusglLeistG i. V. m. Art. 13 S. 3 EALG ab.

c) „Rehabilitierung"

Während durch die dargestellte Rückübertragung und Entschädigung, also das „Recht der offenen Vermögensfragen" im engeren Sinne, die Verletzung vermögensrechtlicher Rechtsgüter in SBZ und DDR aufgearbeitet werden sollte, musste die Aufarbeitung der Verletzung anderer Rechtsgüter, wie z. B. Gesundheit oder Freiheit der Person, insb. durch Straf- oder Verwaltungsverfahren in SBZ und DDR, primär auf anderem Wege erfolgen. Auch insofern wurden mit Art. 17–19 EinigungsV bereits früh Vorkehrungen getroffen und „Rehabilitierung" versprochen. „Rehabilitierung" meint dabei v. a. die Aufhebung staatlicher Entscheidungen und eine darauf basierende Entschädigung für das erlittene Unrecht. Damit handelt es sich beim Rehabilitierungsrecht im Kontext dieser Arbeit genau genommen um eine Kombination aus Straf- bzw. Verwaltungsverfahrensrecht und sozialem Entschädigungsrecht. Im Zuge des 1. SED-UnBerG[545] vom Oktober 1992 als Artikelgesetz des Deutschen Bundestages wurde im Wesentlichen das StrRehaG zur strafrechtlichen Rehabilitierung verabschiedet (aa)), während die verwaltungsrechtliche Rehabilitierung in Form von VwRehaG und BerRehaG erst im Zuge des 2. SED-UnBerG[546] als Artikelgesetz vom September 1994 ermöglicht werden sollte. Allerdings bestand schon vorher direkt aus Art. 19 S. 2 EinigungsV eine Möglichkeit der Aufhebung verwaltungsrechtlicher Entscheidungen aus DDR-Zeiten, der v. a. für das hier relevante Steuerrecht eine wichtige Rolle zukommt (bb)).

aa) StrRehaG für strafrechtliches Unrecht

Es wird geschätzt, dass in der DDR ca. 330.000 Menschen aus politischen Gründen inhaftiert wurden.[547] Daher verwundert es nicht, dass nach seinem Telos die Wur-

543 Vgl. dazu bereits weiter oben den Hinweis auf gütliche Einigungen zwischen Adelsfamilien und der öffentlichen Hand auf S. 159, insb. auch Fn. 537.

544 Rodenbach, ZOV 2014, 74 (80). Zum AuslgLeistG und EntschG sowie insb. der „2014er-Regelung" auch Finkenauer/Thiessen, Kunstraub für den Sozialismus, S. 20 f.

545 Vollständige Zitierung bereits unter § 4.II., S. 141 Fn. 466.

546 Vollständige Zitierung bereits unter § 4.II.1.a)aa), S. 146 Fn. 484.

547 Lischka, Strafrechtliche Unrechtsurteile, S. 147.

zeln des StrRehaG bei genauer Betrachtung noch weiter als Art. 17 EinigungsV zurückreichen, nämlich zum bereits erwähnten RHG.[548] Dieses ordnete für bundesdeutsche Behörden bereits zur Zeit der deutschen Teilung in § 2 Abs. 1 Nr. 3 RHG an, DDR-Strafmaßnahmen nicht im Wege der Rechtshilfe zu vollstrecken, wenn die Vollstreckung „im Widerspruch zu rechtsstaatlichen Grundsätzen" steht.

Nach § 1 Abs. 1 S. 1 StrRehaG können „strafrechtliche Entscheidungen" im Beitrittsgebiet aus der Zeit von 1945 bis 1990 auf Antrag „für rechtsstaatswidrig [erklärt] und [aufgehoben werden] (Rehabilitierung), soweit sie mit wesentlichen Grundsätzen einer freiheitlichen rechtsstaatlichen Ordnung unvereinbar" sind, insb. weil die Entscheidung „politischer Verfolgung gedient hat" (Nr. 1) oder „die angeordneten Rechtsfolgen in grobem Missverhältnis zu der zu Grunde liegenden Tat stehen" (Nr. 2). Eine „politische Verfolgung" in diesem Sinne wird gem. § 1 Abs. 1 S. 1 Hs. 2 Nr. 1 lit. a)–i) StrRehaG bei einer Reihe von Straftatbeständen nach dem StGB-DDR vermutet, z. B. für „ungesetzlichen Grenzübertritt" nach § 213 StGB-DDR, aber generell nicht im Wirtschafts-, Devisen- und Steuerstrafrecht,[549] so z. B. auch nicht für den im Rahmen dieser Arbeit relevanten Straftatbestand der vorsätzlichen Verkürzung von Steuern gem. § 176 Nrn. 1, 2 StGB-DDR. „Strafrechtliche Entscheidungen" i. S. d. § 1 Abs. 1 S. 1 StrRehaG sind nicht eng zu verstehen, da gem. § 1 Abs. 5 StrRehaG jede auch rein tatsächliche strafrechtliche Maßnahme von SBZ- bzw. DDR-Behörden (einschließlich nicht originärer Strafverfolgungsbehörden wie dem MfS), z. B. im Ermittlungsverfahren, für rechtsstaatswidrig erklärt und ggf. aufgehoben werden kann.[550] Auch für Freiheitsentziehungen außerhalb von Strafverfahren (z. B. Zwangseinweisungen in psychiatrische Anstalten), die der politischen Verfolgung oder sonst sachfremden Zwecken gedient haben, gilt das StrRehaG entsprechend gem. § 2 Abs. 1 StrRehaG. Damit ist das StrRehaG nicht nur auf die strafrechtlichen Verurteilungen der privaten Kunsthändler und -sammler in der DDR anwendbar, sondern auch bereits auf alle Maßnahmen im Ermittlungsverfahren, z. B. Durchsuchungen nach § 7 Abs. 2 StPO-DDR i. V. m. § 108 Abs. 2 StPO-DDR, sowie bspw. auf die Zwangseinweisung *Meißners* in eine geschlossene psychiatrische Anstalt.

Den Antrag auf Durchführung des Verfahrens kann der Betroffene bzw. seine Erben gem. § 7 Abs. 1 Nrn. 1, 2, Abs. 2 StrRehaG bei jedem Gericht stellen. Ursprünglich war die Antragsstellung nach dem StrRehaG befristet, wurde

548 Dazu bereits ausführlich unter § 4.I.1., S. 127 ff. Darüber hinaus kam bereits vor Inkrafttreten des StrRehaG eine Rehabilitierung durch Kassation gem. § 311 StPO-DDR bzw. durch Wiederaufnahme gem. §§ 359 ff. StPO in Betracht. Diese Verfahren waren bzw. sind im praktischen Vergleich allerdings weit weniger als die speziellen StrRehaG-Verfahren zur Rehabilitierung geeignet. Vgl. Lischka, Strafrechtliche Unrechtsurteile, S. 143 f., 159.

549 Dazu eingehender Finkenauer/Thiessen, Kunstraub für den Sozialismus, S. 36 f.

550 Vgl. Lischka, Strafrechtliche Unrechtsurteile, S. 151; Wasmuth, NJ 2018, 148 (151–153).

anschließend aber mehrfach verlängert und inzwischen endgültig entfristet,[551] sodass Anträge auf strafrechtliche Rehabilitierung auch heute und in Zukunft noch möglich sind. Gem. § 8 Abs. 1 StrRehaG wird das Verfahren von dem LG durchgeführt, in dessen Bezirk das Straf- bzw. Ermittlungsverfahren stattfand. Es entscheiden spezielle Rehabilitierungskammern mit drei Berufsrichtern bei Geltung des Untersuchungsgrundsatzes gem. §§ 9 Abs. 1, 10 Abs. 1 S. 1 StrRehaG. Nach den §§ 11 Abs. 3 S. 1, 12 Abs. 1 S. 1 StrRehaG wird i. d. R. ohne „mündliche Erörterung" durch Beschluss entschieden. Gegen den Beschluss ist Beschwerde zum OLG möglich, dieses hat bei Abweichung von einer Entscheidung eines anderen OLG oder des BGH die Pflicht zur Divergenzvorlage beim BGH gem. § 13 Abs. 1, 4 StrRehaG i. V. m. § 121 Abs. 2 GVG. Das Verfahren ist kostenfrei, im Übrigen wird subsidiär auf die Vorschriften des GVG und der StPO verwiesen durch §§ 14 Abs. 1, 15 StrRehaG.[552]

Infolge der Feststellung und der Aufhebung nach § 1 Abs. 1 S. 1 StrRehaG hat der Betroffene gem. § 6 Abs. 1 StrRehaG einen im Verhältnis 2:1 auf DM umgestellten Erstattungsanspruch in Bezug auf die im SBZ-/DDR-Strafverfahren gezahlten Geldstrafen, Kosten des Verfahrens und notwendigen Auslagen. Außerdem können i. S. d. Strafprozessrechts eingezogene Vermögenswerte nach § 3 Abs. 2 StrRehaG i. V. m. VermG zurückübertragen werden. Wie bereits dargestellt, können aber auch Vermögensverluste, die lediglich „im Zusammenhang" mit einem Strafverfahren stehen, aber nicht im engeren Sinne durch dieses selbst erfolgten, im Anschluss an die Rehabilitierung gem. § 1 Abs. 7 VermG zurückübertragen werden.

Die Rehabilitierung begründet darüber hinaus einen Anspruch auf soziale Ausgleichsleistungen (soziales Entschädigungsrecht), es sei denn, der Betroffene ist ähnlich wie bei § 1 Abs. 4 AusglLeistG unwürdig gem. § 16 Abs. 1, 2 StrRehaG. Die sozialen Ausgleichsleistungen sind in den §§ 17 ff. StrRehaG genauer ausgeformt. Möglich ist z. B. eine einmalige Kapitalentschädigung von ca. 300€/Haftmonat (§ 17 Abs. 1 StrRehaG), aber unter gewissen Umständen – v. a. Bedürftigkeit des Opfers – auch laufende Ausgleichsleistungen („Opferrente" gem. § 17a StrRehaG)

551 Art. 1 Nr. 2 des (Änderungs-) Gesetzes zur Verbesserung rehabilitierungsrechtlicher Vorschriften für Opfer der politischen Verfolgung in der ehemaligen DDR und zur Änderung des Adoptionsvermittlungsgesetzes vom 22.11.2019, BGBl. I S. 1752 f.

552 Nach § 15 StrRehaG i. V. m. § 359 StPO kann ein erfolgloses strafrechtliches Rehabilitierungsverfahren – bei Verurteilungen nach DDR-Wirtschaftsstrafrecht kein seltener Fall – zugunsten des Betroffenen wieder aufgenommen werden. In Betracht kommt dafür insb. die Wiederaufnahme aufgrund neuer Tatsachen oder Beweismittel (§ 359 Nr. 5 StPO) (ähnlich wie beim Wiederaufgreifen des vermögensrechtlichen Verfahrens, dazu ausführlich unter § 4.II.1.a)bb), S. 153), bspw. durch neues MfS-Aktenmaterial, welches die rechtsstaatswidrige Inszenierung eines Steuerstrafverfahrens offenlegt. Dazu eingehend Wasmuth, ZOV 2013, 145 (145).

und insb. bei infolge von Freiheitsentziehungen erlittenen Gesundheitsschäden ggf. auch Versorgungsleistungen gem. §§ 21–24 StrRehaG.

bb) Art. 19 S. 2 EinigungsV für steuerrechtliches Unrecht als Lückenfüller zum VwRehaG und BerRehaG

Das StrRehaG ermöglicht grds. nur die Rehabilitierung in Bezug auf Strafverfahren, nicht aber in Bezug auf Verwaltungsverfahren im weiteren Sinne. Auch durch diese wurde in SBZ und DDR aber mit heutigen rechtsstaatlichen Grundsätzen unvereinbares Unrecht geschaffen, wie die vorliegende Arbeit anhand einer beispielhaften Fallgruppe gerade anschaulich macht. Nachdem in Art. 19 S. 1 EinigungsV i. S. d. einleitend erwähnten Grundentscheidung gegen die Rückabwicklung aller staatlichen Maßnahmen in SBZ und DDR dementsprechend geregelt ist, dass „[v]or dem Wirksamwerden des Beitritts ergangene Verwaltungsakte der DDR […] wirksam [bleiben]", enthält Art. 19 S. 2 EinigungsV wiederum die Ausnahme, dass „[s]ie […] aufgehoben werden [können], wenn sie mit rechtsstaatlichen Grundsätzen […] unvereinbar sind". Insofern Art. 19 S. 2 EinigungsV davon spricht, dass Verwaltungsakte wirksam „bleiben" (nicht: „werden"), ist dies wörtlich zu verstehen. Dementsprechend wurden bereits nach DDR-Verwaltungsrecht nichtige Verwaltungsakte auch nicht mit der Wiedervereinigung geheilt.[553] Nach den Ergebnissen dieser Arbeit ist dies aber nahezu nur für Fälle relevant, in denen DDR-Verwaltungsakte nicht ordnungsgemäß bekanntgegeben worden sind, da eine weiterreichende Nichtigkeitsdogmatik zumindest nicht durchgreifend bestand.[554] DDR-Verwaltungsakte, die also zwar bereits nach DDR-Recht fehlerhaft, aber wirksam ergangen sind – wie die in dieser Arbeit im Raum stehenden Verwaltungsakte – „bleiben" auch nach der Wiedervereinigung grds. wirksam. Es ist nichts dafür ersichtlich, warum dies nicht auch insofern gelten sollte, als diese privatrechtsgestaltende Wirkung entfalteten.

Das auf Art. 19 S. 2 EinigungsV basierende Aufhebungsverfahren wurde durch das VwRehaG für allgemeine Verwaltungsverfahren und das BerRehaG für Verwaltungsverfahren, die die berufliche Stellung der Betroffenen tangierten, geregelt. Die in diesen Rehabilitierungsgesetzen vorgesehen Verfahren und Rechtsfolgen ähneln grob denen des bereits dargestellten StrRehaG. Grundvoraussetzung ist gem. § 1 Abs. 1 S. 1, Abs. 2 VwRehaG, dass der Betroffene Adressat einer hoheitlichen Maßnahme der SBZ oder DDR wurde, die zu einer gesundheitlichen Schädi-

---

553 Rodenbach, in: Fieberg/Reichenbach/Messerschmidt/Neuhaus (Bd. 1), VermG, § 1 VermG Rn. 4a; vgl. Duda, Steuerrecht DDR, S. 119; BFH, Urt. v. 25.01.1995 – X R 146/93, VIZ 1995, 602 (603). Dennoch können auch bereits nach DDR-Recht nichtige Verwaltungsakte nach dem Rehabilitierungsrecht bzw. Art. 19 S. 2 EinigungsV wegen des von ihnen bewirkten Rechtsscheins aufgehoben werden, vgl. Dürr, DStZ 1991, 651 (655).

554 Dazu bereits ausführlich § 3.II.2.c)aa), S. 85 ff.

gung, einem Eingriff in Vermögenswerte oder einer beruflichen Benachteiligung geführt hat, soweit diese „mit tragenden Grundsätzen eines Rechtsstaates schlechthin unvereinbar" waren und ihre Folgen noch unmittelbar schwer und unzumutbar fortwirken. In § 1 Abs. 2 VwRehaG wird weiter definiert, dass „[m]it tragenden Grundsätzen eines Rechtsstaates schlechthin unvereinbar [...] Maßnahmen [sind], die in schwerwiegender Weise gegen die Prinzipien der Gerechtigkeit, der Rechtssicherheit oder der Verhältnismäßigkeit verstoßen haben und die der politischen Verfolgung gedient oder Willkürakte im Einzelfall dargestellt haben". Für die Fragestellungen dieser Arbeit muss aber nicht näher auf die weiteren Voraussetzungen des VwRehaG eingegangen werden, da das hier im Raum stehende Unrecht konkret auf Strafverfahren (StrRehaG) und Steuerverfahren beruht. „Steuersachen" sind vom Anwendungsbereich des VwRehaG aber explizit nach § 1 Abs. 1 S. 2 VwRehaG ausgeschlossen, dies ist weit zu verstehen und umfasst daher neben Steuerbescheiden auch sämtliche Maßnahmen der Steuervollstreckung.[555]

Das bedeutet aber nicht, dass eine Aufhebung staatlicher Maßnahmen in DDR-Steuersachen überhaupt nicht möglich ist. Vielmehr stützt sich das dbzgl. Verfahren direkt auf Art. 19 S. 2 EinigungsV.[556] Da diese Regelung denkbar knappgehalten ist, könnte sich das weitere Verfahren der steuerrechtlichen Aufhebung grds. nach Art. 97a EGAO („Überleitungsregeln aus Anlass der Herstellung der Einheit Deutschlands"), der aufgrund von Art. 8 EinigungsV i. V. m. Anlage I, B., Kapitel IV, Sachgebiet B, Abschnitt II, Nr. 7 eingeführt wurde, richten. Aber auch diese Vorschrift(en) schweigen sich zum steuerrechtlichen Aufhebungsverfahren weitgehend aus, sodass letztlich nur ein Rückgriff auf eine dbzgl. Verwaltungsvorschrift des BMF vom August 1991, welche unter „Erörterung mit den obersten Finanzbehörden der neuen Bundesländer" ergangen ist, bleibt.[557] Daraus ergibt sich, dass die steuerrechtliche Aufhebung ein Antragsverfahren (Ziff. 6) beim örtlich zuständigen Finanzamt (Ziff. 5) voraussetzt. Dieses prüft, ob der DDR-Steuerverwaltungsakt mit rechtsstaatlichen Grundsätzen i. S. d. Art. 19 S. 2 EinigungsV unvereinbar ist. Die abgabenrechtlichen Vorschriften der AO zur Aufhebung von Steuerverwaltungsakten und insb. über die Verjährung und Ausschlussfristen gelten für dieses Verfahren nicht, die Antragsstellung ist unbefristet und somit prinzipiell auch heute

555 Vgl. Bischof, Die Kunst und Antiquitäten GmbH, S. 297.

556 Rodenbach, ZOV 2014, 74 (80). Das steuerrechtliche Aufhebungsverfahren nach Art. 19 S. 2 EinigungsV ist als deren Lückenfüller eng verwandt mit den Rehabilitierungsverfahren nach den Rehabilitierungsgesetzen, stellt aber selbst kein „Rehabilitierungsverfahren" im engeren Sinne dar, da ihm dafür distinktive Merkmale wie bspw. die Rechtsfolge des sozialen Entschädigungsrechts fehlen.

557 BMF v. 08.08.1991, IV A 5 – S 0350 – 22/91, DStR 1991, 1220.

und in Zukunft noch möglich.[558] Allerdings vertritt das BMF in Ziff. 1 und 4 der Verwaltungsvorschrift die Auffassung, dass es sich bei der Aufhebungsentscheidung um eine Ermessensentscheidung des Finanzamts handeln würde und bei bestandskräftigen, bereits getilgten Steuerbescheiden spätestens nach Eintritt der Verjährung das Ermessen „in der Regel" so auszuüben sei, dass eine Aufhebung ausscheide.

Dieser Auffassung ist nicht zuzustimmen. Bei der Aufhebung nach Art. 19 S. 2 EinigungsV handelt es sich um die Ausnahme, soweit der Steuerverwaltungsakt mit rechtsstaatlichen „Grundsätzen" „unvereinbar" ist. Es werden also gerade nicht einfach die Maßstäbe unseres heutigen Rechtsstaates an das Steuerverfahren angelegt, denn das würde dazu führen, dass i. E. nahezu alle DDR-Steuerverwaltungsakte aufgehoben werden müssten, wie in Ziff. 3 der Verwaltungsvorschrift auch zu Recht ausgeführt wird. Dies würde im eklatanten Widerspruch zur Grundentscheidung des EinigungsV, die historischen Geschehnisse in SBZ und DDR grds. *nicht* rückabzuwickeln, stehen. Sollte aber der besonders strenge Maßstab der „Unvereinbarkeit" mit rechtsstaatlichen „Grundsätzen" eine Ausnahme begründen, so muss dieser Tatbestand das Ermessen insoweit intendieren, als dann auch „in der Regel" eine Aufhebung des Steuerverwaltungsakts unabhängig von Bestandskraft, Tilgung, Ausschlussfristen und Verjährung nach Maßgabe der AO vorzunehmen ist.[559] Diesen Regelungen liegt nämlich derselbe Telos der Rechtssicherheit und des Rechtsfriedens zugrunde, der durch Art. 19 S. 2 EinigungsV bereits durch die Tatbestandsfassung elementar berücksichtigt worden ist. Eine Doppelung auf Tatbestands- und Ermessensseite ist daher unnötig und würde vielmehr das einfache Bundesrecht mit Maßgaben des EinigungsV im Sinne einer „Rosinenpickerei" zulasten des Steuerpflichtigen vermischen. Einer solchen Auslegung von Art. 19 S. 2 EinigungsV durch eine Verwaltungsvorschrift als bloßem Innenrecht der Finanzverwaltung kann nicht gefolgt werden.

Ziff. 6 der Verwaltungsvorschrift konstituiert sodann weitreichende Mitwirkungspflichten des Steuerpflichtigen im Aufhebungsverfahren, ohne dabei explizit herauszustellen, dass aber dennoch grds. ein Untersuchungsverfahren vorliegt. Die objektive Beweislast bzgl. der behaupteten Rechtsstaatswidrigkeit wird, wiederum dem auch im allgemeinen Steuerrecht geltenden Normbegünstigungsprinzip folgend, zulasten des Steuerpflichtigen ausgestaltet.[560] Die Entscheidung über die Aufhebung ergeht durch Bescheid, der mittels Einspruchs gem. § 348 AO a. F. bzw. § 347 AO n. F. angegriffen werden kann. Gegen diesen behördlichen Rechtsbehelf

---

558 Dürr, DStZ 1991, 651 (652) weist allerdings darauf hin, dass der Antrag auf Aufhebung nach Art. 19 S. 2 EinigungsV nach den Grundsätzen von Treu und Glauben verwirkt sein kann.

559 Vgl. BFH, Urt. v. 25.01.1995 – X R 146/93, VIZ 1995, 602 (603, 606); Dürr, DStZ 1991, 651 (652 f., 656).

560 Dürr, DStZ 1991, 651 (656).

kann gem. § 40 Abs. 1 FGO Verpflichtungsklage auf Aufhebung des Steuerverwaltungsakts beim FG eingelegt werden (Ziff. 7).

Wurde der Steuerbescheid gem. Art. 19 S. 2 EinigungsV aufgehoben, muss die auf ihn hin erfolgte Tilgung bzw. Vollstreckung der Steuerschuld rückgängig gemacht werden. Dies richtet sich grds. nach § 37 Abs. 2 S. 1, 2 AO, da der Erstattungsanspruch erst mit Aufhebung des Steuerbescheids, also nach der Wiedervereinigung und somit unter der Geltung der AO für Gesamtdeutschland, entsteht. Allerdings kann bzgl. der hier interessierenden Steuerverfahren gegen private Kunsthändler und -sammler in der DDR nicht an dieser Stelle stehen geblieben werden,[561] da § 37 Abs. 2 S. 1 AO lediglich von „Steuerzahlungen" spricht und daher nur auf Leistungen i. S. v. zweckgerichteten Zuwendungen ohne (weil später durch die Aufhebung weggefallenen) rechtlichen Grund, nicht aber auf zwangsvollstreckte Steuerschulden, welche eine Bereicherung des Fiskus „in sonstiger Weise" darstellen, anwendbar ist. Diese rechtsgrundlosen Vermögensverschieben werden vielmehr im Wege des allgemeinen öffentlich-rechtlichen Erstattungsanspruch rückgängig zu machen sein.[562] Da das erlangte Etwas, konkret der Besitz nebst Pfändungspfandrecht des DDR-Finanzamtes bzgl. der Kulturgüter, nicht mehr herausgegeben werden kann, muss analog § 818 Abs. 2 BGB Wertersatz im auf DM umgestellten Verhältnis von 2:1[563] stattfinden.[564]

Ein Anspruch gegen den heutigen Besitzer der Kulturgüter kann sich dagegen aus der bloßen Aufhebung des Steuerbescheides gem. Art. 19 S. 2 EinigungsV nicht ergeben, da dies lediglich das Steuerschuldverhältnis zwischen Steuerschuldner und Fiskus betrifft. Allerdings können wegen des weiten Verständnisses von „Steuersachen" in § 1 Abs. 1 S. 2 VwRehaG durch Art. 19 S. 2 EinigungsV nicht nur Steuerbescheide im engeren Sinne, sondern jeder Steuerverwaltungsakt im weiteren Sinne und deshalb auch Verwaltungsakte aus der Steuervollstreckung aufgehoben werden. Dies würde dazu führen, dass die Kunst und Antiquitäten GmbH wegen der aufgehobenen Vollstreckungsmaßnahmen kein Eigentum an den Kulturgütern erwerben konnte, da deren Eigentumserwerb durch („verfügenden") Kaufvertrag nach DDR-Recht letztlich auf einem das Vollstreckungsorgan zu diesem Verkauf

561 Dies übersieht Bischof, Die Kunst und Antiquitäten GmbH, S. 299.

562 Vgl. Koenig, in: Koenig, AO, § 37 AO Rn. 16, der von einem „Folgenbeseitigungsanspruch" spricht. Da die (Vollzugs-) Folgenbeseitigung bei Weiterveräußerung der Pfandsache aber rechtlich unmöglich ist, muss sich dieser in einen allgemeinen öffentlich-rechtlichen Erstattungsanspruch wandeln. Die beiden Ansprüche sind ohnehin jedenfalls eng miteinander verwandt, Franckenstein, Folgenbeseitigung und Erstattung, S. 141–144; Söhn, Steuerrechtliche Folgenbeseitigung durch Erstattung, S. 4–9, 243.

563 So i. E. auch Bischof, Die Kunst und Antiquitäten GmbH, S. 299.

564 Zu alledem auch Finkenauer/Thiessen, Kunstraub für den Sozialismus, S. 68 f.

ermächtigenden Hoheitsakt in Form eines privatrechtsgestaltenden Verwaltungsakts beruhte,[565] der nun aber rückwirkend wieder weggefallen wäre.[566] Die der Kunst und Antiquitäten GmbH nachfolgenden Besitzer könnten dann lediglich gem. § 54 Abs. 2, 3 GIW (unmittelbare Vertragspartner der Kunst und Antiquitäten GmbH) bzw. gem. §§ 932 ff. BGB (Dritterwerber auf Bundesgebiet) gutgläubig Eigentum an den Kulturgütern erworben haben. Dieser gutgläubige Erwerb wird aber rglm. scheitern. Denn wie bereits dargestellt[567] wird in den allermeisten Fällen eine Gutgläubigkeit der unmittelbaren Vertragspartner der Kunst und Antiquitäten GmbH ausscheiden (bei diesen spielt wegen der Anwendung des GIW ein Abhandenkommen noch keine Rolle), während ein sich anschließender gutgläubiger Dritterwerb dagegen am Abhandenkommen gem. § 935 BGB scheitern wird, da die privaten Kunsthändler und -sammler in der DDR ihren unmittelbaren Besitz an den Kulturgütern wegen einer mit rechtsstaatlichen Grundsätzen unvereinbaren Maßnahme und damit unfreiwillig verloren haben. Infolgedessen bestünde ein Vindikationsanspruch nach § 985 BGB gegen den aktuellen Besitzer.

Denkbar ist zudem auch ein Rückübertragungsanspruch gem. § 1 Abs. 7 VermG. Allerdings wird von der wohl h. M. zu Recht vertreten, dass § 1 Abs. 7 VermG keine Rechtsfolgenverweisung für nicht im VwRehaG bzw. BerRehaG geregelte, sonstige Fälle des Art. 19 S. 2 EinigungsV vorsieht. Der Wortlaut des § 1 Abs. 7 VermG verhält sich zu dieser Frage zwar noch etwas indifferent, da er allgemein von einer „Rückgabe von Vermögenswerten, die im Zusammenhang mit der nach anderen Vorschriften erfolgten Aufhebung rechtsstaatswidriger […] *verwaltungsrechtlicher* [Hervorh. d. Verf.] Entscheidungen steht" spricht und damit nicht konkret auf den Anwendungsbereich des später erlassenen VwRehaG. Steuerrecht kann aber als spezielles Verwaltungsrecht aufgefasst werden und Art. 19 S. 2 EinigungsV könnte eine Aufhebung „nach anderen Vorschriften" darstellen. Allerdings wird Steuerrecht auch unter Juristen schon üblicherweise nur selten als Verwaltungsrecht bezeichnet. Zudem spricht auch der Wortlaut von § 30 Abs. 3 VermG in Bezug auf § 1 Abs. 7 VermG wegen der Verwendung der Terminologie „Rehabilitierung" dafür, dass § 1 Abs. 7 VermG nicht auf Art. 19 S. 2 EinigungsV verweist, da es sich dabei um eine Aufhebungs-, nicht aber um eine Rehabilitierungsnorm im engeren Sinne handelt, denn die Aufhebung steuerrechtlicher Verwaltungsakte ist vom Anwendungsbereich des VwRehaG gem. § 1 Abs. 1 S. 2 VwRehaG ausgeschlossen und kann daher kein Rehabilitierungsverfahren im engeren Sinne darstellen.[568] Über den Wortlaut hinaus spricht aber der Umstand, dass für

---

565 Dazu bereits ausführlich unter § 3.III.2.b)aa), S. 109.

566 Vgl. Wasmuth, in: RIV, VermG, § 1 VermG Rn. 279a, 298. Zur dinglichen Wirkung der Aufhebung nach Art. 19 S. 2 EinigungsV ausführlich unter § 4.II.2.e), S. 187.

567 Dazu ausführlich unter § 3.III.3.b), S. 118 f.

568 Dazu bereits oben auf S. 165, insb. auch Fn. 556.

Steuerverwaltungsakte ein Aufhebungsverfahren nach § 1 Abs. 7 VermG i. V. m. Art. 19 S. 2 EinigungsV überhaupt nicht nötig wäre, da bereits mit Aufhebung der Entscheidung nach Art. 19 S. 2 EinigungsV die (auch dinglichen[569]) Rechtsfolgen derselben entfallen,[570] entscheidend gegen die dementsprechende Auslegung von § 1 Abs. 7 VermG.

Vollkommen zu trennen von der Aufhebung von DDR-Steuerverwaltungsakten nach Art. 19 S. 2 EinigungsV ist die zusätzlich bestehende Möglichkeit der Aufhebung von DDR-Steuerverwaltungsakten nach Art. 19 S. 3 EinigungsV i. V. m. Art. 97a § 2 Nrn. 4 EGAO i. V. m. insb. §§ 172–177 AO („Bestandskraft von Verwaltungsakten"). Danach sind die „normalen" Vorschriften *der (Bundes-)AO* über die Änderung und Aufhebung von Verwaltungsakten nämlich auch auf vor dem Wirksamwerden des Beitritts ergangene Verwaltungsakte der ehemaligen DDR („rückwirkend") anzuwenden. Es kann also anstelle des speziellen Aufhebungsverfahrens nach Art. 19 S. 2 EinigungsV auch ein allgemeines Aufhebungsverfahren nach Art. 19 S. 3 EinigungsV stattfinden, für welches dann aber auch die (für den DDR-Steuerpflichtigen in den hier vorliegenden Fällen wegen des Zeitablaufs i. d. R. nachteiligen) Vorschriften *der DDR-AO* (!) über Bestandskraft, Tilgung, Ausschlussfristen und Verjährung der AO gelten gem. Art. 97a § 2 Nrn. 5 EGAO.[571] Dass das Verfahren der „normalen" AO-Aufhebung (das hier wegen der Kombination von Vorschriften der DDR-AO mit Vorschriften der Bundes-AO gar nicht so „normal" ausfällt) und das Verfahren der Art. 19 S. 2 EinigungsV-Aufhebung aber grds. nicht zu vermischen sind, ergibt sich wie bereits dargelegt nicht nur aus Sinn und Zweck sowie rechtstechnischen Überlegungen zur Ausnahmevorschrift des Art. 19 S. 2 EinigungsV, sondern auch aus dem Wortlaut von Art. 19 S. 3 EinigungsV, der von „*[i]m Übrigen* bleiben die Vorschriften über die Bestandskraft von Verwaltungsakten *unberührt*" spricht und insofern eine Trennung der beiden Verfahren nahelegt.

2. „Schädigung" i. S. d. § 1 VermG infolge der Vollstreckung von Steuerforderungen in der DDR zur Erlangung privater Kulturgüter?

Der Rückübertragungsanspruch nach § 3 Abs. 1 S. 1 VermG, aber auch ein grds. ebenfalls denkbarer Entschädigungsanspruch nach dem EntschG, kann im dargelegten Verfahren und in der dargelegten Art und Weise aber nur Erfolg haben, wenn die bisher noch nicht näher behandelte, materiellrechtliche Kernvoraussetzung der „Schädigung" i. S. d. §§ 1, 2 Abs. 4 VermG infolge der Vollstreckung

569 Dazu ausführlich unter § 4.II.2.e), S. 163 f.

570 Wasmuth, in: RIV, VermG, § 1 VermG Rn. 279a, 298. Zur dinglichen Wirkung der Aufhebung nach Art. 19 S. 2 EinigungsV ausführlich unter § 4.II.2.e), S. 187.

571 Dürr, DStZ 1991, 651 (651).

von Steuerforderungen in der DDR zur Erlangung privater Kulturgüter erfüllt wurde. Nach dem Vorstehenden kommt für diesen Vermögensverlust als Konsequenz des gegen die privaten Kunsthändler und -sammler in der DDR geführten Steuer(straf)verfahrens v. a. eine Schädigung in Form einer entschädigungslosen Enteignung gem. § 1 Abs. 1 lit. a) VermG (a)), einer unlauteren Machenschaft gem. § 1 Abs. 3 VermG (b)) oder eines rechtsstaatswidrigen Strafverfahrens gem. § 1 Abs. 7 VermG i. V. m. StrRehaG (c)) in Betracht. Daneben besteht die isolierte Möglichkeit eines Aufhebungsverfahrens nach Art. 19 S. 2 EinigungsV (d)). Abschließend muss geklärt werden, wie diese Tatbestände zueinander in Konkurrenz stehen (e)).

a) Entschädigungslose Enteignung gem. § 1 Abs. 1 lit. a) VermG

Eine Schädigung i. S. d. § 3 Abs. 1 S. 1 VermG i. V. m. §§ 1, 2 Abs. 4 VermG kann zuvörderst vorliegen, wenn Vermögenswerte i. S. d. § 2 Abs. 2 VermG „entschädigungslos enteignet und in Volkseigentum überführt wurden".

Die Auslegung des Tatbestandsmerkmals der „entschädigungslosen Enteignung" i. S. d. § 1 Abs. 1 lit. a) VermG ist umstritten. Einigkeit besteht noch darin, dass (richtigerweise) nicht auf den Enteignungsbegriff nach Art. 14 GG oder nach den Maßstäben des internationalen Privat- bzw. Enteignungsrechts abgestellt werden kann, ebenso wie erst recht nicht auf das Enteignungsverständnis nach Art. 16 DDR-Verfassung 1974. Ob eine Maßnahme nach DDR-Recht als „Enteignung" bezeichnet wurde, spielt also keine Rolle.[572] § 1 Abs. 1 lit. a) VermG muss wegen seines spezifischen Normzwecks stattdessen auch normspezifisch ausgelegt werden. Bedeutende Teile der Literatur legen § 1 Abs. 1 lit. a) VermG sodann unter besonderer Betonung der Gesetzeshistorie dahingehend aus, dass mit den „Enteignungen" in diesem Sinne nur Maßnahmen des spezifischen „Teilungsunrechts"[573] gemeint sein könnten, d. h. Maßnahmen, die ausländische Bürger, insb. BRD-Bürger, im Vergleich zu DDR-Bürgern diskriminierten (z. B. weil DDR-Bürgern für die gleiche Maßnahme eine Entschädigung gewährt worden wäre).[574] Demnach wäre § 1 Abs. 1 lit. a) VermG auf vermögensschädigende Handlungen gegen DDR-Bürger, z. B. auf die Steuerverfahren gegen private Kunsthändler und -sammler der DDR, überhaupt nicht anwendbar. Dieser Auslegung folgt das BVerwG in seiner ständigen Rechtsprechung jedoch nicht, sondern etablierte stattdessen den sog. „faktischen Enteignungsbegriff" und die „Lehre von der gesetzlichen Diskriminierung". Beides zeichnet ein

572 Vgl. Neuhaus, in: Fieberg/Reichenbach/Messerschmidt/Neuhaus (Bd. 1), VermG, § 1 VermG Rn. 33 f.; Wasmuth, in: RIV, VermG, § 1 VermG Rn. 20.

573 Dazu bereits unter § 4.II.1., S. 142.

574 Neuhaus, in: Fieberg/Reichenbach/Messerschmidt/Neuhaus (Bd. 1), VermG, § 1 VermG Rn. 37–41 m. w. N.; a. A. Wasmuth, in: RIV, VermG, § 1 VermG Rn. 17c–17i m. w. N.

pragmatischer, zugleich aber auch etwas einzelfallbezogener Charakter aus. Danach ist eine Enteignung i. S. d. § 1 Abs. 1 lit. a) VermG jede auf eine vollständige und endgültige Verdrängung des Eigentümers aus seinen Eigentumsrechten gerichtete staatliche Maßnahme. Dies gilt unabhängig von einer bestimmten Form sowie Wirksamkeit oder gar Rechtmäßigkeit nach DDR-Recht, solange die jeweilige Verdrängung aus der Eigentumsposition in der Rechtswirklichkeit der DDR tatsächlich greifbar zum Ausdruck kam.[575] Unter diesen Enteignungsbegriff würden die Kulturgutverluste durch die Vollstreckung von Steuerforderungen in der DDR grds. fallen.

Neben dem umstritten Enteignungsbegriff ist aber ebenso umstritten, welche Bedeutung dem (dem Wortlaut nach kumulativen) Tatbestandsmerkmal „und in Volkseigentum überführt“ zugemessen werden muss. Während insb. die Vertreter einer restriktiven Auslegung des Enteignungsbegriffs hier wohlwollend darauf verzichten, diesem Passus überhaupt irgendeine Bedeutung zuzumessen,[576] stellen sich vornehmlich die Vertreter eines weiten Enteignungsbegriffs dem entgegen und nehmen das Tatbestandsmerkmal wörtlich.[577] Nach letzterer Ansicht würden die hier behandelten Steuerverfahren nicht subsumiert werden können, da die in Rede stehenden Kulturgüter nach den Feststellungen dieser Arbeit niemals in Volkseigentum nach § 18 Abs. 2 ZGB, sondern stattdessen in nach DDR-Recht atypischem Privateigentum der Kunst und Antiquitäten GmbH überführt wurden.[578]

Unabhängig von den tieferen Argumentationsschichten dieser Meinungsstreitigkeiten kann es von vornherein jedenfalls nicht überzeugen, einerseits den Enteignungsbegriff i. S. d. § 1 Abs. 1 lit. a) VermG in Anlehnung an seinen unbeschränkten Wortlaut weit zu verstehen (wofür die besseren Gründe sprechen, da sich die vermeintliche Gesetzeshistorie offenbar überhaupt nicht im Wortlaut niedergeschlagen hat), andererseits dem zusätzlichen Tatbestandsmerkmal „und in Volkseigentum überführen“ entgegen dem Wortlaut überhaupt keine Bedeutung zuzumessen (oder andersherum). Demnach ist es auch nicht überzeugend, die konkreten Steuerverfahren dieser Untersuchung unter § 1 Abs. 1 lit. a) VermG zu subsumieren, da es je nach Auslegung an einem der beiden Tatbestandsmerkmale fehlen dürfte. Am

575 So etwa die Leitsätze aus BVerwG, Urt. v. 13.04.2016 – 8 C 10/15, juris m. w. N. auf diese ständige Rechtsprechung. Zur BVerwG-Rechtsprechung i. E. kritisch Wasmuth, in: RIV, VermG, § 1 VermG Rn. 18 f., 21–21c, 44. Zum faktischen Enteignungsbegriff in Bezug auf Kulturgutverluste in der DDR in anderen Kontexten als dem Vorliegenden vgl. auch König, Kulturgüter als offene Vermögensfrage, S. 33.

576 Neuhaus, in: Fieberg/Reichenbach/Messerschmidt/Neuhaus (Bd. 1), VermG, § 1 VermG Rn. 50 f.

577 Wasmuth, in: RIV, VermG, § 1 VermG Rn. 52 m. w. N.

578 Dazu bereits ausführlich unter § 3.III.2.b)cc), S. 111 ff.

ehesten überzeugt dabei entsprechend des Wortlauts der Norm, dass das Tatbestandsmerkmal „und in Volkseigentum überführen“ fehlt. Wegen der eher flexiblen verwaltungsgerichtlichen Handhabung dieser Schädigungsvariante kann aber auch nicht ausgeschlossen werden, dass eine Berufung auf § 1 Abs. 1 lit. a) VermG im Einzelfall nicht doch erfolgsversprechend sein kann.[579]

b) Unlautere Machenschaft gem. § 1 Abs. 3 VermG

Die von *Bischof* angedachte und i. E. für anwendbar, wenn auch unpraktikabel gehaltene Schädigungsvariante im Falle der Steuerverfahren gegen private Kunsthändler und -sammler in der DDR ist die der unlauteren Machenschaften gem. § 1 Abs. 3 VermG.[580] Sie betrifft nach dem Gesetzeswortlaut Vermögenswerte, die „zum Beispiel durch Machtmissbrauch, Korruption, Nötigung oder Täuschung von seiten des Erwerbers, staatlichen Stellen oder Dritten, erworben wurden“.[581] Das Tatbestandsmerkmal des „Erwerbs“ erfasst dabei nicht nur rechtsgeschäftlichen Erwerb, sondern auch Erwerb kraft Hoheitsaktes, wobei wiederum nicht entscheidend ist, ob dieser Erwerb wirksam oder gar rechtmäßig erfolgt, solange er sich in der Rechtswirklichkeit der DDR ausreichend niederschlug.[582] In den vorliegenden Fällen kann dies ohne Weiteres angenommen werden, da der Eigentumserwerb der Kunst und Antiquitäten GmbH an den Kulturgütern nach DDR-Recht sogar wirksam war und auch entsprechend behandelt wurde.

Fraglich ist allerdings, ob dieser Erwerb auch durch „unlautere Machenschaften i. S. d. § 1 Abs. 3 VermG“ verursacht wurde. In Betracht kommen dafür vorliegend v. a. die Regelbeispiele des Machtmissbrauchs und der Nötigung. Machtmissbrauch

579 Ein Gutachten der Wissenschaftlichen Dienste des Deutschen Bundestages vom 10.12.1991, als Kopie abgedruckt in BT-Drs. 12/4500 („KoKo-Untersuchungsausschuss“ – Dritter Teilbericht), S. 528–543 („Dokument 105“), sieht den Anwendungsbereich von § 1 Abs. 1 lit. a) VermG bei den Steuerverfahren gegen private Kunsthändler und -sammler auf S. 540 ebenfalls grds. als eröffnet an.

580 Bischof, Die Kunst und Antiquitäten GmbH, S. 299 f.

581 Die Schädigungsvariante der „unlauteren Machenschaften“ i. S. d. § 1 Abs. 3 VermG findet ihren Ursprung in Ziff. 8 der Gemeinsamen Erklärung 1990. Sie hat besondere praktische Bedeutung für die Fälle von Kulturgutverlusten im Zusammenhang mit legaler Ausreise aus der DDR, dazu bereits ausführlich unter § 2.I.1.b), S. 29 ff., und daher für klassisches „Teilungsunrecht“ im engeren Sinne, Neuhaus, in: Fieberg/Reichenbach/Messerschmidt/Neuhaus (Bd. 1), VermG, § 1 VermG Rn. 113. Für den Fall der Schenkung einer umfangreichen paläontologischen Sammlung an staatliche Stellen unter staatlichem Druck kurz vor der Ausreise aus der DDR etwa BVerwG, Urt. v. 02.02.2000 – 8 C 29/98, VIZ 2000, 338. Interessant ist hierbei, dass das BVerwG in der Schenkung von Kulturgütern bzw. beweglichen Sachen anlässlich der Ausreise im Gegenteil zu Immobilien keinen Anscheinsbeweis für unlautere Machenschaften sieht.

582 Neuhaus, in: Fieberg/Reichenbach/Messerschmidt/Neuhaus (Bd. 1), VermG, § 1 VermG Rn. 106, 108, 111.

i. S. d. § 1 Abs. 3 VermG liegt nach der Rechtsprechung insb. beim „zweckwidrigen Einsatz staatlicher Machtmittel“ vor.[583] Bei den Steuerverfahren gegen die privaten Kunsthändler und -sammler ist ohne Weiteres davon auszugehen, dass staatliche Machtmittel in Form des steuerrechtlichen Vollstreckungsapparates zu zweckwidrigen Zwecken eingesetzt worden sind. Denn selbst wenn man aufgrund der ideologischen Prägung des DDR-Steuerrechts davon ausgeht, dass der Zweck der Besteuerung auch sonst in einer Austrocknung privaten Gewerbetreibens und privater Vermögensbildung lag, so doch sicherlich nicht in einer von vornherein geplanten Beschaffung von Kulturgütern zum Export gegen Devisen, für die lediglich zum Anschein der Legitimität auf die Mittel des Steuerrechts zurückgegriffen werden kann. Ebenso lag dadurch eine „Nötigung“ der Betroffenen i. S. d. § 1 Abs. 3 VermG vor. Das BVerwG definiert diese „in Anlehnung an § 240 StGB“ als „rechtswidrige Einflussnahme auf die Willensentschließung oder Willensbetätigungsfreiheit durch Gewalt oder Drohung mit einem empfindlichen Übel“.[584] Freilich deutet das BVerwG dadurch nur sehr sachte an, was man hinzulesen muss: Dass die Frage der Rechtswidrigkeit nicht nach den Maßstäben des § 240 StGB, sondern nur nach den Maßstäben der Gemeinsamen Erklärung 1990, Art. 41 EinigungsV und Art. 143 Abs. 3 GG beurteilt werden kann.

Ins Gedächtnis gerufen werden muss an dieser Stelle insofern die Grundentscheidung für ein Bestehenlassen von DDR-Rechtsakten zugunsten der Rechtssicherheit anstelle deren (Total-) Rückabwicklung. Daraus folgt, dass zur Bejahung einer Ausnahme von dieser Grundentscheidung gerade nicht die einfache Verletzung der bundesdeutschen Auffassung von Rechtsstaatlichkeit nach dem GG genügt. Denn anderenfalls müsste das gesamte Rechtsgeschehen der DDR rückabgewickelt werden, schon allein, weil Rechtssicherheit und Gewaltenteilung ständig unter dem in der DDR-Verfassung(swirklichkeit) geltenden Damoklesschwert des „Primats der Politik“ standen.[585] Insofern setzt die Auslegung nicht nur von § 1 Abs. 3 VermG, sondern jeglichen Rückübertragungs-, Aufhebungs- oder Nichtanerkennungstatbestandes in Bezug auf DDR-Rechtsakte einen qualifizierten Verstoß gegen die *grundlegendsten* Maßstäbe von Rechtsstaatlichkeit nach dem GG voraus.[586] In

583 VG Magdeburg, Urt. v. 27.05.1993 – 2 A 772/92, VIZ 1994, 29 (30).

584 BVerwG, Urt. v. 02.02.2000 – 8 C 29/98, VIZ 2000, 338 (339). Das abgenötigte Verhalten wäre im Falle der privaten Kunsthändler und -sammler die Duldung der Vollstreckung als Einflussnahme auf deren Willensbetätigungsfreiheit, das Nötigungsmittel entweder Gewalt in Form der Anwendung unmittelbaren Zwangs oder die Drohung mit einem empfindlichen Übel in Form der Anwendung unmittelbaren Zwangs.

585 Vgl. BVerwG, Urt. v. 30.06.1994 – 7 C 19/93, NJW 1994, 2712 (2712); BFH, Urt. v. 25.01.1995 – X R 146/93, VIZ 1995, 602 (603 f.); Keck/Schröder/Tappert, DtZ 1993, 2 (4); Wasmuth, in: RIV, VermG, § 1 VermG Rn. 265a.

586 Umstritten ist insoweit, ob für den Rechtsstaatsbegriff im Rahmen der „transitional justice“ der (Nach-) Wendezeit überhaupt auf den Rechtstaatsbegriff des GG zurückgegriffen werden

Bezug auf das Regelbeispiel der Nötigung i. S. v. § 1 Abs. 3 VermG bedeutet dies, dass für die dafür erforderliche „Rechtswidrigkeit" nur Verstöße gegen die DDR-Rechtsordnung selbst relevant sein können, die zudem auch nach der alltäglichen Rechtswirklichkeit der DDR außergewöhnlich und von einer bestimmten Qualität getragen worden sein müssen. Die Literatur und Rechtsprechung spricht insoweit davon, dass selbst nach DDR-Maßstäben „nicht alles mit rechten Dingen zugegangen sein muss", während einfache Rechtsfehler unbeachtlich sind.[587] Dieser qualifizierte Maßstab gilt wie bereits betont nicht nur für die Auslegung des Nötigungstatbestandes i. S. v. § 1 Abs. 3 VermG, sondern für sämtliche Rückübertragungs-, Aufhebungs- oder Nichtanerkennungstatbestände in Bezug auf DDR-Rechtsakte und damit auch für den oben erwähnten Tatbestand des Machtmissbrauchs.

Ein solcher qualifizierter Rechtsverstoß sowohl gegen DDR- als auch GG-Maßstäbe lag mit den hier untersuchten Steuerverfahren gegen private Kunsthändler und -sammler aber zweifelsohne vor. Zunächst einmal ist festzuhalten, dass bei diesen Steuerverfahren multiple Rechtsverstöße gegen einfaches DDR-Recht wie DDR-Verfassungsrecht vorlagen. Diese entsprachen auch nicht der alltäglichen Rechtswirklichkeit in der DDR, denn die meisten DDR-Bürger waren von einer solch gravierenden Qualität und Quantität von DDR-Rechtsverletzungen wie bei diesen ca. 200 Steuerverfahren zumindest nicht alltäglich betroffen. Dafür spricht

---

kann. BFH, Urt. v. 25.01.1995 – X R 146/93, VIZ 1995, 602 (603 f.) stellt die unterschiedlichen Ansichten dar und positioniert sich selbst gegen einen Rekurs auf den Rechtsstaatsbegriff des GG. Bei genauer Betrachtung können die verschiedenen Ansichten aber kaum zu unterschiedlichen Ergebnissen gelangen, da auch die den Rechtsstaatsbegriff des GG ablehnenden Meinungen sodann auf die Kernelemente des gemeinsamen Rechtsstaatsbegriff aller zivilisierter Staaten o. Ä. abstellen. All dies dürfte aber jedenfalls auch Teil des Rechtsstaatsbegriffs des GG sein, da dieser kaum grundlegend unterhalb, sondern eher oberhalb dieses Niveaus liegen wird. Was die ablehnenden Ansichten daher vermutlich vielmehr zum Ausdruck bringen wollen, ist, dass der Rechtsstaatsbegriff des GG nicht eins zu eins auf den Rechtsstaatsbegriff der „transitional justice" der (Nach-) Wendezeit angewandt werden darf, da sonst i. E. doch eine Totalrückabwicklung des DDR-Rechtsgeschehens stattfinden müsste. Dass dies nicht der Fall sein kann, ist i. E. wohl aber von allen Ansichten akzeptiert und ergibt sich bereits zwingend aus dem Wortlaut aller Gesetze der „transitional justice", da dort stets von „rechtsstaatlichen *Grundsätzen*" o. Ä. die Rede ist. Nach hier vertretener Ansicht überzeugt es im Geltungsbereich des GG aber mehr, den „Rechtsstaatsbegriff" der „transitional justice" im Ausgangspunkt zunächst einmal anhand der Maßstäbe des GG zu konkretisieren und dann z. B. die entsprechenden „Grundsätze" desselbigen herauszufiltern.

587 Zu alledem König, Kulturgüter als offene Vermögensfrage, S. 33; Neuhaus, in: Fieberg/Reichenbach/Messerschmidt/Neuhaus (Bd. 1), VermG, § 1 VermG Rn. 110, 112, 118 f.; Papier, DZWir 1994, 153 (156); BVerwG, Beschl. v. 31.03.1994 – 7 B 171/93, VIZ 1995, 33 (33); BVerwG, Urt. v. 02.02.2000 – 8 C 29/98, VIZ 2000, 338 (338 f.).

auch, dass die beteiligten Behörden zumindest in einigen Verfahren offenbar besonders bemüht waren, den Anschein der Legitimität im Umfeld der Betroffenen hochzuhalten.[588] Erst recht nach bundesdeutschen GG-Maßstäben lagen in den Steuerverfahren qualifizierte Verstöße gegen *grundlegendste* rechtsstaatliche Anforderungen. Zwar kann dies wohl nach dem Willen den Parteien des EinigungsV noch nicht durch konfiskatorische Steuergesetze allein begründet werden, weil diese ihrer Art nach generell-abstrakt wirken und bei der Wiedervereinigung ansonsten ein generelle Steueramnestie vorgesehen worden wäre. Deshalb erfordern Rückübertragungs-, Aufhebungs- oder Nichtanerkennungstatbestände in Bezug auf DDR-Rechtsakte auch stets qualifiziertes Einzelfallunrecht,[589] welches in bestimmten gleichgelagerten Fällen aber selbstverständlich auch stets vorliegen kann. In den Steuerverfahren gegen die privaten Kunsthändler und -sammler wurde das gesamte Verfahren gegen die Betroffenen aber allein zur Erlangung von deren Kulturgütern zum Export durchorchestriert und dabei der Untersuchungsgrundsatz sowie eine einigermaßen neutrale Stellung staatlicher Stellen nicht nur außeracht Acht gelassen, sondern ganz bewusst und zielgerichtet[590] *ad absurdum* geführt und verkehrt. Die sich anschließenden Inhaftierungen und Kampagnen gegen die Betroffenen sowie das vollkommen fehlende Mindestmaß an unabhängigem Rechtsschutz taten ihr Übriges dazu.

Dass die Steuerverfahren „unlautere Machenschaften" i. S. d. § 1 Abs. 3 VermG darstellten deckt sich auch mit dem Befund, dass das BVerwG bereits bei im Vergleich sehr viel weniger gravierenden Fällen von Kulturgutverlusten zur Devisenbeschaffung in der DDR (zu Recht) diese Schädigungsvariante bejahte. Bspw. konnte der Kläger in einem Fall legal aus der DDR ausreisen, aus welchem Anlass er aber seine wertvolle Münz- und Briefmarkensammlung einem Bekannten in der DDR zur Verwahrung überließ. Das weitere Geschehen ließ sich nicht vollends aufklären, jedenfalls wurde die Münz- und Briefmarkensammlung bei diesem Bekannten, der IM des MfS war, durch einen anderen MfS-Mitarbeiter wohl ohne näher formalisiertes Verfahren abgeholt. Ebenso ließ sich der weitere Weg der Münz- und Briefmarkensammlung nicht aufklären, wobei Hinweise für eine Export-Verwertung durch eine mit der Kunst und Antiquitäten GmbH verbundene Gesellschaft bestanden. Der Senat nahm hier etwa bereits das Vorliegen „unlauterer

---

588 Bspw. durch Diskreditierungskampagnen gegen die Betroffenen im örtlichen Umfeld, dazu bereits unter § 2.II.2.b), S. 52.

589 Dazu insb. im Bezug zum DDR-Steuerrecht BVerwG, Beschl. v. 31.05.2001 – 8 B 44/01, VIZ 2001, 541 (541 f.); Gutachten der Wissenschaftlichen Dienste des Deutschen Bundestages vom 10.12.1991, als Kopie abgedruckt in BT-Drs. 12/4500 („KoKo-Untersuchungsausschuss" – Dritter Teilbericht), S. 528–543 („Dokument 105"), S. 541–543.

590 Diesem Kriterium im Rahmen des § 1 Abs. 3 VermG besondere Bedeutung zumessend BVerwG, Urt. v. 27.07.1995 – 7 C 12/94, VIZ 1995, 652 (653).

Machenschaften" i. S. d. § 1 Abs. 3 VermG an.[591] Erst recht muss dies dann für die Steuer(straf)verfahren mit ihren zahlreichen gravierenden Verletzungen auch von Freiheit und Gesundheit der Betroffenen gelten.[592]

c) Rechtsstaatswidriges Strafverfahren gem. § 1 Abs. 7 VermG i. V. m. § 1 Abs. 1 StrRehaG

Zudem könnte eine Schädigung gem. § 1 Abs. 7 VermG i. V. m. § 1 Abs. 1 StrRehaG vorliegen, wenn die Kulturgutverluste der privaten Kunsthändler und -sammler in der DDR „im Zusammenhang mit der nach anderen Vorschriften erfolgten Aufhebung rechtsstaatswidriger [strafrechtlicher] [...] Entscheidungen steh[en]". Wie bereits dargelegt, wird damit vorausgesetzt, dass die Strafurteile bzw. sonstigen strafprozessualen Maßnahmen gegen die privaten Kunsthändler und -sammler nach § 1 Abs. 1(, 5) StrRehaG aufgehoben worden sind, und somit eine Brücke ins StrRehaG geschlagen.[593] Dass die Kulturgüter nicht im strafprozessualen Sinne eingezogen wurden, sondern durch die Vollstreckung von Steuerforderungen beschafft worden sind, spielt für § 1 Abs. 7 VermG dagegen keine Rolle, da für diese Schädigung nach dem Wortlaut ausreichend ist, dass der zurückzuübertragende Vermögenswert lediglich „im Zusammenhang" mit der rechtsstaatswidrigen strafrechtlichen Entscheidung steht.

Deshalb ist im Kern danach zu fragen, ob die hier untersuchten Steuerstrafverfahren i. S. d. § 1 Abs. 1 StrRehaG „rechtsstaatswidrig", weil mit „wesentlichen Grundsätzen einer freiheitlichen rechtsstaatlichen Ordnung" unvereinbar waren. Dies ist insb. bei strafrechtlichen Entscheidungen, die der politischen Verfolgung dienten (Nr. 1) oder grob unverhältnismäßig waren (Nr. 2) der Fall. Bereits angemerkt wurde, dass die Strafverfahren gegen die privaten Kunsthändler und -sammler wegen vorsätzlicher Verkürzung von Steuern gem. § 176 Nrn. 1, 2 StGB-DDR sich nicht im Regelkatalog des § 1 Abs. 1 Nr. 1 StrRehaG wiederfinden. Ebenfalls bereits erwähnt wurde aber auch, dass das OLG Brandenburg im strafrechtlichen Rehabilitierungsverfahren *Schwarz* (und seine Ehefrau) in zweiter Instanz mit Beschluss vom 30.11.1995 dennoch rehabilitierte und in diesem Zuge das Strafurteil vom Bezirksgericht Potsdam vom 02.12.1982 für rechtsstaatswidrig erklärte sowie rundum aufhob.

Betrachtet man diese Aufhebungsentscheidung des OLG Brandenburg näher, kommt man zu dem Schluss, dass diese in ihrer inhaltlichen Begründung vollkommen überzeugt und so in nahezu allen Fällen der in dieser Arbeit geschilderten

591 BVerwG, Urt. v. 18.10.2000 – 8 C 23/99, VIZ 2001, 88.

592 I. E. § 1 Abs. 3 VermG in Bezug auf „grob rechtstaatswidrige [...] Steuerverfahren" wohl auch bejahend, Geißdorf, Restitutionsansprüche, S. 66.

593 Dazu ausführlich unter § 4.II.1.a)aa), S. 145 f.

Steuerverfahren erfolgen müsste, da sie sämtlich in ähnlicher Weise „rechtsstaatswidrig", weil mit „wesentlichen Grundsätzen einer freiheitlichen rechtsstaatlichen Ordnung" i. S. d. § 1 Abs. 1 StrRehaG unvereinbar waren.

Eine abstrakte Definition dieses Aufhebungstatbestandes ist jenseits der in § 1 Abs. 1 Nr. 1 StrRehaG genannten Regelbeispiele schwierig zu finden. In der Literatur wird dazu ausgeführt, dass „Rechtsstaatswidrigkeit" Verstöße gegen das Rechtsstaatsprinzip aus Art. 20 Abs. 3 GG, Grund- und Menschenrechte und verfahrensrechtliche Garantien sowie insb. die „unparteiische Ausübung staatlicher Gewalt" meine. Das zweite Tatbestandsmerkmal der „Unvereinbarkeit mit wesentlichen Grundsätzen einer freiheitlichen rechtsstaatlichen Ordnung" wird sodann zur weiteren Einschränkung des Aufhebungstatbestandes auf besonders schwere und gewichtige Verstöße gegen die genannten Werte verstanden.[594] Insgesamt ist dies selbstredend wenig konkret, was allerdings verständlicherweise dem Umstand geschuldet ist, dass es wiederum nur um die Aufhebung von Einzelfallunrecht gehen kann, welches sich losgelöst von ebenjenem konkreten Einzelfall schwierig abstrahieren lässt. Auf einer übergeordneten Wertungsebene ist der restriktiven Auslegung des Aufhebungstatbestandes jedenfalls aber insoweit zuzustimmen, als auch hier wie im Falle von § 1 Abs. 3 VermG keine einfachen Verstöße gegen den rechtsstaatliche GG-Maßstäbe ausreichen können, weil dies wiederum dem Grundtenor von Gemeinsamer Erklärung 1990, Art. 41 EinigungsV und Art. 143 Abs. 3 GG widersprechen würde. Insofern ist also erneut „qualifiziertes Einzelfallunrecht" nötig. Dabei wird in der Literatur z. T. auf eine Wertungsidentität mit dem bereits vor der Wiedervereinigung bestehenden § 15 Abs. 1 S. 1 RHG i. V. m. § 2 Abs. 1 Nr. 3 RHG abgestellt, der wie bereits ausgeführt eine Vollstreckung von DDR-Strafurteilen in der BRD für unzulässig erklärte, wenn die Vollstreckung des Strafurteils „im Widerspruch zu rechtsstaatlichen Grundsätzen" stand.[595] Dem muss aber klar widersprochen werden, da die Anforderungen von § 1 Abs. 1 StrRehaG nochmal restriktiver als die des RHG ausgelegt werden müssen. Denn im Rahmen des RHG genügte ein einfacher Verstoß gegen Maßstäbe des GG-Rechtsstaats, weil zu dieser Zeit mangels konkreter Wiedervereinigungsperspektive noch nicht die Gefahr bestand, dass anderenfalls nahezu sämtliche DDR-Rechtsakte rückabgewickelt werden müssten. Daher fehlte beim RHG auch eine der Gemeinsamen Erklärung 1990, Art. 41 EinigungsV und Art. 143 Abs. 3 GG entsprechende Grundintention des Ge-

594 Wasmuth, in: RIV, VermG, § 1 VermG Rn. 249–250a, 251a.

595 Wasmuth, in: RIV, VermG, § 1 VermG Rn. 249.

setzgebers, lediglich ganz ausnahmsweise in Fällen qualifizierten Einzelfallunrechts eine Rückabwicklung zuzulassen.[596]

Ebenjenes qualifizierte Einzelfallunrecht lag bei den privaten Kulturgutverlusten durch die hier besprochenen Steuerverfahren aber gerade vor. Insoweit kann sich den Entscheidungsgründen des OLG Brandenburg im Fall *Schwarz* nur vollumfänglich angeschlossen werden. In diesen wurde insb. festgestellt, dass *Schwarz* infolge seiner privaten Kunstsammlung mit den Mitteln eines fingierten Steuerstrafverfahrens politisch verfolgt wurde. Auf die zuvor ergangenen zivil- bzw. verfassungsgerichtlichen Entscheidungen ging der Senat zu Recht nur äußerst knapp zu Beginn[597] ein, da das strafrechtliche Rehabilitierungsverfahren einen anderen Prozessgegenstand einem anderen Prüfungsmaßstab unterzog.[598] Im Anschluss wurde ausgeführt, dass das Steuerstrafverfahren gegen Schwarz im Wesentlichen dem Steuer- und Strafrecht sachfremden Zielen gedient hat, nämlich dem Zweck der Devisenbeschaffung, und dies breit und überzeugend begründet. Relevante tatsächliche Indizien waren bspw. bereits darin zu sehen, dass die private Kunstsammlung von *Schwarz* den Behörden und der Öffentlichkeit schon seit Jahren bekannt war, und zudem ab Ende 1979 ein MfS-Operativplan mit dem Ziel „*Schwarz* [Hervor. d. Verf.] strafbare Handlungen [nachweisen]" bereits vor Bestehen eines Anfangsverdachts seitens der Strafbehörden bestanden hatte. In rechtlicher Hinsicht ist es zudem mit wesentlichen Grundsätzen einer freiheitlich rechtsstaatlichen Grundordnung unvereinbar, dass das Bezirksgericht Potsdam sich an einen Steuerbescheid gebunden gefühlt hat, welcher – auch für dieses Gericht ersichtlich – in eklatanter und offensichtlicher Weise sogar unter Verstoß gegen DDR-Steuerrecht zustande kam. Der Senat führte dazu u. a. aus, dass es sich um eine „[Steuer-] Schätzung ohne nähere Grundlage" sowie „Unterstellungen zum Nachteil" von *Schwarz* ohne

596 I. E. ebenso Bruns/M. Schröder/Tappert, VIZ 1993, 129 (132 f.); Keck/M. Schröder/Tappert, DtZ 1993, 2 (4); KG, Beschl. v. 02.02.1998 – 5 Ws 232-96 REHA, NJW 1998, 2617 (2618).

597 Dabei sprang OLG Brandenburg, Beschl. v. 30.11.1995 – 1 Ws (Reha) 115/95, 1 Ws (Reha) 115/96, VIZ 1996, 486 (487) in Bezug auf die allgemeine Natur des DDR-Steuerrechts dem BGH bei und verschloss sich ebenfalls den bundesverfassungsgerichtlichen Feststellungen in BVerfG, Beschl. v. 31.05.1960 – 2 BvR 234, 235, 236/60, NJW 1960, 1611, einer ähnlichen Entscheidung wie BVerfG, Beschl. v. 24.01.1961 – 2 BvR 168/60, NJW 1961, 653. Vgl. insoweit auch OLG Brandenburg, Beschl. v. 06.04.1995 – 1 Ws (Reha) 38/95, VIZ 1995, 548 (548 f.) in einem Fall eines privaten Gaststättenbetreibers, ohne Bezug zum Verlust privater Kulturgüter („keine Rehabilitierung bei Verurteilung allein wegen Anwendung des DDR-Einkommensteuerrechts"), a. A. noch ohne veröffentlichte Begründung OLG Dresden, Beschl. v. 08.02.1994 – 2 Ws 508/93, VIZ 1995, 59.

598 Deshalb bestand auch keine Pflicht zur Divergenzvorlage beim BGH gem. § 13 Abs. 1, 4 StrRehaG i. V. m. § 121 Abs. 2 GVG in Bezug auf eine Abweichung vom zuvor ergangenen BGH, Urt. v. 22.09.1988 – IX ZR 263/87, NJW 1989, 1352. Vgl. insoweit auch KG, Beschl. v. 02.02.1998 – 5 Ws 232-96 REHA, NJW 1998, 2617 (2618).

jegliche objektive Aufklärung gem. § 204 Abs. 1 AO-DDR gehandelt hat. Weiterhin war das materielle DDR-Steuerrecht evident missachtet worden, so wurde bspw. mit vollkommen pauschaler Begründung ein Gewerbe angenommen und der zu versteuernde Gewinn mit dem Zeitwert der aufgefundenen Kulturgüter, welcher obendrein vom späteren Käufer geschätzt wurde[599], gleichgesetzt. Der Senat hielt in Übereinstimmung mit den Feststellungen in dieser Arbeit fest, „[d]ies war völlig abwegig“ und auch gemessen an §§ 4, 6 EStG-DDR „offensichtlich fehlerhaft [ermittelt]“.[600]

Nach alledem verwundert es nicht, dass das KG im Rehabilitierungsverfahren *Garcke* mit ähnlicher Begründung wie das OLG Brandenburg im Rehabilitierungsverfahren *Schwarz* zu Recht ebenfalls zu einer positiven Rehabilitierungsentscheidung gelangt.[601] Nach alledem ist aus diesem ebenfalls umfassend überzeugenden Beschluss aber v. a. folgendem Leitsatz zuzustimmen: „Die Verfolgung von Kunst- und Antiquitätensammlern wegen Steuerhinterziehung diente in der DDR *in der Regel* [Hervor. d. Verf.] politischer Verfolgung. Sie war rechtsstaatswidrig und begründet einen Anspruch auf Rehabilitierung“[602].

d) Exkurs: Mit rechtsstaatlichen Grundsätzen unvereinbares Steuerverfahren gem. Art. 19 S. 2 EinigungsV

Nachdem die Rechtswidrigkeit der strafrechtlichen Maßnahmen festgestellt worden ist, beinhaltet der Rehabilitierungsbeschluss im Fall *Garcke* am Ende seiner Gründe noch einen für die von den Steuerverfahren betroffenen privaten Kunsthändler und -sammler äußerst wichtigen, weil praxisrelevanten Fingerzeig:

> „Die Steuerfestsetzung und die Verwertung des Eigentums des [Betroffenen] kann *nicht* [Hervor. d. Verf.] im Wege der Rehabilitierungsentscheidung aufgehoben werden. [...] Die Rückabwicklung derartiger rechtswidriger Eingriffe fällt nicht in die Kompetenz der Rehabilitierungsgerichte, sondern der jeweils zuständigen Verwaltungsbehörden (hier

599 „Es fehlen aber jegliche Anhaltspunkte, um diese Schätzung nachvollziehen zu können. Vielmehr erscheinen die Zahlen völlig aus der Luft gegriffen.“, OLG Brandenburg, Beschl. v. 30.11.1995 – 1 Ws (Reha) 115/95, 1 Ws (Reha) 115/96, VIZ 1996, 486 (488).

600 Zu alledem OLG Brandenburg, Beschl. v. 30.11.1995 – 1 Ws (Reha) 115/95, 1 Ws (Reha) 115/96, VIZ 1996, 486 (487 f.).

601 KG, Beschl. v. 02.02.1998 – 5 Ws 232-96 REHA, NJW 1998, 2617. Aufgehoben wurden im Fall *Garcke* „nur“ Maßnahmen aus dem strafrechtlichen Ermittlungsverfahren gegen ihn gem. § 1 Abs. 5 StrRehaG, da dieses wegen dessen Tod in der Untersuchungshaft wie bereits erwähnt ja nicht abgeschlossen werden konnte, sodass es auch zu keinem Strafurteil kam.

602 KG, Beschl. v. 02.02.1998 – 5 Ws 232-96 REHA, NJW 1998, 2617 (2618).

also zunächst des örtlich und sachlich zuständigen Finanzamts). Die Feststellung der rechtsstaatswidrigen politischen Verfolgung bereitet jedoch diese Entscheidung vor."[603]

In der Tat kann die „Verwertung des Eigentums" zwar über die Brücke des § 1 Abs. 7 VermG u. U. rückabgewickelt werden, die Steuerverwaltungsakte selbst können aber weder über das StrRehaG noch das VermG aufgehoben werden, weil § 1 Abs. 1, 5 StrRehaG nur strafrechtliche Maßnahmen und Entscheidungen erfasst[604] und das VermG nicht die Aufhebung einer staatlichen Entscheidung, sondern „lediglich" die Rückübertragung von daraus hervorgehenden Vermögensverlusten anordnet. Die Aufhebung der Steuerverwaltungsakte gegen die privaten Kunsthändler und -sammler kann daher nur nach Art. 19 S. 2 EinigungsV bewirkt werden. Dies kann wie dargestellt im Grundsatz entweder zu einem öffentlich-rechtlichen Erstattungsanspruch gegen den Fiskus (soweit der Steuerbescheid selbst angegriffen wird) oder wegen der dinglichen Wirkung der Aufhebung zu Eigentümeransprüchen, z. B. zum Vindikationsanspruch gem. § 985 BGB gegen den aktuellen Besitzer (soweit die Steuerverwaltungsakte aus der Steuervollstreckung angegriffen werden) führen.[605] Weil dementsprechend nach einer Aufhebung von Steuerverwaltungsakten gem. Art. 19 S. 2 EinigungsV ein Rückübertragungsanspruch nach § 3 Abs. 1 S. 1 VermG nicht nötig ist, liegt in diesem Falle – zumindest im engeren Sinne – auch keine Schädigung i. S. v. § 1 Abs. 7 VermG vor.[606]

Art. 19 S. 2 EinigungsV setzt für die Aufhebung von (Steuer-) Verwaltungsakten voraus, dass diese „mit rechtsstaatlichen Grundsätzen [...] unvereinbar" sind. Mit diesem knappen Wortlaut ist der Aufhebungstatbestand ähnlich auslegungsbedürftig wie die zuvor geprüften Schädigungsvarianten nach § 1 Abs. 3 VermG und § 1 Abs. 7 VermG i. V. m. § 1 Abs. 1 StrRehaG. Aus der Grundentscheidung gegen eine (Total-) Rückabwicklung, die aus Gemeinsamer Erklärung 1990, Art. 41 EinigungsV und Art. 143 Abs. 3 GG folgt und sich auch im restriktiven Wortlaut des Art. 19 S. 2 EinigungsV widerspiegelt („rechtsstaatliche *Grundsätze*"), muss aber (erneut) eine Wertungsparallele zu den zuvor bejahten Schädigungsvarianten nach § 1 Abs. 3 VermG und § 1 Abs. 7 VermG i. V. m. § 1 Abs. 1 StrRehaG gezogen werden, um die Einheit der Rechtsordnung unter demselben zugrundeliegenden Rechtsgedanken sicherzustellen. I. E. wird es daher auch bei der Anwendung von Art. 19 S. 2 EinigungsV erneut auf das Vorliegen qualifizierten Einzelfallunrechts

---

603 KG, Beschl. v. 02.02.1998 – 5 Ws 232-96 REHA, NJW 1998, 2617 (2619).

604 OLG Dresden, Beschl. v. 18.01.1996 – 2 Ws 222/95, VIZ 1996, 358 (358 f.).

605 Zur dinglichen Wirkung der Aufhebung nach Art. 19 S. 2 EinigungsV und dem daraus folgenden Vindikationsanspruch gem. § 985 BGB bereits ausführlich unter § 4.II.1.c)bb), S. 164 ff., sowie auch nochmal im Zusammenhang zu den Tatbestandskonkurrenzen unter § 4.II.2.e), S. 187.

606 Dazu bereits ausführlich unter § 4.II.1.c.)bb), S. 164 ff.

unter dem „verschärften“ Maßstab des GG[607] ankommen. Anhaltspunkte für eine Unvereinbarkeit mit rechtsstaatlichen Grundsätzen i. S. d. Art. 19 S. 2 EinigungsV sieht die Rechtsprechung dabei zu Recht wieder v. a. bei Verwaltungsakten, die auch im Rahmen der alltäglichen Rechtswirklichkeit der DDR außergewöhnlich waren und qualitativ besonders tiefgreifende Rechtsverletzungen zu Tage trugen.[608] Die Literatur konkretisiert weiter, dass insb. die Verletzung rechtlichen Gehörs und politisch motivierte Steuerfestsetzung, ebenso Steuerfestsetzungen zu sonstigen sachfremden Zielen, sowie in Kombination damit fehlender Gerichtsschutz und erdrosselnde Steuersätze (einschließlich diffuser Schätzungsverfahren) eine Unvereinbarkeit begründen können.[609] Die beiden letzteren Gesichtspunkte tragen nach der Literatur und auch nach dem BMF-Schreiben zu Art. 19 S. 2 EinigungsV allerdings jeweils für sich genommen noch nicht eine Aufhebung von DDR-Steuerbescheiden.[610] Dies ist überzeugend, da sowohl der fehlende Gerichtschutz als auch die erdrosselnden Steuersätze in der DDR abstrakt-generell vorlagen und somit eine systematische Aufhebung aller Steuerbescheide vorgenommen werden müsste. Den Vertragspartner des EinigungsV waren die DDR-Gesetze aber bekannt, sodass sie die generelle Aufhebung aller Steuerbescheide vereinbart hätten, wenn sie dieses systematische Unrecht hätten rückgängig machen wollen. Stattdessen wurde sich

607 Zum Rechtsstaatsbegriff des GG als Referenzpunkt bereits ausführlich unter § 4.II.2.b), S. 173 f., insb. Fn. 586.

608 BFH, Urt. v. 25.01.1995 – X R 146/93, VIZ 1995, 602 (604). Unter diesem Maßstab lehnt BFH, Urt. 08.05.1996 – XI R 1/95, juris, die Aufhebung eines Steuerbescheides gegen einen Briefmarkensammler unter kaum überzeugender Subsumtion ab, obwohl dessen strafrechtliche Verurteilung zuvor bereits aufgehoben wurde (Rn. 7, 22, 38). Der veröffentlichte Tatbestand (Rn. 1 ff.) legt nahe, dass das Steuerverfahren gegen den Briefmarkensammler den in dieser Arbeit geschilderten Steuerverfahren ähnelte. Dafür spricht auch die mehrmalige Erwähnung eines VEB, der „der einzige Großhandelsbetrieb dieser Art in der früheren DDR“ war und „auf DM-Basis auch in die BRD [verkaufte]“ (Rn. 3). Dabei dürfte es sich um den „VEB Philatelie Wermsdorf“ gehandelt haben, einem mit der Kunst und Antiquitäten GmbH eng verbundenem Betrieb des Bereichs Kommerzielle Koordinierung, der Briefmarken – bevorzugt solche aus der NS-Zeit – gegen Devisen ins NSW exportierte, Bischof, Die Kunst und Antiquitäten GmbH, S. 83; Finkenauer/Thiessen, Kunstraub für den Sozialismus, S. 7 f.; Unbekannter Autor, Der Spiegel vom 15.09.1991 (Nr. 38/1991), 71. Lediglich formelhaft wird in dem Urteil bspw. das Vorliegen eines Gewerbes bejaht (Rn. 29). Vollkommen lapidar wird auch darüber hinweggesehen, dass der Gewinn bei der Steuerberechnung den Umsatz überstieg (Rn. 32). Aus den in dieser Arbeit angeführten Gründen hätte aller Voraussicht nach eine Aufhebung nach Art. 19 S. 2 EinigungsV ergehen müssen.

609 Dürr, DStZ 1991, 651 (651, 653 f.).

610 BMF v. 08.08.1991, IV A 5 – S 0350 – 22/91, DStR 1991, 1220 (1221); Dürr, DStZ 1991, 651 (653–655), jeweils unter Bezugnahme auf BGH, Urt. v. 22.09.1988 – IX ZR 263/87, NJW 1989, 1352 und BVerfG, Beschl. v. 24.01.1961 – 2 BvR 168/60, NJW 1961, 653. Vgl. auch Finkenauer/Thiessen, Kunstraub für den Sozialismus, S. 68.

aber aus den genannten Gründen auf eine Aufhebung für die Fälle qualifizierten *Einzelfall*unrechts beschränkt.

Anschaulich wird dieses für eine Aufhebung nach Art. 19 S. 2 EinigungsV an dem Urteil des FG Berlin im Fall *Garcke*, dem wiederum vollumfänglich zuzustimmen ist.[611] Die Erbin des in Untersuchungshaft verstorbenen *Garcke* führte das bereits 1991 beantragte Aufhebungsverfahren, welches bis zur strafrechtlichen Rehabilitierungsentscheidung im Jahr 1998 ruhte, klageweise fort, nachdem der Aufhebungsantrag durch das zuständige Finanzamt im Jahr 1999 abgelehnt wurde. Das FG Berlin gab der Klage statt. Zur Begründung führte es zu Recht aus, dass es dem Finanzamt von vornherein nur um den sachfremden Einsatz steuerrechtlicher Mittel zur Beschaffung der Kulturgüter von *Garcke* und damit lediglich um den Anschein der Legitimität gegangen ist. Letztlich beruhte das Steuerverfahren daher allein auf politischen Sachzwängen anstelle einer gemessen an der DDR-Rechtswirklichkeit „gewöhnlichen" Rechtsanwendung. Dies ließ sich schon an der offensichtlichen Zusammenarbeit zwischen Finanzamt und MfS erkennen. Auch „[d]ie Schätzung im Streitfall ließ [...] jedes Bemühen um Ergebnisse innerhalb eines realistischen Rahmens vermissen"[612]. Weiter urteilte das Gericht, dass „[d]ie von den DDR-Behörden vorgenommene Gewinnermittlung durch Gleichsetzung eines unterstellten Wertzuwachses des angenommenen Betriebsvermögens mit einem erwirtschafteten Gewinn [...] vielmehr abwegig und methodisch unter keinem Gesichtspunkt vertretbar [war]"[613]. Selbst unter der gebotenen, restriktiven Auslegung des Aufhebungstatbestandes im Spannungsfeld von Rechtssicherheit (Art. 19 S. 1 EinigungsV) und einem Mindestmaß an Rechtsstaatlichkeit (Art. 19 S. 2 EinigungsV) muss eine Aufhebung in solchen Fällen vorgeschobener Steuerverfahren gegen private Kunsthändler und -sammler in der DDR erfolgen.[614] Das FG Berlin gelangte daher zu Recht zu folgendem zusammenfassendem Ergebnis, welches nicht nur die Steuerbescheide, sondern auch die Steuerverwaltungsakte in der Vollstreckung erfasst[615]:

> „Die dargestellte Rechtswidrigkeit der [...] Bescheide beruht nach Auffassung des Senats nicht ‚nur' auf (einfacher) fehlerhafter Rechtsanwendung. Sie ist vielmehr Ausdruck einer politisch motivierten Willkürmaßnahme und mit tragenden Grundsätzen eines Rechtsstaates schlechthin i. S. d. Art. 19 EinigungsV unvereinbar mit der Folge, dass diese Bescheide aufzuheben sind. Da die DDR-Behörde nach den oben dargestellten Feststellungen des Gerichts bewusst zum Nachteil des Steuerpflichtigen geschätzt hat, sind die

---

611 Zum zugrundliegenden Sachverhalt im Fall *Garcke* bereits ausführlich unter, § 2.II.3., S. 52 ff.

612 FG Berlin, Urt. v. 15.12.2003 – 8 K 8537/99, juris Rn. 60.

613 FG Berlin, Urt. v. 15.12.2003 – 8 K 8537/99, juris Rn. 60.

614 Zu alledem FG Berlin, Urt. v. 15.12.2003 – 8 K 8537/99, juris Rn. 23 f., 42 f., 50, 55, 62.

615 FG Berlin, Urt. v. 15.12.2003 – 8 K 8537/99, juris Rn. 56.

> streitgegenständlichen Bescheide ungeachtet des Art. 19 EinigungsV auch gem. § 125 AO aufzuheben. Denn aus der Art und der Zielsetzung der im Streitfall vorgenommenen Schätzung folgt nach Auffassung des Gerichts die Nichtigkeit dieser Bescheide i. S. d. § 125 AO."[616]

Die Nichtzulassungsbeschwerde des Beklagten lehnte der BFH im Jahr 2004 zu Recht ab.[617] Nach alledem ist wie bereits bei den Schädigungsvarianten nach § 1 Abs. 3 VermG und § 1 Abs. 7 VermG i. V. m. § 1 Abs. 1 StrRehaG erneut davon auszugehen, dass bei den Steuerverfahren gegen private Kunsthändler und -sammler in der DDR, die allein zur Ertüchtigung des Außenhandels über den Export von Kulturgütern in den Westen durchgeführt worden sind, i. d. R. eine Aufhebung nach Art. 19 S. 2 EinigungsV zu erfolgen hat.[618]

e) „Viele Wege führen zum Eigentum?": Tatbestandskonkurrenzen

Nach alledem ließen sich grds. drei verschiedene Wege nach der „transitional justice" der (Nach-) Wendezeit finden, um die dingliche Rechtslage an den durch die Steuerverfahren entzogenen Kulturgütern zugunsten der Betroffenen zu restituieren. Zur Auswahl stünden prinzipiell ein Rückübertragungsanspruch gem. § 3 Abs. 1 S. 1 VermG i. V. m. § 1 Abs. 3 VermG (infolge unlauterer Machenschaften), ein Rückübertragungsanspruch gem. § 3 Abs. 1 S. 1 VermG i. V. m. § 1 Abs. 7 VermG, § 1 Abs. 1 StrRehaG (infolge eines rechtsstaatswidrigen Strafverfahrens) sowie ein Aufhebungsanspruch gem. Art. 19 S. 2 EinigungsV (infolge eines mit rechtsstaatlichen Grundsätzen unvereinbaren Steuerverfahrens).

---

616 FG Berlin, Urt. v. 15.12.2003 – 8 K 8537/99, juris Rn. 62 f.

617 BFH, Beschl. v. 29.09.2004 – X B 50/04, juris. Dabei hob der BFH insb. hervor, dass das FG Berlin die Feststellungen des „KoKo-Untersuchungsausschusses" lediglich als Indiz gewertet, im Übrigen aber eine eigenständige Beweisaufnahme und Subsumtion des konkreten Falles vorgenommen habe (Rn. 6). In einem weiteren Fall lehnte das FG Berlin-Brandenburg, Urt. v. 08.07.2014 – 2 K 2158/08 (nicht veröffentlicht), eine Aufhebung nach Art. 19 S. 2 EinigungsV ab. Die dagegen eingelegte Nichtzulassungsbeschwerde verwarf BFH, Beschl. v. 05.02.2015 – X B 117/14, juris, als unzulässig. Dies erscheint aus oben dargelegten Gründen zweifelhaft, da es sich nach dem Tatbestand um einen ähnlich gelagerten Fall gehandelt haben dürfte. Gegen den betroffenen privaten Kunstsammler (und IM des MfS) wurden Zahlungsforderungen in Gesamthöhe von mehreren Millionen DDR-M geltend und er wurde sogar zweimal hintereinander zu jeweils mehrjährigen Haftstrafen verurteilt, bevor er von der BRD freigekauft wurde (Rn. 2 f.). Er wurde nach der Wiedervereinigung strafrechtlich rehabilitiert und stellte 2003 einen Antrag nach Art. 19 S. 2 EinigungsV (Rn. 5). Nichtsdestotrotz konnte der BFH insb. keine Beweislastumkehr in Fällen der Steuerverfahren gegen private Kunsthändler und -sammler in der DDR erkennen (Rn. 14). Zudem deutete er an, dass er § 125 AO im Gegensatz zu FG Berlin, Urt. v. 15.12.2003 – 8 K 8537/99, juris Rn. 63 nicht auf DDR-Steuerverwaltungsakte anwendbar hielt (Rn. 17).

618 So auch Bischof, Die Kunst und Antiquitäten GmbH, S. 298.

Fraglich ist, wie sich diese Ansprüche zueinander verhalten., d. h. insb. welche Tatbestandskonkurrenzen bestehen.

Sowohl die „inneren" Tatbestandskonkurrenzen der verschiedenen Schädigungsvarianten innerhalb von § 1 VermG selbst als auch die „äußeren" Tatbestandskonkurrenzen des § 3 Abs. 1 VermG zu den Rehabilitierungsgesetzen bzw. Art. 19 S. 2 EinigungsV sind sehr umstritten. In der Literatur wird so v. a. – mit Unterschieden im Detail – vertreten, dass das VermG Maßnahmen adressiert, die primär auf den Entzug von Vermögenswerten gerichtet waren, während die Rehabilitierungsgesetze (*im Wesentlichen überschneidungsfrei* zum VermG) Maßnahmen betreffen, die primär Eingriffen in Freiheits- und Persönlichkeitsrechten im Rahmen politischer Verfolgung dienten.[619] Das BVerwG dagegen scheint einen grds. Vorrang des VermG zu sehen, soweit nur eine Maßnahme ihrer Intention nach zumindest *auch* auf Vermögensentziehungen gerichtet war, selbst wenn der Tatbestand des VermG konkret nicht erfüllt wurde, und *erkennt Überschneidungen damit an*, löst diese aber durch eine weitgehende Ausschlusswirkung des VermG.[620] Beide Ansichten kommen deshalb wohl zu dem Ergebnis, dass § 1 Abs. 7 VermG der einzige Weg für Rehabilitierungsberechtigte ist, auch einen Rückübertragungsanspruch geltend zu machen.[621] Dass beide Schematiken dabei jedoch v. a. auf dem Reißbrett funktionieren, weil viele Maßnahmen beide der genannten Dimensionen aufwiesen, lässt sich bereits an der recht pragmatischen Einzelfallrechtsprechung in der Praxis erahnen.

Keine der genannten Ansichten ist im Anwendungsbereich konsistent und kann insb. im Falle von komplexen Rechtsabläufen wie den vorliegenden kombinierten Straf- und Steuerverfahren mit anschließender Steuervollstreckung zu durchgehend konsequenten Ergebnissen führen. Dies ist v. a. dem Umstand geschuldet, dass sich die wesentlichen Ansichten in der abstrakten Gegenüberstellung tatsächlicher oder vermeintlicher Gesetzeszwecke verlieren, aber die vollkommen unterschiedlichen Rechtsfolgen der verschiedenen Gesetze weitestgehend außer Acht lassen. Eine darauf basierende konkrete Rechtsanwendung muss zwangsläufig bei vielen Fällen ins Beliebige, von den Umständen des Einzelfalls abhängige abdriften. Denn reale

---

619 RODENBACH, in: Fieberg/Reichenbach/Messerschmidt/Neuhaus (Bd. 1), VermG, § 1 VermG Rn. 5, 7, 175; vgl. auch zu einer weiteren, wohl nur im Detail abweichenden Literaturmeinung WASMUTH, in: RIV, VermG, Einf. VermG Rn. 1098–1100, 1106–1113.

620 Etwa BVerwG, Urt. v. 24.04.2003 – 3 C 6/02, VIZ 2003, 521 (521 f.) m. w. N. Diese Rechtsprechung steht auch im Zusammenhang mit dem bereits erwähnten, sehr weitgehenden „faktischen Enteignungsbegriff" des BVerwG, WASMUTH, in: RIV, VermG, Einf. VermG Rn. 1114 f. Dazu bereits unter § 4.II.2.a), S. 170 f.

621 WASMUTH, in: RIV, VermG, § 1 VermG Rn. 226, 237. So wohl auch FINKENAUER/THIESSEN, Kunstraub für den Sozialismus, S. 74, unter Verweis auf VG Chemnitz, Urt. v. 09.09.1999 – 4 K 43/99, VIZ 2000, 607.

Lebensgeschehnisse wollen sich häufig nicht nach Gesetzeszwecken ordnen lassen, welche im Übrigen auch überhaupt nur einen begrenzt tauglichen Ausgangspunkt für die Frage nach Tatbestandskonkurrenzen darstellen können. Stattdessen sollte eine schlüssige Konkurrenzenlehre zunächst mit dem Blick auf die Rechtsfolgen und dabei wiederum bei der äußeren Tatbestandskonkurrenz beginnen.

Der Rückübertragungsanspruch aus § 3 Abs. 1 S. 1 VermG als *nucleus* des VermG führt wie bereits dargestellt nach § 34 Abs. 1 S. 1 Nr. 1 VermG zu einem Eigentumsübergang kraft Hoheitsaktes, d. h. die dingliche Rechtslage wird ggf. neugeordnet. Die Rehabilitierung nach StrRehaG und VwRehaG führt demgegenüber zur Aufhebung eines staatlichen Hoheitsakts, ggf. zur feststellenden Aussprache des erlittenen Unrechts sowie zu sozialen Entschädigungsansprüchen. In der Tat würde nun die (rückwirkende) Aufhebung des staatlichen Hoheitsaktes nach den Rehabilitierungsgesetzen zur selben Rechtsfolge wie § 34 Abs. 1 S. 1 Nr. 1 VermG führen, wenn man dieser Aufhebung eine unbeschränkt privatrechtsgestaltende, also auch dingliche Rechtswirkung zumessen würde. Dieser Umstand müsste nicht von vornherein zwingend dazu führen, dass ein Verfahren (nach VermG oder nach dem Rehabilitierungsgesetz) dem anderen Verfahren in spezialgesetzlicher Weise vorgehen müsste, da grds. auch vorstellbar ist, dass die beiden Möglichkeiten einfach nebeneinander bestehen. Dass dem aber nicht so ist, ergibt sich zunächst aus dem Wortlaut sowohl des StrRehaG als auch des VwRehaG. § 1 Abs. 1 S. 2 VwRehaG spricht so davon, dass das VwRehaG keine Anwendung findet auf staatliche Hoheitsakte, die vom VermG erfasst werden. § 3 Abs. 2 StrRehaG bringt (deutlich klarer) zum Ausdruck, dass strafprozessuale Einziehungen *nach dem VermG* zurückzuübertragen sind. Vielleicht hätte auch § 1 Abs. 1 S. 2 VwRehaG in der Weise eindeutiger formuliert werden sollen, dass sich die Rückübertragung von Vermögenswerten nach dem VermG richtet. Denn beiden Regelungen liegt i. E. dieselbe rechtliche Aussage zugrunde: *Die Aufhebung von DDR-Hoheitsakten nach diesem (Rehabilitierungs-) Gesetz entfaltet keine dingliche Wirkung, d. h. konkret sie ändert insb. nicht die Eigentumslage.*[622] Denn nur diese Auslegung steht im Einklang mit der Gemeinsamen Erklärung 1990, Art. 41 EinigungsV und Art. 143 Abs. 3 GG, die zum Ausdruck brachten, dass die Lösung der offenen Vermögensfragen nicht in einer unbeschränkten Rückabwicklung sämtlicher Vermögensverluste, sondern stattdessen nur in einem dafür vorgesehen Verfahren unter den jeweiligen Voraussetzungen erfolgen soll. Dieses Verfahren wurde für die hier interessierenden Fälle einfachgesetzlich durch das VermG und gerade nicht durch die Rehabilitierungsgesetze eingerichtet, deren Ursprung an einer anderen Stelle des EinigungsV, nämlich in Art. 17–19 EinigungsV, zu finden ist.

622 Diesen Aspekt zumindest auch aufgreifend Neuhaus, in: Fieberg/Reichenbach/Messerschmidt/Neuhaus (Bd. 1), VermG, § 1 VermG Rn. 167; Wasmuth, in: RIV, VermG, § 1 VermG Rn. 224.

Für die Frage der äußeren Konkurrenz zwischen VermG und den Rehabilitierungsgesetzen bedeutet dies praktisch, dass der Betroffene sich nicht etwa fragen muss, welcher abstrakten „Opferkategorie" er angehört, sondern welche Rechtsfolge er begehrt. Begehrt er die Restitution der dinglichen Rechtslage, kann er dies letztlich nur über das VermG-Verfahren erreichen, da nur dieses eine dingliche privatrechtsgestaltende Wirkung gem. § 34 Abs. 1 S. 1 Nr. 1 VermG als Rechtsfolge besitzt. Begehrt er die Aufhebung eines staatlichen Hoheitsaktes bzw. die feststellende Aussprache des dadurch bewirkten Unrechts (zusätzlich auch noch) aus anderen Gründen – z. B. weil er Genugtuung erlangen möchte – bzw. möchte er eine sozialrechtliche Entschädigung (welche gerade nie ein Äquivalent für einen zurückzuübertragenden Vermögenswert nach dem VermG darstellen kann), dann ist er dafür auf ein Rehabilitierungsverfahren verwiesen. Beide Verfahren können grds. selbstverständlich nebeneinander betrieben werden, da die eine Rechtsfolge mit der anderen Rechtsfolge nichts zu tun hat und beide Rechtsfolgen von voneinander unabhängigen Tatbeständen, die jeweils erfüllt sein müssen, abhängen. Damit „doppelt" Betroffene aber nicht auf zwei gleichaufwändige Verfahren verwiesen sind, die im schlimmsten Fall am Ende des Tages noch widersprüchliche Rechtswertungen produzieren, hat der Gesetzgeber mit § 1 Abs. 7 VermG besagte Brücke vom Rehabilitierungsrecht zum VermG geschaffen. Möchten die von den Steuerstrafverfahren Betroffenen also nicht nur die Kulturgüter zurückübertragen bekommen, sondern (was naheliegt) auch Genugtuung in Form der Aufhebung ihrer strafrechtlichen Verurteilung und einer sozialen Entschädigung suchen, können (bzw. müssen) die Erkenntnisse aus dem Rehabilitierungsverfahren im VermG-Verfahren genutzt werden.

Aus diesen Überlegungen zur äußeren Konkurrenz von VermG und Rehabilitierungsgesetzen ergibt sich aber zwangsläufig auch die innere Konkurrenz der verschiedenen Schädigungsvarianten nach § 1 VermG. Diese stehen danach zueinander in freier Tatbestandskonkurrenz, da sich an alle dasselbe VermG-Verfahren anschließt und somit keine von der Gemeinsamen Erklärung 1990, Art. 41 EinigungsV und Art. 143 Abs. 3 GG intendierten Voraussetzungen unterlaufen werden können. Infolgedessen können die von den Steuerverfahren betroffenen privaten Kunsthändler und -sammler grds. frei wählen, ob sie zur Rückübertragung der Kulturgüter erst ein Rehabilitierungsverfahren nach dem StrRehaG anstreben (z. B. weil sie dies ohnehin daneben beabsichtigten) und im Anschluss eine Rückübertragung nach § 1 Abs. 7 VermG beantragen, oder direkt eine Rückübertragung nach § 1 Abs. 3 VermG beantragen. Zu berücksichtigen ist allerdings, dass die erstmalige Beantragung im Falle des § 1 Abs. 3 VermG bereits mit Ablauf des 30.06.1993 gem.

§ 30a Abs. 1 S. 1 Alt. 2 VermG verfristete, während der Antrag im Anschluss an ein Rehabilitierungsverfahren heute und auch in Zukunft noch möglich ist.[623]

Freilich noch ungeklärt bleibt damit die äußere Tatbestandskonkurrenz zur Aufhebung nach Art. 19 S. 2 EinigungsV. Dieser nimmt insofern eine Sonderstellung ein, als ein einfachgesetzliches Umsetzungsgesetz fehlt. Deshalb handelt es sich weder um Rehabilitierungsrecht (im engeren Sinne) noch um das „Recht der offenen Vermögensfragen" (im engeren Sinne). Wegen seines knappen, unbeschränkten Wortlautes („Aufhebung") besteht im Gegensatz zu den Rehabilitierungsgesetzen aber auch keinerlei grammatischer Anhaltspunkt, der Aufhebung nach Art. 19 S. 2 EinigungsV eine privatrechtsgestaltende, dingliche Wirkung zu versagen. Zwar könnte man hier wiederum dem Ansinnen des Gesetzgebers, Rückübertragung nur nach den Voraussetzungen eines besonderen Verfahrens nach VermG zuzulassen, möglicherweise eine einschränkende Wirkung entnehmen. Allerdings hätte sich dies eben überhaupt nicht im Wortlaut niedergeschlagen, was nur noch Raum für eine teleologische Reduktion ließe. Gegen diese spricht aber, dass der Gesetzgeber der Aufhebung von Steuerverwaltungsakten auch im Übrigen eine Sonderstellung einräumte, die Unterschiede zu den Rehabilitierungsgesetzen rechtfertigen. Zum einen hat er das Verfahren nach Art. 19 S. 2 EinigungsV im Unterschied zu diesen nicht in den Anwendungsbereich des § 1 Abs. 7 VermG eingeschlossen. Zum anderen hat er durch § 1 Abs. 1 S. 2 VwRehaG aber auch zum Ausdruck gebracht, dass die Aufhebung von Steuerverwaltungsakten auch im Übrigen nicht den gewöhnlichen Regelungen der „transitional justice" unterliegt. Nach alledem bestehen aber zu wenige Anhaltspunkte dafür, dass die Aufhebung nach Art. 19 S. 2 EinigungsV nicht unbeschränkt gelten soll. Daher ist davon auszugehen, dass diese auch dingliche Wirkung entfaltet.[624] Infolgedessen können die von den Steuerverfahren betroffenen privaten Kunsthändler und -sammler eine der Rechtsfolgen nach mit § 34 Abs. 1 S. 1 Nr. 1 VermG identische Aufhebung der Steuerverwaltungsakte auch über Art. 19 S. 2 EinigungsV erreichen. Dieser steht dann aber ebenfalls in freier Anspruchskonkurrenz zu § 1 Abs. 3 VermG und § 1 Abs. 7 VermG i. V. m. StrRehaG, da eine Sperrwirkung vom Gesetzgeber an keiner Stelle auch nur angedeutet ist und ebenso nicht ersichtlich ist, wieso der Berechtigte nicht auch den für ihn wegen des förmlicheren Verfahrens wohl aufwändigeren Weg beschreiten können soll.

Schließlich spricht auch die vom VermG vorgesehene Befristung der Restitution der dinglichen Rechtslage im Falle von beweglichen Sachen bis zum 30.06.1993 gem. § 30a Abs. 1 S. 1 Alt. 2 VermG nicht gegen die drei nebeneinander bestehende Restitutionsmöglichkeiten nach § 1 Abs. 3 VermG, § 1 Abs. 7 VermG i. V. m.

623 Ebenso Finkenauer/Thiessen, Kunstraub für den Sozialismus, S. 4, 69, 121 f., 160.

624 So i. E. wohl auch Wasmuth, in: RIV, VermG, § 1 VermG Rn. 279a, 298.

§ 1 Abs. 1 StrRehaG und Art. 19 S. 2 EinigungsV. Denn diese Frist wird im System des VermG spätestens seit der endgültigen Entfristung der Rehabilitierungsgesetze über die Brücke des § 1 Abs. 7 VermG ohnehin nicht mehr konsequent durchgehalten. Dass eine zeitlich unbeschränkte Restitution der dinglichen Rechtslage i. E. nichtsdestotrotz nicht zu einer zeitlich unbeschränkten Möglichkeit der Wiedererlangung des Besitzes der Kulturgüter führt, wird noch an anderer Stelle aufgezeigt werden.[625]

3. Gesamtschau: Wiedererlangung der Kulturgüter infolge des Rückübertragungsanspruchs nach § 3 Abs. 1 S. 1 VermG bzw. der Aufhebung nach Art. 19 S. 2 EinigungsV

Der Weg zur Wiedererlangung der Kulturgüter durch die „transitional justice", d. h. konkret infolge des Rückübertragungsanspruchs nach § 3 Abs. 1 S. 1 VermG i. V. m. § 1 Abs. 3 VermG oder § 1 Abs. 7 VermG i. V. m. § 1 Abs. 1 StrRehaG bzw. infolge der Aufhebung nach Art. 19 S. 2 EinigungsV ist lang und steinig, weil ihm zumindest in der Praxis sowohl gravierende Hürden des materiellen Tatbestandes (a)) als auch des Verfahrens und der materiellen Rechtsfolgen (b)) entgegenstehen.

a) Hürden des materiellen Tatbestandes

Zunächst ist der Nachweis der Schädigung in Form unlauterer Machenschaften gem. § 1 Abs. 3 VermG oder in Form einer Unvereinbarkeit mit wesentlichen Grundsätzen einer freiheitlichen rechtsstaatlichen Ordnung gem. § 1 Abs. 7 VermG i. V. m. § 1 Abs. 1 StrRehaG bzw. der Nachweis der Unvereinbarkeit mit rechtsstaatlichen Grundsätzen gem. Art. 19 S. 2 EinigungsV im Einzelfall schwer zu führen. Zwar wurde in dieser Arbeit dargelegt, dass dieser materielle Tatbestand in den Fällen der Steuerverfahren gegen private Kunsthändler bzw. -sammler in der DDR mit dem KG[626] „in der Regel" vorliegen dürfte. Allerdings ist das KG mit dieser dezidierten Ansicht in der Praxis bisher allein geblieben, andere Gerichte haben eine Beweislastumkehr jedenfalls nicht explizit angenommen.[627] Stattdessen wurden insb. vom BFH auch zwei Entscheidungen[628] veröffentlicht, in denen dieser auf nicht nachvollziehbare Weise das Vorliegen des materiellen Tatbestandes ablehnte. Dass er diesen in einem vergleichbaren Fall in einer dritten Entscheidung[629] zu Recht bejahte, dürfte die Rechtsunsicherheit für die potenziellen Antragsteller

---

625 Dazu ausführlich unter § 4.III.3., S. 260 ff.

626 KG, Beschl. v. 02.02.1998 – 5 Ws 232-96 REHA, NJW 1998, 2617 (2618).

627 So andeutungsweise auch Finkenauer/Thiessen, Kunstraub für den Sozialismus, S. 68.

628 BFH, Urt. 08.05.1996 – XI R 1/95, juris; BFH, Beschl. v. 05.02.2015 – X B 117/14, juris.

629 BFH, Beschl. v. 29.09.2004 – X B 50/04, juris.

nur vergrößern, selbst wenn die drei Entscheidungen z. T. von unterschiedlichen Senaten und jedenfalls mit größerem zeitlichem Abstand gefällt wurden. Es ist freilich richtig, dass sich die Gerichte bei ihren Entscheidungen nicht einfach auf die Feststellungen des „KoKo-Untersuchungsausschusses" berufen konnten, da diese vorrangig politischer Natur waren. Dass diese Feststellungen aber genügend starke Indizien für eine Beweislastumkehr in diesen dezidierten Fällen geboten hätten, muss befürwortet werden.

Mangels Beweislastumkehr werden die Betroffenen i. E. aber auch auf den Zufall angewiesen sein, ob sich zu ihrem Fall heute noch Unterlagen z. B. im Stasiunterlagenarchiv finden lassen. Falls nicht, wird die materielle Beweislast zu ihren Lasten ausgehen. Der Gesetzgeber hätte bei seinen zahlreichen Gesetzesänderungen in den 1990er-Jahren im Bereich der „transitional justice" ebenfalls darüber nachdenken können, für Fälle im Zusammenhang mit der Kunst und Antiquitäten GmbH eine gesetzliche Beweislastumkehr einzuführen. Solche Ansätze wären in diesem Rechtsgebiet auch nicht völlig unbekannt gewesen, wie die Regelvermutungen des § 1 Abs. 1 Nr. 1 Hs. 2 lit. a)–i) StrRehaG[630] oder aber auch die Möglichkeit der reinen Glaubhaftmachung in § 13 Abs. 2 VwRehaG zeigen.[631]

Eine weitere, in der Praxis sehr beachtliche Hürde des materiellen Tatbestandes ist die des redlichen Erwerbs gem. § 4 Abs. 2 VermG. Dadurch dürfte die Rückübertragung gem. § 3 Abs. 1 S. 1 VermG heute in den Fällen, in denen natürliche Personen die Kulturgüter später erwarben, überwiegend ausgeschlossen sein. Rückübertragungsansprüche würden dann v. a. gegenüber Museen bleiben. Nichtsdestotrotz ist dieser materiellen Hürde im Unterschied zur fehlenden Beweislastumkehr i. E. vollends zuzustimmen. Wie bereits angedeutet, können Erwägungen „materieller Gerechtigkeit" nicht vorbehaltlos den Interessen des Verkehrsschutzes, der Rechtssicherheit und der Sozialverträglichkeit vorgehen.[632] Anderenfalls wären bewegliche Sachen, für die ein Rückübertragungsanspruch gem. § 3 Abs. 1 S. 1 VermG auch nur potenziell in Betracht käme – und das wären grds. alle beweglichen Sachen im

630 Dass die umfassende Politisierung des DDR-Wirtschafts- und insb. auch Steuerrechts zu Verfolgungszwecken vom Gesetzgeber bei diesen Regeltatbeständen außen vorgelassen worden ist, kritisiert zu Recht Widmaier, SED-Unrechtsbereinigung, S. 295. Möglicherweise ist in diesem Zusammenhang auch der Ausschluss des Steuerrechts aus dem Anwendungsbereich des VwRehaG gem. § 1 Abs. 1 S. 2 VwRehaG zu sehen.

631 Ebenfalls für eine Beweislastumkehr Bischof, KUR 2022, 145 (150). Zur Wiedergutmachung enthält das VermG zudem im Rahmen von § 1 Abs. 6 VermG eine Vermutungsregelung zugunsten von NS-Verfolgten, vgl. Chall, Wege in die Sammlung, S. 130 f.; Wiedenfels, Das Vermögensgesetz, S. 237. Diese ist aufgrund des genuinen, historisch einmaligen Unrechtsgehalts der NS-Verfolgungen nachdrücklich zu befürworten, vgl. auch Guckes, Opferentschädigung, S. 183 f.; Sendler, DÖV 1994, 401 (410 f.).

632 Vgl. Rodenbach, in: Fieberg/Reichenbach/Messerschmidt/Neuhaus (Bd. 1), VermG, § 4 VermG Rn. 60.

Geltungsbereich des VermG, die bereits vor 1990 existiert haben, da diesen ihre jeweilige Ost- oder Westgeschichte nicht auf die Stirn geschrieben sein muss – in ihrer Verkehrsfähigkeit erheblich eingeschränkt, was zu einem volkswirtschaftlich bedeutenden Wertverlust sowie zusätzlich zu einem auch immateriell bedeutsamen Verlust an Rechtssicherheit führen würde. Dass bei einer Aufhebung der Steuervollstreckungsakte nicht der redliche Erwerb gem. § 4 Abs. 2 VermG, sondern der gutgläubige Erwerb gem. §§ 932 ff. BGB anwendbar ist, der im Unterschied zu ersterem ein Abhandenkommen gem. § 935 BGB kennt und damit die Betroffenen privilegiert, ist im System des BGB hinzunehmen, da hier dafür andere Vorschriften – z. B. der zugunsten des Erwerbers abgeschwächte Maßstab der Gutgläubigkeit gem. § 932 BGB – den Verkehrsschutz anderweitig stärken (auch wenn dies für die vorliegende Fälle gerade nicht gilt, da bei diesen wie dargestellt stets ein Abhandenkommen gem. § 935 BGB vorliegen wird).

b) Hürden des Verfahrens und der materiellen Rechtsfolgen

Dass die Hürden des Verfahrens insb. zu einem langen Weg bis zur Wiedererlangung der Kulturgüter führen können, wird evident, wenn man sich allein die Anzahl der ggf. gestaffelt zu beschreitenden Behörden- und Rechtswege vor Augen führt. Im Falle der Berufung auf „unlautere Machenschaften“ gem. § 1 Abs. 3 VermG erfordert dies „nur“ ein behördliches Verwaltungs- und ggf. Widerspruchsverfahren sowie anschließend ggf. die Beschreitung des Verwaltungsrechtsweges, um die dingliche Rechtslage gem. § 34 Abs. 1 S. 1 Nr. 1 VermG zu restituieren. Da dadurch aber nur die Eigentumslage an den Kulturgütern wiederhergestellt wird, muss sich ggf. noch eine Vindikationsklage gem. § 985 BGB und damit die Beschreitung des ordentlichen Rechtsweges anschließen.[633] Dies alles setzt aber voraus, dass die Behörde sich nicht auf den – wie dargestellt umstrittenen – Standpunkt stellt, dass § 1 Abs. 3 VermG überhaupt nicht anwendbar ist, und den Antragsteller auf ein (angeblich) vorrangiges strafrechtliches Rehabilitierungsverfahren gem. § 1 Abs. 1 StrRehaG verweist (welches in der Praxis allerdings wegen des Bedürfnisses der Betroffenen nach *auch* strafrechtlicher Rehabilitierung durchaus auch im Interesse der Betroffenen sein dürfte). In diesem Fall ist zunächst der ordentliche Rechtsweg in strafrechtlichen Rehabilitierungssachen zu beschreiten und danach die bereits geschilderte Behörden- bzw. Gerichtskaskade. Im Fall eines Aufhebungsverfahrens gem. Art. 19 S. 2 EinigungsV muss mit dem finanzbehördlichen Verfahren begonnen werden, dem sich ggf. die Beschreitung des Finanzrechtsweges und anschließend zur Titulierung der Herausgabe ggf. noch der ordentliche Rechtsweg anschließt.

---

633 Vgl. Bischof, Die Kunst und Antiquitäten GmbH, S. 299.

Die Beschreitung dieses langen Behörden- und Gerichtsweges würde bereits bei weniger komplexen Streitsachen unzählige Jahre dauern. Im Falle der Kulturgutverluste durch Steuerverfahren in der DDR tritt zur eher wenig trivialen Rechtanwendung aber noch die geschilderte Beweisproblematik hinzu, die „im besten Falle“ dazu führen kann, dass die Behörde das Verfahren ruhend stellt, bis eine weitere Aufklärung des Sachverhalts durch neue Tatsachen möglich ist. Weniger wohlgesonnene Behörden werden den Antrag in diesem Fall entsprechend der materiellen Beweislast einfach ablehnen, sodass der Antragssteller im Falle neuer Beweismittel – etwa, wenn die Kulturgüter wieder aufgetaucht sind – auf das Wiederaufgreifen des Verfahrens gem. § 51 VwVfG verwiesen ist. So oder so erweist das VermG dem Antragssteller in den Fällen, in denen er selbst nur unzureichende Tatsachenkenntnis über das Steuerverfahren sowie Umfang und Verbleib der Kulturgüter heute hat, mit den sehr weitgehenden Substantiierungspflichten nach § 31 Abs. 1 S. 1 Hs. 2, Abs. 1b S. 1 VermG einen Bärendienst.[634] Diese fehlende Tatsachenkenntnis dürfte eher der Regel- als der Ausnahmefall sein, da die ursprünglichen „Steuerpflichtigen“ sehr häufig bereits verstorben sein dürften, Unterlagen nicht vorhanden sind und Kulturgüter weltweit gehandelt werden. Dass die Behörden im Bereich der offenen Vermögensfragen im Rahmen ihrer (faktisch abgeschwächten) Amtsermittlungspflicht nicht auf weitgehende Ermittlungsbefugnisse (und -ressourcen) zurückgreifen können, wird sein Übriges dazu tun.

Auf den ersten Blick mag auch die Befristung des Antrags auf Rückübertragung beweglicher Sachen bis zum 30.06.1993 gem. § 30a Abs. 1 S. 1 Alt. 2 VermG eine äußerst missliche Beschränkung für die von den Steuerverfahren Betroffenen darstellen.[635] Nach den Erkenntnissen dieser Arbeit kann dem aber nicht zugestimmt werden. Zum einen war das Bedürfnis nach Rechtssicherheit und Rechtsfrieden insb. im Hinblick auf die zur Bewältigung von Zukunftsaufgaben nötigen Ressourcen des wiedervereinigten Deutschlands rechtspolitisch nachvollziehbar. Insoweit ging § 30a Abs. 1 S. 1 Alt. 2 VermG ohnehin schon deutlich über die in Ziff. 13 lit. b) vorgesehen Frist von nur sechs Monaten ab Inkrafttreten des VermG hinaus. Zum anderen ist die Frist des § 30a Abs. 1 S. 1 Alt. 2 VermG in den vorliegenden Fällen aber rechtlich nur für die Anträge, die sich ausschließlich auf unlautere Machenschaften gem. § 1 Abs. 3 VermG berufen (und das dürfte kaum vorkommen), einigermaßen relevant. Denn sowohl der Antrag infolge strafrechtlicher Rehabilitierung gem. § 1 Abs. 7 VermG i. V. m. § 1 Abs. 1 StrRehaG als auch auf die Aufhebung von Steuerverwaltungsakten gem. Art. 19 S. 2 EinigungsV ist

634 Vgl. Bischof, Die Kunst und Antiquitäten GmbH, S. 299.

635 So wohl auch Bischof in einem unveröffentlichten Gutachten nach Deinert/Lindenau/Merseburger/Müller-Spreitz/Sachse, transfer 2022 (Nr. 1), 110 (114 f.). Vgl. auch Finkenauer/Thiessen, Kunstraub für den Sozialismus, S. 123–126.

prinzipiell unbefristet und damit auch heute noch möglich.[636] Der Antrag nach § 1 Abs. 7 VermG i. V. m. § 1 Abs. 1 StrRehaG muss zwar bis zum Ablauf von sechs Monaten nach Bestandskraft der Entscheidung im Rehabilitierungsverfahren gestellt werden gem. § 30a Abs. 1 S. 3 Hs. 1 VermG, allerdings erscheint dies ohne Weiteres zumutbar. Für die Fälle, in denen ein Antrag in der Vergangenheit bereits (fristgemäß) gestellt, aber mangels Tatsachennachweises abgelehnt wurde oder mangels Kenntnis von einem nun noch neu aufgetauchten Kulturgut insoweit nicht gestellt bzw. nicht insoweit bewilligt wurde, muss von einem Wiederaufgreifen des Verfahrens gem. § 51 VwVfG auszugehen sein, wenn sich nun neue, eindeutige Erkenntnisse ergeben haben (bspw. ein Kulturgut auf einer internationalen Auktion wieder aufgetaucht ist). Denn in diesen Fällen unverschuldeter Unkenntnis überwiegt das Bedürfnis, dem Betroffenen Rechtsschutz durch Verfahren zu gewähren gegenüber dem Aspekt der Rechtssicherheit, weil ja bereits durch den ersten Antrag fristgemäß gezeigt wurde, dass „materielle Gerechtigkeit" wiederhergestellt werden soll. Dass Anträge, die nie fristgemäß gestellt wurden, nicht wiedereingesetzt werden können, und überdies auch die Anwendung der Grundsätze von Treu und Glauben einer vollkommen unbefristeten Geltendmachung von Ansprüchen infolge von § 1 Abs. 7 VermG i. V. m. § 1 Abs. 1 StrRehaG bzw. Art. 19 S. 2 EinigungsV im Einzelfall entgegenstehen können, entspricht den bewährten Grundsätzen unserer Rechtsordnung.

In Bezug auf die materielle Rechtsfolge des Rückübertragungsanspruchs aus § 3 Abs. 1 S. 1 VermG ist allerdings zu kritisieren, dass die behördliche Entscheidung gem. § 34 Abs. 1 S. 1 Nr. 1 VermG „nur" als privatrechtsgestaltender Verwaltungsakt mit dinglicher Wirkung ausgestaltet wurde. So wird zwar die Eigentumslage, nicht aber die Besitzlage wieder restituiert. Der Betroffene ist im Anschluss ggf. immer noch auf eine Titulierung eines Herausgabeanspruchs über den ordentlichen Rechtsweg verwiesen. Auch wenn man damit Neuland betreten hätte, wäre die gesetzliche Anordnung einer solchen titulierten Herausgabeentscheidung auch bereits im Rahmen des VermG-Verfahrens vorzugswürdig gewesen. Noch deutlicher zu kritisieren ist jedenfalls die viel zu niedrig bemessene Entschädigungshöchstsumme für bewegliche Sachen i. H. v. ca. 14.000€.[637] Dieser Betrag könnte in den Fällen der Steuerverfahren gegen die privaten Kunsthändler und -sammler in der DDR aufgrund der besonderen Werthaltigkeit von deren Sammlungen als lediglich symbolisch betrachtet werden. Selbst an dieser Symbolwirkung fehlt es aber, weil dem Gesetzgeber die speziell gelagerten Interessen im Bereich von Kulturgutverlusten bei Erlass des VermG offenbar noch nicht vollends

---

636 Ebenso Finkenauer/Thiessen, Kunstraub für den Sozialismus, S. 4, 69, 121 f., 160.

637 So auch Hirschinger, NJ 2000, 460 (465 f.); vgl. Wiedenfels, Das Vermögensgesetz, S. 349.

bewusst waren. Jedenfalls aber hätte man später nachbessern und eine höhere Entschädigungshöchstgrenze festsetzen können.

4. Zwischenergebnis: Praktische Untauglichkeit des Rückübertragungsanspruchs aus § 3 Abs. 1 S. 1 VermG in Bezug auf Kulturgutverluste infolge von Steuerverfahren in der DDR

Die (Rechtsnachfolger der) privaten Kunsthändler und -sammler, die in der DDR von Steuerverfahren zur Devisenbeschaffung betroffen waren, können zumindest z. T. auch heute noch Rückübertragungsansprüche gem. § 3 Abs. 1 S. 1 VermG wegen unlauterer Machenschaften gem. § 1 Abs. 3 VermG (soweit der ursprüngliche Antrag fristgemäß bis zum 30.06.1993 gestellt wurde) bzw. wegen mit wesentlichen Grundsätzen einer freiheitlichen rechtsstaatlichen Ordnung unvereinbaren und daher rechtsstaatswidrigen Strafverfahren gem. § 1 Abs. 7 VermG i. V. m. § 1 Abs. 1 StrRehaG geltend machen oder aber die dingliche Rechtslage über einen Aufhebungsantrag gem. Art. 19 S. 2 EinigungsV restituieren. Beides führt im Erfolgsfall dazu, dass im Anschluss grds. Herausgabe der Kulturgüter gem. § 985 BGB vom aktuellen Besitzer verlangt werden kann. Sollte ein behördliches Verfahren in der Vergangenheit bereits rechtskräftig abgeschlossen worden sein, kann z. B. im Falle des Wiederauftauchens bestimmter Kulturgüter oder neuer Beweismittel ein Wiederaufgreifen des Verfahrens gerechtfertigt sein.

In der Praxis werden die Anträge trotz dieser theoretischen Möglichkeiten aber i. d. R. zumindest heute keinen Erfolg mehr haben. Grund dafür ist nicht ein etwaiges Fristerfordernis, dem im Bereich der vorliegenden Steuerverfahren nach den Erkenntnissen dieser Arbeit wenig praktische Relevanz zukommen dürfte,[638] sondern die Gesamtschau vieler materiell- wie verfahrensrechtlicher Hürden. Davon durchgehend zu befürworten ist lediglich die Hürde des redlichen Erwerbs gem. § 4 Abs. 2 VermG, auch wenn diese schon für sich allein genommen wohl zur Erfolglosigkeit der meisten heutigen Anträge (außer im Falle von Museen als Verfügungsberechtigten) führen dürfte. Im Übrigen müssen den materiell- wie verfahrensrechtlichen Hürden unabhängig von der allgemeinen Kritik an der „transitional justice“ der (Nach-) Wendezeit[639] aber jedenfalls im konkreten Bezug auf die rechtliche Bewältigung der Kulturgutverluste durch Steuerverfahren in der DDR ein schlechtes Zeugnis ausgestellt werden. Es fehlt v. a. an einer Beweislastumkehr für die hier diskutierten Steuerverfahren, sodass wegen der im Einzelfall schwierig nachzuweisenden Tatsachen nicht selten die materielle Beweislast zulasten der Betroffenen eingreifen wird. Das gesamte Verfahren ist weiterhin zu kompliziert

---

638 Ebenso Finkenauer/Thiessen, Kunstraub für den Sozialismus, S. 4, 69, 121 f., 160.

639 Dazu unter § 4.II.1., S. 144 Fn. 475.

aufgebaut und kann sich deshalb über viele Jahre und durch viele Rechtswege ziehen, was den Betroffenen Kraft raubt.[640] An diese werden überdies viel zu hohe Substantiierungsanforderungen bzgl. ihrer Anträge gestellt, die nicht die realen Verhältnisse, unter denen sich die Steuerverfahren in der DDR abspielten, berücksichtigen. Schließlich greift die angeordnete Rechtsfolge zu kurz, insb. ist auch die subsidiäre Entschädigung ihrer Höhe nach vollkommen unzureichend ausgestaltet.

Ein einzelner dieser Kritikpunkte mag für sich betrachtet vielleicht wenig bedeutsam erscheinen. Im praktischen Zusammenspiel wird sich für viele Betroffene daraus aber ein Bild ergeben haben, dass sie vielleicht an die Fesselung Gullivers mittels vieler kleiner Fäden nach seinem Schiffbruch im Land der Zwerge erinnert hat.

Läuft all dies noch dem Individualinteresse der Betroffenen entgegen, so muss darüber hinaus zudem festgehalten werden, dass die „transitional justice" kaum[641] das Allgemeininteresse in Bezug auf die Aufarbeitung von Kulturgutverlusten adressiert. Zwar wird eine Statistik über die bundesweiten Verfahren nach dem VermG geführt, diese aber nicht gesondert in Bezug auf Kulturgüter ausgewertet.[642] Zudem

---

640 Die sehr plastische und äußerst kritische Schilderung des ebenfalls von den Steuerverfahren in der DDR Betroffenen *Frank Lilienthal* im Rahmen seines autobiografischen LILIENTHAL, Antiquitäten in der DDR, S. 227–234, veranschaulicht dies. WEBERLING/KOWALCZYK, NJ 2023, 16 (16, 24) weisen zu Recht darauf hin, dass durch die komplizierten Rehabilitierungsverfahren auch die Gefahr einer Retraumatisierung besteht.

641 Lediglich die sog. „2014er-Regelung" aus § 5 Abs. 2 AusglLeistG adressiert Aspekte des Allgemeininteresses, da sie zugunsten von Kultureinrichtungen eine Ausnahmeregelung schuf, solange die entsprechenden Kulturgüter für die Öffentlichkeit ausgestellt wurden.

642 Vgl. DEINERT, Grundlagenforschung, S. 6; DEINERT, Podiumsdiskussion, S. 292; SACHSE, KUR 2019, 134 (142). Die letzte statistische Übersicht des BADV zum Verfahrensstand der offenen Vermögensfragen vom 31.12.2015 ist unter <https://www.badv.bund.de/DE/OffeneVermoegensfragen/Statistik/1992_2015/start.html> einsehbar (zuletzt aufgerufen am 01.03.2024). Sie besitzt allerdings von vornherein keine abschließende Aussagekraft, da sie nur den Zeitraum der Jahre 1992–2015 berücksichtigt und auch nicht unter durchgehender Mitwirkung aller Länder geführt wurde. Wie der Hohenzollern-Streit oder VG Gera, Urt. v. 21.11.2019 – 3 K 1197/16 GE, BeckRS 2019, 53517 (aufgehoben und zurückverwiesen durch BVerwG, Beschl. v. 17.12.2020 – 8 B 17.20, BeckRS 2020, 42357) exemplarisch zeigen, ist insb. im Bereich von Kulturgutverlusten davon auszugehen, dass auch heute noch eine Vielzahl an Verfahren anhängig ist bzw. über § 1 Abs. 7 VermG oder ein Wiederaufgreifen des Verfahrens noch bzw. wieder anhängig werden kann, vgl. auch GOTTSCHALKSON, Ausschluss des Zivilrechtsweges, S. 1; MÜLLER-SPREITZ/SCHELIHA, H-Soz-Kult vom 01.03.2023. Im Übrigen lassen sich der Statistik zur Singularrestitution (im Unterschied zur Unternehmensrestitution) für die Jahre 1992–2015 insgesamt ca. 800.000 Anträge auf Rückübertragungen in Bezug auf ca. 2,3 Millionen Vermögenswerte, davon ca. 2,2 Millionen Flurstücke und nur ca. 100.000 sonstige Vermögenswerte wie bspw. bewegliche Sachen einschließlich Kulturgüter entnehmen. Der statistisch erfassbare Erledigungsstand betrug am 31.12.2015 99,9%, kann aber durch die oben dargestellten Umstände durchaus auch wieder rückläufig werden. Wiedergegeben werden für die Jahre 1992–2015

fehlt es an einem gesetzlichen vorgesehen Mechanismus für Kultureinrichtungen, ihre Bestände im Hinblick auf mögliche Kulturgutverluste mit SBZ- und DDR-Bezug von Amts wegen, ohne Antrag eines Betroffenen zu untersuchen und ggf. zu kennzeichnen.[643]

III. Vindikationsanspruch nach § 985 BGB

Nachdem der Rückübertragungsanspruch aus § 3 Abs. 1 S. 1 VermG bzw. die Restitution der dinglichen Rechtslage über einen Aufhebungsantrag gem. Art. 19 S. 2 EinigungsV insgesamt nur einen wenig tauglichen Ansatz zur Wiedererlangung der Kulturgüter durch die Betroffenen bietet, stellt sich die Frage, inwiefern auch ohne diese Verfahren „direkt“ ein Vindikationsanspruch der Betroffenen gegen die Besitzer bestehen könnte. Dafür muss zunächst das Verhältnis zwischen VermG bzw. EinigungsV und § 985 BGB näher geklärt werden (1.). Sollte § 985 BGB „direkt“ anwendbar sein, müssten die Betroffenen allerdings (heute) noch Eigentümer sein (2.), um einen durchsetzbaren (3.) Vindikationsanspruch erfolgreich begründen zu können.

1. Anwendbarkeit

Die („direkte“) Anwendbarkeit von § 985 BGB könnte durch ein Vorrangverhältnis des VermG bzw. des EinigungsV ausgeschlossen sein (a)). Selbst wenn dies so wäre, könnte ggf. eine Übertragung der Ausnahme-Rechtsprechung des BGH im Sachs-Urteil bzgl. des Verhältnisses zwischen alliiertem Rückerstattungsrecht und allgemeinem Zivilrecht in Betracht kommen (b)).

a) Ausschluss der Berufung auf allgemein-zivilrechtliche Tatbestände im Anwendungsbereich des VermG bzw. des EinigungsV

Nach gefestigter Rechtsprechung und Literatur ist die Berufung auf allgemein-zivilrechtliche Tatbestände im Anwendungsbereich des VermG bzw. des EinigungsV weitgehend ausgeschlossen (aa)). Dem ist grds. zuzustimmen (bb)). Fraglich ist aber, ob diese Ausschlusswirkung auch konkret in Bezug auf Kulturgutverluste Privater infolge von Steuerverfahren in der DDR greift (cc)).

---

insgesamt außerdem ca. 160.000 Widersprüche gegen ablehnende Bescheide, von denen ca. 8.000 Erfolg hatten. Von den anschließend anhängigen ca. 65.000 verwaltungsgerichtlichen Verfahren wurden ca. 5.000 Klagen zugunsten der Antragsteller entschieden.

643 Vgl. Chall, Wege in die Sammlung, S. 123, 131 f.

aa) Gefestigte Rechtsprechung und Literatur

Es wird häufig (so oder ähnlich) postuliert, dass „das VermG den Herausgabeanspruch nach § 985 BGB sperrt".[644] Dem aufmerksamen Leser wird bereits nach dem bisher Ausgeführten auffallen, dass diese Aussage im engeren Sinne definitiv nicht zutreffen kann, worauf sogleich auch noch einmal zurückgekommen wird. Unabhängig von dieser Formulierungsschwäche soll damit durch die ständige Rechtsprechung sowohl des BGH als auch des BVerwG und die h. M. in der Literatur jedoch einheitlich dasselbe zum Ausdruck gebracht werden: Dass eine auf § 985 BGB gestützte Herausgabeklage vor den Zivilgerichten unter Berufung auf allgemein-zivilrechtliche Aufhebungs-, Nichtigkeits-, Unwirksamkeits- und Nichtanwendungstatbestände keinen Erfolg haben kann, soweit sich *erstens* zur Begründung dieser Tatbestände auf Umstände berufen wird, die vom Anwendungsbereich des VermG bzw. des EinigungsV erfasst werden, *und* (kumulative Voraussetzungen) *zweitens* das entsprechende Verfahren nach dem VermG bzw. dem EinigungsV nicht bereits vorher mit Erfolg – d. h. mit dem Ergebnis der Restituierung der Eigentumslage – durchgeführt worden ist.[645]

Das VermG (bzw. der EinigungsV) schließt nach ständiger Rechtsprechung der beiden genannten Bundesgerichte sowie der h. M. in der Literatur damit nicht den Herausgabeanspruch nach § 985 BGB an sich, sondern den inzident zu prüfenden allgemein-zivilrechtlichen Tatbestand aus. Nach zu Recht durch die Literatur[646] bestrittener Ansicht der Bundesgerichte wirkt sich dies bereits auf Ebene des Rechtsweges und nicht etwa erst im Rahmen der Begründetheitsprüfung der zivilrechtlichen Klage aus.[647] Eine zivilgerichtliche Klage müsste in diesen Fällen daher gem. § 17a Abs. 2 S. 1 GVG von Amts wegen an die Verwaltungsgerichtsbarkeit (bzw. Finanzgerichtsbarkeit) verwiesen werden, da diese für Verfahren nach dem VermG (bzw. Art. 19 S. 2 EinigungsV) den Rechtsweg eröffnet. Die Klage wird vor den Verwaltungsgerichten (bzw. Finanzgerichten) aber i. d. R. keinen Erfolg haben können, da sich der Kläger ja gerade auf allgemein-zivilrechtliche Tatbestände berufen haben wird, weil er entweder noch gar kein Verfahren nach dem VermG

---

644 Vgl. bspw. SCHANBACHER, in: NK-BGB (Bd. 3), § 985 BGB Rn. 30 oder WASMUTH, in: RIV, VermG, Einf. VermG Rn. 1202 f.

645 So i. E., wenn auch z. T. unter irreführender Formulierung das Grundsatzurteil BGH, Urt. v. 03.04.1992 – V ZR 83/91, NJW 1992, 1757 (1757–1759) und NEUHAUS, in: Fieberg/Reichenbach/Messerschmidt/Neuhaus (Bd. 1), VermG, § 1 VermG Rn. 22 m. w. N.; SCHANBACHER, in: NK-BGB (Bd. 3), § 985 BGB Rn. 30–34a m. w. N. Diese Rechtsprechung wurde vom BVerfG und vom EGMR in mehreren Urteilen gebilligt, grundlegend BVerfG, Beschl. v. 08.10.1996 – 1 BvR 875/92, NJW 1997, 447; EGMR (III. Sektion), Urt. v. 12.12.2002 – 37290/97 Wittek/Deutschland, NJW 2004, 1583.

646 GOTTSCHALKSON, Ausschluss des Zivilrechtsweges, S. 11 f.; GRÜN, VIZ 1992, 317 (321); GRÜN, ZIP 1993, 170 (171, 177); RAABE/NIEWALD, NJ 1992, 71 (71).

647 BGH, Urt. v. 03.04.1992 – V ZR 83/91, NJW 1992, 1757 (1759); vgl. HAGEN, ZfIR 1997, 313 (316).

(bzw. Art. 19 S. 2 EinigungsV) durchgeführt hat oder aber dieses nicht von Erfolg gekrönt war (und er ggf. bereits erfolglos gegen den ablehnenden Bescheid vor den Verwaltungs- bzw. Finanzgerichten geklagt hatte).

Veranschaulichen lässt sich diese Ausschlusswirkung am Paradebeispiel der Ausreisefälle, anhand derer sie von der Rechtsprechung auch entwickelt worden ist: Hatte ein DDR-Bürger das Glück, eine Ausreisegenehmigung in Aussicht zu haben, so wurde er – wie bereits dargestellt[648] – vor Erteilung der Ausreisegenehmigung i. d. R. von staatlichen Stellen dazu genötigt, vorhandenes Vermögen, insb. Immobilien, unentgeltlich auf den Staat oder staatstreue Dritte zu übertragen. Rein formalrechtlich war die zu dieser Übertragung abgegebene Willenserklärung des Ausreisewilligen auch nach dem Wortlaut von § 70 Abs. 1 S. 2 Alt. 2 ZGB, der der Anfechtung wegen rechtswidriger Drohung gem. § 123 Abs. 1 Alt. 2 BGB entspricht, anfechtbar, da diese Übertragung formalrechtlich keine Voraussetzung der Erteilung einer Ausreisegenehmigung war. Freilich war eine i. E. erfolgreiche Anfechtung dieser Übertragung in der Rechtswirklichkeit der DDR vollkommen ausgeschlossen, gleich ob sie noch in der DDR oder bereits in der sicheren BRD erklärt wurde. Nachdem die DDR zusammenbrach, erklärten viele dermaßen Genötigte allerdings nachträglich die Anfechtung dieser Vermögensübertragungen nach § 70 Abs. 1 S. 2 Alt. 2 ZGB und klagten zivilgerichtlich auf Herausgabe der Vermögenswerte gem. § 985 BGB[649]. Nachdem anfänglich vereinzelte Instanzgerichte und Literaturmeinungen diesen Klagen Erfolg zusprachen, entwickelte sich schnell eine gegenläufige ständige Rechtsprechung des BGH nebst diesem zustimmender h. M. in der Literatur, wonach der Zivilrechtsweg für diese Klagen nicht eröffnet sei (so der BGH) bzw. die Klagen wegen materiellrechtlicher Unanwendbarkeit

648 Dazu bereits ausführlich unter § 2.I.1.b), S. 29 ff.

649 Die Ansicht, die Herausgabeklage auf den Vindikationsanspruch nach § 33 Abs. 2 S. 1 ZGB (bzw. nach §§ 69, 356 Abs. 1 ZGB) zu stützen (was wegen der identischen Voraussetzungen und Rechtsfolgen i. E. keinen Unterschied machen würde), vgl. Raabe/Niewald, NJ 1992, 71 (71), ist abzulehnen, da die Herausgabeklage zeitlich im wiedervereinigten Deutschland und damit (auch räumlich) in Bezug auf einen Vermögensgegenstand im Geltungsbereich von § 985 BGB erhoben wird (Art. 233 § 2 Abs. 1 EGBGB bzw. aus internationalprivatrechtlicher Perspektive der Grundsatz der *lex rei sitae*, vgl. Thorn, in: Grüneberg, BGB, Art. 43 EGBGB Rn. 5), während die Anfechtungserklärungen zum einen häufig bereits vor dem 03.10.1990 erklärt worden und sich zum anderen auf ein Rechtsgeschäft rückbeziehen, welches DDR-Recht unterlag, sodass weiterhin § 70 Abs. 1 S. 2 Alt. 2 ZGB anzuwenden ist (Art. 232 § 1 EGBGB).

des § 985 BGB wegen Unbegründetheit abzuweisen seien (so zu Recht Teile der Literatur[650]).[651]

Begründet wird dieser Ausschluss damit, dass die Nötigung der Ausreisewilligen potenziell bereits unter den Schädigungstatbestand der unlauteren Machenschaften gem. § 1 Abs. 3 VermG fallen würde und daher allein über das vorgesehene VermG-Verfahren geltend gemacht werden könnte, welches im Erfolgsfall in ähnlicher Weise wie die Anfechtung zu einer Eigentumsrückübertragung gem. §§ 3 Abs. 1 S. 1, 34 Abs. 1 S. 1 Nr. 1 VermG führt. Das VermG entfalte dabei als *lex specialis* gegenüber allgemein-zivilrechtlichen Tatbeständen wie dem § 70 Abs. 1 S. 2 Alt. 2 ZGB eine Ausschlusswirkung. Diese Ausschlusswirkung sei im Gegensatz zum alliierten Rückerstattungsrecht[652] zwar nirgendwo ausdrücklich gesetzlich angeordnet, ergebe sich aber aus einzelnen Anhaltspunkten im Wortlaut der „transitional justice", aus der Gesetzessystematik des VermG und insb. aus Historie und Sinn und Zweck des Gesetzes. Dieses stelle im Vergleich zum allgemeinen Zivilrecht nämlich ein Sonderregime dar, welches insb. durch die gesetzgeberischen Abwägungsbelange des sozialverträglichen Ausgleichs[653] – v. a. in Form des redlichen Erwerbstatbestandes gem. § 4 Abs. 2 VermG – sowie der schnellen Rechtssicherheit und des Rechtsfriedens – v. a. in Form der knappen Ausschlussfristen gem. § 30a Abs. 1 S. 1 Alt. 2 VermG – gekennzeichnet sei, die das Zivilrecht beide so nicht kenne.[654]

Aus dieser Begründung heraus folgten mit der Zeit aber auch durch den BGH konturierte Ausnahmefälle.[655] Der BGH geht im Ausgangspunkt zwar stets da-

---

650 Gottschalkson, Ausschluss des Zivilrechtsweges, S. 11 f.; Grün, VIZ 1992, 319 (321); Grün, ZIP 1993, 170 (171, 177); Raabe/Niewald, NJ 1992, 71 (71).

651 Konkret zu den Ausreisefällen auch das Grundsatzurteil BGH, Urt. v. 03.04.1992 – V ZR 83/91, NJW 1992, 1757 sowie aus der Literatur Finkenauer/Thiessen, Kunstraub für den Sozialismus, S. 58–60, 113 f., und Wasmuth, in: RIV, VermG, Einf. VermG Rn. 1207 m. w. N.

652 Eine Parallele zu diesen zieht BGH, Urt. v. 03.04.1992 – V ZR 83/91, NJW 1992, 1757 (1758) und bspw. Hagen, ZfIR 1997, 313 (314) ausdrücklich. Zum alliierten Rückerstattungsrecht ausführlich unter § 4.III.1.b)aa), S. 208 ff.

653 Diesen Aspekt besonders betonend Hagen, ZfIR 1997, 313 (314).

654 Zu dieser Argumentation insgesamt statt vieler das Grundsatzurteil BGH, Urt. v. 03.04.1992 – V ZR 83/91, NJW 1992, 1757 sowie Neuhaus, in: Fieberg/Reichenbach/Messerschmidt/Neuhaus (Bd. 1), VermG, § 1 VermG Rn. 22 m. w. N.

655 Wobei dessen Rechtsprechung dabei zumindest teilweise in einem unglücklichen Widerspruch zur Rechtsprechung des BVerwG stand, ohne dass der gemeinsame Senat der obersten Gerichtshöfe des Bundes angerufen wurde gem. § 2 Abs. 1 Gesetz zur Wahrung der Einheitlichkeit der Rechtsprechung der obersten Gerichtshöfe des Bundes (RsprEinhG) vom 19.06.1968, BGBl. I S. 661, wie zu Recht Gottschalkson, Ausschluss des Zivilrechtsweges, S. 141, anmerkt. Unglücklich war die Rechtsprechung des BGH insb. für die Betroffenen deshalb, weil er zeitweise eine andere Auslegung des Enteignungsbegriffs nach § 1 VermG als das BVerwG vertrat, was dazu führen konnte, dass beide Gerichte ihren Rechtsweg für jeweils nicht eröffnet hielten. Mit

von aus, dass allgemein-zivilrechtliche Tatbestände sogar auch dann vom VermG (bzw. Art. 19 S. 2 EinigungsV) ausgeschlossen sind, wenn im konkreten Fall nur allgemein ein Schädigungstatbestand gem. § 1 VermG denkbar ist, selbst wenn ein Rückübertragungsanspruch *in casu* mangels Schädigung oder aufgrund anderer Voraussetzungen nicht mit Erfolg begründet werden kann.[656] Er sieht aber keine Ausschlusswirkung, soweit der Eigentumserwerb an einem allgemein-zivilrechtlichen Mangel krankt, der seiner Art nach überhaupt nicht vom VermG erfasst ist, und zwar auch dann, wenn dieser („Zusatz-") Mangel zu einer Schädigung nach § 1 VermG hinzutritt, aber mit dieser nicht in einer inneren Verbindung steht[657]. Bsp. für solche allgemein-zivilrechtlichen Mängel sind v. a. Formfehler (insb. bei notariellen Beurkundungen) oder fehlende Vertretungsverhältnisse.[658]

Auf den Punkt gebracht worden ist diese Rechtssprechungslinie des BGH durch die Verprobung, ob der entsprechende Eigentumsübergang auch bereits zu DDR-Zeiten unter Berufung auf allgemein-zivilrechtliche Tatbestände mit Erfolg hätte rückgängig gemacht werden können, weil es sich im weitesten Sinne nicht um einen zivilrechtlichen Mangel im Kontext politischer Verfolgung, sondern allein im Kontext des allgemeinen Risikos des Zivilrechtsverkehrs wie in allen Staaten handelt.[659] Dieser Theorie der „Risikokreise"[660] wurde wiederholt mit nicht unbeachtlichen Argumenten vorgeworfen, die Rechtswirklichkeit in der DDR zu verkennen, welche nicht nur in Einzelfällen, sondern ganz allgemein in jedem Fall potenziell unter dem allgegenwärtigen Damoklesschwert politischer Entscheidungen stand. Aufgrund der in der DDR allgemein herrschenden Rechtsfeindlichkeit habe dort überhaupt kein vergleichbares „allgemeines Risiko des Zivilrechtsverkehrs" wie in freiheitlich-marktwirtschaftlichen Systemen existiert, der Zivilrechtsverkehr in einer planwirtschaftlichen Diktatur sei tatsächlich vollkommen anders geartet gewesen. Deshalb seien bspw. Beurkundungsfehler bei DDR-Notaren auch relativ

---

der Zeit näherte sich aber der BGH dem BVerwG an und auch der Gesetzgeber brachte mit der Einführung des Art. 237 § 1 Abs. 1 EGBGB mehr Klarheit. Zu alledem Wasmuth, in: RIV, VermG, Einf. VermG Rn. 1216, 1220, 1222; vgl. BGH, Urt. v. 17.03.1995 – V ZR 100/93, NJW 1995, 1833; BVerwG, Urt. v. 20.03.1997 – 7 C 23/96, VIZ 1997, 348.

656 Vgl. statt vieler Neuhaus, in: Fieberg/Reichenbach/Messerschmidt/Neuhaus (Bd. 1), VermG, § 1 VermG Rn. 22 m. w. N.

657 BGH, Urt. v. 16.04.1993 – V ZR 87/92, NJW 1993, 2050.

658 BGH, Beschl. v. 12.11.1992 – V ZB 22/92, NJW 1993, 388 (Beurkundungsfehler Notar); BGH, Urt. v. 12.11.1992 – V ZR 230/91, NJW 1993, 389 (fehlendes Vertretungsverhältnis).

659 Vgl. Neuhaus, in: Fieberg/Reichenbach/Messerschmidt/Neuhaus (Bd. 1), VermG, § 1 VermG Rn. 26–28.

660 Wasmuth, in: RIV, VermG, Einf. VermG Rn. 1207 m. w. N.

häufig vorgekommen, weil es in der Rechtswirklichkeit der DDR einfach überhaupt niemand mehr mit dem formalen Recht so genau genommen habe.[661]

bb) Kritische Würdigung im Allgemeinen

Neben den bereits erwähnten Kritikpunkten im Detail, wird die Ausschlusswirkung in der Literatur z. T. aber auch ganz grundsätzlich kritisiert. Als wesentliches Argument wird angeführt, dass faktisch erst durch die Ausschlusswirkung des VermG (bzw. des Art. 19 S. 2 EinigungsV) eine Enteignung der Betroffenen stattgefunden hätte, die aber gegen Art. 14 Abs. 1 GG verstoße. Denn erst durch die Ausschlusswirkung wären zivilrechtliche Positionen endgültig vernichtet worden, die bis dahin rechtlich bestanden hätten. Als Musterbeispiel für diese grundsätzliche Kritik kann die Anwendung des *ordre public* gem. Art. 30 EGBGB a. F.[662] auf die Bodenreform-Enteignungen[663] angeführt werden. Während der Zeit der deutschen Teilung wären diese Enteignungen in der BRD rechtlich nicht anerkannt worden, weil sie einen Verstoß gegen den *ordre public* gem. Art. 30 EGBGB a. F. dargestellt hätten. Nach bundesdeutschem Recht musste das Eigentum zum Zeitpunkt der Wiedervereinigung also immer noch bei den „Alt-Eigentümern" liegen und konnte erst durch die Ausschlusswirkung des VermG in Kombination mit dem allgemeinen Restitutionsausschluss für Bodenreform-Enteignungen nach § 1 Abs. 8 lit. a) VermG endgültig nicht zurückerlangt werden.[664] Diese Argumentation lässt sich im Grunde problemlos auf andere Sachverhalte während der SBZ und DDR übertragen.

---

661 Gottschalkson, Ausschluss des Zivilrechtsweges, S. 98–101; Sendler, NJW 1995, 1797 (1797, 1799 f.).

662 Im Rahmen dieser Diskussion um die Bodenreform wird der *ordre public* häufig nach Art. 6 EGBGB n. F. zitiert. Dies ist genau genommen nicht richtig, da der *ordre public*, wie bereits unter § 4.I.1., S. 106 f. erwähnt, erst seit dem 25.07.1986 statt in Art. 30 EGBGB a. F. in Art. 6 EGBGB n. F. kodifiziert ist und der das intertemporale Recht regelnde Art. 220 Abs. 1 EGBGB vorschreibt, dass für bis zum 01.09.1986 abgeschlossene Altfälle das alte internationale Privatrecht des EGBGB anzuwenden ist (dazu auch unter § 4.I.2., S. 132 Fn. 421 und § 4.III.2.a)bb), S. 222). Dies betrifft demnach auch die Bodenreform. Da sich der *ordre public* durch die Reform des internationalen Privatrechts inhaltlich gleichwohl nicht geändert hat, ist diese Zitierung eine bloße Ungenauigkeit ohne weitere inhaltliche Konsequenzen. Nachdem der Lebenssachverhalt der allermeisten der in dieser Arbeit interessierenden Steuerverfahren aber wohl Ende der 1970er-Jahre bzw. Anfang der 1980er-Jahre und damit vor dem 01.09.1986 stattgefunden hat, wird im Folgenden stets Art. 30 EGBGB a. F. für den *ordre public* zitiert. Zum intertemporalen Recht ausführlich unter § 4.III.2.a)bb), S. 219 ff.

663 Zur Ausschlusswirkung in Bezug auf diese Hagen, ZfIR 1997, 313 (317 f.).

664 So Gertner, VIZ 1995, 390 (391, 394 f.); Grün, VIZ 1992, 317 (319–321); Grün, ZIP 1993, 170 (171, 177 f.); Raabe/Niewald, NJ 1992, 71 (72); Schlieffen, ZOV 1994, 151 (152 f.); vgl. Gertner, VIZ 1994, 158 (159–161, 163).

Auch wenn sie auf den ersten Blick einleuchtend erscheinen mag, so kann ihr dennoch nicht gefolgt werden. Sie verkennt, dass die zivilrechtlichen Rechtspositionen der Betroffenen historisch-faktisch bereits durch die Rechtswirklichkeit in SBZ und DDR endgültig vernichtet worden sind. Zu dieser Zeit hätte nie eine Möglichkeit bestanden, bspw. das Bodenreform-Eigentum zurückzuerhalten. In SBZ und DDR erst recht nicht, aber auch nicht in der BRD, da das „Alteigentum" während der Zeit der deutschen Teilung in einem fremden Staat belegen war und somit keine für Art. 30 EGBGB a. F. nötige Inlandsbeziehung vorlag bzw., selbst wenn ein bundesdeutsches Gericht dies anders gesehen hätte, ein DDR-Grundbuchamt dessen Urteil nie vollzogen hätte. Insofern wurde den Betroffenen durch das Glück der Wiedervereinigung, wenn überhaupt, nur etwas genommen, auf dessen Rückerlangung z. T. bereits über Jahrzehnte ohnehin keinerlei Hoffnung mehr bestanden haben konnte.[665] Diese historische Rechtswirklichkeit erkannte die Bundesregierung in der Gemeinsamen Erklärung 1990, Art. 41 EinigungsV und dem VermG an und entschied sich damit zugunsten von Rechtssicherheit, Rechtsfrieden und einem sozialverträglichen Ausgleich. Durch Art. 143 Abs. 3 VermG auf Verfassungsrang gehoben und daher nur am Maßstab der Ewigkeitsklausel gem. Art. 79 Abs. 3 VermG prüfbar, billigte das BVerfG diese politische Entscheidung. Die Maßnahmen in SBZ und DDR selbst waren darüber hinaus von vornherein nicht am Maßstab des Art. 14 Abs. 1 GG zu messen, da sie von einer fremden Hoheitsmacht vorgenommen wurden.[666]

Stattdessen ist die Ausschlusswirkung des VermG (bzw. des Art. 19 S. 2 EinigungsV) im Allgemeinen in der Tat zu befürworten. Trotz ihrer weitreichenden Rechtsfolgen findet sie sich zwar im Gegensatz zu der im alliierten Rückerstattungsrecht angeordneten Ausschlusswirkung tatsächlich nirgendwo ausdrücklich im Wortlaut des VermG (oder des EinigungsV) geregelt.[667] Dies ist aber allein dem Umstand geschuldet, dass das VermG in sehr kurzer und v. a. auch politisch turbulenter Zeit entstand und der Gesetzgeber wegen der sich schnell in Rechtsprechung und Literatur klar durchsetzenden Rechtsansicht auch nicht gezwungen war, die Ausschlusswirkung nachträglich noch explizit in den Gesetzeswortlaut aufzunehmen.[668] Dennoch findet sich z. B. im Wortlaut des Art. 237 § 1 EGBGB ein eindeutiger Hinweis des Gesetzgebers darauf, dass er die Ausschlusswirkung befürwortet. Entscheidend sprechen aber der Sinn und Zweck des VermG in Verbindung mit seiner Systematik für eine solche Ausschlusswirkung. Wahrlich stellt dies im

---

665 Rapp, VIZ 1994, 324 (325, 327 f.); Leisner, NJW 1991, 1569 (1571 f.); Sendler, VIZ 1995, 65 (65 f.).

666 BVerfG, Beschl. v. 08.10.1996 – 1 BvR 875/92, NJW 1997, 447; Sendler, DÖV 1994, 401 (411 f.).

667 Kritisch auch wegen der fehlenden gesetzlichen Anordnung der Ausschlusswirkung Grün, ZIP 1993, 170 (176); Raabe/Niewald, NJ 1992, 71 (72).

668 Vgl. Gottschalkson, Ausschluss des Zivilrechtsweges, S. 74.

Vergleich zum allgemeinen Zivilrecht ein Sonderregime dar, welches insb. durch die gesetzgeberische Abwägungsbelange des sozialverträglichen Ausgleichs – in Form des redlichen Erwerbstatbestandes gem. § 4 Abs. 2 VermG – sowie der schnellen Rechtssicherheit und des Rechtsfriedens – in Form der knappen Ausschlussfristen gem. § 30a Abs. 1 S. 1 Alt. 2 VermG – gekennzeichnet ist, die das Zivilrecht beide so nicht kennt.[669] Vielmehr stehen die allgemein-zivilrechtlichen Regeln zu diesen beiden Aspekten im deutlichen Kontrast, da der gutgläubige Erwerb in diesen Fällen wohl rglm. am Abhandenkommen gem. § 935 BGB scheitern dürfte und eine schnelle Rechtsbefriedung durch die lange Verjährungsfrist von 30 Jahren gem. § 197 Abs. 1 Nr. 2 BGB gehindert wird. Wie bereits umfassend dargestellt, ist es aber rechtshistorisch eindeutig, dass schnelle Rechtssicherheit, Rechtsfrieden und ein sozialverträglicher Ausgleich die der Gemeinsamen Erklärung 1990, Art. 41 EinigungsV, Art. 143 Abs. 3 GG und dem VermG maßgeblich zugrundeliegende Intentionen waren und dafür ganz bewusst Abstriche bei der Herstellung „materieller Gerechtigkeit" eingegangen wurden.[670]

Trotz der geäußerten Kritik sind aber gleichzeitig auch die vom BGH gebildeten Ausnahmefälle zu befürworten. In der DDR schwebte zwar tatsächlich über jedem Rechtsvorgang zumindest potenziell das Damoklesschwert des Primats der Politik, gleichzeitig kann nicht *a priori* davon ausgegangen werden, dass überhaupt keine politisch unbefangenen Rechtsgeschäfte mehr vorgenommen wurden. Außerdem muss erneut gesehen werden, dass es rechtsdogmatisch eben auf das konkrete Verhältnis von allgemein-zivilrechtlichen Tatbeständen zu Schädigungen nach dem VermG (bzw. Art. 19 S. 2 EinigungsV) ankommt und nicht auf ein wie auch immer geartetes „generelles" Konkurrenzverhältnis von VermG (bzw. Art. 19 S. 2 EinigungsV) zu § 985 BGB, weshalb eine Einzelfallbetrachtung in Bezug auf den jeweiligen allgemein-zivilrechtlichen Tatbestand unbedingt erforderlich ist. Gerade an diesem Punkt arbeiten Rechtsprechung und Literatur aber häufig unsauber und sprechen wie bereits dargelegt in unzutreffender Weise von einem ausschließenden Konkurrenzverhältnis zwischen dem VermG und dem Herausgabeanspruch gem. § 985 BGB an sich. Dass dies bereits nicht sein kann, weil § 3 Abs. 1 S. 1 VermG (und i. E. ebenso die Aufhebung nach Art. 19 S. 2 EinigungsV) einen *Rückübertragungs*anspruch und § 985 BGB einen *Herausgabe*anspruch darstellt, wird rglm. übersehen.[671] Es handelt sich um vollkommen unterschiedlich geartete Rechtsfolgen, bei Ersterem wird einzig und allein die dingliche Rechtslage durch eine staatliche Behörde wiederhergestellt (vgl. § 34 Abs. 1 S. 1 Nr. 1 VermG), bei Letzterem wird keine dingliche Rechtslage

---

669 So auch Göhring/Lübchen, NJ 1992, 73 (73 f.) und die bereits zitierten Befürworter der Ausschlusswirkung, jeweils m. w. N.

670 Dazu bereits ausführlich unter § 4.II.1.a), S. 144.

671 Diesen Aspekt ebenfalls hervorhebend Grün, VIZ 1992, 319 (319 f.).

wiederhergestellt, sondern basierend auf dieser eine Herausgabe durch den Besitzer angeordnet (vgl. § 985 BGB). Wie ebenfalls bereits dargelegt wurde, docken beide Ansprüche vielmehr aneinander an, wenn der Verfügungsberechtigte nach positivem Rückübertragungsbescheid zugunsten des Berechtigten dennoch nicht an diesen als Eigentümer herausgeben will. Es wäre vollkommen absurd und widersprüchlich, die Herausgabeklage dann wegen eines Vorrangs des VermG nicht zum Erfolg zu führen. Dass es zu solchen Herausgabeklagen im Anschluss an Rückübertragungen bisher offenbar nur selten kam, dürfte einzig und allein dem Umstand geschuldet sein, dass Verfügungsberechtigte nach dem für sie nachteiligen Verwaltungsverfahren selten auf die Idee gekommen sein dürften, den Vermögenswert nicht freiwillig herauszugeben. Die allermeisten Fälle betrafen ohnehin Immobilien, bei denen gem. § 34 Abs. 2 S. 1 VermG i. V. m. § 38 GBO eine Grundbuchberichtigung im Anschluss an die Rückübertragung auf Ersuchen des zuständigen Grundbuchamtes durch das zuständige ARoV ohne Zutun des Verfügungsberechtigten stattfand und diesem spätestens dadurch vor Augen geführt worden sein dürfte, dass eine Herausgabeverweigerung i. E. aussichtlos wäre.

Weiterhin wird die zu pauschale Behauptung der Ausschlusswirkung des VermG (bzw. von Art. 19 S. 2 EinigungsV) ohne Betrachtung der vorliegenden Fallgruppe auch dadurch befördert, dass der BGH durch Verweigerung der Rechtswegeröffnung überhaupt nicht in eine genauere materiellrechtliche Prüfung einsteigt und sich dadurch potenziell die Gelegenheit für eine umfassendere und genauere Betrachtung des jeweiligen allgemein-zivilrechtlichen Tatbestands abschneidet. Auch wenn die Ausschlusswirkung im Grundsatz zu befürworten ist, so doch erst auf Ebene der Begründetheit im Rahmen des materiellrechtlichen Tatbestandes. Denn der Rechtsweg richtet sich im Allgemeinen nach der wahren Natur des durch den Kläger behaupteten Anspruchs, und zwar unabhängig von dessen tatsächlichem Bestehen.[672] Die Kläger haben sich in den vorliegenden Fällen aber ausdrücklich auf das Bestehen des Herausgabeanspruchs aus § 985 BGB aufgrund einer rein zivilrechtlichen Inzidentbejahung ihres Eigentums berufen und absichtlich gerade nicht auf das VermG (oder Art. 19 S. 2 EinigungsV), was ihnen durch die Zivilgerichtsbarkeit daher auch nicht unterstellt werden darf. Im Übrigen handelt es sich wie bereits dargestellt bei § 3 Abs. 1 S. 1 VermG (bzw. Art. 19 S. 2 EinigungsV) und § 985 BGB um zwei verschiedenartige Ansprüche mit jeweils unterschiedlichen Anspruchsinhaber und -gegner, weshalb auch die umfassende Entscheidungskompetenz gem. § 17 Abs. 2 S. 1 GVG nicht weiterhilft.[673]

---

672 Gottschalkson, Ausschluss des Zivilrechtsweges, S. 7–11, 130 f.

673 Zum Ausschluss bereits auf Ebene des Rechtsweges ebenfalls sehr kritisch Gottschalkson, Ausschluss des Zivilrechtsweges, S. 11 f.; Grün, VIZ 1992, 317 (321); Grün, ZIP 1993, 170 (171, 177); Raabe/Niewald, NJ 1992, 71 (71).

cc) *Anwendung auf Kulturgutverluste Privater infolge von Steuerverfahren in der DDR im Konkreten*

Bei der Prüfung eines Vindikationsanspruchs gem. § 985 BGB auf Herausgabe der infolge der Steuerverfahren in der DDR verlustig gegangenen Kulturgüter ist der *ordre public* gem. Art. 30 EGBGB a. F. der einzig denkbare, inzident zu prüfende allgemein-zivilrechtliche Tatbestand. Andere Aufhebungs-, Nichtigkeits-, Unwirksamkeits- oder Nichtanwendungstatbestände des BGB kommen nicht in Betracht, da der Eigentumsübergang an den Kulturgütern unter Geltung einer fremden Rechtsordnung, konkret dem ZGB, stattgefunden hat. Die Anwendung allgemein-zivilrechtlicher Tatbestände des ZGB ändern aber wie bereits dargelegt nichts am Eigentumsübergang an den Kulturgütern.[674] Fraglich ist daher, inwiefern das Verfahren nach VermG (bzw. Art. 19 S. 2 EinigungsV) vorrangige Ausschlusswirkung gegenüber dem Nichtanwendungstatbestand des *ordre public* gem. Art. 30 EGBGB a. F. hat.[675]

Die Ausschlusswirkung gegenüber dem *ordre public* gem. Art. 30 EGBGB a. F. wurde bereits früh thematisiert und in den besprochenen Fallgruppen aus den bereits genannten Gründen bejaht. Allerdings betraf dies durchgehend Immobilien, bei denen vor der Wiedervereinigung aus den genannten Gründen keinerlei Aussicht auf eine i. E. erfolgreiche Geltendmachung der Vorbehaltsklausel und Zurückerlangung des Eigentums an den Immobilien vom Boden der BRD aus bestanden hätte. Dies unterscheidet die bisher vorgebrachten Fälle aber essenziell von einem Großteil der vorliegenden Fälle.[676] Denn viele der infolge der Steuerverfah-

---

674 Dazu bereits ausführlich unter § 3.III.2.b)bb), S. 109 ff. Eine Anfechtung nach § 70 Abs. 1 S. 2 Alt. 2 ZGB wegen rechtswidriger Drohung scheidet mangels Nötigungserfolg ebenso aus, da für den Abschluss des Kaufvertrags den Betroffenen keine Willenserklärung abgenötigt wurde, sondern diese stattdessen an deren Stelle vorgenommen wurde. Dass wie bereits unter § 4.II.2.b), S. 173 Fn. 584 ausgeführt dennoch eine Nötigung i. S. v. § 1 Abs. 3 VermG vorlag, ist dem Umstand geschuldet, dass dafür im Unterschied zu § 70 Abs. 1 S. 2 Alt. 2 ZGB (wie bei § 123 Abs. 1 Alt. 2 BGB) kein *spezifischer Nötigungserfolg in Form einer Willenserklärung* erforderlich ist.

675 Chall, Wege in die Sammlung, S. 130; Finkenauer/Thiessen, Kunstraub für den Sozialismus, S. 68; König, Kulturgüter als offene Vermögensfrage, S. 34 f.; BT-Drs. 12/4500 („KoKo-Untersuchungsausschuss" – Dritter Teilbericht), S. 533 erwähnen bzw. bejahen die Ausschlusswirkung im Zusammenhang mit Kulturgutverlusten in SBZ und DDR unter Rückgriff auf den bereits dargestellten, allgemein geltenden Grundsatz, ohne dessen Anwendung in Bezug auf die Kulturgutverluste durch Steuerverfahren in der DDR gesondert und vertieft zu beleuchten.

676 Eine solche Differenzierung lässt auch Hess, Intertemporales Privatrecht, S. 129, 267, 271, 285, der den interlokalen *ordre public* durch die Vorschriften des VermG seit der Wiedervereinigung als substituiert und damit hinfällig ansieht, vermissen, was aber durch den andersgearteten Schwerpunkt seiner Habilitationsschrift verständlich wird. Fischer, G., DtZ 1997, 74 (75) ist der überzeugenden Ansicht, dass sich bei Abfassung des EinigungsV über die Rolle des *ordre public* für eher selten vorliegende Spezialfälle schlichtweg keine Gedanken gemacht worden sind.

ren verlustig gegangenen Kulturgüter wurden bereits vor der Wiedervereinigung über die Rechtsgrenze hinweg in die BRD verbracht und unterlagen dort, wie der Fall *Schwarz* zeigt, jederzeit der „Gefahr", unter Berufung auf den *ordre public* gem. Art. 30 EGBGB a. F. vor einem bundesdeutschen Zivilgericht von den „ursprünglichen" Eigentümern gegenüber den nun bundesdeutschen Besitzern herausverlangt zu werden (ob i. E. mit Aussicht auf Erfolg, kann an dieser Stelle keine Rolle spielen). Man kann hier auch nicht davon sprechen, dass es damit vom Zufall abhängen würde, ob ein Vermögensgegenstand vor der Wiedervereinigung die Rechtsgrenze überquerte und in den potenziellen Anwendungsbereich des *ordre public* gem. Art. 30 EGBGB a. F. gelangte oder nicht, denn zumindest in den hier zu besprechenden Fällen war dieser Auslandsbezug nicht zufällig, sondern von Anfang an beabsichtigte Hauptintention der Steuerverfahren und daher mindestens häufig gegeben. Im Gegensatz dazu wäre es aber reiner Zufall, die Anwendung des *ordre public* gem. Art. 30 EGBGB a. F. auf die Fälle der bereits vor der Wiedervereinigung in die BRD exportierten Fälle davon abhängig zu machen, ob der Betroffene das Glück hatte, bis zum 03.10.1990 aus der DDR in die BRD übersiedeln zu können und infolgedessen unter Berufung auf den *ordre public* gem. Art. 30 EGBGB a. F. die Gelegenheit zu bekommen, ein Zivilgericht mit einer Herausgabeklage anrufen zu können oder nicht. Genau in diesen Fällen würde man bei anderer Beurteilung in der Tat zu dem Ergebnis kommen, dass eine Rechtsposition, die sich wegen der Massenfluchten aus der DDR gegen Ende der 1980er-Jahre (und des Freikaufs der zu Gefängnisstrafen verurteilten privaten Kunsthändler und -sammler) in der BRD potenziell ständig hätte realisieren bzw. aktualisieren lassen, in der Tat durch das VermG vernichtet worden wäre.

Das wäre aus den dargelegten Gründen einerseits zwar nicht zwingend verfassungsrechtlich problematisch, weil das VermG wegen Art. 143 Abs. 3 GG wohl auch in diesen Fällen nicht anhand Art. 14 Abs. 1 GG gemessen werden könnte, spricht aber andererseits deutlich gegen eine solche Auslegung des VermG und des EinigungsV. Denn Rechtssicherheit, Rechtsfrieden und ein sozialverträglicher Ausgleich waren zuvörderst für Immobilien und Unternehmen, die den ganz überwiegenden Anteil der Verfahren nach dem „Recht der offenen Vermögensfragen" stellen, bezweckt. V. a. bei diesen Vermögenswerten war aufgrund ihrer örtlichen Fixierung bis zum Wiedervereinigungsprozess nicht annähernd mehr davon auszugehen, dass bzgl. dieser eine Restitution stattfindet, sodass eine Erschütterung dieser Rechtswirklichkeit erst mit der Wiedervereinigung eintreten und das Bedürfnis nach der Verhinderung einer „Totalrückabwicklung" unter den genannten Gesichtspunkten begründen konnte. Eine zeitlich langgestreckte Totalrückabwicklung dieser Vermögenswerte hätte zu unabsehbaren Folgen geführt, die nach dem Gesetzeszweck eindeutig verhindert werden sollten. Anderes muss aber für die bereits vor dem Wiedervereinigungsprozess ins – aus Sicht der DDR – fremde

Hoheitsgebiet gelangten Kulturgüter gelten.[677] Rechtssicherheit, Rechtsfrieden und ein sozialverträglicher Ausgleich sind für diese nicht im selben Ausmaß passende Kriterien und v. a. auch nicht erst seit der Wiedervereinigung virulent. Spätestens mit dem Überqueren der Rechtsgrenze hätte es, verbunden mit dem damit eintretenden internationalprivatrechtlichen Statutenwechsel,[678] ständig passieren können, dass zivilrechtliche Ansprüche bzgl. dieser in der BRD geltend gemacht worden wären, sodass die Rechtswirklichkeit der von der DDR geschaffenen faktischen Tatsachen aus BRD-rechtlicher Sicht bereits zu diesem Zeitpunkt erschüttert worden ist. Dies gilt erst recht im Angesicht des veröffentlichten Fachartikels, die eine weitgehende Bösgläubigkeit von Fachhändlern begründete und Rechtsstreitigkeiten absehbar machte. Dass den „ursprünglichen" Eigentümern der Kulturgüter nun durch das unverhoffte Glück der Wiedervereinigung zugleich das Pech einer zeitlich nur sehr befristeten und vom Abhandenkommen gem. § 935 BGB unabhängigen Rückübertragungsmöglichkeit treffen sollte, hätte nichts mit dem vom Gesetzgeber beabsichtigten Sinn und Zweck des VermG zutun und kann diesen Regelwerken daher auch nicht entnommen werden. Letztlich handelt es sich um vollkommen atypische Fälle, die von den typischen Fällen des „diskriminierenden Teilungsunrechts" in Bezug auf in der (ehemaligen) DDR belegene Vermögenswerte, für die das VermG und damit auch dessen Ausschlusswirkung primär gilt,[679] unterschieden werden können und müssen.[680]

Ein weiteres gravierendes Argument, was gegen die Ausschlusswirkung des VermG gegenüber dem Nichtanwendungstatbestand des *ordre public* gem. Art. 30 EGBGB a. F. für die Fälle der Verbringung der Kulturgüter über die Rechtsgrenze vor der Wiedervereinigung spricht, ist, dass die beiden zuvörderst angebrachten Spezialvoraussetzungen des VermG – redlicher Erwerb gem. § 4 Abs. 2 VermG und Befristung gem. § 30a Abs. 1 S. 1 Alt. 2 VermG – in diesen Fällen durch die Anwendung der Vorbehaltsklausel faktisch kaum umgangen werden. Der Tatbestand des redlichen Erwerbs gem. § 4 Abs. 2 VermG[681] wird durch die Anwendung des Tatbestand des gutgläubigen Erwerbs gem. § 54 Abs. 2, 3

677 Gegen eine Ausschlusswirkung in solchen Fällen für alle Arten von beweglichen Vermögenswerten wohl auch Schlieffen, ZOV 1994, 151 (151 f.).

678 Vgl. Thorn, in: Grüneberg, BGB, Art. 43 EGBGB Rn. 1, 5.

679 Vgl. Wiedenfels, Das Vermögensgesetz, S. 153, 155, 159 f.

680 Vgl. Wasmuth, in: RIV, VermG, Einf. VermG Rn. 1202, 1205, 1224 f., der wohl auch differenzierte Lösungen für atypische Fälle befürwortet und zudem das Grundsatzurteil BGH, Urt. v. 08.10.1953 – IV ZR 30/53, NJW 1953, 1909 für die Ausschlusswirkung des alliierten Rückerstattungsrechts gegenüber dem allgemeinen Zivilrecht (nur) „für gewöhnliche Entziehungsfälle".

681 Wasmuth, in: RIV, VermG, § 1 VermG Rn. 225 zeigt sich § 4 Abs. 2 VermG als Argument für die Ausschlusswirkung des VermG gegenüber generell kritisch, da gutgläubig erwerbende Dritte auch über allgemein-zivilrechtliche Tatbestände bereits ausreichend geschützt seien.

GIW inhaltlich substituiert, da dieser ebenso wie § 4 Abs. 2 VermG und im Unterschied zum gutgläubigen Erwerb nach den §§ 932 ff. BGB kein Abhandenkommen entsprechend § 935 BGB kennt (dass er wegen der Bösgläubigkeit der gewerblichen Erwerber i. d. R. i. E. dennoch nicht durchgreifen dürfte, kann an dieser Stelle keine Rolle spielen, da dies auch bei der Anwendung von § 4 Abs. 2 VermG zutreffen könnte).[682] § 54 Abs. 2, 3 GIW kommt in den Fällen der exportierten Kulturgüter auch zur Anwendung, da diese Norm selbst offensichtlich nicht gegen den *ordre public* gem. Art. 30 EGBGB a. F. verstößt und das DDR-Recht insoweit wegen der *lex rei sitae* weiterhin auf die entsprechenden Sachverhalte angewandt werden muss. Die Befristung des § 30a Abs. 1 S. 1 Alt. 2 VermG dagegen dürfte für die Kulturgutverluste durch die hier beschriebenen Steuerverfahren wie dargestellt[683] von vornherein keine große Rolle spielen und kann daher auch nicht durch die Anwendung des *ordre public* gem. Art. 30 EGBGB a. F. umgangen werden.[684]

Etwas anderes gilt allerdings für alle von den Steuerverfahren betroffenen Kulturgüter, die nicht vor dem 03.10.1990 die Rechtsgrenze überquerten. Denn diese kamen mangels Inlandsbeziehung zur BRD bzw., selbst wenn man diese bejahen wollte, mangels Durchsetzbarkeit in der Rechtswirklichkeit der DDR bis zur Wiedervereinigung nie in einen realisierbaren Anwendungsbereich des *ordre public* gem. Art. 30 EGBGB a. F. Dessen Anwendung nun mit der Wiedervereinigung zuzulassen würde dem VermG (bzw. Art. 19 S. 2 EinigungsV) als *lex specialis* zur Vorbehaltsklausel widersprechen, da Rechtsvorgänge, die allein in der DDR stattgefunden haben (anders bei den oben genannten Exporten) nur nach dem VermG (bzw. DDR-Recht) beurteilt werden sollen. Anderenfalls müssten unabsehbar viele Rechtsvorgänge über den *ordre public* gem. Art. 30 EGBGB a. F. rückabgewickelt werden, was vom EinigungsV nicht intendiert ist.

Nach alledem schließt das VermG (bzw. Art. 19 S. 2 EinigungsV) die Berufung auf den *ordre public* gem. Art. 30 EGBGB a. F. in allen Fällen aus, in denen die durch die Steuerverfahren verlustig gegangenen Kulturgüter *nicht* bis zum 03.10.1990 die Rechtsgrenze überquerten. Praktisch dürfte dies v. a. auch Kulturgüter betreffen, die sich heute in ostdeutschen Museen in öffentlicher Trägerschaft befinden.

Die Beweislast für die Anwendbarkeit des *ordre public* gem. Art. 30 EGBGB a. F. wegen Überschreitens der Rechtsgrenze vor dem 03.10.1990 dürfte umgekehrt entsprechend dem Normbegünstigungsgrundsatz beim Herausgabekläger liegen. Nachdem davon auszugehen ist, dass bei der Kunst und Antiquitäten GmbH befindliche Kulturgüter, die nicht vor dem 03.10.1990 ihren Weg ins nichtsozialistische

682 Dazu bereits ausführlich unter § 3.III.3.b), S. 118 f.

683 Dazu bereits ausführlich unter § 4.II.3.b), S. 191 f. und § 4.II.4., S. 193.

684 Raabe/Niewald, NJ 1992, 71 (71, 73) zeigen sich dagegen § 30a Abs. 1 S. 1 VermG als Argument für die Ausschlusswirkung des VermG gegenüber generell kritisch, da die Fristen des VermG ohnehin allgemein schwach ausgeprägt seien.

Ausland fanden, sich heute überwiegend in ostdeutschen Museen in öffentlicher Trägerschaft befinden dürften, könnte aber eine Beweislastumkehr für im Besitz von Privatpersonen befindliche Kulturgüter aus dem Bereich der Kunst und Antiquitäten GmbH angenommen werden, nach der anzunehmen ist, dass dieses Kulturgut bereits vor dem 03.10.1990 exportiert wurde (und infolgedessen der *ordre public* gem. Art. 30 EGBGB a. F. anwendbar ist).

b) Übertragung der Rechtsprechung des BGH aus dem Sachs-Urteil?

Neben der soeben genannten, die hier interessierenden Fälle bereits weitgehend erfassenden Ausnahme von der Ausschlusswirkung des VermG (bzw. Art. 19 S. 2 EinigungsV), könnte sich zudem eine weitere Ausnahme aus der jüngeren Judikatur des BGH in Bezug auf die Ausschlusswirkung des alliierten Rückerstattungsrechts gegenüber allgemein-zivilrechtlichen Tatbeständen im Bereich NS-Raubkunst ergeben. Zum Verständnis muss dafür zunächst das Wiedergutmachungsrecht skizziert werden (aa)), bevor das betreffende Urteil des BGH dargestellt (bb)) und im Hinblick auf eine Übertragbarkeit auf die in dieser Arbeit relevanten Fälle kritisch gewürdigt wird (cc)).

aa) Exkurs: Wiedergutmachungsrecht und Restitution von NS-Raubkunst

Das Wiedergutmachungsrecht[685] stellt die gesamte „transitional justice" in Bezug auf die nationalsozialistische Gewaltherrschaft dar.

In der Nachkriegszeit der westlichen Besatzungszonen war dieses zunächst durch Rückerstattungsgesetze bzw. -verordnungen[686] der drei West-Alliierten geprägt, die für die jeweilige Besatzungszone im Wesentlichen inhaltsgleich galten und auf

---

685 Zum Begriff der Wiedergutmachung bereits ausführlich unter § 4 II.1., S. 143 Fn. 472. Eine ausführliche und zugleich pointierte Darstellung des Folgenden findet sich in Lahusen, KUR 2022, 91 ff.

686 Gesetz Nr. 59 – Rückerstattung feststellbarer Vermögensgegenstände an Opfer der nationalsozialistischen Unterdrückungsmaßnahmen (US-REG) vom 10.11.1947, Amtsblatt der Militärregierung Deutschland – Amerikanisches Kontrollgebiet – Ausgabe G, zitiert nach Habersack, Habersack II, Nr. 245/5; Gesetz Nr. 59 – Rückerstattung feststellbarer Vermögensgegenstände an Opfer der nationalsozialistischen Unterdrückungsmaßnahmen (BrREG) vom 12.05.1949, Amtsblatt der Militärregierung Deutschland – Britisches Kontrollgebiet – Nr. 28 S. 1169, zitiert nach Habersack, Habersack II, Nr. 245/6; Verordnung Nr. 120 über die Rückerstattung geraubter Vermögensobjekte (FrREV) vom 10.11.1947, Journal Officiel 1949, S. 2060, zitiert nach Habersack, Habersack II, Nr. 245/7; Verordnung BK/O (49) 180 – Rückerstattung feststellbarer Vermögensgegenstände an Opfer nationalsozialistischer Unterdrückungsmaßnahmen (REAO) vom 26.07.1949, VOBl. Groß-Berlin I S. 221, zitiert nach Habersack, Habersack II, Nr. 245/8. Eingehender zur Entstehung dieser Gesetze und beispielhaft anhand des Wiedergutmachungsrechts in der amerikanischen Besatzungszone Naczinsky, Rückerstattung, S. 27–41.

die Rückerstattung entzogener Vermögenswerte im Wege der Naturalrestitution ausgerichtet waren.[687] Dieses sog. „primäre Wiedergutmachungsrecht“[688] sah Ende der 1940er-Jahre sehr kurze Ausschlussfristen von ca. einem Jahr[689] zur Geltendmachung der Ansprüche bei speziellen Wiedergutmachungsbehörden vor, enthielt aber auch Beweiserleichterungen und den Ausschluss gutgläubigen Erwerbs durch Dritte. Der Rechtsweg führte zu bei den Landgerichten eingerichteten, speziellen Wiedergutmachungskammern mit zivilrechtlicher Besetzung.[690] Bei der durch verschiedene völkerrechtliche Verträge zwischen den drei West-Alliierten und der BRD stufenweise wiederhergestellten Souveränität Anfang der 1950er-Jahre wurde vorgesehen, dass das alliierte Rückerstattungsrecht in deutsches Bundesrecht überging und die BRD zudem weiteres Wiedergutmachungsrecht erlassen sollte.[691] Dieses sog. „sekundäre Wiedergutmachungsrecht“[692] wurde dann v. a. durch das BEG[693] und BRüG[694] hergestellt, welches allerdings nur noch Entschädigungen sowohl für erlittene Verfolgungsmaßnahmen (BEG) als auch für entzogene Vermögenswerte (BRüG) enthielt, die wiederum relativ knapp bis allerspätestens Mitte der 1960er-Jahre befristet waren.[695]

In SBZ und DDR ist die „Aufarbeitung“ des NS-Unrechts dagegen vorrangig unter politisch-ideologischen Gesichtspunkten erfolgt. Ein ansatzweise adäquates oder mit dem westdeutschen Wiedergutmachungsrecht vergleichbares Recht wurde – trotz oder wegen – des Selbstverständnisses als „antifaschistischer Staat“ nicht

687 Im Folgenden wird nur die sog. „innere Restitution“, welche die NS-verfolgungsbedingten Vermögensverluste der zum damaligen Zeitpunkt im Deutschen Reich lebenden Juden betrifft, behandelt, während die sog. „äußere Restitution“, die NS-verfolgungsbedingte Vermögensverluste außerhalb des damaligen Deutschen Reiches (z. B. durch deutsche Besatzungsbehörden) betrifft und stärker völkerrechtlich geprägt ist, außen vor bleibt, vgl. Schönberger, NS-Raubkunst, S. 20 f.

688 Kreutz, JR 2018, 263 (266).

689 Zu Recht kritisch gegenüber diesen Wasmuth, ZOV 2014, 139 (140).

690 Zu den maßgeblichen materiellen und verfahrensrechtlichen Besonderheiten sowie wiederum beispielhaft anhand des Wiedergutmachungsrechts in der amerikanischen Besatzungszone Naczinsky, Rückerstattung, S. 41–78.

691 Wasmuth, NJW 2014, 747 (749 f.).

692 Vgl. Kreutz, JR 2018, 263 (266 f.).

693 Bundesergänzungsgesetz zur Entschädigung für Opfer von der nationalsozialistischen Verfolgung – Bundesentschädigungsgesetz – (BEG) vom 18.09.1953, BGBl. I S. 1387.

694 Bundesgesetz zur Regelung der rückerstattungsrechtlichen Geldverbindlichkeiten des Deutschen Reichs und gleichgestellter Rechtsträger – Bundesrückerstattungsgesetz – (BRüG) vom 19.07.1957, BGBl. I S. 734

695 Ernst, JZ 2013, 356 (359 f.); Finkenauer, JZ 2014, 479 (480); zu alledem auch C.-H. Heuer, NJW 1999, 2558 (2562).

erlassen.[696] Wegen dieses fehlenden Äquivalents zum westdeutschen Wiedergutmachungsrecht in SBZ und DDR hat der Bundesgesetzgeber im Zuge der Wiedervereinigung, die die Wiederherstellung der vollen Souveränität Gesamtdeutschlands durch den Zwei-plus-Vier-Vertrag einschloss, die Wiedergutmachung des NS-Unrechts insb. mit Wirkung für die beigetretenen Länder teilweise erneut adressiert, z. B. durch § 1 Abs. 6 VermG, § 1 Abs. 5 EntschG und das NS-VEntschG[697].[698] Diese Ansprüche unterlagen gem. § 30a Abs. 1 S. 1 VermG denselben knappen Fristen wie die übrigen VermG-Ansprüche, also bei beweglichen Sachen grds. bis zum Ablauf des 30.06.1993.

Nachdem sich v. a. ab den 1990er-Jahren das internationale Bewusstsein für Kulturgutverluste zunehmend sensibilisierte, wurde das bisherige Wiedergutmachungsrecht Gesamtdeutschlands insb. wegen der damit verbundenen knappen Fristen für NS-Raubkunst als moralisch unbefriedigend empfunden. Dieses Bewusstsein gipfelte im Dezember 1998 in der „Washington Conference on Holocaust-Era Assets", einer internationalen Konferenz mit 44 Teilnehmerstaaten, darunter Deutschland. Resultat der Konferenz war die völkerrechtlich nichtbindende, politische Selbstverpflichtung der Teilnehmerstaaten zu elf Prinzipien der Restitution von NS-Raubkunst, den „Washington Conference Principles on Nazi-Confiscated Art"[699] (Washingtoner Erklärung).[700] Im Zentrum steht dabei, „gerechte und faire Lösungen zu finden" (Principle 9). Aus der Washingtoner Erklärung ergaben sich in Deutschland keine Gesetzesänderungen, insb. keine Neueröffnung der zu diesem Zeitpunkt bereits abgelaufenen Restitutionsfristen. Folge war im Dezember 1999 aber die knapp gehaltene „Gemeinsame Erklärung der Bundesregierung, der Länder und der kommunalen Spitzenverbände zur Auffindung und zur Rückgabe NS-verfolgungsbedingt entzogenen Kulturgutes, insb. aus jüdischem Besitz"[701] (Gemeinsame Erklärung 1999). Diese ebenfalls nichtbindende Erklärung ist vorranging an öffentliche, kulturgutwahrende Einrichtungen gerichtet und fordert diese zur Rückgabe von NS-Raubkunst unabhängig von den engen Fristen des gesetzlichen Wiedergutmachungsrechts auf.[702] Sie wurde durch eine zuletzt 2019 neugefasste,

---

696 Eck, Wiedergutmachung, S. 46–51; Spannuth, Rückerstattung Ost, S. 163–167; Wasmuth, NJW 2014, 747 (750 f.).

697 NS-Verfolgtenentschädigungsgesetz (NS-VEntschG), erlassen als Art. 3 des EALG, welches als Mantelgesetz bereits unter § 4.II.1.a)aa), S. 146 Fn. 487 in Langform zitiert wird.

698 Eck, Wiedergutmachung, S. 92 f., 212–215; Spannuth, Rückerstattung Ost, S. 188, 194, 230–232; Wasmuth, NJW 2014, 747 (750 f.).

699 Abrufbar auf der Homepage des DZK unter <https://kulturgutverluste.de/sites/default/files/2023-04/Washingtoner-Prinzipien.pdf> (zuletzt aufgerufen am 01.03.2024).

700 Schwarzmeier, NS-verfolgungsbedingter Entzug von Kunstwerken, S. 224 f., 227 f.

701 Abrufbar auf der Homepage des DZK unter <https://kulturgutverluste.de/sites/default/files/2023-04/Gemeinsame-Erklaerung.pdf> (zuletzt aufgerufen am 01.03.2024).

702 Stresemann, Restitution, S. 353 f.; Wasmuth, NJW 2014, 747 (751 f.).

ebenfalls nichtbindende Handreichung der Beauftragten der Bundesregierung für Kultur und Medien (Handreichung 2019[703]) konkretisiert.[704]

Zudem wird durch Bund, Länder und kommunale Spitzenverbände seit dem Jahr 2003 die „Beratende Kommission im Zusammenhang mit der Rückgabe NS-verfolgungsbedingt entzogenen Kulturguts, insb. aus jüdischem Besitz“ (Beratende Kommission) mit bis zu zehn Mitgliedern eingesetzt, die nach ihrer ersten Vorsitzenden, Präsidentin des BVerfG a. D. *Jutta Limbach*, medial auch „Limbach-Kommission“ genannt wird.[705] Wenn die Beratende Kommission von *beiden*[706] Parteien eines Restitutionsbegehrens angerufen wird, kann sie an diese nichtbindende Empfehlungen zur Lösung des Restitutionsbegehrens im Lichte „gerechter und fairer Lösungen“ der Washingtoner Erklärung aussprechen. Eine die Kompetenzen der Beratenden Kommission stärkende Reform wird immer wieder diskutiert.[707] Auch die Einrichtung des DZK im Jahr 2015 ist im Lichte der Washingtoner Erklärung zu sehen. Die Entwicklung seit der Washingtoner Erklärung in Bezug auf NS-Raubkunst ist nach alledem vorwiegend durch rechtlich unverbindliches soft law im Gegensatz zum bis dahin bestehenden, rechtlich verbindlichen „hard law“ gekennzeichnet.[708]

bb) Zivilrechtliche Auswirkung des wiedergutmachungsrechtlichen Fristablaufs und das Sachs-Urteil des BGH

Art. 51 REAO regelt unter der amtlichen Überschrift „Verhältnis zum ordentlichen Rechtsweg“:

> „[1]Ansprüche, die unter diese Anordnung fallen, können, soweit in ihr nichts anderes bestimmt ist, nur in dem Verfahren nach dieser Anordnung und unter Einhaltung ihrer Fristen geltend gemacht werden. [2]Ansprüche aus anderen Gründen, die nicht unter diese Anordnung fallen, können im ordentlichen Rechtsweg geltend gemacht werden“.

---

703 Abrufbar auf der Homepage des DZK unter <https://kulturgutverluste.de/sites/default/files/2023-04/Handreichung.pdf> (zuletzt aufgerufen am 01.03.2024).

704 Schwarzmeier, NS-verfolgungsbedingter Entzug von Kunstwerken, S. 233–235.

705 Ihr derzeitiger Vorsitzender ist Präsident des BVerfG a. D. *Hans-Jürgen Papier*.

706 Dies wird immer wieder als Schwäche dieses Konfliktlösungsmechanismus angesehen, vgl. Schwarzmeier, NS-verfolgungsbedingter Entzug von Kunstwerken, S. 236. Jüngst lehnt es der Freistaat Bayern etwa für *Picassos* „Madame Soler“, welches sich im Bestand der Pinakothek der Moderne in München befindet, ab, die Kommission anzurufen, während die Erben der jüdischen Familie *Mendelssohn-Bartholdy* diesen Weg gerne beschritten hätten, Lorch, Süddeutsche Zeitung vom 22.06.2023, 9.

707 Statt vieler Schönberger, NS-Raubkunst, S. 114 f. Dazu ausführlich unter § 5.II., S. 279 ff.

708 Daran anknüpfend insgesamt unter § 5, S. 267 ff.

Die hergebrachte Rechtsprechung des BGH und die ganz h. M. in der Literatur gingen wegen dieses Wortlauts über Jahrzehnte davon aus, dass eine Herausgabe von NS-verfolgungsbedingt entzogenen Vermögenswerten ausschließlich unter den speziellen Voraussetzungen des „Primären Wiedergutmachungsrecht" der drei West-Alliierten verlangt werden kann.[709] Wie bereits erwähnt, betrafen diese speziellen Voraussetzungen zugunsten der Betroffenen v. a. Beweiserleichterungen und den Ausschluss gutgläubigen Erwerbs durch Dritte, zulasten der Betroffene aber auch sehr kurze Ausschlussfristen.[710] Die genaue dogmatische Konstruktion dieser Ausschlusswirkung war und ist im Detail umstritten,[711] jedenfalls wurde in der Praxis seit den 1950er-Jahren wegen des Fristablaufs i. E. aber davon ausgegangen, dass eine Herausgabe von NS-verfolgungsbedingt entzogenen Vermögenswerten – es sei denn vielleicht durch Wiederaufgreifen eines bereit ursprünglich fristgemäß eingeleiteten Verfahrens bei den Wiedergutmachungsbehörden[712] – rechtlich nicht mehr zu erzwingen sei.[713]

Die vermeintliche Einhelligkeit dieser Ansicht beendete der BGH im Jahr 2012 mit einem unerwarteten „Paukenschlag"[714] in Form seines sog. Sachs-Urteils.[715] Dem Urteil lag folgender Sachverhalt zugrunde: *Hans Sachs* war ein bedeutender deutschamerikanischer Kunstsammler, welcher sich insb. auf Grafiken und Plakate spezialisierte. Wegen seiner jüdischen Abstammung verlor er im Jahr 1938 NS-verfolgungsbedingt seine Kunstsammlung, kurz bevor er in die USA emigrieren konnte. Seine Sammlung galt nach dem Krieg im Wesentlichen als verschollen, weshalb er im Jahr 1961 aufgrund des BRüG eine Entschädigungszahlung von 225.000 DM als Wiedergutmachung erhielt. Wenige Jahre später tauchten große Teile seiner besonders gerühmten Plakatsammlung (insgesamt 4.259 Plakate) wieder im Zeughaus in (Ost-) Berlin auf, welches zu dieser Zeit das Museum für Deutsche Geschichte beherbergte. *Sachs* nahm daraufhin schriftlichen Kontakt zum Museum auf und gab zu erkennen, dass er an einer Zurückerlangung der Plakatsammlung nicht interessiert sei. Die dem zugrundeliegende Motivation ist historisch unklar. Neben der bereits erhaltenen Entschädigungszahlung würde auch

709 Grundsatzurteil BGH, Urt. v. 08.10.1953 – IV ZR 30/53, NJW 1953, 1909; so selbst auch BGH, Urt. v. 16.03.2012 – V ZR 279/10, NJW 2012, 1796 (1797) m. w. N.

710 Dazu bereits ausführlich unter § 4.III.1.b)aa), S. 208 ff.

711 Ernst, JZ 2013, 356 (359–361) und Finkenauer, JZ 2014, 479 (480) gehen davon aus, dass das „Primäre Wiedergutmachungsrecht" keine eigenen Herausgabeansprüche begründet, sondern § 985 BGB überformt. Anders z. B. Kreutz, JR 2018, 263 (266), der die Begründung eigenständiger Herausgabeansprüche annimmt.

712 Vgl. Wasmuth, ZOV 2014, 139 (140, 146).

713 Grundsatzurteil BGH, Urt. v. 08.10.1953 – IV ZR 30/53, NJW 1953, 1909; so selbst auch BGH, Urt. v. 16.03.2012 – V ZR 279/10, NJW 2012, 1796 (1797) m. w. N.

714 Kirchmaier, KUR 2012, 212 (212).

715 BGH, Urt. v. 16.03.2012 – V ZR 279/10, NJW 2012, 1796.

in Betracht kommen, dass er dies nur äußerte, weil eine Herausgabe durch die DDR faktisch ohnehin ausgeschlossen war, nachdem diese sich jüdisches Vermögen, welches aus der NS-Verfolgung stammte, grundsätzlich selbst einverleibte und nicht restituierte.[716] *Sachs* starb im Jahr 1974, Erbeserbe wurde nach Versterben der Ehefrau sein Sohn. Dieser bemühte sich ab Anfang der 2000er-Jahre vermehrt um eine Rückerlangung der Plakatsammlung, welche zu dieser Zeit immer noch im Berliner Zeughaus befindlich war, nunmehr als Teil des Deutschen Historischen Museums, einer bundesunmittelbaren Stiftung des öffentlichen Rechts. Beide Parteien riefen die Beratende Kommission an, welche schließlich 2007 die Empfehlung abgab, die Plakatsammlung im Angesicht der bereits gezahlten Entschädigungen und des von *Sachs* zu Lebzeiten geäußerten Willens nicht zu restituieren. Kurz zuvor hatte der Sohn von *Sachs* allerdings bereits Klage auf Herausgabe zweier Plakate (als „Musterklage"), darunter die bekannte Simplicissimus-Dogge von *Thomas Theodor Heine*, unter Berufung auf § 985 BGB erhoben.[717]

Der Fall ging bis zum BGH. Nachdem das Eigentum relativ unproblematisch beim Kläger lag (da ein NS-verfolgungsbedingter Eigentumsverlust bei *Sachs* im Nachhinein jedenfalls nicht anzuerkennen war) und sich die Beklagte geleitet von der Washingtoner Erklärung 1998 sowie der Gemeinsamen Erklärung 1999 ausdrücklich nicht auf die Einrede der Verjährung berief,[718] lag dem Senat im Wesentlichen die Rechtsfrage vor, ob die Herausgabe nach allgemein-zivilrechtlichen Maßstäben gem. § 985 BGB durch Art. 51 REAO (da der NS-verfolgungsbedingte Verlust der Sammlung im Jahr 1938 in einem – nach späteren Maßstäben – „West-"Berliner Stadtbezirk erfolgte, sodass § 1 Abs. 6 VermG nicht anwendbar war) ausgeschlossen ist. Nach dem bisher Dargestellten war damit zu rechnen, dass er diese Frage bejahen und die Klage daher abweisen würde.

Überraschenderweise bejahte der Senat die Frage aber für den konkreten Fall gerade nicht und gab der Klage auf Herausgabe gem. § 985 BGB daher vollumfänglich Recht. Diesem Urteil lagen (zusammengefasst) zwei tragende Gründe zugrunde. Zum einen könne die Ausschlusswirkung von vornherein nicht in Fällen verschollener Vermögenswerte gelten, da diese wenn überhaupt nur eingeschränkt vom „Primären Wiedergutmachungsrecht" adressiert seien.[719] Zum anderen wäre die bis zu diesem Zeitpunkt mehrheitlich getroffene Annahme, dass das „Primäre Wiedergutmachungsrecht" neben dem Interesse der Betroffenen (Beweiserleichterungen; kein gutgläubiger Erwerb) auch dem Interesse der Rechtssicherheit zugunsten des

---

716 Kiechle, ZOV 2013, 25 (26 f.).

717 Zum Sachverhalt insgesamt BGH, Urt. v. 16.03.2012 – V ZR 279/10, NJW 2012, 1796 (1796 f.); Schulze, Iprax 2010, 290 (296 f.); Stresemann, Restitution, S. 341 f.; Wasmuth, ZOV 2014, 139 (139 f.); Weller, Kunstrechtsspiegel 01/09, 42 (42).

718 Vgl. BGH, Urt. v. 16.03.2012 – V ZR 279/10, NJW 2012, 1796 (1798 f.).

719 Vgl. BGH, Urt. v. 16.03.2012 – V ZR 279/10, NJW 2012, 1796 (1797 f.).

allgemeinen Wirtschaftsverkehrs (kurze Fristen) diene, zu bezweifeln. Sinn und Zweck des „Primären Wiedergutmachungsrechts" sei ausschließlich das Interesse der Betroffenen, deren Rechtsposition habe ausschließlich verbessert, aber nicht beschränkt werden sollen. Die Ausschlussklauseln und die knappe Frist bezögen sich daher v. a. auf die Beweiserleichterungen und den Ausschluss des gutgläubigen Erwerbs, nicht aber auf allgemein-zivilrechtliche Tatbestände.[720] Neben diesen zwei tragenden Gründen berief sich der BGH unterstützend noch auf einen Beschluss des Großen Senats für Zivilsachen aus dem Jahr 1955[721] und einige wenige kunstrechtliche Veröffentlichungen der 2000er-Jahre[722].[723]

Das von der Rechtsprechung[724] bisher nicht wieder aufgegriffene Urteil stieß in der Literatur überwiegend auf laute und umfassende Ablehnung, nur vereinzelt wurde dieser Kritik ebenso laut und umfassend widersprochen. Die Kritik ist der Ansicht, dass das Urteilsergebnis moralisch zwar zu befürworten sei, aber die Methodik der Urteilsfindung angesichts des Wortlauts der Ausschlussklausel in Art. 51 REAO in aktivistischer Weise die Grenzen richterlicher Rechtsfortbildung überschreite und dabei Aufgaben wahrnehme, die im Lichte der Gewaltenteilung nach Art. 20 Abs. 3 GG allein dem Gesetzgeber zukommen würden.[725] Der Beschluss des Großen Senats für Zivilsachen aus dem Jahr 1955 behandele außerdem eine sehr spezielle Situation und lasse nicht hinreichend erkennen, wie darüber hinaus mit der Ausschlusswirkung zu verfahren sei.[726] Die Befürworter des Sachs-

---

720 Der Senat meint in den Urteilsgründen zwar zunächst, dass die Frage, welchen Zweck die REAO verfolgt „dahinstehen kann", vertritt aber weiter unten dann klar die Position, dass dies der Schutz der Interessen der von der NS-Verfolgung Betroffenen sei, BGH, Urt. v. 16.03.2012 – V ZR 279/10, NJW 2012, 1796 (1797 f.).

721 BGH, Beschl. v. 28.02.1955 – GSZ 4/54, NJW 1955, 905.

722 Hartung, Kunstraub, S. 169; Rudolph, Restitution, S. 94–100; Schulze, Iprax 2010, 290 (297); Weller, Kunstrechtsspiegel 01/09, 42 (43–45).

723 BGH, Urt. v. 16.03.2012 – V ZR 279/10, NJW 2012, 1796 (1797).

724 Lediglich BVerwG, Beschl. v. 07.08.2020 – 8 C 4.20, BeckRS 2020, 22741 Rn. 5 erwähnt das Urteil kurz und lässt eine Übertragung auf das VermG offen.

725 Stellvertretend dafür steht u. a. die Bewertung von Wasmuth, ZOV 2014, 139 (139 f., 145, 149 f.), das Urteil sei „[m]oralisch verständlich – rechtlich ein krasses Fehlurteil mit irritierenden Signalen an den Gesetzgeber". Ähnliche Kritik Bergmann, Verfall des Eigentums, S. 11 f.; Ernst, JZ 2013, 356 (359–361); Finkenauer, JZ 2014, 479 (480 f.); Kiechle, ZOV 2013, 25 (26 f.); Schönberger, NS-Raubkunst, S. 120–122, 128, 132 f., 139 Fn. 96; Thole, in: Staudinger, BGB, § 985 BGB Rn. 65; der Kritik zustimmend Jerger/Reichenberg, GWR 2015, 265 (267).

726 Vgl. Finkenauer, JZ 2014, 479 (480 Fn. 13). In dem Beschluss ging es um ein während des Krieges vollkommen unverändert gebliebenes Wertpapierdepot, genauer zum Sachverhalt BGH, Beschl. v. 28.02.1955 – GSZ 4/54, NJW 1955, 905 (905). Ernst, JZ 2013, 356 (361); Kiechle, ZOV 2013, 25 (27); Kirchmaier, KUR 2012, 212 (213); Wasmuth, ZOV 2014, 139 (145) legen nahe, dass eine erneute Vorlage an den Großen Senat in Zivilsachen gem. § 132 Abs. 2 GVG angebracht gewesen wäre.

Urteils meinen dagegen, dass die Auslegung der Ausschlussklauseln des „Primären Wiedergutmachungsrechts“ bereits von Anfang an von den Zivilgerichten der 1950er-Jahre falsch, nämlich in ähnlich aktivistischer Weise zulasten der Betroffenen und zugunsten der Rechtssicherheit des Wirtschaftsverkehrs vorgenommen worden sei. Insb. im Angesicht des veränderten Umgangs mit der eigenen Vergangenheit und jüngeren rechtspolitischen Entwicklungen speziell im Bereich NS-Raubkunst, wie die Washingtoner Erklärung 1998, könne diese Auslegung jedenfalls jetzt nicht weiter aufrechterhalten werden.[727]

Dass das Sachs-Urteil im konkreten Einzelfall dabei durch die Anwendung des „hard law“ gerade der soft law-Empfehlung der Beratenden Kommission als Kind dieser jüngeren rechtspolitischen Entwicklung widerspricht, irritierte die Befürworter des Sachs-Urteils offenbar nicht.[728] Ebenso ist zu konstatieren, dass durch das Sachs-Urteil das „hard law“-Problem nur von der Ausschlusswirkung auf die Verjährungsfrage verschoben wird.[729] Gleichwohl ist ebenso zu sehen, dass hier ein Ineinandergreifen von „soft law“ und „hard law“ – welche in jüngeren kunstrechtlichen Publikationen eher kontrastiert werden[730] – möglich wird, weil sich öffentliche kulturgutwahrende Institutionen wegen der Washingtoner Erklärung 1998, der Gemeinsamen Erklärung 1999 und der Handreichung 2019 rglm. nicht mehr auf die Einrede der Verjährung berufen dürften.[731] Nichtsdestotrotz scheint

727 Besonders trat hier Stresemann, Restitution, S. 348–351, 356 f. in einer Festschrift für den Vorsitzenden Richter des urteilenden Senats hervor. Ähnlich befürwortend Kreutz, JR 2018, 263 (266–268); Schwarzmeier, NS-verfolgungsbedingter Entzug von Kunstwerken, S. 360–363; Weller, Plakatsammlung Hans Sachs, insb. S. 110–112; den Befürwortern wohl zustimmend Lorenz/Arnold, Vindikationsverjährung, S. 151.

728 Vgl. auch Finkenauer, JZ 2014, 479 (481); Kirchmaier, KUR 2012, 212 (214).

729 So auch Ernst, JZ 2013, 356 (362); Schönberger, NS-Raubkunst, S. 138 f.

730 Bspw. Schönberger, NS-Raubkunst, S. 138 f. kritisch gegenüber *soft law*-Lösungen, während bspw. Pferdmenges, KUR 2021, 50 (insb. 52–55, 59) diesen grundsätzlich offener gegenübersteht.

731 Vgl. Finkenauer, JZ 2014, 479 (481 Fn. 27). Kirchmaier, Haushaltsrecht, S. 177–180, 189, weist darauf hin, dass die Herausgabe eines Kulturgutes durch eine öffentliche Kultureinrichtung ohne gesetzliche Grundlage gegen das haushaltsrechtliche Verschenkungsverbot öffentlicher Stellen, bspw. geregelt in Art. 81 BV, verstoßen kann (ebenso, aber schärfer Kiechle, NJOZ 2011, 193 (195 f., 198 f., 205)). Bei einer Rückgabeempfehlung durch die Beratende Kommission dürfte die Herausgabe aber haushaltsrechtlich gerechtfertigt sein (und keine Schenkungsteuer anfallen), Fischer, M., ZEV 2022, 562 (570 f.). Eine ähnliche Problematik kann sich auch bei privaten Stiftungen wegen des stiftungsrechtlichen Vermögenserhaltungsgrundsatzes, infolge der Stiftungsrechtsreform seit kurzem sogar im BGB (§ 83c Abs. 1 S. 1 BGB) geregelt, ergeben, Hüttemann/Ruwert, Kulturgutentzug und Stiftungsrecht, insb. S. 56–59. Die gesamte Problematik eingehend behandeln Finkenauer/Thiessen, Kunstraub für den Sozialismus, S. 10, 126–138, 139–142, die auch darauf hinweisen, dass sich Organe von öffentlichen Trägern, Stiftungen oder anderen juristischen Personen bei einer Herausgabe ohne Rechtsgrundlage ggf. sogar wegen Untreue gem. § 266 StGB strafbar machen können.

in diesem Feld noch nicht das letzte Wort gesprochen, nachdem das Sachs-Urteil nicht nur als Folge der Anwendung des „soft law“ (Nichterhebung der Einrede der Verjährung), sondern auch als Anlass zur Änderung des „hard law“ im Wege der Abschaffung der Vindikationsverjährung verstanden werden kann.[732]

cc) Fehlende Übertragbarkeit des Sachs-Urteils auf private Kulturgutverluste durch Steuerverfahren in der DDR

Unabhängig von der grundsätzlich am Urteil geäußerten Kritik, kann dieses jedenfalls nicht auf Kulturgutverluste in SBZ und DDR unter dem VermG (bzw. Art. 19 S. 2 EinigungsV) übertragen werden.[733] Grund dafür ist, dass sich die zwei tragenden Gründe des Urteils in ein *Wenn* und ein (in seiner Bedeutung wohl höher einzuschätzendes) *Weil* destillieren lassen, von denen nur das *Wenn* in manchen Fällen von Kulturgutverlusten in SBZ und DDR, nie aber das *Weil* zutreffen kann.

Wenn ein Kulturgut *verschollen* war, lässt das Sachs-Urteil jedenfalls eine Ausnahme von der Ausschlusswirkung des „Primären Wiedergutmachungsrechts“ zu. Festgemacht wird dies am Wortlaut von Art. 1 Abs. 1 REAO, der von „feststellbaren“ Vermögensgegenständen spricht.[734] Ob diesem Wortlaut in Bezug auf die REAO tatsächlich eine so weitreichende Bedeutung zugemessen werden kann, kann dahinstehen, da jedenfalls mehrere Regelungen des VermG ganz eindeutig auf den Fall eines verschollenen Kulturgutes zugeschnitten sind (so z. B. die Unmöglichkeit gem. § 4 Abs. 1 VermG[735]) und somit nicht gesagt werden kann, dass das VermG diese Fälle nicht auch erfassen wollte. Im Übrigen besteht mit der Möglichkeit des Wiederaufgreifens des Verfahrens bereits ein passenderer Rechtsbehelf, sollte ein Kulturgut wieder auftauchen.[736] Etwas anderes könnte möglicherweise nur für die Situation gelten, in der ein Kulturgut nicht nur verschollen, sondern dessen Existenz den Rechtsnachfolgern vollkommen unbekannt war und deshalb von diesen von vornherein überhaupt kein Wiedergutmachungs- bzw. VermG-Verfahren eingeleitet wurde, welches nun wiederaufgegriffen werden könnte. Diesen Fall adressierte der BGH nicht ausdrücklich, allerdings ist fraglich, ob er mit seiner Judikatur nicht allgemein zum Ausdruck bringen wollte, dass solche atypischen Fälle von der Ausschlusswirkung der REAO nicht erfasst sind. Eine Übertragung eines solchen Gedankens auf Kulturgutverluste in SBZ und DDR unter dem VermG

---

732 Vgl. Wasmuth, ZOV 2014, 139 (139, 143 f., 150). Ambivalent gegenüber dem Urteil und den daraus neu erwachsenden Fragen Kirchmaier, KUR 2012, 212 (212, 214).

733 So i. E. auch Finkenauer/Thiessen, Kunstraub für den Sozialismus, S. 115.

734 BGH, Urt. v. 16.03.2012 – V ZR 279/10, NJW 2012, 1796 (1798). Zweifelnd bzgl. einer solchen Auslegung Kirchmaier, KUR 2012, 212 (213), entschieden ablehnend Ernst, JZ 2013, 356 (361.); Wasmuth, ZOV 2014, 139 (144).

735 Dazu bereits ausführlich unter § 4.II.1.a)aa), S. 148.

736 So auch Wasmuth, ZOV 2014, 139 (140, 146).

(bzw. Art. 19 S. 2 EinigungsV) würde grds. möglich erscheinen, wenn nicht das nachfolgende *Weil* i. E. ohnehin dagegenspräche.

Weil dem „Primären Rückerstattungsrecht" *nur* der *Gedanke des besseren Schutzes der Betroffenen*, nicht aber der Rechtssicherheit zugunsten des Wirtschaftsverkehrs zugrunde läge, könne die Ausschlusswirkung des „Primäre Rückerstattungsrechts" nicht oder jedenfalls nicht unbeschränkt gelten, so urteilte der BGH. Dies würde das „Primäre Rückerstattungsrecht" aber diametral von der „transitional justice" in Bezug auf SBZ und DDR unterscheiden. Wie bereits ausführlich dargestellt worden ist, liegen dieser nämlich ganz deutlich die Gedanken der Rechtssicherheit, des Rechtsfriedens und des sozialverträglichen Ausgleichs zugrunde. Der Schutz der von vermögensrelevanten Maßnahmen in SBZ und DDR betroffenen Personen schlägt sich in der Gemeinsamen Erklärung 1990, Art. 41 EinigungsV, Art. 143 Abs. 3 GG und VermG zwar ebenso nieder, steht den genannten Abwägungsbelangen aber gegenüber (und dies noch nicht einmal zwingend als gleichwertiger Abwägungsbelang). Obwohl die Ausschlusswirkung unter dem VermG (bzw. Art. 19 S. 2 EinigungsV) zwar im Gegensatz zum „Primären Wiedergutmachungsrecht" nicht ausdrücklich geregelt ist, kann sie nicht wie dort mit dem Argument, dass nur eine Besserstellung der Betroffenen bezweckt war, übergangen werden. Diese Differenzierung zwischen REAO und VermG (bzw. Art. 19 S. 2 EinigungsV) würde auch angebracht erscheinen, da sich die Singularität der NS-Verbrechen in der Menschheitsgeschichte trotz des grds. nur beschränkt möglichen Vergleichs historischen Unrechts stets von anderen Diktaturen und Geschehnissen abhebt. Dass die „Nachholung" der Wiedergutmachung zugunsten von NS-Verfolgten in den ostdeutschen Ländern durch die Regelung des § 1 Abs. 6 VermG vorgenommen und damit einem System unterworfen wurde, was möglicherweise z. T. anderen Prämissen als das „Primäre Wiedergutmachungsrecht" der West-Alliierten unterliegt, ist dabei ein Widerspruch zulasten der NS-Verfolgten, den der Gesetzgeber offenbar übersehen hat.[737]

c) Zwischenergebnis: Differenzierte Betrachtungsweise in Bezug auf Kulturgutverluste infolge von Steuerverfahren in der DDR

Die Ausschlusswirkung des VermG (bzw. von Art. 19 S. 2 EinigungsV) gegenüber allgemein-zivilrechtlichen Tatbeständen ist als Grundsatz zu befürworten. Es muss dabei allerdings unbedingt (mehr) Acht darauf gegeben werden, dass es keine irgendwie geartete, pauschale „Sperrwirkung des VermG (bzw. von Art. 19 S. 2 EinigungsV) gegenüber § 985 BGB" gibt. Vielmehr sind der jeweilige allgemein-zivilrechtliche Tatbestand und die konkret zu subsumierenden Tatsachen

737 Vgl. Eck, Wiedergutmachung, S. 220 f.; Gottschalkson, Ausschluss des Zivilrechtsweges, S. 72.

in den Blick zu nehmen und erst dann ein Ergebnis zu ziehen, ob ein Ausschluss durch das VermG (bzw. Art. 19 S. 2 EinigungsV) vorgesehen ist. Dies hat prozessual richtigerweise erste auf Ebene der Begründetheit und nicht bereits auf Ebene des Rechtsweges zu erfolgen.

Wendet man diesen Maßstab an, kommt man zu dem Schluss, dass der allgemeinzivilrechtliche Nichtanwendungstatbestand des *ordre public* gem. Art. 30 EGBGB a. F. im Falle der Kulturgutverluste Privater durch die Vollstreckung von Steuerforderungen in der DDR nicht durch das VermG (bzw. Art. 19 S. 2 EinigungsV) ausgeschlossen ist, soweit die herausverlangten Kulturgüter vor dem 03.10.1990 die Rechtsgrenze der DDR gen BRD überquert haben. Dies dürfte überwiegend der Fall sein, jedenfalls hochwertigere Kulturgüter betreffend. Soweit heute Dritte – mit Ausnahme von öffentlichen kulturgutwahrenden Einrichtungen in Ostdeutschland – im Besitz solcher Kulturgüter sind, streitet dafür eine Beweislastumkehr.

Das Wiedergutmachungsrecht in Bezug auf NS-verfolgungsbedingte Vermögensverluste ist von der „transitional justice“ in Bezug auf SBZ und DDR wegen der Singularität der NS-Verbrechen in der Menschheitsgeschichte zu Recht zu unterscheiden. Das Sachs-Urteil des BGH mit seiner Ausnahme-Rechtsprechung in Bezug auf die Ausschlusswirkung des „Primären Wiedergutmachungsrechts“ ist daher unabhängig von der daran geäußerten Kritik nicht auf Kulturgutverluste in SBZ und DDR übertragbar. Es steht allerdings – nicht zwingend widerspruchsfrei – im Kontext einer rechtspolitischen Entwicklung in Bezug auf NS-Raubkunst, die v. a. auch durch *soft law* geprägt ist. Es wird noch darauf zurückzukommen sein,[738] ob bzw. inwiefern solche Ansätze zukünftig als Konfliktlösungsmechanismen auch für Kulturgutverluste in SBZ und DDR angewandt werden sollten.

2. Eigentumslage

(Vor-) Fraglich zur Begründung eines Herausgabeanspruchs nach § 985 BGB ist, ob die privaten Kunsthändler und -sammler als unstreitig ursprüngliche Eigentümer der Kulturgüter dieses Eigentum auch heute immer noch innehaben. Ein Eigentumsverlust könnte insb. durch den Erwerb der Kunst und Antiquitäten GmbH infolge der Anwendung des internationalprivatrechtlichen Grundsatzes der *lex rei sitae* eingetreten sein (a)), wenn dem nicht die internationalprivatrechtliche Vorbehaltsklausel des *ordre public* entgegensteht (b)). Darüber hinaus kommt ein Eigentumsverlust durch gutgläubigen Erwerb (c)) oder Ersitzung (d)) Dritter in Betracht.

---

738 Dazu ausführlich unter § 5.II., S. 279 ff.

a) *Lex rei sitae* bzw. Territorialitätsprinzip unter „interlokaltemporalem" Privat- bzw. Enteignungsrecht

Der Eigentumsverlust der privaten Kunsthändler und -sammler durch Erwerb der Kunst und Antiquitäten GmbH ist aus heutiger, gesamtdeutscher Sicht in rechtsdogmatischer Hinsicht aus einer Gemengelage von interlokalem (aa)) und intertemporalen (bb)) Privat- bzw. Enteignungsrecht (cc)) heraus zu bewerten. Die Komplexität dieser zugrundeliegenden Rechtsdogmatik schlägt sich aber nicht auf das praktische Anwendungsergebnis durch, welches klar die Nachvollziehung des Eigentumsverlustes anhand der *lex rei sitae* (als Ausgangspunkt) befiehlt (dd)).

aa) „Interlokal"

Zumindest bis zur Wiedervereinigung am 03.10.1990 wurde aus bundesrepublikanischer Sicht auf grenzüberschreitende Sachverhalte mit Bezug zur DDR das bundesdeutsche internationale Privatrecht als „interlokales Privatrecht"[739] (auch „interzonales Privatrecht"[740]) (nur) entsprechend angewandt.[741] Dies war darin begründet, dass die BRD die DDR – trotz der zumindest faktischen Anerkennung infolge des Grundlagenvertrages – auch im Hinblick auf das verfassungsrechtliche Wiedervereinigungsgebot nach der Präambel und Art. 23 GG a. F. nicht als „fremde" Rechtsordnung wie die jedes anderen ausländischen Staates ansah. Diese Unterscheidung war allerdings rein terminologischer Natur, im Übrigen wurde das internationale Privatrecht, einschließlich der Grundsätze der *lex rei sitae* und des *ordre public,* inhaltlich identisch angewandt.[742]

bb) „Intertemporal"

Gleichzeitig tritt aus heutiger, gesamtdeutscher Betrachtung neben die interlokale auch eine intertemporale Perspektive. Das intertemporale Recht in Bezug auf den Beitritt der ostdeutschen Länder ist im Grundsatz schon im Einigungsvertrag angelegt gewesen. Nach Art. 8 EinigungsV i . V. m. Anlage I trat am Tag der Wiedervereinigung grds. das gesamte bundesdeutsche Recht im Beitrittsgebiet in Kraft, während das gesamte DDR-Recht nach Art. 9 EinigungsV i. V. m. Anlage II nur noch unter Vorbehalt sowie unter teilweisen Modifikationen (fort-) galt. In den beiden Anlagen sowie in den – in Bezug auf das Privatrecht – dazugehörigen

---

739 Solches bezeichnet normalerweise das Kollisionsrecht bei Föderalstaaten mit zersplittertem Privatrecht, wie z. B. in den USA, vgl. Thorn, in: Grüneberg, BGB, Einl. v. Art. 3 EGBGB Rn. 4.

740 Wendehorst, in: MüKo (Bd. 13), BGB, Anh. zu Art. 46 EGBGB Rn. 3.

741 Bspw. BGH, Beschl. v. 21.06.1963 – V ZB 3/63, NJW 1963, 1975; BGH, Urt. v. 22.09.1982 – IVb ZR 304/81, NJW 1983, 279.

742 Zu alledem Braun, Kunstprozesse, S. 265 f.; Thorn, in: Grüneberg, BGB, Einl. v. Art. 3 EGBGB Rn. 4, Art. 236 EGBGB Rn. 4.

intertemporalen Konkretisierungsvorschriften der Art. 230–237 EGBGB wurden Ausnahmen von diesen Grundsätzen geregelt, welche zum einen aber nicht abschließend waren (sondern z. T. der Rechtsprechung und -wissenschaft überlassen wurden) und zum anderen nachträglich noch umfangreich ergänzt und modifiziert wurden. So entstand eine insgesamt eher unübersichtliche intertemporale Rechtslage, was aber weniger dem fehlenden Geschick des bundesdeutschen Gesetzgebers als der unter Zeitdruck zu bewältigenden, (rechts-) politischen Mammutaufgabe sowie den erst mit der Zeit deutlicher zu Tage tretenden, „chaotischen"[743] Privatrechtsverhältnissen in der DDR geschuldet war.[744]

In Bezug auf die intertemporale Rechtsanwendung von BRD- bzw. DDR-Recht durch gesamtdeutsche Gerichte muss zudem unterschieden werden zwischen „Altfällen", d. h. jenen Fällen, deren sich in der DDR abspielender Lebenssachverhalt bereits vor der Wiedervereinigung komplett abgeschlossen war, und „Neufällen", d. h. jenen Fällen, deren Lebenssachverhalt erst nach der Wiedervereinigung abgeschlossen, z. T. aber auch erst begonnen wurde (auch für letztere galt z. T. DDR-Recht fort).[745] Beim Eigentumsverlust der privaten Kunsthändler und -sammler durch Erwerb der Kunst und Antiquitäten GmbH handelt es sich um Altfälle, da sich der gesamte Lebenssachverhalt auf DDR-Staatsgebiet zu DDR-Zeiten abspielte. Als Ausgangspunkt hätte (bzw. „hat" im Fall *Schwarz*) diesen Altfällen vor der Wiedervereinigung sowohl aus BRD- wie auch aus DDR-Perspektive die Anwendung interlokalen bzw. -nationalen Privatrechts zugrunde gelegen, denn aus beiderlei Perspektive hätte es sich bei einem Herausgabeverlangen in der BRD bzw. in der DDR (was wegen der zugrundliegenden Umstände natürlich faktisch nicht gestellt worden wäre) nach Verbringung der Kulturgüter über die Rechtsgrenze um einen Fall mit Auslandsberührung gehandelt. Nach dem oben dargestellten intertemporalen Recht für das Beitrittsgebiet nach Art. 8, 9 EinigungsV i. V. m. Anlagen I, II und Art. 230–237 BGB ergibt sich für die Behandlung solcher Altfälle keine klare Regelung, v. a. kein eindeutiger Rechtsbefehl für die Anwendung des einen oder des anderen Rechts.[746] Eine schlichte Auflösung der Situation im Sinne eines *ex post*-Entfallens des grenzüberschreitenden Bezugs durch die Wiedervereinigung der beiden Staaten erscheint intuitiv zwar naheliegend, führt aber nicht weiter, weil

743 So zu Recht z. B. Hess, Intertemporales Privatrecht, S. 115.

744 Zu alledem Hess, Intertemporales Privatrecht, S. 113–115.

745 Vgl. Gast, DtZ 1996, 102 (103).

746 Zu Art. 236 § 1 EGBGB sogleich. Auch Art. 233 § 2 EGBGB führt im vorliegenden Fall nicht weiter, da diese Norm nur greift, soweit am 03.10.1990 nach BGB Eigentum an der jeweiligen Sache bestand, was vorliegend gerade geprüft wird, Thorn, in: Grüneberg, BGB, Art. 233 § 2 EGBGB Rn. 1.

damit immer noch nicht gesagt ist, welches Recht nun für diese Altfälle angewandt werden muss.[747]

Dementsprechend war die Rechtsprechung und -wissenschaft zu einer Lösung „interlokaler Altfälle“ berufen. Vertreten wurden v. a. zwei Ansichten. Die sog. „Einheitstheorie“ ging davon aus, dass nach der Wiedervereinigung auch im Beitrittsgebiet (rückwirkend) das bundesdeutsche internationale Privatrecht und damit entsprechend auch das interlokale Privatrecht in Kraft trat, sodass Ausgangspunkt zur Bewertung aller interlokalen Altfälle die entsprechende Anwendung der Art. 7–31 EGBGB a. F. und nicht des RAG war, welches das internationale Privatrecht in der DDR regelte. Die Gegner der „Einheitstheorie“ argumentierten unter Bezugnahme auf Art. 236 § 1 EGBGB für eine Aufspaltung des internationalen bzw. -lokalen Privatrechts je nach angerufenem Gericht: ein Gericht in den westdeutschen Ländern hätte Art. 7–31 EGBGB a. F., ein Gericht in den ostdeutschen Ländern das RAG auf die interlokalen bzw. -nationalen Altfälle anzuwenden. Der BGH schloss sich im Laufe der 1990er-Jahre vollkommen zu Recht in ständiger Rechtsprechung der „Einigungstheorie“ an.[748] Zum einen überzeugt an dieser Lösung, dass sie im Übereinklang mit Art. 8 EinigungsV steht, der grds. vorsieht, dass bundesdeutsches Recht in Gesamtdeutschland in Kraft tritt. Zum anderen hätte die „Trennungstheorie“ in manchen Fällen zu einem „forum shopping“ von Klägern im wiedervereinigten Deutschland je nach günstigerem interlokalem bzw. -nationalen Privatrecht führen können, was vom Gesetzgeber sicherlich nicht beabsichtigt war. Daher spricht Art. 236 § 1 EGBGB auch ganz bewusst nicht vom „interlokalen“, sondern vom „internationalen“ Privatrecht und ist mithin nur auf grenzüberschreitende Altfälle der DDR in Bezug zu Drittstaaten relevant.[749] Nach alledem stellt sich die Frage des intertemporalen Rechts (isoliert betrachtet) vorliegend also nicht etwa in Bezug auf DDR-Recht, sondern gerade in Bezug auf BRD-Recht.[750]

---

747 Es ist daher auch kein Grund ersichtlich, den grenzüberschreitenden Bezug überhaupt *ex post* entfallen zu lassen.

748 BGH, Urt. v. 01.12.1993 – IV ZR 261/92, NJW 1994, 582 (582); BGH, Urt. v. 09.11.1994 – VIII ZR 41/94, NJW 1995, 318 (318); BGH, Urt. v. 17.11.1994 – III ZR 70/93, DtZ 1995, 250 (250).

749 Zu alledem m. w. N. für beide Ansichten Heldrich, Interlokales Privatrecht, S. 9, 15, 24; Hess, Intertemporales Privatrecht, S. 126 f.; Luchterhandt, Was bleibt vom Recht der DDR?, S. 178 f.; Thorn, in: Grüneberg, BGB, Einl. v. Art. 3 EGBGB Rn. 10, Art. 230 EGBGB Rn. 3, Art. 236 EGBGB Rn. 4, 6.

750 Allerdings hätte auch die Trennungstheorie in den hier interessierenden Fällen zum identischen Ausgangspunkt der Prüfung geführt, da – wie im interlokalen Privatrecht der BRD, dazu sogleich – auch nach dem RAG die *lex rei sitae* mit der Konsequenz der Bewertung des Eigentumserwerbs der Kunst und Antiquitäten GmbH nach DDR-Recht als Sachstatut angewandt worden wäre.

Folglich muss auf die für diese Arbeit relevanten Rechtsvorgänge im Ausgangspunkt Art. 7–31 EGBGB a. F. angewandt werden. Wie bereits erwähnt,[751] ist das internationale Privatrecht der BRD zwar zum 01.09.1986 grundlegend reformiert wurden und findet sich heute, nach der Kodifizierung auch des internationalen Sachenrechts zum 01.06.1999,[752] in den Art. 3–48 EGBGB. Sowohl die *lex rei sitae*, die erst seit dem 01.06.1999 in Art. 43 Abs. 1 EGBGB kodifiziert ist, aber vorher schon Gewohnheitsrecht war, als auch der *ordre public*, der bis zum 01.09.1986 in Art. 30 EGBGB a. F. und seitdem in Art. 6 EGBGB n. F. geregelt war bzw. ist, haben dabei inhaltlich aber keine Änderungen erfahren.[753] Gemäß dem das intertemporale Recht für diese beiden Reformen regelnden Art. 220 Abs. 1 EGBGB (analog[754]) ist für die Kulturgutverluste der privaten Kunsthändler und -sammler die Rechtsgrundlage für die *lex rei sitae* in (bundesdeutschem) Gewohnheitsrecht und für den *ordre public* in Art. 30 EGBGB a. F. zu sehen, weil diese Vorgänge ganz überwiegend bereits Ende der 1970er-Jahre bzw. Anfang der 1980er-Jahre stattgefunden haben.

In der Gesamtschau mutet dieses „interlokaltemporale Privatrecht“ dogmatisch komplex an und macht v. a. die auch von *Burkhard Hess* unter Bezugnahme auf *Friedrich Carl von Savigny* betonte Gemeinsamkeit von internationalem Privatrecht und intertemporalen Privatrecht als *Kollisionsrecht* deutlich,[755] die im Falle des DDR-Übergangsrechts eine besonders enge Verzahnung, wenn nicht schon Verschränkung, dieser beiden Rechtsgebiete zur Lösung der Kollision zwischen BRD- und DDR-Recht hervorruft.[756] Veranschaulichen lässt sich diese Verschränkungen anhand des Sinnbilds einer interlokaltemporalen Reise durch Zeit und Raum: (mittels des intertemporalen Rechts) zuerst in die Zeit der 1970er- und

---

751 Dazu auch unter § 4.I.1., S. 129; § 4.I.2., S. 132 Fn. 421; § 4.III.1.a)bb), S. 200 Fn. 662.

752 BGBl. I S. 1026.

753 Hein, in: MüKo (Bd. 12), BGB, Art. 6 EGBGB Rn. 11; Wendehorst, in: MüKo (Bd. 13), BGB, Art. 43 EGBGB Rn. 3.

754 Art. 220 Abs. 1 EGBGB regelt nach seinem Wortlaut nur das Übergangsrecht für die Reform des internationalen Privatrechts zum 01.09.1986, wird aber analog für nachfolgende Reformen des internationalen Privatrechts angewandt, für die kein gesondertes intertemporales Recht vom Gesetzgeber verabschiedet wurde, Wendehorst, in: MüKo (Bd. 13), BGB, Vorb. Art. 43 EGBGB Rn. 20.

755 Hess, Intertemporales Privatrecht, S. 7, 23, 331.

756 Fischer, G., DtZ 1997, 74 (75). Schwarzmeier, NS-verfolgungsbedingter Entzug von Kunstwerken, S. 269 stellt allerdings zu Recht fest, dass die *lex rei sitae* generell sowohl eine räumliche als auch eine zeitliche Dimension aufweist. Umgekehrt stellt Hess, Intertemporales Privatrecht, S. 7 f., 24, ebenso zu Recht heraus, dass das intertemporale Recht der Wiedervereinigung in den Art. 230 –237 EGBGB zugleich eine internationalprivatrechtliche Komponente aufweist, insoweit DDR-Recht zur Anwendung berufen wird, da dieses eben nicht nur zeitlich „vergangen“, sondern auch räumlich „fremd“ ist bzw. war.

1980er-Jahre zurück und ausgehend von diesem Zeitpunkt (mittels des interlokalen Rechts) räumlich „rüber“ in das Rechtsgebiet der DDR. Beide dogmatisch komplexe Dimensionen dieser Reise werden in der praktischen Rechtsanwendung aber ganz wesentlich dadurch entschärft, dass sich das für die hier vorliegenden Fälle relevante internationale Privatrecht der BRD in dieser Zeit inhaltlich nicht geändert hat und zudem parallel zum internationalen Privatrecht der DDR verlief.

cc) Privat- oder Enteignungsrecht?

Bisher wurde in dieser Arbeit vorausgesetzt, dass es sich bei dem interlokaltemporalen Recht um Privatrecht handelt. Grund dafür war, dass der Eigentumserwerb der Kunst und Antiquitäten GmbH unstreitig auf einem freihändigen Verkauf beruhte, der zumindest nach hier vertretener Auffassung eine Doppelnatur trägt und demnach neben einer öffentlich-rechtlichen zumindest auch eine zivilrechtliche Prägung aufweist. Zugleich kam diese Arbeit an mehreren Stellen zu dem Ergebnis, dass für den wirksamen Eigentumserwerb der Kunst und Antiquitäten GmbH nach DDR-Recht letztlich auch öffentliches Recht in Gestalt der in der Steuervollstreckung hoheitlich begründeten „Verfügungs“ermächtigung ausschlaggebend war. Insofern könnte anstelle des interlokaltemporalen *Privat*rechts auch interlokaltemporales *öffentliches* Recht, konkret in Form interlokaltemporalen *Enteignungs*rechts, eine entscheidende Rolle spielen. Anlass dazu geben v. a. auch die zwei umfassenden Urteilsbesprechungen von *Armbrüster/Jopen*[757] sowie *Kreuzer*[758], die sich insb. an dieser von KG und BGH im Fall *Schwarz* angeblich zu wenig gewürdigten Differenzierung abarbeiten.

Das internationale Enteignungsrecht war (und ist[759]) auch im Zusammenhang mit dem innerdeutschen Kollisionsrecht relevant. Inwiefern das internationale Enteignungsrecht – in den vorliegenden Fällen, wenn überhaupt, als „interlokaltemporales Enteignungsrecht“ einschlägig – dabei rechtsdogmatisch genau einzuordnen ist, ist ebenso wie viele andere dogmatische Fragen dieses „Rechtsgebiets“ hoch umstritten.[760] Dies ist wohl tendenziell dem Umstand geschuldet, dass das internationale Enteignungsrecht insgesamt betrachtet nicht sehr häufig praxisrelevant wird und gleichzeitig die zu subsumierenden Lebenssachverhalte meist eine so stark historisch-politisch Färbung aufweisen, dass deren spezielle Hintergründe zugrundeliegende Rechtsprinzipien überformen und nicht umgekehrt. Feststeht, dass das internationale Enteignungsrecht einen *anderen Anknüpfungspunkt* als das

---

757 Armbrüster/Jopen, ROW 1989, 332.

758 Kreuzer, Iprax 1990, 365.

759 Bspw. BGH, Urt. v. 04.06.2002 – XI ZR 301/01, NJW 2002, 2389; vgl. LG Braunschweig, Urt. v. 28.03.1990 – 9 O 30/90, DtZ 1990, 214.

760 Vgl. Armbrüster/Jopen, ROW 1989, 332 (333); Kreuzer, Iprax 1990, 365 (365–367); Wendehorst, in: MüKo (Bd. 13), BGB, Anh. zu Art. 46 EGBGB Rn. 14, 16, 27, 33.

internationale Privatrecht aufweist, nämlich einen *Hoheitsakt anstelle eines (rein) privatrechtlichen Vorgangs*. Ob es deshalb dem internationalen öffentlichen Recht zuzuordnen ist – wenn es so etwas im Sinne eines Kollisionsrechts überhaupt gibt – oder – was vorzugswürdig erscheint – aufgrund seiner engen Verzahnung mit dem internationalen Privatrecht nicht eher ein Spezialgebiet desselben darstellt,[761] kann für die Zwecke dieser Arbeit dahingestellt bleiben.

Die genannte enge Verzahnung ergibt sich jedenfalls daraus, dass das internationale Enteignungsrecht i. d. R. die *Vorfrage* einer internationalprivatrechtlichen Rechtsanwendung beantwortet.[762] Genau genommen handelt es sich rglm. – wie in den vorliegenden Fällen – sogar um eine Vor-Vorfrage: Vorfraglich zum Herausgabeanspruch nach § 985 BGB ist, ob der Anspruchsteller Eigentümer ist und dies beantwortet sich eben häufig nur anhand der weiteren Vorfrage, ob ein bestimmter Hoheitsakt zum Eigentumsverlust des Anspruchstellers geführt hat.

Neben seinem speziellen Anknüpfungspunkt und der rglm. auftretenden Verzahnung mit dem internationalen Privatrecht im Rahmen einer Vorfrage charakterisiert das internationale Enteignungsrecht weiterhin, dass es dabei im Gegensatz zum internationalen Privatrecht nicht um die *Anwendung* fremder Rechtsnormen, sondern um die *Anerkennung* fremder Rechtszustände geht.[763] Dieser Umstand ist dem im internationalen Enteignungsrecht herrschenden „Territorialitätsprinzip" („Gebietsgrundsatz"[764]) geschuldet. Danach sind Enteignungen (zur Qualifikation solcher sogleich) von auf dem Territorium des enteignenden Hoheitsträgers belegenen Vermögenswerten aufgrund dessen „Enteignungskompetenz"[765] grds. als rechtswirksam anzuerkennen („intraterritoriale Enteignungen"),[766] allerdings nicht, soweit sie (auch) Vermögenswerte auf fremdem Staatsgebiet umfassen („extrater-

---

761 Zu alledem Deren, Internationales Enteignungsrecht, S. 72, 75, 83–85; Wendehorst, in: MüKo (Bd. 13), BGB, Anh. zu Art. 46 EGBGB Rn. 1 f.

762 Thorn, in: Grüneberg, BGB, Art. 43 EGBGB Rn. 4; Wendehorst, in: MüKo (Bd. 13), BGB, Art. 46 EGBGB Rn. 1, 14, 16, 27, 33.

763 Kreuzer, Iprax 1990, 365 (365 f.); Wendehorst, in: MüKo (Bd. 13), BGB, Anh. zu Art. 46 EGBGB Rn. 1, 14.

764 Deren, Internationales Enteignungsrecht, S. 62.

765 Wendehorst, in: MüKo (Bd. 13), BGB, Anh. zu Art. 46 EGBGB Rn. 12.

766 Diese Rechtswirkungen bleiben grds. – unter dem Vorbehalt des *ordre public*, dazu sogleich – auch dann bestehen, wenn der Vermögenswert im Anschluss an die Enteignung auf fremdes Hoheitsgebiet verbracht wird, Wendehorst, in: MüKo (Bd. 13), BGB, Anh. zu Art. 46 EGBGB Rn. 40, wie bei den von der Kunst und Antiquitäten GmbH in die BRD veräußerten Kulturgütern. Wendehorst, in: MüKo (Bd. 13), BGB, Anh. zu Art. 46 EGBGB Rn. 19 merkt zu Recht an, dass das Territorialitätsprinzip in Bezug auf intraterritoriale Enteignungen isoliert betrachtet nicht weiterführt, da es bei Rechtsstreitigkeiten im Rahmen des internationalen Enteignungsrechts ja gerade immer um die Geltung der Enteignung auch außerhalb des Enteignungsstaates gehen dürfte.

ritoriale Enteignungen").[767] Die Frage, ob eine rechtswirksame, intraterritoriale Enteignung stattgefunden hat, ist aus ausländischer Perspektive aber nicht wie bei der *lex rei sitae* anhand des Rechts des enteignenden Staats zu prüfen, sondern vielmehr lediglich danach, ob nach der dort herrschenden Rechtswirklichkeit ein Rechtszustand bewirkt wurde, der als Enteignung anzusehen ist. Eine solche liegt bei einer unmittelbar durch einen ausländischen Staat aus politischen Gründen bewirkten, finalen Entziehung oder wirkungsgleichen Beschränkung jeglichen Vermögenswerts als enteignungsfähigem Objekt vor, ohne dass es dabei auf das Fehlen einer Entschädigung („Konfiskation"), die Form oder Bezeichnung der Maßnahme ankommt (Qualifikation).[768] Diese sehr faktische Prüfung ist aber in der Tat mehr durch eine Rechtsanerkennung als durch eine Rechtsanwendung wie bei der i. E. dennoch funktionell-äquivalenten[769] *lex rei sitae* gekennzeichnet. Auch das Territorialitätsprinzip gilt aber ebenso wie die *lex rei sitae* nicht uneingeschränkt, sondern steht insb. wiederum unter dem nun auch inhaltlich-äquivalenten *ordre public*,[770] welcher internationales Privatrecht und internationales Enteignungsrecht

---

767 Zum Territorialitätsprinzip Thorn, in: Grüneberg, BGB, Art. 43 EGBGB Rn. 12; Wendehorst, in: MüKo (Bd. 13), BGB, Anh. zu Art. 46 EGBGB Rn. 13.

768 Deren, Internationales Enteignungsrecht, S. 62; Wendehorst, in: MüKo (Bd. 13), BGB, Anh. zu Art. 46 EGBGB Rn. 31, 33 f.; vgl. BGH, Urt. 12.11.1959 – VII ZR 165/58, NJW 1960, 189. Es handelt sich demnach um einen anderen Enteignungsbegriff als in Art. 14 Abs. 3 S. 1 GG und grds. auch um einen anderen Enteignungsbegriff als in § 1 Abs. 1 lit. a) VermG, vgl. Armbrüster/Jopen, ROW 1989, 332 (333); Deren, Internationales Enteignungsrecht, S. 62. Allerdings weist dieser Ansatz deutliche Parallelen zum „faktischen Enteignungsbegriff" des BVerwG auf, dazu bereits ausführlich unter § 4.II.2.a), S. 170 f. Für ihn spricht ganz deutlich, dass er die Rechtswirklichkeit insb. in vorrechtsstaatlichen Systemen i. d. R. viel adäquater abbilden kann als der Versuch, *de facto* irrelevanten formalen Rechtsnormen in einer Diktatur im Nachhinein eine Relevanz zu verleihen, die dann häufig auch noch mit rechtsstaatlichen Vorstellungen eingefärbt wird. Über all dies hinaus verdeutlichen diese unterschiedlichen Enteignungsbegriffe, dass die Frage, ob eine „Enteignung" im rechtlichen Sinne vorliegt, schlechterdings nur in Bezug auf einen bestimmten Enteignungsbegriff und damit eine bestimmte rechtliche Auffassung beantwortet werden kann. Dies gilt schon innerhalb einer Rechtsordnung, wie hier, aber erst recht in Bezug auf Enteignungsbegriffe in verschiedenen Rechtsordnungen. Vollkommen davon abzugrenzen, häufig aber unbewusst vermengt, ist die Verwendung der Terminologie „Enteignung" als rein historisch-wertende, nichtjuristische Begrifflichkeit. Um Unklarheiten zu vermeiden, wird in dieser Arbeit der schillernde Begriff der „Enteignung" daher auch nur unter expliziter Herausstellung des jeweiligen Bedeutungszusammenhangs verwendet.

769 Deren, Internationales Enteignungsrecht, S. 136 f., 167 f.

770 Deren, Internationales Enteignungsrecht, S. 187, 202 f.; Gast, DtZ 1996, 102 (103, 106 f.); Wendehorst, in: MüKo (Bd. 13), BGB, Anh. zu Art. 46 EGBGB Rn. 25–27, 29 f., 57 f., 60, 67; vgl. BVerfG, Urt. v. 23.04.1991 – 1 BvR 1170, 1174, 1175/90, NJW 1991, 1597 (1600). Nach Kreuzer, Iprax 1990, 365 (366 f.) unterliegt der *ordre public* des internationalen Enteignungsrechts einem anderen Maßstab als der *ordre public* des internationalen Privatrechts. Allerdings formt er diesen Maßstab nicht näher aus und prüft sodann inhaltsgleich am Maßstab insb. des GG. Nach BAG,

gewissermaßen wieder zusammenführt. Der *ordre public* wird im Rahmen des internationalen Enteignungsrechts bei (grds. anzuerkennenden) „intraterritorialen Enteignungen" dann relevant, wenn diese einen Bezug zur BRD aufweisen, insb. nach Verbringung der enteigneten Sache über die Rechtsgrenze zur BRD.[771]

Ausschlaggebend für die Frage, ob vorliegend interlokaltemporales Privat- oder Enteignungsrecht anwendbar ist, ist nach alledem also allein der zu wählende Anknüpfungspunkt. Betrachtet man die Rechtsvorgänge, welche letzten Endes zum Eigentumsverlust der privaten Kunsthändler und -sammler in der DDR führten, in ihrer ganzen Breite, besteht *prima facie* ein weitgespanntes *Potpourri* an möglichen Anknüpfungspunkten. Angefangen beim DDR-Steuerrecht als solches als möglichen Anknüpfungspunkt,[772] wie es das Urteil des KG nahelegte,[773] über den Steuerbescheid, die Steuervollstreckungsakte und den freihändigen Verkauf als Rechtsvorgang mit Doppelnatur (hoheitlicher Steuervollstreckungsakt und zivilrechtlicher „verfügender" Kaufvertrag), bis hin zum GIW-Kaufvertrag zwischen der Kunst und Antiquitäten GmbH und den westlichen Dritterwerbern. Diese Differenzierung veranschaulicht aber zugleich Licht und Schatten der Bemühungen, internationales Enteignungsrecht auf die vorliegenden Fälle anzuwenden. Positiv daran zu sehen ist, dass dadurch die im Ausgangspunkt nötige Differenzierung verschiedener Rechtsvorgänge als unterschiedliche Anknüpfungs-, aber auch Prüfungsgegenstände klarer wird. Nur so kann verhindert werden, dass der Eigentumsverlust der privaten Kunsthändler und -sammler in der DDR zu pauschal

---

Urt. v. 18.04.1996 – 8 AZR 867/93, NZA 1996, 1098 (1100) ist der interlokaltemporale *ordre public* nach der Wiedervereinigung nicht mehr anwendbar, sondern wird durch Vorschriften insb. des EinigungsV verdrängt (a. A. OLG Dresden, Urt. v. 13.07.1993 – 7 U 172/93, DtZ 1993, 345 (347)). Zum einen dürfte diese Auffassung allerdings auf den bereits im Rahmen von § 4.III.1.a), S. 195 ff. behandelten Argumenten für den grds. Ausschluss der Berufung auf allgemein-zivilrechtliche Tatbestände im Anwendungsbereich des VermG bzw. des EinigungsV beruhen, die in den vorliegenden Fällen gerade ausnahmsweise nicht greifen. Zum anderen geht es in diesem Urteil ebenso wie in BGH, Urt. v. 22.06.1993 – VI ZR 302/92, NJW 1993, 2531 und BGH, Urt. v. 01.12.1993 – IV ZR 261/92, NJW 1994, 582 um etwas anders gelagerte Fallgestaltungen, nämlich um Streitigkeiten zwischen (Ex-) DDR-Bürgern nach ZGB-Vorschriften, die nach Art. 8, 9 EinigungsV i. V. m. Anlagen I, II ausnahmsweise noch fortgalten.

771 Vgl. Thorn, in: Grüneberg, BGB, Art. 43 EGBGB Rn. 15. Zu alledem vgl. auch Anton, Illegaler Kulturgüterverkehr, S. 1096–1099.

772 So Armbrüster/Jopen, ROW 1989, 332 (335), welche sogar noch die einzelnen Steuerbelastungen auseinanderdividieren. Eine derart kleinteilige Differenzierung von Anknüpfungspunkten mutet im Anbetracht des zusammenhängen Lebenssachverhalts wirklichkeitsfremd an, da jede einzelne Steuerbelastung für sich genommen in manchen Fällen nicht ins Gewicht fällt. Unklar ist, warum Armbrüster/Jopen, ROW 1989, 332 (336 f.) dann widersprüchlicher Weise dennoch ausführen, dass Steuerrecht, Steuerbescheid und Steuervollstreckung miteinander stehen und fallen.

773 KG, Urt. v. 29.09.1987 – 17 U 492/87, NJW 1988, 341 (343).

als einheitlicher rechtlicher Vorgang behandelt wird, bei dem mögliche Feinheiten in der rechtlichen Bewertung zu leicht übersehen werden können. Kritisch zu sehen wäre es aber, wenn man diese Differenzierung unhinterfragt nicht nur zum Ausgangspunkt der Prüfung macht, sondern diese als rechtlich zwingend überbewertet und damit einen einheitlichen Lebenssachverhalt so lange auseinanderdividiert, bis die einzelnen rechtlichen *nuklei* isoliert betrachtet vielleicht relativ wertneutral erscheinen und deshalb ein lebensfremdes rechtliches Ergebnis gefunden wird.

Angewandt auf die Eigentumsverluste der privaten Kunsthändler und -sammler bedeutet dies, dass der *konkrete* Eigentumsverlust (nach DDR-Recht) einzig und allein durch den freihändigen Verkauf als Anknüpfungspunkt bewirkt wurde. Da dieser eine Doppelnatur in sich trägt, nämlich eine hoheitlich begründete „Verfügungs"ermächtigung und ein „verfügender" zivilrechtlicher Kaufvertrag, handelt es sich genau genommen um zwei Anknüpfungspunkte. Dabei unterfällt der erste Anknüpfungspunkt dem interlokaltemporalen Enteignungsrecht und der zweite Anknüpfungspunkt dem interlokaltemporalen Privatrecht. Dies ist aber allein die dogmatische Betrachtung. Praktisch wird wegen des Territorialitätsprinzips respektive der funktionell-äquivalenten *lex rei sitae* zunächst der nach DDR-Recht produzierte Rechtszustand simuliert und dieser sodann dem sogar inhaltlich-äquivalenten *ordre public* unterworfen.[774] Diese einheitliche Prüfung bezieht auf der Ebene des *ordre public* aber sowohl das DDR-Recht, das Steuerverfahren, den Steuerbescheid und die Steuervollstreckung sowie auch die von Anfang an geplante Weiterveräußerung an westliche Dritterwerber ein. All dies stellt bei genauer Betrachtung nämlich gerade keine eigenständigen Anknüpfungspunkte dar, da der *konkrete* Eigentumsverlust der privaten Kunsthändler und -sammler rechtlich eben allein durch den freihändigen Verkauf bewirkt wurde. Auf der Wertungsebene des *ordre public* muss aber selbstverständliche der gesamte Lebenssachverhalt gewürdigt werden, da nur dies dem Sinn und Zweck des *ordre public* als rechtsstaatlicher Vorbehaltsklausel gerecht wird.[775] Anderenfalls wird man aller Voraussicht nach durch eine dogmatisch verblendete Überdifferenzierung zu lebensfremden Rechtsergebnissen gelangen.

774 Z. T. wird zwischen dem kollisionsrechtlichen *ordre public* und dem anerkennungsrechtlichen *ordre public*, insb. dem des internationalen Verfahrensrechts i. S. v. § 328 Abs. 1 Nr. 4 ZPO, § 109 Abs. 1 Nr. 4 FamFG, differenziert und bzgl. Letzterem vertreten, dass dieser gegenüber dem fremden Rechtszustand großzügiger bzw. anders gewendet strenger beim Maßstab ist – hier muss das Rechtsergebnis schlechthin „untragbar" sein, vgl. etwa BGH, Urt. v. 21.04.1998 – XI ZR 377-97, NJW 1998, 2358 (2358). Allerdings wird diese Begrifflichkeit auch in Bezug auf den kollisionsrechtlichen *ordre public* wiederholt höchstgerichtlich verwendet, ohne dass klar wird, was nun der genaue, abstrahierte Unterschied im Maßstab ist, vgl. statt vieler BGH, Urt. v. 20.06.1979 – IV ZR 106/78, NJW 1979, 1776 (1778); BGH, Urt. v. 28.04.1988 – IX ZR 127/87, NJW 1988, 2173 (2174).

775 Deren, Internationales Enteignungsrecht, S. 205 f.

Ob die im Rahmen des freihändigen Verkaufs hoheitlich begründete „Verfügungs"ermächtigung als Anknüpfungspunkt überhaupt als Enteignung i. S. d. internationalen Enteignungsrechts qualifiziert werden kann, wird an dieser Stelle nicht genauer geprüft, sondern vielmehr vorausgesetzt. Der Grund dafür weckt weitere Zweifel an der rechtspraktischen (aber auch dogmatischen) Stringenz des internationalen Enteignungsrechts als eigenständigem Rechtsgebiet: Soweit ersichtlich, wird im internationalen Enteignungsrecht durch die Qualifikation einer Enteignung nämlich fast immer zugleich die Bejahung eines Verstoßes gegen den *ordre public* präjudiziert, da die Begründung der Enteignungsmerkmale bereits stark wertungsmäßig überformt wird. Erst recht gilt dies im Bereich von Steuerverfahren, da völkerrechtlich eine besondere Steuersouveränität von Staaten anerkannt wird, die eigentlich gebietet, fremdstaatliches Steuerrecht sowie darauf basierende Steuerverfahren und -ergebnisse vorbehaltlos anzuerkennen. Dies gilt nur dann nicht, wenn das Steuerrecht so willkürliche und erdrosselnde Charakteristika aufweist bzw. auf ebenjene angewandt wird, dass darin eine verkappte Enteignung zu sehen ist. Dieser (häufig historisch-politisch gefärbte) Begründungsinhalt und -aufwand wird aber den Verstoß gegen den *ordre public* i. d. R. vorwegnehmen.[776] Deshalb sei an dieser Stelle in Bezug auf die vorausgesetzte Qualifikation des freihändigen Verkaufs als Enteignung nur kurz noch darauf eingegangen, dass man eine Enteignung eventuell unter dem Aspekt ablehnen könnte, dass eine hoheitlich begründete „Verfügungs"ermächtigung kein enteignungsfähiges Rechtsobjekt darstellt, da sie lediglich Rechtsmacht, aber nicht Rechtszuordnung gewährt. Auch insofern ist es aber wenig überzeugend, diesen Vorgang derart isoliert zu betrachten, da die hoheitlich begründete „Verfügungs"ermächtigung als Teil der Doppelnatur des freihändigen Verkaufs ja gerade zum Eigentumsverlust der privaten Kunsthänder und -sammler in der DDR führte. Nicht die „Verfügungs"ermächtigung, sondern das Eigentum an den Kulturgütern ist mithin das Enteignungsobjekt.

Zusammengefasst kommt es in Bezug auf die Steuerverfahren gegen die privaten Kunsthändler und -sammler in der DDR also nicht nur zu einer besonders engen Verzahnung von interlokalem und intertemporalem, sondern auch von Privat- und Enteignungsrecht. Letztere Verzahnung ist sowohl dogmatisch als auch rechtspraktisch nur mit Schwierigkeiten widerspruchsfrei und stringent zu bewerkstelligen, sodass sich die Frage stellt, inwiefern dem internationalen Enteignungsrecht – jedenfalls in Bezug auf privatrechtsgestaltende Hoheitsakte[777] wie in den vorliegenden Fällen – überhaupt eine besondere, vom internationalen Privatrecht

776 Zu alledem Armbrüster/Jopen, ROW 1989, 332 (334).

777 So wohl auch Thorn, in: Grüneberg, BGB, Einl. v. Art. 3 EGBGB Rn. 3.

eigenständige Bedeutung[778] zugemessen werden kann.[779] Diese Frage wird ihm Rahmen dieser Arbeit nicht abschließend geklärt, auch wenn eher für eine Einordnung des internationalen Enteignungsrechts als „spezielle" (aber rechtspraktisch i. E. wenig besondere) Fallgruppe des internationalen Privatrechts plädiert wird.[780] Jedenfalls sollten all diese Feinheiten rechtspraktisch nicht überbewertet werden, wie der vorliegende Untersuchungsgegenstand zeigt: Anknüpfungspunkt für den Eigentumsverlust der privaten Kunsthändler und -sammler in der DDR ist der freihändige Verkauf in seiner Doppelnatur, wobei die öffentliche-rechtliche Seite nach dem Territorialitätsprinzip anerkannt (internationales Enteignungsrecht) bzw. die privatrechtliche Seite nach der *lex rei sitae* unter Anwendung von DDR-Recht nachvollzogen (internationales Privatrecht) wird. Der Eigentumsverlust unterliegt sodann einem einheitlichen *ordre public*, der den freihändigen Verkauf nicht isoliert betrachtet, sondern den Lebenssachverhalt von der Einleitung des Steuerverfahrens bis zur Veräußerung an die westlichen Dritterwerber in seine Wertung einbezieht.

dd) Anwendung von DDR-Recht unter der lex rei sitae bzw. Anerkennung unter dem Territorialitätsprinzip

Das Sachstatut ergibt sich wie bereits dargestellt aus der *lex rei sitae*, die auch interlokal(temporal) in der Beziehung zur DDR galt (und gilt).[781] Danach ist der Eigentumsverlust der privaten Kunsthändler wie -sammler (im Ausgangspunkt) nach DDR-Recht zu bewerten. Dabei nimmt das bundesdeutsche internationale Privatrecht gem. Art. 4 Abs. 1 EGBGB eine Gesamtverweisung auf das fremde Recht vor.[782] Infolgedessen wird nicht nur auf das Sachrecht der DDR, sondern auch auf dessen internationales Privatrecht nach dem GIW verwiesen und eventuelle Zurückverweisungen auf das bundesdeutsche Sachrecht angenommen. Wie bereits erwähnt, wurden Verweisungen nach § 3 RAG aber selbst angenommen, sodass das materielle DDR-Recht tatsächlich das Sachstatut darstellt.

Der Eigentumsübergang von den privaten Kunsthändlern und -sammlern auf die Kunst und Antiquitäten GmbH wurde oben bereits ausführlich nach

---

778 Eine eigenständige Bedeutung kommt dem internationalen Enteignungsrecht eher in Bezug auf Forderungen, Immaterialgüterrechten, Gesellschaftsanteilen usw. als Enteignungsobjekten zu, vgl. Deren, Internationales Enteignungsrecht, S. 229 ff., 261 ff., 269 ff.

779 Vgl. Wendehorst, in: MüKo (Bd. 13), BGB, Anh. zu Art. 46 EGBGB Rn. 14, 16, 27, 33.

780 So wohl auch Deren, Internationales Enteignungsrecht, S. 72, 75, 83–85; Wendehorst, in: MüKo (Bd. 13), BGB, Anh. zu Art. 46 EGBGB Rn. 1.

781 Thorn, in: Grüneberg, BGB, Art. 43 EGBGB Rn. 2. Die Situsregel gilt nach deutschem internationalem Privatrecht zudem auch für Kulturgüter, OLG Frankfurt a. M., Urt. v. 04.02.2013 – 16 U 161/11, KUR 2013, 74 (76). Diskutierte Sonderanknüpfungen für diese (z. B. Herkunftsland des Kulturgutes – „*lex originis*") sind bisher (noch) Mindermeinungen geblieben, Jayme, KUR 2022, 54 (57 f.); Rudolph, Restitution, S. 123–135.

782 Thorn, in: Grüneberg, BGB, Einl. v. Art. 3 EGBGB Rn. 1.

DDR-Recht dargestellt und bejaht.[783] Wie dargelegt, entstand zugunsten der Finanzämter als Pfändungsgläubiger ein wirksames Pfändungspfandrecht gem. § 13 Abs. 2 VollstreckungsVO, aufgrund dessen die gepfändeten Kulturgüter gem. § 29 ZGB i. V. m. § 139 Abs. 3 ZGB zivilrechtlich wirksam an die Kunst und Antiquitäten GmbH (und von dieser als Berechtigten ebenfalls zivilrechtlich wirksam gem. § 54 Abs. 1 GIW weiter an die westlichen Käufer gegen Westdevisen) übereignet werden konnten, sodass die privaten Kunsthändler und -sammler nach DDR-Recht ihr Eigentum an diesen Kulturgütern verloren.

Ebenso ist dieser Eigentumsübergang nach dem internationalenteignungsrechtlichen Territorialitätsprinzip anzuerkennen, da er sich (erst recht) in der Rechtswirklichkeit der DDR widerspiegelte. Das alleinige Ausschluss- und Nutzungsrecht lag ab Inbesitznahme der Kulturgüter durch die Kunst und Antiquitäten GmbH faktisch nur noch bei dieser. Niemand in der DDR hätte diesen faktischen Rechtszustand ernsthaft in Zweifel ziehen können.

b) *Ordre public* gem. Art. 30 EGBGB a. F.

Dem Eigentumserwerb der Kunst und Antiquitäten GmbH an den Kulturgütern könnte aber der internationalprivat- bzw. anerkennungsrechtliche Vorbehalt des *ordre public* entgegenstehen, wenn der freihändige Verkauf derselben gegen diesen verstoßen hätte. Um dies zu klären, muss zunächst der Maßstab des *ordre public* für die hier vorliegenden Fälle geklärt werden (aa)), um im Anschluss besonders relevante Grundrechte des GG in den Blick zu nehmen (bb)) und sodann eine Gesamtwertung unter Einbeziehung weiterer ausschlaggebender Aspekte vorzunehmen (cc)), bevor die Rechtsfolge abgebildet werden kann (dd)).

aa) Maßstabsbildung für den „deutsch-deutschen ordre public"

Nach dem Wortlaut von Art. 6 EGBGB (n. F.)[784] ist eine Rechtsnorm eines anderen Staates nicht anzuwenden, wenn ihre Anwendung zu einem Ergebnis führt, das mit wesentlichen Grundsätzen des (bundes-) deutschen Rechts offensichtlich unvereinbar ist. Weiter ist dies nach dem Wortlaut insb. dann der Fall, wenn die Anwendung mit Grundrechten unvereinbar ist. Der vor dem 01.09.1986 geltende Wortlaut des Art. 30 EGBGB (a. F.) schloss die Anwendung eines ausländischen Gesetzes aus, wenn diese gegen die guten Sitten verstoßen hätte.

---

783 Dazu ausführlich oben unter § 3.III., S. 92 ff.

784 Benecke, ZvglRWiss 101 (2002), 362 (367) geht offenbar davon aus, dass der *ordre public* für das internationale Sachenrecht in Art. 43 Abs. 2 EGBGB speziell geregelt wäre. Letzterer bezieht sich allerdings v. a. auf ausländische dingliche Rechte, die dem deutschen Recht unbekannt sind, und deren Schicksal nach einem Statutenwechsel im Lichte des deutschen Typenzwangs, vgl. Thorn, in: Grüneberg, BGB, Art. 43 EGBGB Rn. 5.

Wie bereits angemerkt, hatte sich der inhaltliche Prüfungsmaßstab des *ordre public* durch die Reformierung zum 01.09.1986 aber nicht verändert, vielmehr waren die Grundrechte seit der Gründung der BRD bereits fester Bestandteil der *ordre public*-Prüfung geworden.[785] Neben den Grundrechten des GG können aber auch andere Normen und Rechtsprinzipien zu den „wesentlichen Grundsätzen des (bundes-) deutschen Rechts" gehören, bspw. Grundrechte der EMRK oder Axiome wie Treu und Glauben.[786] Entscheidend ist weiterhin, dass die *Anwendung* der fremden Rechtsnorm *im Einzelfallergebnis* gegen die (bundes-) deutsche Vorbehaltsklausel verstößt. Irrelevant ist dagegen, ob die fremde Rechtsnorm in jedem Anwendungsfall zu einem Verstoß führt, denn keinesfalls darf eine „abstrakte Normenkontrolle"[787] durchgeführt werden.[788] Deshalb kommt es auch nicht auf den Wortlaut von fremden Rechtsnormen an, sondern allein auf deren (ggf. missbräuchliche) Auslegung und Anwendung im praktizierten Einzelfall.[789] Weiter wird am neuen Wortlaut der Vorbehaltsklausel deren *Ausnahmecharakter* deutlich, wenn sie treffend von „mit *wesentlichen Grundsätzen* des deutschen Rechts *offensichtlich unvereinbar*" spricht.[790] Infolgedessen kann von vornherein auch nicht jeder Verstoß (etwa) gegen Grundrechte des GG zu einer Nichtanwendung der betreffenden fremden Rechtsnorm führen. Vielmehr muss eine sinnentsprechende Anwendung dieser Grundrechtsprüfung im Sinne eines tendenziell verschärften Maßstabs vorgenommen werden.[791] Relevant werden je nach Einzelfall auch weitere Aspekte, z. B. die Intensität des – für eine Prüfung des *ordre public* stets erforderlichen – Inlandsbezuges (je intensiver, desto mehr nähert sich die Grundrechtsprüfung den „normalen" [bundes-] deutschen Standards an)[792] oder wie sehr sich das Ergebnis der fremden Rechtsanwendung durch Zeitablauf im Rechtsverkehr bereits faktisch manifestiert hat (je stärker, desto eher ist das Ergebnis der Rechtsanwendung zu akzeptieren)[793]. Insgesamt betrachtet kann beim *ordre public* wohl von einer Gesamtabwägung gesprochen werden, die abhängig vom jeweiligen Rechtsgebiet durch bereits bestehendes Fallrecht determiniert (insb. der Fall im Familienrecht) oder aber auch recht frei ausfallen kann.

---

785 Vgl. statt vieler BGH, Urt. v. 28.04.1988 – IX ZR 127/87, NJW 1988, 2173 (2174).

786 Vgl. Thorn, in: Grüneberg, BGB, Art. 6 EGBGB Rn. 7.

787 Soutier, MittBayNot 2023, 280 (287).

788 Soutier, MittBayNot 2023, 280 (287) m. w. N.; Thorn, in: Grüneberg, BGB, Art. 6 EGBGB Rn. 5 m. w. N.

789 Vgl. BT-Drs. 12/4500 („KoKo-Untersuchungsausschuss" – Dritter Teilbericht), S. 49.

790 Thorn, in: Grüneberg, BGB, Art. 6 EGBGB Rn. 4.

791 Vgl. BVerfG, Beschl. v. 04.05.1971 – 1 BvR 636/68, NJW 1971, 1509 (1511 f.); Thorn, in: Grüneberg, BGB, Einl. v. Art. 3 EGBGB Rn. 12.

792 Thorn, in: Grüneberg, BGB, Art. 6 EGBGB Rn. 6.

793 Vgl. KG, Urt. v. 29.09.1987 – 17 U 492/87, NJW 1988, 341 (344); Fischer, G., DtZ 1997, 74 (78, 80).

In Bezug auf den freihändigen Verkauf von Kulturgütern an einen Außenhandelsbetrieb infolge einer Steuervollstreckung in der DDR besteht – bis auf die dargestellten Gerichtsentscheidungen im Fall *Schwarz* – bisher kein Fallrecht. Fraglich ist aber, ob der *ordre public* in deutsch-deutschen Anwendungsfällen einem speziellen Maßstab unterliegt. Bis zur Wiedervereinigung wurde dies nicht diskutiert, da auch kein Anlass dafür bestand, Anwendungsfälle in Bezug zur DDR im Vergleich zu Anwendungsfällen in Bezug zu anderen Staaten unterschiedlich zu behandeln.[794] Nach der Wiedervereinigung kam es allerdings zu entsprechenden Überlegungen in der Rechtswissenschaft, allerdings in etwas anders gelagerten Fällen als den Vorliegenden, nämlich in Altfällen zwischen (Ex-) DDR-Bürgern, bei denen aufgrund intertemporalen Rechts nach wie vor DDR-Recht anzuwenden war.[795] Hier kam es immer wieder zu Fällen, in denen die Anwendung des alten DDR-Rechts trotz Anwendungsbefehls durch das intertemporale Recht des EinigungsV und seiner Konkretisierungsvorschriften eklatant wesentlichen bundesdeutschen Rechtsgrundsätzen widersprach. Stellvertretend dafür steht der „Denunzianten-Fall“[796], bei dem ein Onkel seinen Neffen nach der Wiedervereinigung auf deliktischen Schadensersatz verklagte, weil der Neffe seinen Onkel und dessen Fluchtpläne aus eigenem Antrieb an das MfS denunziert hatte, woraufhin dieser zu einer mehrjährigen Haftstrafe verurteilt wurde. Nach dem geltenden intertemporalen Recht war hier DDR-Recht anwendbar, welches allerdings dazu geführt hätte, dass die Denunziation durch den Neffen nicht rechtswidrig, sondern nach DDR-Recht wegen der Strafbewehrtheit einer Nichtanzeige (§ 225 Abs. 1 Nr. 4 StGB-DDR i. V. m. § 213 Abs. 2 StGB-DDR) sogar rechtlich gefordert war. Der BGH vertrat in diesem Fall die Ansicht, dass der *ordre public* zwar nicht unmittelbar anwendbar sei (da es keinen „intertemporalen *ordre public*“ gebe), die Grundrechte des GG aber so stark „ausstrahlen“ würden, dass im Endeffekt nichts anderes als eine *ordre public*-Prüfung vorzunehmen sei.[797]

In der Rechtswissenschaft wurde daraufhin der Maßstab dieses („faktischen“) *ordre public* diskutiert. Als problematisch wurde von Teilen insb. angesehen, dass bei der Anwendung des „deutsch-deutschen *ordre public*“ stets ein sehr intensiver Inlandsbezug bestehe (schon allein, weil DDR-Bürger aus Sicht der BRD

---

794 Vgl. etwa KG, Beschl. v. 30.09.1974 – 3 W 994/74, FamRZ 1975, 54 oder BVerfG, Beschl. v. 21.10.1987 – 2 BvR 373/83, NJW 1988, 1313.

795 Vgl. Fischer, G., DtZ 1997, 74 (75).

796 BGH, Urt. v. 10.11.1994 – VI ZR 234/93, NJW 1995, 256.

797 BGH, Urt. v. 10.11.1994 – VI ZR 234/93, NJW 1995, 256 (258 f.); vgl. dagegen Drobnig, DtZ 1994, 86 (89–91); Fischer, G., DtZ 1997, 74 (75), welche tendenziell für eine unmittelbare Anwendung eines „intertemporalen *ordre public*“ plädieren.

stets „auch“ bundesdeutsche Staatsangehörige waren[798])[799] und daher die Anforderungen für einen Verstoß gegen die Vorbehaltsklausel nach der hergebrachten Maßstabsbildung u. U. so stark abgeschwächt sein könnten, dass z. B. Grundrechtsprüfungen „ganz normal“ entsprechend des inländischen BRD-Standards erfolgen müssten. Dies hätte aber dazu geführt, dass die Nichtanwendung von Normen des DDR-Rechts zur Regel geworden wäre, was der EinigungsV und seine Konkretisierungsvorschriften zugunsten von Rechtssicherheit und Rechtsfrieden aber gerade nicht beabsichtigten. Als überzeugende Lösung wurde daher vorgeschlagen, den „deutsch-deutschen *ordre public*“ im Lichte des EinigungsV und seiner Konkretisierungsvorschriften so auszulegen, dass der Intensität der Inlandsbeziehung keine entscheidende Rolle bei der Maßstabsbildung der Vorbehaltsklausel zukommt, sondern diese vielmehr „normal“ als Ausnahmevorschrift mit geschärftem Maßstab im Sinne einer durchschnittlichen Inlandsbeziehung angewandt wird.[800]

Da die Aufarbeitung des SED-Unrechts in Erfüllung des EinigungsV v. a. durch die „transitional justice“ in Form des VermG und der Rehabilitierungsgesetze konkretisiert wurde, spricht vieles dafür, dass der Maßstab des „deutsch-deutschen *ordre public*“ jedenfalls deren Maßstab zur Begründung von Rückübertragungen und Rehabilitierungen nicht unterschreiten darf. Anderenfalls würde man Wertungswidersprüche produzieren und so die Einheit der Rechtsordnung gefährden. Deshalb muss man den „deutsch-deutschen *ordre public*“ ab der Wiedervereinigung ggf. aber auch anders – nämlich strenger – auslegen als den *ordre public* in interlokalen Streitigkeiten vor der Wiedervereinigung. Keinesfalls darf man jedenfalls eine Parallele ziehen zum Rechtsstaatsbegriff des RHG, der ebenfalls einem schwächeren Maßstab unterlag.[801] Insofern verbietet es sich also insgesamt, eine wertungsmäßige Linie von den Vorbehaltsklauseln (im weitesten Sinne) der Zeit der deutschen Teilung auf die Vorbehaltsklauseln (im weitesten Sinne) des wiedervereinigten Deutschlands zu ziehen. Das Argument der Einheit der Rechtsordnung kann hier

---

798 Wegen des bundesrepublikanischen „Gebots der Wahrung der deutschen Staatsangehörigkeit (Art. 116 Abs. 1, 16 Abs. 1 GG), das eine normative Konkretisierung des im GG enthaltenen Wiedervereinigungsgebots [war]“, BVerfG, Beschl. v. 21.10.1987 – 2 BvR 373/83, NJW 1988, 1313 (1314).

799 Rapp, VIZ 1994, 324 (325) vertritt in Bezug auf die Enteignungen in der SBZ, dass der *ordre public* dort mangels Inlandsbeziehung nicht anwendbar sei, weil das enteignete Grundeigentum aus BRD-Sicht zumindest *de facto* in einem fremden Staat belegen gewesen sei. Dabei verkennt sie, dass eine Inlandsbeziehung im Rahmen des *ordre public* nicht allein dadurch hergestellt werden kann, dass die streitbefangene Sache (nun) im Inland belegen ist (was bei Immobilien mangels Mobilität i. d. R. ausscheidet), sondern ebenso durch andere Umstände wie bspw. die Staatsangehörigkeit des Enteigneten.

800 Vgl. zu alledem Fischer, G., DtZ 1997, 74 (77).

801 Vgl. Bruns/M. Schröder/Tappert, VIZ 1993, 129 (132 f.); Keck/Schröder/Tappert, DtZ 1993, 2 (4) zur fehlenden Übertragbarkeit des RHG auf das StrRehaG.

nicht angewandt werden, da sich die rechtspolitischen Rahmenbedingungen mit dem Einigungsvertrag grundlegend änderten und ein unterschiedlicher Maßstab daher gerade beabsichtigt sein muss.[802]

bb) Offensichtliche Unvereinbarkeit mit einzelnen Grundrechten des GG

Nach alledem könnte in den in dieser Arbeit relevanten Fällen eine offensichtliche Unvereinbarkeit mit wesentlichen bundesdeutschen Rechtsgrundsätzen v. a. wegen gravierender Verletzungen des (subjektiv aufgeladenen) Rechtsstaatsprinzips aus Art. 20 Abs. 3 GG i. V. m. Art. 2 Abs. 1 GG ((1)), des Eigentumsgrundrechts aus Art. 14 GG ((2)) und des Grundrechts auf effektiven Rechtsschutz aus Art. 19 Abs. 4 S. 1 GG ((3)) vorliegen.

(1) Grundrecht auf Einhaltung des Rechtsstaatsprinzips aus Art. 20 Abs. 3 GG i. V. m. Art. 2 Abs. 1 GG

Angefangen bei der Art und Weise der „Ermittlung" der „Steuerpflichtigen", über die Einleitung und Betreibung des „Steuerverfahrens", einschließlich des „1. Angriffs", der Wohnungsdurchsuchungen, den Inhaftierungen und der sofortigen Inbesitznahme der Kulturgüter, bis hin zum Erlass der Steuerbescheide (und der Strafurteile) sowie deren Vollstreckung im Wege des freihändigen Verkaufs der Kulturgüter an die Kunst und Antiquitäten GmbH, handelte es sich bei all diesen staatlichen Maßnahmen schematisch betrachtet stets um eklatant missbräuchliche und sachfremde, allein aus volkswirtschaftlich-politischer Motivation betriebene „Rechtsanwendung", die sich eigentlich besser mit „Rechtsverdrehung" beschreiben lässt.[803] Das angewandte Recht wurde durchweg schwerwiegend gebeugt und dabei lediglich zum Feigenblatt der eigentlichen Absichten degradiert. Als Essenz der Geschehnisse lässt sich ein allein auf den tatsächlichen Machtverhältnissen basierendes Willkürverfahren gegen die betroffenen privaten Kunsthändler und -sammler herausdestillieren.

---

802 Zur „Einheit der Rechtsordnung" als schillerndes Argumentationstopoi mit unterschiedlichem Bedeutungsgehalt und insb. in Bezug zum *ordre public* und dem Umgang mit DDR-Recht vgl. SCHMIDT, Einheit der Rechtsordnung, S. 22 f., 27 f., der dort auch überzeugend darauf verweist, dass die „Einheit der Rechtsordnung" v. a. eine nie ganz verwirklichbare Maxime zur Vermeidung von Wertungswidersprüchen („Brüchen") ist. Die Wiedervereinigung stellt aber bereits als solche einen historisch-rechtspolitischen „Bruch" dar, der Wertungsveränderungen rechtfertigt. Vgl. auch LUCHTERHANDT, Was bleibt vom Recht der DDR?, S. 189.

803 SIEHR, Cultural Property Expropriated Abroad, S. 438 deutet dies – allerdings deutlich zurückhaltender – ebenfalls an und ist wohl (zu Recht) der Ansicht, dass bereits das KG im Fall *Schwarz* unabhängig von der konkreten Steuerbelastung aufgrund der erdrückenden Indizien bzgl. der Art und Weise der Steuerverfahren einen Verstoß gegen den *ordre public* hätte bejahen müssen. Vgl. auch ANTON, Illegaler Kulturgüterverkehr, insb. S. 1211 f., 1236 f.

Eines der hervorstechendsten Beispiele dafür ist der beständige Verstoß gegen den auch im einfachen DDR-Recht in § 204 Abs. 1 AO-DDR statuierten Untersuchungsgrundsatz, der die beteiligten Behörden verpflichtet hätte, auch zugunsten der betroffenen privaten Kunsthändler und -sammler zu ermitteln. Stattdessen wurde, wie bereits ausführlich dargestellt, durchweg ergebnisorientiert zulasten der Betroffenen gehandelt.[804] Die so „ermittelten" (vermeintlichen) Tatsachen wurden mit einer bewusst willkürlichen „Rechtsanwendung" kombiniert. So wurde das einkommensteuerrechtliche Tatbestandsmerkmals des „Gewerbetreibenden" gem. §§ 2 Abs. 3 Nr. 2, 15 Nr. 1 EStG-DDR mindestens unüblich extensiv ausgelegt und aufgrund ideologischer Dogmen zielorientiert bejaht.[805] Die Vermögenszuwachslehre als Schätzungsmethode gem. § 217 AO-DDR war vollkommen unpassend und wurde zudem rechtstechnisch falsch angewandt, was letztlich mehr oder weniger auf eine Fantasierechnung zugunsten des erwünschten Steuerergebnisses hinauslief.[806] Hinzutreten weitere Umstände, die für den Betroffenen ein zumindest einigermaßen vorhersehbares Verfahren verhinderten. Dazu zählt bspw., dass die Möglichkeit der Kenntnisverschaffung über die zugrundeliegende Rechtslage des privaten Kunsthandelns und -sammelns bewusst erschwert bis unmöglich gemacht wurde.[807] Während *Leo Raape* im kollisionsrechtlichen Kontext die Anwendung fremden Rechts treffenderweise den „Sprung ins Dunkle" nannte,[808] war bereits der Umgang mit der eigenen inländischen Rechtslage für DDR-Bürger ein solcher „Sprung ins Dunkle" (wenn es nicht um im Großen und Ganzen banales Alltagsrecht ging). Schließlich wurden bei den Verfahren nicht nur das angewandte Steuerrecht, sondern auch die handelnden DDR-Steuerbehörden von den (quasi-) geheimdienstlich handelnden Hauptakteuren für politische Zwecke instrumentalisiert.[809] Dass die während des gesamten Steuerverfahrens maßgeblich involvierte Kunst und Antiquitäten GmbH am Ende von der Steuervollstreckung profitierte, verdeutlicht dies besonders anschaulich.

Übersetzt in die Sprache und Verhältnisse des GG wurde dadurch in eklatanter, fundamentaler und „offensichtlicher" Art und Weise jeder Ansatz von *Gewaltenteilung, Rechtsbindung öffentlicher Gewalt, Rechtssicherheit, Vertrauensschutz und*

---

804 Dazu bereits ausführlich unter § 3.II.2.a)aa), S. 74 ff.

805 Dazu bereits ausführlich unter § 3.II.2.b)aa), S. 78 ff.

806 Dazu bereits ausführlich unter § 3.II.2.b)bb), S. 79 ff.

807 Dazu bereits unter § 3.I., S. 65.

808 Raape, Internationales Privatrecht, S. 87.

809 Zu alledem mit identischem Ergebnis in Bezug auf die „Unvereinbarkeit mit rechtsstaatlichen Grundsätzen" Bischof, Die Kunst und Antiquitäten GmbH, S. 289–296; vgl. auch Anton, Illegaler Kulturgüterverkehr, S. 1211 f. Zur Instrumentalisierung der DDR-Steuerbehörden grds. auch Eisold, DStZ 1992, 140 (140, 142 f.).

Verhältnismäßigkeit vollkommen außer Acht gelassen. All diese verletzten Rechtsprinzipien sind „wesentliche Grundsätze" des bundesdeutschen Rechtsstaatsprinzips aus Art. 20 Abs. 3 GG, weshalb die zum freihändigen Verkauf führenden DDR-Rechtsvorschriften infolge der Anwendung des *ordre public* unangewendet bleiben müssen und ein Eigentumserwerb der Kunst und Antiquitäten GmbH aufgrund des freihändigen Verkaufs abzulehnen ist. Anerkennungsrechtlich gesprochen ist das Rechtsergebnis des Vollstreckungsverfahrens – der Eigentumserwerb der Kunst und Antiquitäten GmbH – wegen der Vorbehaltsklausel nicht anzuerkennen. Dies gilt selbst dann, wenn für die anerkennungsrechtliche Vorbehaltsklausel ein schärferer Maßstab gelten sollte. Denn es handelte sich vorliegend nicht um einfache Verstöße gegen die soeben genannten Ausformungen des Rechtsstaatsprinzips aus Art. 20 Abs. 3 GG, sondern um ganz besonders gravierende Verletzungen derselben. Deshalb kann auch nicht davon gesprochen werden, dass hier mithilfe des *ordre public* die Wertungen des EinigungsV unterlaufen werde, indem die Vorbehaltsklausel mit ihrem „normalen" Maßstab angewandt wird. Vielmehr handelte es sich bei den mit sehr viel Aufwand durchorchestrierten Verfahren – auch gemessen an den vorrechtsstaatlichen Verhältnissen der DDR – um außergewöhnliche und besonders negativ hervorstechende Willkürmaßnahmen. Dies zeigten bereits die Ergebnisse dieser Arbeit in Form der Bejahung der Schädigungstatbestände des VermG und des Aufhebungstatbestandes des Art. 19 S. 2 EinigungsV, welche ebenfalls einem besonders scharfen Maßstab unterliegen.[810] Insofern ist es wie dargestellt wertungsmäßig nur schlüssig, hier zu einem identischen Ergebnis zu gelangen.

(2) Eigentumsgrundrecht aus Art. 14 GG

Eine weitere offensichtliche Unvereinbarkeit mit wesentlichen bundesdeutschen Rechtsgrundsätzen i. S. d. kollisions- bzw. anerkennungsrechtlichen *ordre public* könnte in Bezug auf das Eigentumsgrundrecht aus Art. 14 GG vorliegen. Dies wäre insb. dann der Fall, wenn die Steuerverfahren gegen die privaten Kunsthändler und -sammler in der DDR im Lichte des Art. 14 Abs. 3 GG wertungsmäßig betrachtet eine entschädigungslose Enteignung darstellen, da dies nach der ständigen Rechtsprechung des BGH unzweifelhaft einen Verstoß gegen den bundesdeutschen *ordre public* darstellen würde.[811]

Fraglich ist allerdings, was genau im Lichte des Art. 14 Abs. 3 GG wertungsmäßig betrachtet eine „entschädigungslose" „Enteignung" darstellt. Wie bereits dargelegt, wird eine „Enteignung" im internationalen Enteignungsrecht immer

---

810 Dazu bereits ausführlich unter § 4.II.2., S. 146 ff.

811 BGH, Urt. v. 28.04.1988 – IX ZR 127/88, NJW 1988, 2173 (2174) m. w. N.; Thorn, in: Grüneberg, BGB, Art. 6 EGBGB Rn. 17, Art. 43 EGBGB Rn. 14 f.

dann angenommen, wenn durch einen ausländischen Staat aus politischen Gründen eine unmittelbare und finalen Entziehung oder wirkungsgleiche Beschränkung eines Vermögenswerts als enteignungsfähigem Objekt bewirkt wird, ohne dass es dabei insb. auf die Form oder Bezeichnung der Maßnahme ankommt. Ebenfalls wurde bereits aufgezeigt, dass die Qualifikation von Steuerverfahren als Enteignung nahezu immer zugleich die Bejahung eines Verstoßes gegen den *ordre public* präjudiziert, da die Begründung der Enteignungsmerkmale die besondere völkerrechtliche Steuersouveränität von Staaten berücksichtigen muss und daher bereits stark wertungsmäßig überformt wird. Allein um zur Qualifikation als Enteignung zu gelangen, muss das Steuerverfahren nämlich bereits einen willkürlichen und erdrosselnden Charakter aufweisen.[812] Dies wiederum nimmt aber die Kriterien der „entschädigungslosen" Enteignung auch i. S. d. kollisionsrechtlichen *ordre public* i. d. R. vorweg, da dafür ähnliche Umstände, etwa das Vorliegen einer sachlichen Rechtfertigung im Sinne eines Gemeinwohlerfordernisses[813], ausschlaggebend sind. Insgesamt ist es also schwierig, diese Prüfung in Einzelschritte zu strukturieren, vielmehr muss wohl eine Gesamtwertung vorgenommen werden.

Durch die Steuerverfahren gegen die privaten Kunsthändler und -sammler in der DDR wurde sicherlich unmittelbar und final das Eigentum an den Kulturgütern als enteignungsfähigem Objekt entzogen. Dass das Eigentum nicht direkt durch einen als „Enteignung" bezeichneten Verwaltungsakt entzogen wurde, sondern am Ende eines Steuerverfahrens mithilfe des Vollstreckungsrechts auf einen (faktischen) Staatsbestrieb übertragen wurde, kann nichts an der Bejahung des Kriteriums der „Unmittelbarkeit" ändern, da dies anderenfalls i. E. dazu führen würde, dass es nur auf die formale Konstruktion des Eigentumsübergangs ankäme, was gerade nicht gewollt ist. Vielmehr muss das Kriterium der „Unmittelbarkeit" dahingehend verstanden werden, dass der Eigentumsübergang nicht nur ein eventuell in Zukunft eintretender Reflex des staatlichen Handelns sein darf, was bei den Steuerverfahren sicher nicht der Fall war. An der „Finalität" des Eigentumsentzugs[814] kann nach den historischen Tatsachenschilderungen kein Zweifel bestehen, da die Verschaffung des Eigentums an den Kulturgütern zugunsten der Kunst und Antiquitäten GmbH von Anfang an geplanter und alleiniger Zweck der Steuerverfahren war. Der politische

812 Zu alledem bereits ausführlich unter § 4.III.2.a)cc), S. 228.

813 Vgl. Wendehorst, in: MüKo (Bd. 13), BGB, Anh. zu Art. 46 EGBGB Rn. 58, 60.

814 Zum Begriff des „Eigentums*entzugs*" vgl. bereits unter § 1.I., S. 15 Fn. 3. Was genau darunter zu verstehen ist (in diesem Kontext wird vertreten, dass darunter jeder Eigentumsverlust – ob rechtsgeschäftlich oder hoheitlich – fallen kann), kann dahinstehen, denn jedenfalls können nach der oben genannten Definition auch „wirkungsgleiche Beschränkungen" eine Enteignung darstellen. Die Eigentumsübertragung an die Kunst und Antiquitäten GmbH im Wege des freihändigen Verkaufs erreicht aber definitiv zumindest die Schwelle einer solchen „wirkungsgleichen Beschränkung".

Grund für diese Zwecksetzung war letztendlich die Devisenbeschaffung zugunsten des Außenhandels der DDR mit westlichen Staaten.

Dass dieser eigentliche politische Grund keine „sachliche Rechtfertigung im Sinne eines Gemeinwohlerfordernisses“ für die Enteignung darstellen kann, liegt auf der Hand. Selbst wenn man davon ausgehen wollte, dass die Devisenbeschaffung auch den DDR-Bürgern zugutekam, indem so die Versorgungssicherheit in der DDR verbessert wurde, wäre es vollkommen unangemessen, dafür einzelne DDR-Bürger auf diese Art und Weise aufkommen zu lassen und zu entrechten. Das GG verbietet es bereits durch die Menschenwürde aus Art. 1 Abs. 1 S. 1 GG und die vom BVerfG geprägte Objektformel[815], das Individuum zum reinen Objekt des (vermeintlichen) Gemeinwohls zu degradieren. Vielmehr setzt die freiheitliche Verfassung des GG voraus, dass umgekehrt die Wahrung der Rechte des Individuums im Gemeinwohlinteresse liegen. So oder so waren die Steuerverfahren in den konkreten Fällen aber unabhängig von deren vollkommener Unangemessenheit auch keine geeigneten oder gar erforderlichen Mittel, um die Versorgungssicherheit der DDR-Bevölkerung dauerhaft sicherzustellen. Zum einen konnte diese Form der Devisenbeschaffung den Zusammenbruch des DDR-Staates (wenn überhaupt) nur hinauszögern und verlängerte somit das Leid der DDR-Bürger. Das einzig dauerhaft geeignete Mittel wäre die Umstellung des Wirtschaftssystems gewesen. Zum anderen ist zu bezweifeln, dass die Devisenbeschaffung der Versorgungssicherheit der DDR-Bevölkerung zugutekam (wenn überhaupt, dann ohnehin nur sehr mittelbar). Vielmehr ist daran zu erinnern, dass die West-Devisen v. a. auch für Zinstilgungen, die Beschaffung von Hochtechnologieprodukten (u. a. auch zur Aufrechterhaltung diktatorischer Maßnahmen wie der Überwachung der Bevölkerung, unter Umgehung von Embargo-Bestimmungen des NSW gegenüber den sozialistischen Diktaturen) und die Versorgung der SED-Elite auf Westniveau benötigt wurden.[816]

Nachdem oben[817] bereits die „Willkürlichkeit“ der Art und Weise der Steuerverfahren unter offensichtlicher Unvereinbarkeit mit dem Rechtsstaatsprinzip des Art. 20 Abs. 3 GG festgestellt wurde, war die Besteuerung für die Betroffenen i. E. aber auch „erdrosselnd“. Dies kann zuvörderst anhand der falschen (und fatalen) Rechtsanwendung des BGH in seinem Urteil im Fall *Schwarz* aus dem Jahr 1988 veranschaulicht werden[818]:

Der BGH stützte sein, die Verletzung der Vorbehaltsklausel ablehnendes und daher die Entscheidung der Vorinstanz aufhebendes, letztinstanzliches Urteil zulasten

815 Etwa BVerfG, Urt. v. 21.06.1977 – 1 BvL 14/76, NJW 1977, 1525 (1526).

816 Zu alledem bereits ausführlich unter § 2.I.3.b), S. 40 ff.

817 § 4.III.2.b)bb)(1), S. 234 ff.

818 Dazu bereits ausführlich unter § 4.I.3., S. 136 ff.

von *Schwarz* (neben der Nichterweislichkeit der Tatsachen, welche das Steuerverfahrens bereits rein äußerlich als Willkürmaßnahme erscheinen lassen[819]) im Wesentlichen auf einen tragenden *rechtlichen* Grund, nämlich das Argument, dass das Einkommensteuersystem der DDR entgegen der Ansicht des KG „für sich genommen“[820] nicht gegen den *ordre public* verstößt, weil es nicht offensichtlich gegen bundesdeutsche Rechtsgrundsätze verstößt. Besonders wichtig und tragend schien dem BGH dabei die Behauptung zu sein, dass „auch in einigen westlichen Staaten ähnlich hohe Einkommensteuersätze wie in der DDR [gelten]“[821]. Leider zeugen diese Passagen des damals ansonsten v. a. für Erb- und Versicherungsrecht zuständigen vierten Senats von einem eklatanten Fehlverständnis der kollisions- bzw. anerkennungsrechtlichen Vorbehaltsklausel. Zunächst einmal kommt es für das Vorliegen einer Verletzung des *ordre public* nicht auf eine abstrakte Unvereinbarkeit ausländischer (Steuerrechts-) Normen mit inländischem Recht oder gar einen wie auch immer gearteten „Systemvergleich“ an, sondern stattdessen allein auf das Anwendungsergebnis der ausländischen (Steuerrechts-) Normen *im konkreten Einzelfall.*[822] Dem BGH ist zwar zuzugestehen, dass dieser falsche Maßstab gewissermaßen als Folgefehler resultierte, weil es das KG war, welches diesen zuvor unter Anlehnung an einen Beschluss des BVerfG[823] einführte und davon sprach, dass „[d]as Einkommensteuerrecht der DDR [...] schon als solches in Widerspruch zu rechtsstaatlichen Grundsätzen [steht]“[824]. Allerdings ignoriert der BGH vollkommen, dass das KG im Anschluss an diese zugegebenermaßen überflüssigen Feststellungen über mehrere Seiten hinweg detailliert den Verstoß gegen die Vorbehaltsklausel im konkreten Einzelfall *Schwarz*, losgelöst von der allgemeinen Natur des Einkommensteuersystems der DDR, darlegt. Vollkommen zu Recht berücksichtigt das KG dabei, wie in diesem konkreten Einzelfall *Schwarz* die Anwendung verschiedener Steuerrechtsvorschriften zusammenwirkt[825] und im

819 BGH, Urt. v. 22.09.1988 – IX ZR 263/87, NJW 1989, 1352 (1353).

820 BGH, Urt. v. 22.09.1988 – IX ZR 263/87, NJW 1989, 1352 (1353).

821 BGH, Urt. v. 22.09.1988 – IX ZR 263/87, NJW 1989, 1352 (1353).

822 Dazu bereits ausführlich unter § 4.III.2.b)aa), S. 230 ff.

823 BVerfG, Beschl. v. 24.01.1961 – 2 BvR 168/60, NJW 1961, 653. In dem Beschluss ging es ebenso wie in BVerfG, Beschl. v. 31.05.1960 – 2 BvR 234, 235, 236/60, NJW 1960, 1611, allerdings nicht direkt um den *ordre public*, sondern um die Vollstreckung von „sowjetzonalen“ (wie sich aus den Entscheidungsgründen ergibt, sind damit trotz der missverständlichen Formulierung Maßnahmen der DDR und gerade nicht der SBZ gemeint) Strafurteilen in Steuer- und Wirtschaftssachen in der BRD. In beiden Beschlüssen wird das „sowjetzonale“ Einkommensteuerrecht jedenfalls als unvereinbar mit dem GG angesehen.

824 KG, Urt. v. 29.09.1987 – 17 U 492/87, NJW 1988, 341 (343).

825 Dies verkennt der BGH in einem „traurig stimmende[n] Beispiel“ an Lebensfremdheit, wie GROSSFELD, NJW 1994, 1911 (1913) treffend feststellt. Die politischen Realitäten in der DDR verkennend auch ARMBRÜSTER/JOPEN, ROW 1989, 332 (335), welche die verschiedenen Steuerbelastungen

Endergebnis dazu führt, dass der „Gewinn“ von *Schwarz* als Bemessungsgrundlage (der *de facto* den Wert seines Vermögens darstellte) einem Durchschnitts-Gesamtsteuersatz von deutlich über 125% unterlag, sodass damit die Vermögenssubstanz von *Schwarz* in erdrosselnder Art und Weise aufgezehrt wurde.[826]

Im Übrigen sei – *obiter dictum* – angemerkt, dass der BGH neben seinem dogmatisch irrigen Vergleich zu anderen „westlichen Staaten“ damit auch inhaltlich falschlag. An erster Stelle ist zu konstatieren, dass selbst beim gegenwärtigen Stand der Rechtsvereinheitlichung innerhalb Europas noch rglm. *ordre public*-Verstöße in Bezug auf die Anwendung von Rechtsnormen anderer europäischer Staaten (insb. im Bereich des Familien- und Erbrechts) von den Gerichten erkannt werden.[827] Selbst wenn andere westeuropäische Staaten in den 1980er-Jahren vergleichbare Steuersystem wie die DDR gehabt hätten, so hätte dies nicht zwingend bedeutet, dass deshalb die Anwendung von DDR-Steuerrechtsnormen nicht gegen den *ordre public* verstoßen kann. Vielmehr hätte es ebenso gut sein können, dass bei einer *ordre public*-Prüfung in Bezug auf Anwendung dieser anderen westeuropäischen Steuerrechtsnormen auch eine Verletzung der Vorbehaltsklausel festgestellt worden wäre.

Dies ist insb. der Fall in Bezug auf das Einkommensteuersystem Schwedens der 1970er- und 1980er-Jahren, auf das der BGH wohl Bezug nehmen wollte[828], da Schweden zu dieser Zeit als westeuropäische Staat mit der drastischsten Einkommensbesteuerung galt. In der Tat wies dieser westeuropäische Staat in diesen Jahren im Einkommensteuerbereich vorübergehend *Grenz*steuersätze[829] von über 100% auf. Es kann dahinstehen, ob diese *Grenz*steuersätze auch zu einem mit der DDR vergleichbaren exorbitanten *Durchschnitts*steuersatz bereits bei vergleichsweise

---

(im weitesten Sinne – einschließlich Beschwerdegebühr, Geldstrafe usw.) im Fall *Schwarz* streng isoliert voneinander betrachten wollen, weil sie unterschiedlichen Zwecken dienen würden. Diese viel zu formalistische Betrachtungsweise dividiert einen einheitlichen Lebenssachverhalt so lange auseinander, bis die Summe aller einzelnen Teile wertneutral erscheint. Wenn auch es naheliegender ist, dass die Kombination der verschiedenen Belastungen von Anfang an intendiert war, wird dies außer Acht gelassen. Ähnlich Siehr, Cultural Property Expropriated Abroad, S. 437 f., der sogar behauptet, dass das Urteil des KG in seinen Entscheidungsgründen nicht zwischen den verschiedenen Steuerbelastungen differenziert hätte, obwohl dies mehrfach, sogar dezidiert in einer Tabelle, erfolgte, KG, Urt. v. 29.09.1987 – 17 U 492/87, NJW 1988, 341 (insb. 344). Richtig dagegen Anton, Illegaler Kulturgüterverkehr, S. 1223; vgl. Braun, Kunstprozesse, S. 267–269.

826 KG, Urt. v. 29.09.1987 – 17 U 492/87, NJW 1988, 341 (343 f.).

827 Bspw. BGH, Urt. v. 29.06.2022 – IV ZR 110/21, NJW 2022, 2547.

828 So auch Armbrüster/Jopen, ROW 1989, 332 (335 Fn. 41); Siehr, Cultural Property Expropriated Abroad, S. 438 Fn. 30.

829 Der BGH differenzierte in seinem Urteil von vornherein nicht zwischen *Grenz-* und *Durchschnitts*steuersatz, was auch Anton, Illegaler Kulturgüterverkehr, S. 1229, und Braun, Kunstprozesse, S. 270, zu Recht kritisieren.

niedriger Bemessungsgrundlage führten – was *prima facie* bezweifelt wird –, da ein reiner Vergleich von Steuertarifen ohnehin keine adäquate Beurteilung eines Steuersystems ermöglicht. Vielmehr müsste wiederum das Zusammenwirken mit anderen Steuerrechtsnormen und der Blick auf das gesamte Steuersystem berücksichtigt werden. In Schweden existierte bspw. keine politisch diskriminierende Differenzierung der Einkommensteuertarife nach unterschiedlichen Einkommensgruppen, die zur Aufgabe hatte, privates Gewerbe zu verdrängen[830] – die Behauptung des BGH, dass für *Schwarz* die „gleichen Besteuerungsgrundsätze" gegolten hätten, „die für alle Bürger der DDR gelten",[831] war schlichtweg falsch. So oder so muss aber auch das damalige schwedische Steuersystem historisch ohnehin als gescheitertes Experiment angesehen werden, welches nicht nur international sehr umstritten war. Die schwedische Schriftstellerin *Astrid Lindgren*, welche der Sozialdemokratie nahestand und jedenfalls dem Wirtschaftsliberalismus unverdächtig ist, schrieb in ihrem Ärger darüber ein „Steuermärchen für Erwachsene", in welchem sie die Steuerpolitik der von ihr geliebten Heimat als „völlig hemmungsloses Stehlen" bezeichnete.[832] Es verwundert nicht, dass Schweden sein Steuersystem auch im Hinblick auf den Beitritt zur EU grundlegend reformieren musste.[833]

Inwiefern all dies also – unabhängig vom dogmatischen Irrtum – inhaltlich als tragendes Argument gegen einen Verstoß gegen den *ordre public* überzeugen kann, kann bezweifelt werden. Beunruhigend wirkt außerdem, dass dieses „Scheinargument" offenbar von der Rechtsvertretung der Gegenseite – die vermutlich massiv vom Netzwerk des Bereichs Kommerzielle Koordinierung im Westen unterstützt wurde[834] – in den Prozess eingeführt wurde und der BGH dieses mit der Bemerkung „[w]ie die Revision mit Recht geltend macht"[835] bedenkenlos übernommen hat.

Nach alledem muss mit dem KG im Fall *Schwarz* in den Steuerverfahren – vorbehaltlich der Umstände des konkreten Einzelfalls – im Lichte von Art. 14 Abs. 3 GG wohl nahezu immer eine entschädigungslose Enteignung und deshalb ein Verstoß gegen den *ordre public* gesehen werden.[836] Dass die Steuerverfahren willkürlich wa-

830 Vgl. Töben, Besteuerung DDR, S. 97 f. Zu den unterschiedlichen Einkommensteuertarifen in der DDR bereits unter § 3.II.2.b)cc), S. 81 Fn. 259.

831 BGH, Urt. v. 22.09.1988 – IX ZR 263/87, NJW 1989, 1352 (1353).

832 Lindgren, Oetinger Almanach 1977, 71 (80).

833 Insgesamt zum schwedischen Steuersystem insb. der 1970er- und 1980er-Jahre Mutén, RIW 1993, 119 (insb. 119 f., 123 f.); Stenkula, Nordic Tax Journal 2014 (Volume 2), 10 (insb. 10–14; 36 f.). Ebenfalls – zumindest teilweise – kritisch gegenüber dem Vergleich des BGH zu anderen „westlichen Staaten" Anton, Illegaler Kulturgüterverkehr, S. 1229 f.

834 Dazu bereits ausführlich unter § 4.I.3., S. 136 ff.

835 BGH, Urt. v. 22.09.1988 – IX ZR 263/87, NJW 1989, 1352 (1353).

836 In diese Richtung auch Kreuzer, IPrax 1990, 365 (370 f.); vgl. Anton, Illegaler Kulturgüterverkehr, S. 1220 f., 1233–1236, 1249 f.

ren, wurde bereits zuvor festgehalten, sie waren aber auch erdrosselnd, wie der Fall *Schwarz* exemplifiziert. Auch in den meisten anderen Fällen dürfte, wie bereits dargestellt, die als „Gewinn" betitelte Bemessungsgrundlage, die faktisch das Vermögen der Betroffenen darstellte, durch die Kombination mehrerer Steuervorschriften im Gesamtergebnis mit über 100% *Durchschnitts*steuersatz besteuert und somit ihr Vermögen vollständig aufgezehrt worden sein. Es ist daher wertungsmäßig auch zutreffend, von „konfiskatorischen Steuerverfahren" bzw. „kalter/verdeckter Enteignung" zu sprechen.[837]

(3) Grundrecht auf effektiven Rechtsschutz aus Art. 19 Abs. 4 S. 1 GG

Schließlich könnte i. S. d. kollisions- bzw. anerkennungsrechtlichen *ordre public* eine offensichtliche Unvereinbarkeit mit wesentlichen bundesdeutschen Rechtsgrundsätzen in Form des Grundrechts auf effektiven Rechtsschutz aus Art. 19 Abs. 4 S. 1 GG vorliegen.

Der BGH vertrat in seinem Urteil im Fall *Schwarz* in apodiktischer[838] Weise die Ansicht, dass „über Art. 30 EGBGB a. F. nicht verlangt werden [kann], dass in jedem Staat dieselben Rechtsschutzgarantien wirken, die hier [gemeint ist die BRD, Anm. d. Verf.] Art. 19 Abs. 4 GG gewährleistet"[839]. Dieser Aussage ist isoliert betrachtet zuzustimmen, da über den *ordre public* selbstredend nicht verlangt werden kann, dass in der DDR *dieselben* Formen des Rechtsschutzes wie in der BRD bestanden hätten sollen.[840] Denn der *ordre public* verlangt ja gerade keine Rechtsangleichung des fremden Rechts, sondern fragt nach einer *offensichtlichen Unvereinbarkeit mit wesentlichen bundesdeutschen Rechtsgrundsätzen* bzw. – um im Duktus des damaligen Art. 30 EGBGB a. F. zu bleiben – einen *Verstoß gegen die guten Sitten.* Im Rahmen der Maßstabsbildung wurde bereits dargestellt, dass dafür eben kein einfacher Grundrechtsverstoß genügt, sondern bei der Anwendung des fremden Rechts die fundamentalsten Grundsätze der jeweils geprüften Grundrechtsnorm aus den Angeln gehoben werden müssten.[841] Eine solche Prüfung blieb der BGH im Fall *Schwarz* schuldig und verkannte damit erneut den Maßstab der Vorbehaltsklausel.[842]

Dabei hätte sich das Ergebnis einer solchen Prüfung – ganz i. S. d. von der Vorbehaltsklausel geforderten *Offensichtlichkeit* – aufgedrängt. Für die privaten Kunst-

---

837 Vgl. bspw. Bischof, Die Kunst und Antiquitäten GmbH, S. 507 Fn. 849; Werkentin, forum historiae iuris, Rn. 37–40.

838 So auch Kreuzer, IPrax 1990, 365 (369).

839 BGH, Urt. v. 22.09.1988 – IX ZR 263/87, NJW 1989, 1352 (1352).

840 Vgl. Armbrüster/Jopen, ROW 1989, 332 (337 Fn. 57).

841 Dazu bereits ausführlich unter § 4.III.2.b)aa), S. 230 ff.

842 Vgl. Kreuzer, IPrax 1990, 365 (369 f.).

händler und -sammler in der DDR gab es nämlich nur zwei Wege, irgendetwas gegen die an sie erlassenen Steuerbescheide zu unternehmen:

Einerseits die Beschwerde[843] an das Ausgangs-Finanzamt gem. § 1 Abs. 1, 2 BeschwerdeVO, welches diese ggf. noch an den übergeordneten Rat des Bezirkes, Abteilung Finanzen, weiterleitete. Es handelt sich dabei um ein rein behördeninternes Nachprüfungsverfahren, ähnlich des heutigen steuerrechtlichen Einspruchs gem. §§ 347 ff. AO. Allerdings war das Verfahren der Beschwerde im Gegensatz zum heutigen Einspruch nicht kostenfrei, sondern von einer Verfahrensgebühr i. H. v. 6% des Betrages, gegen dessen Festsetzung die Beschwerde gerichtet war, begleitet gem. § 7 Abs. 1 BeschwerdeVO. Diese Verfahrensgebühr war bei den exorbitant hohen, z. T. siebenstelligen Steuerforderungen, die die „Steuerpflichtigen" ohnehin schon nicht begleichen konnten, äußerst abschreckend. Weiterhin waren gegen die Beschwerdeentscheidung keine weiteren förmlichen Rechtsbehelfe gegeben – anders als bei der heutigen Einspruchsentscheidung, gegen die noch in mehreren Instanzen Rechtsschutz bei, von der Exekutive unabhängigen, Gerichten gesucht werden kann. Zumindest bis Mitte der 1980er-Jahre konnten die Steuerbescheide in der DDR noch nicht einmal inzident im Rahmen der Strafgerichtsverfahren gegen die privaten Kunsthändler und -sammler überprüft werden. Am schwersten wiegt aber wohl, dass in den konkreten Fällen von vornherein – selbst wenn formell umfangreichere Rechtsschutzmöglichkeiten bestanden hätten – kein adäquater Rechtsschutz möglich war, weil das den Steuerbescheid erlassende Finanzamt und auch der übergeordnete Rat des Bezirkes, Abteilung Finanzen, durch die Kunst und Antiquitäten GmbH sowie das MfS instruiert waren und die „Steuerergebnisse" von vornherein feststanden. All dies gemeinsam muss offensichtlich zu der Wertung führen, dass es hier nicht darum ging, dass *dieselben* Rechtsschutzgarantien wie in der BRD eingehalten würden, sondern darum, dass faktisch *überhaupt kein Rechtsschutz* gewährt wurde.

Denn auch der zweite denkbare Weg, die „Eingabe"[844] als nicht-förmlicher *„Rechtsbehelf"*, verdient diesen Namen kaum. Die Antwort auf die Eingabe konnte weder zwangsweise durchgesetzt noch gerichtlich angefochten werden. Das Wesen jedes Individual*recht*sschutzes wurde zudem dadurch *ad absurdum* geführt, dass der Staatsrat der DDR offiziell die Anweisung erteilte, dass für die Behandlung der Eingaben weniger die Anwendung von Rechtsvorschriften als die Eruierung „gesellschaftlicher Möglichkeiten" ausschlaggebend sein sollte.[845] *Friedrich-Christian Schroeder* resümiert deshalb zu Recht, dass „schon in dem Begriff der Eingabe [...] der autoritäre Charakter des politischen Systems der DDR zum Ausdruck

843 Zur Beschwerde bereits unter § 3.II.2.a)cc), S. 77 ff.

844 Zur Eingabe bereits unter § 3.II.2.a)cc), S. 77 ff.

845 SCHROEDER, Eingabenrecht, S. 231.

[kommt], bei welchem der einzelne sein Recht nicht vor unabhängigen Organen vertreten, sondern nur bei den Staatsorganen „Eingabe machen" durfte"[846], was „den Niedergang des Rechtsbewusstseins in der DDR"[847] förderte.

Insgesamt ist der für die Frage des *ordre public* entscheidende Umstand also nicht, dass in der DDR nicht *dieselben* Rechtsschutzgarantien wie in der BRD bestanden (was kollisions- bzw. anerkennungsrechtlich nicht verlangt werden kann), sondern dass *überhaupt kein* adäquater Rechtsschutz, der diesen Namen verdient, für die betroffenen Kunsthändler und -sammler bestand, und diesen daher außerdem auch jedes substanzielle rechtliche Gehör versagt wurde (ganz zu schweigen davon, dass die Betroffenen kaum Informationsmöglichkeiten über die geltende Rechtslage hatten[848]). Dies stellt i. S. d. kollisions- bzw. anerkennungsrechtlichen *ordre public* eine offensichtliche Unvereinbarkeit mit wesentlichen bundesdeutschen Rechtsgrundsätzen in Form des Grundrechts auf effektiven Rechtsschutz aus Art. 19 Abs. 4 S. 1 GG dar.[849] Dafür spricht im Übrigen auch, dass die westdeutsche Rechtsprechung und Rechtswissenschaft bei behördlichen Entscheidungen im Rahmen der freiwilligen Gerichtsbarkeit der DDR z. T. Verstöße gegen den anerkennungsrechtlichen *ordre public* des § 16a Nr. 4 FGG a. F. (heute § 109 Abs. 1 Nr. 4 FamFG, parallel zu § 328 Abs. 1 Nr. 4 ZPO) erkannt hat, weil gegen diese Entscheidungen in der DDR kein Gerichtsweg vorgesehen war und daher im Lichte von Art. 19 Abs. 4 S. 1 GG in der DDR kein adäquater Rechtsschutz gewährleistet war.[850] Wenn dies bei Entscheidungen der freiwilligen Gerichtsbarkeit aber bereits der Fall war, dann sollte dies erst recht bei „nur" verwaltungsförmigen Entscheidungen gelten.

cc) Gesamtwertung unter Einbeziehung weiterer Aspekte der Kulturgutverluste

In der Gesamtschau liegt in dem Eigentumserwerb der Kunst und Antiquitäten GmbH infolge des freihändigen Verkaufs der Kulturgüter eindeutig ein Verstoß gegen den kollisions- bzw. anerkennungsrechtlichen *ordre public*.[851] Wie dargestellt,

---

846 Schroeder, Eingabenrecht, S. 230. R. Schröder, Zivilrechtskultur DDR, S. 104 spricht daher auch passenderweise von „Gnade statt Recht".

847 Schroeder, Eingabenrecht, S. 231.

848 Dazu bereits unter § 3.I., S. 69.

849 So auch i. E. und mit überzeugender Begründung Kreuzer, IPrax 1990, 365 (368–370). Zumindest kritisch gegenüber der lapidaren Aussage des BGH zum Recht auf effektiven Rechtsschutz aus Art. 19 Abs. 4 S. 1 GG Armbrüster/Jopen, ROW 1989, 332 (337 Fn. 57). Vgl. i. E. auch Anton, Illegaler Kulturgüterverkehr, S. 1210, 1213–1220, 1249, mit zum Teil abweichender Begründung.

850 Vgl. BGH, Urt. v. 07.12.1955 – IV ZR 177/55, NJW 1956, 262 (263); KG, Beschl. v. 25.01.1965 – 1 W 2698/64, JZ 1967, 123 (123); Kreuzer, IPrax 1990, 365 (367); Wingert, Freiwillige Gerichtsbarkeit DDR, S. 93–95, 114.

851 Einen solchen ebenfalls vage andeutend BT-Drs. 12/4500 („KoKo-Untersuchungsausschuss" – Dritter Teilbericht), S. 49, während der Ergänzungsbericht der Bündnisgrünen den Verstoß gegen

muss schon jedes der geprüften Grundrechte für sich genommen zu dieser Wertung führen, auch wenn diese Prüfungen ohnehin große Überschneidungen aufwiesen, weil die Grundrechtsverstöße in den vorliegenden Fällen rein tatsächlich kaum isoliert voneinander betrachtet werden können. Hinzu treten zudem noch weitere Verfassungspositionen, die hier nicht vertieft betrachtet worden sind, aber ebenfalls für eine Verletzung der Vorbehaltsklausel sprechen. Namentlich seien erwähnt das Recht auf Leben und körperliche Unversehrtheit (Art. 2 Abs. 2 S. 1 GG) wegen der z. T. folterähnlichen Haft- bzw. Unterbringungsbedingungen, das Recht auf Freiheit der Person (Art. 2 Abs. 2 S. 2 GG) wegen der unbegründeten Verhaftungen und Unterbringungen an sich, das Recht auf Religionsfreiheit (Art. 4 Abs. 1 GG) sowie der Schutz von Ehe und Familie (Art. 6 Abs. 1 GG) wegen der teilweise erfolgten Vollstreckung z. B. in Bibeln und Eheringe und schließlich das Grundrecht auf Unverletzlichkeit der Wohnung (Art. 13 Abs. 1 GG) wegen der unbegründeten und überfallartigen Wohnungsdurchsuchungen (Ablenkung des „Steuerpflichtigen", keine Zulassung von unbefangenen Zeugen etc.)[852]. Deshalb verwundert es nicht wenig, dass selbst das führende DDR-Lehrbuch für Zivilrecht davon ausgeht, dass „bürgerliche Gerichte" Eigentumsübergänge in der DDR infolge der Anwendung des bundesdeutschen *ordre public* z. T. nicht anerkennen würden.[853]

Dagegen ist es nicht überzeugend, den Umstand der Gutgläubigkeit des Erwerbers bei der Anwendung des *ordre public* zu berücksichtigen,[854] worauf auch *Kreuzer* überzeugend hinweist.[855] Damit würden zwei unterschiedliche Kategorien vermischt, denn die Vorbehaltsklausel ist keine Norm, die primär das eher subjektiv geprägte Vertrauen des Rechtsverkehrs schützen soll, sondern die objektive Werteordnung des GG. Deshalb muss isoliert voneinander betrachtet werden, ob der Erwerb vom (nach fremdem Recht) Berechtigten gegen den *ordre public* verstößt und bei Bejahung dieser Frage der Erwerb vom Nichtberechtigten (nach fremdem

---

den *ordre public* eindeutig teilt, BT-Drs. 12/4970 („KoKo-Untersuchungsausschuss" – Dritter Teilbericht, abweichender Bericht Bündnis 90/Die Grünen), S. 8, ebenso wie Anton, Illegaler Kulturgüterverkehr, S. 1211, 1219, 1242, 1248–1250; Armbrüster/Jopen, ROW 1989, 332 (337 f.), die i. E. dem BGH-Urteil aber wegen vermeintlichen gutgläubigen Erwerbs des Dritterwerbers zustimmen, und Kreuzer, IPrax 1990, 365 (368–372), sowie Finkenauer/Thiessen, Kunstraub für den Sozialismus, S. 67, die ihn zumindest für „durchaus wahrscheinlich" halten. Der Behauptung von Lupfer/Rudert, arsprototo 01/2016, 60 (62), dass „Teilaspekte von Steuerstrafverfahren gegen Sammler und/oder Händler in der DDR" selbst „nach heutigen rechtsstaatlichen Maßstäben nicht zu beanstanden sind", ist nach dem hier gefundenen Ergebnis daher sehr entschieden entgegenzutreten – es sei denn, man löst diese „Teilaspekte" vollkommen aus ihrem Zusammenhang und betrachtet sie als rechtlich wertneutrale *nuclei*.

852 Kreuzer, IPrax 1990, 365 (370); vgl. Anton, Illegaler Kulturgüterverkehr, S. 1212 f.

853 Göhring/Posch et. al., Zivilrecht DDR Bd. 2, S. 311.

854 So aber KG, Urt. v. 29.09.1987 – 17 U 492/87, NJW 1988, 341 (344).

855 Kreuzer, IPrax 1990, 365 (370).

Recht) getrennt geprüft werden, welcher ggf. nicht gegen den *ordre public* verstößt. Denn der *ordre public* führt nicht zu einer allgemeinen Nichtanwendbarkeit des fremden Rechts, sondern nur in Bezug auf den konkret geprüften Rechtsvorgang, während die dadurch entstehende „Rechtslücke" weiterhin primär durch die Anwendung des fremden Rechts geschlossen werden sollte – auch wenn dies häufig auf Schwierigkeiten stößt.[856] Vorliegend wurde bisher jedenfalls nur der Erwerb der Kunst und Antiquitäten GmbH vom Berechtigten im Hinblick auf den *ordre public* geprüft, welcher aus bundesdeutscher Perspektive abgelehnt werden muss, weil die Umstände der Begründung der Berechtigung in Form der „Verfügungs"ermächtigung eindeutig gegen die Vorbehaltsklausel verstoßen.[857] Auch jeder weitere (Dritt-) Erwerb muss getrennt und im Ausgangspunkt nach dem jeweils anwendbaren Recht geprüft werden, denn es ist aus den besagten Gründen erst recht nicht überzeugend, die Gutgläubigkeit von Dritterwerbern zum Gesichtspunkt der *ordre public*-Prüfung des (Erst-) Erwerbs vom Berechtigten zu machen. Deshalb ist auch der Ansicht, dass der Gesichtspunkt zu berücksichtigen sei, dass die enteignete Sache mit Rücksicht auf eine längere Veräußerungskette bereits ständig Gegenstand des Rechtsverkehrs gewesen ist und den ursprünglichen Makel deshalb mehr und mehr verloren hätte,[858] mit Skepsis zu begegnen. Auch dieser Schutz des Vertrauens des Rechtsverkehrs muss primär durch die Anwendung der jeweils anwendbaren vertrauensschützenden gesetzlichen Tatbestände wie gutgläubiger Erwerb, Ersitzung, Vindikationsverjährung im konkreten Erwerbsvorgang hergestellt werden und nicht in die Prüfung des *ordre public* beim (Erst-) Erwerb vom Berechtigten einfließen.

Im Lichte des Vorangegangen ist auch das BGH-Urteil im Fall *Schwarz* abschließend zu bewerten. Von vornherein feststeht, dass der BGH aus der heutigen objektiven *ex ante*-Perspektive aufgrund einer falschen Tatsachengrundlage entschied, da die genauen Umstände der Steuerverfahren gegen die privaten Kunsthändler und -sammler – insb. die ergebnisorientierte Konstruktion und die zielgerichtete Zusammenarbeit der Behörden mit der geheimdienstlich organisierten Kunst und Antiquitäten GmbH und den MfS – im Jahr 1988 noch nicht beweisbar waren.[859] Zu Recht weist *Bischof* aber darauf hin, dass der BGH allein deswegen noch nicht

---

856 Siehr, Cultural Property Expropriated Abroad, S. 440; Thorn, in: Grüneberg, BGB, Art. 6 EGBGB Rn. 3, 13.

857 Zur Frage, ob die Kunst und Antiquitäten GmbH nach DDR-Recht sodann vom Nichtberechtigten gutgläubig erworben haben kann unter § 4.III.2.c)aa), S. 248 ff.

858 So erneut KG, Urt. v. 29.09.1987 – 17 U 492/87, NJW 1988, 341 (344).

859 Dies wurde insb. durch die umfangreichen Feststellungen des „KoKo-Untersuchungsausschusses" zur Kunst und Antiquitäten GmbH, mithin erst ab den Jahren 1991–1994, ermöglicht. Dazu bereits unter § 1.II., S. 25.

im prozessrechtlichen Sinne falsch entschieden hatte, da die bundesdeutsche Zivilgerichtsbarkeit keinen Untersuchungsgrundsatz kennt, deshalb nicht aufgrund materieller Wahrheit, sondern aufgrund rein formaler Wahrheit entscheidet und der BGH im vorliegenden Fall überdies ohnehin nur noch eine reine Rechts- und keine Tatsacheninstanz darstellte.[860]

Nach den Feststellungen in dieser Arbeit hat der BGH damals aber auch als Rechtsinstanz falsch entschieden, was ihm durchaus vorzuwerfen ist. Er hat den Maßstab des *ordre public* eklatant verkannt und sodann mit lapidaren bzw. apodiktischen Behauptungen insb. in Bezug auf das Eigentumsgrundrecht aus Art. 14 GG und das Grundrecht auf effektiven Rechtsschutz gem. Art. 19 Abs. 4 S. 1 GG abgekanzelt. Eine adäquate Prüfung des Einzelfalls blieb er schuldig, obwohl sich nach der insofern vorbildlichen Begründung des KG eine Verletzung des *ordre public* deutlich aufgedrängt hat. Zur Natur des Steuersystems der DDR hätte der Senat analog § 293 ZPO[861] von Amts wegen ein Sachverständigengutachten einholen können (und müssen) anstatt sich damit zu begnügen, dass nicht festgestellt sei, „dass die seinerzeitigen Feststellungen des BVerfG [im Jahr 1961 in Bezug auf die Verfassungswidrigkeit des DDR-Steuerrechts, Anm. d. Verf.] auch noch auf das Einkommensteuerrecht des Jahres 1981 zutreffen“[862]. Das BGH-Urteil wirkt so insgesamt (auch für den juristischen Laien) lebensfremd und abgehoben. V. a. aber bleibt zu hoffen, dass politische Gesichtspunkte, insb. das Bemühen um „gute“ Verhältnisse zwischen BRD und DDR, bei der Entscheidung keine Rolle gespielt haben.

dd) Rechtsfolge: Kein Eigentumserwerb der Kunst und Antiquitäten GmbH infolge des freihändigen Verkaufs

Die Kunst und Antiquitäten GmbH hat aus bundesdeutscher Warte kein Eigentum vom Berechtigten infolge des freihändigen Verkaufs erworben, weil die Umstände der Begründung der „Verfügungs“ermächtigung als Berechtigung gegen den bundesdeutschen *ordre public* verstoßen haben. Die dadurch entstehende „Rechtslücke“ ist nach Möglichkeit allerdings weiterhin durch die Anwendung von DDR-Recht

860 Bischof, Die Kunst und Antiquitäten GmbH, S. 293 f. Vgl. Anton, Illegaler Kulturgüterverkehr, S. 1040, 1233. Ironischer Weise spielte das in der DDR-Zivilgerichtsbarkeit abgeschaffte Prinzip der „formellen Wahrheit“ hier der DDR vor einem bundesdeutschen Gericht in die Karten, vgl. dazu bereits § 3.III.4., S. 120 f.

861 Zur bundesdeutschen Anwendung von § 293 ZPO analog in Bezug auf die DDR bis zur Wiedervereinigung bereits unter § 4.I.2., S. 132.

862 BGH, Urt. v. 22.09.1988 – IX ZR 263/87, NJW 1989, 1352 (1353). Insofern zu Recht ebenfalls kritisch Braun, Kunstprozesse, S. 270.

zu schließen,[863] weshalb sogleich[864] danach gefragt werden muss, ob die Kunst und Antiquitäten GmbH dann ggf. nach DDR-Recht gutgläubig vom Nichtberechtigten Eigentum an den Kulturgütern erworben haben könnte.

c) Gutgläubiger Erwerb

Bei der Frage, ob die privaten Kunsthändler und -sammler ihr Eigentum an den Kulturgütern durch gutgläubigen Erwerb Dritter verloren haben, ist zu differenzieren zwischen einem möglichen gutgläubigen Erwerb der Kunst und Antiquitäten GmbH (oder Dritter auf dem Gebiet der DDR) (aa)), einem möglichen gutgläubigen Erwerb der Vertragspartner der Kunst und Antiquitäten GmbH (bb)) und einem möglichen gutgläubigen Erwerb Dritter nach Weiterveräußerungen auf dem Gebiet der BRD (cc)).

aa) Gutgläubiger Erwerb der Kunst und Antiquitäten GmbH (oder Dritter auf dem Gebiet der DDR) gem. § 28 S. 1 ZGB

Fraglich ist, ob die durch die Bejahung eines Verstoßes gegen die Vorbehaltsklausel geschaffene „Rechtslücke“ dadurch geschlossen werden kann, dass die Kunst und Antiquitäten GmbH dann eben gem. § 28 S. 1 ZGB[865] gutgläubig vom Nichtberechtigten Eigentum an den Kulturgütern erworben hat. Dies ist aber ohne Weiteres aus drei Gründen entschieden abzulehnen. Erstens würde dafür, wenn überhaupt, nur der gutgläubige Erwerbstatbestand des § 28 S. 1 ZGB in Betracht kommen (da das GIW gem. § 1 Abs. 1 GIW nur auf internationale Wirtschaftsverträge anwendbar war), der aber wohl nur auf rechtsgeschäftliche Verkehrsgeschäfte gem. § 26 ZGB, nicht aber auf Veräußerungen im Vollstreckungswege bzw. einen gemischten Eigentumserwerb gem. § 29 ZGB i.V.m. § 139 Abs. 3 ZGB[866] anwendbar ist. Zweitens würden aber jedenfalls dessen sehr enge Voraussetzungen – der gutgläubige Erwerb war im ZGB nur als absolute Ausnahme vorgesehen – nicht vorliegen, da es sich bei den Kulturgütern nicht um Sachen aus dem Einzelhandel, Geld oder Inhaberpapiere handelt. Drittens war die Kunst und Antiquitäten GmbH aufgrund ihrer Stellung während der Steuerverfahren gegen die privaten Kunsthändler und -sammler sicher nicht gutgläubig.

Folglich würde aber auch der gutgläubige Erwerb jedes weiteren Dritten auf dem Gebiet der DDR nach § 28 S. 1 ZGB scheitern, da dieser eben nicht auf Kulturgüter Anwendung fand.

---

863 Siehr, Cultural Property Expropriated Abroad, S. 440; Thorn, in: Grüneberg, BGB, Art. 6 EGBGB Rn. 3, 13. Dazu bereits zuvor unter § 4.III.2.b)cc), S. 244 ff.

864 Dazu ausführlich unmittelbar im Anschluss unter § 4.III.2.c), S. 248 ff.

865 Zum gutgläubigen Erwerb im ZGB bereits unter § 3.III.2.b), S. 105 f.

866 Dazu bereits unter § 3.III.2.b)bb), S. 109 ff.

bb) Gutgläubiger Erwerb der Vertragspartner der Kunst und Antiquitäten GmbH gem.§ 54 Abs. 2, 3 GIW

Die Vertragspartner der Kunst und Antiquitäten GmbH waren wie bereits dargestellt im Wesentlichen gewerbliche Abnehmer, weshalb auf die dbzgl. Kaufverträge das GIW anwendbar war. Dieses kannte den gutgläubigen Erwerb mit § 54 Abs. 2, 3 GIW sogar ohne Ausnahme bei Abhandenkommen. Nichtsdestotrotz wurde bereits umfassend dargelegt,[867] dass ein gutgläubiger Erwerb dieser Vertragspartner wohl spätestens ab der Veröffentlichung in der westdeutschen Fachzeitschrift „art" am 01.02.1984 mangels Gutgläubigkeit dieser nicht in Betracht kommen dürfte. Hingewiesen sei an dieser Stelle insoweit auch noch einmal auf die im Vergleich zu den bundesdeutschen §§ 932 ff. BGB schwächere Position des gutgläubigen Erwerbers im GIW wegen des verschärften Maßstabs der bereits schädlichen einfachen Fahrlässigkeit und der umgekehrten Ausgestaltung der Beweislast. Infolgedessen wird auch ein gutgläubiger Erwerb vor der Veröffentlichung des Artikels vermutlich nur mit Schwierigkeiten darlegbar sein.

Sollte ein gutgläubiger Erwerb wider Erwarten doch vorliegen, so kann in diesem kein Verstoß gegen den *ordre public* gesehen werden. Denn bei der Weiterveräußerung der Kulturgüter von der Kunst und Antiquitäten GmbH an die westlichen Dritterwerber handelt es sich um einen von den Steuerverfahren zeitlich-räumlich getrennten Lebenssachverhalt. Aufgrund dieser Zäsur kann ein „Durchschlagen" des Verstoßes gegen die Vorbehaltsklausel im Rahmen der Begründung der „Verfügungs"ermächtigung auf die Weiterveräußerung nicht überzeugen. Eine solche pauschale und undifferenzierte Anwendung des *ordre public* würde bspw. außer Acht lassen, dass die westlichen Dritterwerber, selbst wenn sie positive Kenntnis von den Steuerverfahren gehabt haben sollten (dann wären sie aber in jedem Fall bösgläubig), in diese nicht aktiv involviert waren (anders als die Kunst und Antiquitäten GmbH). Der bloße Umstand, dass § 54 Abs. 2, 3 GIW einen gutgläubigen Eigentumserwerb auch sogar bei Abhandenkommen zulässt, begründet für sich genommen ebenfalls keinen Verstoß gegen den *ordre public*, da auch im bundesdeutschen Recht ein Abhandenkommen den gutgläubigen Erwerb nicht immer hindert, wie bspw. ein Blick in § 935 Abs. 2 BGB zeigt.

cc) Gutgläubiger Erwerb Dritter nach Weiterveräußerungen auf dem Gebiet der BRD gem. §§ 929 S. 1, 932 BGB

Nach alledem kommt es also entscheidend darauf an, ob Dritte nach Weiterveräußerungen der Kulturgüter auf dem Gebiet der BRD[868] gutgläubig Eigentum an

867 Dazu bereits ausführlich unter § 3.III.3.b), S. 118 f.

868 Weiterveräußerungen in Drittländer(n) außerhalb der BRD müssen aufgrund des Schwerpunkts dieser Arbeit innerhalb dieser außen vor bleiben, dazu bereits unter § 1.II., S. 24.

diesen erwerben konnten. Dies richtet sich wegen des mit dem Verbringen der Kulturgüter auf das Staatsgebiet der BRD verbundenen Statutenwechsels nach den bundesdeutschen §§ 929 S. 1, 932 BGB.

Solche Dritterwerber innerhalb der BRD dürften rglm. gutgläubig bzgl. der Eigentümerstellung des Veräußernden sein gem. § 932 Abs. 1 S. 1, Abs. 2 BGB. Die Gutgläubigkeit wird im Gegensatz zum § 54 Abs. 2, 3 GIW vermutet und lediglich bei positiver Kenntnis oder grober Fahrlässigkeit widerlegt. Ohne konkrete Anhaltspunkte dürfte weder für Privatpersonen noch für gewerbliche Dritterwerber Anlass dazu bestehen, Nachforschungen im Hinblick auf eine problematische DDR-Provenienz anzustellen.[869] Dass Provenienzen in Bezug zur SBZ und DDR überhaupt kritisch sein können, dürfte mangels breiter öffentlicher Aufmerksamkeit für diese Thematik häufig eher unbekannt sein. Selbst wenn abstrakt Kenntnis darüber besteht, wird es selbst bei unternommenen Anstrengungen z. T. schwierig sein, ein konkretes Kaufobjekt dazu in Bezug setzen zu können.

Ein gutgläubiger Erwerb könnte aber am Abhandenkommen der Kulturgüter gem. § 935 Abs. 1 S. 1 BGB scheitern. Ein solcher Verlust des unmittelbaren Besitzes des Eigentümers ohne dessen Willen[870] muss zwar grds. abgelehnt werden, wenn dieser auf einem staatlichen Hoheitsakt beruht, weil der Wille des Eigentümers dann durch den staatlichen Hoheitsakt ersetzt wird. Anders verhält es sich allerdings insb. bei fremdstaatlichen Hoheitsakten, die nach bundesdeutscher Wertung als Akte eines „Unrechtsregimes" gewertet werden müssen.[871] Denn solchen wird rglm. wegen Verstoßes gegen den inländischen *ordre public* keine Rechtswirkung zugesprochen, sodass eine Ersetzung des Eigentümerwillens nicht vorliegt. Auf den ersten Blick besteht zwar keine rechtliche Akzessorietät zwischen einem Verstoß gegen die Vorbehaltsklausel und der Annahme eines Abhandenkommens, da beide Normen getrennte Tatbestände aufweisen, die unabhängig voneinander zu prüfen sind (selbst wenn sie rein faktisch häufig zu einem parallelen Wertungsergebnis führen). Bei genauerer Betrachtung lässt sich diese getrennte Prüfung

---

869 Gegen eine allgemein gesteigerte Nachforschungsobliegenheit bei Kulturgütern eher BGH, Urt. v. 19.07.2019 – V ZR 255/17, NJW 2019, 3147 (3152), zustimmend Krause, NJW 2019, 3147 (3154), und Schellerer, Gutgläubiger Erwerb und Ersitzung, S. 93–100, 154, 177 f. Tendenziell strenger dagegen Anton, JR 2010, 415 (421–423); Finkenauer/Thiessen, Kunstraub für den Sozialismus, S. 93 f.; Kreutz, JR 2018, 263 (265 f.). Differenzierend Bergmann, Verfall des Eigentums, S. 22–24; Rudolph, Restitution, S. 195–229; Schwarzmeier, NS-verfolgungsbedingter Entzug von Kunstwerken, S. 313–327.

870 Herrler, in: Grüneberg, BGB, § 935 BGB Rn. 3.

871 OLG Frankfurt a. M., Urt. v. 08.02.2018 – 1 U 196/16, NJW-RR 2018, 857 (858); LG Bonn, Urt. v. 25.06.2002 – 18 O 184/01, tz (675); C.-H. Heuer, NJW 1999, 2558 (2563); Finkenauer/Thiessen, Kunstraub für den Sozialismus, S. 89; Müller-Katzenburg, NJW 1999, 2551 (2552); Rudolph, Restitution, S. 233–236; Schwarzmeier, NS-verfolgungsbedingter Entzug von Kunstwerken, S. 335.

bei fremdstaatlichen Hoheitsakten aber nicht aufrechterhalten, da Teil der Tatbestandsprüfung des § 935 Abs. 1 S. 1 BGB dann nicht lediglich ein rein tatsächlicher „Auslandssachverhalt“[872] wird, sondern eine rechtliche Vorfrage – nämlich ob ein wirksamer fremdstaatlicher Hoheitsakt vorliegt, der den Willen des Eigentümers ersetzt. Diese Frage kann aber zweifelsohne nicht vorbehaltlos nach der fremden Rechtsordnung beantwortet werden,[873] möchte man sich nicht vollkommen in Widerspruch zu kollisions- und anerkennungsrechtlichen Grundsätzen begeben. Da oben aber umfassend erörtert wurde, dass der Besitzentzug der Kulturgüter von den Eigentümern auf einem *ordre public*-widrigen Steuervollstreckungsverfahren beruhte, muss infolgedessen also auch ein Abhandenkommen der Kulturgüter i. S. d. § 935 Abs. 1 S. 1 BGB angenommen werden, da keiner der DDR-Hoheitsakte geeignet war, den Willen der Eigentümer zu ersetzen und auch im Übrigen nicht davon auszugehen ist, dass der Besitzentzug mit ihrem Willen vonstatten ging.

Ein gutgläubiger Dritterwerb auf dem Gebiet der BRD ist daher gem. §§ 929 S. 1, 932, 935 Abs. 1 S. 1 BGB grds. ausgeschlossen. Etwas anderes kann sich nur ergeben, wenn die Kulturgüter i. S. d. § 383 Abs. 3 S. 1 BGB öffentlich versteigert werden, weil dann wiederum die Rückausnahme des § 935 Abs. 2 Var. 3 BGB, die seit jeher auch für Kulturgüter gilt[874] und gerade in diesem Bereich äußerst praxisrelevant ist[875], greift. Nach überzeugender h. M. hat sich daran auch seit der Verabschiedung des § 40 Abs. 2 KGSG im Jahr 2016 nichts geändert, da nicht davon auszugehen ist, dass der Gesetzgeber damit an wenig prominenter Stelle eine *lex specialis* schaffen wollte, die „ganz nebenbei“ grundlegende Fundamente des deutschen Sachenrechts beseitigt.[876] Aufgrund des Schwerpunkts dieser Arbeit sei für diesen Streit – ebenso wie für weitere (Detail-) Fragen des gutgläubigen Erwerbs von Kulturgütern – auf die mannigfaltige weiterführende Literatur verwiesen.[877]

---

872 Thorn, in: Grüneberg, BGB, Art. 43 EGBGB Rn. 11; vgl. bspw. OLG Koblenz, Urt. v. 03.07.2003 – 5 U 28/02, NJW-RR 2003, 1563 (1564).

873 Vgl. Benecke, ZVglRWiss 101 (2002), 362 (366 f.).

874 Vgl. etwa BGH, Urt. v. 05.10.1989 – IX ZR 265/88, NJW 1990, 899 (900).

875 Raue/Stang, Süddeutsche Zeitung vom 22.06.2023, 9.

876 Cube, NJW 2017, 787 (791); Elmenhorst/Strobl, KUR 2017, 158 (159); Schack, KUR 2018, 112 (114 f.); a. A. Jauß, NJOZ 2018, 561 (562), der § 40 Abs. 2 KGSG die Sperrwirkung im Übrigen aber auch nicht rückwirkend, sondern lediglich für Veräußerungen ab 2016 zuspricht, und Jayme, KUR 2022, 54 (57). Sich jedenfalls auch gegen eine Rückwirkung aussprechend, die grundsätzliche Frage nach der Sperrwirkung aber offenlassend BGH, Urt. v. 19.09.2019 – V ZR 255/17, NJW 2019, 3147 (3151).

877 Bspw. Rudolph, Restitution, S. 189–265 m. w. N. oder Schwarzmeier, NS-verfolgungsbedingter Entzug von Kunstwerken, S. 300–341 m. w. N.

d) Ersitzung

Eine Ersitzung kommt durch die Kunst und Antiquitäten GmbH (oder Dritte auf dem Gebiet der DDR) gem. § 32 Abs. 2 S. 1 ZGB (aa)), v. a. aber durch Dritte auf dem Gebiet der BRD gem. § 937 Abs. 1 BGB (bb)) in Betracht.

aa) Ersitzung durch die Kunst und Antiquitäten GmbH (oder Dritte auf dem Gebiet der DDR) gem. § 32 Abs. 2 S. 1 ZGB

Eine Ersitzung beweglicher Sachen war in der DDR nach § 32 Abs. 2 S. 1 ZGB für anderes Eigentum als sozialistisches Eigentum (was auf die Kulturgüter wie dargestellt nicht zutraf[878]) möglich, wenn zehn Jahre Eigenbesitz bei fehlender positiver Kenntnis („ohne zu wissen") fremden Eigentums bestand. Bzgl. der Kunst und Antiquitäten GmbH ist problematisch, dass diese nach DDR-Recht ja in der Tat Eigentümerin der Kulturgüter geworden ist, nur eben nach BRD-Recht wegen des *ordre public* nicht, was für die Kunst und Antiquitäten GmbH vermutlich aber beides ohnehin einerlei war, solange sie die faktische alleinige „Verfügungs"macht über die Kulturgüter hatte. Eine sachgerechte Anwendung des Ersitzungstatbestandes nach § 32 Abs. 2 S. 1 ZGB ist vor diesem Hintergrund zugunsten der Kunst und Antiquitäten GmbH aber schlichtweg nicht logisch möglich, ohne dass dabei massive Wertungswidersprüche zum vorher festgestellten Verstoß gegen den *ordre public* entstehen. Deshalb ist davon auszugehen, dass dieser Verstoß auch auf die Möglichkeit der Ersitzung zugunsten der Kunst und Antiquitäten GmbH ausstrahlt und diese daher verhindert.

Eine Ersitzung nach § 32 Abs. 2 S. 1 ZGB zugunsten privater Dritter auf dem Gebiet der DDR (falls die Kunst und Antiquitäten GmbH die Kulturgüter ausnahmsweise entgegen der ursprünglichen Absicht innerhalb der DDR an Private veräußert haben sollte, was selten der Fall gewesen sein dürfte) käme durchaus in Betracht, wenn diese im Lichte des *ordre public* nicht positive Kenntnis von den wesentlichen Umständen der Provenienz des Kulturgutes im Zusammenhang mit den Steuerverfahren hatten. Eine Ersitzung zugunsten öffentlicher Einrichtungen (insb. Museen in der DDR) begegnet dagegen im Lichte des *ordre public* prinzipiellen Zweifeln, da diese öffentliche Einrichtungen Teil des sozialistischen Einheitsstaates waren und sich somit zumindest die Kenntnis der Kunst und Antiquitäten GmbH über den Ablauf der Steuerverfahren zurechnen lassen müssten.

bb) Ersitzung Dritter auf dem Gebiet der BRD gem. § 937 Abs. 1 BGB

Ein dauerhaftes Auseinanderfallen von Eigentum und Besitz an abhandengekommenen Sachen (*nudum ius*) zu verhindern, ist das Anliegen der Vorschriften über

878 Dazu bereits ausführlich unter § 3.III.2.b)cc), S. 111 ff.

die Ersitzung in den §§ 937 ff. BGB[879], die somit das Spannungsverhältnis von § 935 BGB zur Verjährung gem. §§ 194 ff. BGB zu überbrücken versuchen.[880] Dementsprechend könnten die privaten Kunsthändler und -sammler aus der DDR (bzw. deren Rechtsnachfolger) ihr Eigentum an den Kulturgütern auch dadurch verloren haben, dass Dritte auf dem Gebiet der BRD an diesen im Wege der Ersitzung originär Eigentum erworben haben gem. § 937 Abs. 1 BGB. Relevante Aspekte betreffen insoweit das Verhältnis der Ersitzung zum VermG ((1)), die Tatbestandsvoraussetzungen des Eigenbesitzes und der Gutgläubigkeit ((2)) sowie den Lauf der Zehnjahresfrist mit Blick auf etwaige Hemmungstatbestände ((3)). Außerdem muss kurz die Frage der Rechtsnachfolge erörtert werden, bevor die Rechtswirkungen der Ersitzung in den vorliegenden Fällen im Gesamtbild betrachtet werden können ((4)).

(1) Ersitzung im Anwendungsbereich des VermG

Es wird vereinzelt vertreten, dass die Ersitzung im Anwendungsbereich des VermG zum Schutze der danach Berechtigten ausgeschlossen wäre.[881] Dem ist bereits im Grundsatz nicht zu folgen, da der Rückübertragungsanspruch des VermG ja gerade vollkommen unabhängig vom Eigentum Dritter bestehen kann[882] und deshalb auch nicht ersichtlich ist, inwiefern i. S. d. VermG dem Schutz der Berechtigten damit gedient wäre, eine Ersitzung zu verhindern. Erst recht gilt dies aber im Rahmen

879 Zu den mannigfaltigen (Detail-) Fragen der Ersitzung, auf die aufgrund des Schwerpunkts dieser Arbeit hier wiederum nicht genauer eingegangen werden kann, bspw. Rudolph, Restitution, S. 265–279 m. w. N. oder Schwarzmeier, NS-verfolgungsbedingter Entzug von Kunstwerken, S. 341–348 m. w. N.

880 Die Funktion der heutigen Ersitzung kann nur im Zusammenspiel mit gutgläubigem Erwerb und Verjährung vollends verständlich werden, wobei insoweit ein Blick auf die Genese der Rechtsinstitute und insb. die Unterschiede zu römisch-romanischen bzw. gemeinrechtlichen Auffassungen (die keinen gutgläubigen Erwerb kannten und traditionell weniger bis überhaupt nicht zwischen einerseits Ersitzung und Verjährung sowie andererseits prozessualem und materiellem Recht unterschieden) erhellend ist. Mit Fokus auf die Ersitzung Bergmann, Verfall des Eigentums, S. 18–21 und noch tiefgehender sowie mit Bezügen zum dbzgl. Konzept des ZGB Hattenhauer, Prescription and Limitation, S. 507 (535–539, 542–545, 615–619). Ein vollendetes Bild muss zudem die Wechselwirkungen zum Bereicherungsrecht berücksichtigen, dazu eingehend Strobel, ZfPW 2020, 220.

881 Hamdorf, in: MüKo (Bd. 8), BGB, § 937 BGB Rn. 24; VG Halle, Urt. v. 31.08.2000 – 3 A 1456/97, juris Rn. 31 – offenlassend BVerwG, Urt. v. 24.04.2002 – 8 C 9/01, NJW 2003, 689 (691). Ebenso wird ähnlich wie beim gutgläubigen Erwerb von Kulturgütern infolge von § 40 Abs. 1 KGSG inzwischen vertreten, dass auch eine Ersitzung bei Kulturgütern allgemein nicht möglich sei. Dies ist mit Herrler, in: Grüneberg, BGB, § 937 BGB Rn. 1 und der h. M. aus denselben Gründen wie zuvor unter § 4.III.2.c)cc), S. 249 ff., angebracht abzulehnen, vgl. auch die dort zitierten Fundstellen.

882 Dazu bereits ausführlich unter § 4.II.1.a)aa), S. 148.

der vorliegenden Prüfung, bei der aufgrund der speziellen Umstände zugunsten der (ursprünglichen) Eigentümer der Kulturgüter ausnahmsweise die Anwendung eines zivilrechtlichen Nichtanwendungs- bzw. Nichtanerkennungstatbestand neben dem VermG zugelassen wird.[883] Nachdem das VermG insoweit also zugunsten der (ursprünglichen) Eigentümer ausnahmsweise nicht das allgemeine Zivilrecht sperrt, muss dies aber auch zu deren Lasten angewandt werden können, da das zivilrechtliche Gesamtsystem einen in sich ausgewogenen Interessenausgleich bereitstellt, der durch „Rosinenpickerei" aus dem Gleichgewicht geraten würde.

(2) Eigenbesitz und Gutgläubigkeit

Der originäre Eigentumserwerb im Wege der Ersitzung setzt nach § 937 Abs. 1 BGB voraus, dass der Ersitzende die bewegliche Sache in Form des Kulturgutes mindestens zehn Jahre in Eigenbesitz i. S. d. § 872 BGB hatte. Dies wird bei Dritten auf dem Gebiet der BRD rglm. der Fall sein. Ausnahmen können allerdings insb. bzgl. Kultureinrichtungen bestehen, bei denen es auf den Organbesitz ankommt. Dieser kann durchaus häufig nicht auf Eigen-, sondern auf Fremdbesitz ausgerichtet sein, da sich die Organe von Kultureinrichtungen ja zumindest z. T. vollkommen bewusst sind, dass bestimmte Kulturgüter ihnen nicht gehören, und aufgrund dieses Bewusstseins – und nur darauf kommt es für die Frage des Eigen- oder Fremdbesitzes nun entscheidend an – die Kulturgüter auch *nicht als der Kultureinrichtung gehörend besitzen wollen*.[884] Den ununterbrochenen Eigenbesitz muss derjenige darlegen und beweisen, der die Ersitzung zu seinen Gunsten in Anspruch nimmt, wobei ihm dabei die Vermutung des § 938 BGB zur Seite springt.

Die Ersitzung ist gem. § 937 Abs. 2 BGB ausgeschlossen, wenn der Erwerber bei dem Erwerb des Eigenbesitzes (erster relevanter Zeitpunkt) nicht in gutem Glauben i. S. d. § 932 Abs. 2 BGB war (sodass neben positiver Kenntnis auch grobe Fahrlässigkeit schädlich ist) oder wenn er später (zweiter relevanter Zeitpunkt) erfährt (nunmehr ist lediglich positive Kenntnis schädlich), dass ihm das Eigentum nicht zusteht. Nun muss umgekehrt derjenige, der die Ersitzung bestreitet, – vorliegend also die (ursprünglichen) Eigentümer der Kulturgüter (bzw. deren Rechtsnachfolger) – darlegen und beweisen, dass der Ersitzende bösgläubig war. Da sich dies in der Rechtspraxis aber als äußerst schwierig erweisen kann, kommt dem Ersitzenden bei Darlegung ausreichender Anhaltspunkte durch den das Eigentum Bestreitenden ggf. eine sekundäre Beweislast zu.[885] Im Bereich der Kulturgüter ist dabei – ähnlich wie beim gutgläubigen Erwerb im Rahmen von § 932 Abs. 2 BGB – umstritten, in

883 Dazu bereits ausführlich unter § 4.III.1.a)cc), S. 204 ff.

884 Vgl. Thielecke, Fremdbesitz in Museen, S. 39 f.

885 Zur Beweislast Schellerer, Gutgläubiger Erwerb und Ersitzung, S. 161, und BGH, Urt. v. 19.07.2019 – V ZR 255/17, NJW 2019, 3147 (3152). Dazu die Anmerkungen Dreesen, KUR 2019, 143.

welchem Maß Nachforschungsobliegenheiten bei Besitzerwerb bestehen.[886] Richtigerweise ist dabei aber kein allgemeiner Sondermaßstab für Kulturgüter anzulegen, da dies verkennen würde, dass es sich nicht bei jedem (*de facto* eher bei den allerwenigsten) Kulturgütern um solche von herausragendem künstlerischem bzw. finanziellem Wert handelt. In solchen Fällen, in denen die Erwerber zudem auch selten spezielle Expertise aufweisen dürften, ist nicht ersichtlich, was durchgreifend für eine allgemein gesteigerte Nachforschungsobliegenheit im Vergleich zu bspw. dem Besitzerwerb an einem Fahrrad sprechen sollte.

Dementsprechend muss nach den konkreten Umständen des Einzelfalls differenziert werden. Die maßgeblichen Faktoren dürften dabei der Kaufpreis (da dieser i. d. R. einen bestimmten künstlerischen bzw. finanziellen Wert nahelegt, wenn er auch nicht exakt zutreffen mag), die Expertise des Käufers, bestimmte äußere Anzeichen des Kulturgutes (bspw. offensichtliche Stempel in Bezug auf das „Ministerium für Staatssicherheit") sowie – und dies ist in der Tat abhängig vom jeweiligen Zeitpunkt des Besitzerwerbs[887] – der Umstand, dass der bestimmte Verlustgrund medial präsent und daher Teil des öffentlichen Bewusstseins ist, sein. Bei Kulturgutverlusten im Zusammenhang zur SBZ und DDR dürfte letzteres jedenfalls bisher bedauernswerter Weise kaum der Fall sein, weshalb Laien in Bezug auf den Erwerb von Kulturgütern keine besonderen Nachforschungen in Bezug auf solche kritischen Provenienzen angestellt haben müssen. Anders kann dies aber allgemein in Bezug auf Kultureinrichtungen oder bspw. dann sein, wenn sich aufgrund des sehr hohen Kaufpreises des Kulturgutes ohnehin die Einholung einer Expertise allgemein in Bezug auf kritische Provenienzen des Kulturgutes aufdrängen würde und dies dennoch vollkommen unterlassen wurde.[888]

886 Gegen eine allgemein gesteigerte Nachforschungsobliegenheit bei Kulturgütern eher BGH, Urt. v. 19.07.2019 – V ZR 255/17, NJW 2019, 3147 (3152), zustimmend Krause, NJW 2019, 3147 (3154), und Schellerer, Gutgläubiger Erwerb und Ersitzung, S. 93–100, 154, 177 f. Tendenziell strenger dagegen Anton, JR 2010, 415 (421–423); Finkenauer/Thiessen, Kunstraub für den Sozialismus, S. 93 f.; Kreutz, JR 2018, 263 (265 f.). Differenzierend Bergmann, Verfall des Eigentums, S. 22–24; Rudolph, Restitution, S. 195–229; Schwarzmeier, NS-verfolgungsbedingter Entzug von Kunstwerken, S. 313–327.

887 Finkenauer/Thiessen, Kunstraub für den Sozialismus, S. 95, weisen zu Recht darauf hin, dass es für den Maßstab der Gutgläubigkeit immer nur auf die im Verkehr übliche Sorgfalt zum konkreten Erwerbszeitpunkt ankommen kann. Keinesfalls darf eine nachträgliche Maßstabsverschiebung vorgenommen („zurückprojiziert") werden, weil sich die öffentliche Sensibilität für eine bestimmte kritische Provenienz nun *ex post* verändert hat.

888 Zu alledem auch Schellerer, Gutgläubiger Erwerb und Ersitzung, S. 74–93, 154, 178–180, die sich vertieft mit einer Reihe konkreter Umstände, welche zu einer gesteigerten Sorgfaltspflicht beim Erwerb von Kulturgütern führen können, auseinandersetzt.

(3) Zehnjahresfrist und Hemmung

Eine Hemmung der nach §§ 187 ff. BGB zu berechnenden Zehnjahresfrist könnte bei Kulturgütern mit kritischen Provenienzen insb.[889] nach § 939 Abs. 2 BGB i. V. m. § 206 BGB[890] vorliegen, weil die Eigentümer innerhalb der letzten sechs Monate der Zehnjahresfrist wegen höherer Gewalt an der Rechtsverfolgung gehindert waren. Bejaht wird dies *in Bezug auf die Verjährung des Herausgabeanspruchs* in der Tat bei Kulturgütern, die sich im Machtbereich eines fremden Staates befinden, in welchem aufgrund der konkreten staatlichen Verhältnisse eine entsprechende Rechtsverfolgung im praktischen Ergebnis schlichtweg aussichtslos wäre.[891] Dies wird jedenfalls dann der Fall sein, wenn sich das Kulturgut im Machtbereich eines Staates befindet, innerhalb dessen wegen diktatorischer Verhältnisse keine freie und unabhängige Justiz besteht, die diesen Namen verdient, und das konkrete Herausgabeverlangen auch nicht in Übereinstimmung, sondern i. d. R. diametral zu den dort herrschenden staatspolitischen Zielen steht. Ähnlich wie erfolgsversprechende Herausgabeklagen in Bezug auf NS-Raubkunst auf dem Gebiet des Deutschen Reiches zur Zeit der NS-Diktatur vollkommen unvorstellbar waren, hatten selbstverständlich auch die betroffenen Kunsthändler und -sammler in der DDR keinerlei reelle Chance, eine Herausgabeklage anzustrengen.

An dieser Stelle muss aber berücksichtigt werden, dass diese Überlegungen nicht ohne Weiteres eins zu eins *auf die Zehnjahresfrist der Ersitzung* in den hier betrachteten Fällen übertragen werden können. Insoweit zwingt nämlich die genauere Betrachtung der Unterschiede zu einem Perspektivwechsel: Anders als bei der oben beschriebenen Situation in Bezug auf die *Verjährung des Vindikationsanspruchs* wird vorliegend ja gerade die Ersitzung eines Kulturgutes *im Machtbereich der demokratischen BRD* geprüft (die Ersitzung eines Kulturgutes im Machtbereich eines fremden Staates wie der DDR wäre im Übrigen wegen der kollisionsrechtlichen Situsregel im Ausgangspunkt nach dessen Vorschriften zur Ersitzung zu prüfen, was bereits zuvor geschehen ist,[892] und nicht nach den §§ 937 ff. BGB).

---

889 Weitere relevante Hemmungstatbestände können im Einzelfall insb. die Hemmungen wegen Verhandlung bzw. Rechtsverfolgung sein gem. § 939 Abs. 1 BGB i. V. m. §§ 203, 204 BGB.

890 Alle Verjährungsvorschriften nach dem BGB werden hier und im Folgenden ausschließlich in der Fassung des BGB nach der Schuldrechtsmodernisierung zum 01.01.2002 zitiert, auch wenn insb. bzgl. Beginn und Hemmung der Verjährung eigentlich nach Art. 229 § 6 Abs. 1 EGBGB die entsprechenden Normen der alten Fassung zitiert werden müssten, soweit es sich um Sachverhalte vor dem 01.01.2002 handelt. Da sich die hier interessierenden Vorschriften inhaltlich aber nicht geändert haben, wird zur besseren Nachvollziehbarkeit davon abgesehen. Ebenso in § 4.III.3., S. 260 ff.

891 Vgl. Plambeck, Verjährung der Vindikation, S. 98–100; Schoen, NJW 2001, 537 (543); Schellerer, Gutgläubiger Erwerb und Ersitzung, S. 163; Schwarzmeier, NS-verfolgungsbedingter Entzug von Kunstwerken, S. 347.

892 § 4.III.2.d)aa), S. 256.

In den vorliegenden Fällen ist das Problem also nicht, dass sich *das Kulturgut* in einer diktatorischen und deshalb unerreichbaren Sphäre befindet, sondern dass sich *der Eigentümer* des Kulturgutes – die betroffenen privaten Kunsthändler- und Sammler in der DDR – in einer diktatorischen Sphäre befanden, aus der heraus ihre Kulturgüter in der BRD unerreichbar waren, weil sie nicht frei ausreisen und in der BRD Herausgabeklage erheben konnten (vorausgesetzt sie hätten überhaupt gewusst, wo sich ihr Kulturgut in der BRD befand). Nichtsdestotrotz muss diese Situation nach § 939 Abs. 2 BGB i. V. m. § 206 BGB entsprechend behandelt werden, denn es kann für die Ratio des § 206 BGB keine Rolle spielen, ob die höhere Gewalt (also die diktatorischen Verhältnisse), die zur Hinderung an der Rechtsverfolgung führt, Anspruchsinhaber (die betroffenen Kunsthändler- und sammler) oder Anspruchsgegenstand (die Kulturgüter) betrifft.

Deshalb lag der Hemmungstatbestand des § 939 Abs. 2 BGB i. V. m. § 206 BGB vor, *solange sich der ursprüngliche Eigentümer auf dem Gebiet der DDR befand.*[893] Mit der mit Ablauf des 02.10.1990 erfolgten Wiedervereinigung wurden die diktatorischen Verhältnisse in der DDR aber (spätestens) beseitigt und es kann von keiner Hemmung infolge höherer Gewalt mehr ausgegangen werde. Im Gegensatz zu den geschilderten Umständen ist es nämlich mit der h. M. abzulehnen, dass „höhere Gewalt" allein durch die Unkenntnis von der Existenz oder dem Aufenthaltsort eines Kulturgutes begründet werden kann, selbst wenn der Weg des Kulturgutes für den ursprünglichen Eigentümer aufgrund einer komplizierten kritischen Provenienz nur schwer nachzuverfolgen ist.[894] „Höhere Gewalt" stellt ein äußerliches Ereignis dar, welches sich jeder Beherrschung durch den Betroffenen entzieht, wie bspw. Krieg, Pandemie, Naturkatastrophe oder Gewaltherrschaft.[895] Sobald dieses äußerliche Ereignis beendet ist, können auch die Folgen desselben keine höhere

---

893 Anders als bei der Verjährungsfrist des Vindikationsanspruchs, dazu ausführlich unter § 4.III.3, S. 260 ff., kommt es vorliegend für den Lauf der Ersitzungsfrist und deren Hemmung nicht wegen der internationalprivatrechtlichen Situsregel auf die Vorschriften des ZGB zur Ersitzung bzw. Hemmung an, da der vorliegend geprüfte Ersitzungstatbestand ja erst mit gutgläubigem Dritterwerb auf Bundesgebiet beginnt und sich die Belegenheit des Kulturgutes daher allein im Inland befindet (anders als die Vindikationslage, die bereits mit Besitzentzug in der DDR entstand). Der allein für die Hemmung relevante Umstand, dass sich der Eigentümer im Ausland (der DDR) befand, kann dagegen kein anderes Ersitzungsstatut und wohl auch kein anderes Hemmungsstatut begründen, da die Hemmung in diesem Kontext nicht isoliert vom Ersitzungsstatut betrachtet werden kann. Selbst wenn man dies anders sehen wollte, würde dies im praktischen Ergebnis nichts ändern, da die Ersitzung nach § 32 Abs. 2 S. 1 ZGB keinen Hemmungstatbestand kannte, sodass eine Substitution durch § 206 BGB vorgenommen werden würde. Dazu ebenfalls ausführlich unter § 4.III.3, S. 260 ff.

894 So auch Jerger/Reichenberg, GWR 2015, 265 (268); Schellerer, Gutgläubiger Erwerb und Ersitzung, S. 164.

895 Vgl. Ellenberger, in: Grüneberg, BGB, § 206 BGB Rn. 4.

Gewalt mehr darstellen, da sich diese nicht jeder Beherrschung von vornherein entziehen – auch wenn sie im Einzelfall dennoch schwierig bis unbeherrschbar bleiben, was im konkreten Fall sodann aber gerade nur noch unmittelbar auf inneren Zuständen (Unkenntnis) und nicht mehr (bzw. nur noch mittelbar) auf äußeren Ereignissen beruht. Dies zeigt sich auch daran, dass der Gesetzgeber die Kenntnis über anspruchsbegründende Umstände (nur!) zum Gegenstand des Beginns der Regelverjährungsfrist gem. § 199 Abs. 1 Nr. 2 BGB gemacht hat. Daraus lässt sich im Umkehrschluss folgern, dass bloße Unkenntnis oder Nichterreichbarkeit im Übrigen keine Auswirkung auf die Verjährungs- bzw. hier die Ersitzungsfrist haben soll.[896]

Zu erinnern ist zusätzlich daran, dass der Hemmungstatbestand des § 206 BGB nur für die Zeit *innerhalb der letzten sechs Monate* der Zehnjahresfrist greift. Dies führt in den in dieser Arbeit betrachteten Fällen dazu, dass selbst (und nur dann), wenn die ursprünglichen Eigentümer bis zum Ablauf des 02.10.1990 auf DDR-Staatsgebiet verblieben, der Hemmungstatbestand des § 939 Abs. 2 BGB i. V. m. § 206 BGB nur für solche Kulturgüter relevant wurde, bei welchen der Ersitzungstatbestand in der BRD (also der erste gutgläubige Dritterwerb in der BRD) bis zum 02.04.1981 begonnen wurde. Denn bei allen anderen, später begonnenen Ersitzungstatbeständen kann rechnerisch noch nicht einmal ein Tag der letzten sechs Monate der Zehnjahresfrist auf den Bestand der DDR entfallen, da neuneinhalb Jahre später bereits die Wiedervereinigung vollzogen war.

Umgekehrt wirkt sich die Hemmung nach § 939 Abs. 2 BGB i. V. m. § 206 BGB nur dann maximal – also mit den vollen sechs Monaten – aus, wenn der Ersitzungstatbestand vor dem 03.10.1980 begonnen wurde, denn dann liegen (wenn die Ersitzung nicht z. B. durch einen bösgläubigen Rechtsnachfolger unterbrochen wurde) stets noch die vollen sechs Monate innerhalb der Zeit des Bestehens der DDR, während welcher der sich in der DDR befindliche Eigentümer wegen höherer Gewalt an der Rechtsverfolgung gehindert war. Die Ersitzung trat dann aber auch in diesen Fällen (wenn sie nach wie vor nicht anderweitig gehemmt oder gänzlich unterbrochen wurde) mit Ablauf des 02.04.1991, also sechs Monate nach der Wiedervereinigung, ein.

Diese Berechnungen zeigen insgesamt, dass der Hemmungstatbestand nach § 939 Abs. 2 BGB i. V. m. § 206 BGB insb. aus heutiger Sicht, deutlich über dreißig Jahre nach der Wiedervereinigung, in der Rechtspraxis nur noch als marginale Randnotiz betrachtet werden kann.

896 Ellenberger, in: Grüneberg, BGB, § 206 BGB Rn. 6.

(4) Rechtsnachfolge und Gesamtbetrachtung

Schließlich kann die Ersitzungsfrist auch bei (ggf. mehrfacher[897]) Sonder- und Gesamtrechtsnachfolge[898] weiterlaufen gem. § 943 BGB, wenn sowohl Rechtsvorgänger als auch Rechtsnachfolger die übrigen Voraussetzungen des § 937 BGB erfüllen.[899]

Nach alledem wird in der Rechtspraxis nach über dreißig Jahren (nachdem die Steuerverfahren spätestens eingestellt wurden) in vielen Fällen ein originärer Eigentumserwerb Dritter auf dem Gebiet der BRD an den Kulturgütern der privaten Kunsthändler und -sammler aus der DDR in Form von Ersitzung gem. § 937 BGB, und infolgedessen deren Eigentumsverlust an den Kulturgütern, stattgefunden haben. Wie dargestellt, stellen die Voraussetzungen des Eigenbesitzes und der Gutgläubigkeit (mangels spezieller Nachforschungsobliegenheiten – mit Ausnahme bei Kultureinrichtungen) sowie der schwache Hemmungstatbestand dafür keine besonders hohen Hürden dar. Ausnahmen mögen in Fällen gelten, in denen sich die Kulturgüter in einer Kultureinrichtung befinden und nicht bereits zuvor eine Ersitzung stattgefunden hat.

e) Zwischenergebnis: Eigentumsverlust der ursprünglichen Eigentümer infolge des originären Eigentumserwerb Dritter im Wege der Ersitzung als Regelfall

Nach alledem bleibt bzgl. der heutigen Eigentumslage an den Kulturgütern zu Beginn zu resümieren, dass der nach DDR-Recht erfolgte Eigentumsübergang auf die Kunst und Antiquitäten GmbH wegen der hier – im „interlokaltemporalen" Privat- bzw. Enteignungsrecht – geltenden *lex rei sitae* zwar zunächst nachzuvollziehen, sodann aus bundesdeutscher Perspektive aber wegen eindeutigen Verstoßes gegen den *ordre public* nicht anzuwenden bzw. anzuerkennen ist. Im Anschluss daran kommt auch ein derivativer, gutgläubiger Eigentumserwerb Dritter und ein damit verbundener Eigentumsverlust bei den ursprünglichen Eigentümern praktisch kaum in Betracht. Ausgeschlossen ist er jedenfalls in Bezug auf die Kunst und Antiquitäten GmbH aus gleich mehreren Gründen sowie in Bezug auf „westliche Zweiterwerber" wegen des Abhandenkommens der Kulturgüter gem. § 935 BGB. Lediglich theoretisch vorstellbar ist dagegen ein gutgläubiger Erwerb der „westlichen Ersterwerber", d. h. der direkten Abnehmer der Kunst und Antiquitäten GmbH, weil insoweit das GIW galt, welches einen gutgläubigen Erwerb ohne die Sperre des Abhandenkommens kannte. Eher theoretischer Natur bleibt dieser gutgläubige Erwerb aber deshalb, weil diese „westlichen Ersterwerber" dafür darlegen

897 OLG Frankfurt a. M., Urt. v. 19.12.1974 – 18 U 56/73, MDR 1976, 223.

898 Vgl. auch vertiefend FINKENAUER, NJW 1998, 960 (960–962).

899 Vertiefend SCHELLERER, Gutgläubiger Erwerb und Ersitzung, S. 167–171.

und beweisen müssten, dass sie in Bezug auf den Eigentumserwerb gutgläubig waren, was ihnen heute praktisch wohl eher nicht mehr gelingen wird.

Dies alles ändert i. E. aber nichts daran, dass zu vermuten ist, dass es zumindest in sehr vielen Fällen – man kann also insofern vom „Regelfall" sprechen – zu einem Eigentumsverlust der ursprünglichen Eigentümer infolge des originären Eigentumserwerbs Dritter im Wege der Ersitzung auf dem Bundesgebiet gem. § 937 Abs. 1 BGB kam. Scheitern könnte dieser lediglich an der Bösgläubigkeit der Eigenbesitzer gem. § 937 Abs. 2 BGB, welche – in den meisten Fällen – mangels Nachforschungsobliegenheiten selten vorliegen und zudem durch die ursprünglichen Eigentümer erstmal dargelegt und ggf. bewiesen werden müsste. Etwas anderes mag allerdings zumindest z. T. für solche Kulturgüter gelten, die sich in Kultureinrichtungen befinden und noch nicht zuvor ersessen wurden.

3. Durchsetzbarkeit: Verjährung gem. §§ 194 Abs. 1, 214 Abs. 1 BGB in den übrigen Fällen

Sollte in Einzelfällen eine Ersitzung der Kulturgüter durch Dritte insb. wegen deren Bösgläubigkeit nicht stattgefunden haben, wären die ursprünglichen Eigentümer der Kulturgüter auch heute noch deren Eigentümer und dementsprechend insoweit Inhaber des Herausgabeanspruchs aus § 985 BGB. Allerdings könnte die Durchsetzung dieses Anspruchs an dessen Verjährung gem. §§ 194 ff. BGB scheitern.[900]

Für den Vindikationsanspruch besteht gem. § 197 Abs. 1 Nr. 2 Var. 1 BGB eine Verjährungsfrist von 30 Jahren. Daran ändert sich auch unter dem Aspekt, dass sich die Kulturgüter in den vorliegenden Fällen zeitweise noch in der DDR befanden, nichts. Denn selbst nach der „lokalintertemporalen" Übergangsvorschrift des Art. 231 § 6 S. 1 EGBGB finden die Vorschriften des BGB über die Verjährung auf die am Tag des Wirksamwerdens des Beitritts (d. h. dem 03.10.1990) bestehenden und noch nicht verjährten Ansprüche Anwendung. Lediglich der Beginn, die Hemmung und die „Unterbrechung"[901] der Verjährung richten sich gem. Art. 231 § 6 S. 2 EGBGB für den Zeitraum bis zum 03.10.1990 nach DDR-Recht. Art. 231 § 6 EGBGB gilt unmittelbar zwar eigentlich nur für Ansprüche nach (über die Wiedervereinigung hinaus fortgeltendem) DDR-Recht und nicht

900 Zur Verjährung des Vindikationsanspruchs bei NS-Raubkunst statt vieler Rudolph, Restitution, S. 279–293 und Schwarzmeier, NS-verfolgungsbedingter Entzug von Kunstwerken, S. 350–359. Auch im Folgenden werden zur besseren Nachvollziehbarkeit wiederum nur die seit der Schuldrechtsmodernisierung zum 01.01.2002 geltenden Fassungen der Verjährungsvorschriften zitiert, auch wenn dies wegen der intertemporalen Vorschrift des Art. 229 § 6 Abs. 1 EGBGB eigentlich nicht ganz korrekt ist, aber auch nicht zu inhaltlichen Änderungen führt. Dazu bereits unter § 4.III.2.d)bb)(3), S. 257 Fn. 893.

901 Seit der Schuldrechtsmodernisierung zum 01.01.2002: „Neubeginn".

für bundesdeutsche Ansprüche wie den § 985 BGB,[902] muss nach seinem Rechtsgedanken aber erst recht für bundesdeutsche Ansprüche mit interlokalem Bezug zur DDR gelten.[903] Jedenfalls würde sich dieses Ergebnis auch bei Anwendung der internationalprivatrechtlichen Situsregel ergeben, nach der grds. die Verjährungsvorschriften des Landes anwendbar sind, in welchem sich die herauszugebende Sache im jeweiligen Zeitraum befindet.[904]

Der Beginn der Vindikationsverjährung[905] tritt damit anders als nach § 200 S. 1 BGB aber nicht sofort mit Entstehung des Vindikationsanspruchs ein, sondern gem. § 475 Nr. 2 S. 1 ZGB („Ansprüche außerhalb von Verträgen") erst mit dem Zeitpunkt, in welchem der Berechtigte vom Entstehen des Anspruchs und von der Person des Verpflichteten Kenntnis erlangt hat (konstruktiv also wie beim Beginn der Regelverjährungsfrist nach § 199 Abs. 1 Nr. 2 BGB). Solange sich die privaten Kunsthändler und -sammler als Berechtigte aber noch nicht in der BRD befanden, kann kaum davon ausgegangen werden, dass sie von einem Herausgabeanspruch nach § 985 BGB, der sich erst unter Zugrundelegung internationalprivatrechtlicher Grundsätze der BRD ergibt, Kenntnis hatten (selbst bei einer Parallelwertung in der Laiensphäre nicht, da über einen Anspruch nach bundesdeutschem Recht sicher schlichtweg überhaupt nicht nachgedacht wurde). Spätestens in dem Zeitpunkt, als die Kulturgüter aber die Grenze zur BRD überquerten (oder die BRD *qua* Wiedervereinigung „zu ihnen kam"), trat ein Statutenwechsel auch bzgl. des Verjährungsregimes ein, sodass sich der Verjährungsbeginn nunmehr nach bundesdeutschem Recht richtete. Da dieser aber gem. § 200 S. 1 BGB gerade nicht von subjektiven Elementen abhängt, sondern sofort eintritt, begann die Vindikationsverjährung bzgl. der Kulturgüter der

---

902 Vgl. Ellenberger, in: Grüneberg, BGB, Art. 231 § 6 EGBGB Rn. 3.

903 Vgl. Plambeck, Verjährung der Vindikation, S. 21.

904 Vgl. Plambeck, Verjährung der Vindikation, S. 98 Fn. 70; Thorn, in: Grüneberg, BGB, Art. 43 EGBGB Rn. 11. Deshalb kommt es auf die zehnjährige Verjährungsfrist des § 474 Abs. 1 Nr. 5 ZGB-DDR, auf welche auch Finkenauer/Thiessen, Kunstraub für den Sozialismus, S. 100, hinweisen, zumindest für die in dieser Arbeit interessierenden Kulturgutverluste nicht wesentlich an, da die entsprechenden Kulturgüter i. d. R. innerhalb von zehn Jahren nach Besitzverlust der ursprünglichen Eigentümer die Grenze der DDR gen West verlassen haben dürften und es somit zu einem Statutenwechsel mit entsprechend angepasster Verjährungsdauer kam.

905 Zu beachten ist, dass es innerhalb dieses Kapitels nur um Vindikationsansprüche geht, die mittels Anwendung des *ordre public* begründet werden. Vindikationsansprüche, welche auf ein erfolgreich durchgeführtes Verfahren nach VermG bzw. Art. 19 S. 2 EinigungsV und eine dementsprechende Wiederherstellung der Eigentumslage per privatrechtsgestaltendem Verwaltungsakt gründen, weisen natürlich einen ganz anderen Verjährungslauf auf, da sie erst mit Bestandskraft des Verwaltungsakts entstanden. Da dies erst ab Anfang der 1990er-Jahre der Fall war, dürften die meisten dieser Vindikationsansprüche heute noch nicht verjährt sein gem. §§ 197 Abs. 1 Nr. 2 Var. 1, 200 S. 1 BGB.

privaten Kunsthändler und -sammler immer, sobald sich diese auf dem Gebiet der BRD befanden. Selbst bzgl. der Kulturgüter, die von der Kunst und Antiquitäten GmbH nie gen Westen veräußert worden, war dies somit spätestens am 03.10.1990 der Fall.

Nachdem der Beginn der Verjährungsfristen in den vorliegenden Fällen immer erst mit dem Statutenwechsel zum bundesdeutschen Recht eingetreten sein kann, richtet sich folglich auch die Hemmung und ggf. der Neubeginn der Verjährung allein nach bundesdeutschem Recht. Abgesehen von den Hemmungstatbeständen der Verhandlung und der Rechtsverfolgung gem. §§ 203, 204 BGB[906], die je nach Einzelfall immer relevant werden können, kommt im Besonderen wiederum nur der Hemmungstatbestand der höheren Gewalt gem. § 206 BGB in Betracht. Während die entsprechende Anwendung dieses Hemmungstatbestandes aber bereits im Rahmen der Ersitzung kaum praktisch relevant werden konnte, ist er vorliegend als Verjährungshemmungstatbestand vollkommen funktionslos.[907] Denn wie dargestellt kann sich höhere Gewalt nur daraus ergeben, dass sich das Kulturgut oder der Anspruchsinhaber noch in der DDR und mithin in den Verhältnissen einer Gewaltdiktatur befanden. Diese Verhältnisse endeten aber spätestens zum 03.10.1990. Die darauffolgende Unkenntnis der privaten Kunsthändler und -sammler (oder der Rechtsnachfolger) von der Existenz oder der Belegenheit ihrer Kulturgüter als Folge ihrer kritischen Provenienzgeschichte begründet dagegen keine höhere Gewalt.[908] Am 03.10.1990 waren aber sicherlich noch nicht gem. § 206 BGB die letzten sechs Monate der dreißigjährigen Verjährungsfrist des Vindikationsanspruchs in Bezug auf die Kulturgüter aus den Steuerverfahren angebrochen, da dies nur Kulturgüter betreffen könnte, die spätestens bis zum 02.04.1961 (also deutlich vor Gründung der Kunst und Antiquitäten GmbH) aus der DDR in die BRD exportiert worden wären. Ein Neubeginn der Verjährung gem. § 212 BGB dürfte ebenso nur in den seltensten Fällen in Betracht kommen, da selbst Verhandlungen über eine kritische Provenienzgeschichte kaum als Anerkenntnis gedeutet werden können, sondern ggf. nur als Hemmungstatbestand gem. § 203 BGB.

Wichtig ist zu sehen, dass die Verjährungsfrist auch bei „Rechtsnachfolge" – trotz Entstehung eines neuen Vindikationsanspruchs – gem. § 198 BGB weiterläuft. Rechtsnachfolge in diesem Sinne – eine echte Rechtsnachfolge in den Besitz gibt es

---

906 Die Einleitung eines Verfahrens nach VermG bzw. Art. 19 S. 2 EinigungsV hemmt die Verjährung nicht gem. § 204 Abs. 1 Nr. 12 BGB, da diese behördlichen Entscheidungen nicht die Zulässigkeit einer zivilprozessualen Herausgabeklage, sondern deren Begründetheit determinieren. Ebenso tritt kein Neubeginn gem. § 212 Abs. 1 Nr. 2 BGB ein, da am Ende der genannten Verfahren ein privatrechtsgestaltender Verwaltungsakt steht, der wegen seiner Gestaltungswirkung eben gerade nicht der Vollstreckung bedarf.

907 Vgl. Finkenauer/Thiessen, Kunstraub für den Sozialismus, S. 98.

908 Zu alledem bereits ausführlich unter § 4.III.2.d)bb)(3), S. 256 ff.

nur nach § 857 BGB – meint dabei jeden aus Sicht des Besitzers freiwilligen und bewussten Besitzwechsel auf einen Dritten. Die Verjährungsfrist beginnt also nur neu zu laufen, wenn dem Besitzer des Kulturgutes dieses selbst abhandengekommen ist.[909]

Nach alledem sind alle denkbaren Vindikationsansprüche, die auf der Anwendung des *ordre public*, gründen, spätestens seit dem Ablauf des 02.10.2020 mit der Rechtswirkung der §§ 194 Abs. 1, 214 Abs. 1 BGB abgelaufen, soweit nicht im Einzelfall besondere Umstände eine Hemmung oder einen Neubeginn der Verjährung begründen.

Bei verjährten Vindikationsansprüchen in Bezug auf NS-Raubkunst wird in der Rechtswissenschaft diskutiert, inwiefern die Berufung auf die Verjährungseinrede in rechtsmissbräuchlicher Weise gegen die Grundsätze von Treu und Glauben gem. § 242 BGB verstoßen könnte.[910] Diese Diskussion kann an dieser Stelle nicht weiter vertieft werden, stattdessen wird auf die mannigfaltige Literatur zur Vindikationsverjährung bei NS-Raubkunst überhaupt verwiesen. Zu konstatieren bleibt bis auf Weiteres lediglich, dass die ständige höchstrichterliche Rechtsprechung die Erhebung der Verjährungseinrede auch bei NS-Raubkunst zulässt.[911] Daher ist erst recht davon auszugehen, dass der Einwand des Rechtsmissbrauches bei kritischen Provenienzen im Kontext von SBZ und DDR dem Eigentümer in der Praxis ebenfalls nicht zum Erfolg verhelfen kann. Allerdings stellt es sich für diese Eigentümer immerhin als Lichtblick dar, dass öffentliche Kultureinrichtung aufgrund der Washingtoner Erklärung und der Gemeinsamen Erklärung 1999 heute bei NS-Raubkunst – und in Zukunft ggf. auch vermehrt bei anderen kritischen

---

909 Zu alledem Ellenberger, in: Grüneberg, BGB, § 198 BGB Rn. 1; Jerger/Reichenberg, GWR 2015, 265 (267); Schwarzmeier, NS-verfolgungsbedingter Entzug von Kunstwerken, S. 354 f.

910 Befürwortend bspw. Raue, GRUR 2015, 1 (4 f.); Raue, ZRP 2014, 2 (4).

911 Statt vieler OLG Frankfurt a. M., Urt. v. 08.02.2018 – 1 U 196/16, NJW-RR 2018, 857; vgl. Effer-Uhle, AcP 215 (2015) 245 (258 f.); Hüttemann/Ruwert, Kulturgutentzug und Stiftungsrecht, S. 54 m. w. N.; Jerger/Reichenberg, GWR 2015, 265 (268); Lorenz/Arnold, Vindikationsverjährung, S. 458 f.; Schack, Kunst und Recht, S. 249, 265, 269 m. w. N. Damit wird *de lege lata* in Kauf genommen, dass Eigentum und Besitz bei verjährten Herausgabeansprüchen dauerhaft auseinanderfallen und somit ein *nudum ius* bzw. *dominium sine re* entsteht. Jerger/Reichenberg, GWR 2015, 265 (270) erörtern (i. E. ablehnend) insoweit in Anlehnung an Löhnig, JA 2001, 33 (35) und Löhnig/Schärtl, AcP 204, 25 (42–44), welche sich wiederum auf Flume beziehen, ob dem Besitzer in diesen Fällen ein Anspruch auf Eigentumsübertragung gegen den Eigentümer aus einer Gesamtanalogie zu §§ 886, 1169, 1254 BGB zusteht. Finkenauer/Thiessen, Kunstraub für den Sozialismus, S. 106 f. befürworten eine außerordentliche Ersitzung des Besitzers bei einem verjährten Vindikationsanspruch.

Provenienzen[912] – i. d. R. bewusst nicht die Einrede der Verjährung erheben, wie bspw. auch beim Sachs-Urteil[913] zu sehen war.[914]

4. Zwischenergebnis: Kein (durchsetzbarer) Vindikationsanspruch nach § 985 BGB in Bezug auf die Kulturgüter aus den Steuerverfahren in der DDR

Ein (durchsetzbarer) Vindikationsanspruch in Bezug auf die Kulturgüter aus den Steuerverfahren in der DDR wird zugunsten der privaten Kunsthändler und -sammler in der DDR als ehemaligen Eigentümern kaum jemals bestehen.

Zwar ist der Herausgabeanspruch aus § 985 BGB zu ihren Gunsten anwendbar, weil er ausnahmsweise nicht von der Sperrwirkung der Gesetze im Rahmen der „transitional justice" wie dem VermG erfasst wird. Auch haben die Betroffenen ihr Eigentum an den Kulturgütern aus bundesdeutscher Warte nicht bereits infolge der Vollstreckung der Steuerforderungen in der DDR verloren, da dieser Eigentumsübergang nach DDR-Recht wegen Verstoßes gegen den bundesdeutschen *ordre public* nicht anzuerkennen ist. Ebenso kommt ein sonstiger Eigentumserwerb auf dem Gebiet der DDR weder im Wege des gutgläubigen Erwerbs gem. § 28 S. 1 ZGB noch der Ersitzung gem. § 32 Abs. 2 S. 1 ZGB in Betracht und auch ein gutgläubiger Erwerb der gewerblichen Abnehmer der Kunst und Antiquitäten GmbH gem. § 54 Abs. 2, 3 GIW ist praktisch nahezu ausgeschlossen.

Allerdings werden die ursprünglichen Eigentümer ihr Eigentum rglm. durch gutgläubigen Erwerb Dritter auf Bundesgebiet im Wege der Versteigerung gem. §§ 929 S. 1, 932 Abs. 1 S. 1, Abs. 2, 935 Abs. 2 BGB (ansonsten § 935 Abs. 1 BGB), spätestens aber durch die Ersitzung Dritter auf dem Bundesgebiet gem. § 937 Abs. 1 BGB verloren haben. Sollte selbst dies nicht der Fall sein, dann wäre in den (vermutlich wenigen) übrigen Fällen der Vindikationsanspruch der Eigentümer i. d. R. verjährt.

Obwohl sowohl eine Ersteigerung als auch eine Ersitzung der Kulturgüter durch Kultureinrichtungen aus den genannten Gründen kaum in Betracht kommen dürfte und diese sich möglicherweise auch nicht auf die Verjährungseinrede berufen dürften, besteht aber auch hier i. E. kein durchsetzbarer Herausgabeanspruch. Denn in diesen Fällen greift die Sperrwirkung des VermG gegenüber der Anwendung der allgemein-zivilrechtlichen Vorbehaltsklausel (weil die entsprechenden Kulturgüter die DDR nicht bis zum Ablauf des 02.10.1990 verlassen haben dürften), sodass

912 Insoweit vorsichtig Chall, Wege in die Sammlung, S. 133 Fn 11.

913 Dazu ausführlich unter § 4.III.1.b)bb), S. 211 ff.

914 Vgl. Finkenauer/Thiessen, Kunstraub für den Sozialismus, S. 99; Jerger/Reichenberg, GWR 2015, 265 (269).

die ursprünglichen Eigentümer hier allein auf die Verfahren nach VermG bzw. Art. 19 S. 2 EinigungsV verwiesen ist.

Im rechtstechnischen Ergebnis stehen die von den Steuerverfahren in der DDR Betroffenen in Bezug auf den Vindikationsanspruch damit in einer ähnlich ernüchternden Position wie die Opfer von NS-Raubkunst.

IV. Zwischenergebnis: Keine Restitution der Kulturgüter aus den Steuerverfahren in der DDR nach BRD-Recht *de lege lata*

Das Urteil des BGH im Fall *Schwarz* hat gezeigt, dass es bereits vor der Wiedervereinigung für die von den Steuerverfahren betroffenen privaten Kunsthändler und -sammler schwierig war, ihre Kulturgüter nach BRD-Recht zurückzuerlangen.[915]

Die „transitional justice" der Nachwendejahre eröffnete für die Betroffenen (bzw. deren Rechtsnachfolger) sodann zwar neue Wege zu ihren Kulturgütern, aber auch diese waren über die Maßen steinig ausgestaltet. Praktisch bestand und besteht wenig Möglichkeit, die Kulturgutverluste über einen Rückübertragungsanspruch gem. § 3 Abs. 1 S. 1 VermG bzw. einen Aufhebungsantrag gem. Art. 19 S. 2 EinigungsV rückgängig zu machen. Dennoch bleibt zu konstatieren, dass dieser Weg zumindest z. T. theoretisch auch heute noch offensteht, da die entsprechenden Befristungen für diese Fälle nicht greifen dürften. Insb. wegen des redlichen Erwerbs Dritter gem. § 4 Abs. 2 VermG dürfte aber auch dies den Betroffenen letztlich nicht zum durchgreifenden Erfolg verhelfen. Etwas anderes mag nur für Fälle gelten, in denen sich die Kulturgüter in öffentlichen Kultureinrichtungen befinden.[916]

Das Zivilrecht vermag an dieser für die (Rechtsnachfolger der) Betroffenen unbefriedigenden Situation kaum etwas zu ändern. Der Eigentumsverlust an den Kulturgütern infolge der Vollstreckung von Steuerforderungen in der DDR ist nach BRD-Recht wegen einer Verletzung des *ordre public* zwar nicht anzuerkennen, dafür wird aber rglm. ein Eigentumsverlust durch gutgläubigen Erwerb gem. §§ 929 S. 1, 932 Abs. 1 S. 1, Abs. 2, 935 Abs. 2 BGB (bei öffentlicher Versteigerung) oder Ersitzung gem. § 937 Abs. 1 BGB zugunsten jeweils Dritter eingetreten sein. Ein Vindikationsanspruch gem. § 985 BGB wird daher im Regelfall nicht bestehen. In den übrigen Fällen wird er fast immer wegen Verjährung nicht durchsetzbar sein gem. §§ 194 Abs. 1, 214 Abs. 1 BGB.[917]

---

915 Zu alledem ausführlich unter § 4.I., S. 127 ff.

916 Zu alledem ausführlich unter § 4.II., S. 141 ff.

917 Zu alledem ausführlich unter § 4.III., S. 195 ff.

Über diese für die individuellen Betroffenen sicherlich frustrierende Rechtslage hinaus existieren auch im Übrigen so gut wie keine gesetzlichen Regelungen, die Kulturgutverluste im Kontext von SBZ und DDR adressieren. Auch im Bereich des „soft law" sowie in der öffentlichen Debatte, bei den Museen und auf dem Kunstmarkt liegt das Augenmerk – zu Recht – auf NS-Raubkunst, sowie jedenfalls derzeit auf Kulturgutverlusten im kolonialen Kontext. Dass der Kontext SBZ und DDR dagegen insb. in Westdeutschland – obwohl sich dort der Großteil der qualitativ hochwertigeren Kulturgüter aus den Steuerverfahren befinden dürfte (bzw. zumindest zeitweise befunden hat)[918] – ein vollkommenes Nischendasein fristet,[919] muss jeden Kulturinteressierten frustrieren und ist überdies mehr als 30 Jahre nach der Wiedervereinigung bezeichnend für den Stand der „inneren Einheit".

918 Lupfer/Rudert, arsprototo 01/2016, 60 (63).

919 Seltene, aber umso erfreulichere Ausnahmen fanden sich zuletzt insbesondere im Freistaat Bayern: Die Landesstelle für die nichtstaatlichen Museen in Bayern führte in Kooperation mit dem DZK jüngst das Forschungsprojekt „Geschäfte mit dem Osten? Pilotprojekt zur Untersuchung kritischer Provenienzen aus der SBZ und der DDR in nichtstaatlichen Museen des Freistaates Bayern" durch, dazu Topp, Museum heute, Heft 60 (Dezember 2021), 57; Topp/Deinert, Museum heute, Heft 58 (Dezember 2020). Darüber hinaus untersucht auch die Stadt Regensburg ihre Museen auf kritischen Provenienzen aus SBZ und DDR, Eckl, Mittelbayerische Zeitung vom 24.03.2023.

§ 5. Ausblick: Reformbedarf und Reformierbarkeit (*de lege ferenda*)

Die bisherigen Ergebnisse dieser Arbeit werfen einen ernüchternden Blick auf Vergangenheit und Gegenwart. Daher rufen sie auch unweigerlich die Frage nach der (besseren?) Zukunft hervor.

In Bezug auf Kulturgutverluste im Kontext von SBZ und DDR werden ein möglicher Reformbedarf oder gar konkrete Gesetzesänderungen bisher kaum diskutiert. Allerdings wurden Reformvorschläge in Bezug auf NS-Raubkunst z. T. (bewusst oder unbewusst) weiter formuliert, als es allein für die Bewältigung dieser kritischen Provenienzen nötig gewesen wäre, weshalb sie sich mitunter auch auf kritische Provenienzen im Kontext von SBZ und DDR beziehen könnten. Es bietet sich bereits deshalb an, bei Reformüberlegungen in Bezug auf die vorliegenden Kulturgutverluste aus den Steuerverfahren Anleihen aus der Reformdiskussion zur NS-Raubkunst zu nehmen.[920] Unbedingt zu berücksichtigen und herauszustellen sind dabei aber selbstverständlich die rechtlichen und historischen Unterschiede, insb. die unterschiedliche Qualität des Unrechtsgehalts der Verlustkontexte betreffend. Dies legt bereits von vornherein differenzierte – auf erster Stufe abstrakt je nach Verlustkontext, auf zweiter Stufe konkret je nach Einzelfall – Lösungen nahe.

Zu betonen ist daher, dass im Folgenden ausschließlich der Reformbedarf und Reformierbarkeit in Bezug auf Kulturgutverluste im Kontext von SBZ und DDR und noch spezifischer in Bezug auf die in dieser Arbeit behandelten Kulturgutverluste aus den Steuerverfahren in der DDR diskutiert werden. Ggf. können daraus zwar wiederum Rückbezüge für andere Verlustkontexte hergestellt werden – wozu ausdrücklich angeregt wird –, allerdings bleibt dies einer umfassenden und vertieften Auseinandersetzung an anderer Stelle vorbehalten. Im Folgenden wird aufgrund des Schwerpunkts dieser Arbeit nur ein *Ausblick* auf eine mögliche Zukunft *de lege ferenda* gegeben werden.

Anknüpfend an die verschiedenen Rechtsquellen (im weitesten Sinne) des Wiedergutmachungsrechts in Bezug auf NS-Raubkunst[921], angefangen beim „Primären Wiedergutmachungsrecht" der Nachkriegszeit über die Wiederbelebung der Debatte insb. seit dem Meilenstein der Washingtoner Erklärung 1998 bis hin zur neuesten Auflage der Handreichung 2019, wird in Bezug auf NS-Raubkunst insb.

---

920 Anleihen zu Reformideen aus dem Bereich kolonialer Verlustkontexte bieten sich dagegen eher wenig an, da die rechtspolitische Gemengelage dieser Kontexte sich strukturell zu stark von den vorliegenden Problemen unterscheidet. Dazu Bullinger/Terker, NJW 2019, 731.

921 Dazu bereits ausführlich unter § 4.III.1.b)aa), S. 208 ff.

seit Bekanntwerden des sog. „Schwabinger Kunstfundes“ 2013 verstärkt diskutiert, wie eine mögliche Reform in Bezug auf NS-Raubkunst ausgestaltet werden könnte. Jüngst erlebte diese Diskussion erneut Auftrieb durch das aufsehenerregende Memorandum der Beratenden Kommission zu ihrem 20. Jahrestag – zugleich kurz vor dem 25. Jahrestag der Washingtoner Erklärung[922] –, in welchem diese dringenden Reformbedarf in eigener Sache brandmarkte und die politischen Verantwortungsträger zum Handeln aufrief.[923]

Insgesamt betrachtet kann in dieser Diskussion um NS-Raubkunst zwischen „hard law“- (I.) und „soft law“-Lösungen (II.) unterschieden werden, weshalb auch Reformoptionen in Bezug auf die Steuerverfahren in der DDR zunächst im Rahmen dieser Kategorien diskutiert werden. Abschließend wird allerdings dafür plädiert, diese „Welten“ nicht vollkommen getrennt zu sehen, und daher in Bezug auf die Steuerverfahren der DDR – und potenziell anderer Kulturgutverluste im Kontext von SBZ und DDR – stattdessen eine Mischlösung vorzunehmen (III.).

I. Reine „hard law“-Lösungen?

Im Bereich des „hard law“ bietet sich entsprechend der getrennten Darstellung in § 4 dieser Arbeit entweder eine eher öffentlich-rechtlich geprägte „Wiederbelebung“ der „transitional justice“ (1.) oder eine Ertüchtigung des allgemeinen Zivilrechts (2.) an.

---

922 Zum 20. Jahrestag der Washingtoner Erklärung meldete sich bereits eindrücklich der maßgeblich an ihrem Entstehen beteiligte, hochrangige US-Diplomat *James Bindenagel* mit dem Beitrag *Bindenagel*, Unvollendete Geschichte, zu Wort.

923 Memorandum der Beratenden Kommission NS-Raubgut vom 04.09.2023, abrufbar unter < https://www.beratende-kommission.de/de/aktuelles> (zuletzt aufgerufen am 01.03.2024). In diesem Kontext ist auch die Pressemitteilung der Bundesregierung vom 11.10.2023 zum 19. Kulturpolitischen Spitzengespräch im Bundeskanzleramt unter dem Titel „Bund, Länder und kommunale Spitzenverbände verabreden Reform der Beratenden Kommission“ zu lesen, welche unter <https://www.bundesregierung.de/breg-de/aktuelles/bund-laender-und-kommunale-spitzenverbaende-verabreden-reform-der-beratenden-kommission-2229604> abrufbar ist (zuletzt aufgerufen am 01.03.2024). Beabsichtigt sei danach eine „Stärkung der Beratenden Kommission durch ihre grundlegende Reform“, welche einen „verbindliche[n] Bewertungsrahmen“, „verbesserte Strukturen“, „einseitige Anrufbarkeit“ und die „Nachprüfbarkeit von Empfehlungen der Beratenden Kommission“ beinhalten soll. Daneben werden Vorhaben aus dem Koalitionsvertrag wiederholt („normierter Auskunftsanspruch“, „Ausschluss der Verjährung des Herausgabeanspruchs“, „Vereinbarung eines zentralen Gerichtsstandes“), bevor zu Recht auch der „Umgang mit Kunst- und Kulturgütern aus kolonialen Kontexten“ sowie die CO_2-Bilanz von Kultureinrichtungen adressiert wird. Kulturgutverluste in SBZ und DDR werden dagegen allerdings bedauerlicherweise nicht erwähnt.

1. „Wiederbelebung“ der „transitional justice“?

Eine „Wiederbelebung“ der „transitional justice“ könnte zunächst durch eine Reform der bestehenden Gesetze, insb. des VermG[924] und des EntschG, erfolgen. Nachdem in dieser Arbeit allerdings ausführlich dargestellt wurde, dass den Befristungen für die Rückübertragungs-Verfahren der Berechtigten überhaupt keine entscheidende Bedeutung zukommt, da diese Verfahren ohnehin rglm. keiner Befristung unterliegen dürften,[925] besteht insoweit rechtspolitisch auch kein Reformbedarf. Ebenso wurde dargelegt, dass die Möglichkeit des redlichen Erwerbs durch Dritte anders als die Befristung in der Tat eine der entscheidenden Hürden des Rückübertragungsverfahrens für die Betroffenen darstellt. Dbzgl. fehlt es aber ebenfalls am rechtspolitischen Reformbedarf, da – wie wiederum bereits ausgeführt wurde – der redliche Erwerb durch Dritte im Angesicht des Verkehrsschutzes seine berechtigte Position im VermG findet.[926]

Nichtsdestotrotz wäre es abgesehen von diesen beiden Punkten – Fristenregelung und redlicher Erwerb – wünschenswert gewesen, wenn andere Weichenstellungen im VermG und auch im EntschG von vornherein anders getroffen bzw. zumindest im Nachhinein angepasst worden wären. Namentlich in Erinnerung gerufen seien nur die fehlende Beweislastumkehr, die zu hohen Substantiierungsanforderungen, generell ein überkomplexes Verfahren sowie eine unzureichende Rechtsfolge, auch und gerade im Bereich der Entschädigungshöhe.[927] Diese Hürden für die Berechtigten nun nachträglich im Rahmen des VermG und des EntschG zu beseitigen, wäre rechtspolitisch aber ebenso verfehlt. Zunächst würde dies häufig nichts am Ergebnis für die Berechtigten ändern, da die entscheidende Hürde des redlichen Erwerbs über 30 Jahre nach der Wiedervereinigung in vielen Fällen vorliegen dürfte. Darüber hinaus muss aber auch generell gesehen werden, dass VermG und EntschG inhaltlich nie auf Kulturgutverluste zugeschnitten waren, sondern v. a. andere Vermögenswerte wie insb. Immobilien und Unternehmen im Blick hatten. Änderungen in diesen Gesetzen würden daher eine Kaskade an Folgefragen für den Großteil vollkommen anderer Fallgestaltungen auslösen. Es ist zu Recht vollkommend fernliegend, dass dies in Kauf genommen werden würde. Rechtspolitisch ist es auch deshalb zweifelhaft, weil insb. im Bereich Immobilien und Unternehmen über 30 Jahre nach der Wiedervereinigung (endlich) ein hart erkämpfter Rechtsfrieden eingetreten ist, den sicherlich niemand wieder stören möchte. Neben den rechtspolitischen Zweifeln wäre eine Reform innerhalb des

---

924 Dies schlägt Wasmuth, ZOV 2017, 178 (180), in Bezug auf NS-verfolgungsbedingte Vermögensverluste zugunsten der davon Betroffenen in umfassender Form vor.

925 Dazu bereits ausführlich unter § 4.II.3.b), S. 191 f. und § 4.II.4, S. 193 f.

926 Dazu bereits ausführlich unter § 4.II.3.a), S. 189.

927 Zu alledem bereits ausführlich unter § 4.II.4, S. 193 ff.

VermG bzw. des EntschG aber wohl auch verfassungsrechtlichen Zweifeln im Hinblick auf Art. 3 Abs. 1 GG ausgesetzt, wenn man die Regelungen innerhalb dieser Gesetze nur in Bezug auf Kulturgüter anpassen wollte. Denn Änderungen in komplexen legislativen Gesamtsystemen müssen (zumindest einigermaßen) kohärent vorgenommen werden.[928] Dies dürfte in Bezug auf nur einen einzigen, bisher überhaupt nicht gesondert geregelten Vermögenswert innerhalb des Gesamtsystems der „transitional justice" nur sehr schwierig zu bewerkstelligen sein.[929]

Nachdem eine Reform innerhalb der bestehenden Gesetze der „transitional justice" nach mehreren Jahrzehnten also mindestens erheblichen rechtspolitischen und darüber hinaus auch potenziell verfassungsrechtlichen Zweifeln begegnet, stellt sich die Frage, ob dann nicht ein eigenes öffentlich-rechtliches Gesetz möglich ist, welches neue Rückübertragungsansprüche, die am Ende eines dem VermG ähnlichen Verfahren stehen können, begründet. Das Memorandum der Beratenden Kommission favorisiert eine solche Lösung in Anlehnung an das VermG für NS-Raubkunst ausdrücklich.[930]

Unabhängig davon, ob diese Lösung für NS-Raubkunst einen sinnvollen und zulässigen Weg darstellen kann, begegnet sie jedenfalls für Kulturgutverluste im Kontext von SBZ und DDR erneut erheblichen Bedenken.[931] Zwar wäre ein solches neues Gesetz entkoppelt von bestehenden Gesetzen wie dem VermG und dem EntschG legislatorisch einfacher gestaltbar. Dies wiederum wäre nicht nur rechtspolitisch begrüßenswert, sondern böte auch von vornherein in viel stärkerem Maße die Chance, gestalterisch ein in sich kohärentes Konzept zu entwickeln, welches keinen Wertungswidersprüchen zu anderen im VermG geregelten Vermögenswerten im Hinblick auf Art. 3 Abs. 1 GG unterliegt. Allerdings ist die Frage, ob solche neuen Rückübertragungsansprüche nicht den aktuellen Eigentümer in seinem Grundrecht aus Art. 14 Abs. 1 S. 1 Alt. 1 GG verletzen würde.[932] Die Beratende Kommission führt in ihrem Memorandum in Bezug auf NS-Raubkunst zu Recht aus, dass es sich dabei nicht um eine Enteignung gem. Art. 14 Abs. 3 GG, sondern um eine Inhalts- und Schrankenbestimmung des Eigentums gem. Art. 14 Abs. 1 S. 2 GG handeln würde.[933] Dem ist zuzustimmen, da seit dem Nassauskiesungsbeschluss des BVerfG

928 Vgl. etwa BVerfG, Beschl. v. 24.11.2022 – 2 BvR 1424/15, NJW 2023, 1419 (1423 f.)

929 Vgl. bereits im Jahr 1994 ebenfalls kritisch gegenüber Reformen an wesentlichen Eckpfeilern der „transitional justice" Sendler, DÖV 1994, 401 (409 f.).

930 Memorandum der Beratenden Kommission NS-Raubgut vom 04.09.2023, S. 4, 6; ähnlich Wasmuth, ZOV 2014, 139 (150).

931 Vgl. auch Finkenauer/Thiessen, Kunstraub für den Sozialismus, S. 143 f., 160.

932 Vgl. Wasmuth, ZOV 2017, 178 (179, 181), welcher zu Recht ausführt, dass dieses Argument so nicht für Kulturgüter im Eigentum der öffentlichen Hand gilt.

933 Memorandum der Beratenden Kommission NS-Raubgut vom 04.09.2023, S. 5.

1981[934] ein rein formaler Enteignungsbegriff besteht, der spätestens seit dem Urteil des BVerfG zum Atomausstieg 2017[935] zudem eine staatliche Güterbeschaffung zugunsten von Hoheitsträgern (oder zugunsten von Privaten zur Erfüllung öffentlicher Aufgaben durch diese) voraussetzt. Die Rückübertragungsansprüche würden aber zugunsten von Privaten (zu deren Privatnutzung) erfolgen, sodass keine Enteignung vorliegen kann. Nichtsdestotrotz würde im Angesicht dessen, dass die meisten Anspruchsgegner bereits seit Jahrzehnten Eigentümer an den Kulturgütern aus den Steuerverfahren sein dürften, eine besonders schwerwiegende Inhalts- und Schrankenbestimmung gem. Art. 14 Abs. 1 S. 2 GG vorliegen. Angesichts dessen, dass damit auch die zivilrechtlichen Vorschriften zum gutgläubigen Erwerb, zur Ersitzung und zur Vindikationsverjährung unterlaufen werden würden, die dem aktuellen Eigentümer allesamt in das berechtigte Vertrauen versetzen, dieses Eigentum nicht unfreiwillig zu verlieren, wären zudem auch Gesichtspunkte des Vertrauensschutzes und des Rückwirkungsverbotes als Ausfluss des Rechtsstaatsprinzips maßgeblich tangiert gem. Art. 20 Abs. 3 GG. Eine entschädigungslose Regelung des Rückübertragungsanspruchs wäre offensichtlich unverhältnismäßig, aber auch mit einer Entschädigungsregelung träfe die Güterabwägung auf erhebliche Bedenken. Prämisse ist, dass ausgleichspflichtige Inhalts- und Schrankenbestimmungen die absolute Ausnahme bleiben sollen, da Eigentumsschutz grds. Bestandsschutz und nicht Wertersatzschutz bedeutet.[936] Dass die Beratende Kommission eine Entschädigung, die zudem nicht dem aktuellen Zeitwert der Kulturgüter entsprechen muss, für die Verhältnismäßigkeit offenbar ausreichen lassen will,[937] kann nur mit dem historisch einmaligen, genuinen Unrechtsgehalt der NS-Verbrechen begründet werden. Alle anderen Kontexte, in denen Kulturgutverluste erfolgten, können ein solches für die bundesdeutsche Verfassungsauslegung einmaliges Abwägungsgewicht – bei allem Unrecht, das auch die Betroffenen der hier diskutierten Steuerverfahren erlitten haben – schlichtweg nicht erlangen.

Neben diesen verfassungsrechtlichen Zweifeln bestehen aber auch rechtspolitische Zweifel an einer neu begründeten Verpflichtung, die Kulturgüter aus den Steuerverfahren an die (Rechtsnachfolger der) Betroffenen herauszugeben. Geschichte kann im engeren Sinne nicht rückgängig gemacht werden, weil der physikalische Verlauf der Zeit und die damit entstehende zeitliche Anordnung der Zustände unserer Welt nur eine Richtung kennt: vom Heute zum Morgen, niemals ins Gestern.[938]

---

934 BVerfG, Beschl. v. 15.07.1981 – 1 BvL 77/78, NJW 1982, 745.

935 BVerfG, Urt. v. 06.12.2016 – 1 BvR 2821/11, 1 BvR 321/12, 1 BvR 1456/12, NJW 2017, 217.

936 Statt vieler Papier/Shirvani, in: Dürig/Herzog/Scholz, GG, Art. 14 GG Rn. 476, 480, 490.

937 Memorandum der Beratenden Kommission NS-Raubgut vom 04.09.2023, S. 5.

938 Insofern muss *Honeckers* agitatorischer Ausspruch „Vorwärts immer, rückwärts nimmer" bei seiner irrtümlich als „Festansprache" bezeichneten Grabrede zum 40. Jahrestag der DDR am

Es kann lediglich im Nachhinein versucht werden, die materiellen und immateriellen Verluste möglichst (ggf. auch symbolisch) „auszugleichen", aber auch dies wird bei gravierendem Unrechtsgeschehen kaum je vollständig möglich sein.[939] Zudem treten mit Zeitablauf zunehmend andere berechtigte Interessen Einzelner sowie der Allgemeinheit neben das Interesse dieses retrospektiven Ausgleichs, die dieses Interesse u. U. irgendwann auch vollständig verdrängen können.[940] Eine persönliche Verantwortung Dritter kann dann zudem eventuell nicht mehr hergestellt werden und die gesamtgesellschaftlichen Kosten für den Blick zurück stehen möglicherweise irgendwann nicht mehr im Verhältnis zum Nutzen für das Individuum. Statt neue Wunden an anderer Stelle aufzureißen, kann dann ein Blick in die Zukunft nottun.[941] Diese Rechtsgedanken sind in der bundesdeutschen Rechtsordnung mannigfaltig und seit Langem verankert, zuvörderst in den straf- und zivilrechtlichen Verjährungsvorschriften. Dass dabei im Übrigen auch jedes konkrete geschichtliche Unrecht anders bewertet kann und muss – wie bereits in Bezug auf den genuinen Unrechtsgehalt der NS-Verbrechen mehrfach hervorgehoben – liegt auf der Hand. Bei aller Zurückhaltung wird das historische Unrecht der Steuerverfahren gegen die privaten Kunsthändler und -sammler nach über 30 Jahren Zeitablauf aber eher für zu gering zu halten sein, als dafür heute durch einen rechtsverbindlichen Rückübertragungsanspruch neue Ungerechtigkeiten gegenüber Dritten hervorzurufen oder mit hergebrachten Grundrechtsdogmatiken zu brechen.

Darüber hinaus ist fraglich, ob in einer freiheitlichen Gesellschaft jeglicher moralische Anspruch auch in einen rechtlichen Anspruch umgemünzt werden sollte. Unabhängig von den (rechts-) philosophischen Untiefen möglicher Begriffsdefinitionen von Moral und Recht, ist es zwar sicherlich so, dass Recht im Idealfall materieller Gerechtigkeit dienen sollte und daher auch auf moralischen Erwägungen – die im (auf gesellschaftlicher Diskussion fußenden) politisch-demokratischen Prozess identifiziert, diskutiert und beschlossen werden müssen[942] – beruhen wird.[943]

07.10.1989 (Honecker, Neues Deutschland vom 09.10.1989 (Nr. 237/1989), 3 (3)) retrospektiv möglicherweise als naturwissenschaftlicher Geistesblitz umgedeutet werden.

939 Vgl. Finkenauer/Thiessen, Kunstraub für den Sozialismus, S. XIII; Schönberger, Was soll zurück?, S. 40 f., 118 f., 132 f.

940 Vgl. insgesamt auch Bergmann, Verfall des Eigentums, insb. S. 17 ff.

941 Ebenfalls in diesem Sinne über die Grenzen der Vergangenheitsbewältigung mit den Mitteln des Rechts Sendler, DÖV 1994, 401 (409 f.); Sendler, VIZ 1995, 65 (66, 74). In Bezug auf Kulturgutverluste generell kritisch gegenüber gesetzlichen Lösungen Berking, KUR 2019, 179 (181–184); Raue, GRUR 2015, 1 (4 f.); Raue, ZRP 2014, 2 (5).

942 Vgl. Schönberger, Was soll zurück?, S. 57

943 Daher ist Schönberger, NVwZ 2022, 1753 (1759) in Bezug auf den Hohenzollern-Streit freilich darin zuzustimmen, dass der „moralische Anspruch [eines Gesetzes] […] weder problematisch noch in irgendeiner Form illegitim" ist (umfassend zu dem Verhältnis von Recht und Moral

Umgekehrt kann aber nicht jede (vermeintlich) moralische Erwägung in Recht gegossen werden, ohne den freiheitlichen Anspruch des GG aufzugeben. Moral ist häufig eben gerade kein so absolutes und geradliniges Konzept, wie es von demjenigen, der es für sich gerade in Anspruch nimmt, zu oft behauptet wird.[944] Eine widerspruchsfreie Lösung aller Individual-, Gesellschafts- und Weltprobleme im Sinne *der* (man will gleich hinterher fragen: welcher bzw. genauer wessen?) Moral ist in der von (Über-) Komplexität und Ambivalenz beherrschten Realität des menschlichen Daseins kaum möglich, dies verbleibt allein dem Metaphysischen. Es mag bei vielen Fragen (z. B. betreffend die NS-Verbrechen) so klare moralische Postulate geben, dass sie in Recht gegossen werden sollten, bei vielen anderen Fragen wird dies nicht so sein. Deshalb sind es nicht zufälligerweise gerade ideologische Diktaturen, die (vermeintliche) Moral und Recht als absolut deckungsgleich postulieren, wie das im DDR-Recht herrschende „Prinzip der Einheit von Recht und Moral"[945] anschaulich zeigt. Hier wurde Metaphysisches strikt abgelehnt, um den (vergeblichen) Versuch zu unternehmen, den „Himmel auf Erden"[946] zu errichten – und dabei jegliche (evidente!) Moral verloren. Für diese Überlegungen sprechen nicht nur auch *Ernst-Wolfgang Böckenfördes* Abhandlungen zu Kommunismus und Recht, sondern im Endeffekt auch die Quintessenz seines berühmten (wenn auch nicht unumstrittenen) Böckenförde-Diktums[947].[948]

Rechtspolitisch und verfassungsrechtlich denkbar – und durchaus begrüßenswert – erscheint es nach alledem lediglich, mit einem Spezialgesetz die Begrenzung der Entschädigungssummen für die Kulturgüter, die nicht zurückerlangt werden konnten, im Nachhinein entfallen zu lassen und damit auch rückwirkend höhere

bei der Restitution von NS-Raubkunst SCHÖNBERGER, NS-Raubkunst, S. 193 – 234). Ähnlich in Bezug auf das internationale Privatrecht SCHULZE, IPrax 2010, 290 (insb. 293–296).

944 Vgl. SCHÖNBERGER, Was soll zurück?, S. 42.

945 GÖHRING/POSCH et. al., Zivilrecht DDR Bd. 1, S. 37.

946 Dieses kritische Bild holistisch-kollektivistischer Ideologien wurde maßgeblich von *Karl Popper* im Rahmen seiner Totalitarismuskritik (POPPER, Die offene Gesellschaft und ihre Feinde, S. 292) geprägt und seitdem in vielfältiger Weise rezipiert (und wiederum selbst kritisiert). Auch BVerfG, Urt. v. 31.10.2023 – 2 BvR 900/22, NJW 2023, 3698 (3703), zur Wiederaufnahme des Strafverfahrens zuungunsten des Freigesprochenen betonte jüngst – freilich in ganz anderem Kontext, im Kern aber einem ähnlichen Grundgedanken zugrundeliegend – zu Recht, dass Rechtsfrieden und Rechtssicherheit über der „Erreichung des Ideals absoluter Wahrheit" (und damit „materieller Gerechtigkeit") stehen, gegen das sich die „moderne rechtsstaatliche Ordnung […] entschieden" hat. Zu berücksichtigen ist gleichwohl, dass Rechtssicherheit nicht zwingend zu Rechtsfrieden führen muss, insb. wenn Rechtssicherheit als Vorwand missbraucht wird, um eklatantes Unrecht erst zu manifestieren. Vgl. zu diesem Aspekt FINKENAUER/THIESSEN, Kunstraub für den Sozialismus, S. XIII. Insofern liegt letztlich stets eine Wertungsentscheidung vor.

947 BÖCKENFÖRDE, Die Entstehung des Staates, S. 60.

948 Zu alledem BÖCKENFÖRDE, Kommunistische Rechtsauffassung, S. 89–91.

Entschädigungen aus dem Entschädigungsfonds zuzulassen. Hier können letztlich nur fiskalische Interessen entgegenstehen.

2. Ertüchtigung des allgemeinen Zivilrechts?

Während die Restitution von NS-Raubkunst *de lege lata* insb. seit der Washingtoner Erklärung einer Entwicklung hin zum soft law unterlag, wurde *de lege ferenda* auch zunehmend eine dbzgl. Reform des „hard law" des allgemeinen Zivilrechts diskutiert.[949] Besondere Aufmerksamkeit erlangte dabei die Abschaffung der Vindikationsverjährung, welche bspw. sowohl im aktuellen Koalitionsvertrag[950] als auch in einer bayerischen Gesetzesinitiative im Bundesrat aus dem Jahr 2014[951] als Reaktion auf den sog. „Schwabinger Kunstfund" fokussiert wurde.[952] Die Idee der Abschaffung der Vindikationsverjährung mag dabei rechtsdogmatisch besonders interessant sein, allerdings wurde zu Recht wiederholt bemängelt, dass es damit allein ohnehin bei Weitem kein Bewenden haben könne.[953] Denn wie auch in dieser Arbeit dargestellt wurde,[954] scheitert eine zivilrechtliche Restitution rglm. bereits wegen gutgläubigen Erwerbs in Folge einer öffentlichen Versteigerung oder spätestens aufgrund von Ersitzung.[955]

Unabhängig von den bereits vorgebrachten rechtspolitischen Zweifeln am pauschalen Versuch, Geschichte (allein) mit den Mitteln des Rechts rückgängig zu

---

949 Statt vieler diese Diskussion darstellend bspw. Lahusen, KUR 2022, 91 ff.; vgl. Lahusen, NJW 2023, 2396 (2401).

950 Koalitionsvertrag für die 20. Legislaturperiode, S. 125.

951 BR-Drs. 2/14 (Gesetzesantrag des Freistaates Bayern für Kulturgut-Rückgewähr-Gesetz), dazu kritisch bspw. Finkenauer, JZ 2014, 479 (485–488); Raue, ZRP 2014, 2 (4 f.); Schönberger, NS-Raubkunst, S. 126–129. Daneben existiert auch noch ein nicht veröffentlichter Gesetzentwurf aus dem Bundesjustizministerium von 2015, dazu Schönberger, NS-Raubkunst, S. 128 Fn. 73, S. 138 Fn. 94, sowie ein Gesetzentwurf der FDP-Bundestagsfraktion von 2021, BT-Drs. 19/31207 (Entwurf eines Gesetzes zur abschließenden Klärung der Rückgabe von NS-verfolgungsbedingt entzogenem Kulturgut).

952 Daneben sprachen sich auch bereits Stimmen aus der Rechtswissenschaft für die Abschaffung der Vindikationsverjährung aus, bspw. Armbrüster, Verjährbarkeit der Vindikation?, S. 55 f., 65 f. m. w. N.

953 Bischof, KUR 2021, 133 (133); Memorandum der Beratenden Kommission NS-Raubgut vom 04.09.2023, S. 5.

954 Dazu bereits ausführlich unter § 4.III.2.c)cc), S. 249 ff. bzw. § 4.III.2.d)bb), S. 252 ff.

955 Die Sperrwirkung öffentlich-rechtlicher Regelungen, die nach dem Memorandum der Beratenden Kommission NS-Raubgut vom 04.09.2023, S. 5, einer zivilrechtlichen Restitution auch nach dem Sachs-Urteil des BGH zumindest potenziell weiterhin im Weg stünde, wäre für die hier diskutierten Kulturgutverluste infolge der Steuerverfahren in der DDR allerdings, wie bereits unter § 4.III.1., S. 195 ff. dargelegt, nicht weiter relevant.

machen,[956] bestehen für eine Reform der genannten allgemein-zivilrechtlichen Tatbestände, die nicht alleine NS-Raubkunst erfasst (hier mag das besondere Abwägungsgewicht der Wiedergutmachung der NS-Verbrechen wiederum zu anderen Ergebnissen führen)[957], erneut unüberwindbare verfassungsrechtliche Schranken. Die Abschaffung des gutgläubigen Erwerbs infolge öffentlicher Versteigerung, der Ersitzung und der Vindikationsverjährung würde für die vorliegenden Fälle der Kulturgutverluste infolge der Vollstreckung von Steuerforderungen in der DDR nur dann Sinn machen, wenn diese rückwirkend ausgestaltet werden würde. Insoweit wäre diese Inhalts- und Schrankenbestimmung – selbst mit einer Entschädigungsregelung – allerdings abermals eine Verletzung des Grundrechts auf Eigentum aus Art. 14 Abs. 1 S. 1 Alt. 1 GG, zur Begründung wird auf die bereits vorgebrachte Argumentation verwiesen.[958] Bei der rückwirkenden Abschaffung der allgemein-zivilrechtlichen Tatbestände würde die Beeinträchtigung des Eigentumsgrundrechts sogar noch intensiver als bei einem öffentlich-rechtlichen Restitutionsgesetz wirken, da das Eigentum rückwirkend *ipso iure* entfallen würde bzw. rückwirkend *ipso iure* ein Vindikationsanspruch wieder durchsetzbar werden würde. Darüber hinaus würde auch ein Verstoß gegen das Rückwirkungsverbot als Ausfluss des Rechtsstaatsprinzips aus Art. 20 Abs. 3 GG vorliegen, da wie bereits oben dargelegt das Interesse der Betroffenen (bzw. deren Rechtsnachfolger) an Restitution in den hier diskutierten Fällen nicht das Vertrauen der derzeitigen Besitzer bzw. Eigentümer auf den Rechtsbestand sowie das allgemeine Interesse an Rechtsfrieden überwiegen kann.[959] Die rückwirkende Abschaffung des gutgläubigen Erwerbs infolge öffentlicher Versteigerung und der Ersitzung würden eine echte Rückwirkung darstellen. Die rückwirkende Abschaffung der Vindikationsverjährung würde bei noch nicht eingetretener Verjährung (was kaum je der Fall sein wird) eine unechte Rückwirkung darstellen, bei objektiv eingetretener Verjährung, aber noch nicht erhobener Verjährungseinrede wohl eher und bei bereits zu Recht erhobener Verjährungseinrede definitiv eine echte Rückwirkung darstellen.[960]

Angemerkt sei zudem, dass entgegen vereinzelt vertretener Auffassung[961] die Vindikationsverjährung an sich auch keinen verfassungswidrigen Eingriff in das

956 § 5.I.1., S. 271 f.

957 So auch FINKENAUER/THIESSEN, Kunstraub für den Sozialismus, S. 108, 112.

958 § 5.I.1., S. 271 f.

959 Vgl. PLAMBECK, Verjährung der Vindikation, S. 233–235.

960 Überzeugend zu alledem insoweit BERGMANN, Verfall des Eigentums, S. 82–89; FINKENAUER, JZ 2014, 479 (485–488); FINKENAUER/THIESSEN, Kunstraub für den Sozialismus, S. 100–111, 143 f., 160; JERGER/REICHENBERG, GWR 2015, 265 (269); vgl. auch LORENZ/ARNOLD, Vindikationsverjährung, S. 464; MAGNUS/WAIS, NJW 2014, 1270 (1275); RAUE/STANG, Süddeutsche Zeitung vom 22.06.2023, 9; WASMUTH, ZOV 2017, 178 (179, 181). A.A. KLOSE, RW 2014, 228 (insb. 251–253).

961 KLOSE, RW 2014, 228 (insb. 250); REMIEN, AcP 201, 730 (752 f.); SIEHR, ZRP 2001, S. 346 f.

Eigentumsgrundrecht aus Art. 14 Abs. 1 S. 1 Alt. 1 GG darstellt, sodass deren Beseitigung im Endeffekt nur die Korrektur eines ohnehin verfassungswidrigen Zustandes darstellen würde.[962] Denn das sog. *nudum ius* (bzw. *dominium sine re*) ist gerade nicht vollkommen inhaltsleer, auch wenn der Eigentümer bei einer Veräußerung der Sache durch den Besitzer diese zwar vom neuen Besitzer wegen § 198 BGB ebenso nicht nach § 985 BGB herausverlangen kann. Wurde die Sache aber entgeltlich veräußert, kann er gem. § 816 Abs. 1 S. 1 BGB den Veräußerungserlös herausverlangen und wurde sie unentgeltlich übertragen, dann kann er die Sache gem. § 816 Abs. 1 S. 2 BGB sogar doch (nach einer anderen Anspruchsgrundlage als § 985 BGB) vom neuen Besitzer herausverlangen.[963] Auch die Argumentation der Bundesregierung im spektakulären Fall *City of Gotha v. Sotheby's/Cobert Finance S.A.*, dem als einer der wenigen Fälle von Kulturgutverlusten im Kontext von SBZ und DDR größere Aufmerksamkeit zuteil wurde, mag nicht zu der Schlussfolgerung führen, dass die Vindikationsverjährung an sich bereits gegen deutsches Verfassungsrecht verstößt. In diesem aus vielerlei Gründen äußerst interessanten Fall ging es – stark vereinfacht – um das Gemälde „Die heilige Familie" des Niederländers *Joachim Wtewael*, welches im Jahr 1945 aus dem Schloss Friedenstein in Gotha verschwand, im Jahr 1987 in West-Berlin im Gepäck einer aus der Sowjetunion kommenden Diplomatengattin kurzzeitig wieder auftauchte, anschließend wieder verschwand und schließlich von der panamaischen *Cobert Finance S.A.* im Jahr 1992 bei Sotheby's in London versteigert werden sollte.[964] Die Stadt Gotha klagte mit Unterstützung der Bundesregierung in London auf Herausgabe des Gemäldes und bekam vom englischen Gericht im Jahr 1998 Recht.[965] Aus speziellen Gründen des englischen Kollisionsrechts, auf die hier nicht näher eingegangen werden kann, kam es für das Urteil (auch) entscheidend auf die Frage der Verjährung des

962 Effer-Uhle, AcP 215 (2015), 245 (257 f., 279); Finkenauer, JZ 2014, 479 (482); Finkenauer/Thiessen, Kunstraub für den Sozialismus, S. 102 f.; Lorenz/Arnold, Vindikationsverjährung, S. 463 f.

963 Jerger/Reichenberg, GWR 2015, 265 (271); Kähler, NJW 2015, 1041 (1045); Lorenz/Arnold, Vindikationsverjährung, S. 462 f.; Plambeck, Verjährung der Vindikation, S. 212–221, 230–233. A. A. Effer-Uhle, AcP 215 (2015), 245 (266 f., 279); Remien, AcP 201, 730 (742–744; 750), die § 816 BGB als Rechtsfortwirkungsanspruch zeitgleich mit dem Vindikationsanspruch als verjährt ansehen.

964 Zum Sachverhalt u. a. Carl, Der „Gotha Case", S. 37 f., 49; Güttler, Der Gotha-Fall, S. 16–19, 31.

965 Das Urteil des High Court of Justice in London vom 09.09.1998 in diesem Fall ist sowohl im englischsprachigen Original wie in deutschsprachiger Übersetzung im Sammelband Carl/Güttler/Siehr, Kunstdiebstahl vor Gericht – City of Gotha v. Sotheby's/Cobert Finance S.A., Berlin u. a. 2001, S. 77 ff., abgedruckt.

Herausgabeanspruchs nach deutschem Recht an.[966] Allein entscheidend waren zwar schließlich Auslegungsfragen des (heutigen) § 198 BGB,[967] aber der englische Richter schloss sich darüber hinaus *obiter dictum* dem von der Bundesregierung (!) vorgebrachten Argument an, dass die deutsche Vindikationsverjährung (die das englische Recht beim bösgläubigen Besitzer so nicht kennt[968]) gegen den englischen *ordre public* verstößt.[969] Daraus könnte man nun auf den ersten Blick womöglich den Schluss ziehen, dass die Vindikationsverjährung dann „erst recht“ gegen deutsches Verfassungsrecht verstoßen müsste.[970] Jedenfalls auf den zweiten, genaueren Blick, muss aber sofort einleuchten, dass die Frage, ob die deutsche Vindikationsverjährung mit dem *englischen ordre public* vereinbar ist (bei Berücksichtigung der Tatsache, dass das englische Recht keine Vindikationsverjährung gegenüber einem bösgläubigen Besitzer zulässt) eben einem vollkommen anderen Maßstab (nämlich demjenigen des englischen Rechts) unterliegt, als die Frage, ob die deutsche Vindikationsverjährung mit der *deutschen Verfassung* vereinbar ist (bei Berücksichtigung der Tatsache, dass die Vindikationsverjährung ein im deutschen Recht gefestigtes und auch durch die Schuldrechtsmodernisierung[971] bestätigtes Rechtsinstitut ist, welches gerade Vertrauen und Rechtsfrieden i. S. d. Art. 20 Abs. 3 GG fördert).[972]

Ebenso wäre es verfassungsrechtlich zweifelhaft, die vorliegenden Fälle unter Heranziehung von Argumenten materieller Gerechtigkeit durch eine Auslegungsänderung der entsprechenden Vorschriften *contra legem* zu lösen.[973] Rechtspolitik ist schon aus verfassungsrechtlichen Gründen (Gewaltenteilung als Ausfluss des Rechtsstaatsprinzips aus Art. 20 Abs. 3 GG) am besten bei der Legislative und nicht bei der Judikative aufgehoben. Wohin es führen kann, sprachlich unveränderten Normen einen vollkommen neuen Bedeutungsgehalt zu verleihen, hat *Hilde*

---

966 Carl/Güttler/Siehr, Kunstdiebstahl vor Gericht – City of Gotha v. Sotheby's/Cobert Finance S.A., Berlin u. a. 2001, S. 173–185; Siehr, Deutsches Verjährungsrecht vor englischem Gericht, S. 56 f.

967 Carl/Güttler/Siehr, Kunstdiebstahl vor Gericht – City of Gotha v. Sotheby's/Cobert Finance S.A., Berlin u. a. 2001, S. 188–200; Siehr, Deutsches Verjährungsrecht vor englischem Gericht, S. 64–69.

968 Siehr, Deutsches Verjährungsrecht vor englischem Gericht, S. 55.

969 Carl/Güttler/Siehr, Kunstdiebstahl vor Gericht – City of Gotha v. Sotheby's/Cobert Finance S.A., Berlin u. a. 2001, S. 201–217; Siehr, Deutsches Verjährungsrecht vor englischem Gericht, S. 62.

970 Armbrüster, Verjährbarkeit der Vindikation?, S. 53 f.; Ernst, JZ 2013, 356 (362); Siehr, ZRP 2001, 346 (346 f.); Siehr, Deutsches Verjährungsrecht vor englischem Gericht, S. 64, 74; Stresemann, Restitution, S. 356.

971 Vgl. Weller, Plakatsammlung Hans Sachs, S. 95.

972 Bergmann, Verfall des Eigentums, S. 61; Finkenauer/Thiessen, Kunstraub für den Sozialismus, S. 102.

973 Vgl. Magnus/Wais, NJW 2014, 1270 (1275).

Benjamin in den Anfangsjahren der DDR gezeigt.[974] Zudem können Rechtsprechungsänderungen, die bestimmten Normen rückwirkend eine andere Bedeutung als in der bisherigen Rechtsprechung beimessen, ähnlichen verfassungsrechtlichen Bedenken wie rückwirkende Gesetzgebung begegnen.[975]

Darüber hinaus müssen auch die rechtsdogmatischen Herausforderungen gesehen werden, die mit einer (punktuellen?) Änderung einzelner Vorschriften des komplexen Gesamtsystems aus gutgläubigem Erwerb, Ersitzung, Vindikationsverjährung und Bereicherungsrecht verbunden wären.[976] Schließlich verkennen Lösungsansätze, die allein auf „hard law"-Regelungen setzen, rglm. auch, dass es neben (verbindlichem) Recht auch noch weitere Mechanismen gibt, die zu sachgerechten Lösungen führen können. Genannt seien dabei z. B. wirtschaftliche Anreize für eine einvernehmliche Lösung zwischen ursprünglichem Eigentümer (bzw. seinen Rechtsnachfolgern) und heutigem Eigentümer bzw. Besitzer. Aufgrund der erfreulichen Aufmerksamkeit für NS-Raubkunst besteht heute auf dem Kunstmarkt eine erhöhte Sensibilität für kritische Provenienzen allgemein, sodass allein der Verdacht eines Verlustkontextes ein Kulturgut erheblich in dessen Marktwert mindern bzw. faktisch unverkäuflich machen kann. Dies ist (neben einem möglichen Anspruch auf Erlösherausgabe gem. § 816 Abs. 1 S. 1 BGB) mitunter ein starker monetärer Anreiz für den derzeitigen Eigentümer/Besitzer, auf den (ursprünglichen) Eigentümer zuzugehen – häufig hinter verschlossenen Türen.[977] Jedenfalls

---

974 Dazu bereits ausführlich unter § 3.I., S. 67.

975 Vgl. BGH, Urt. v. Beschl. v. 04.10.1982 – GSZ 1/82, NJW 1983, 228 (228) und strafrechtlich im Rahmen der Mauerschützenprozesse BGH, Urt. v. 03.11.1992 – 5 StR 370/92, NJW 1993, 141 (147 f.).

976 Vgl. Wasmuth, ZOV 2014, 139 (141–143), der wohl zu Recht das allgemeine Zivilrecht aufgrund seiner Eigenart generell für ungeeignet zur Aufarbeitung vorrechtsstaatlichen Unrechts hält und daher öffentliche-rechtliche Spezialgesetze befürwortet.

977 Schack, Kunst und Recht, S. 259. So auch Schönberger, NS-Raubkunst, S. 140–142, die es aber jedenfalls in Bezug auf NS-Raubkunst zu Recht kritisch sieht, die Lösung von Kulturgutverlusten allein außerrechtlichen Mechanismen wie dem freien Markt zu überlassen (ebenso Memorandum der Beratenden Kommission NS-Raubgut vom 04.09.2023, S. 4). Vgl. *Markus Eisenbein* im Interview mit Karich/Woeller, Welt Online vom 23.09.2023; Jayme, KUR 2022, 54 (56); Raue/Stang, Süddeutsche Zeitung vom 22.06.2023, 9, die einen Wertverlust insb. nach einer Eintragung in der Lost Art-Datenbank des DZK, abrufbar unter <https://www.lostart.de/de/start> (zuletzt aufgerufen am 01.03.2024), hervorheben. Dies führt zu der weiteren zivilrechtlichen Frage, ob aus der unberechtigten Behauptung einer kritischen Provenienz ein Schadensersatzanspruch des Eigentümers aus § 823 Abs. 1 Var. 5 BGB erwachsen kann (dieser Gedanke beruht auf den Diskussionsbeiträgen von *Moritz Bach* im Doktorandenkolloquium von *Martin Löhnig*, Inhaber des Lehrstuhls für Bürgerliches Recht, Deutsche und Europäische Rechtsgeschichte und Kirchenrecht an der Fakultät für Rechtswissenschaften der Universität Regensburg, am 13.07.2023). Solange die Behauptung aber nicht bewusst rechtsmissbräuchlich erfolgt, wird ein solcher Anspruch – ebenso wie ein Beseitigungs- und Unterlassungsanspruch aus § 1004 Abs. 1 BGB – zu Recht nicht

nicht ganz zu Unrecht reklamiert der Kunstmarkt daher für sich, in bedeutend mehr Fällen sachgerechte Lösungen gefunden zu haben als die Beratende Kommission mit gerade einmal 23 Empfehlungen in den ersten 20 Jahren ihres Bestehens.[978] Dies sollte gerade Juristen verdeutlichen, dass bei Weitem nicht allein verbindliches Recht – oder Recht überhaupt – wünschenswerte Effekte tätigen kann.

II. Reine „soft law“-Lösungen?

Wie bereits mehrfach erwähnt, hat sich die Diskussion um eine Reform des „hard law“ bisher nicht in die Praxis umgeschlagen.[979] Stattdessen dominieren dort insb. seit der Washingtoner Erklärung Konzepte des „soft law“. Hervorzuheben sind erneut deren deutsche Konkretisierungen in Form der Gemeinsamen Erklärung 1999 und der Handreichung 2019, v. a. aber auch die Einrichtung der Beratenden Kommission im Jahr 2003.

Diese Entwicklung hin zu rein außergesetzlichen, „moralischen“ (Einzelfall-) Lösungen hat viel Kritik erfahren und wird weithin als unzureichend angesehen.[980] Mancher spricht schon von einem „rechtsfreien Raum“[981]. Wie bereits erwähnt, hat sich die Beratende Kommission dieser Kritik mit dem Memorandum zu ihrem 20. Jahrestag sogar selbst angeschlossen. Als problematisch wird insb. angesehen, dass die Beratende Kommission nicht einseitig angerufen werden kann, was wohl als Hauptgrund für die geringe Anzahl von nur 23 Empfehlungen in 20 Jahren gelten kann. Darüber hinaus betrifft ein zweiter maßgeblicher Kritikpunkt den Umstand, dass die Beratende Kommission eben nur „Empfehlungen“ abgeben anstelle

---

bestehen, vgl. BGH, Urt. v. 21.07.2023 – V ZR 112/22, NJW 2023, 3013; eingehend LAHUSEN, NJW 2023, 2396.

978 Vgl. *Henrik Hanstein* und *Daniel von Schacky* im Interview mit KARICH/WOELLER, Welt Online vom 23.09.2023. Der Arbeitskreis Provenienzforschung e. V. weist in seiner am 15.09.2023 veröffentlichten Stellungnahme zum Memorandum der Beratenden Kommission NS-Raubgut vom 04.09.2023 zu Recht darauf hin, dass inzwischen auch andere Institutionen (v. a. dürfte dies öffentliche Museen betreffen) als die Beratende Kommission (und der Kunstmarkt) eine große Zahl an Restitutionen auf eigene Initiative durchgeführt haben. Abrufbar unter <https://www.arbeitskreis-provenienzforschung.org/stellungnahme-des-arbeitskreises-provenienzforschung-e-v-zu-reformueberlegungen-zur-rueckerstattung-von-ns-raubgut/> (zuletzt aufgerufen am 01.03.2024).

979 Dazu bereits ausführlich unter § 4.III.1.b)aa), S. 208 ff.; § 4.III.1.b)bb), S. 215 Fn. 730; § 5.I.2., S. 274 ff.

980 Statt vieler allgemein SCHÖNBERGER, Gerechtigkeit am Recht vorbei?, S. 226 f.; SCHÖNBERGER, NS-Raubkunst, S. 138 f.; konkret in Bezug auf kritische Provenienzen aus SBZ und DDR LUPFER/RUDERT, arsprototo 01/2016, 60 (63).

981 JAYME, KUR 2022, 54 (54).

verbindlicher Entscheidungen treffen kann. In Verbindung mit fehlenden (klaren und verbindlichen) Verfahrensregeln und materiellen Entscheidungsmaßstäben in einer gesetzlichen Grundlage kann dies bei den „Verfahrensbeteiligten“ naheliegenderweise zu viel Frustration führen. Dass die damit einhergehende fehlende Transparenz der Arbeit der Beratenden Kommission dem Rechtsfrieden zusätzlich abträglich ist, liegt auf der Hand.[982] Dies betrifft im Übrigen nicht nur die Beratende Kommission, sondern auch andere aufgrund der Washingtoner Erklärung etablierte Konzepte des „soft law“ wie bspw. die Lost Art-Datenbank des DZK, welche immer wieder zu handfesten Streitigkeiten führt.[983]

All diese Defizite können auch keineswegs nur den ursprünglichen Eigentümer (bzw. dessen Rechtsnachfolger) der Kulturgüter, der diese restituiert sehen möchte, treffen, sondern in gleichem Maße den aktuellen Eigentümer bzw. Besitzer. Denn Streitfälle, die letztlich nur nach „moralischen“ Erwägungen im außergesetzlichen Bereich gelöst werden, können auch dazu führen, dass im Eifer des Gefechtes auch der aktuelle Eigentümer bzw. Besitzer einer unverhältnismäßigen oder gar klar rechtswidrigen Behandlung ausgesetzt ist, wie der Umgang mit *Cornelius Gurlitt* beim sog. „Schwabinger Kunstfund“ anschaulich zeigte: Beschlagnahmungen von tausenden Kulturgütern auf unklarer (vorgeschobener?) Rechtsgrundlage, ein vollkommen intransparentes Vorgehen der Behörden sowie die mediale Bloßstellung eines hochbetagten und unter Betreuung stehenden Mannes sprechen im Angesicht dessen, dass nach aufwändigster Provenienzforschung heute nur sehr wenige der Kulturgüter als belastet gelten können, *Gurlitt* aufgrund seines Todes im Jahr 2014 aber keinerlei abschließenden Rechtsschutz mehr suchen konnte, für sich.[984]

Gleichzeitig darf aber andererseits nicht unbesehen bleiben, dass durch dieses „soft law“ eine mittelbare Breitenwirkung entfaltet wird, die nicht zu unterschätzen ist. Es wurde bereits darauf hingewiesen, dass dadurch durchaus adäquate Lösungen ohne weitere rechtliche Auseinandersetzungen auf dem Kunstmarkt in wahrscheinlich quantitativ hoher Anzahl faktisch erzwungen werden.[985] Daher spricht *Benjamin Lahusen* auch nicht ganz zu Unrecht davon, dass sich das

---

982 Zur Kritik an der Beratenden Kommission insgesamt bspw. Memorandum der Beratenden Kommission NS-Raubgut vom 04.09.2023, S. 1–4; Schönberger, Gerechtigkeit am Recht vorbei?, S. 228–230; vgl. Sophie Schönberger im Interview mit Karich/Woeller, Welt Online vom 23.09.2023. Mangelnde Transparenz insb. beklagend Hannes Hartung im Interview mit Karich/Woeller, Welt Online vom 23.09.2023; vgl. Lahusen, KUR 2022, 91 (97). Vgl. auch Pferdmenges, KUR 2021, 50 (insb. 56–59), welche einem Restitutionsgesetz i. E. aber dennoch abgeneigt ist.

983 Kritisch zu dieser Jayme, KUR 2022, 54 (56). Darüber hinaus dazu bereits ausführlich unter § 5.I.2., S. 278 Fn. 977.

984 Schönberger, Gerechtigkeit am Recht vorbei?, S. 230 f.; Schönberger, NS-Raubkunst, S. 122–126.

985 Dazu bereits ausführlich unter § 5.I.2., S. 278 f.

bestehende „soft law“ inzwischen so sehr verfestigt hat, dass es nahezu „normales Recht“[986] geworden ist.[987] Zudem umschiffen „soft law“-Lösungen die Frage verfassungsrechtlicher Zulässigkeit häufig, auch wenn sie allein aufgrund ihrer mittelbaren Eingriffswirkung freilich nicht im vollkommen „(verfassungs-) rechtsfreien Raum“ stehen, wie man vielleicht auf den ersten Blick annehmen könnte. Wenn „soft law“-Lösungen auch Private adressieren sollten (was sie derzeit selten tun, da die Washingtoner Erklärungen und ihre Konkretisierungen prinzipiell nur öffentliche Einrichtungen adressieren), dann wäre dieser Eingriff in Art. 14 GG aber mangels Verbindlichkeit verfassungsrechtlich sicherlich zulässig. Ein weiterer Vorteil des „soft law“ ist, dass es relativ unabhängig von anderen Rechtsinstituten formuliert werden kann und daher kein komplexes Gesamtsystem berücksichtigt werden muss, um unbeabsichtigte Nebeneffekte zu vermeiden, wie es bspw. im allgemeinen Zivilrecht der Fall wäre. All dies lässt es nicht verwunderlich erscheinen, dass „soft law“-Lösungen schließlich auch rechtspolitisch gesehen am einfachsten realisierbar und durchsetzbar sind.

Nachdem die wesentlichen „soft law“-Konzepte bisher ausschließlich auf NS-Raubkunst abzielen, könnte daher nach alledem zu überlegen sein, ob diese nicht „eins zu eins“ auf kritische Provenienzen im Kontext von SBZ und DDR übertragen werden sollten. Dies wäre zumindest „rechtstechnisch“ auch leicht umsetzbar, da die deutschen Konkretisierungen der Washingtoner Erklärung einfach noch auf diese zusätzlichen Provenienzen ausgedehnt werden müssten. Dabei könnte man zudem auch anknüpfen an die „Potsdamer Erklärung“[988] aus dem Jahr 2011, die ähnliches bereits versuchte. Sie wurde am Ende einer der ersten institutionalisierten Tagungen zum Thema Kulturgutverluste SBZ/DDR überhaupt, der im Mai 2011 stattgefundenen Tagung „Kunst gegen Valuta – Der staatliche Ausverkauf von Kunst und Antiquitäten zur Devisenbeschaffung in der DDR“ im Haus der Brandenburgisch-Preußischen Geschichte in Potsdam, formuliert.[989] Inhaltlich fordert sie in Anlehnung an die Washingtoner Erklärung ebenfalls „faire und gerechte Lösungen“, verlangt aber konkret (zunächst) keine Rückgaben, sondern v. a. die Identifizierung betroffener Kulturgüter durch verstärkte Forschung auf diesem Bereich sowie die Einrichtung eines zentralen Registers. Auch *Bischof* befürwortete bereits, die von der Washingtoner Erklärung und ihren deutschen Konkretisierungen bekannten politischen Absichtserklärungen zumindest dem Grundsatz nach auch auf kritische Provenienzen aus SBZ und DDR zu übertragen.[990] Über all dies hinaus ist auch zu sehen, dass als „soft law“

---

986 Lahusen, KUR 2022, 91 (96).

987 Hüttemann/Ruwert, Kulturgutentzug und Stiftungsrecht, S. 55.

988 Abgedruckt im Tagungsbericht von Kotowski, KUR 2011, 165 (167).

989 Kotowski, KUR 2011, 165 (165).

990 Bischof, Kunstexporte im Kalten Krieg, S. 143 f.; vgl. Deinert, Podiumsdiskussion, S. 293.

im weitesten Sinne auch die (verstärkte) Bereitstellung von finanziellen Mitteln verstanden werden kann – bspw. zur intensivierten Forschung auf diesem Gebiet, aber ggf. auch zur Einrichtung eines gesonderten Entschädigungsfonds[991].

All diese Überlegungen sollten aber nicht darüber hinwegtäuschen, dass eine reine „soft law"-Lösung vermutlich nur zu derselben unbefriedigenden Situation führen würde wie die NS-Raubkunst betreffend.[992] Die mannigfaltige Kritik daran ist nicht zu übersehen und trifft inhaltlich weitestgehend zu (soweit sie nicht ins Gegenteil ausschlägt, den „soft law"-Vehikeln jegliche berechtigte Funktion abspricht und deshalb häufig kurzgedachte „hard law"-Lösungen fordert). Daher sollte die Aufnahme kritischer SBZ/DDR-Provenienzen nicht ohne gleichzeitige Reformierung der bestehenden „soft law"-Konzepte erfolgen. Diese Aufnahme kann dabei durchaus auch die Gelegenheit für eine solche grundlegende Reform über SBZ/DDR-Provenienzen hinaus geben. Unter Berücksichtigung aller vorgebrachten Gesichtspunkte für und wider „soft law", kann eine solche Reform aber nicht zu „fairen und gerechten" Lösungen führen, wenn sie allein im Bereich des „soft law" bleibt. Dies würde in unterschiedlichem Maße immer auch „zufällige" Ergebnisse produzieren, die bspw. von der medialen Aufmerksamkeit für den konkreten Einzelfall abhängig wären, was auch Fragen im Angesicht des Gleichheitssatzes aus Art. 3 Abs. 1 GG aufwerfen dürfte. Auch fehlt derzeit die starke demokratische Legitimation eines Parlamentsgesetzes, welches auch i. S. d. Wesentlichkeitsvorbehaltes zu befürworten wäre.[993] Ein weiteres Fehlen jeglicher gesetzlicher (Rahmen-) Regelung würde die Akzeptanz von „soft law"-Lösungen daher weiter auf sehr niedrigem Niveau halten und die bestehenden Probleme nicht wirklich aus der Welt schaffen.

III. „Hard law"-Rahmen mit „soft law"-Inhalt?: Vorschlag für ein allgemeines Restitutionsgesetz

In der Gesamtschau der vorhergehenden Ausführungen lässt sich *in Bezug auf die Kulturgutverluste Privater infolge der Vollstreckung von Steuerforderungen in der DDR* (und ggf. Kulturgutverluste in SBZ und DDR allgemein) festhalten, dass Reformbedarf besteht, aber sowohl eine reine „hard law"-Lösung als auch eine reine „soft law"-Lösung keine angemessene Reformoption darstellen. Reine „hard

---

991 So bspw. Raue/Stang, Süddeutsche Zeitung vom 22.06.2023, 9.

992 Vgl. Finkenauer/Thiessen, Kunstraub für den Sozialismus, S. 145.

993 Berking, KUR 2019, 179 (180); Lahusen, KUR 2022, 91 (96); Schönberger im Interview mit Karich/Woeller, Welt Online vom 23.09.2023. (Nicht allein) Deshalb sehr scharf und umfassend die praktizierten *soft law*-Lösungen kritisierend Kiechle, NJOZ 2011, 193 (205).

law"-Lösungen, die – unmittelbar oder mittelbar – verbindliche Herausgabeansprüche zugunsten der ursprünglichen Eigentümer (bzw. deren Rechtsnachfolgern) begründen, wären schon vom Ansatz her rechtspolitisch zweifelhaft und jedenfalls verfassungswidrig.[994] Ebenso wären aber reine „soft law"-Lösungen entsprechend der derzeitigen „Rechtslage" betreffend NS-Raubkunst unbefriedigend, da sie zu sehr im luftleeren Raum schweben, um Rechtsklarheit und -frieden zu schaffen, und darüber hinaus verfassungsrechtlich zumindest auch nicht vollkommen unbedenklich sind.

Daraus ergibt sich, dass für diese Fälle (und ggf. Kulturgutverluste in SBZ und DDR allgemein) lediglich die Mischlösung eines „hard law"-Rahmens mit „soft law"-Inhalt rechtspolitisch sinnvoll und verfassungsrechtlich zulässig wäre.[995] Diese sollte in einem allgemeinen Restitutionsgesetz verwirklicht werden, dessen Eckpfeiler im Folgenden hinsichtlich grundlegender Konzeption (1.), allgemeinen Teil des Gesetzes (2.) und besonderen Teil des Gesetzes (3.) skizziert werden. Abgerundet wird dieser Vorschlag mit weiteren Anregungen für darüber hinausgehende Maßnahmen außerhalb eines solchen Gesetzes (4.).

1. Grundlegende Konzeption

Es wird ein allgemeines Restitutionsgesetz verabschiedet.[996] Dieses regelt dementsprechend nicht nur den Umgang mit kritischen Provenienzen im Zusammenhang mit SBZ und DDR, sondern auch die Rechtslage in Bezug auf NS-Raubkunst und koloniale Verlustkontexte.[997]

---

994 Vgl. Finkenauer/Thiessen, Kunstraub für den Sozialismus, S. 147 f.

995 Ein ähnliches Restitutionsgesetz („hard law"-Rahmen mit „soft law"-Inhalt) könnte nach einem Referat von Markus Müller-Chen auf der Tagung Kunst & Recht 2022 in Basel demnächst in der Schweiz avisiert werden, vgl. Schüpbach, KUR 2022, 117 (121–123).

996 Derzeitiger Anknüpfungspunkt könnte der aktuelle Antrag des Freistaates Bayern auf Entschließung des Bundesrates „Für ein Restitutionsgesetz – Umgang mit NS-verfolgungsbedingt entzogenem Kulturgut normieren" sein, BR-Drs. 420/23 (Antrag des Freistaates auf Entschließung des Bundesrates „Für ein Restitutionsgesetz").

997 Finkenauer/Thiessen, Kunstraub für den Sozialismus, S. 147 bezeichnen ein „umfassendes Restitutionsgesetz" als „unerreichbares Ideal". Dem ist zuzustimmen, soweit es sich – wie von den beiden Autoren zu Recht dezidiert abgelehnt – um ein „Bundesrückerstattungsgesetz 2.0" oder ein „Vermögensgesetz 2.0" handeln würde. Vorliegend wird aber ein gänzlich neues Regelungskonzept vorgeschlagen, dessen Realisierung insb. aus rechtspolitischen Gründen zwar ebenfalls gewagt erscheinen mag, welches aber zumindest nicht an den unüberbrückbaren Hürden einer Neuauflage der genannten Gesetze scheitern muss. Finkenauer/Thiessen, Kunstraub für den Sozialismus, S. 149–159, stellen demgegenüber einen eigenen Gesetzesentwurf vor, der v. a. öffentliche Rechtsträger vor den Strickfallen des Haushaltsrechts bei Herausgaben kritischer Provenienzen bewahren soll. Aufgrund des Schwerpunkts dieser Arbeit wird im folgenden Ge-

Es handelt sich um ein Bundesgesetz. Die Gesetzgebungskompetenz des Bundes folgt kraft der Natur der Sache. Bei allen drei Verlustkontexten handelt es sich nämlich nur vordergründig um kulturpolitische Fragen. Im Kern der Sache geht es um die Aufarbeitung der gesamtdeutschen Vergangenheit in Bezug auf die Kolonien des Deutschen Kaiserreiches, der historisch singulären Verbrechen der NS-Diktatur und der sozialistischen Gewaltherrschaft in der SBZ und DDR.[998] Eine solche Aufgabe muss in allererster Linie dem bundesdeutschen Gesetzgeber und nicht den Ländern, welche während der zwei deutschen Diktaturen überhaupt nicht bestanden haben, zukommen. Zudem streiten daneben auch die konkurrierenden Bundesgesetzgebungskompetenzen des Art. 74 Abs. 1 Nr. 1 Var. 1 GG (bürgerliches Recht) und Art. 74 Abs. 1 Nr. 9 Alt. 2 GG (Wiedergutmachung)[999] für die Bundeszuständigkeit. Neben dem gesamtgesellschaftlichen Interesse an Aufarbeitung betrifft das allgemeine Restitutionsgesetz nämlich das Individualinteresse an Eigentumszuordnung. Ob dies *im engeren Sinne* bürgerlich-rechtlich geregelt wird oder nicht, kann für die Frage der Gesetzgebungszuständigkeit keine entscheidende Rolle spielen.[1000]

Das allgemeine Restitutionsgesetz hat einen allgemeinen Teil, der für alle drei Restitutionsbereiche gleichermaßen gilt, und drei besondere Teile (die ggf. auch sukzessive erlassen werden können, um die unvermeidlichen Detaildiskussionen abzuschichten) mit differenzierten Detail-Regelungen für jeweils einen Restitutionsbereich. Sowohl der allgemeine Teil als auch die besonderen Teile enthalten sowohl verfahrensrechtliche als auch materiellrechtliche Regelungen.

---

setzentwurf kein Fokus auf das Haushaltsrecht geworfen, allerdings müsste dies bei Realisierung des Gesetzentwurfs selbstverständlich flankierend berücksichtigt werden.

998 Vgl. Lahusen, KUR 2022, 91 (96 f.).

999 Ebenso Finkenauer/Thiessen, Kunstraub für den Sozialismus, S. 146.

1000 All dies steht nicht im Widerspruch dazu, dass für das Land Nordrhein-Westfalen am 01.01.2022 das Kulturgesetzbuch für das Land Nordrhein-Westfalen – Kulturgesetzbuch – (KulturGB NRW), erlassen als Art. 1 des Gesetzes zum Erlass eines Kulturgesetzbuches sowie zur Änderung und Aufhebung weiterer Vorschriften – Kulturrechtsneuordnungsgesetzes – vom 01.12.2021, GV. NRW. S. 1353, in Kraft trat. Dieses Gesetz adressiert kulturpolitische Aufgaben im engeren Sinne, vgl. § 2 KulturGB NRW. Auch § 5 KulturGB ändert daran nichts, da dadurch v. a. ein Bekenntnis zur Washingtoner Erklärung für die öffentlichen Sammlungen des Landes Nordrhein-Westfalen geleistet wird, welches in seinem genauen Umfang unklar bleibt, Stephany, KUR 2022, 60 (65). Erfreulich ist allerdings, dass durch § 5 Abs. 3 KulturGB NRW erstmals ausdrücklich auch kritische Provenienzen aus SBZ und DDR vom Umfang der Norm erfasst werden, und dies gerade in einem Gesetz eines westdeutschen Bundeslandes.

2. Allgemeiner Teil („hard law"-Rahmen)

Im allgemeinen Teil wird eine Bundesbehörde vorgesehen, die für Streitschlichtungen und – je nach Ausgestaltung im besonderen Teil, dazu sogleich – ggf. auch verbindliche Streitentscheidungen zuständig ist. Diese Behörde wird gerichtsähnlich[1001] aufgebaut, es finden sich im allgemeinen Teil Vorschriften zur Anzahl (bspw. drei Gremien entsprechend der drei Restitutionsbereiche) und Besetzung der Schlichtungs- bzw. Entscheidungsgremien. Die Gremien sind mit einem festen Proporz bspw. aus jeweils einem Historiker, einem Kunstwissenschaftler, einem Juristen sowie jeweils einem Vertreter von Opferverbänden, Museen und Auktionshäusern besetzt (also insgesamt sechs Mitglieder). Die für mehrere Jahre ernannten Mitglieder müssen eine nachgewiesen hohe Expertise bzw. hohes gesamtgesellschaftliches Ansehen besitzen, sind in ihrem Stimmverhalten unabhängig und werden für ihren Aufwand entschädigt.

Als Alternative zur Einrichtung einer Behörde könnte grds. auch die Einrichtung eines institutionellen Schiedsgerichts angedacht werden. Allerdings erweisen sich Schiedsgerichte bei genauerer Betrachtung als weniger geeignet für die Konfliktlösung im Bereich von Kulturgütern mit kritischen Provenienzen. Schiedsgerichte setzen grds. eine Schiedsvereinbarung zwischen den Parteien voraus (vgl. §§ 1029–1033 ZPO) und sind insofern nicht von vornherein einseitig anrufbar, was auch bereits ein wesentlicher Kritikpunkt an der derzeitigen Beratenden Kommission ist. Darüber hinaus sind schiedsgerichtliche Entscheidungen grds. bindend (vgl. § 1055 ZPO) und können rglm. von staatlichen Gerichten für vollstreckbar erklärt werden (vgl. § 1060 ZPO), was aus den genannten Gründen zumindest in Bezug auf kritische Provenienzen aus SBZ und DDR eher keine geeignete Form der Konfliktbeilegung ist. Weiterhin finden schiedsgerichtliche Verfahren häufig unter Ausschluss der Öffentlichkeit statt (was von kommerziellen Parteien gerade auch als einer ihrer primären Vorteile angesehen wird) – eine transparente Entscheidungsfindung wird in Bezug auf die Beratende Kommission aber auch immer wieder

---

1001 Eine Streitentscheidung durch exekutive Staatsorgane führt – im Übrigen wie auch bereits bzgl. der bestehenden Beratenden Kommission – zu einem gewissen Spannungsfeld zur Gewaltenteilung (Art. 20 Abs. 2 S. 2, Abs. 3 GG), dem Justizgewähranspruch (Art. 92 Hs. 1 GG) und dem Recht auf den gesetzlichen Richter (Art. 101 Abs. 1 S. 2 GG), da die „rechtsprechende Gewalt" danach „den Richtern" anvertraut ist. Unabhängig von der Frage, was das GG unter „Rechtsprechung" i. d. S. aber versteht, können behördliche (Vor-) Verfahren zur „Streitentscheidung" (im weiteren Sinne) – wie sie ja bereits üblich sind – eine gerechtfertigte Beschränkung insb. des Justizgewähranspruchs darstellen, soweit sie bestimmten Verfahrensanforderungen entsprechen und keine letztverbindlichen Entscheidungen, die in Rechtskraft erwachsen können, fällen. Vgl. paradigmatisch Papier/Schröder, ZfBR 2013, 731 (731–739), welche dies in Bezug auf die Verfassungskonformität der Adjudikation – einem wiederholt diskutierten, außergerichtlichen Konfliktlösungsmechanismus in privaten Baurechtsstreitigkeiten – ausführen.

angemahnt, die Öffentlichkeit sollte daher gerade verstärkt hergestellt werden.[1002] Insgesamt betreffen bereits etablierte institutionelle Schiedsgerichte außerdem nahezu ausschließlich kommerzielle oder sportliche Streitigkeiten, sodass keine der Öffentlichkeit bekannte Institution mit „Vertrauensvorschuss" im Bereich von Streitigkeiten über Kulturgüter existieren würde.[1003] Darüber hinaus liegt die Auswahl der Schiedsrichter oft in der Hand der Parteien (vgl. §§ 1034, 1035 ZPO), was bzgl. kritischer Provenienzen zugunsten einheitlicher Entscheidungen – ebenso wie Ad-hoc-Gerichte – eher vermieden werden sollte. Schließlich dienen Schiedsgerichte in der Gesamtschau primär dem Interesse der Parteien an einer schnellen und sachgerechten Entscheidung, während Aspekte des öffentlichen Interesses bei der schiedsgerichtlichen Entscheidungsfindung nur eine, wenn überhaupt, untergeordnete Rolle spielen können und sollen. Zwar könnte man die genannten „Schwächen" der Schiedsgerichtsbarkeit in Bezug auf die Konfliktlösung im Bereich von Kulturgütern mit kritischen Provenienzen durch gesetzliche Sonderregelungen abfedern, würde sich dadurch aber so weit vom Leitbild des Schiedsverfahrens entfernen, dass eine behördliche Lösung von vornherein vorteilhafter erscheint.[1004]

Die Bundesbehörde kann einseitig angerufen werden. Sie kann immer dann angerufen werden, wenn der Antragssteller eine kritische Provenienz eines konkreten Kulturgutes im Zusammenhang mit den drei Restitutionsbereichen substantiiert darlegen kann. Darüber hinaus muss der Antragssteller substantiiert darlegen, dass entweder er oder einer seiner Rechtsvorgänger sich im Zeitpunkt des potenziellen Verlustkontextes im Besitz des Kulturgutes befanden oder aber er selbst derzeit im Besitz des Kulturgutes ist. Die Anforderungen an eine „substantiierte Darlegung" sind dezidiert niedrigschwellig im Sinne einer reinen Plausibilitätskontrolle auszuformen, damit sollen lediglich missbräuchliche Verfahren verhindert werden.

1002 Weller, SchiedsVZ 2019, 5 (6–9) nennt dies als Hauptgrund, warum Streitigkeiten um Kulturgüter selten vor Schiedsgerichten ausgetragen werden. Er hebt hervor, dass die Öffentlichkeit in diesen Streitigkeiten aus strategischen Gründen häufig auch bewusst von einer Partei gesucht wird („stage for drama and a powerful way of speaking to the public", Weller, SchiedsVZ 2019, 5 (7 f.)). Warum Raue, SchiedsVZ 2019, 1 (2–4), dagegen meint, dass sich Schiedsverfahren im Restitutionsbereich anbieten, obwohl er selbst auf die Probleme der einseitigen Anrufbarkeit und der Verbindlichkeit hinweist (und das Problem der fehlenden Öffentlichkeit ausblendet), bleibt unklar. Dass einer Streitigkeit „soft law" „zu Grunde liegt" ist kein typisches Merkmal von Schiedsverfahren. In anderen kunstrechtlichen Streitigkeiten (bspw. über die Authentizität eines Bildes, so auch Weller, SchiedsVZ 2019, 5 (6)) mögen sich Schiedsverfahren dagegen gerade deshalb anbieten, weil sie hinter verschlossenen Türen durchgeführt werden können (und rglm. auch werden).

1003 Vgl. Raue, SchiedsVZ 2019, 1 (1, 3); Weller, SchiedsVZ 2019, 5 (5). Der 2018 gegründete, niederländische Court of Arbitration for Art (CAfA), auf den auch Raue, SchiedsVZ 2019, 1 (4), hinweist, hat sich bisher wenig etabliert.

1004 Zu alledem Raue, SchiedsVZ 2019, 1 (insb. 2–4); Weller, SchiedsVZ 2019, 5 (insb. 6–9). Darüber hinaus instruktiv zur Schiedsgerichtsbarkeit allgemein Rudkowski, JuS 2013, 398 (insb. 398–400).

Das Verfahren ist unabhängig davon, ob sich das Kulturgut derzeit in öffentlichem oder privatem Besitz befindet, einleitbar. Überdies wird ein Sonderverfahren vorgesehen, wenn ein Kulturgut nicht auffindbar ist. Zweck dieses Sonderverfahrens kann die Beweissicherung oder auch eine Entschädigung aus einem gesondert einzurichtenden Entschädigungsfonds sein.

Es folgen allgemeine Verfahrensregeln. Dabei wird der Untersuchungsgrundsatz zugrunde gelegt, welcher freilich nicht uneingeschränkt gilt, sondern vom Maß der Substantiierung durch den Antragssteller abhängig ist (allerdings dürfen auch diese Anforderungen nicht unrealistisch hoch sein). Es werden ausdifferenzierte Ermittlungsbefugnisse vorgesehen, z. B. kann das Gremium unter entsprechend hohen Voraussetzungen das Kulturgut beschlagnahmen lassen. Zur Erforschung der Tatsachen kann das Gremium u. U. auf die Unterstützung des DZK und anderer allgemein zugelassener Institutionen zurückgreifen sowie das Verfahren dafür ggf. auch aussetzen. Wichtig ist allerdings, dass die Tatsachenbewertung und die sich anschließende Schlichtung bzw. Entscheidung allein dem Gremium obliegt.[1005]

Im Anschluss folgen die allgemeinen materiellen Schlichtungs- bzw. Entscheidungskriterien, die für alle drei Restitutionsbereiche gleichermaßen gelten. Oberster Maßstab sollten bei allen drei Restitutionsbereichen „faire und gerechte Lösungen" sein. Konkretisierende Faktoren dafür können Ausmaß des Unrechts im konkreten Einzelfall, Zeitablauf, Umstände des Erwerbs des aktuellen Besitzers, Entschädigungsmöglichkeiten etc. sein.

Sowohl Schlichtungsempfehlungen als auch Entscheidungen müssen begründet werden. Nur letztere ergehen als Verwaltungsakt, dennoch kann auch die Schlichtungsempfehlung mittels Feststellungsklage verwaltungsprozessual angegriffen werden, wobei dafür eine Klagefrist entsprechend der Anfechtungsklage vorgesehen ist. Der gerichtliche Rechtsschutz erfolgt bei einem zentralen Gerichtsstand. Aufgrund von Beurteilungsspielräumen auf Tatbestandsseite und Ermessensspielraum auf Rechtsfolgenseite erfolgt die gerichtliche Kontrolle allerdings stark eingeschränkt. „Bestandskräftige" Schlichtungsempfehlungen bzw. Entscheidungen werden veröffentlicht. Auch wenn die Schlichtungsempfehlung kein Verwaltungsakt ist, ist sie insoweit verbindlich, als kein erneuter Antrag auf Schlichtung gestellt werden kann.

Abschließend befinden sich im allgemeinen Teil (oder in den wiederum allgemeinen Schlussregelungen) weitere Regelungen zur Transparenz (bspw. Vorschriften

1005 Vgl. Stellungnahme des Arbeitskreises Provenienzforschung e. V. vom 15.09.2023 zum Memorandum der Beratenden Kommission NS-Raubgut vom 04.09.2023, abrufbar unter <https://www.arbeitskreis-provenienzforschung.org/stellungnahme-des-arbeitskreises-provenienzforschung-e-v-zu-reformueberlegungen-zur-rueckerstattung-von-ns-raubgut/> (zuletzt aufgerufen am 01.03.2024).

zur Evaluation und Statistik) sowie zum Verhältnis zu anderen gesetzlichen Regelungen. Das allgemeine Restitutionsgesetz sollte dabei vollkommen unabhängig neben dem allgemeinen Zivilrecht stehen (weder sperrt es Letzteres noch führt es zu einer irgendwie gearteten Auslegungsänderung bspw. bei der Vindikationsverjährung).

3. Besonderer Teil im Restitutionsbereich SBZ und DDR („soft law"-Inhalt)

Im Besonderen Teil in Bezug auf den Restitutionsbereich SBZ und DDR werden zunächst die speziellen materiellen Entscheidungskriterien, an denen sich das Gremium zu orientieren hat, ausgestaltet. Dabei werden auch Fallgruppen vorgesehen, bei denen ein restitutionsberechtigender Kulturgutverlust im Sinne einer Beweislastumkehr vermutet wird. Eine dieser Fallgruppen betrifft die in dieser Arbeit behandelten Kulturgutverluste infolge der Vollstreckung von Steuerforderungen in der DDR.

Sodann wird die wichtigste Weichenstellung für Kulturgutverluste in SBZ und DDR normiert, nämlich, dass dem Gremium dieses Restitutionsbereichs ausschließlich die Möglichkeit einer unverbindlichen Schlichtungsempfehlung zukommt. Verbindliche Entscheidungen über Restitutionen kann das Gremium hier nie treffen, das allgemeine Restitutionsgesetz begründet somit keinerlei – weder unmittelbar noch mittelbar – Rechtsanspruch auf Herausgabe der Kulturgüter mit kritischer Provenienz aus SBZ und DDR. Ein solcher kann weiterhin nur unter den schwierigen Voraussetzungen des VermG bzw. des allgemeinen Zivilrechts erfolgen und bleibt damit heute aller Voraussicht nach eher Theorie als Praxis. Grund für diese Ausgestaltung sind die dargestellten rechtspolitischen und verfassungsrechtlichen Zweifel an der Neubegründung eines Herausgabeanspruchs im Bereich SBZ und DDR. Diese Bedenken gelten zwar nicht gleichermaßen für Kulturgüter, die sich heute in öffentlichen Museen befinden,[1006] allerdings wird es für rechtspolitisch ratsam gehalten, hier einen einheitlichen Weg zu wählen. Öffentliche Museen sollten die Schlichtungsempfehlung durch die Ausdehnung der politischen Erklärungen in Bezug auf NS-Raubkunst auch auf Kulturgutverluste in SBZ und DDR ohnehin rglm. freiwillig befolgen.

Im Rahmen der Schlichtungsempfehlung steht dem Gremium ein näher ausgestaltetes Instrumentarium an Befriedungsmöglichkeiten zur Verfügung. Dabei kommt nicht nur die isolierte Empfehlung einer Herausgabe des in Frage stehenden Kulturgutes in Betracht, sondern bspw. auch die Herausgabe gegen Entschädigung des aktuellen Besitzers (oder umgekehrt die Entschädigung des ursprünglichen

1006 Vgl. Wasmuth, ZOV 2017, 178 (179, 181).

Eigentümers bzw. von dessen Rechtsnachfolgern, soweit diese(r) zwar einen Kulturgutverlust zu beklagen hatte(n), aber überwiegende Interessen des aktuellen Besitzers gegen die Herausgabe sprechen). Die Entschädigung erfolgt aus einem neu eingerichteten Entschädigungsfonds, der im allgemeinen Teil näher ausgestaltet wird, und richtet sich grds. nach dem aktuellen Verkehrswert des Kulturgutes, welcher ggf. gutachterlich geschätzt werden muss.

Letztlich handelt es sich bei dem Verfahren in Bezug auf Kulturgutverluste in SBZ und DDR damit (lediglich) um ein gesetzlich vorgesehenes Streitschlichtungsverfahren. Nur am Rande sei bemerkt, dass die Ausgestaltung des besonderen Teils des allgemeinen Restitutionsgesetzes in Bezug auf NS-Raubkunst naheliegenderweise eher von der Möglichkeit verbindlicher Entscheidungen und damit der Begründung echter neuer Herausgabeansprüche Gebrauch machen sollte. Im Rahmen der materiellen Entscheidungskriterien könnten hier z. B. auch die Ergebnisse des Forschungsprojekts „Restatement of Restitution Rules for Nazi-Confiscated Art" an der Rheinischen Friedrich-Wilhelms-Universität Bonn hilfreich sein.[1007]

4. Darüber hinausgehende Maßnahmen außerhalb eines Restitutionsgesetzes

Unbefangene Leser mögen sich angesichts des „bloßen" gesetzlichen Schlichtungsverfahrens (betreffend den Restitutionsbereich SBZ und DDR) die Frage stellen, ob der große Aufwand für ein derartiges Gesetz überhaupt den Nutzen wert ist. Allerdings muss gesehen werden, dass damit im Restitutionsbereich SBZ und DDR überhaupt erstmals eine Möglichkeit geschaffen werden würde, Streitigkeiten, die aus diesem historischen Unrecht resultieren, über die engen Grenzen des verbindlichen Rechts des VermG und des BGB hinaus einer ausgewogenen Lösung zuzuführen. Dabei würden auch die zu Recht vorgebrachten Hauptkritikpunkte an der derzeitigen Situation rund um die Beratende Kommission berücksichtigt werden: klare Verfahrensregeln, einseitiges Anrufungsrecht, Transparenz, demokratische Legitimation. Das würde die Akzeptanz einer solchen Institution voraussichtlich so weit stärken, dass neben den öffentlichen Museen auch der Kunstmarkt und alle bedeutenden Privatsammler um die Beachtung dieses Verfahrens nicht mehr herumkommen würden. Die monetäre Wertlosigkeit eines Kulturgutes würde bei Nichtbeachtung vermutlich manifestiert werden.

Klar ist aber auch, dass ein solches Gesetz im Prinzip nur ein Zwischenschritt zum ganz großen Wurf einer internationalen Lösung sein kann. Der Fall *Meißner* verdeutlicht, dass auch Kulturgüter aus dem Restitutionsbereich SBZ und DDR heute global verteilt sind. Solche Fälle können nicht durch ein nationalstaatliches

---

1007 Dazu Weller/Dewey, KUR 2019, 170.

Gesetz adäquat gelöst werden. Deshalb wäre es am wichtigsten, dass sich zumindest die Staaten der Washingtoner Erklärung erneut beraten und eine internationale Kommission zur Konfliktlösung in solchen Fällen avisieren.[1008] Zu begrüßen ist in diesem Kontext, dass sich die fünf aus der Washingtoner Erklärung hervorgegangenen nationalen Kommissionen (Deutschland, Frankreich, Vereinigtes Königreich, Niederlande, Österreich) am 01.01.2019 immerhin bereits zu einem europäischen Netzwerk verbunden haben.[1009]

Darüber hinaus muss berücksichtigt werden, dass selbst im rein nationalen Kontext das hier vorgeschlagene allgemeine Restitutionsgesetz auch nicht ausreichen kann. Bereits geleistete Entschädigungen nach dem EntschG müssen in Bezug auf Kulturgüter rückwirkend erhöht werden. Ausschlaggebend sollte dabei der damalige Verkehrswert ohne rigide Beschränkung der Höhe nach oben sein. Weiterhin liegt die Aufarbeitung kritischer Provenienzen aus dem Restitutionsbereich SBZ und DDR mit zunehmendem Zeitablauf weniger im Individualinteresse an Eigentumszuordnung als im Allgemeininteressen an Vergangenheitsaufarbeitung.[1010] Dies kommt bereits im Rahmen des Vorschlags für ein allgemeines Restitutionsgesetz an mehreren Stellen zum Ausdruck, zuvörderst durch die Nichtverbindlichkeit der Schlichtungsempfehlungen. Darüber hinaus sollten im Allgemeininteresse aber weitere Maßnahmen ergriffen werden. Dazu zählt zuerst die verstärkte finanzielle Förderung von Forschungsvorhaben auf dem Gebiet kritischer Provenienzen im Zusammenhang mit SBZ und DDR. Öffentliche Museen v. a. auch in Westdeutschland sollten (notfalls) zumindest anlassbezogen[1011] verpflichtet werden, ihre Sammlungsbestände in dieser Hinsicht zu untersuchen, da dies im Gegensatz zu ostdeutschen Museen bislang leider kaum erfolgte – obwohl die Exporte der Kunst und Antiquitäten GmbH ja gerade nach Westdeutschland erfolgten. Zudem sollte die Erläuterung solcher kritischen Provenienzen unter ausgestellten Werken in allen Museen ebenso zum guten Ton gehören wie die Erläuterung anderer kritischer Provenienzen. Auch ein Auskunftsanspruch wie im aktuellen Koalitionsvertrag avisiert[1012] sowie eine (rückwirkende und zukünftige) statistische Erfassung

---

1008 Dieser Gedanke beruht auf den Diskussionsbeiträgen von *Henry Deuschl* im Doktorandenkolloquium von MARTIN LÖHNIG, Inhaber des Lehrstuhls für Bürgerliches Recht, Deutsche und Europäische Rechtsgeschichte und Kirchenrecht an der Fakultät für Rechtswissenschaften der Universität Regensburg, am 13.07.2023.

1009 WELLER, Beratende Kommission, S. 525 f.

1010 Zur gesamtgesellschaftlichen Relevanz der Aufarbeitung von Kulturgutverlusten bereits einleitend ausführlich unter § 1.I., S. 20 f.

1011 Eine „flächendeckende Provenienzforschung" auf kritische Provenienzen im Zusammenhang mit SBZ und DDR halten FINKENAUER/THIESSEN, Kunstraub für den Sozialismus, S. 149, wohl zu Recht für „unrealistisch".

1012 Koalitionsvertrag für die 20. Legislaturperiode, S. 125. Daneben würde die hier vorgeschlagene Reform auch den „zentralen Gerichtsstand" und eine „Stärkung" der Beratenden Kommission

der Restitutionen nach dem VermG sowie außerhalb gesetzlicher Bahnen (insb. auf dem Kunstmarkt und freiwillig durch Museen) könnte angedacht werden[1013]. Schließlich muss die Lost Art-Datenbank einen neuen gesetzlichen Rahmen erhalten,[1014] der ebenfalls ein Streitschlichtungsverfahren vorsieht, und für kritische Provenienzen im Zusammenhang mit SBZ und DDR geöffnet werden[1015]. Durch all diese Maßnahmen ist zu hoffen, dass kritische Provenienzen im Zusammenhang mit SBZ und DDR in Zukunft mehr öffentliche Aufmerksamkeit zuteilwird als bisher.

als Vorhaben dieses Koalitionsvertrages aufgreifen. Die „Verjährung des Herausgabeanspruchs [auszuschließen]" wird wie dargestellt dagegen nicht als sinnvoll erachtet – jedenfalls nicht in Bezug auf Kulturgutverluste im Kontext von SBZ und DDR.

1013 Vgl. Weller, Beratende Kommission, S. 527 Fn. 20.

1014 Lahusen, NJW 2023, 2396 (2401).

1015 So auch *Bischof* laut Förster, Frankfurter Rundschau vom 26.01.2015, 20.

§ 6. Zusammenfassung der wesentlichen Ergebnisse

In der Einleitung wurden unter § 1.II. die drei zentralen Fragestellungen dieser Arbeit formuliert, deren Beantwortung damit zugleich die Zielsetzung dieser Arbeit darstellt. **Im Gesamtergebnis** lassen sich diese drei Kernfragen wie folgt beantworten:

1. *Wer ist Eigentümer der infolge der oben beschriebenen Steuerverfahren entzogenen Kulturgüter?* – Die privaten Kunsthändler und -sammler, in deren Eigentum die Kulturgüter während der DDR ursprünglich standen, haben ihr Eigentum nach DDR-Recht wirksam an die Kunst und Antiquitäten GmbH verloren. Nach bundesdeutschem Recht ist dieser Eigentumsübergang wegen einer Verletzung der rechtsstaatlichen Vorbehaltsklausel des *ordre public* allerdings nicht anzuerkennen. Eigentümer der Kulturgüter sind nach heutigem bundesdeutschen Recht i. d. R. dennoch nicht mehr die privaten Kunsthändler und -sammler, sondern Dritte aufgrund gutgläubigen Erwerbs gem. §§ 929 S. 1, 932, 935 Abs. 2 BGB bzw. gem. § 54 Abs. 2, 3 GIW oder Ersitzung gem. § 937 Abs. 1 BGB.
2. *Besteht ein durchsetzbarer Herausgabeanspruch in Bezug auf diese Kulturgüter?* – Solange die privaten Kunsthändler und -sammler während der DDR noch Eigentümer ihrer Kulturgüter waren, bestand zu ihren Gunsten ein Vindikationsanspruch nach § 33 Abs. 2 S. 1 ZGB. Ab dem nach DDR-Recht eingetretenen Eigentumsverlust an die Kunst und Antiquitäten GmbH stand ihnen allerdings kein solcher Herausgabeanspruch mehr zu. Ein Vindikationsanspruch stand ihnen nach § 985 BGB grds. erst wieder zu, als die Kulturgüter (und die privaten Kunsthändler und -sammler) die Rechtsgrenze zur BRD überquerten bzw. spätestens ab dem 03.10.1990. Zudem konnte ab der Einführung des VermG ein Vindikationsanspruch nach § 985 BGB grds. infolge eines privatrechtsgestaltenden Verwaltungsakts als Ergebnis eines in einem VermG-Verfahren geltend gemachten Rückübertragungsanspruchs nach § 3 Abs. 1 S. 1 VermG bestehen. Ein solcher Rückübertragungsanspruch wird in der Praxis aber häufig an den zugrundeliegenden verfahrens- wie materiellrechtlich hohen Hürden scheitern, insb. an dem redlichen Erwerb Dritter gem. § 4 Abs. 2 VermG. Zudem kann dem Vindikationsanspruch nach § 985 BGB außerhalb des VermG-Verfahrens die Grundlage entzogen worden sein, weil Dritte aufgrund gutgläubigen Erwerbs gem. §§ 929 S. 1, 932, 935 Abs. 2 BGB bzw. gem. § 54 Abs. 2, 3 GIW oder Ersitzung gem. § 937 Abs. 1 BGB das Eigentum an den Kulturgütern erworben haben (s. o.). Selbst wenn dies ausnahmsweise nicht der Fall sein sollte, wäre der Vindikationsanspruch nach § 985 BGB nicht mehr durchsetzbar, weil er verjährt ist.

3. *Inwiefern müssen und können potenzielle Konflikte um diese Kulturgüter in Zukunft besser gelöst werden?* – Rund um diese Kulturgüter besteht ein hohes Konfliktpotenzial, welches bisher nicht durch eine adäquate Rechtslage adressiert wird. Insofern sollte im Rahmen eines allgemeinen Restitutionsgesetzes („hard law"-Element) ein einheitliches und transparentes Verfahren etabliert werden, um Streitigkeiten über diese Kulturgüter zu schlichten („soft law"-Element"). Die harte „Rückabwicklung der Geschichte", bspw. mittels Neubegründung von Herausgabeansprüchen zugunsten der ursprünglichen Eigentümer der Kulturgüter, ist im Falle der Kulturgutverluste infolge der Vollstreckung von Steuerforderungen in der DDR dezidiert abzulehnen, weil sie rechtspolitisch zweifelhaft und verfassungsrechtlich unzulässig wäre.

Diese Arbeit kommt zur Beantwortung dieser drei Kernfragen und darüber hinaus zu folgenden **wesentlichen Erkenntnissen im Einzelnen:**

Kapitel § 2 (Tatsachengrundlage)

1. Kulturgutverluste stellten ein prägendes Merkmal von SBZ und DDR dar. Dennoch wird ihnen in der öffentlichen Wahrnehmung im Vergleich zur NS-Raubkunst und kolonialen Verlustkontexten kaum Beachtung geschenkt. Begonnen bei den nicht nur qualitativ, sondern vor allem auch quantitativ erheblichen Kulturgutverlusten während der SBZ, lassen sich zwei weitere Schwerpunkte von Kulturgutverlusten zum einen im Reflex der sozialistisch-diktatorischen Ausreisepolitik und zum anderen in der gezielten Beschaffung von kapitalistischen Devisen erkennen. Die zuletzt genannte Fallgruppe der Kulturgutverluste zur Devisenbeschaffung unterscheidet sich von den beiden anderen Fallgruppen dadurch maßgeblich, dass nur hier die Kulturgutverluste das zentrale Motiv des staatlich-diktatorischen Handelns waren. Nur hier gab die Gier nach veräußerbaren Kulturgütern überhaupt den Anlass und die durchgehende Absicht für schematisch geplante sowie durchorchestrierte Kulturgutentziehungen bei Privatpersonen.
2. Handeln und Sammeln von Kulturgütern durch Private wurde in der DDR staatlicherseits mindestens beargwöhnt und im Falle privater Gewerbebetriebe i. d. R. aktiv bekämpft. Dies war dem ideologischen Totalitarismus des SED-Staates geschuldet: Der private Kunsthändler war für die zentrale Planwirtschaft ein Fehlgebilde, der private Kunstsammler ein bürgerlicher oder exzentrischer Abweichler, der sich vor der geistigen Gleichschaltung in seiner Nische verschanzte und damit in der Staatsparanoia gegenüber Individualisten potenziell weniger kontrollierbar bis staatsgefährdend war. Dem staatlichen Kunsthandel kam daher von Anfang an auch die Rolle zu, private Kunsthändler und -sammler zu überwachen und zu verdrängen. Gleichzeitig war der Export von Kulturgütern gegen kapitalistische Devisen bereits seit den 1950er-Jahren ein

zentrales Betätigungsfeld des staatlichen Kunsthandels, was die Schizophrenie der SED-Diktatur veranschaulicht. Durch all dies nahm die Anzahl der privaten Kunsthändler und -sammler im Laufe von SBZ und DDR massiv ab und ließ sich mit dem Niveau in westlichen Ländern daher schnell nicht mehr vergleichen.

3. Der (außen-) wirtschaftliche Abwärtsstrudel der DDR war im Kern dem Umstand geschuldet, dass die SED-Diktatur versuchte, die DDR-Bürger mit einem BRD-referenziell hohen Wohlstandsniveau zu besänftigen und diese gleichzeitig mit hohem Ressourceneinsatz zu überwachen. Für beides konnte die DDR die wirtschaftlichen Voraussetzungen aber aus eigener Kraft nicht bewerkstelligen, da sie dafür wegen der systemimmanenten Schwächen der zentralen Planwirtschaft gegenüber der freien Marktwirtschaft nicht annähernd leistungsfähig genug war. Aufgrund ihres staatlichen Außenhandels- und Devisenmonopols war sie daher in hohem Maße von der Vereinnahmung kapitalistischer Devisen abhängig, um so die – bspw. für die oben genannten Zwecke – nötigen Importe aus kapitalistischen Staaten vornehmen zu können, die ihr eigenes Wirtschaftssystem mangels Leistungsfähigkeit nicht herstellen konnte. Die so einsetzende Verschuldungsspirale gegenüber westlichen Staaten versuchte die SED-Diktatur durch die Gründung des geheimdienstlich organisierten Bereichs Kommerzielle Koordinierung unter der Leitung von *Schalck-Golodkowski* abzuschwächen. Der Bereich hatte den Auftrag, kapitalistische Devisen mithilfe von Betätigungen zu vereinnahmen, die man heute in großen Teilen der organisierten Kriminalität zuordnen würde (bspw. Menschen- und Waffenhandel). Obwohl dem Bereich ein nicht unerheblicher Anteil am Überleben der DDR während ihrer letzten Jahre zukam, konnte sie den Niedergang des SED-Staates nicht aufhalten, weil sie dessen zugrundeliegende, ideologisch verordnete Defizite nicht bereinigte, sondern eher noch verschlimmerte.
4. Die Kunst und Antiquitäten GmbH wurde im Jahr 1973 als verschleierter Teilbetrieb des Bereichs Kommerzielle Koordinierung gegründet und war personell von Mitarbeitern des MfS durchsetzt. Die für Betriebe in der DDR unübliche Rechtsform der GmbH wurde gewählt, um Vertrauen bei westlichen Vertragspartnern zu erwecken. Ursprüngliche Konzeption war, in umfangreichem Maßstab Kulturgüter aus staatlichen Museen auszusondern und gen Westen zu veräußern. Bereits nach kurzer Zeit wurde aber auf die „Akquise" der Kulturgüter von DDR-Bürgern umkonzeptioniert. Dies erfolgte, neben aggressivem Ankauf zu unüblichen Bedingungen, durch fingierte Steuerverfahren gegen private Kunsthändler und -sammler. Das Ziel der Steuerverfahren war, derart hohe Steuerforderungen zu begründen, dass diese nicht beglichen werden konnten und so stattdessen in die werthaltigen Kulturgüter der Betroffenen zu vollstrecken. Insgesamt gab es ca. 200 solcher Steuerverfahren mit jeweils bis zu mehreren tausenden, z. T. qualitativ sehr hochwertigen Kulturgütern. Den

Höhepunkt erreichten die Steuerverfahren Ende der 1970er- und Anfang der 1980er-Jahre. Der Export der Kulturgüter erfolgte v. a. über gewerbliche Abnehmer nach Westeuropa und Nordamerika, dabei wurde auch mit renommierten westlichen Auktionshäusern zusammengearbeitet. Spätestens ab einer Veröffentlichung in der westdeutschen Fachzeitschrift „art" im Jahr 1984 müssen diese Händler allerdings von der kritischen Herkunftsgeschichte der Kulturgüter gewusst haben. Heute befinden sich die Kulturgüter durch Weiterveräußerungen potenziell weltweit.

5. Die Steuerverfahren wurden durch die Kunst und Antiquitäten GmbH und das MfS als maßgebliche Protagonisten von langer Hand geplant. Volkspolizei, Staatsanwaltschaft und Finanzämter waren willige Vollzugsorgane. Nachdem die privaten Kunsthändler und -sammler mit geheimdienstlichen Methoden ausfindig gemacht waren, wurde intern ergebnisorientiert abgesprochen, wie hoch die spätere Steuerschuld derselben ausfallen sollte. Die Höhe orientierte sich dabei am geschätzten Wert der vorzufindenden Kulturgüter. Das Nachbesteuerungs- und Steuerstrafverfahren wurde faktisch durch den sog. „1. Angriff" eingeleitet, bei dem die Betroffenen frühmorgens von den genannten Beteiligten mit einer Wohnungsdurchsuchung überrascht und i. d. R. sofort inhaftiert wurden. Durchsuchungs-, Verhör- und Haftbedingungen waren prekär ausgestaltet und erfolgten über die Maßen zulasten der psychischen und physischen Gesundheit der Betroffenen. Währenddessen wurden die vorgefundenen Kulturgüter von Mitarbeitern der Kunst und Antiquitäten GmbH direkt in deren Lager abtransportiert. Die Betroffenen wurden rglm. zu mehrjährigen Haftstrafen wegen Steuerverkürzung verurteilt und gegen sie ein Nachbesteuerungsbescheid in für DDR-Verhältnisse exorbitanter Höhe erlassen, den diese nicht erfüllen konnten. Infolgedessen wurde in die Kulturgüter vollstreckt, die die Betroffenen i. d. R. nie wieder sehen sollten. Die Fälle *Garcke*, *Schwarz* und *Meißner* stehen stellvertretend für dieses Vorgehen.

Kapitel § 3 (Bewertung nach DDR-Recht)

1. Der „Rechts"kultur einer Diktatur wie der DDR lässt sich schwerlich nur mit Blick allein auf das positive „Recht" und, noch viel weniger, durch die rechtsstaatliche Brille beikommen. Das positive „Recht" der DDR wies zwar dem Wortlaut nach viele Kontinuitäten zum gesamtdeutschen Recht auf, tatsächlich wurde aber durch „unbegrenzte Auslegung", zahlreiche Sondergesetzgebung und einen vom Rechtsnihilismus geprägten „Maßnahmenstaat" mit den für einen Rechtsstaat maßgeblichen Rahmenbedingungen gebrochen (bzw. der bereits vorhandene Bruch aus der NS-Zeit fortgeführt). Allerdings kann die Betrachtung und Anwendung des positiven Rechts einer Diktatur dennoch nützlich sein, wenn zugleich die Grenzen des damit gewonnenen Erkenntnisgewinns Gewahr bleiben: Trotz des grundsätzlichen Bruchs mit der bisherigen

Rechtskultur können dennoch Kontinuitäten bzgl. einzelner Rechtsinstitute bestehen, darüber hinaus ist die Anwendung des positiven Rechts als Vorarbeit zur Anwendung der bundesdeutschen *lex rei sitae* nötig und schließlich enttarnt eine solche Betrachtung den „Doppelstaat" gerade erst und zeigt, auf welcher Seite desselben man in den vorliegenden Fällen steht.

2. Das (Einkommen-) Steuerrecht der DDR wies grds. nicht nur seinem Wortlaut nach, sondern auch in seiner praktizierten Anwendung besonders viele Kontinuitäten zum gesamtdeutschen (Einkommen-) Steuerrecht auf (wenn man den Umstand außer Acht lässt, dass es aufgrund der zentralen Stellung der Staatswirtschaft deutlich weniger praxisrelevant war). Untersuchungsgrundsatz gem. § 204 Abs. 1 AO-DDR, Verjährungsverlängerung gem. § 144 S. 1 Hs. 2 AO-DDR, Definition des Gewerbebetriebs gem. §§ 2 Abs. 3 Nr. 2, 15 Nr. 1 EStG-DDR und Vermögenszuwachsrechnung als Schätzungsmethode gem. § 217 AO-DDR waren keine Besonderheiten des DDR-Steuerrechts, sondern wurzelten im gesamtdeutschen Steuerrecht. Ausnahmen davon bildeten allerdings der fehlende gerichtliche Rechtsschutz in Steuersachen sowie der Einkommensteuertarif K gem. § 32 Abs. 1 EStG-DDR, der nur für private Gewerbetreibende galt.
3. Die Steuerverfahren verstießen eklatant gegen bestehendes DDR-Steuerrecht. Angefangen beim Untersuchungsgrundsatz gem. § 204 Abs. 1 AO-DDR, der vollkommen außer Acht gelassen wurde, indem bspw. die Höhe der Steuerforderungen zuerst festgelegt und anschließend nach der steuerrechtlichen Begründung dafür gesucht wurde. Zudem wurden Beweismittel der Steuerpflichtigen nicht zugelassen und als Wertgutachter der Kulturgüter wurden Mitarbeiter der von der Vollstreckung begünstigten Kunst und Antiquitäten GmbH eingesetzt. Darüber hinaus waren die privaten Kunsthändler und -sammler nicht bzw. nicht in dem Ausmaß, wie ihnen unterstellt wurde, als Gewerbetreibende zu qualifizieren gem. §§ 2 Abs. 3 Nr. 2, 15 Nr. 1 EStG-DDR, hier ersetzte ein ideologischer Generalverdacht gegenüber „Besitzenden" den Nachweis einzelner An- und Verkäufe. Die Vermögenszuwachsrechnung als Schätzungsmethode gem. § 217 AO-DDR war für diese Steuerverfahren vollkommen unpassend und wurde zudem methodisch falsch angewandt unter Aufdeckung aller stillen Reserven. Im Einklang mit dem geltenden DDR-Steuerrecht stand dagegen die Verjährungsverlängerung gem. § 144 S. 1 Hs. 2 AO-DDR, der fehlende gerichtliche Rechtsschutz sowie die Anwendung des Einkommensteuertarifs K gem. § 32 Abs. 1 EStG-DDR, welcher einen extrem progressiven *Durchschnitts*steuersatz für private Gewerbetreibende bereithielt. Dieser lag bspw. bereits bei einem Jahreseinkommen von 75.000 DDR-M bei 75% und endete ab einem Jahreseinkommen von 500.000 DDR-M bei 90%.
4. Die Steuerbescheide waren somit in gravierender Art und Weise rechtswidrig – bereits gemessen am DDR-Steuerrecht. Allerdings kannte dieses kein dem

§ 125 AO entsprechendes Nichtigkeitsdogma für solch gravierend rechtswidrigen Steuerbescheide. Diese waren abgesehen von Bekanntgabe- und Zuständigkeitsfehlern daher unbegrenzt wirksam, was auch eher der „Rechts“wirklichkeit der in der DDR praktizierten „Rechts“kultur entsprach. Die hier relevanten Steuerbescheide an die privaten Kunsthändler und -sammler in der DDR waren daher ebenfalls wirksam nach DDR-Recht.

5. Die Vollstreckung der Steuerbescheide erfolgte – wiederum gemessen am DDR-Recht – ebenfalls rechtswidrig. Insbesondere hätten die Kulturgüter nach § 122 Abs. 1 ZPO-DDR nicht im Wege des freihändigen Verkaufs von den Finanzämtern an die Kunst und Antiquitäten GmbH verkauft werden dürfen, da der freihändige Verkauf für diese Fälle überhaupt nicht vorgesehen war. Zudem erfolgten weitere Verstöße gegen § 5 Abs. 2 VollstreckungsVO (allgemeine Unverhältnismäßigkeit), § 5 Abs. 3 VollstreckungsVO (Überpfändung), § 7 Abs. 1 Nr. 1 VollstreckungsVO (fehlende Fälligkeit), § 7 Abs. 1 Nr. 3 VollstreckungsVO (fehlende Mahnung). All diese Verstöße unterliefen den Schutz der privaten Kunsthändler und -sammler als Vollstreckungsschuldner in fundamentaler Weise. Nichtsdestotrotz waren die zugrundeliegenden vollstreckungsrechtlichen Verwaltungsakte wiederum dennoch wirksam, da es im DDR-Recht auch an einem dem § 44 Abs. 1 VwVfG entsprechenden Nichtigkeitsdogma fehlte und DDR-Verwaltungsakte auch außerhalb von Steuerbescheiden daher grds. unbegrenzt wirksam waren.
6. Infolge dieser unbegrenzten Wirksamkeit der Vollstreckungsakte der DDR-Behörden entfalteten diese auch wirksame privatrechtsgestaltende Wirkung. Infolgedessen entstand zugunsten der Finanzämter als Pfändungsgläubiger ein wirksames Pfändungspfandrecht gem. § 13 Abs. 2 VollstreckungsVO, aufgrund dessen die gepfändeten Kulturgüter gem. § 29 ZGB i. V. m. § 139 Abs. 3 ZGB zivilrechtlich wirksam an die Kunst und Antiquitäten GmbH veräußert wurden. Dem freihändigen Verkauf kam dabei – obwohl er in diesen Fällen eigentlich nicht hätte vorgenommen werden dürfen – eine Doppelnatur zu, wobei durch die öffentlich-rechtliche Komponente („Verwaltungsakt“, auch wenn diese in der DDR anders bezeichnet wurden) eine „Verfügungs“befugnis (im untechnischen Sinne, da das ZGB kein Trennungs- und Abstraktionsprinzip mehr kannte) der Finanzämter begründet wurde, die auch dem DDR-Zivilrecht, welches sich in diesen Jahren bereits nach dem ZGB richtete, standhielt. Nach alledem erwarb die Kunst und Antiquitäten GmbH infolge der Vollstreckung der Steuerbescheide nach DDR-Recht wirksam (atypisches Privat-) Eigentum an den Kulturgütern der privaten Kunsthändler und -sammler, welche ihr Eigentum an den Kulturgütern nach DDR-Recht daher verloren. Ab diesem Zeitpunkt konnten diese daher auch theoretisch keinen Vindikationsanspruch gem. § 33 Abs. 2 S. 1 ZGB in Bezug auf die Kulturgüter mehr geltend machen.

7. Das internationale Privatrecht der DDR war im RAG geregelt. Danach richtete sich der Weiterverkauf der Kulturgüter von der Kunst und Antiquitäten GmbH an die westlichen Abnehmer nach dem GIW. Die westlichen Abnehmer erwarben wirksam Eigentum an den Kulturgütern vom Berechtigten, der Kunst und Antiquitäten GmbH, gem. § 54 Abs. 1 GIW.
8. Nach alledem verloren die privaten Kunsthändler und -sammler ihr Eigentum an den Kulturgütern nach DDR-Recht wirksam an die Kunst und Antiquitäten GmbH und konnten ab diesem Zeitpunkt auch theoretisch keinen Herausgabeanspruch gem. § 33 Abs. 2 S. 1 ZGB in Bezug auf diese mehr geltend machen. Trotzdem wurde bei den Steuerverfahren mannigfaltig und eklatant gegen DDR-Recht verstoßen. Insgesamt lassen sich die staatlich-diktatorischen Maßnahmen im Rahmen der Steuerverfahren damit dem „Maßnahmenstaat" unter dem „Primat der Politik" zuordnen. Dass sich seitens der Behörden überhaupt auf DDR-Rechtsnormen beim Entzug der Kulturgüter berufen wurde, war allein dem staatlichen Bedürfnis nach Legitimität geschuldet.

Kapitel § 4 (Bewertung nach BRD-Recht)

1. Bereits vor der Wiedervereinigung kam es zu bundesdeutschen Gerichtsurteilen in Bezug auf eine Standuhr aus dem Steuerverfahren gegen *Schwarz*, welche dieser nach seiner Übersiedlung in die BRD von einem Westberliner Antiquitätenhändler herausverlangte. Das KG nahm dabei mit ausführlicher und überzeugender Begründung zu Recht einen *ordre public*-Verstoß an und urteilte so zugunsten von *Schwarz*, während der BGH das KG-Urteil fälschlicherweise wieder aufhob und die Herausgabeklage in lapidarer wie lebensfremder Weise abwies. Dabei handelte es sich um ein „Fehlurteil" im engeren Sinne, da der BGH – was ihm nicht zum Vorwurf gemacht werden kann – nicht nur auf unvollständiger Tatsachengrundlage, sondern v. a. bereits aus damaliger Perspektive rechtlich falsch urteilte. Er verkannte die Bindungswirkung von Urteilen des BVerfG, den Maßstab des *ordre public* (der sich allein am Ergebnis im Einzelfall zu orientieren hat) und ließ sich von dem – möglicherweise vom Bereich Kommerzielle Koordinierung in den Prozess eingeführten – irrtümlichen Gedanken leiten, dass das Steuerrecht anderer westeuropäischer Staaten ausschlaggebend für die bundesdeutsche *ordre public*-Bewertung sei. Zudem verkannte er die Bedeutung des fehlenden Rechtsschutzes gegen Steuerbescheide in der DDR, welche auch im Vergleich zur sonstigen damaligen Rechtsprechung eindeutig für einen *ordre public*-Verstoß gesprochen hätte.
2. Mit der Wiedervereinigung trat die Phase der „transitional justice" in Form des Rückübertragungs-, Entschädigungs- und Rehabilitierungsrechts der (Nach-) Wendezeit ein. Die dafür maßgeblichen Gesetze in Form von VermG, EntschG, AusglLeistG, StrRehaG, VwRehaG und BerRehaG wirken dabei in vielfältiger Weise zusammen und können nur im Gesamtbild verstanden werden. Zudem

sind sie nicht nur Ausfluss des EinigungsV, sondern unterliegen auch dessen Wertungen. Häufig verkannt wird dabei, dass insb. die Gemeinsame Erklärung 1990, welche als Anlage des EinigungsV gem. Art. 143 Abs. 3 GG Verfassungsrang genießt, zum Ausdruck bringt, dass in Bezug auf rechtsstaatswidrige Vermögensverschiebungen während der DDR keine Totalrückabwicklung stattfindet, sondern stattdessen die Aspekte der Rechtssicherheit, des Rechtsfriedens und des sozialverträglichen Ausgleichs zu berücksichtigen sind und häufig auch Vorrang genießen. Im Rahmen des VermG wird dies insb. in den engen Fristenregelungen und den Vorschriften zum redlichen Erwerb deutlich. An die Stelle von Rückübertragungen können daher auch bloße Entschädigungen nach dem EntschG treten, welche bei Vermögensverlusten während der SBZ sogar der Regelfall sind. Hier sticht nach dem AusglLeistG allerdings eine Ausnahme für Kulturgüter hervor, die deren Restitution ab dem Jahr 2014 ermöglicht.

3. Das VermG hält für die von den Steuerverfahren betroffenen privaten Kunsthändler und -sammler einen Rückübertragungsanspruch in § 3 Abs. 1 S. 1 VermG bereit. Dieser kann in einem besonderen Verwaltungsverfahren geltend gemacht werden und richtet sich – anders als man auf den ersten Blick vielleicht meint – gegen die öffentliche Hand als Anspruchsgegner und gerade nicht gegen den aktuellen Besitzer des jeweiligen Vermögenswertes. Hat das Verfahren Erfolg, wird ein privatrechtsgestaltender Verwaltungsakt erlassen, der die ursprüngliche dingliche Rechtslage – d. h. i. d. R. das Eigentum am betroffenen Vermögenswert – wiederherstellt. Auf Grundlage dessen kann dann ggf. vor den Zivilgerichten der Vindikationsanspruch gegen den aktuellen Besitzer gem. § 985 BGB geltend gemacht werden.
4. Die Steuer(straf)verfahren gegen die privaten Kunsthändler und -sammler in der DDR stellen zwar keine „entschädigungslose Enteignung" i. S. d. § 1 Abs. 1 lit. a) VermG, dafür aber „unlautere Machenschaften" gem. § 1 Abs. 3 VermG sowie ein „rechtsstaatswidriges Strafverfahren" gem. § 1 Abs. 7 VermG i. V. m. § 1 Abs. 1 StrRehaG dar, sodass prinzipiell ein Rückübertragungsanspruch der Betroffenen gem. § 3 Abs. 1 S. 1 VermG besteht. Diesem stehen in der Praxis allerdings so viele Hürden im Weg, dass mit einer Wiedererlangung der Kulturgüter in vielen Fällen nicht gerechnet werden kann. Am gravierendsten wirkt die Beschränkung des redlichen Erwerbs durch Dritte gem. § 4 Abs. 2 VermG, welche lediglich bei Kulturgütern, die sich heute im Besitz von Museen befinden, nicht greifen dürfte. Gleichzeitig ist gerade diese Beschränkung aber i. S. d. Verkehrsschutzes zu befürworten. Nicht zu befürworten sind dagegen die zu hohen Substantiierungsanforderungen für die Antragsstellung, die fehlende Beweislastumkehr sowie die insgesamt überkomplizierte Ausgestaltung des Verfahrens. Entgegen verbreiteter Ansicht spielen die Fristenregelungen des VermG für die von den Steuerverfahren

Betroffenen dagegen i. d. R. keine Rolle, da für Vermögensverluste im Rahmen von rechtsstaatswidrigen Strafverfahren – die hier stattgefunden haben – akzessorisch zum StrRehaG eine Entfristung stattgefunden hat und im Übrigen bei Wiederauftauchen von Kulturgütern häufig ein Wiederaufgreifen des (ursprünglich fristgemäß eingeleiteten) Verfahrens gerechtfertigt sein dürfte.

5. Neben dem Rückübertragungsanspruch aus § 3 Abs. 1 S. 1 VermG besteht für die Betroffenen auch die Möglichkeit, die dingliche Rechtslage über einen Aufhebungsantrag gem. Art. 19 S. 2 EinigungsV wegen eines „mit rechtsstaatlichen Grundsätzen unvereinbaren Steuerverfahrens" zu restituieren. Eine Fristenregelung existiert dbzgl. überhaupt nicht. Problematisch sind allerdings auch hier hohe Substantiierungsanforderungen und eine fehlende Beweislastumkehr. Die Vorschriften zum redlichen Erwerb gem. § 4 Abs. 2 VermG greifen hier zwar nicht, dafür aber die Vorschriften zum gutgläubigen Erwerb gem. §§ 932 ff. BGB. Dieser dürfte zwar wegen Abhandenkommens gem. § 935 BGB ausgeschlossen sein, allerdings wird dafür in der Zwischenzeit eine Ersitzung gem. § 937 Abs. 1 BGB stattgefunden haben.
6. Gehen die Rückübertragungsansprüche nach der „transitional justice" wie dargestellt rglm. ins Leere, bleibt den Betroffenen lediglich eine Entschädigung nach dem EntschG. Diese ist allerdings mit maximal 14.000€ für *alle* verlustig gegangenen Kulturgüter pro Betroffenen viel zu niedrig bemessen.
7. Ein Vindikationsanspruch gem. § 985 BGB der (Erben der) privaten Kunsthändler und -sammler in Bezug auf die ihnen entzogenen Kulturgüter ist heute nicht nur über den „Umweg" eines erfolgreichen Verfahrens zur Geltendmachung eines Rückübertragungsanspruchs gem. § 3 Abs. 1 S. 1 VermG denkbar. Vielmehr kommt im Ausgangspunkt auch die direkte Geltendmachung eines Vindikationsanspruchs gem. § 985 BGB gegen die heutigen Besitzer der Kulturgüter unter Berufung auf die weiterhin bestehende Eigentumsposition der (Erben der) privaten Kunsthändler und -sammler infolge der internationalprivatrechtlichen Vorbehaltsklausel des *ordre public* in Betracht. Zwar ist eine Berufung auf allgemein-zivilrechtliche Aufhebungs-, Nichtigkeits-, Unwirksamkeits- und Nichtanwendungstatbestände im Anwendungsbereich des VermG grds. zu Recht ausgeschlossen, damit dessen spezielle Voraussetzungen zugunsten der vom VermG besonders bezweckten Ziele der Rechtssicherheit, des Rechtsfriedens und des sozialverträglichen Ausgleichs nicht unterlaufen werden. Obwohl dies häufig missverstanden wird, besteht aber keinesfalls eine irgendwie geartete pauschale Sperrwirkung des § 3 Abs. 1 S. 1 VermG gegenüber § 985 BGB, da es sich um zwei vollkommen wesensfremde Ansprüche mit unterschiedlichem Anspruchsinhalt und -gegner handelt. Deshalb müssen bei einer „direkten" Berufung auf § 985 BGB (also ohne vorheriges VermG-Verfahren) der jeweilige allgemein-zivilrechtliche Tatbestand, auf den sich berufen wird, und die konkreten Umstände des Einzelfalls in Betracht gezogen werden,

um zu bewerten, ob der allgemein-zivilrechtliche Tatbestand im konkreten Fall tatsächlich gesperrt ist. Im Falle der Kulturgutverluste Privater durch die Vollstreckung von Steuerforderungen in der DDR ist der *ordre public* nicht durch das VermG ausgeschlossen, soweit die herausverlangten Kulturgüter vor dem 03.10.1990 die Rechtsgrenze der DDR gen BRD überquert haben. Denn dabei handelt es sich um von der „transitional justice" der Nachwendezeit – die vor allem Immobilien und Unternehmen im Blick hatte – nicht vorgesehene, vollkommen atypische Fälle von Mobilien, bei denen, wie der Fall *Schwarz* zeigt, eine Berufung auf den *ordre public* bereits vor der Wiedervereinigung potenziell in Betracht kam und somit bei Bejahung der Sperrwirkung des VermG eine (erneute) Enteignung stattgefunden hätte. Zudem werden die besonderen Voraussetzungen des VermG durch die Anwendung des *ordre public* kaum unterlaufen. Das Sachs-Urteil des BGH mit seiner Ausnahme-Rechtsprechung in Bezug auf die Ausschlusswirkung des „Primären Wiedergutmachungsrechts" ist dagegen unabhängig von der daran geäußerten Kritik nicht auf Kulturgutverluste in SBZ und DDR übertragbar.

8. Die sachenrechtlich relevanten Rechtsvorgänge bzgl. der Kulturgüter der privaten Kunsthändler und -sammler *in der DDR* – insb. also der nach DDR-Recht wirksame Eigentumsübergang von den ursprünglichen Eigentümern auf die Kunst und Antiquitäten GmbH – werden aus bundesdeutscher Sicht unter Zugrundelegung der *lex rei sitae* bzw. des Territorialitätsprinzips einerseits und des *ordre public* andererseits bewertet. Dieses rechtspraktisch klare Ergebnis fußt auf einer komplexen rechtsdogmatischen Gemengelage, die sich am besten als „interlokaltemporales Privat- bzw. Enteignungsrecht" zusammenfassen lässt. Die Anwendung der *lex rei sitae* bzw. des Territorialitätsprinzips führt dazu, dass für die dingliche Rechtslage an den Kulturgütern auch aus bundesdeutscher Sicht im Ausgangspunkt das DDR-Recht anzuwenden und deshalb der Eigentumsübergang auf die Kunst und Antiquitäten GmbH anzuerkennen ist.
9. Dieses (Zwischen-) Ergebnis bedarf allerdings der Korrektur mittels Anwendung der internationalprivat- bzw. internationalenteignungsrechtlichen Vorbehaltsklausel, dem *ordre public*. Der Maßstab dafür ist insb. eine offensichtliche Unvereinbarkeit der Anwendung des fremden Rechts im konkreten Einzelfall mit den Grundrechten des GG. Diese hohen Anforderungen der „offensichtlichen Unvereinbarkeit" mit den Grundrechten des GG steht dabei im Einklang mit dem verschärften Maßstab der „transitional justice", die gegenüber der Anwendung von DDR-Recht im Sinne der Grundentscheidung gegen eine Totalrückabwicklung ebenfalls tendenziell anerkennungsfreundlich ist. In den konkreten Fällen der Steuerverfahren gegen die privaten Kunsthändler und -sammler in der DDR liegt aber ganz eindeutig auch nach diesem verschärften Maßstab eine „offensichtliche Unvereinbarkeit" mit den Grundrechten des GG vor, die auch bereits der BGH in seinem Urteil im Fall *Schwarz* im Jahr 1988

hätte erkennen können und müssen. Die Willkürlichkeit der „Rechtsanwendung“ bei den im Ergebnis abgesprochenen Steuerverfahren verstieß gegen jeden Ansatz von Gewaltenteilung, Rechtsbindung öffentlicher Gewalt, Rechtssicherheit, Vertrauensschutz und Verhältnismäßigkeit und ist damit mit dem Rechtsstaatsprinzip aus Art. 20 Abs. 3 GG i. V. m. Art. 2 Abs. 1 GG in keiner Weise in Einklang zu bringen. Ebenso verhält es sich mit dem Grundrecht auf Eigentum aus Art. 14 GG, da die Steuerverfahren so willkürlichen und erdrosselnden Charakter aufwiesen, dass sie im kollisionsrechtlichen Sinne eine entschädigungslose Enteignung darstellen. Daran ändert sich auch durch den vollkommen irrlichternden Verweis des BGH auf die Besteuerung in anderen westlichen Staaten nichts, da es beim *ordre public* nicht auf abstrakte Systemvergleiche, sondern den konkreten Einzelfall ankommt, darüber hinaus auch Rechtsvorschriften anderer westeuropäischer Staaten gegen den bundesdeutschen *ordre public* verstoßen können und schließlich das damals umstrittene schwedische Steuersystem – worauf der BGH wohl anspielte – trotz seiner ebenfalls progressiven Besteuerung dennoch strukturell nicht mit dem DDR-Steuerrecht vergleichbar war. Neben Art. 20 Abs. 3 GG i. V. m. Art. 2 Abs. 1 GG und Art. 14 GG waren die Steuerverfahren zudem offensichtlich unvereinbar mit dem Grundrecht auf effektiven Rechtsschutz aus Art. 19 Abs. 4 S. 1 GG, da in der DDR überhaupt kein gerichtlicher Rechtsschutz gegen die Steuerbescheide existierte und das behördliche Überprüfungsverfahren unabhängig von der abschreckenden Verfahrensgebühr nicht ansatzweise neutral ausgestaltet war. Daneben treten weitere Grundrechte des GG, die den Steuerverfahren offensichtlich in eklatanter Weise widersprechen. Nach alledem hat die Kunst und Antiquitäten GmbH nach bundesdeutschem Recht unter Berücksichtigung der rechtsstaatlichen Vorbehaltsklausel nie Eigentum an den Kulturgütern der privaten Kunsthändler und -sammler erworben, respektive diese ihr Eigentum nicht durch den freihändigen Verkauf infolge der Steuerverfahren verloren.

10. Ein gutgläubiger Erwerb der westlichen Einkäufer der Kunst und Antiquitäten GmbH von dieser als Nichtberechtigten kommt gem. § 54 Abs. 2, 3 GIW grds. in Betracht, da dieser gutgläubige Erwerbstatbestand kein Abhandenkommen kennt und zudem in den konkreten Fällen nicht gegen den *ordre public* verstoßen würde. Allerdings werden die gewerblichen Einkäufer im Angesicht der Veröffentlichung in der Fachzeitschrift „art“ im Jahr 1984 häufig bösgläubig gewesen sein müssen, wobei ihnen anders als im BGB die Pflicht obliegt, ihre Gutgläubigkeit nachzuweisen. Weiterveräußerungen an gutgläubige Dritte auf dem Gebiet der BRD gem. §§ 929 S. 1, 932 BGB müssen grds. am Abhandenkommen der Kulturgüter gem. § 935 Abs. 1 BGB scheitern, wenn dieser Erwerb nicht im Wege einer öffentlichen Versteigerung gem. § 935 Abs. 2 BGB stattfand.

11. Wenn kein gutgläubiger Erwerb der Kulturgüter stattgefunden hat, wurden diese auf dem Gebiet der BRD inzwischen rglm. ersessen gem. § 937 Abs. 1 BGB. Besondere Nachforschungsobliegenheiten der Besitzer der Kulturgüter, die ggf. zu deren Bösgläubigkeit führen können gem. § 937 Abs. 2 BGB, sind nur bei besonderen Anhaltspunkten, nicht aber im Allgemeinen anzunehmen.
12. Sollte mangels gutgläubigen Erwerbs und Ersitzung heute in Einzelfällen ausnahmsweise dennoch weiterhin das Eigentum an den Kulturgütern nach bundesdeutschem Recht bei den (Erben der) privaten Kunsthändler und -sammler liegen, würde zu deren Gunsten grds. ein Herausgabeanspruch gem. § 985 BGB gegen den aktuellen Besitzer bestehen. Allerdings wird dieser Herausgabeanspruch wegen Ablaufs der dreißigjährigen Verjährungsfrist inzwischen i. d. R. verjährt sein gem. §§ 194 Abs. 1, 214 Abs. 1 BGB. Die Erhebung der Verjährungseinrede ist in diesen Fällen auch nicht rechtsmissbräuchlich gem. § 242 BGB.
13. Nach alledem ist eine Wiedererlangung der Kulturgüter durch die (Erben der) privaten Kunsthändler und -sammler nach bundesdeutschem Recht praktisch fast immer ausgeschlossen. Der Rückübertragungsanspruch gem. § 3 Abs. 1 S. 1. VermG wird neben anderen Hürden rglm. wegen redlichen Erwerbs Dritter gem. § 4 Abs. 2 VermG scheitern. Ein Vindikationsanspruch gem. § 985 BGB wird rglm. wegen gutgläubigen Erwerbs gem. §§ 929 S. 1, 932, 935 Abs. 2 BGB bzw. gem. § 54 Abs. 2, 3 GIW oder Ersitzung gem. § 937 Abs. 1 BGB scheitern, obwohl der ursprüngliche Eigentumserwerb der Kunst und Antiquitäten GmbH infolge der Vollstreckung der Steuerforderungen wegen Verletzung des *ordre public* abzulehnen ist und die privaten Kunsthändler und -sammler somit vorübergehend noch Eigentümer ihrer Kulturgüter blieben.

Kapitel § 5 (Reformbedarf und Reformierbarkeit)

1. Der bisherige Stand der Aufarbeitung von Kulturgutverlusten in SBZ und DDR, insb. auch der Kulturgutverluste infolge der Vollstreckung von Steuerforderungen in der DDR, ist unbefriedigend. Für den Umgang damit existiert bisher kein einheitliches Konzept, welches in Anbetracht der mit den Verlustkontexten einhergehenden kulturgeschichtlichen Verantwortung aber im gesamtgesellschaftlichen Interesse liegen würde. Darüber hinaus haben die Ergebnisse dieser Arbeit gezeigt, dass die Rechtslage insb. auch für die individuell betroffenen (Erben der) privaten Kunsthändler und -sammler enttäuschend ist. Bei einer möglichen Reform können im Ausgangspunkt Anleihen aus der Reformdiskussion bzgl. NS-Raubkunst genommen werden, wobei sich im Weiteren aufgrund der unterschiedlichen Qualität des historischen Geschehens eine Differenzierung gebietet.

2. Eine reine Reform des „hard law“ ist sowohl in Form der Reformierung des VermG (bzw. eines neuen öffentlich-rechtlichen Gesetzes) als auch in Form der Reformierung bestehender zivilrechtlicher Regelungen (z. B. Ersitzung und Verjährung betreffend) in Bezug auf Kulturgutverluste in SBZ und DDR abzulehnen. Es bestehen bereits große rechtspolitische Zweifel, ob ein solches Vorhaben mit Blick auf andere Rechtsinstitute überhaupt konsistent durchführbar und zudem angesichts der komplexen Interessenlage angebracht wäre. Die Bewältigung dieses historischen Unrechts sollte diffizil und nicht mit der Brechstange angegangen werden, um nicht neue Ungerechtigkeiten hervorzurufen. Jedenfalls wird aber jede reine „hard law“-Lösung, die zugunsten der privaten Kunsthändler und -sammler aus der DDR durchsetzbare Ansprüche (wieder-) begründet verfassungsrechtlich unzulässig sein.
3. Eine reine „soft law“-Reform ist ebenso abzulehnen, da dies zu oft nur zu zufälligen bzw. beliebigen Ergebnissen führen würde, die insb. stark von der variierenden öffentlichen Aufmerksamkeit für den Einzelfall abhängen. Für eine adäquate Aufarbeitung der Kulturgutverluste in SBZ und DDR wäre dies kontraproduktiv, da es dafür eben gerade eines einheitlichen und für alle Beteiligten nachvollziehbaren Lösungsweges bedarf. Zudem sind reine „soft law“-Lösungen häufig intransparent und begegnen ebenfalls verfassungsrechtlichen Zweifeln, insb. im Hinblick auf den Parlamentsvorbehalt aus Art. 20 Abs. 3 GG.
4. Vorgeschlagen wird ein allgemeines Restitutionsgesetz, welches alle drei großen Verlustkontexte – NS-Raubkunst, SBZ/DDR sowie koloniale Kontexte – adressiert. Einheitlich geregelt werden aber nur die allgemeinen Verfahrensvorschriften, in den anschließenden drei besonderen Teilen werden die Verlustkontexte differenziert behandelt. Im allgemeinen Teil wird insb. eine Bundesbehörde samt Verwaltungsverfahren vorgesehen – die „Beratende Kommission“ wird gewissermaßen auf gesetzlich-legitimierte und transparente Beine gestellt. Die Bundesbehörde ist im Falle von Kulturgutverlusten in SBZ und DDR nur zur Streitschlichtung in einem strukturierten Verfahren befugt. Ihre zu veröffentlichenden, begründeten Empfehlungen bleiben insoweit unverbindlich, werden aber an klaren materiellen Entscheidungskriterien ausgerichtet. Neue verbindliche Herausgabeansprüche jeglicher Art sollen im Falle von Kulturgutverlusten in SBZ und DDR gerade nicht geschaffen werden. Die Einleitung des Schlichtungsverfahrens ist einseitig möglich und unabhängig davon, ob sich das entsprechende Kulturgut in öffentlicher oder privater Hand befindet. Über dieses Verfahren hinaus wird ein neuer Entschädigungsfonds begründet bzw. der bereits bestehende ertüchtigt und (auch nachträglich) höhere Entschädigungen für Kulturgutverluste in SBZ und DDR gewährt. Zudem muss die Provenienzforschung auch im Hinblick auf Kulturgutverluste in SBZ und DDR zum Standard in allen öffentlichen sowie privaten Sammlungen werden. Insofern sollten Anreize bzw. notfalls Maßgaben geschaffen werden, um so

auch die öffentliche Aufmerksamkeit für diese Kulturgutverluste zu stärken. All diese nationalen Maßnahmen sollten aber nicht darüber hinwegtäuschen, dass der langfristige „Königsweg" bzgl. der Bewältigung von Kulturgutverlusten allgemein nur in Form einer internationalen Behörde zur Klärung solcher Fälle bestehen kann, da die entsprechenden Kulturgüter heute weltweit verteilt sind.

§ 7. Nachtrag

Zwischen der Einreichung der Dissertation beim Dekan der Fakultät für Rechtswissenschaften der Universität Regensburg und der Einreichung des für die Veröffentlichung finalisierten Manuskriptes beim Verlag, kam es noch zu folgenden Entwicklungen, die an den in dieser Arbeit gefundenen Ergebnissen nichts ändern, diese aber zum Teil in einen weiteren Gesamtkontext einbetten:

Die weitreichendsten Entwicklungen betrafen die Restitution von NS-Raubkunst.[1016] Nachdem bereits dargestellt wurde, dass die bestehenden Konfliktlösungsmechanismen rund um die Beratende Kommission – bereits seit Langem – von vielen Seiten aus unterschiedlichen Gründen für reformbedürftig gehalten und auch erneut im Koalitionsvertrag der sog. „Ampelkoalition" zur 20. Legislaturperiode[1017] Verbesserungen versprochen wurden (allerdings noch unter der Prämisse, die Beratende Kommission „zu stärken"), haben sich die Ereignisse nach langem Stillstand innerhalb kurzer Zeit regelrecht überschlagen. Auslöser dafür dürften das 25-jährige Jubiläum der Washingtoner Erklärung und die diesbezügliche internationale Konferenz sowie das in diesem Zusammenhang ergangene Memorandum der Beratenden Kommission[1018] selbst gewesen sein. Inhaltlich dürfte die Reform maßgeblich zumindest auch durch eine internationale wissenschaftliche Studie von *Matthias Weller* geprägt worden sein.[1019] Interessant ist, dass hier selbst noch die Einrichtung einer Verwaltungsbehörde („Bundesrestitutionsamt") „auf der Basis eines neu zu erlassenden speziellen Restitutionsgesetzes" als „große Lösung" favorisiert wird[1020] – wie es im Übrigen auch von der übergroßen Mehrheit der mit der Materie befassten Experten befürwortet wird. Nachdem ein solches „großes" Restitutionsgesetz aber offenbar für politisch nicht umsetzbar gehalten wird (freilich ohne dass seitens der politischen Verantwortungsträger offen und klar benannt wird, was dem durchgreifend entgegenstehen würde), haben Bund, Länder und kommunale Spitzenverbände nun stattdessen die von Weller in der genannten wissenschaftlichen Studie noch als „Übergangslösung"[1021] betitelte Einrichtung

---

1016 Dazu bereits ausführlich der Exkurs unter § 4.III.1.b)aa), S. 208 ff.

1017 Dazu bereits unter § 1.II., S. 24, Fn. 31.

1018 Dazu bereits unter § 5, S. 268 Fn. 923.

1019 Dazu bereits unter § 1.II., S. 24 Fn. 33 sowie unter § 5.III.3., S. 289.

1020 Weller, Internationale Studie, S. 188.

1021 Weller, Internationale Studie, S. 188. Nun positiver Weller, Restitution durch Schiedsgerichtsbarkeit.

eines „Schiedsgerichts NS-Raubgut“ auf den Weg gebracht.[1022] Dieses zunächst mittels Verwaltungsabkommens, perspektivisch mittels Staatsvertrags eingesetzte „Schiedsgericht“ soll die Beratende Kommission nicht stärken, sondern ersetzen. Die einseitige Anrufbarkeit soll durch ein „stehendes Angebot“ von Bund, Ländern und Kommunen hergestellt werden – inwiefern sich diese in der zunehmend volatilen politischen Situation daran gebunden fühlen werden, bleibt abzuwarten. Die Benennung der Schiedsrichter erfolgt – wie die gesamte Reform – in Abstimmung mit der Jewish Claims Conference und dem Zentralrat der Juden. Vorgesehen ist zudem ein Vorverfahren beim DZK als „Schiedsstelle“, welches dadurch enorm aufgewertet werden würde. Die Entscheidungen des „Schiedsgerichts NS-Raubgut“ selbst sollen aufgrund einer neuen Verfahrensordnung samt ausdifferenzierten Bewertungsrahmens[1023] erfolgen und verbindlich (damit aber selbstredend auch justiziabel) sein. Anfang 2025 hat der Bund sowie eine Mehrheit der Länder das entsprechende Verwaltungsabkommen auf den Weg gebracht[1024], die Einrichtung des „Schiedsgerichts“ selbst steht aber noch aus.

Die aufgezeigte Reform ist vielfacher Kritik, auch von renommierten Experten, ausgesetzt.[1025] Kritikpunkte sind etwa, dass das stehende Angebot jedes einzelnen öffentlichen Rechtsträgers jederzeit widerrufbar ist und der Bewertungsrahmen den Maßstab für die Restitutionsentscheidungen tendenziell zugunsten der öffentlichen kulturgutbewahrenden Einrichtungen verschiebe. Nach Ansicht des Autors am kritischsten zu sehen ist allerdings, dass diese Lösung kritische Provenienzen in privater Hand einerseits sowie die Kulturgutverluste in SBZ/DDR sowie koloniale Verlustkontexte andererseits überhaupt nicht berücksichtigt, eine „große Lösung“ im Wege eines allgemeinen Restitutionsgesetzes durch die nun stattfindende Reform aller Voraussicht nach aber faktisch noch mehr als vorher auf die

---

1022 Gemeinsame Pressemitteilung vom 09.10.2024 zum 21. Kulturpolitischen Spitzengespräch, welche unter <https://www.bundesregierung.de/breg-de/aktuelles/bund-laender-und-kommunale-spitzenverbaende-verbessern-restitutionspraxis-in-deutschland-und-staerken-die-einbindung-der-opfer-und-ihrer-nachfahren-2314144> abrufbar ist (zuletzt aufgerufen am 04.03.2025).

1023 Einsehbar bspw. im Rahmen des zustimmenden Beschlusses der Freien Hansestadt Bremen, abrufbar unter <https://www.rathaus.bremen.de/sixcms/media.php/13/top%252020_20241119_Schiedsgerichtsbarkeit_Ruegabestreitigkeiten_ueber_NS_Raubgut.pdf&ved=2ahUKEwiOuYqXsPCLAxWK2gIHHbzkEqcQFnoECBcQAQ&usg=AOvVaw2_ocqqNvdAYiBdo9BExBQL> (zuletzt aufgerufen am 04.03.2025).

1024 Pressemitteilung der Bundesregierung vom 08.01.2025 zum zustimmenden Kabinettsbeschluss, abrufbar unter <https://www.bundesregierung.de/breg-de/aktuelles/kabinett-macht-den-weg-frei-fuer-schiedsgericht-ns-raubgut-kulturstaatsministerin-roth-deutschland-nimmt-seine-historische-verantwortung-wahr–2329574> (zuletzt aufgerufen am 04.03.2025).

1025 Stellvertretend dafür steht ein offener Brief an Bundeskanzler *Olaf Scholz* vom 07.01.2025, abrufbar unter <https://beratende-kommission.de/media/pages/aktuelles/offener-brief/9b1745469f-1736858522/25-01-07-offener-brief-ossmann-korte.pdf> (zuletzt aufgerufen am 04.03.2025).

lange Bank geschoben werden wird. Deshalb wird der in dieser Arbeit unterbreitete Lösungsvorschlag eines allgemeinen Restitutionsgesetzes unter Einrichtung einer Restitutionsbehörde[1026] ausdrücklich unverändert aufrechterhalten.

Legislatorisch flankiert wurden diese Reformbemühungen durch einen Entwurf eines „Gesetzes zur erleichterten Durchsetzung der Rückgabe von NS-verfolgungsbedingt entzogenem Kulturgut“[1027]. Zentraler Inhalt ist der Ausschluss der Vindikationsverjährung in Bezug auf Kulturgüter, wenn der Besitzer bei Besitzerwerb nicht gutgläubig war, bei gleichzeitiger Anordnung echter Rückwirkung dieser Regelung in Bezug auf NS-Raubkunst. Dieser Gesetzentwurf sollte damit wohl vor allem NS-Raubkunst in Privatbesitz adressieren, nachdem dieses Problem wie dargestellt nicht durch die Einrichtung des „Schiedsgericht NS-Raubgut“ gelöst wird. Allerdings handelt es sich insoweit um eine Nebelkerze, da das Ersitzungsrecht nach § 937 BGB vom Gesetzentwurf unberührt bleibt. Er ist somit untauglich, das genannte Problem zu lösen, wie auch die überwältigende Mehrheit der Experten konstatiert.[1028] Inwiefern der Gesetzentwurf im Rahmen der Diskontinuität des Bundestages nach Zusammenbruch der sog. „Ampelkoalition“ überhaupt noch Aussichten auf Erfolg hat, bleibt abzuwarten.

Abschließend sei noch auf das zwischenzeitlich erschienene Werk „Westeigentum in der DDR – Die Behandlung des Vermögens von Republikflüchtlingen, Ausreisenden, Westdeutschen und Ausländern in der DDR“ von *Julian Schwarze* verwiesen[1029], welches die vorliegende Arbeit in einen besonders erhellenden Gesamtkontext stellt. Das dezidierte Forschungsanliegen von *Schwarze* im Rahmen seiner Dissertation ist es, den Umgang der DDR mit auf ihrem Hoheitsgebiet belegenen Vermögenswerten – insbesondere Immobilien, aber beispielsweise auch Gesellschaftsanteilen – natürlicher oder juristischer Personen, die im westlich-kapitalistischen Ausland ansässig waren, zu analysieren. Der zugrundeliegende größere Kontext ist damit freilich – wie in der vorliegenden Arbeit – eine Geschichte sog. „kalter Enteignungen“, die retrospektiv auch nur deshalb als „kalte“ Enteignungen bezeichnet werden, weil die SED-Diktatur (zumindest nach außen hin) einen enormen Aufwand betrieben hat, die kompensationslose Einverleibung fremden Vermögens als Ergebnis der (mehr oder weniger) ganz normalen Anwendung (mehr oder weniger) ganz normaler Gesetze darzustellen, anstatt den ideologischen Schneid aufzuweisen, Enteignungen auch als solche zu bezeichnen und kompromisslos durchzuführen. Dass den Genossen diese Art kompromissloser Konsequenz aufgrund der mannigfaltigen Zielkonflikte des real existierenden

1026 Dazu bereits ausführlich unter § 5.III., S. 282 ff.

1027 Als Regierungsentwurf vom 09.10.2024 abrufbar unter <https://dserver.bundestag.de/btd/20/132/2013258.pdf> (zuletzt aufgerufen am 04.03.2025).

1028 Statt vieler Weller, Restitution durch Schiedsgerichtsbarkeit.

1029 Schwarze, Westeigentum in der DDR.

Sozialismus fehlte, ist im Ergebnis freilich als historisches Glück zu begreifen, da wir anderenfalls möglicherweise heute ein ostdeutsches Nordkorea anstelle eines freien, wiedervereinigten Landes hätten. *Schwarzes* Verdienst ist es, ein besonders vertieftes Augenmerk auf die in diesem Kontext gar nicht zu gering einzuschätzende Gemengelage aus Ideologie, Politik und Recht zu legen. Dies ist auch für das vorliegende Werk eine wertvolle ergänzende Perspektive und insgesamt ein gewinnbringender Gesamtkontext, der verdeutlicht, dass die vorliegend behandelten Steuerverfahren gerade keine Einzelfälle, sondern im System der DDR-Diktatur ubiquitär waren.

Literaturverzeichnis

Anton, Michael, Illegaler Kulturgüterverkehr, Berlin/New York 2010 (zit.: Anton, Illegaler Kulturgüterverkehr).

Anton, Michael, Paradigmenwechsel im gutgläubigen Erwerb von Kunst- und Kulturgütern, JR 2010, S. 415 ff.

Anton, Michael, Vertrieb gefälschter Kunst – Teil 1: Vertriebsformen und Kunstfälschungen im Kaufrecht, ZVertriebsR 2013, S. 294 ff.

Armbrüster, Christian, Verjährbarkeit der Vindikation? – Zugleich ein Beitrag zu den Zwecken der Verjährung, in: Lutz Aderhold/Barbara Grunewald/Dietgard Klingberg/Walter G. Paefgen (Hrsg.), Festschrift für Harm Peter Westermann zum 70. Geburtstag, Köln 2008, S. 53 ff. (zit.: Armbrüster, Verjährbarkeit der Vindikation?).

Armbrüster, Christian/Jopen, Winfried, Besteuerungsmaßnahmen der DDR und das Enteignungskollisionsrecht der Bundesrepublik – Zugleich Anmerkungen zu BGH ROW 1989, 123 und KG ROW 1988, 252, ROW 1989, S. 332 ff.

Assmann, Eberhard, Die Geldverkehrsrechnung in der Außenprüfungspraxis – Teil I, StBp 1989, S. 252 ff.

Assmann, Eberhard, Die Geldverkehrsrechnung in der Außenprüfungspraxis – Teil II, StBp 1989, S. 269 ff.

Baatz, Gerhard/Gerber, Bernd, Nachruf auf Karl Günter Bönninger, NJ 2000, S. 583.

Bahlmann, Anne/Hübner, Falco/Isphording, Bernd/Klüh, Stefanie, Findbücher zu den Beständen des Bundesarchivs: Betriebe des Bereichs Kommerzielle Koordinierung – Teilbestand Kunst und Antiquitäten GmbH (1974–2002) – Bestand DL 210, Berlin 2017 (zit.: Bahlmann/Hübner/Isphording/Klüh, Findbuch Kunst und Antiquitäten GmbH).

Bahlmann, Anne/Hübner, Falco/Isphording, Bernd/Klüh, Stefanie, Findbücher zu den Beständen des Bundesarchivs: Staatlicher Kunsthandel der DDR „VEH Bildende Kunst und Antiquitäten" (1974–2002) – Bestand DR 144, Berlin 2017 (zit.: Bahlmann/Hübner/Isphording/Klüh, Findbuch Staatlicher Kunsthandel).

Behling, Klaus, Auf den Spuren der alten Meister – Kunsthandel und Kunstraub in der DDR, Berlin 2018 (zit.: Behling, Kunsthandel in der DDR).

Bender, B., Der nichtige Verwaltungsakt, DVBl. 1953, S. 33 ff.

Benecke, Martina, Abhandenkommen und Eigentumserwerb im Internationalen Privatrecht, ZVglRWiss 101 (2002), S. 362 ff.

Benjamin, Hilde, Grundsätzliches zur Methode und zum Inhalt der Rechtsprechung, NJ 1951, S. 150 ff.

Bergmann, Andreas, Der Verfall des Eigentums – Ersitzung und Verjährung der Vindikation am Beispiel von Raubkunst und Entarteter Kunst (Der Fall Gurlitt), Tübingen 2015 (zit.: Bergmann, Verfall des Eigentums).

Berking, Christina, Wem gehört die Kunst? Überlegungen zu einer außergesetzlichen Befriedung von Ansprüchen zwischen Anspruchstellern und Kunstbesitzern, KUR 2019, S. 179 ff.

Bernet, Wolfgang, Verwaltungsrecht (9. Kapitel), in: Uwe-Jens Heuer (Hrsg.), Die Rechtsordnung der DDR – Anspruch und Wirklichkeit, Baden-Baden 1995, S. 395 ff. (zit.: Bernet, Verwaltungsrecht DDR).

Berswordt-Wallrabe, Kornelia von, Entzug von Kunst und Kulturgut in der DDR, in: Ulrich Krempel/Wilhelm Krull/Adelheid Wessler (Hrsg.), Erblickt, verpackt und mitgenommen – Herkunft der Dinge im Museum – Provenienzforschung im Spiegel der Zeit, Hannover 2010, S. 119 ff. (zit.: Berswordt-Wallrabe, Entzug von Kulturgut in der DDR)

Bielig, Walter, Die Steuern in der Deutschen Demokratischen Republik, Sozialistische Finanzwirtschaft 1976 (Nr. 4), S. 37 ff.

Bindenagel, James, Die unvollendete Geschichte von NS-Raubkunst: Zum 20. Jubiläum der *Washington Principles on Nazi-confiscated Art*, in: Thomas Dreier/Matthias Weller/Nicolai B. Kemle (Hrsg.), Handel – Provenienz – Restitution, Baden-Baden 2020, S. 59 ff. (zit.: Bindenagel, Unvollendete Geschichte).

Bischof, Ulf, Der Nachlass des Malers Otto Nagel – Von teuren Genossen und enttäuschten Hoffnungen, KUR 2022, S. 145 ff.

Bischof, Ulf, Die Kunst und Antiquitäten GmbH im Bereich Kommerzielle Koordinierung, Berlin 2003 (zit.: Bischof, Die Kunst und Antiquitäten GmbH).

Bischof, Ulf, Kunstexporte im Kalten Krieg, in: Ulrich Krempel/Wilhelm Krull/Adelheid Wessler (Hrsg.), Erblickt, verpackt und mitgenommen – Herkunft der Dinge im Museum – Provenienzforschung im Spiegel der Zeit, Hannover 2010, S. 137 ff. (zit.: Bischof, Kunstexporte im Kalten Krieg).

Bischof, Ulf, Von Kunst, Verrat und harter Währung oder Der Sammler in der Diktatur, in: Barbara Marx/Karl-Siegbert Rehberg (Hrsg.), Sammeln als Institution. Von der fürstlichen Wunderkammer zum Mäzenatentum des Staates, München u. a. 2006, S. 293 ff. (zit.: Bischof, Der Sammler in der Diktatur).

Bley, Jochen, Verwaltungsentscheidungen und der Verwaltungsvollzug (11. Kapitel), in: Klaus König (Hrsg.), Verwaltungsstrukturen der DDR, Baden-Baden 1991, S. 249 ff. (zit.: Bley, Verwaltungsrecht DDR).

Blum, Ralf/Heidemeyer, Helge/Polzin, Arno, Auf der Suche nach Kulturgutverlusten – Ein Spezialinventar zu den Stasi-Unterlagen, 2. Aufl., Berlin 2021 (zit.: Blum/Heidemeyer/Polzin, Spezialinventar).

Blutke, Günter, Obskure Geschäfte mit Kunst und Antiquitäten, 2. Aufl., Berlin 1994 (zit.: Blutke, Obskure Geschäfte).

Böckenförde, Ernst-Wolfgang, Die Entstehung des Staates als Vorgang der Säkularisation, in: Ernst-Wolfgang Böckenförde (Hrsg.), Staat, Gesellschaft, Freiheit – Studien zur Staatstheorie und zum Verfassungsrecht, Frankfurt a. M. 1976, S. 42 ff. (zit.: Böckenförde, Die Entstehung des Staates).

BÖCKENFÖRDE, Ernst-Wolfgang, Die Rechtsauffassung im kommunistischen Staat, 2. Aufl., München 1967 (zit.: BÖCKENFÖRDE, Kommunistische Rechtsauffassung).

BÖHM, Benita, Die identitätsstiftende Wirkung national wertvoller Kulturgüter, Baden-Baden 2021 (zit.: BÖHM, Identität).

BÖNNINGER, Karl, Das Verwaltungsrechtsverhältnis und seine Besonderheiten, Staat und Recht 1978, S. 745 ff.

BORK, Reinhard/ROTH, Herbert (Hrsg.), Stein/Jonas-Kommentar zur Zivilprozessordnung, Band 4 (§§ 271–327), 23. Aufl., Tübingen 2018 (zit.: BEARBEITER, in: Stein/Jonas (Bd. 4), ZPO).

BRAUN, Johann, Kunstprozesse von Menzel bis Beuys – 18 Fälle aus dem Privatrecht, 2. Aufl., München 2009 (zit.: BRAUN, Kunstprozesse).

BREY, Hans-Michael, Doppelstaat DDR – Menschenrechtsverletzungen der Deutschen Volkspolizei, Frankfurt a. M. u. a. 1999 (zit.: BREY, Doppelstaat DDR).

BRUNNER, Georg, Einführung in das Recht der DDR, 2. Aufl., München 1979 (zit.: BRUNNER, Recht der DDR).

BRUNNER, Georg, Führungsanspruch der SED, in: Rainer Eppelmann/Horst Möller/Günter Nooke/Dorothee Wilms (Hrsg.), Lexikon des DDR-Sozialismus: Das Staats- und Gesellschaftssystem der Deutschen Demokratischen Republik, Band 1 (A–M), 2. Aufl., Paderborn u. a. 1997, S. 293 ff. (zit.: BRUNNER, SED).

BRUNNER, Georg, Verfassung, in: Rainer Eppelmann/Horst Möller/Günter Nooke/Dorothee Wilms (Hrsg.), Lexikon des DDR-Sozialismus: Das Staats- und Gesellschaftssystem der Deutschen Demokratischen Republik, Band 2 (N–Z), 2. Aufl., Paderborn u. a. 1997, S. 883 ff. (zit.: BRUNNER, Verfassung).

BRUNS, Michael/SCHRÖDER, Michael/TAPPERT, Wilhelm, Das strafrechtliche Rehabilitierungsgesetz: Ausgewählte Probleme (Teil 1), VIZ 1993, S. 129 ff.

BUCK, John, How Schaefer-Asts estate was plundered in the GDR, KUR 2015, S. 11 ff.

BULLINGER, Winfried/TERKER, Sophie, Koloniales Erbe, Verantwortung und Provenienz – Eine Gegenüberstellung der Rechtslage mit dem aktuellen gesellschaftlichen Diskurs, NJW 2019, S. 731 ff.

BUTHMANN, Reinhard, MfS-Handbuch: Die Arbeitsgruppe Bereich Kommerzielle Koordinierung, Berlin 2004 (zit.: BUTHMANN, Kommerzielle Koordinierung).

CARL, Michael H., Der „Gotha Case“, in: Michael H. Carl/Herbert Güttler/Kurt Siehr (Hrsg.), Kunstdiebstahl vor Gericht – City of Gotha v. Sotheby's/Cobert Finance S.A., Berlin u. a. 2001, S. 33 ff. (zit.: CARL, Der „Gotha Case“).

CHALL, Cora, Wege in die Sammlung – Juristische Betrachtung unterschiedlicher Zugangsarten im Fall einer "Republikflucht“, in: Mathias Deinert/Uwe Hartmann/Gilbert Lupfer (Hrsg.), Enteignet, entzogen, verkauft – Zur Aufarbeitung der Kulturgutverluste in SBZ und DDR, Berlin 2022, S. 123 ff. (zit.: CHALL, Wege in die Sammlung).

CLEMM, Hermann/ETZBACH, Ernst/FAßBENDER, Hermann Josef/MESSERSCHMIDT, Burkhard/SCHMIDT-RÄNTSCH, Johanna (Hrsg.), Rechtshandbuch Vermögen und Investitionen in der ehemaligen DDR, Band 2, Kommentar, München, Loseblatt, Stand: Februar 2023 (74. EL) (zit.: Bearbeiter, in: RIV, *jeweiliges Gesetz*).

Cube, Nicolai von, Ist das Kunst oder kann das weg? – Die Ratlosigkeit des Rechtsanwenders nach gut gemeinter Gesetzgebung, NJW 2017, S. 787 ff.

Czeguhn, Ignacio/Thiessen, Jan, Dictatorship, Democracy, and Transitional Justice in Global Legal History – an Introduction, in: Ignacio Czeguhn/Jan Thiessen, Dictatorship, Democracy, and Transitional Justice in Global Legal History, Berlin 2023 (zit.: Czeguhn/Thiessen, Transitional Justice).

Deinert, Mathias, „Enteignet, entzogen, verkauft" – Eine Podiumsdiskussion zum Stand der Aufarbeitung der SBZ/DDR-Kulturgutverluste, in: Mathias Deinert/Uwe Hartmann/Gilbert Lupfer (Hrsg.), Enteignet, entzogen, verkauft – Zur Aufarbeitung der Kulturgutverluste in SBZ und DDR, Berlin 2022, S. 287 ff. (zit.: Deinert, Podiumsdiskussion).

Deinert, Mathias, Kulturgutentziehungen in SBZ und DDR – Grundlagenforschung durch Kooperationsprojekte, in: Mathias Deinert/Uwe Hartmann/Gilbert Lupfer (Hrsg.), Enteignet, entzogen, verkauft – Zur Aufarbeitung der Kulturgutverluste in SBZ und DDR, Berlin 2022, S. 1 ff. (zit.: Deinert, Grundlagenforschung).

Deinert, Mathias/Lindenau, Katja/Merseburger, Carina/Müller-Spreitz, Annette/Sachse, Alexander, Welchen Stellenwert hat Provenienzforschung zu Kulturgutverlusten in der Sowjetischen Besatzungszone und in der DDR – Diskussionen, Literatur, Initiativen, transfer 01/2022, S. 110 ff.

Deren, Deniz Halil, Internationales Enteignungsrecht – Kollisionsrechtliche Grundlagen und Investitionsschutzfragen, Tübingen 2015 (zit.: Deren, Internationales Enteignungsrecht).

Dietz, Andreas, Das Primat der Politik in kaiserlicher Armee, Reichswehr, Wehrmacht und Bundeswehr, Tübingen 2011 (zit.: Dietz, Primat der Politik über Militär).

Dilcher, Gerhard, Vom Bürgerlichen Gesetzbuch zu den „Rechtszweigen" – Sozialistische Modernisierung oder Entdifferenzierung des Rechts?, in: Gerhard Dilcher (Hrsg.), Rechtserfahrung DDR – Sozialistische Modernisierung oder Entrechtlichung der Gesellschaft?, Berlin 1997, S. 89 ff. (zit.: Dilcher, Sozialistische Modernisierung?).

Dreesen, Zur Ersitzung eines abhandengekommenen Kunstwerks – Die Beweislastverteilung in § 937 BGB (Anmerkung zu BGH V ZR 255/17), KUR 2019, S. 143 ff.

Drobnig, Ulrich, Anwendung und Auslegung von DDR-Recht heute, DtZ 1994, S. 86 ff.

Duda, Sandra, Das Steuerrecht im Staatshaushaltssystem der DDR, Frankfurt a. M. 2011 (zit.: Duda, Steuerrecht DDR).

Dumas, Margaux/Schiemann, Xenia, Behind the Iron Curtain: A case study of East German art exports and the connection to National Socialist looting, in: Mathias Deinert/Uwe Hartmann/Gilbert Lupfer (Hrsg.), Enteignet, entzogen, verkauft – Zur Aufarbeitung der Kulturgutverluste in SBZ und DDR, Berlin 2022, S. 213 ff. (zit.: Dumas/Schiemann, Behind the Iron Curtain).

Dürig, Günter (Begr.)/Herzog, Roman/Scholz, Rupert (Hrsg.), Grundgesetz, Bd. 2 (Art. 6–16a GG), Kommentar, München, Loseblatt, Stand: August 2023 (102. EL) (zit.: Bearbeiter, in: Dürig/Herzog/Scholz, GG).

Dürr, Ulrich, Die Aufhebung von Steuerverwaltungsakten der früheren DDR-Steuerbehörden, DStZ 1991, S. 651 ff.

Eck, Christina, Die Wiedergutmachung zwischen 1945 und 1989 und die Regelung der Ansprüche von Verfolgten des Nationalsozialismus in § 1 Absatz 6 VermG, München 1997 (zit.: Eck, Wiedergutmachung).

Eckl, Christian, Raubkunst-Verdacht: Stadt Regensburg prüft Verbindungen zur Stasi, Mittelbayerische Zeitung vom 24.03.2023, abrufbar unter <https://www.mittelbayerische.de/archiv/1/raubkunst-verdacht-stadt-regensburg-prueft-verbindungen-zur-stasi-11997044> (zuletzt aufgerufen am 01.03.2024).

Effer-Uhle, Daniel, Die Folgen der Verjährung des Vindikationsanspruchs, AcP 215 (2015), S. 245 ff.

Eidam, Thomas, Das senegalesische Gesetz über die Nationaldomäne und seine Anwendung in den *zones des terroirs*, Marburg 1991 (zit.: Eidam, Die senegalesische Nationaldomäne).

Eisold, Peter, Steuerverwaltungsbehörden der DDR – Werkzeuge der Unterdrückung?, DStZ 1992, S. 140 ff.

Elmenhorst, Lucas/Strobl, Henrike, Anm. zum Urteil des OLG Nürnberg vom 06.09.2017 – 12 U 2086/15, KUR 2017, S. 158 ff.

Enderlein, Fritz (Leitung der Gesamtredaktion) et. al. (Autorenkollektiv), Das Recht der DDR – Handbuch der Außenhandelsverträge, Band 1 (Der Außenhandelskaufvertrag), Berlin (Ost)/Heidelberg 1986 (zit.: Enderlein et. al., Außenhandelsverträge Bd. 1).

Enderlein, Fritz (Leitung der Gesamtredaktion) et. al. (Autorenkollektiv), Das Recht der DDR – Handbuch der Außenhandelsverträge, Band 2 (Anlagenvertrag, Montagevertrag, Lohnveredelungsvertrag u. a.), Berlin (Ost)/Heidelberg 1987 (zit.: Enderlein et. al., Außenhandelsverträge Bd. 2).

Engelhardt, Sophie, Nachrichtenlose Kulturgüter, Berlin u. a. 2013 (zit.: Engelhardt, Nachrichtenlose Kulturgüter).

Erices, Rainer, DDR-Gesundheitswesen: Blut für Devisen, Deutsches Ärzteblatt (DÄ) 2014, S. 112 ff.

Erices, Rainer/Kuhrt, Nicola/Wensierski, Peter, „Da klebt doch Blut dran", Der Spiegel vom 20.07.2014 (Nr. 30/2014), S. 40 ff.

Ernst, Wolfgang, Anm. zum Urteil des BGH v. 16.03.2012 – V ZR 279/10, JZ 2013, S. 356 ff.

Fannrich-Lautenschläger, Isabel, Entzug von Kunst- und Kulturgut in der DDR – Museen rekonstruieren die Herkunft ihrer Objekte, DLF vom 27.06.2019, abrufbar unter <https://www.deutschlandfunk.de/entzug-von-kunst-und-kulturgut-in-der-ddr-museen-100.html> (zuletzt aufgerufen am 01.03.2024).

Fieberg, Gerhard/Reichenbach, Harald/Messerschmidt, Burkhard/Neuhaus, Heike (Hrsg.), Vermögensgesetz, Band 1, Kommentar, München, Loseblatt, Stand: Juli 2022

(44. EL) (zit.: Bearbeiter, in: Fieberg/Reichenbach/Messerschmidt/Neuhaus (Bd. 1), VermG).

Fieberg, Gerhard/Reichenbach, Harald/Messerschmidt, Burkhard/Neuhaus, Heike (Hrsg.), Vermögensgesetz, Band 2, Kommentar, München, Loseblatt, Stand: Juli 2022 (44. EL) (zit.: Bearbeiter, in: Fieberg/Reichenbach/Messerschmidt/Neuhaus (Bd. 2), VermG).

Finkenauer, Thomas, Die Verjährung bei Kulturgütern – zur geplanten „lex Gurlitt", JZ 2014, S. 479 ff.

Finkenauer, Thomas, Gutgläubiger Erbe des bösgläubigen Erblassers – Das Bernsteinzimmer-Mosaik, NJW 1998, S. 960 ff.

Finkenauer, Thomas/Thiessen, Jan, Kunstraub für den Sozialismus – Zur rechtlichen Beurteilung von Kulturgutentziehungen in SBZ und DDR, Berlin/Boston 2023 (zit.: Finkenauer/Thiessen, Kunstraub für den Sozialismus).

Fischer, Gerfried, Der ordre public im deutsch-deutschen Privatrecht – Grenzen der Anwendung des DDR-Rechts auf sogenannte Altfälle, DtZ 1997, S. 74 ff.

Fischer, Michael, Restitution von unter NS-Herrschaft verfolgungsbedingt entzogenen Kunstgegenständen und Schenkungsteuer, ZEV 2022, S. 562 ff.

Förster, Andreas, Dresden – Stasi – Amsterdam – Zürich – New York, Frankfurter Rundschau vom 26.01.2015, S. 20.

Fraenkel, Ernst, Der Doppelstaat, Frankfurt a. M. 1974 (zit.: Frankel, Doppelstaat).

Franckenstein, Georg Freiherr von und zu, Parallelen und Unterschiede des öffentlichrechtlichen Folgenbeseitigungsanspruches im Vergleich zum allgemeinen öffentlichrechtlichen Erstattungsanspruch, Frankfurt a. M. 1998 (zit.: Franckenstein, Folgenbeseitigung und Erstattung).

Fricke, Karl Wilhelm, Unterdrückungsmechanismen, in: Rainer Eppelmann/Horst Möller/Günter Nooke/Dorothee Wilms (Hrsg.), Lexikon des DDR-Sozialismus: Das Staats- und Gesellschaftssystem der Deutschen Demokratischen Republik, Band 2 (N–Z), 2. Aufl., Paderborn u. a. 1997, S. 870 ff. (zit.: Fricke, Unterdrückungsmechanismen).

Fried, Thorsten, Von Ausreisen und Gutachten – Akten im Staatlichen Museum Schwerin, Museumsblätter – Mitteilungen des Museumsverbandes Brandenburg, Heft 35 (Dezember 2019), S. 48 ff.

Gast, Martin, Das Internationale Enteignungsrecht nach der Wiedervereinigung – Ein Beitrag zur Dogmatik des Art. 19 EinigungsV, DtZ 1996, S. 102 ff.

Geißdorf, Michael, Zur Praxis der rechtlichen Prüfung von Restitutionsansprüchen in den Staatlichen Kunstsammlungen Dresden, in: Dirk Blübaum/Bernhard Maaz/Katja Schneider (Hrsg.), Museumsgut und Eigentumsfragen – Die Nachkriegszeit und ihre heutige Relevanz in der Rechtspraxis der Museen in den neuen Bundesländern, Halle 2012, S. 63 ff. (zit.: Geißdorf, Restitutionsansprüche).

Gertner, Thomas, Die Auswirkungen von Gemeinsamer Erklärung, Art. 41 EinigungsV und Art. 143 III GG auf zivilrechtliche Ansprüche der Bodenreform-Opfer, VIZ 1995, S. 390 ff.

GERTNER, Thomas, Zivilrechtliche Ansprüche der Bodenreform-Opfer gegen Bund, Länder und Gemeinden?, VIZ 1994, S. 158 ff.

GMEINER, Robert, Können Museen abhandengekommene Exponate kraft öffentlichen Sachenrechts herausverlangen? – Eine denkmalschutzrechtliche Betrachtung, KUR 2020, S. 8 ff.

GÖHRING, Joachim/DOST, Axel, Zivilrecht (11. Kapitel), in: Uwe-Jens Heuer (Hrsg.), Die Rechtsordnung der DDR – Anspruch und Wirklichkeit, Baden-Baden 1995, S. 475 ff. (zit.: GÖHRING/DOST, Zivilrecht DDR).

GÖHRING, Joachim/LÜBCHEN, Gustav-Adolf, Vermögensgesetz und Zivilrechtsweg, NJ 1992, S. 73 ff.

GÖHRING, Joachim/POSCH, Martin (Leitung der Gesamtredaktion) et al. (Autorenkollektiv), Zivilrecht – Lehrbuch, Teil 1, Berlin (Ost) 1981 (zit.: GÖHRING/POSCH et. al., Zivilrecht DDR Bd. 1).

GÖHRING, Joachim/POSCH, Martin (Leitung der Gesamtredaktion) et al. (Autorenkollektiv), Zivilrecht – Lehrbuch, Teil 2, Berlin (Ost) 1981 (zit.: GÖHRING/POSCH et. al., Zivilrecht DDR Bd. 2).

GOTTSCHALKSON, Sven, Der Ausschluss des Zivilrechtsweges bei Eigentumsverlusten an Immobilien in der DDR, Frankfurt a. M. 2002 (zit.: GOTTSCHALKSON, Ausschluss des Zivilrechtsweges).

GRIMM, Alfred, Ein Schmetterling kehrt zurück! In der DDR entzogen – vom Freistaat zurückgegeben: Das Bayerische Nationalmuseum restituiert ein „Schlossbergungsobjekt“, aviso – Die Zeitschrift für Wissenschaft und Kunst in Bayern, Heft 01/2016, S. 44 ff.

GROẞFELD, Bernhard, Zeichen und Bilder im Recht, NJW 1994, S. 1911 ff.

GRÜN, Beate, Anm. zum Urteil des BGH v. 03.04.1992 – V ZR 83/91, VIZ 1992, S. 317 ff.

GRÜN, Beate, Die Grundstücksrückgabe an DDR-Übersiedler im Spannungsfeld zwischen Vermögensgesetz und Zivilrecht, ZIP 1993, S. 170 ff.

GRÜNEBERG, Christian et. al., Bürgerliches Gesetzbuch, Kommentar, 83. Aufl., München 2024 (zit.: BEARBEITER, in: Grüneberg, BGB).

GUCKES, Ulrike, Opferentschädigung nach zweierlei Maß? Eine vergleichende Untersuchung der gesetzlichen Grundlagen der Entschädigung für das Unrecht der NS-Diktatur und der SED-Diktatur, Berlin 2008 (zit.: GUCKES, Opferentschädigung).

GÜTTLER, Herbert, Der Gotha-Fall und die Bundesrepublik Deutschland – WTEWAELS „Heilige Familie“ und Deutschlands „unheilige“ Gegensätze, in: Michael H. Carl/Herbert Güttler/Kurt Siehr (Hrsg.), Kunstdiebstahl vor Gericht – City of Gotha v. Sotheby’s/Cobert Finance S.A., Berlin u. a. 2001, S. 7 ff. (zit.: GÜTTLER, Der Gotha-Fall).

HAASE, Herwig Erhard, Hauptsteuern im sozialistischen Wirtschaftssystem, Berlin (West) 1980 (zit.: HAASE, Hauptsteuern DDR).

HAASE, Herwig Erhard, Steuern im Abgabensystem der DDR, Berlin (West) 1977 (zit.: HAASE, Steuern DDR).

Habersack, Mathias (Hrsg.), Habersack II – Zivil-, Wirtschafts- und Justizgesetze für die neuen Bundesländer, Band 2, München, Loseblatt, Stand: August 2022 (63. EL) (zit.: Habersack, Habersack II).

Haendcke-Hoppe-Arndt, Maria, Außenwirtschaft, in: Rainer Eppelmann/Horst Möller/Günter Nooke/Dorothee Wilms (Hrsg.), Lexikon des DDR-Sozialismus: Das Staats- und Gesellschaftssystem der Deutschen Demokratischen Republik, Band 1 (A–M), 2. Aufl., Paderborn u. a. 1997, S. 110 ff. (zit.: Haendcke-Hoppe-Arndt, Außenwirtschaft).

Haferkamp, Hans-Peter, Das Bürgerliche Gesetzbuch während des Nationalsozialismus und in der DDR – Mögliche Aspekte und Grenzen eines Vergleichs, Köln 2005 (zit.: Haferkamp, Das BGB während des Nationalsozialismus und der DDR).

Hammerstein, Konstantin von, Rudis Rache, Der Spiegel vom 29.08.2020 (Nr. 36/2020), S. 36 ff.

Hartmann, Uwe, „Urteilen, wählen, kaufen?" Der Kunst- und Antiquitätenhandel in der DDR zwischen Plan- und Mangelwirtschaft, in: Mathias Deinert/Uwe Hartmann/Gilbert Lupfer (Hrsg.), Enteignet, entzogen, verkauft – Zur Aufarbeitung der Kulturgutverluste in SBZ und DDR, Berlin 2022, S. 181 ff. (zit.: Hartmann, „Urteilen, wählen, kaufen?").

Hartung, Hannes, Kunstraub in Krieg und Verfolgung: Die Restitution der Beute- und Raubkunst im Kollisions- und Völkerrecht, Berlin 2005 (zit.: Hartung, Kunstraub).

Hartung, Hannes, Wege zu gerechten und fairen Lösungen bei NS-Raubkunst, NJW 2020, S. 718 ff.

Hattenhauer, Christian, Prescription and Limitation in Germany and Austria from the Late 18th Century to the 2002 Reform of the German Law of Limitation and Obligations, in: Richard H. Helmholz, Mathias Reimann, Stefan Vogenauer und Reinhard Zimmermann (Hrsg.), Limitation and Prescription – A Comparative Legal History, Berlin 2019, S. 507 ff. (zit.: Hattenhauer, Prescription and Limitation).

Hegelmaier, Leopold, Ergänzungsband zur Verwaltungsrechtsordnung für Württemberg – Entwurf eines Gesetzes mit Begründung, Stuttgart 1936 (zit.: Hegelmaier, Württembergischer Entwurf 1936).

Heldrich, Andreas, Das interlokale Privatrecht Deutschlands nach dem Einigungsvertrag – Zivilrechtliche Vorfragen der Rückübertragungsansprüche nach dem VermG, Berlin 1992 (zit.: Heldrich, Interlokales Privatrecht).

Hellmann, Mathias, Die EALG-Entscheidung des Bundesverfassungsgerichts und die Rückgabe von Kulturgut nach § 5 AusgLeistG, VIZ 2001, S. 293 ff.

Herstatt, Claudia, So stahl die DDR, Die Zeit vom 07.08.2003 (Nr. 33).

Hess, Burkhard, Intertemporales Privatrecht, Tübingen 1998 (zit.: Hess, Intertemporales Privatrecht).

Heuer, Carl-Heinz, Die Kunstraubzüge der Nationalsozialisten und ihre Rückabwicklung, NJW 1999, S. 2558 ff.

Heuer, Uwe-Jens/Lieberam, Ekkehard, Rechtsverständnis in der DDR (1. Kapitel), in: Uwe-Jens Heuer (Hrsg.), Die Rechtsordnung der DDR – Anspruch und Wirklichkeit, Baden-Baden 1995, S. 25 ff. (zit.: U.-J. Heuer, Rechtsverständnis DDR).

HEXELSCHNEIDER, Erhard/JOHN, Erhard, Kultur als einigendes Band? – Eine Auseinandersetzung mit der These von der „einheitlichen deutschen Kulturnation", Berlin 1984 (zit.: HEXELSCHNEIDER/JOHN, Kultur als einigendes Band).

HILLGRUBER, Christian/BENDER, Philipp, Hat der ehemalige Kronprinz Wilhelm von Preußen dem nationalsozialistischen System erheblichen Vorschub geleistet? Zur Auslegung und Anwendung von § 1 Abs. 4 AusglLeistG, in: Frank-Lothar Kroll/Christian Hillgruber/Michael Wolffsohn (Hrsg.), Die Hohenzollerndebatte – Beiträge zu einem geschichtspolitischen Streit, Berlin 2021 (zit.: HILLGRUBER/BENDER, Die Hohenzollerndebatte).

HIRSCHINGER, Ellen, Das Vermögenrechtsergänzungsgesetz, NJ 2000, S. 460 ff.

HOECK, Joachim, Verwaltung, Verwaltungsrecht und Verwaltungsrechtsschutz in der Deutschen Demokratischen Republik, Berlin 2003 (zit.: HOECK, Verwaltung in der DDR).

HOHLOCH, Gerhard, Anm. zum Urteil des KG vom 29.09.1987 – 17 U 492/87, JuS 1988, S. 739 f.

HOHMANN, Bernd, Was bleibt von Forschung und Lehre des Staats- und Verwaltungsrechts der DDR?, in: Rosemarie Will (Hrsg.), Rechtswissenschaft in der DDR – Was wird von ihr bleiben?, Sinzheim 1995, S. 39 ff. (zit.: HOHMANN, Was bleibt?).

HOLZHAUER, Heinz, Der Vorschub des Kronprinzen, DÖV 2021, S. 24 ff.

HONECKER, Erich, Durch das Volk und für das Volk wurde Großes vollbracht – Festansprache zum 40. Jahrestag der DDR, Neues Deutschland vom 09.10.1989 (Nr. 237/1989), S. 3 ff.

HORST, Hagen, Vermögensgesetz und zivilrechtliche Ansprüche, ZfIR 1997, S. 313 ff.

HÜTTEMANN, Rainer/RUWERT, Peter, NS-verfolgungsbedingt entzogenes Kulturgut und der stiftungsrechtliche Grundsatz der Vermögenserhaltung, in: Sebastian Kubis, Karl-Nikolaus Peifer, Benjamin Raue, Malte Stieper (Hrsg.), Ius Vivum: Kunst, Internationales, Persönlichkeit – Festschrift für Haimo Schack zum 70. Geburtstag, Tübingen 2022, S. 50 ff. (zit.: HÜTTEMANN/RUWERT, Kulturgutentzug und Stiftungsrecht).

ISPHORDING, Bernd, Die Kunst und Antiquitäten GmbH im Spiegel ihrer archivischen Überlieferung – Möglichkeiten und Grenzen der Provenienzforschung, in: Mathias Deinert/Uwe Hartmann/Gilbert Lupfer (Hrsg.), Enteignet, entzogen, verkauft – Zur Aufarbeitung der Kulturgutverluste in SBZ und DDR, Berlin 2022, S. 234 ff. (zit.: ISPHORDING, Die Kunst und Antiquitäten GmbH).

JANSSEN, Achim, Können Museen abhandengekommene Exponate kraft öffentlichen Sachenrechts herausverlangen?, KUR 2019, S. 93 ff.

JAUß, Steffen, Zur Frage des Erwerbs abhandengekommener, rechtswidrig ausgegrabener oder unrechtmäßig eingeführter Kulturgüter, NJOZ 2018, S. 561 ff.

JAYME, Eric, Internationales Kunstrecht: Auflösungserscheinungen des klassischen IPR, KUR 2022, S. 54 ff.

JERGER, Christoph/REICHENBERG, Luitpold Graf Wolffskeel von, Das Auseinanderfallen von Eigentum und Besitz durch Verjährung und seine Konsequenzen am Beispiel der Raubkunst, GWR 2015, 265 ff.

Joseph, Detlef, Rechtswissenschaft und SED (13. Kapitel), in: Uwe-Jens Heuer (Hrsg.), Die Rechtsordnung der DDR – Anspruch und Wirklichkeit, Baden-Baden 1995, S. 549 ff. (zit.: Joseph, Rechtswissenschaft DDR).

Judt, Matthias, Ein kommunistischer Kapitalist – Zum Tode von Alexander Schalck-Golodkowski, Deutschland Archiv vom 02.07.2015, abrufbar unter <https://www.bpb.de/themen/deutschlandarchiv/209006/ein-kommunistischer-kapitalist-zum-tode-von-alexander-schalck-golodkowski/> (zuletzt aufgerufen am 01.03.2024).

Jütte, Christopher, Von Pralinenformen und Perkussionsflinten – Objekte der Provenienz Kunst und Antiquitäten GmbH in den Sammlungen des Deutschen Historischen Museums, in: Mathias Deinert/Uwe Hartmann/Gilbert Lupfer, Enteignet, entzogen, verkauft – Zur Aufarbeitung der Kulturgutverluste in SBZ und DDR, Berlin 2022, S. 224 ff. (zit.: Jütte, Provenienz Kunst und Antiquitäten GmbH).

Kähler, Lorenz, Vom bleibenden Wert des Eigentums nach der Verjährung des Herausgabeanspruchs, NJW 2015, S. 1041 ff.

Kaiser, Paul, Treibjagd im Kulturschutzgebiet. Privates Sammeln in der DDR zwischen repressiver Marginalisierung und staatlicher Kunsthandelspolitik, in: Barbara Marx/Karl-Siegbert Rehberg (Hrsg.), Sammeln als Institution. Von der fürstlichen Wunderkammer zum Mäzenatentum des Staates, München u. a. 2006, S. 293 ff. (zit.: Kaiser, Treibjagd im Kulturschutzgebiet).

Kaligin, Thomas, Steuerliche Auswirkungen von wirtschaftlichen Aktivitäten in der DDR – Einführung und DDR-Steuergesetze, Köln 1986 (Kaligin, Steuerrecht DDR).

Karich, Swantje/Woeller, Marcus, „Sammler dürfen nicht an den Pranger gestellt werden", Welt Online vom 23.09.2023, abrufbar unter <https://www.welt.de/kultur/kunst/plus247555364/Raubkunst-Sammler-duerfen-nicht-an-den-Pranger-gestellt-werden.html#:~:text=Vielleicht%20entscheiden%20sich%20dann%20auch,ist%20bislang%20leider%20nicht%20vorgesehen.> (zuletzt aufgerufen am 01.03.2024).

Karlsch, Rainer/Schäfer, Michael, Industrielle Familienunternehmen in Ostdeutschland – Von der Jahrhundertwende bis zur Gegenwart, München 2019 (zit.: Karlsch/Schäfer, Familienunternehmen in Ostdeutschland).

Keck, Ludwig-Wilhelm/Schröder, Michael/Tappert, Wilhelm, Das strafrechtliche Rehabilitierungsgesetz im Überblick, DtZ 1993, S. 2 ff.

Kellner, Horst, Zivilprozessrecht (12. Kapitel), in: Uwe-Jens Heuer (Hrsg.), Die Rechtsordnung der DDR – Anspruch und Wirklichkeit, Baden-Baden 1995, S. 517 ff. (zit.: Kellner, Zivilprozessrecht DDR).

Kellner, Horst (Leitung der Gesamtredaktion) et. al. (Autorenkollektiv), Zivilprozessrecht – Lehrbuch, Berlin (Ost) 1980 (zit.: Kellner et. al., Zivilprozessrecht DDR).

Kiechle, Friedrich, Anm. zum Urteil des BGH v. 16.03.2012 – V ZR 279/10, ZOV 2013, S. 25 ff.

Kiechle, Friedrich, Kunst und Restitution – Zu einigen Aspekten des rechtlichen Umgangs mit Kunst und des künstlerischen Umgangs mit Recht, NJOZ 2011, S. 193 ff.

Kilb, Andreas, Wilhelm wollte Hitler nicht zähmen, FAZ vom 04.11.2020 (Nr. 257), S. 11 ff.

Kirchmaier, Robert, Der BGH und die Plakatsammlung Sachs, KUR 2012, S. 212 ff.

Kirchmaier, Robert, Die haushaltsrechtliche Bewältigung der Restitution von Holocaust Art im Freistaat Bayern, in: Kerstin Odendahl/Peter Johannes Weber (Hrsg.), Kulturgüterschutz – Kunstrecht – Kulturrecht: Festschrift für Kurt Siehr zum 75. Geburtstag aus dem Kreise des Doktoranden- und Habilitandenseminars „Kunst und Recht", Baden-Baden 2010, S. 177 ff. (zit.: Kirchmaier, Haushaltsrecht).

Kittke, Horst-Dieter, Zur Regelung offener Vermögensfragen zwischen der Bundesrepublik Deutschland und der DDR, DtZ 1990, S. 179 ff.

Klaus, Lang, Politische Regulierung und gewerkschaftliche Profilierung im globalen Kapitalismus, in: Pierre Bourdieu, Erhard Eppler, Renate Ohr, Klaus Zwickel et. al. (Hrsg.), Neue Wege der Regulierung – Vom Terror der Ökonomie zum Primat der Politik, Hamburg 2001, S. 7 ff. (Lang, Primat der Politik über Wirtschaft).

Klein, Werner, Geld- und Währungswesen, in: Rainer Eppelmann/Horst Möller/Günter Nooke/Dorothee Wilms (Hrsg.), Lexikon des DDR-Sozialismus: Das Staats- und Gesellschaftssystem der Deutschen Demokratischen Republik, Band 1 (A–M), 2. Aufl., Paderborn u. a. 1997, S. 304 ff. (zit.: Klein, Währungswesen).

Klose, Martin, Vindikationsverjährung: Gewogen und für verfassungswidrig befunden!, RW 2014, S. 228 ff.

Knack, Hans Joachim (Begr.)/Henneke, Hans-Günter (Hrsg.), Verwaltungsverfahrensgesetz, Kommentar, 11. Aufl., Köln 2019 (zit.: Bearbeiter, in: Knack/Henneke, VwVfG).

Koenig, Ulrich (Hrsg.), Abgabenordnung, Kommentar, 5. Aufl., München 2024 (zit.: Bearbeiter, in: Koenig, AO).

Kommission für die Landesordnung des Allgemeinen öffentlichen Rechts (Hrsg.), Verwaltungsrechtsordnung für Württemberg – Entwurf eines Gesetzes mit Begründung und Vorwort von Hegelmaier, Stuttgart 1931 (zit.: Kommission für die Landesordnung des Allgemeinen öffentlichen Rechts, Württembergischer Entwurf 1931).

König, Harald, Die Entziehung und Verlagerung von Kulturgütern als offene Vermögensfrage – Lösungswege des Gesetzgebers im Zuge der Wiedervereinigung, in: Dirk Blübaum/Bernhard Maaz/Katja Schneider (Hrsg.), Museumsgut und Eigentumsfragen – Die Nachkriegszeit und ihre heutige Relevanz in der Rechtspraxis der Museen in den neuen Bundesländern, Halle 2012, S. 27 ff. (zit.: König, Kulturgüter als offene Vermögensfrage).

Köstering, Susanne, Tagungsbericht – Sammlungsverluste der Museen im Zweiten Weltkrieg – Perspektiven aktueller Forschung, KUR 2020, S. 136 ff.

Kotowski, Elke-Vera, Kunst gegen Valuta. Der staatliche Ausverkauf von Kunst und Antiquitäten zur Devisenbeschaffung in der DDR, KUR 2011, S. 165 ff.

Krakat, Klaus, Volkseigene Betriebe (VEB), in: Rainer Eppelmann/Horst Möller/Günter Nooke/Dorothee Wilms (Hrsg.), Lexikon des DDR-Sozialismus: Das Staats- und Gesellschaftssystem der Deutschen Demokratischen Republik, Band 2 (N–Z), 2. Aufl., Paderborn u. a. 1997, S. 903 ff. (zit.: Krakat, VEB).

Krause, Tobias, Anm. zum Urteil des BGH vom 19.07.2019 – V ZR 255/17, NJW 2019, S. 3147 ff.

KREUTZ, Peter, Vindikation entzogener Kunst – Aspekte der eigentumsrechtlichen Zuordnung und der Restitution, JR 2018, S. 263 ff.

KREUZER, Karl, Habent sua fata horoglia – Zur Vorfrage der Anerkennung fremdstaatlicher Steuervollstreckungsakte, IPrax 1990, S. 365 ff.

KRITZ, Neil J., The dilemmas of Transitional Justice, in: Neil J. Kritz (Hrsg.), Transitional Justice – How emerging democracies reckon with former regimes, Washington 1995 (zit.: KRITZ, Transitional Justice).

KRÜGER, Wolfgang/RAUSCHER, Thomas (Hrsg.), Münchener Kommentar zur Zivilprozessordnung, Band 1 (§§ 1–354), 6. Aufl., München 2020 (zit.: BEARBEITER, in: MüKo (Bd. 1), ZPO).

KRÜGER, Wolfgang/RAUSCHER, Thomas (Hrsg.), Münchener Kommentar zur Zivilprozessordnung, Band 2 (§§ 355–945b), 6. Aufl., München 2020 (zit.: BEARBEITER, in: MüKo (Bd. 2), ZPO).

KÜHN, Rolf/KUTTER, Heinz, Abgabenordnung, Kommentar, 13. Aufl., Stuttgart 1979 (zit.: KÜHN/KUTTER, AO).

LAHUSEN, Benjamin, Lost Art und actio negatoria – der Verdacht auf Raubkunst und seine öffentliche Dokumentation, NJW 2023, S. 2396 ff.

LAHUSEN, Benjamin, Vom *hard law* zum *soft law* und wieder zurück? – Die Rückerstattung nationalsozialistischer Raubkunst seit 1945, KUR 2022, S. 91 ff.

LANDMANN, Ellinor, Die Schweiz war Drehscheib für geraubte Kunst aus der DDR, SRF vom 24.01.2024, abrufbar unter <https://www.srf.ch/kultur/kunst/gestohlene-kunstwerke-die-schweiz-war-drehscheibe-fuer-geraubte-kunst-aus-der-ddr> (zuletzt aufgerufen am 01.03.2024).

LANG, Lothar, Rechtliche Fragen des Sammelns, Marginalien 1976, Heft 63, S. 23 ff.

LEISNER, Walter, Das Bodenreform-Urteil des Bundesverfassungsgerichts – Kriegsfolge- und Eigentumsentscheidung, NJW 1991, S. 1569 ff.

LILIENTHAL, Frank, Antiquitäten in der DDR – eine gefährliche Angelegenheit, Berlin 2011 (zit.: LILIENTHAL, Antiquitäten in der DDR).

LINDGREN, Astrid, Pomperipossa in Monismanien, Oetinger Almanach 1977, S. 71 ff.

LISCHKA, Julia, Umgang mit Unrecht – Die Aufhebung von während der NS- und DDR-Zeit ergangenen strafrechtlichen Unrechtsurteilen, Hamburg 2021 (zit.: LISCHKA, Strafrechtliche Unrechtsurteile).

LÖHNIG, Martin, Generalklauseln in der Rechtsprechung der österreichischen Senate des Reichsgerichts 1939–1945 – Eine Studie auf Grundlage der Wiener Reichsgerichtsakten, in: Franz-Stefan Meissel/Stefan Wedrac (Hrsg.), Privatrecht in unsicheren Zeiten – Zivilgerichtsbarkeit im Nationalsozialismus, Wien 2017, S. 181 ff. (zit.: LÖHNIG, Generalklauseln).

LÖHNIG, Martin, „Zusendung unbestellter Waren“ und verwandte Probleme nach Inkrafttreten des § 241a BGB, JA 2001, S. 33 ff.

LÖHNIG, Martin/SCHÄRTL, Christoph, Zur Dogmatik des § 105a BGB, AcP 204, S. 25 ff.

LORCH, Catrin, Bayern bleibt hart, Süddeutsche Zeitung vom 22.06.2023, S. 9

LORENZ, Stephan/ARNOLD, Stefan, Die Vindikationsverjährung und ihre Folgen im System des BGB, in: Tobias Lettl/Jörg Fritzsche/Benedikt Buchner/Christian Alexander (Hrsg.), Festschrift für Helmut Köhler zum 70. Geburtstag, München 2014, S. 451 ff. (zit.: LORENZ/ARNOLD, Vindikationsverjährung).

LÜBCHEN, Gustav-Adolf (Leiter der Gesamtredaktion) et. al. (Autorenkollektiv), Internationales Privatrecht – Kommentar, Berlin (Ost) 1989 (zit.: LÜBCHEN et. al., RAG).

LÜBCHEN, Gustav-Adolf (Leiter der Gesamtredaktion) et. al. (Autorenkollektiv), Zivilprozessrecht der DDR, Kommentar, Berlin (Ost) 1987 (zit.: LÜBCHEN et. al., ZPO-DDR).

LÜBCHEN, Gustav-Adolf (Leitung der Gesamtredaktion) et. al. (Autorenkollektiv), Zivilrecht, Kommentar, Berlin (Ost) 1985 (zit.: LÜBCHEN et. al., ZGB).

LUCHTERHANDT, Otto, Was bleibt vom Recht der DDR?, in: Karsten Schmidt (Hrsg.), Vielfalt des Rechts – Einheit der Rechtsordnung?, Berlin 1994, S. 165 ff. (zit.: LUCHTERHANDT, Was bleibt vom Recht der DDR?).

LUPFER, Gilbert/HARTMANN, Uwe/DEINERT, Mathias, Operation Ausverkauf, FAZ vom 23.05.2022 (Nr. 119), S. 6 ff.

LUPFER, Gilbert/RUDERT, Thomas, Schlossbergung, Republikflucht, Kunst gegen Devisen – Ein Essay über die Provenienzforschung in ostdeutschen Museen, arsprototo 01/2016, S. 60 ff.

MAGNUS, Robert/WAIS, Hannes, Unberechtigter Besitz und Verjährung, NJW 2014, S. 1270 ff.

MARKOVITS, Inga, Sozialistisches und bürgerliches Zivilrechtsdenken in der DDR, Köln 1969 (zit.: MARKOVITS, Sozialistisches Zivilrechtsdenken).

MASHBERG, Tom, A Son Seeks Art Looted by the East Germans, The New York Times vom 27.11.2014, S. 1

MASKOW, Dietrich/RUDOLPH, Helga, Regelung der Kollisionsprobleme internationaler Wirtschaftsbeziehungen in der DDR, RIW/AWD 1980, S. 19 ff.

MASKOW, Dietrich/WAGNER, Hellmut (Leitung der Gesamtredaktion) et. al. (Autorenkollektiv), Gesetz über internationale Wirtschaftsverträge – Kommentar, Berlin (Ost) 1978 (zit.: MASKOW/WAGNER et. al., GIW).

MINTY, Nancy T./SPICER, Joaneath, An Eye for Detail: 17th-Century Dutch and Flemish Paintings from the Collection of Henry H. Weldon, Baltimore 1999 (zit.: MINTY/SPICER, Collection of Henry H. Weldon).

MÜLLER, Claudia Maria, Privater Kunsthandel in der DDR – Die Dresdner Kunsthandlung Alphons Müller, in: Mathias Deinert/Uwe Hartmann/Gilbert Lupfer (Hrsg.), Enteignet, entzogen, verkauft – Zur Aufarbeitung der Kulturgutverluste in SBZ und DDR, Berlin 2022, S. 137 ff. (zit.: MÜLLER, Privater Kunsthandel in der DDR).

MÜLLER-KATZENBURG, Astrid, Besitz- und Eigentumssituation bei gestohlenen und sonst abhanden gekommenen Kunstwerken, NJW 1999, S. 2551 ff.

MÜLLER-SPREITZ, Annette/SCHELIHA, Wolfram von, Tagungsbericht: Kulturgutentzug in Sachsen-Anhalt 1945–1990 – Perspektiven der Aufarbeitung und der musealen Provenienzforschung, H-Soz-Kult vom 01.03.2023, abrufbar unter <https://www.hsozkult.de/conferencereport/id/fdkn-134067> (zuletzt aufgerufen am 01.03.2024).

Müller-Wenzel, Christin, Magnet für Kunstliebhaber oder Ort der Provokation? Die Galerie Henning in Halle (Saale), in: Mathias Deinert/Uwe Hartmann/Gilbert Lupfer (Hrsg.), Enteignet, entzogen, verkauft – Zur Aufarbeitung der Kulturgutverluste in SBZ und DDR, Berlin 2022, S. 148 ff. (zit.: Müller-Wenzel, Die Galerie Henning).

Mutén, Leif, Die steuerliche Umwälzung in Schweden – Eine Steuerreform als Vorbereitung auf die europäische Integration, RIW 1993, S. 119 ff.

Naczinsky, Simon, Die Rückerstattung „arisierter" Unternehmen nach dem Militärregierungsgesetz Nr. 59 der amerikanischen Besatzungszone – Eine Betrachtung der Rückerstattungspraxis anhand Nürnbergs jüdischer Hopfenhandlungen, Regensburg 2021 (zit.: Naczinsky, Rückerstattung).

Nehring, Christopher, Millionär in der DDR. Die deutsch-deutsche Geschichte des Kunstmillionärs Siegfried Kath, Marburg 2018 (zit.: Nehring, Millionär in der DDR).

Oberreuter, Heinrich, Parlamentsverständnis, in: Rainer Eppelmann/Horst Möller/Günter Nooke/Dorothee Wilms (Hrsg.), Lexikon des DDR-Sozialismus: Das Staats- und Gesellschaftssystem der Deutschen Demokratischen Republik, Band 2 (N–Z), 2. Aufl., Paderborn u. a. 1997, S. 608 ff. (zit.: Oberreuter, Parlamentsverständnis).

Papier, Hans-Jürgen, Anm. zum Urteil des BVerwG v. 24.06.1993 – 7 C 14.92, DZWir 1994, S. 153 ff.

Papier, Hans-Jürgen/Schröder, Meinhard, Verfassungskonformität der Adjudikation in Bausachen, ZfBR 2013, S. 731 ff.

Pätzke, Hartmut, Der Kunsthandel in der Deutschen Demokratischen Republik, kritische berichte 3/93, S. 65 ff.

Pferdmenges, Stefanie, Gerechte und faire Lösungen – Ist ein Restitutionsgesetz der beste Weg?, KUR 2021, S. 50 ff.

Plambeck, Barbara, Die Verjährung der Vindikation, Frankfurt a. M. u. a. 1997 (zit.: Plambeck, Verjährung der Vindikation).

Popper, Karl, Die offene Gesellschaft und ihre Feinde – Band II (Falsche Propheten: Hegel, Marx und die Folgen), Bern 1958 (zit.: Popper, Die offene Gesellschaft und ihre Feinde).

Raabe, Jörg/Niewald, Stephan, Die Vertragsanfechtung wegen widerrechtlicher Drohung nach ZGB/DDR und das VermG, NJ 1992, S. 71 ff.

Raape, Leo, Internationales Privatrecht, 4. Aufl., Berlin (West) u. a. 1955 (zit.: Raape, Internationales Privatrecht).

Rapp, Angela, Rückgabe des besatzungsrechtlich enteigneten Vermögens nach Zivilrecht? – Die Anwendung des ordre-public-Grundsatzes auf die Enteignungen der Bodenreform, VIZ 1994, S. 324 ff.

Rathmer, Matthias, Dr. Alexander Schalck-Golodkowski. Pragmatiker zwischen den Fronten. Eine politische Biographie., Bad Nauheim 1995 (zit.: Rathmer, Schalck-Golodkowski).

RAUE, Peter, Die beschlagnahmten Gurlitt-Bilder – Eine Bestandsaufnahme, ZRP 2014, S. 2 ff.

RAUE, Peter, Raubkunst und Restitution – Überlegungen aus aktuellem Anlass, GRUR 2015, S. 1 ff.

RAUE, Peter, Streitigkeiten im Kunstbereich und Schiedsgerichtsbarkeit – Eine empfehlenswerte Alternative?, SchiedsVZ 2019, S. 1 ff.

RAUE, Peter/STANG, Felix, Die moralische Pflicht, Süddeutsche Zeitung vom 22.06.2023, S. 9.

REMIEN, Oliver, Vindikationsverjährung und Eigentumsschutz – Oder: Welche Rechte bestehen an vor langer Zeit abhanden gekommenen Sachen, insbesondere Kunstwerken?, AcP 201, S. 730 ff.

RICHTER, Hedwig, Die DDR, Paderborn 2009 (zit.: RICHTER, Die DDR).

RING, Gerhard/GRZIWOTZ, Herbert/SCHMIDT-RÄNTSCH, Johanna (Hrsg.), Nomos-Kommentar BGB, Band 3 (§§ 854–1296 BGB), 5. Aufl., Baden-Baden 2022 (zit.: BEARBEITER, in: NK-BGB (Bd. 3)).

RODENBACH, Hermann-Josef, Restitution und Entschädigung von Kunstgegenständen, ZOV 2014, S. 74 ff.

ROGGEMANN, Herwig, Das Zivilgesetzbuch der DDR von 1975, NJW 1976, S. 393 ff.

ROGGEMANN, Herwig, Zivilgesetzbuch und Zivilprozessordnung mit Nebengesetzen, Berlin (West) 1976 (zit.: ROGGEMANN, ZGB).

RUDKOWSKI, Lena, Einführung in das Schiedsverfahrensrecht, JuS 2013, S. 398 ff.

RUDOLPH, Sabine, Restitution von Kunstwerken aus jüdischem Besitz – Dingliche Herausgabeansprüche nach deutschem Recht, Berlin 2007 (zit.: RUDOLPH, Restitution).

RÜTHERS, Bernd, Die unbegrenzte Auslegung: Zum Wandel der Privatrechtsordnung im Nationalsozialismus, Tübingen 1968 (zit.: RÜTHERS, Unbegrenzte Auslegung).

SACHSE, Alexander, „… daß auch hier wiederum die ‚Großen' die Sahne abschöpfen" – Sammlungsankäufe aus dem Bestand der Kunst und Antiquitäten GmbH i.L. 1990, in: Mathias Deinert/Uwe Hartmann/Gilbert Lupfer (Hrsg.), Enteignet, entzogen, verkauft – Zur Aufarbeitung der Kulturgutverluste in SBZ und DDR, Berlin 2022, S. 245 ff. (zit.: SACHSE, Kunst und Antiquitäten GmbH i.L.).

SACHSE, Alexander, „Republikflucht" – Kritische Sammlungszugänge zwischen 1949 und 1989, Museumskunde 2/2020, S. 60 ff.

SACHSE, Alexander, Zwischen Schlossbergung und Kommerzieller Koordinierung, KUR 2019, S. 134 ff.

SÄCKER, Franz Jürgen/RIXECKER, Roland/OETKER, Harmut/LIMPERG, Bettina (Hrsg.), Münchener Kommentar zum Bürgerlichen Gesetzbuch, Band 8 (Sachenrecht, §§ 854–1296 BGB, WEG, ErbbauRG), 9. Aufl., München 2023 (zit.: BEARBEITER, in: MüKo (Bd. 8), BGB).

SÄCKER, Franz Jürgen/RIXECKER, Roland/OETKER, Harmut/LIMPERG, Bettina (Hrsg.), Münchener Kommentar zum Bürgerlichen Gesetzbuch, Band 12 (Internationales Privatrecht I, Europäisches Kollisionsrecht, Art. 1–26 EGBGB), 9. Aufl., München 2024 (zit.: BEARBEITER, in: MüKo (Bd. 12), BGB).

Säcker, Franz Jürgen/Rixecker, Roland/Oetker, Harmut/Limperg, Bettina (Hrsg.), Münchener Kommentar zum Bürgerlichen Gesetzbuch, Band 13 (Internationales Privatrecht II, Internationales Wirtschaftsrecht, Art. 50–253 EGBGB), 8. Aufl., München 2021 (zit.: Bearbeiter, in: MüKo (Bd. 13), BGB).

Sager, Peter, Die Besessenen – Begegnungen mit Kunstsammlern zwischen Aachen und Tokio, Köln 1992 (zit.: Sager, Die Besessenen).

Schack, Haimo, Kunst und Recht, 3. Aufl., Tübingen 2017 (zit.: Schack, Kunst und Recht).

Schack, Haimo, Zivilrechtliche Auswirkungen des KGSG: Importverbote und Transparenzpflichten, KUR 2018, S. 112 ff.

Schalck-Golodkowski, Alexander, Deutsch-deutsche Erinnerungen, 2. Aufl., Reinbek bei Hamburg 2000 (zit.: Schalck-Golodkowski, Deutsch-deutsche Erinnerungen).

Schallenberg, Bernd, Wie die DDR-Regierung die Familie von Otto Nagel enteignete, Berliner Zeitung vom 07.06.2023, abrufbar unter <https://www.berliner-zeitung.de/open-source/kunst-streit-um-nachlass-wie-die-ddr-regierung-die-familie-von-otto-nagel-enteignete-li.353980> (zuletzt aufgerufen am 01.03.2024).

Schellerer, Juliane, Gutgläubiger Erwerb und Ersitzung von Kunstgegenständen, Tübingen 2016 (zit.: Schellerer, Gutgläubiger Erwerb und Ersitzung).

Scheunemann, Jan, Bodenreform und Museum. – Sicherstellung, Bergung und Verwertung von enteignetem Kunst- und Kulturgut in der SBZ und DDR, KUR 2019, S. 165 ff.

Scheunemann, Jan, Geschäfte mit Museumsstücken aus der DDR auf dem internationalen Kunst- und Antiquitätenmarkt, in: Mathias Deinert/Uwe Hartmann/Gilbert Lupfer (Hrsg.), Enteignet, entzogen, verkauft – Zur Aufarbeitung der Kulturgutverluste in SBZ und DDR, Berlin 2022, S. 201 ff. (zit.: Scheunemann, Geschäfte mit Museumsstücken).

Schiemann, Xenia, Die Geschäftsbeziehungen zwischen der Kunst und Antiquitäten GmbH der DDR und dem Londoner Auktionshaus Christie's (Teil I), KUR 2020, S. 49 ff.

Schiemann, Xenia, Die Geschäftsbeziehungen zwischen der Kunst und Antiquitäten GmbH der DDR und dem Londoner Auktionshaus Christie's (Teil II), KUR 2020, S. 77 ff.

Schiemann, Xenia, Kunsthandel zwischen Ost und West zu Zeiten des Kalten Krieges: Die Kunst und Antiquitäten GmbH der DDR und das Londoner Auktionshaus Christie's, Berlin 2021 (zit.: Schiemann, Kunsthandel zwischen Ost und West).

Schlieffen, Graf von, Zivilrechtlicher Anspruch auf Herausgabe der 1945 enteigneten Gegenstände (Art. 6 EGBGB), ZOV 1994, S. 151 ff.

Schmidt, Karsten, Einheit der Rechtsordnung – Realität? Aufgabe? Illusion?, in: Karsten Schmidt (Hrsg.), Vielfalt des Rechts – Einheit der Rechtsordnung?, Berlin 1994, S. 9 ff. (zit.: Schmidt, Einheit der Rechtsordnung).

Schmidt-Recla, Adrian, Sozialistisches Recht, sozialistisches Rechtsverhältnis, sozialistische Person, sozialistische Gesetzlichkeit, in: Adrian Schmidt-Recla/Achim Seifer (Hrsg.), Das Recht der DDR als Gegenstand der Rechtsgeschichte, Köln 2022, S. 115 ff. (zit.: Schmidt-Recla, Sozialistisches Recht).

Schneider, Annette, Auktionsrecht – Das Rechtsverhältnis zwischen Einlieferer, Versteigerer und Ersteigerer, Baden-Baden 1999 (zit.: Schneider, Auktionsrecht).

Schoch, Friedrich/Schneider, Jens-Peter (Hrsg.), Verwaltungsverfahrensgesetz, Kommentar, 3. Aufl., München 2022 (zit.: Bearbeiter, in: Schoch/Schneider, VwVfG).

Schoen, Susanne, Kulturgüterschutz bei – illegaler – Rückkehr kriegsbedingt verbrachter Kulturgüter aus Russland nach Deutschland, NJW 2001, S. 537 ff.

Schönberger, Sophie, Gerechtigkeit am Recht vorbei? – Zur Problematik der Restitution von NS-Raubkunst in der Gegenwart, in: Oliver Lepsius/Angelika Nußberger/Christoph Schönberger/Christian Waldhoff/Christian Walter (Hrsg.), Jahrbuch des öffentlichen Rechts der Gegenwart (Bd. 69) – Schwerpunktthema: Der Umgang des Rechts mit vergangenem staatlichen Unrecht, Tübingen 2021, S. 213 ff. (zit.: Schönberger, Gerechtigkeit am Recht vorbei?).

Schönberger, Sophie, Geschichte vor dem Verwaltungsgericht, NVwZ 2022, S. 1753 ff.

Schönberger, Sophie, Was heilt Kunst? Die späte Rückgabe von NS-Raubkunst als Mittel der Vergangenheitspolitik, Göttingen 2019 (zit.: Schönberger, NS-Raubkunst).

Schönberger, Sophie, Was soll zurück? Die Restitution von Kulturgütern im Zeitalter der Nostalgie, München 2021 (zit.: Schönberger, Was soll zurück?).

Schroeder, Friedrich-Christian, Eingabenrecht, in: Rainer Eppelmann/Horst Möller/Günter Nooke/Dorothee Wilms (Hrsg.), Lexikon des DDR-Sozialismus: Das Staats- und Gesellschaftssystem der Deutschen Demokratischen Republik, Band 1 (A–M), 2. Aufl., Paderborn u. a. 1997, S. 230 f. (zit.: Schroeder, Eingabenrecht).

Schroeder, Friedrich-Christian, Rechtsverständnis, in: Rainer Eppelmann/Horst Möller/Günter Nooke/Dorothee Wilms (Hrsg.), Lexikon des DDR-Sozialismus: Das Staats- und Gesellschaftssystem der Deutschen Demokratischen Republik, Band 2 (N–Z), 2. Aufl., Paderborn u. a. 1997, S. 652 ff. (zit.: Schroeder, Rechtsverständnis).

Schroeder, Friedrich-Christian, Sozialistische Gesetzlichkeit, in: Rainer Eppelmann/Horst Möller/Günter Nooke/Dorothee Wilms (Hrsg.), Lexikon des DDR-Sozialismus: Das Staats- und Gesellschaftssystem der Deutschen Demokratischen Republik, Band 2 (N–Z), 2. Aufl., Paderborn u. a. 1997, S. 759 ff. (zit.: Schroeder, Sozialistische Gesetzlichkeit).

Schroeder, Friedrich-Christian, Verwaltungsrechtsschutz, in: Rainer Eppelmann/Horst Möller/Günter Nooke/Dorothee Wilms (Hrsg.), Lexikon des DDR-Sozialismus: Das Staats- und Gesellschaftssystem der Deutschen Demokratischen Republik, Band 2 (N–Z), 2. Aufl., Paderborn u. a. 1997, S. 898 f. (zit.: Schroeder, Verwaltungsrechtsschutz).

Schröder, Klaus, Der SED-Staat: Geschichte und Strukturen der DDR, München 2013 (zit.: K. Schröder, Der SED-Staat).

Schröder, Klaus/Wilke, Manfred, Politbüro des ZK der SED, in: Rainer Eppelmann/Horst Möller/Günter Nooke/Dorothee Wilms (Hrsg.), Lexikon des DDR-Sozialismus: Das Staats- und Gesellschaftssystem der Deutschen Demokratischen Republik, Band 2 (N–Z), 2. Aufl., Paderborn u. a. 1997, S. 635 ff. (zit.: K. Schröder/Wilke, Politbüro).

Schröder, Rainer, Marxismus und Recht am Beispiel des Zivilrechts der DDR, in: Gerhard Köbler/Hermann Nehlsen (Hrsg.), Wirkungen europäischer Rechtskultur. Festschrift für Karl Kroeschell zum 70. Geburtstag, München 1997, S. 1155 ff. (zit.: R. Schröder, Marxismus und Recht).

SCHRÖDER, Rainer, Zivilrechtskultur der DDR, Band 4 (Vom Inkasso- zum Feierabendprozess – Der DDR-Zivilprozess), Berlin 2008 (zit.: R. SCHRÖDER, Zivilrechtskultur DDR).

SCHULZE, Gerhard (Leiter der Gesamtredaktion) et. al. (Autorenkollektiv), Verwaltungsrecht – Lehrbuch, 1. Aufl., Berlin (Ost) 1979 (zit.: SCHULZE et. al., Verwaltungsrecht DDR (1. Aufl.)).

SCHULZE, Gerhard (Leiter der Gesamtredaktion) et. al. (Autorenkollektiv), Verwaltungsrecht – Lehrbuch, 2. Aufl., Berlin (Ost) 1988 (zit.: SCHULZE et. al., Verwaltungsrecht DDR (2. Aufl.)).

SCHULZE, Götz, Moralische Forderungen und das IPR, IPrax 2010, S. 290 ff.

SCHÜPBACH, Lionel, Tagungsbericht Kunst & Recht 2022/Art & Law 2022 in Basel, KUR 2022, S. 117 ff.

SCHURIG, Andrea, „Republikflucht" (§§ 213, 214 StGB/DDR) – Gesetzgeberische Entwicklung, Einfluss des MfS und Gerichtspraxis am Beispiel von Sachsen, Berlin u. a. 2016 (zit.: SCHURIG, „Republikflucht").

SCHÜTZ, Jutta, Wie DDR-Kunstsammler enteignet wurden, Sächsische Zeitung vom 15.02.2012, S. 2.

SCHWARZE, Julian, Westeigentum in der DDR – Die Behandlung des Vermögens von Republikflüchtlingen, Ausreisenden, Westdeutschen und Ausländern in der DDR, Köln 2023 (zit.: SCHWARZE, Westeigentum in der DDR).

SCHWARZMEIER, Leonie, Der NS-verfolgungsbedingte Entzug von Kunstwerken und deren Restitution, Hamburg 2014 (zit.: SCHWARZMEIER, NS-verfolgungsbedingter Entzug von Kunstwerken).

SEEMANN, Hellmut, Restitution – nur Last oder auch Lust der Wiedervereinigung? – Ein kritischer Bericht aus der Klassik Stiftung Weimar, in: Dirk Blübaum/Bernhard Maaz/Katja Schneider (Hrsg.), Museumsgut und Eigentumsfragen – Die Nachkriegszeit und ihre heutige Relevanz in der Rechtspraxis der Museen in den neuen Bundesländern, Halle 2012, S. 15 ff. (zit.: SEEMANN, Restitution).

SENDLER, Horst, Restitutionsausschluss, Entschädigungen und Ausgleichsleistungen – Problematisches zum Entschädigungs- und Ausgleichleistungsgesetz (EALG), VIZ 1995, S. 65 ff.

SENDLER, Horst, Restitutionsausschluss verfassungswidrig?, DÖV 1994, S. 401 ff.

SENDLER, Horst, Zivilrecht contra Vermögensgesetz? – Unterläuft die zivilrechtliche Rechtsprechung die Lösungen des Vermögensgesetzes im Hinblick auf die Sozialverträglichkeit?, NJW 1995, S. 1797 ff.

SIEHR, Kurt, Verjährt ein Anspruch auf Herausgabe des Eigentums? – Deutsches Verjährungsrecht vor englischem Gericht, in: Michael H. Carl/Herbert Güttler/Kurt Siehr (Hrsg.), Kunstdiebstahl vor Gericht – City of Gotha v. Sotheby's/Cobert Finance S.A., Berlin u. a. 2001, S. 53 ff. (zit.: SIEHR, Deutsches Verjährungsrecht vor englischem Gericht).

SIEHR, Kurt, Verjährung der Vindikationsklage?, ZRP 2001, S. 346 ff.

SIEHR, Kurt, The Return of Cultural Property Expropriated Abroad, in: David S. Clark (Hrsg.), Comparative and Private International Law – Essays in Honor of John Henry Merryman on his Seventieth Birthday, Berlin 1990, S. 431 ff. (zit.: SIEHR, Cultural Property Expropriated Abroad).

SÖHN, Hartmut, Steuerrechtliche Folgenbeseitigung durch Erstattung, München 1973 (zit.: SÖHN, Steuerrechtliche Folgenbeseitigung durch Erstattung).

SOTHEBY'S (Hrsg.), The Weldon Collection – New York 22 April 2015, New York 2015 (zit.: SOTHEBY'S, The Weldon Collection – Auction Catalogue).

SOUTIER, Martin, Anm. zum Urteil des BGH v. 29.06.2022 – IV ZR 110/21, MittBayNot 2023, S. 280 ff.

SPANNUTH, Jan Philipp, Rückerstattung Ost: Der Umgang der DDR mit dem „arisierten" Eigentum der Juden und die Rückerstattung im wiedervereinigten Deutschland, Essen 2007 (zit.: SPANNUTH, Rückerstattung Ost).

STAUDINGER, Julius von (Begr.), BGB: Buch 3, Sachenrecht (§§ 985 – 1011), Kommentar, Berlin 2023 (zit.: BEARBEITER, in: Staudinger, BGB).

STEINER, André, Von Plan zu Plan: Eine Wirtschaftsgeschichte der DDR, Berlin 2007 (zit.: STEINER, Von Plan zu Plan).

STENKULA, Mikael, Swedish Taxation in a 150-year Perspective, Nordic Tax Journal 2014 (Volume 2), S. 10 ff.

STEPHANY, Antonetta, Fragen an § 5 KulturGB NW, KUR 2022, S. 60 ff.

STERN, Klaus, Zur Grundlegung einer Lehre des öffentlichrechtlichen Vertrags, Verwaltungsarchiv 1958, S. 106 ff.

STOCK, Wolfgang, Unterstützung für den Beklagten – Der Streit um den DDR-Antiquitätenhandel, FAZ vom 10.03.1992 (Nr. 59), S. 4.

STOCK, Wolfgang, Wie die DDR Kunstsammler ruinierte, FAZ vom 21.02.1992 (Nr. 44), S. 2.

STOLLEIS, Michael, Sozialistische Gesetzlichkeit – Staats- und Verwaltungsrechtswissenschaft in der DDR, München 2009 (zit.: STOLLEIS, Sozialistische Gesetzlichkeit).

STRAHL, Antje/STUTZ, Reno, Zum Verbleib von Kunst- und Kulturgut aus den Rücklässen „Republikflüchtiger" – eine Grundlagenstudie im ehemaligen Bezirk Schwerin, in: Mathias Deinert/Uwe Hartmann/Gilbert Lupfer, Enteignet, entzogen, verkauft – Zur Aufarbeitung der Kulturgutverluste in SBZ und DDR, Berlin 2022, S. 103 ff. (zit.: STRAHL/STUTZ, Verbleib von Kunst- und Kulturgut).

STRESEMANN, Christina, Raub und Restitution: Zum Sachs-Urteil des BGH, in: Christian Hertel/Stephan Lorenz/Christina Stresemann (Hrsg.), Simplex Sigillum Veri – Festschrift für Wolfgang Krüger zum 70. Geburtstag, München 2017, S. 341 ff. (zit.: STRESEMANN, Restitution).

STROBEL, Benedikt, Ersitzung und Bereicherungsrecht – Zugleich ein Beitrag zur Verjährung von Vindikation und Vindikationsersatzansprüchen, ZfPW 2020, 220 ff.

TARLI, Ricardo, Die zwielichtigen „Vier Kastanien", Tages-Anzeiger vom 22.04.2015, S. 8.

TARLI, Ricardo, Kunst gegen harte Devisen, Neue Zürcher Zeitung vom 13.01.2015 (Nr. 9), S. 6.

THAETNER, Thomas, Bis zum bitteren Ende – Vollstreckungspraxis in der DDR, in: Rainer Schröder (Hrsg.), Zivilrechtskultur der DDR, Band 2, Berlin 2000, S. 151 ff. (zit.: THAETNER, Vollstreckungspraxis DDR).

THAETNER, Thomas, Die Zwangsvollstreckung in der DDR, Berlin 2003 (zit.: THAETNER, Zwangsvollstreckung DDR).

THIELECKE, Carola, Fremdbesitz in Museen – Rechtliche Problematik und Lösungsansätze, in: Dirk Blübaum/Bernhard Maaz/Katja Schneider (Hrsg.), Museumsgut und Eigentumsfragen – Die Nachkriegszeit und ihre heutige Relevanz in der Rechtspraxis der Museen in den neuen Bundesländern, Halle 2012, S. 37 ff. (zit.: THIELECKE, Fremdbesitz in Museen).

TIMMERMANN, Heiner, Die Rechtsordnungen der Bundesrepublik Deutschland und der DDR, in: Heiner Timmermann (Hrsg.), Die DDR – Recht und Justiz als politisches Instrument, Berlin 2000, S. 11 ff. (TIMMERMANN, Rechtsordnung DDR).

TÖBEN, Thomas, Die Besteuerung des Deutsch-Deutschen Wirtschaftsverkehrs, Baden-Baden 1985 (zit.: TÖBEN, Besteuerung DDR).

TOPP, Marlen/DEINERT, Mathias, Geschäfte mit dem Osten? Geplantes Pilotprojekt zur Untersuchung kritischer Provenienzen aus der SBZ und der DDR in nichtstaatlichen Museen des Freistaates Bayern, Museum heute, Heft 58 (Dezember 2020), S. 74 ff.

TOPP, Marlen, „…völlig überzogene Debatte“? – Provenienzforschung mit Schwerpunkt SBZ und DDR, Museum heute, Heft 60 (Dezember 2021), S. 57 ff.

ULBRICHT, Walter, Die Staatslehre des Marxismus-Leninismus und ihre Anwendung in Deutschland – Vortrag des Ersten Sekretärs des ZK der SED, Walter Ulbricht, auf der staats- und rechtswissenschaftlichen Konferenz am 2. und 3. April 1958, Neues Deutschland vom 06.04.1958 (Nr. 82/1958), S. 4 ff.

UNBEKANNTER AUTOR, Das Kunst-Stück der DDR – Wie ein staatseigener Betrieb Bilder und Antiquitäten zu Devisen macht, art – Das Kunstmagazin vom 01.02.1984 (Nr. 2/1984), S. 72 ff.

UNBEKANNTER AUTOR, „Wat denn, lauter Hitler-Köppe?“, Der Spiegel vom 15.09.1991 (Nr. 38/1991), S. 71.

WALLIS, Peter, Pfändung von Sachen und Vollstreckung sonstiger Ansprüche, NJ 1985, S. 145 ff.

WARMBRUNN, Joëlle, „VEB Kunst“ – Kulturgutentzug und Handel in der DDR – Bericht zur Herbstkonferenz am 30.11.2020, in: Mathias Deinert/Uwe Hartmann/Gilbert Lupfer (Hrsg.), Enteignet, entzogen, verkauft – Zur Aufarbeitung der Kulturgutverluste in SBZ und DDR, Berlin 2022, S. 298 ff. (zit.: WARMBRUNN, VEB Kunst).

WASMUTH, Johannes, Aufarbeitung der unter NS-Herrschaft verübten Entziehung von Kunstwerken, NJW 2014, S. 747 ff.

WASMUTH, Johannes, Das Hans-Sachs-Urteil des BGH, ZOV 2014, S. 139 ff.

WASMUTH, Johannes, Entwurf eines Gesetzes zur Rückgabe von unter NS-Herrschaft verfolgungsbedingt entzogenen, im Eigentum der öffentlichen Hand befindlichen Vermögensgegenständen, ZOV 2017, S. 178 ff.

WASMUTH, Johannes, Erweiterung des Anwendungsbereichs des Strafrechtlichen Rehabilitierungsgesetzes nach § 1 Abs. 5 StrRehaG, NJ 2018, S. 148 ff.

WASMUTH, Johannes, Rechtsstaatliche Defizite bei der Aufarbeitung von SED-Unrecht, NJW 2015, S. 3697 ff.

WASMUTH, Johannes, Wiederaufgreifen des vermögensrechtlichen Verfahrens nach Wegfall eines Rückgabeausschlussgrundes i.S.v. § 4 VermG – Zugleich eine Besprechung des Urteils des BVerwG vom 15.01.2009 – 8 C 3.08, ZOV 2009, S. 274 ff.

WASMUTH, Johannes, Wiederaufnahme strafrechtlicher Rehabilitierungsverfahren zugunsten des Betroffenen, ZOV 2013, S. 145 ff.

WASMUTH, Johannes, Zur Verfassungswidrigkeit des Restitutionsausschlusses für Enteignungen auf besatzungsrechtlicher oder besatzungshoheitlicher Grundlage, NJW 1993, S. 2476 ff.

WEBER, Hermann, Rezension zu Günter Blutke, Obskure Geschäfte mit Kunst und Antiquitäten – Ein Kriminalreport, NJW 1991, S. 1465 ff.

WEBER, Sebastian, Gewährleistung bei Pfandveräußerung über eine Internetplattform, DGVZ 2018, S. 149 ff.

WEBERLING, Johannes/KOWALCZYK, Natalie, Retraumatisierung durch Verfahrensdurchführung – Probleme der Rechtsdurchsetzung auf der zweiten Stufe der Rehabilitierungsverfahren nach den SED-Unrechtsbereinigungsgesetzen, NJ 2023, S. 16 ff.

WEHLER, Hans-Ulrich, Deutsche Gesellschaftsgeschichte – Dritter Band: Von der „Deutschen Doppelrevolution“ bis zum Beginn des Ersten Weltkrieges (1849–1914), München 2008 (zit.: WEHLER, Deutsche Gesellschaftsgeschichte (Bd. 3)).

WEHLER, Hans-Ulrich, Deutsche Gesellschaftsgeschichte – Fünfter Band: Bundesrepublik und DDR (1949–1990), München 2008 (zit.: WEHLER, Deutsche Gesellschaftsgeschichte (Bd. 5)).

WEILER, Restitution einmal anders – Die Enteignung von Kunstwerken durch die sowjetische Besatzungsmacht 1945–49 und ihre Restitution im November 2014, KUR 2014, S. 126 ff.

WELLER, Matthias, Art & Alternative Dispute Resolution: The Mystery of Absent Arbitration, SchiedsVZ 2019, S. 5 ff.

WELLER, Matthias, Antinomien und andere Auffälligkeiten in der Spruchpraxis der Beratenden Kommission zur Restitution nationalsozialistischer Raubkunst, in: Veronika Fischer, Georg Nolte, Martin Senftleben, Louisa Specht-Riemenschneider (Hrsg.), Gestaltung der Informationsordnung – Festschrift für Thomas Dreier zum 65. Geburtstag, Baden-Baden 2022, S. 525 ff. (zit.: WELLER, Beratende Kommission).

WELLER, Matthias, Die Plakatsammlung Hans Sachs – Zur Ausschlusswirkung des alliierten Rückerstattungsrechts heute, in: Matthias Weller/Nicolai B. Kemle/Thomas Dreier (Hrsg.), Raub – Beute – Diebstahl: Tagungsband des Sechsten Heidelberger Kunstrechtstags am 28. und 29. September 2012, Baden-Baden 2013, S. 91 ff. (zit.: WELLER, Plakatsammlung Hans Sachs).

Weller, Matthias, Internationale wissenschaftliche Studie im Auftrag der Beauftragten der Bundesregierung für Kultur und Medien, Bonn 2024 (zit.: Weller, Internationale Studie).

Weller, Matthias, Kein Ausschluss des allgemein-zivilrechtlichen Anspruchs auf Herausgabe nach § 985 BGB durch das Rückerstattungsrecht – zugleich Besprechung von Sabine Rudolph „Restitution von Kunstwerken aus jüdischem Besitz“, Kunstrechtsspiegel 01/09, S. 42 ff.

Weller, Matthias, Restitution durch Schiedsgerichtsbarkeit, Verfassungsblog vom 17.06.2024 (zit.: Weller, Restitution durch Schiedsgerichtsbarkeit).

Weller, Matthias/Dewey, Anne, Warum ein „Restatement of Restitution Rules for Nazi-Confiscated Art”?, KUR 2019, S. 170 ff.

Wendl, Julia Marie, OV „Puppe“ – Der staatliche Zugriff auf eine private Spielzeugsammlung in Rudolstadt, in: Mathias Deinert/Uwe Hartmann/Gilbert Lupfer (Hrsg.), Enteignet, entzogen, verkauft – Zur Aufarbeitung der Kulturgutverluste in SBZ und DDR, Berlin 2022, S. 157 ff. (zit.: Wendl, OV „Puppe“).

Werkentin, Falco, Methoden und Verfahrensweisen der verdeckten Enteignung selbstständiger Produzenten, Gewerbetreibender, Bauern und Grundstücks-/Hauseigentümer in der Geschichte der SBZ/DDR, forum historiae iuris vom 23.01.1998, abrufbar unter < https://forhistiur.net/1998-01-werkentin/> (zuletzt aufgerufen am 01.03.2024).

Widera, Thomas, Die MfS-Aktion „Licht“ 1962. Entnahme von Kunst- und Kulturgut aus Banktresoren, Museumsblätter – Mitteilungen des Museumsverbandes Brandenburg, Heft 35 (Dezember 2019), S. 44 ff.

Widera, Thomas, Spurensuche zum Staatlichen Kunsthandel in der DDR, in: Mathias Deinert/Uwe Hartmann/Gilbert Lupfer (Hrsg.), Enteignet, entzogen, verkauft – Zur Aufarbeitung der Kulturgutverluste in SBZ und DDR, Berlin 2022, S. 171 ff. (zit.: Widera, Staatlicher Kunsthandel in der DDR).

Widmaier, Christian, Häftlingsgesetz, DDR-Rehabilitierungsgesetz, SED-Unrechtsbereinigungsgesetze: Rehabilitierung und Wiedergutmachtung von SBZ/DDR-Unrecht?, Frankfurt a. M. u. a. 1999 (zit.: Widmaier, SED-Unrechtsbereinigung).

Wiedenfels, Uta, Das Vermögensgesetz – Restitution im Zeitenwandel: die offenen Vermögensfragen nach der Wiedervereinigung, Berlin 2019 (zit.: Wiedenfels, Das Vermögensgesetz).

Wiedenfels, Uta, Offene Vermögensfragen – Anspruch und Wirklichkeit, in: Hans-Peter Haferkamp/Jan Thiessen/Christian Waldhoff (Hrsg.), Deutsche Diktatorische Rechtsgeschichten?: Perspektiven auf die Rechtsgeschichte der DDR: Gedächtnissymposium für Rainer Schröder (1947–2016), Tübingen 2018, S. 109 ff. (zit.: Wiedenfels, Offene Vermögensfragen).

Wingert, Karl-Dieter, Anerkennung, Abänderung und Vollstreckung von Akten staatlicher Organe der DDR auf dem Gebiet der freiwilligen Gerichtsbarkeit in der BRD, Bonn 1973 (zit.: Wingert, Freiwillige Gerichtsbarkeit DDR).

WINKELMANN, Horst, Die Lehre vom Verwaltungshandeln in der sowjetischen Verwaltungsrechtslehre, Berlin 1972 (zit.: WINKELMANN, Sowjetische Verwaltungsrechtslehre).

WOLFF, Hans Julius, Die Nichtigkeit von Verwaltungsakten, MDR 1951, S. 523 ff.

ZÖLLER, Richard (Begr.), Zivilprozessordnung, Kommentar, 34. Aufl., Köln 2022 (zit.: BEARBEITER, in: Zöller, ZPO).

ZUGMAIER, Oliver/NÖCKER, Gregor (Hrsg.), Abgabenordnung, Kommentar, Herne 2022(zit.: BEARBEITER, in: Zugmaier/Nöcker, AO).